Reinhard Penz, Holger Wilkop (Hrsg.)

Zeit der Institutionen – Thorstein Veblens
evolutorische Ökonomik

Institutionelle und Evolutorische Ökonomik

Herausgegeben von:
Prof. Dr. Birger P. Priddat – Prof. Dr. Josef Wieland –
PD Dr. Gerhard Wegner – Dipl.-Volkswirt Reinhard Penz

Band 2

Zeit der Institutionen – Thorstein Veblens evolutorische Ökonomik

Herausgegeben von
Reinhard Penz und Holger Wilkop

Metropolis-Verlag
Marburg 1996

Die Deutsche Bibliothek – CIP-Einheitsaufnahme

Zeit der Institutionen – Thorstein Veblens evolutorische Ökonomik / hrsg. von Reinhard Penz und Holger Wilkop. – Marburg: Metropolis-Verl., 1996
 (Institutionelle und Evolutorische Ökonomik; Bd. 2)
 ISBN 3-89518-027-0
NE: Penz, Holger [Hrsg.]; GT

Metropolis-Verlag für Ökonomie, Gesellschaft und Politik GmbH
Postfach 1748, D-35007 Marburg
Copyright: Metropolis-Verlag, Marburg 1996
Alle Rechte vorbehalten
Druck: Rosch Buch, Hallstadt

ISBN 3-89518-027-0

»Wants are usually treated as the fundamental data, the ultimate driving force in economic activity, and in a short-run view of problems this is scientifically legitimate. But in the long run it is just as clear that wants are dependent variables, that they are largely caused and formed by economic activity. The case is somewhat like that of a river and its channel; for the time being the channel locates the river, but in the long run it is the other way.«

Frank H. Knight

Inhalt

Reinhard Penz und Holger Wilkop
Einleitung: Einige Bemerkungen zu Thorstein Veblen
und zum amerikanischen Institutionalismus 9

Reinhard Penz
Thorstein Veblens evolutorische Methodik 51

Carsten Herrmann-Pillath
Thorstein Veblens Menschenbild: Theoretische Grundlagen
und empirische Relevanz 83

Norbert Reuter
Die Kapitalismuskritik Veblens. Zur Aktualität eines
unorthodoxen Ansatzes 133

Jens Hölscher
Sozialer Wettbewerb und Stabilisierung von Armut 171

Ulrich Fehl und Carsten Schreiter
Zu den kapitaltheoretischen Vorstellungen
Thorstein Veblens 183

Helge Peukert
Thorstein Veblens negative Dialektik:
Ökonomischer Rationalismus, Empirismus und
Evolutionismus – eine Kritik 219

Ralf Schimmer
Wider die Legende von der unüberbrückbaren Distanz:
Der amerikanische Populismus als normativer Grundgehalt
der Veblenschen Sozialkritik 265

Wolfram Elsner
Thorstein Veblen und Adam Smith – explizite und
faktische Rückgriffe 299

Horst K. Betz und Dixie Francovich
Veblen über Schmoller 335

Günter Krause
Ein Amerikaner in der DDR oder Thorstein B. Veblen
in der Optik von Offizialwissenschaften 363

Beat Bürgenmeier
Umweltschutz in einer Veblenschen Perspektive 393

Hajo Riese
Institutionenökonomie und Marktökonomie.
Überlegungen zu einem neuerlichen Thema 409

Zeittafel 449

Die Autoren 453

Einige Bemerkungen zu Thorstein Veblen und zum amerikanischen Institutionalismus

Holger Wilkop und Reinhard Penz

I.

Es ist keineswegs selbstverständlich, in der heutigen Zeit ein wirtschaftswissenschaftliches Buch über Thorstein Veblen (1857-1929) herauszugeben, das nicht nur in theoriegeschichtlicher Absicht entstanden ist, sondern auch und vielleicht sogar vorrangig die *gegenwärtige* institutionen- und evolutionsökonomische Diskussion bereichern will; man ist genötigt, dieses Vorhaben in besonderer Weise zu begründen.

Zunächst ist die verbreitete Ansicht zu überwinden, ökonomische Werke der älteren Vergangenheit beinhalteten im wesentlichen »falsche Ansichten toter Leute«. Konzidiert man, daß die Wissensentwicklung in der Ökonomik sich nicht einfach kumulativ-falsifizierend vollzieht, sondern in Phasen dominanter Richtungen und Schulen auch »Wissensverluste« zu verzeichnen hat, dann stellen die Werke ökonomischer Theoriegeschichte zumindest ein Potential für theoriesystematische Rückgriffe unterschiedlichster Form dar. Aus dieser Warte erscheint eine kategorische Dichotomisierung in *moderne Theorie* und *Theoriegeschichte* weder zweckmäßig noch haltbar; entsprechend kann die Unterscheidung in »alte« und »neue« bzw. »moderne« Theorie nicht mehr ausschließlich eine historisch-zeitliche sein.

Hat man der »alten« Ökonomik – und in unserem Fall der »alten« Institutionenökonomik – auf diese Weise erst einmal grundsätzlich die Tür geöffnet, so offenbart sich im Hinblick auf Thorstein Veblen ein weiteres Problem: eine volle Anerkennung als *Ökonom* ist ihm nie zuteil geworden. Weder sein fester Platz in den meisten Lehrbüchern ökonomischer Theoriegeschichte noch beispielsweise die Tatsache, daß ihm die Präsidentschaft der American Economic Association angetragen wurde, können über die geringe Resonanz auf sein Werk hinwegtäuschen; ein Werk, dessen Fragestellungen, Erklärungsansätze und Kritiken, vor allem infolge der wirtschaftstheoretischen Entwicklung seit den dreißiger Jahren, als nicht eigentlich ökonomisch angesehen wurden.

Mit der jüngeren Entwicklung in den Bereichen institutioneller und evolutorischer Ökonomik ist auch Veblen wieder interessant geworden. Nun soll aber in dieser Einführung gar nicht erst der Versuch gestartet werden, Veblens Arbeiten einen adäquaten Platz einzuräumen, ihre Aktualität aufzuzeigen oder Gründe für mögliche Rezeptionsbarrieren zu benennen. Die in diesem Band versammelten Beiträge erfüllen diese Aufgabe weit besser und vielschichtiger, unter anderem deswegen, weil die Ambiguitäten in Veblens Werk divergente Blickwinkel der Rezeption geradezu herausfordern. Bei allen Unterschieden liegt jedoch die gemeinsame Linie der Mehrzahl der Aufsätze in einer *Interpretation in theoriesystematischer Absicht*.

So beschränken wir uns einführend auf eine erste Annäherung, deuten freilich an verschiedener Stelle das aktuelle Potential der Auffassungen und Kontroversen an. In einer eher kursorischen und selektiven Weise werden verschiedene, mit Veblen verbundene Themen und Probleme angesprochen: seine methodologischen Grundgedanken, sein Verhältnis zum amerikanischen Institutionalismus im allgemeinen und zu Wesley Clair Mitchell und John R. Commons im besonderen, die Rezeption in Deutschland und die Bezüge Veblenscher Ideen zur aktuellen Theorieentwicklung in der Ökonomik. Der Schlußabschnitt stellt die einzelnen Beiträge vor.

II.

Thorstein Veblen verschaffte sich erstmals 1898 mit seinem im *Quarterly Journal of Economics* erschienenen Aufsatz »Why is Economics not an Evolutionary Science?« in den USA eine breitere Aufmerksamkeit, bevor ihn dann, ein Jahr später, die *Theory of the Leisure*

Class: an Economic Study of the Evolution of Institutions[1] weit über den wirtschaftswissenschaftlichen Kreis hinaus bekannt machte.[2] Begleitend erschien 1899/1900, ebenfalls im *Quarterly Journal of Economics*, die dreiteilige Abhandlung über *The Preconceptions of Economic Science*, und 1904 folgte die *Theory of Business Enterprise*.[3]

Diese vier Veröffentlichungen begründeten Veblens Ruf: Kritiker der orthodoxen Nationalökonomie, Vertreter einer Sichtweise des sozioökonomischen Wandels als Resultat der Wechselwirkung von Institutionen und Technologie im allgemeinen und als Folge des sozialen Wettbewerbs im besonderen, Kritiker einer gesellschaftlichen Ordnung, deren Triebkraft eine dysfunktionale Statuskonkurrenz ist, zudem Kapitalismuskritiker, speziell des amerikanischen Wirtschaftssystems. Es geht sicher nicht zu weit, in den genannten Publikationen den Kern der Veblenschen Auffassungen zu sehen, wenngleich das eine oder andere Thema später elaboriert wurde, z.B. die kontrovers diskutierte »Instinktlehre« in *The Instinct of Workmanship and the State of the Industrial Arts* (1914).

Veblens Antwort auf die Frage, warum die Ökonomik keine evolutorische Wissenschaft sei, war in der Tat eine umfassende und pointiert vorgetragene Kritik – vornehmlich an Klassik und Neoklassik, an ihrem Erkenntnisobjekt, ihren Methoden, ihren wirtschaftspolitischen Implikationen.[4] Veblen konstatiert, die Ökonomik habe den Anschluß an die moderne – durch die darwinistische Entwicklungstheorie modernisierte – Wissenschaftsentwicklung verpaßt und beschäftige sich »with repairing a structure and doctrines and maxims resting on natural rights, utilitarianism, and administrative expedien-

---

1 Der Untertitel wurde 1912 geändert in *An Economic Study of Institutions*.
2 Eine wohl vollständige Bibliographie der Schriften Veblens findet sich bei Dorfman 1934/1961.
3 Auch zuvor hatte Veblen schon zu ökonomischen Fragen publiziert, beschränkte sich jedoch auf Rezensionen und Kritiken (u.a. zu Werken von Böhm-Bawerk, Marx, Sombart, Schmoller, Kautsky, Ferri, Turgot). Er fungierte zudem ab 1892 als De-facto-Herausgeber des *Journal of Political Economy* (vgl. Dorfman 1934/1961, S. 95) und übersetzte 1895 – Veblen sprach sehr gut deutsch – Gustav Cohns *System der Finanzwissenschaft*.
4 Abweichend vertritt Peukert in seinem Beitrag die Auffassung, Veblen habe weder den ökonomischen Gehalt noch methodologische Defizite von Klassik und Neoklassik kritisiert, sondern – aus einer *erkenntnistheoretischen* Fundamentalposition heraus (siehe dazu Peukert) – die klassisch-neoklassische Ökonomik als *zeitgenössisches Deutungsschema* interpretiert und damit *ausschließlich* Erkenntnis- und Begriffskritik an der theoretischen Nationalökonomie beabsichtigt.

cy«[5], anstatt durch kritische Analogiebildung die innovative Form einer Evolutionstheorie zu nutzen, die in den Natur- und Sozialwissenschaften (Biologie und Rassenanthropologie; Psychologie, Ethnologie und Kulturanthropologie) erhebliche Umwälzungen auslöste, in der Ökonomik aber folgenlos blieb.[6] Drei Aspekte stehen im Mittelpunkt seiner Argumentation:[7] (i) Teleologische Entwicklungspfade, (ii) die utilitaristisch-»hedonistische« Psychologie der Grenznutzenschule und (iii) die deduktive Methode.

(i) Die Kritik richtet sich darauf, daß bei der Analyse komplexer Systeme Entwicklungspfade unterstellt würden – Gleichgewichtspfade, meliorative Trends –, die wiederum die analytische Bewertung von Fakten beeinflußten. Die Ökonomen hätten eine »spiritual attitude«, über Ursache-Wirkung-Zusammenhänge hinaus Entwicklungspfade als »absolut wahre«, quasi-natürliche und raum-zeitlich unabänderliche Gesetze *vorauszusetzen*. Diese ahistorischen »sozialen Naturgesetze« bilden, so Veblen, den apriorischen Kern, um den herum alle ökonomischen Prozesse ablaufen. Sie beherrschen zwingend das Bild der Wissenschaft von den Ereignisfolgen: Festgestellte Abweichungen und widersprüchliche Kausalitäten würden als »disturbing factors« klassifiziert, also als sekundär und nicht eigentlich prozeßinhärent. Die Ökonomik zeige hierin »too many reminiscences of the 'natural' and the 'normal', of 'verities' and 'tendencies', of 'controlling principles' and 'disturbing causes'«[8]; dies sei »for the scientific purpose an imputation of spiritual coherence to the facts dealt with«[9].

---

5   Veblen 1898, S. 374.
6   Schumpeter fällt im Zusammenhang des Evolutionismus im 19. Jh. auch nur Karl Marx ein. Er geht allerdings soweit zu behaupten, der Darwinismus sei lediglich *symptomatisch* und nicht ursächlich für evolutionstheoretische Bemühungen in allen Wissenschaftsdisziplinen; zwar sei die Entwicklung analog, aber in den Einzeldisziplinen selbständig abgelaufen, und ihre Theorien seien »logisch unabhängig«. Vgl. Schumpeter 1965, S. 553.
7   Nebenbei bemerkt, erscheint uns der Aufsatz »The Limitations of Marginal Utility« von 1909, die gleichen Fragen abhandelnd, präziser. Insbesondere halten wir dort, im Unterschied zur teils eher rhetorischen Stärke von »Why is Economics not an Evolutionary Science?«, die Ausführungen zu einem positiven Ansatz der Erklärung institutionellen Wandels für verständlicher und gehaltvoller. Vgl. Veblen 1909.
8   Veblen 1898, S. 381.
9   Veblen 1898, S. 379.

Die Kernaussage – der *Entwicklungspfad als ökonomisches Gesetz* – werde durch solche Verfahrensweisen unwiderlegbar. Der Vorwurf eines teleologischen Vorgehens zielt auf diese vorgefaßten Trends (»Preconceptions«), die ökonomisch letztlich doktrinäre Lehren, und zwar, wie Veblen meinte, des herrschenden »enlightened and deliberate common sense«[10], nach sich ziehen: »The ultimate laws and principles which they [klassische und neoklassische Ökonomen] formulated were laws of the normal or the natural, according to a preconception regarding the ends to which, in the nature of things, all things tend. In effect, this preconception imputes to all things a tendency to work out what the instructed common sense of the time accepts as the adequate or worthy end of human effort. It is a projection of the accepted ideal of conduct.«[11]

Eine evolutorische Konzeption, die in Analogie zur darwinistischen Entwicklungsvorstellung das Kriterium der *prinzipiellen Offenheit der Entwicklung* beinhaltet, habe sich auf Kausalzusammenhänge zu beschränken, auf einen »test of causal relation or quantitative sequence. When [the modern scientist] ... asks the question, Why? he insists on an answer in terms of cause and effect. (...) This is his last recourse.«[12] Dieses Prinzip sei, so Veblen, zur Erklärung komplexer Entwicklungsprozesse auch für andere, nicht-biologische Systeme geeignet. Einschränkend vermerkt der agnostizistische Veblen, das postulierte Erklärungsprinzip der »kumulativen Verursachung in zirkulärer Interdependenz«[13] stoße bei der Anwendung auf soziale Prozesse, die »less tangible, less traceable« als biologische Prozesse seien, auf Schwierigkeiten; dies dürfe jedoch nicht im Umkehrschluß zur Vorgabe teleologischer Entwicklungslinien führen.

(ii) Entwicklungsmuster (wie z.B. Gleichgewichtstheorien oder Allgemeingültigkeit beanspruchende Stufentheorien) und Metaphern (z.B. Geld als »Antriebsrad des Wirtschaftskreislaufs«) der Wirtschaftswissenschaften stellten, so Veblen, teleologische Prozeßbeschreibungen dar, die *ohne* spezifische Annahmen über das Verhalten ökonomischer

---

10 Veblen 1898, S. 378.
11 Veblen 1898, S. 382.
12 Veblen 1898, S. 377.
13 Zur Erläuterung siehe Myrdal 1977 und Kapp 1976. Entgegen einer Interdependenz aller Faktoren haben einige Interpreten aus Veblens Werken einen technologischen Determinismus herauslesen können. Vgl. als Erwiderung darauf Rutherford 1984.

Akteure auskommen. Der Allokations- und Distributionsmechanismus »invisible hand« als Beispiel bedarf lediglich eines bestimmten Institutionenrahmens (eine liberale wettbewerbliche Wirtschaftsordnung) zur Funktionssicherung; alternative Verhaltensweisen sind, sofern sie den Wettbewerbsrahmen nicht zerstören, prozeßirrelevant.[14] Um den Entwicklungsprozeß mit einer dynamischen, kreativen »prime-moving«-Variable auszustatten, sei eine auf die Rolle von Institutionen abzielende *verhaltenstheoretische Fundierung von Handlungen* erforderlich, die Handlungen nicht mehr verhaltensgleich als konditionierten Reflex auf die Variation ökonomischer Restriktionen versteht, sondern ihre gestaltende und entwicklungsinduzierende Wirkung in den Vordergrund stellt; dies *setzt* allerdings die Kenntnis von verhaltenstheoretischen (und anderen) Kausalzusammenhängen *voraus*. Handeln ist für Veblen in diesem Sinne eingebunden in eine »coherent structure of propensities and habits which seeks realization and expression in an unfolding activity«[15], ganz im Gegensatz zur »hedonistischen«, »benthamitischen« »passive and substantially inert and immutably given human nature«[16]. Die utilitaristische Psychologie der Grenznutzenschule formuliere Handlungen völlig inadäquat als Resultat externer Einflüsse und reduziere den zirkulären Zusammenhang auf einen stets einseitig gerichteten Anpassungsprozeß. Zudem sei die Anpassung noch in der einfachsten, aber unrealistischen Form des maximierenden Verhaltens unterstellt. Die Ökonomik sei nun gefordert, die »überkommenen anthropologischen Vorurteile« durch eine interdisziplinäre, verhaltenstheoretisch fundierte Handlungstheorie zu ersetzen.

(iii) In seiner *Ablehnung der deduktiven Methode* setzt Veblen im Grunde seine Argumentation aus (i) fort. Oder, um es zu präzisieren: Erst die Kritik an der deduktiven Methode führt zum Argument teleo-

---

14 Auf die teils unzulängliche Smith-Rezeption durch Veblen geht Wolfram Elsner in seinem Beitrag ein.
15 Veblen 1898, S. 390. Wir interpretieren Veblen so, daß er ökonomisches Handeln in eine verhaltenstheoretische Erklärung der Entstehung von Absichten einbetten will. Verhaltenstheorie ist hier in einem allgemeinen Sinne gemeint und umfaßt damit sowohl biologische als auch soziale Phänomene. Mit einer derartigen Verknüpfung von kausaler und intentionaler Erklärung menschlicher Handlungen ist kein Determinismus im Sinne einer Abwesenheit von Entscheidungsfreiheit verbunden – ganz im Gegenteil. Vgl. hierzu den Beitrag von Penz.
16 Veblen 1898, S. 389.

logischer Prozesse. Um diesen Zusammenhang zu deuten, scheint uns vor allem der pragmatistische Einfluß maßgeblich. Die erkenntnistheoretische Position des zeitgenössischen Pragmatismus unterschied Deduktion und Induktion hinsichtlich ihres Gehaltes an »Preconceptions«. Und Veblen folgte dieser Auffassung: Induktion stelle eine entpersonalisierte, objektive, die Partikularinteressen ausgrenzende »matter-of-fact«-Methode dar; hingegen beinhalte die deduktive Methode immer den subjektiven, interessegeladenen Standpunkt des Untersuchenden. Nur aus einer Haltung heraus, die verneint, daß *jegliche* Wahrnehmung theoriegeleitet ist, kann Veblen behaupten, die induktive Methode sei voraussetzungslos und enthalte keine Apriori. Die deduktive Methode ermögliche hingegen mit ihren Apriori die Substitution von »living items«, die für den ökonomischen Wandel entscheidende Verhaltenssphäre. Hier wird deutlich, warum es gerechtfertigt ist, Veblens Kritik an teleologischen Entwicklungspfaden und an der hedonistischen Psychologie »as only different aspects of a single underlying argument«[17] zu sehen. Folgt man Veblen, dann leistet die deduktive Methode zur Analyse des sozioökonomischen Wandels nichts, wenn das Theoriegebäude die institutionellen, d.h. verhaltensrelevanten Einflüsse exogenisiert. Eine realistische Theorie der wirtschaftlichen Entwicklung könne daraus nicht hervorgehen; vielmehr drohe hier die Konsequenz, historisch-institutionell bedingte Kausalzusammenhänge als trans- oder ahistorische Gesetzmäßigkeiten aufzufassen.

Diese Gedanken wurden in den »Preconceptions of Economic Science« nochmals aufgegriffen und anhand theoriegeschichtlicher Beispiele (David Hume[18], die Physiokraten, Adam Smith, Thomas R. Malthus, Jeremy Bentham, John Stuart Mill, die Deutsche Historische Schule sowie Alfred Marshall) belegt, gehen allerdings nicht über die Argumente des Aufsatzes von 1898 hinaus.

Was folgt an konstruktiver Theorie aus dieser fulminanten Attacke auf die Profession? Zieht man aus (i-iii) den Umkehrschluß, so habe

---

17 Walker 1977, S. 215.
18 Es überrascht nicht, daß Hume, gegen jede Konzeption des »Übernatürlichen« argumentierend, eine positive Beurteilung erfährt – wohl wie kein anderer im Werk Veblens. Hume sei »gifted with an alert ... scepticism touching everything that was well received. (...) He insists ... on an exhibition of the efficient causes engaged in any sequence of phenomena; and he is sceptical – irreverently sceptical – as to the need or the use of any formulation of knowledge that outruns the reach of his own matter-of-fact, step-by-step argument from cause to effect.« (Veblen 1899/1900, I, S. 135)

eine evolutorische Theorie den sozioökonomischen Wandel zu fokussieren und basiere auf der »induktiven« Methode kumulativer Verursachung (»cause and effect«) sowie auf einer verhaltenstheoretischen Fundierung von Handlungen, die sich aus der humanwissenschaftlichen Forschung speist.

Ist dies eine weitere psychologisierende Variante ökonomischer Theorie, wie einige Interpreten meinten? Veblen, der Theoretiker, fasziniert von den Theoretikern seiner Zeit (Peirce und besonders Spencer), im »Zeitalter der 'Großtheorien'« (Jens Hölscher) als Induktivist oder Historist? Veblens Kritik und die daraus folgende bzw. in seinen Werken umgesetzte positive Theorie sind mitnichten eindeutig und auch zeitgenössisch nur schwer rekonstruierbar. Darauf wurde in der Sekundärliteratur immer wieder hingewiesen. Es bedarf ohne Frage einer Interpretation methodologisch wie erkenntnistheoretisch undeutlicher und (faktisch oder scheinbar) widersprüchlicher Passagen. Mit anderen Worten, es bestehen zwei Möglichkeiten: Entweder betont man nach eingehender hermeneutischer Analyse die in den Veblenschen Texten auftretenden Ambiguitäten und Inkonsistenzen und kommt so zu einer negativen Einschätzung von Veblens Beitrag zur konstruktiven Theorienbildung, oder man versucht durch das Verfahren der »systematischen Vervollständigung«[19], den (rudimentären) Kern der Veblenschen Theorie produktiv zu nutzen.[20] Es kann hier naturgemäß keinen »richtigen Weg« geben; das Erkenntnisinteresse ist maßgeblich. Auf jeden Fall führt die letztgenannte Vorgehensweise in der Regel zu konstruktiv-wohlwollenden Einschätzungen des Veblenschen Ansatzes.

III.

Veblen wird regelmäßig als »Begründer« des amerikanischen Institutionalismus angeführt, eine Einordnung, die leicht mißverständlich sein könnte. Denn Veblen hat keine Bewegung oder Schule aktiv gegründet, er war weder Initiator noch Organisator eines theoretischen

---

19 So Carsten Herrmann-Pillath in seinem Beitrag.
20 Vgl. dazu im einzelnen die Auffassungen der Autoren dieses Bandes, desweiteren den umfassenden Versuch einer Rekonstruktion bei Rutherford 1984. Geoffrey Hodgson (1993) folgt dieser Vorgehensweise und klassifiziert Veblens Ansatz als »incomplete«.

oder reformpolitischen Institutionalismus.[21] Die Wirkung ging ausschließlich von seinen Veröffentlichungen aus; seinen – glaubt man der Biographie Dorfmans, reichlich unengagierten – Lehrtätigkeiten ist nur geringe Bedeutung beizumessen. Daher scheint es angemessen, mit Veblens methodologischem Aufsatz »Why is Economics not an Evolutionary Science?« den *ideellen Beginn* des Institutionalismus zu datieren.[22] Die »Gruppenbildung« und der theoretische wie wirtschaftspolitische Einfluß der Institutionalisten sind hingegen vor allem mit den Namen Wesley Clair Mitchell (1874-1948) und John Roger Commons (1862-1945) verbunden. Einer allzu vordergründigen Einordnung der drei Ökonomen zueinander sollte grundsätzlich widersprochen werden – weder waren Mitchell und Commons »die beiden herausragenden Schüler«[23] Veblens, noch stellten die drei ein »Gründungstriumvirat« dar. Ihre Werke widersprechen dem, ihre Biographien ebenso.[24]

Wesley Clair Mitchell

Wesley Mitchell hatte bei Veblen studiert und behielt dessen Kritik an der traditionellen Nationalökonomie zeitlebens im Blick. In seinem umfangreichen und disziplinierten Forschungsbemühen finden sich

---

21 Auch die mangelnde Initiativkraft und Organisationsfähigkeit in beruflichen und privaten Dingen hat Veblens Leben maßgeblich geprägt. Seckler schrieb dazu: »Veblen's very asceticism rendered him incompetent in the world of affairs. He was at heart a revolutionary, but was aesthetically unable to relate to any group of real people.« (Seckler 1975, S. 5) Doch war er das wirklich? An dem überlieferten Veblen-Bild, das sich bisher auf die 30er-Jahre-Biographie von Joseph Dorfman stützte, wird zur Zeit kräftig gerüttelt. Vgl. dazu den Beitrag von Ralf Schimmer.

22 Dem Versuch, den Institutionalismus paradigmatisch zu definieren, widerstehen wir an dieser Stelle und schließen uns der Eingrenzung von Siegfried Katterle an, der unter Institutionalismus »jene heterodoxe Schule der Ökonomik [versteht], deren ökonomische Tradition um die Wende zu unserem Jahrhundert durch Thorstein Veblen in den USA begründet wurde und deren Wissenschaftsphilosophie dem Pragmatismus von Charles S. Peirce und John Dewey verpflichtet ist«. (Katterle 1990, S. 121)

23 Pribram 1983, S. 670.

24 Als einigendes und originäres Band der drei Ökonomen und des Institutionalismus insgesamt ist jedoch – wie in der Definition Katterles bereits angeklungen – die Bedeutung der pragmatistischen Wissenschaftsphilosophie hervorzuheben. Siehe dazu ausführlich Mirowski 1987, S. 1007ff.; Reuter 1994, S. 72ff. et passim.

immer wieder, mit der Zeit allerdings auch immer weniger implizite Bezüge zu und explizite Querverweise auf Veblen.[25] Im Gegensatz zu Veblen zielten seine Analysen nicht auf eine *Theorie der wirtschaftlichen Entwicklung*, sondern er setzte methodisch einen dezidierten empirischen Schwerpunkt und konzentrierte sich auf die Untersuchung konjunktureller Schwankungen. Die Leistungen Mitchells wurden im Rückblick von verschiedener Seite als wegweisender Beginn der quantitativen Konjunkturforschung beurteilt, waren zuvor aber gerade wegen ihres empirischen Charakters vielfach diskreditiert worden. Boulding bezeichnete Mitchell als »talentierten Amateur«, der »'time series' wie andere Leute Schmetterlinge«[26] sammelte, und es war mit Blick auf Mitchell, daß erstmals der Vorwurf des »*measurement without theory*« formuliert wurde. Mitchell wurde mehrfach als theoretischer Ökonom rehabilitiert[27] – wie an anderer Stelle auch Veblen und Commons, was aber den notorischen Vorwurf der Theorielosigkeit der Institutionalisten nicht aus der Welt brachte.[28]

Wesley Mitchell hielt eine dauerhafte Konfrontation mit der traditionellen Ökonomie für unnötig aus der Überzeugung heraus, jeder fundamentale Dissens könne durch empirische Forschung überwunden werden.[29] Mitchell wurde, wie er beiläufig bemerkt, erst dadurch zum Statistiker »by necessity«. Dieses empiristische Credo spiegelt sich in der Auffassung wider, Ökonomie habe als Sozialwissenschaft das *reale* menschliche Verhalten zu untersuchen.[30] Dies erfordere eine interdisziplinäre Öffnung und zugleich die strikte Ablehnung der empirisch weitgehend irrelevanten »hedonistischen« Verhaltensan-

---

25 Einen Versuch in angewandtem »Veblenismus« bietet der frühe Essay »The Backward Art of Spending Money«, der die Institution der Familie in den Mittelpunkt stellt, einen »cultural lag« zwischen dieser Institution und der modernen Produktionsweise diagnostiziert, diesen Rückstand wiederum auf Obhut-Instinkte zurückführt und mit der Prognose eines eskalierenden Konfliktes zwischen urtriebgesteuerter Familie und rationalisierendem Wirtschaftsprozeß und der daraus resultierenden Anpassung der Familieninstitution schließt (vgl. Mitchell 1912).
26 Boulding 1957, S. 67.
27 Vgl. Friedman 1950.
28 Siehe jüngst Richter 1994, der die amerikanischen Institutionalisten en passant als »von Grund auf theoriefeindlich« (S. 2) einstuft; die Beschäftigung mit institutionellen Fragen sei dort »nicht analytisch« (ebd.) erfolgt.
29 Siehe zu Mitchells Auffassungen Mitchell 1924; Mitchell 1925; Burns 1952; Hirsch 1988.
30 Dieses Postulat geht nicht zuletzt auf den Einfluß John Deweys, in Chicago Mitchells Kollege, zurück.

nahmen sowie der Rationalitätsprämisse zugunsten einer komplexen Motivationsforschung. Um die für den ökonomischen Prozeß maßgeblichen »Verhaltensgewohnheiten der Massen« zu ergründen, bedürfe es einer »behavioristischen Sozialpsychologie«. Die wiederum fokussiere vor allem auf eine eminent wichtige Variable: die dominierenden »habits of thought«, die Institutionen. *Wenn Ökonomie eine empirisch gehaltvolle Verhaltenswissenschaft ist und wenn es die Institutionen sind, die maßgeblich verhaltensrelevant sind, und wenn der soziale, also institutionelle Wandel evident ist, dann kann eine Formulierung trans- oder ahistorischer Gesetzmäßigkeiten nicht Resultat einer solchen Wirtschaftswissenschaft sein.* So etwa läßt sich die Position Mitchells zuspitzen. Es ist die *Tatsache* sozialen Wandels, die ihn – sensibilisiert durch Veblen – universale Erklärungsansätze verwerfen ließ. In den Worten F.K. Manns: »So übernahm er [Mitchell] von ihm [Veblen] den Gedanken, daß jedem Zeitpunkt und jedem Kulturmilieu eigene Formen menschlichen Verhaltens entsprächen und daß diese Formen in dauernder Entwicklung begriffen wären. Daraus folgte, daß die Wirtschaftsprozesse nicht als uniforme Schemata aufgefaßt werden durften. Sie wären in ihrem geschichtlichen Wandel zu begreifen.«[31] Selbstverständlich spricht dies nicht gegen Hypothesenbildung und deren empirische Prüfung, worin Mitchell schließlich auch seine eigentliche Aufgabe sah. Seine Vorbehalte gegen die deduktive Methode und gegen die Gleichgewichtsanalyse im besonderen zielten auf die Axiome, auf deren apriorischen, nicht-empirischen Status.[32] Und so versuchte er, an die Gedankengänge der Klassiker anzuknüpfen und zu prüfen, ob deren Grundsätze und Begriffe bestätigt oder widerlegt werden müßten. Diese empirisch fundierte Suche nach zeitlich begrenzt gültigen, »realistischen« Verhaltensaussagen weicht kaum von der späteren Entwicklung der Ökonometrie ab. Mitchell hatte, von Veblens Kritik geleitet und motiviert durch das Ziel einer »praktischen«, wohlfahrtspolitischen Verwendung wissenschaftlicher Ergebnisse, die Entwicklung des ökonomischen Mainstream antizipiert. Mit einer Theorie institutionellen Wandels hatte dies freilich nichts zu tun.

Man kann sich – z.B. bei der Lektüre des Veblen-Kapitels in Mitchells theoriegeschichtlichem Werk *Types of Economic Theory*[33] –

---

31 Mann 1955, S. 211.
32 Vgl. zu diesem Aspekt als Versuch, »die Theorie gegen die Realität auszuspielen«, den Beitrag von Riese.
33 Mitchell 1969.

des Eindrucks nicht erwehren, daß Mitchell und Veblen nicht nur die unterschiedliche Forschungsprogrammatik trennte, sondern daß diese Divergenz Folge eines – trotz enger persönlicher Kontakte – großen Mißverständnisses um die »Neufundierung« der Ökonomik und die damit verbundenen Fragen der Deduktion, der Empirie und der Verhaltenstheorie war.[34] Das betrifft die Einschätzung der Instinktlehre (moderner verhaltenswissenschaftlicher Ansatz vs. Instrument der Sozialkritik), die Grundsätzlichkeit der Erkenntniskritik Veblens, die sich nicht einfach in Empirismus als »Realismus« auflösen läßt, ebenso die Frage nach einer *Theorie* institutionellen Wandels, die Veblen nach unserer Auffassung durchaus zu beantworten suchte und keineswegs, wie Mitchell, unter dem bloßen Hinweis auf die Kulturbedingtheit allen sozialen Geschehens opfern wollte. Mitchell kommt dann auch, aus seiner Warte folgerichtig, zu der abschließenden Bewertung: »[Veblen] got nothing more certain by his dazzling performances with another set of premises. (...) Can't you agreed that even Veblen's constructive work would have been in closer harmony with his critique of economic method if he were more patient in accumulating and presenting his evidence?«[35]

John R. Commons

John R. Commons und Thorstein Veblen sind sich, anders als Veblen und Mitchell, niemals begegnet. Obwohl Commons Veblen einige Anregungen verdankt und diese in seinen Hauptwerken auch offenlegte, wäre es unangemessen und nicht nachvollziehbar, Commons als Schüler Veblens zu bezeichnen. Beide verbindet weniger die methodologische Kritik am Mainstream; Commons verstand seine Arbeit ausdrücklich als komplementäre Wirtschaftsanalyse, die die ökonomische Theorie mit dem politischen Reformprozeß via Institutionenanalyse verknüpfen sollte. Gemeinsam ist Veblen und Commons der grundsätzliche Anspruch einer Theorie sozialen Wandels, die auch und vor allem motivationale Aspekte berücksichtigt. Den maßgeblichen, bei Veblen vermißten Zugang zur Institutionenanalyse formulierte Commons wie folgt: »I had read Veblen's brilliant criticism, beginning

---

34 Mitchells Vorstellungen kommen gut zum Ausdruck in Mitchell 1925. Diese Rede vor der »American Economic Association« ließ den Mitchell-Freund Schumpeter angesichts der dort geäußerten Auffassungen zur deduktiven Methode einen »amerikanischen Methodenstreit« befürchten.
35 Wesley Clair Mitchell, zitiert bei: Mitchell 1952, S. 90f.

in 1895, on the theories of the classical, socialistic, and psychological economists, and his suggestion that an evolutionary theory of value must be constructed out of the habits and customs of social life. But he had not studied the decisions of the courts which are based on these customs, and I went to work with my students digging directly out of the court decisions stretching over several hundred years the behavioristic theory of value on which they were working.«[36]

Commons' »Institutional Economics« soll hier nur soweit skizziert werden, wie es für eine Einschätzung der Relation zu Veblens Ansatz vonnöten ist.[37] Ausgehend von dem »basalen Prinzip« latenter knappheitsinduzierter Interessenkonflikte, analysiert Commons die Prozesse der Herausbildung gesellschaftlicher Arrangements, die durch *Beschränkung* individueller Freiheit zugleich die *Gewährleistung* individueller Freiheit und die *Potenzierung individueller Handlungsmöglichkeiten* fördern.[38] Erst diese Arrangements – »working rules«, konkretisiert in Gesetzen, Sitten und Gebräuchen – erlauben nach Commons eine Ausdifferenzierung der Gesellschaft als Grundlage von Wohlfahrtssteigerungen. Ihr Entstehen und Wandel ist Gegenstand seines theoretischen und reformpolitischen Interesses.

Commons faßt Institutionen als *Prozesse* des Entstehens von »working rules« auf (»collective action in control, liberation and expansion of individual action«): Individuen setzen wechselseitig Handlungsbeschränkungen (»working rules«) mittels »collective action« und erfahren Handlungsbeschränkungen in »individual action«. Aus diesen Erfahrungen speist sich wiederum die Motivation zur »collective action«, denn die Erfahrungen erweisen sich als *ambivalent*: sie beinhalten nicht nur die Restriktion eigener Möglichkeiten (»control«), sondern auch die Gewährleistung (»liberation«) und die Ausdehnung (»expansion«) eigener Handlungsoptionen durch die (als effektiv angenommene) Beschränkung der Möglichkeiten aller anderen. So entsteht ein mit den Erfahrungen rückgekoppelter Prozeß institutionellen

---

36 Commons 1924, S. VII.
37 Systematisch und komprimiert dargestellt ist der Ansatz bei Commons 1931. In elaborierter Form finden sich seine Ideen in den Hauptwerken Commons 1924 und Commons 1934. Eine kritische Rekonstruktion aus moderner institutionenökonomischer Sicht bietet Rutherford 1983. Aufschlußreich und bündig sind ferner die Abschnitte S. 247-256 und 274-282 in Reuter 1994.
38 Commons beansprucht für dieses Problemverständnis keinerlei Originalität. In bemerkenswerter, ausführlicher Weise legt er in *Institutional Economics* Rechenschaft über seine geistesgeschichtlichen Quellen ab (vgl. Commons 1934).

Wandels, der insofern fortschrittlich ist, als unter ständig sich günstig wandelnden Bedingungen ein immer neuer Konsens zur Lösung verbliebener und neu entstandener Konflikte erzielt werden kann.[39]

Die Motivation zur Schaffung von institutionellen Arrangements besteht, wie schon kurz erwähnt, in dem Ziel der *sozialen* Bewältigung des Knappheitsproblems durch Kooperation. Commons wählt mit dem *analytischen* Ausgangspunkt der Knappheit einen bemerkenswert orthodoxen Zugang. Die konkurrierenden Ansprüche erfordern Regelungen, wenn sie nicht durch unmittelbare Gewalt gelöst werden sollen. Institutionen dienen dazu, diese durch Knappheit hervorgerufenen Interessenkonflikte – via Verfügungsrechtszuweisung durch »working rules« – zu lösen. Andernfalls, ohne verhaltensstabilisierende, erwartungsbildende und handlungspotenzierende Regeln, gäbe es »little or no present value, present enterprise, present transactions, or present employment«[40]. Commons erachtet diese Herkunft institutioneller Arrangements, Folge der »universalen Prinzipien Knappheit, Effizienz, Zukunftsgerichtetheit«, als evident: »Working rules are necessary and their survival in history is contingent on their fitness to hold together in a continuing concern the overweening and unlimited selfishness of individuals pressed on by scarcity of resources.«[41]

Entscheidend ist nun Commons Folgerung: Wenn man sich institutionell bindet, treten die Folgen/Erfahrungen mit diesen Restriktionen/Optionen *primär* weder im Moment des Konsums noch der Produktion auf. Die Restriktionen/Optionen wirken auf einer vorgelagerten Ebene, dort, *wo Verfügungsrechte gehandelt werden* und wo Verfügungsrechte bereits aufgrund bestehender »working rules« verdünnt sind. Diesen Handlungsort nennt Commons Transaktionen (»transactions«). Transaktionen finden zwischen Individuen auf jeder beliebigen Ebene des Wirtschaftssystems unter dem Einfluß von (institutionenabhängig unterschiedlichen) »working rules« statt; sie sind nach Commons der systematische Ort ökonomisch relevanter Aktivität

---

39 Auch hier wird der erhebliche Einfluß Deweys und des Pragmatismus deutlich. Institutionen werden als *Mittel* aufgefaßt, die in einem kontinuierlichen Prozeß von »Erfahrung-Entscheidung-Handlung-Erfahrung« gestaltet werden; dies gilt auch für den legislativen Prozeß.
40 Commons 1950, S. 104.
41 Commons 1924, S. 138.

und daher auch der relevante Untersuchungsgegenstand institutioneller Ökonomik.[42]

Der vielschichtige Prozeß der Herausbildung neuer Regeln kann an dieser Stelle nicht näher beschrieben werden. Er berücksichtigt Transaktionen, klassifiziert nach »Ressourcenausstattung« und »Machtverhältnissen«, sowie den Einfluß von durch Marktprozesse generierten »limitierenden Faktoren«, die wiederum Rückwirkungen auf die Ausstattung der Akteure haben und die Einigung auf neue »working rules« erzwingen. Die Selektion untauglicher Regeln geschieht unter dem pragmatistischen Kriterium der »workability«, einer von allen geteilten Nützlichkeitsvorstellung auf der Basis eines »common ground«.

Mit der dualen Funktion von Institutionen – *restringierend* und zugleich *instrumentell* – gelingt Commons eine Konstruktion, die aus theoretischer Sicht keineswegs selbstverständlich ist. Ganz im Gegenteil: »It has been argued that much of the difficulty of dealing with institutions in economic theory comes from this apparent contradiction in roles.«[43] Die Voraussetzungen der Commonsschen Vorstellungen sozialen Wandels sind allerdings recht stark. Die Nützlichkeitserwägungen zur Beurteilung von Institutionen (»workability«) bedürfen einer gemeinsamen Wertbasis. Das Entstehen einer solchen sozialen Ordnung erfordert aber, bei latentem Konfliktpotential, nicht nur diese einheitliche Grundhaltung, sondern ebenso einen fortwährenden Interessenausgleich zum Erhalt der gemeinsamen Wertebasis.[44]

---

42 »Individuelle Aktionen sind in der Tat *Trans*-Aktionen, sie sind weder Individualverhalten noch 'Austausch' von Gütern. Es ist dieser Schritt von Gütern und Individuen zu Transaktionen und kollektiv festgelegten Handlungsregeln [»working rules of collective action«], der den Übergang von der Klassischen und der Grenznutzenschule zur institutionalistischen Schule markiert. Der Schritt bedeutet einen Wandel in der entscheidenden ökonomischen Untersuchungseinheit. Die klassischen und marginalistischen Ökonomen ... gründen ihre Theorien auf die Beziehung zwischen Individuum und Natur, der Institutionalismus hingegen ist die Beziehung zwischen Individuen.« (Commons 1931, S. 651f.; unsere Übersetzung)

43 Rutherford 1983, S. 722. Dieser Aspekt erscheint vielen Institutionenökonomen als fundamental und findet u.a. immer wieder Erwähnung in der Frage des Verhältnisses von Institutionalismus und Neuer Institutionenökonomik (vgl. z.B. Katterle 1990).

44 Zu den Mängeln des Ansatzes aus moderner Sicht siehe Rutherford 1983, S. 735f. Rutherford nennt als fehlende Aspekte Free-Rider-Verhalten, Transaktionskosten, Externalitäten und einen kritischen Ansatz zu bürokratischem Verhalten.

Vor dem Hintergrund dieses Ansatzes und seiner Prämissen kann Commons' *scharfe Ablehnung der Veblenschen Dichotomie* als Grundmuster des evolutorischen Prozesses nicht erstaunen: »The historical explanation of Veblen's cynical antithesis of business and industry is in the failure to trace out the evolution of business customs under the decisions of the courts, as he has traced the technological customs. Such an investigation reveals the evolution of his 'intangible property,' which has consisted in making the distinction, not allowed by Veblen, between goodwill and privilege, goodwill being the reasonable exercise of the power to withhold, and privilege being the unreasonable exercise of that power.«[45] Commons stellt rationale, konsensuelle Entscheidungsprozesse in den Mittelpunkt, die auf »reasonable values« basieren und deren Abfolge den institutionellen Wandel – die politisch-gesellschaftliche Reform – lenkt. Mit diesem vollkommen individualistischen, normativ-instrumentellen und meliorativen Ansatz tun sich erhebliche methodologische und inhaltlich-theoretische Differenzen zu Veblen auf,[46] die sich im Institutionalismus fortwährend reproduzieren und zunächst auch die »starke Phase« des Institutionalismus in den USA prägten.

IV.

Commons hatte, vornehmlich in Wisconsin, beträchtlichen Einfluß auf die Arbeits- und allgemein die Sozialgesetzgebung. Und es waren Commons' Schüler, die »zu den wichtigsten Protagonisten im Kampf um den 'New Deal' und die Einführung wohlfahrtsstaatlicher Prinzipien in die Wirtschaftspolitik der Vereinigten Staaten«[47] wurden.[48] Die Würdigung Commons' bezieht sich dann auch – bis in die Gegenwart – mehr auf diese wohlfahrtspolitische Aktivität als auf den theoretischen Gehalt seines Ansatzes. Schließlich weist Commons selbst darauf hin, er habe seinen Schülern den eigenen institutionellen Ansatz nur unzureichend vermitteln können.[49]

---

45 Commons 1934, S. 673.
46 Vgl. explizit zum Verhältnis von Veblen und Commons Zingler 1974; Rutherford 1983; Hamilton 1953.
47 Pribram 1983, S. 672.
48 Vgl. z.B. Bromley 1994.
49 Vgl. Commons 1934, Kapitel I.

Der Institutionalismus erwies sich gerade in dieser Hinsicht als ambivalent. Die Kritik Veblens an der Wirtschaftstheorie wurde als programmatischer Aufruf zu ihrer Erneuerung aufgefaßt, während eine zweite Stoßrichtung des Institutionalismus fraglos Gesellschaftskritik und -reform[50] war. Die Forderung nach Revision der Theorie begleitete eine Sozialkritik der »herrschenden Institutionen« und des kapitalistischen Systems. Mit Blick auf diese duale Form institutionalistischer Aktivitäten wurde das Erscheinungsbild der »Bewegung« vielfach als diffus bemängelt, ein Eindruck, der sich beim Versuch der Eingrenzung ihrer divergenten theoretischen Ansätze noch verstärkte. Solche Probleme bestimmten fortan maßgeblich die Rezeption. Eine Variante war die »Rebellion junger Leute«. Der institutionalistischen Ökonomie wurde »Trendcharakter«[51] attestiert, und Ökonomen wie Kenneth Boulding verorteten das »Wesen« des Institutionalismus in »zum Teil moralisch bedingten Meinungsverschiedenheiten«[52]. Wenngleich solche Vorwürfe nicht ganz von der Hand zu weisen waren, so galten sie doch nur partiell, verhinderten aber nachhaltig eine angemessene Beurteilung der theoretischen Facetten institutionalistischer Arbeiten. Hutchison und Boulding, auf der Suche nach der Schumpeterschen »one doctrine«, fanden nur eine »Bewegung ohne inneren Zusammenhang«.[53]

Die *gemeinsame* Überzeugung bestand darin, Wirtschaftswissenschaft mit pragmatistischer Philosophie und behavioristischer Psychologie zu fundieren, mithin die Gültigkeit von Aussagen aus Beobachtung und Erfahrung abzuleiten. Konstitutives Merkmal war darüber hinaus die Relevanz, die den »Institutionen« für die Wirtschaftsanalyse zugeschrieben wurde, wenngleich der Institutionenbegriff in großer Bandbreite definiert wurde; im diesem Kontext wurde die grundsätzliche Frage um das Verhältnis von Ökonomie und Soziologie fortwährend erörtert. Trotz dieser »Gemeinsamkeiten« entwickelten sich ganz unterschiedliche Schwerpunkte.[54] Dazu zählten neben den »Veblenians« die quantitativ-statistische Richtung (mit Mitchell und

---

50 Wofür Veblens Werke ebenso eine reiche Quelle darstellten.
51 Flügge 1927, S. 340. Vgl. dazu auch Riese 1975, S. 44-47.
52 Boulding 1957, S. 62f.
53 Vgl. Hutchison 1984; Boulding 1957.
54 Vgl. z.B. Gruchy 1947; Gruchy 1972; Stadler 1983. Die Sekundärliteratur zu diesem Thema ist recht umfangreich. Viele der interessanten Aufsätze sind zusammengefaßt in Samuels 1988, Blaug 1992 und Blaug 1992a. Eine kritisch-ablehnende, teils sehr polemische, aber dennoch informative Version bietet Pribram 1983, S. 789-798.

Mills) und die Schüler und Anhänger Commons' mit einem Forschungsprogramm entsprechend den Commonsschen politischen Reformvorschlägen (»Wisconsin School«).

Veblen und in der Folge Clarence E. Ayres[55] gingen von einem Entwicklungsprimat der Technologie aus. Anders als in Europa, wo bei Sombart der »Geist des Kapitalismus« oder bei Weber die moralische und soziale Haltung infolge der Reformation als kapitalistische Triebkräfte identifiziert wurden, hatte in den USA Simon N. Patten den später von Veblen übernommenen Gedanken eines »cultural lag« der Institutionen, einer »verzögerten« bzw. »nachhinkenden Entwicklung« gegenüber dem technologischen Potential formuliert. Viele institutionalistische Beiträge der zwanziger und dreißiger Jahre schlossen daran an und arbeiteten den »zeremoniellen«, d.h. nicht-instrumentellen und dysfunktionalen Charakter von Institutionen heraus. Mit dem Postulat der Reformierbarkeit und Reformbedürftigkeit des Kapitalismus verbanden sich Forderungen nach nationaler Wirtschaftsplanung zum Zweck der Abstimmung von Produktionspotential und wirtschaftlicher Organisation. Der Institutionalismus machte damit einen ersten Schritt zur Begründung der »Wohlfahrtsökonomik«.[56]

Veblens Rolle bzw. Funktion in dieser Zeit ist bemerkenswert: Er war populär, obwohl schon damals seine Schriften keineswegs einheitlich als Theorie, Lehre oder Epistemologie rezipiert wurden. An Mitchells Auffassungen haben wir dies schon verdeutlicht. In viel stärkerem Maße wurden Veblens Begrifflichkeiten und die Kritik übernommen (Evolutionäre Ökonomie, Ablehnung der Gleichgewichtsanalyse, Kritik am Marginalismus als Hedonismus, Ablehnung von Abstraktion und Metaphernbildung in der Wirtschaftsanalyse, Rekurs auf Instinktansätze, Diagnose »kultureller Verzögerung«), wobei Interpretation und Gewichtung dieser Aspekte divergierten und die unterschiedlichsten Resultate hervorbrachten.

An einem von Rexford G. Tugwell herausgegebenen Sammelband,[57] dem wegen mangelnder Kongruenz nicht recht geglückten und sogar von den Autoren kritisierten »Manifest des Institutionalismus«, waren u.a. John Maurice Clark und Frank H. Knight beteiligt. Beiden kam eine Sonderrolle zu, denn sie distanzierten sich zwar vom

---

55 Vgl. Ayres 1944. Zur Rolle von Clarence E. Ayres vgl. Gruchy 1972; Rutherford 1981; Stadler 1983; Blaug 1992a.
56 Vgl. Flügge 1927.
57 Vgl. Tugwell 1924.

Institutionalismus, nahmen aber fortwährend an dessen Diskursen mit (auch im Mainstream beachteten) Beiträgen teil. Knight lehnte den Preismechanismus als analytischen Gegenstand ökonomischer Interaktion und Koordination ab. Aus der Überzeugung heraus, Motivation könne nur als Ergebnis wirtschaftlicher Tätigkeit aufgefaßt werden und müsse notwendig Bestandteil ökonomischer Theoriebildung sein, beabsichtigte er, die Motivationsforschung auszubauen. Clark wollte allgemein soziologische Elemente in die ökonomische Theorie integrieren und formulierte, in großer inhaltlicher und terminologischer Nähe zu Max Weber, das Ziel einer »social economics«, die der notwendigen »Historisierung« ökonomischer Gesetze aufgrund motivational sich wandelnder Verhaltensvoraussetzungen Rechnung trägt. Die Beschäftigung mit dem Verhältnis von statischer und dynamischer Analyse ließ Clark eine skeptische Position gegenüber der Gleichgewichtsanalyse einnehmen.

Sicher ist Pribrams Einschätzung nicht von der Hand zu weisen, daß die »Suche nach gesellschaftlichen Spannungen und ihren möglichen ökonomischen Ursachen .. ein charakteristischer Zug im Denken nahezu aller Institutionalisten«[58] war. Dieses muß allerdings auch Ökonomen unbenommen bleiben und sollte nicht dazu führen, alternative wirtschaftstheoretische Vorstellungen und methodologische Einwände undifferenziert unter die Sozialkritik zu subsumieren. Der Terminus »Institutionalismus«, der auch hier nicht weiter problematisiert wurde, trägt zudem zu einer undifferenzierten Rezeption bei. Die Spannweite der Ansätze legt es – nach unserer Auffassung – nahe, Autoren wie Veblen und Commons zunächst aus ihrem Werk heraus und nicht primär im Kontext eines wie auch immer verstandenen, aber perspektivisch doch einengenden »Institutionalismus« zu rezipieren.[59] Auch institutionalistische Selbsteinschätzungen sind in dieser Frage mitunter nicht hilfreich, da sie das Problem der Ambiguität zu oft ignorieren. Stadler stellt, schon mit Blick auf die spätere Entwicklung, fest: »Betrachtet man die Diskussion der Institutionalisten um ihren eigenen *Ansatz*, dann stehen wohl Namen und Konzepte von Veblen und Ayres sowie von Galbraith und Myrdal im Mittelpunkt. Im Hinblick auf die Art und Weise der unmittelbaren *Problemlösung* sehr vieler institutionalistischer Arbeiten trifft diese 'theoretische' Ausrichtung im allgemeinen jedoch nicht zu. Es scheint, dass John R.

---

58 Pribram 1983, S. 794.
59 Vgl. als Rezeption in »paradigmatischen« Kategorien Elsner 1986 und, mit anderer Gewichtung, Reuter 1994.

Commons' direkter und indirekter Einfluß diesbezüglich weit nachhaltiger ist.«[60]

Die Gründe für den schließlich schwindenden Einfluß werden, was nicht überrascht, in der theoretischen (In-) Kompetenz und in politisch veränderten Rahmenbedingungen gesehen. Im Zusammenhang mit der Weltwirtschaftskrise sah Myrdal die modelltheoretisch argumentierenden Ökonometriker im Vorteil gegenüber einer evolutionär-institutionellen Argumentation: »In diesem Stadium paßten die von Keynes beeinflußten Wissenschaftler ihre theoretischen Modelle den Erfordernissen der Zeit an, so daß unser 'theoretischer' Ansatz[61] nunmehr auf breiterer Front einen Sieg errang.«[62] Hodgson verallgemeinert diesen Aspekt und beklagt die Vernachlässigung theoretischer – und explizit formaltheoretischer – Arbeit, die sich in Wettbewerbsnachteilen gegenüber der Neoklassik niedergeschlagen habe.[63] Andere Autoren betonen insbesondere die Rolle der »neoklassischen Synthese«, die den Keynesianismus in verkümmerter Form absorbierte und durch den damit verbundenen Bedeutungszuwachs nach dem zweiten Weltkrieg im wissenschaftlichen Wettbewerb weitgehend konkurrenzlos wurde.[64] Gruchy schließlich zieht ebenfalls externe Ursachen in Erwägung und hält die Diskreditierung des Planungsgedankens sowie andere veränderte politische Prioritäten für maßgeblich.[65] Wo auch immer die einzelnen Gründe liegen, die dominante Phase war beendet. Der Institutionalismus hatte in den folgenden Jahrzehnten zwar zahlreiche prominente Vertreter – Adolph Lowe, Gunnar Myrdal, John Kenneth Galbraith, Gerhard Colm, K. William Kapp –, konnte *als Ansatz* jedoch nicht in den Vordergrund der jeweils aktuellen Diskurse treten.

Die Qualität des amerikanischen Institutionalismus im engeren, wirtschafts*theoretischen* Sinne ist in den USA bis heute umstritten. Drei *Grundhaltungen* lassen sich ausmachen, die ohne Einschränkungen auch auf die Beurteilung Veblens übertragbar sind; die hier erstgenannte bezieht sich sogar ausdrücklich auf ihn:

– Der *Neoinstitutionalismus* ist bemüht, an die Werke von Veblen (und Ayres) anzuknüpfen. Viele seiner Vertreter sehen in diesen

---

60 Stadler 1983, S. 257 (Hervorhebungen im Original).
61 Myrdal arbeitete zu jenem Zeitpunkt noch vorwiegend ökonometrisch.
62 Myrdal 1974, S. 16f.
63 Hodgson 1988, S. 21.
64 Vgl. Elsner 1986, S. 296; Katterle 1990, S. 121.
65 Vgl. Gruchy 1972, S. 7f.

hinreichend Substanz und theoretische Anschlußmöglichkeit zur Formulierung eines institutionalistischen Veblen-Ayres-Paradigmas.[66] Einschränkend muß allerdings sogleich hinzugefügt werden, daß ein solches »Forschungsprogramm« das Meinungsspektrum nur unzureichend erfaßt. Die Frage, ob ein »moderner Institutionalismus« an Ayres, an die Dichotomie und an die instrumentelle Wertlehre anknüpfen kann, löste bereits Ende der 70er Jahre mehr oder minder starke Spaltungstendenzen aus, die schließlich zur Ausgliederung der »Association for Institutionalist Thought« (AFIT) aus der Hauptvereinigung »Association for Evolutionary Economics« (AFEE)[67] führten.

– Eine andere Position beziehen jene amerikanischen Ökonomen, die den Institutionalismus als *wirtschaftstheoretisch förderliche Epoche* einstufen. Es wird der positive Einfluß hervorgehoben, wichtige und relevante Fragen gestellt zu haben. So urteilt David Seckler: »Yet one cannot but feel that the course of American economics benefited from the institutionalist experience. It failed as a revolutionary doctrine, but succeeded perhaps as a reformist movement. Many of the best American economists of today would not be what they are had it not been for institutionalism, ...«[68] Und Boulding hielt zuvor, Ende der fünfziger Jahre, fest: »Im wissenschaftlichen Bereich müssen wir anerkennen, daß die Anlässe der Meinungsverschiedenheiten allesamt stichhaltig waren und dies bis heute geblieben sind.«[69]

– Diese Auffassung wiederum wird nicht geteilt von jenen, die im Institutionalismus vor allem einen destruktiven, fast maliziösen Einfluß sehen und ihn folglich *radikal ablehnen*. Pribram steht für diese Auffassung, wenn er soweit geht zu meinen, »daß die meisten amerikanischen Ökonomen, die um die Mitte dieses [zwanzigsten] Jahrhunderts zwischen fünfundvierzig und siebzig Jahre alt waren, in der Entwicklung ihres Denkens stark von Veblens Werk gehemmt wurden«[70]. Er vertritt darüber hinaus die Ansicht, daß die

---

66 Vgl. Gruchy 1947; Gruchy 1972.
67 Die AFEE publiziert das *Journal of Economic Issues*, ein Forum *neoinstitutionalistischer* Diskurse (im weitesten Sinne des Begriffs).
68 Seckler 1975, S. 10.
69 Boulding 1957, S. 73.
70 Pribram 1983, 670. In Eva Flügges Urteil von 1927 wird Pribram bestätigt: »Als Schumpeter im Jahre 1910 den Stand der Wirtschaftstheorie in den Vereinigten Staaten schilderte, sah er eine große Entwicklung der nationalökonomischen Theorie voraus. (...) Aber diese Prophezeiung ist doch nur zum kleinsten

ungerechtfertigte Kritik Veblens und der Institutionalisten an der »Ricardoschen Theorie« und am Marginalismus ursächlich gewesen sei für »die fortschreitende Aufsplitterung einer [in den Vereinigten Staaten] zuvor ziemlich einheitlichen Disziplin«[71].

Auch wenn man die Ursachen der wirtschaftstheoretischen Diversifizierung im 20. Jahrhundert anders verortet, so ist einer weiteren Einschätzung Pribrams vorbehaltlos zuzustimmen: »Außerhalb der Vereinigten Staaten blieben Veblens Schriften nahezu völlig unbekannt.«[72] Um dies in einer Richtung zu präzisieren: Im *Ideenwettbewerb* der *deutschsprachigen Ökonomik* dieses Jahrhunderts spielt Veblens Werk nahezu keine Rolle. Zwar hatte sich eine kleine Anzahl von deutschsprachigen Ökonomen seit den zwanziger Jahren in unterschiedlichem Forschungskontext mit Veblen (und dem Institutionalismus) auseinandergesetzt. Jedoch ist das Resultat dieser Bemühungen auf die Jahrzehnte und auf unterschiedlichste Publikationsformen (vorwiegend Dissertationen, Handwörterbuchaufsätze und Überblicksartikel, nahezu keine Monographien oder Beiträge in renommierten Fachzeitschriften) derart verstreut, daß von einem ökonomischen Diskurs in der deutschsprachigen Literatur keine Rede sein kann.[73] Jochen Röpkes Diktum von den »verschmähten 'Institutionalisten'« gilt auch im Hinblick auf Veblen und deutet zugleich vage an, daß die Gründe dieser geringen Rezeption nicht nur im Werk Veblens zu suchen sind, sondern auch, und vielleicht nicht einmal unerheblich, in der theoriegeschichtlichen Entwicklung deutscher Ökonomik liegen.[74]

Teil in Erfüllung gegangen. ... es dürfte kaum zu weit gehen, wenn man sagt, daß eine führende jüngere Generation von Theoretikern fehlt. In der jüngeren Generation bildet sich vielmehr eine Gruppe, die die theoretische Arbeit der letzten Jahrzehnte scharf kritisiert und ... zur Formung einer 'institutionalistischen' Wirtschaftswissenschaft [kommt].« (Flügge 1927, S. 337)

71 Pribram 1983, S. 676.
72 Pribram 1983, S. 670.
73 Als weiteres Indiz mag man werten, daß von den 11 Monographien und Aufsatzsammlungen Veblens lediglich die *Theorie der feinen Leute* ins Deutsche übersetzt wurde, und zwar erstmals 1958, also knapp sechzig Jahre nach der amerikanischen Erstveröffentlichung. Zudem wurde die bei Kiepenheuer und Witsch publizierte deutsche Übersetzung offenkundig vornehmlich an ein – zudem breiteres – *soziologisch* interessiertes Publikum adressiert (siehe das Vorwort der Soziologen Heintz und von Haselberg in Veblen 1899).
74 Es wäre vermessen, sich an dieser Stelle ernsthaft an eine Analyse der Rezeptionsfaktoren und -hemmnisse in der deutschsprachigen Theorieentwicklung zu wagen. Andererseits läßt sich wohl auch ohne eine differenzierte Erörterung

V.

Mit Blick auf die jüngeren Entwicklungen und Neuorientierungen in der ökonomischen Theorie wird gelegentlich von einer »neuen Unübersichtlichkeit« gesprochen.[75] Diese Unübersichtlichkeit ist vermutlich eine Folge der notwendigerweise mehr auf tastende Orientierung und Grundlagendiskussion als auf Geschlossenheit und Verfeinerung zielenden ersten Forschungsbemühungen. Wenn man sich zwei der führenden Forschungsprogramme dieser jüngeren Theorienentwicklung anschaut, die *Evolutorische Ökonomik* und die *Neue Institutionenökonomik*, dann fällt vor allem ihre methodische und theoretische Heterogenität auf. In der Evolutorischen Ökonomik koexistieren neoschumpeterianische Ansätze, die mit Hilfe der nicht-linearen Dynamik technologische Diffusionsprozesse abbilden, neben neo-österreichischer Marktprozeßtheorie, in der einige Autoren für das Problem innovativer Handlungen sogar die Hermeneutik bemühen möchten, und Ansätzen der evolutorischen Spieltheorie. Unter Neuer Institutionenökonomik im weitesten Sinne firmieren dezidert normativ ausgerichtete Konzepte wie die Buchanansche Verfassungsökonomik neben transaktionskostentheoretischen Ansätzen, die sich insbesondere der Analyse institutioneller Arrangements in Organisationen widmen, und spieltheoretischen Erklärungen der Funktion und Genese von Institutionen. Wenn man das Verhältnis dieser Ansätze zur Neoklassik betrachtet, fällt ins Auge, daß sich alle in irgendeiner Art und Weise von dieser abgrenzen wollen. In der Neuen Institutionenökonomik handelt es sich aber meistens um Weiterentwicklungen, Verallgemeinerungen und Ergänzungen, die den paradigmatischen Kern der neoklassischen Theorie, die Theorie rationaler Wahlhandlungen, unberührt lassen und durch die Einführung neuer Kategorien – wie z.B. Transaktionskosten – bestehende Abweichungen vom neoklassischen

---

festhalten, daß die Bedingungen für die Aufnahme des Institutionalismus im deutschen Sprachraum eher ungünstig waren; dies zum einen, weil der Institutionalismus immer in engen Zusammenhang mit der später stigmatisierten Historischen Schule gestellt wurde, und zum anderen, weil Schumpeter zwar versuchte, in Anlehnung an Max Webers Position im Methodenstreit eine »Wirtschaftssoziologie« zu konstituieren, dabei jedoch den Institutionalismus – und Veblen – scharf kritisierte. Schließlich ist, mit der forschungspraktischen Dominanz der Neoklassik, auch und besonders die *Marginalisierung entwicklungsökonomischer Fragestellungen* hervorzuheben.

75 Man vergleiche z.B. Seifert/Priddat 1995.

Marktideal theoretisch verarbeiten können. Somit bleiben diese Ansätze systematisch an die neoklassische Theorie als Referenzmodell gebunden. In der Evolutorischen Ökonomik sind schon eher paradigmatische Neuentwicklungen zu beobachten, die sich von der neoklassischen Gleichgewichtsvorstellung verabschieden und zudem nicht notwendig mit der Modellierung rationaler Entscheider verbunden sind. Zu nennen sind hier insbesondere einzelne neo-österreichische Konzepte, die evolutorische Spieltheorie, die nicht-lineare Dynamik und die Selbstorganisationstheorie. Über diese Vielfältigkeit der Ansätze hinaus erschwert ihre eigentümliche Beziehung zur ökonomischen Theoriegeschichte die Orientierung: Manche der jüngeren Forschungsbemühungen suchen frühzeitig explizit die Anbindung an bestimmte Richtungen, Schulen oder einzelne Ökonomen – teilweise in der Absicht eines gezielten paradigmatischen Rückgriffs –, andere hingegen formulieren im extremsten Fall die Selbsteinschätzung einer quasi-voraussetzungslosen Innovation.

Die zu konstatierende Unübersichtlichkeit wird noch verstärkt, wenn man sich die Unterschiedlichkeit der Erkenntnisprobleme vor Augen führt. In einer sehr stilisierten Darstellungsweise wären derer fünf zu nennen:

1. Auf einer eher abstrakten Ebene bewegen sich Forschungen in der Evolutorischen Ökonomik, die die Bedeutung und Funktion von Innovationen für die wirtschaftliche Entwicklung, verbunden mit einer Analyse ihrer Enstehungsbedingungen im Marktprozeß, analysieren.
2. Konkreter werden Modelle der Evolutorischen Ökonomik, die die Interdependenz von technologischer und ökonomischer Entwicklung mit Hilfe von Bemühungen um die Endogenisierung des technischen Fortschritts abbilden wollen.
3. Der Einfluß der institutionellen Ordnung auf die wirtschaftliche Entwicklung von Volkswirtschaften, insbesondere als Erklärungsmoment für fehlende oder vorhandene Prosperität, ist eine weit verbreitete Frage in der Neuen Institutionenökonomik.
4. Das zentrale Thema der Neuen Institutionenökonomik ist sicherlich die Stabilisation von Kooperation und dadurch zu generierenden Renten durch institutionelle Arrangements sowohl auf der Ebene des Staates als auch auf Organisationsebene. Auf diesem Feld liegen normative und positive Problemstellungen eng beieinander.

5. *Allgemeinere* Ansätze der Neuen Institutionenökonomik nehmen sich den Fragen der Entstehung und des Wandels von Institutionen an.

Stilisiert man diese Problemfelder noch ein Stück mehr, dann kann in einer sehr allgemeinen Sprachweise behauptet werden, daß sich die meisten Ansätze (vielleicht mit Ausnahme der Verfassungs- und Transaktionskostenökonomik) mit *wirtschaftlicher Entwicklung und ihrer Koordination* beschäftigen. Die Koordinationsproblematik wird dabei in der Tradition der ökonomischen Klassik in ihrer Bedeutung für die Entwicklung der Volkswirtschaft betrachtet und nicht in neoklassischer Perspektive allokationstheoretisch gelöst. Entscheidend ist nun aber, daß zur Behandlung dieser Frage, je nach Problemstellung, entweder die technologische Umwelt oder die institutionelle Ordnung aus dem Datenkranz herausgeflochten und theoretisch endogenisiert werden muß.[76] Institutioneller und technologischer Wandel sind die zentralen Explananda der modernen Theorie der wirtschaftlichen Evolution. Um die Reichweite der Konzepte der klassischen Nationalökonomie zu übertreffen, ist die moderne Theorie nun allerdings gefordert, theoretische Ansätze zur Erklärung dieser beiden Phänomene zu liefern – Ansätze, die *insbesondere die Interdependenz von institutioneller, technologischer und ökonomischer Entwicklung abbilden können.*

Wenn man das zuletzt gesagte bis auf Ausnahmen als gemeinsamen Wegweiser[77] aus der »neuen Unübersichtlichkeit« heraus akzeptiert und gleichzeitig die Ansicht vertritt, daß damit auch das Veblensche Forschungsprogramm zutreffend charakterisiert ist, liegt hierin die Antwort auf die Frage nach der Bedeutung Veblens für die aktuelle Theorieentwicklung. Diese Behauptung teilen naturgemäß nur diejenigen, die überhaupt ein Forschungsprogramm mit einem eigenen Ansatz bei Veblen zu identifizieren meinen und dieses in systematischer Absicht weiterentwickeln wollen. Jene, die der Auffassung sind, es mangele Veblen an einer positiven Theorie, da er dieses Ziel gar nicht verfolgt habe (Helge Peukert), oder meinen, Veblen »scheitere schon aus methodischen Gründen« (Hajo Riese), sehen den »Fall Veblen« zwangsläufig kritischer. Die Beiträge dieses Buches – wir stel-

---

76 Die Frage, ob dazu auch die Präferenzen endogenisiert werden müssen, ist offen und von der Problemstellung abhängig.
77 Ein Wegweiser, der, zugegeben, etwas undeutlich zu lesen ist.

len sie im folgenden vor – nehmen in dieser Hinsicht, wie schon angedeutet, unterschiedliche Positionen ein.

VI.

Einer der interessantesten Ausgangspunkte der Beschäftigung mit Veblen ist dessen aus evolutionstheoretischer Perspektive formulierte Kritik an der ökonomischen Orthodoxie. Diese Kritik ist das zentrale Thema seines Aufsatzes »Why is Economics not an Evolutionary Science?« von 1898. Ausgehend von diesem Aufsatz, unternimmt **Reinhard Penz** in seinem Beitrag *Thorstein Veblens evolutorische Methodik* den Versuch einer modernen Rekonstruktion dieser Kritik und ihrer Implikationen für die Theorienbildung. Zunächst werden hierzu die drei entscheidenden Argumentationsstränge der Veblenschen Kritik an der Nationalökonomie präsentiert: *erstens* der Vorwurf, die Ökonomie seiner Zeit beruhe auf einer zur Beschreibung menschlichen Verhaltens inadäquaten hedonistischen Psychologie; *zweitens* die Behauptung, die Analysemethode der Ökonomik basiere auf der anti-evolutionären Vorstellung teleologisch determinierter Systemendzustände; *drittens* die Kritik an der deduktiven Methodik, die nach Veblens Auffassung dazu geeignet sei, die Wirklichkeitswahrnehmung durch institutionell geprägte Vorurteile zu verzerren. Es zeigt sich, daß die Veblensche Kritik nur vor dem Hintergrund seiner Vorstellungen über das Theoriedesign einer zukünftigen evolutorischen Ökonomik verständlich ist. Dieses besteht vorrangig in der verhaltenstheoretischen Fundierung einer alternativen ökonomischen Handlungstheorie. Handlungen seien nach Veblen bestimmt durch gewohnheitsähnliche Denkmodelle (»habits of thought«), die auf der Ebene der externen Selektion generiert und auf der Ebene der internen Selektion stabilisiert würden. Penz beschäftigt sich im folgenden mit der Frage, ob der Veblensche Ansatz nun seinerseits den Charakter einer evolutorischen Theorie aufweise. Anhand eines im Aufsatz entwickelten begrifflichen Kriterienrasters, das die Mindestbedingungen evolutorischer Theorienbildung formuliert, wird diese Frage bejaht. Abschließend wird der Veblensche Institutionalismus mit der Northschen Theorie des institutionellen Wandels verglichen. Der entscheidende Unterschied zeigt sich in der bei North (noch) fehlenden verhaltenstheoretischen Einbettung ökonomischen Handelns, die seiner Theorie erst den Status einer evolutorischen Konzeption geben würde. Der Beitrag schließt mit einigen allgemeinen Bemerkungen zur zukünftigen Theoriebildungsstrategie in der Institutionellen und Evolutorischen Ökonomik.

Die Redeweise von der »verhaltenstheoretischen Fundierung ökonomischen Handelns« verlangt nach einer eingehenderen Explikation. **Carsten Herrmann-Pillath** sieht in seinem Aufsatz *Thorstein Veblens Menschenbild: Theoretische Grundlagen und empirische Relevanz* für die Evolutorische Ökonomik die Notwendigkeit, ein eigenes, alternatives Menschenbild zu formulieren, wenn diese Theorieentwicklung nicht im Schutzgürtel des neoklassischen Mainstream enden soll, um dort evolutorische und institutionelle Fragen zu lösen, die im harten Kern nicht beantwortet werden können. Zu diesem Zweck untersucht Herrmann-Pillath im folgenden, ob sich bei Veblen die Fundamente eines solchen Menschenbildes finden lassen. Mittels der Methode einer »systematischen Vervollständigung« werden die Grundzüge des Veblenschen Menschenbildes weiterentwickelt. Herrmann-Pillath unterscheidet bei Veblen zwischen einer »kompetitiven« und einer »kreativen« Verhaltensfunktion. Erstere dominiert innerhalb einer institutionell determinierten Statusordnung und führt dazu, daß individuelle Handlungen gemäß dem Prinzip der Vermögensmaximierung gestaltet werden. *Oberhalb* der Statusordnungen liegt die Wirkungsebene der kreativen Verhaltensfunktion, begrifflich eng verbunden mit der Veblenschen Vorstellung vom »instinct of workmanship«. Auf dieser Ebene konkurrieren nicht Individuen, sondern Statusordnungen (Populationen) miteinander, und das Selektionskriterium ist in der Erfüllung der kreativen Verhaltensfunktion zu suchen. Langfristig wird somit die Evolution der Statusordnungen, also der zivilisatorische Prozeß, durch die Erfüllung der kreativen Verhaltensfunktion bestimmt. In einer empirischen, wirtschaftshistorischen Anwendung dieses Konzepts auf die wirtschaftliche Entwicklung Hong Kongs seit 1843 zeigt Herrmann-Pillath, daß man diese mit Hilfe des Begriffs der Statuskonkurrenz »zwischen und innerhalb der britischen und chinesischen Eliten« beschreiben kann. Abschließend betont der Autor nochmals, daß angesichts der Ausdifferenzierung des Forschungsprogramms der Evolutorischen Ökonomik eine systematische und integrative Begründung dieser Bemühungen vonnöten ist, und er zeigt, daß in den verschiedenen Spielarten dieser Richtung immer wieder Anschlußstellen zum Veblenschen Ansatz zu entdecken sind.

Die Unterscheidung in kompetitive und kreative Verhaltensfunktion impliziert einen potentiellen Konflikt zwischen beiden Funktionen. Dieser Konflikt ist die theoretische Basis der Veblenschen Kapitalismuskritik, mit der sich **Norbert Reuter** in seinem Aufsatz *Die Kapitalismuskritik Veblens. Zur Aktualität eines unorthodoxen Ansatzes* auseinandersetzt. Ausgehend von der Werttheorie Veblens, die den Ausgangspunkt der sogenannten *instrumentellen Wertlehre* des Institutionalismus darstellt, wird die Genese des Kapitalismus als Ausdruck barbarischer Verhaltensmuster beschrieben, die auf der Nachfrageseite einen durch die Statuskonkurrenz determinierten, demonstrativ verschwenderischen Konsum erzeugen und auf der Angebotsseite ausschließlich profitorientierte Produktionsentscheidungen zulassen. Diese Hegemonie von »leisure class« und »business class« etabliere im Kapitalismus eine »Kultur der Verschwendung«, die sowohl Quantität als auch Qualität der industriellen Produktion beeinträchtige. Reuter zeigt, daß es Veblen auf dieser Grundlage gelingt, eine eigene konjunkturtheoretische Erklärung für Wirtschaftskrisen zu entwickeln, die letztlich zu dem Befund kommt, daß der Kapitalismus in eine chronische Depression hineingeraten werde. Nachdem Reuter mit Veblen die damals gängigen (und bis heute aktuellen) wirtschaftspolitischen Eingriffe zur Lösung dieses Problems als Symptombehandlung abgelehnt hat, formuliert er die Grundzüge der Veblenschen Vorstellungen über Wirtschaftsplanung. Reuter konzidiert zwar, daß Veblen trotz seiner skurrilen Idee eines »soviet of technicians«, der die instrumentelle Vernunft durchsetzen soll, kein autokratisches Politikideal verfolgt habe, konstatiert jedoch ein demokratie- und planungstheoretisches Defizit in Veblens Ansatz. Dessen ungeachtet bescheinigt der Autor Veblens Sichtweise aktuelle Relevanz, die in erster Linie darin bestehe, ein alternatives Wertkriterium zum Markt zu entwickeln, welches die wirtschaftspolitische Intervention des Staates begründen könne. Mit einer Diskussion der aktuellen Weiterentwicklung der instrumentellen Wertlehre im Institutionalismus schließt der Beitrag.

Veblens kritische Sicht des Kapitalismus wirft die Frage auf, ob diese Kritik auf einer eigenständigen, auch analytisch befriedigenden, markttheoretischen Fundierung beruhe. **Jens Hölscher** setzt sich in seinem Aufsatz *Sozialer Wettbewerb und Stabilisierung von Armut* mit der preistheoretischen Kritik an Veblen auseinander und weist dessen Theorie die Funktion einer Ergänzung der neoklassischen Gleichgewichtstheorie zu. Veblen beschreibe die moderne Wirtschaftsweise als geprägt vom Antagonismus zwischen den Selektionsnormen der

»leisure class«, die Vermögensbesitz und »ability to pay« zu den Determinanten des gesellschaftlichen Status eines Individuums werden ließen, und dem »Archetypus« des »instinct of workmanship«. Daß Veblen nun die Preistheorie für irrelevant hielt, um diesen Antagonismus zu analysieren, beruhe auf seinem Mißverständnis der Gleichsetzung von *Grenznutzentheorie* und *Allgemeiner Gleichgewichtstheorie*. Die Veblensche Diagnose basiere nämlich implizit auf der Vorstellung einer durch den »instinct of workmanship« verursachten, verzögerten Anpassung an die Gleichgewichtsnorm der »leisure class«. Damit laufe Veblens Angriff gegen die Preistheorie in Hölschers Augen »auf Don Quichottes heldenhaftes Unternehmen gegen die Windmühlen hinaus«. Nach Hölschers Auffassung interpretiert man Veblens Ansatz zutreffender als *Ergänzung* der Preistheorie, weil er eine Erklärung der Evolution der in der Preistheorie vorausgesetzten Ordnungsstrukturen liefern kann: »Indem die neoklassische Gleichgewichtstheorie diese Ordnung als a priori ausgibt, wird die Analyse des ökonomischen Rahmens mit Denkverbot belegt, so daß lediglich eine Teleologie wirtschaftlicher Handlungsmöglichkeiten übrigbleibt, während Veblens Ansatz zu einer Theorie wirtschaftlicher Entwicklungsprozesse führt.« Die im Institutionalismus fehlende Objekt-Sphäre (Budgetrestriktion) determiniert dabei den empirischen Charakter dieses Ansatzes. Abschließend zeigt Hölscher, wie eine solche systematische Ergänzung der Neoklassik ein theoretisches Fundament für die Bestimmung des Existenzminimums liefern kann: Nach Veblen läge das Existenzminimum dort, wo gerade noch die Teilnahme am Statuswettbewerb und damit die Erfüllung der Normen der »leisure class« ermöglicht würde. Ein solches Kriterium wäre natürlich relativ, d.h. abhängig von den historisch variierenden Normen der »leisure class«.

Verwandt mit dem Problem einer fehlenden Theorie der Marktpreise ist die Unzulänglichkeit der Veblenschen Kapitaltheorie. Diesem Thema widmen sich **Ulrich Fehl** und **Carsten Schreiter** in ihrem Beitrag *Zu den kapitaltheoretischen Vorstellungen Thorstein Veblens*. Beginnend mit einer von Sympathie getragenen Interpretation der Veblenschen Methodik, insbesondere ihrer prozeßorientierten Sichtweise, versuchen die beiden Autoren, den Grundgedanken der Kapitaltheorie Veblens zu rekonstruieren: Kapitalgüter dienten nach Veblen der wirtschaftlichen Nutzung menschlichen Wissens. Ab einer bestimmten Entwicklungsstufe überschreite jedoch die Kapitalmenge eine Größenordnung, die sie für den Zweck wirtschaftlicher Nutzung nicht mehr jedem zugänglich mache. In diesem Tatbestand sähe

Veblen die Ursache des Kapitalprofits: gemeinschaftlich geteiltes Wissen würde privat angeeignet. In der kapitalistischen Konkurrenz führe nun die mit zunehmender Akkumulation verbundene Monopolisierung der Märkte zu einer Trennung von spezifischem technischen Wissen der Arbeiter und reinem »Marktwissen« der Kapitalisten. Damit einher ginge das Auftreten von Finanzholdings (»absentee ownership«), das die Ausdifferenzierung in produktives »tangibles Kapital« und rein gewinnorientiertes »intangibles Kapital« zur Folge habe. Fehl und Schreiter monieren die Unvollständigkeit und eine Reihe von analytischen Schwächen dieser Theorie. Obwohl die Autoren die von Veblen betonte Bedeutung des Wissensbegriffs für die Kapitaltheorie unterstützen, halten sie seine implizite Vorstellung von Wissen als jedem zugänglicher Gemeinschaftsbesitz für inadäquat. Es gibt nach Fehl und Schreiter eine mit der Entstehung der Arbeitsteilung verbundene Teilung von Wissen, die den Zugang zum gesellschaftlichen Wissen problematisch und vor allem nicht kostenlos macht. Zusammen mit dem Auftreten neuen Wissens und der Feststellung, daß Kapitalgüter nicht nur Wissen nutzen würden, sondern auch Träger desselben seien, ergibt sich eine Koordinationsproblematik, die ohne eine entsprechende – bei Veblen allerdings fehlende – Preis- und Markttheorie nicht theoretisch lösbar erscheint. Im übrigen wird gerade hier, beim Koordinationsproblem, die systematische und *produktive* Funktion von Institutionen deutlich. Dieses Defizit schlägt auch auf Veblens normative Implikationen (wenn es überhaupt Implikationen sind) durch, die auf einer Werttheorie fußen, die Marktbewertungen als irrelevant ansieht und diese theoretisch ignoriert.

Solche offenkundigen theoretischen Mängel haben Interpreten vielfach verleitet, Veblen als destruktiven Kritiker einzuordnen, dessen Bestreben keineswegs eine neue Art von Ökonomik gewesen sei, sondern lediglich die Zersetzung des Bestehenden. So befindet der amerikanische Wirtschaftswissenschaftler Henry W. Spiegel: ».. Veblen .. wanted to destroy the conventional approach by root and branch ...«[78] Offen blieb bei diesen Einschätzungen immer die Motivation Veblens, gar nicht zu sprechen davon, ob er seine Kritik vielleicht durch eine fundierte theoretische Position gestützt habe. **Helge Peukert** knüpft an diese offene Frage an und gibt in *Thorstein Veblens negative Dialektik: Ökonomischer Rationalismus, Empirismus und Evolutionismus – eine Kritik* eine provozierende Antwort. Er vertritt die Auffassung,

---

78 Spiegel 1983, S. 628.

Klassik und Neoklassik seien tatsächlich keineswegs in konstruktiver ökonomischer oder methodologischer Absicht kritisiert worden. Veblen habe statt dessen eine *philosophische*, rigoros skeptische *erkenntnistheoretische* Position gegen die Ökonomik vertreten: Jeder Versuch, die Ökonomie als Wissenschaft zu betreiben, bleibe verhaftet in den erkenntnismäßigen Grenzen raum-zeit- (d.h. kultur-) abhängiger Denkgewohnheiten, die die Wahrnehmung eines zwar existenten, aber in seinem Entwicklungsziel prinzipiell nicht erschließbaren Prozesses bestimmten. Daraus resultiere die raum-zeit-geprägte Dominanz spezifischer Deutungsschemata. Veblens Werk habe nach Peukert über allem das eine Ziel, diese vorherrschenden Deutungsschemata seiner Zeit (darunter die zeitgenössischen Deutungsschemata der Wirtschaftstheorie) »in einem dialektischen Verwirrspiel« als solche zu entlarven und radikal zu kritisieren. Veblens Äußerungen weisen mehrfach in die Richtung einer solchen erkenntnistheoretischen Auslegung.[79] Mithin fordere Veblen auch keine »Evolutorische Ökonomik«, sondern er begründe, warum – so Peukert – »die Wirtschaftswissenschaft *prinzipiell* keine evolutionäre Ökonomik« sei. Peukert bietet damit den Versuch einer umfassenden und geschlossenen Interpretation, die nicht nur die Intentionalität und Reflektiertheit der Kritik Veblens belegt, sondern auch die Intention seines gesamten Werkes alternativ erklärt.

Die Ökonomie stellt an Werkinterpretationen ihre ganz eigenen Anforderungen: Es ist nicht üblich und auch nicht wohlgelitten, Werkdeutungen allzu eng mit biographischen Details zu verknüpfen und dadurch den wissenschaftlichen Gehalt zu »relativieren«. Auseinandersetzungen mit Veblen stellten von Beginn an eine Ausnahme von diesem Prinzip dar; fast durchweg wird der Person Veblens ebensoviel Platz eingeräumt wie seinen Texten. Die biographischen Details, die manche Autoren zu einer »lifelong obsession with Veblen« (David Seckler) brachten, sind notorische Anekdoten, die sich schon früh zu einem Mythos verdichteten, der die Rezeption Veblens erheblich beeinflußte. **Ralf Schimmer** kritisiert in seinem Beitrag *Wider die*

---

79 »As would *necessarily* be the case, the point of view of economists has always been in large part the point of view of the enlightened common sense of their time. The spiritual attitude of a given generation of economists is therefore in good part a special outgrowth of the ideals and preconceptions current in the world about them.« (Veblen 1899/1900, S. 125; unsere Hervorhebung) Oder, in radikaler Diktion: »Economic laws are habits of thought.« (zitiert bei: Dorfman 1934/1961)

Legende von der unüberbrückbaren Distanz – Der amerikanische Populismus als normativer Grundgehalt der Veblenschen Sozialkritik massiv die stereotype Auffassung, Veblen sei aufgrund seiner Lebensumstände und der damit einhergehenden Detachierung von der amerikanischen Kultur und Gesellschaft ein normenfreier Olympier, ein »außerhalb der Gesellschaft anzusiedelnder Geist« gewesen und mithin prädestiniert zum »objektiven« Gesellschaftskritiker. Schimmer konfrontiert diesen Mythos mit der These eines maßgeblichen ideengeschichtlichen Einflusses des *Populismus* auf Auffassungen und Stil der Veblenschen Sozialkritik. Der Populismus war eine agrarisch getragene Protest- und Reformbewegung, die in den 80er und 90er Jahren gegen die Resultate der gesellschaftlichen Modernisierung in den USA agitierte und opponierte.[80] Der Beitrag belegt, daß sich neben der regionalen und lebensweltlichen Gemeinsamkeit tiefe Bezüge Veblens zum Populismus ausweisen lassen: das sozio-kulturelle Wertesystem, die Sozialkritik und die Terminologie derselben, die grundsätzliche Kritik an Wettbewerb, das gemeinsame Feindbild der Plutokratie, die berühmte Piraterie-Metapher, damit verbunden die Deutung archaischer Züge in der Gegenwart, die Statuskonkurrenz, die Idee einer gesamtgesellschaftlich gedachten Produktion und schließlich die alles überragende Dichotomie Business/Industry. Schimmer leistet eine aufschlußreiche Interpretation der »normativen Seite« Veblens, die zwar schon früh z.B. hinter dessen Instinktlehre entdeckt wurde,[81] deren Prägung aber bisher weitgehend offen blieb. Der Autor bietet eine Reinterpretation bisher als idiosynkratisch und bizarr empfundener Erscheinungsmerkmale Veblens, die sich hier als Symbole der agrarischen Reformbewegung des Populismus erweisen. So wird auch die Kleidung Veblens[82] (die manche Ökonomen fast mehr beschäftigte als Veblens Auffassungen zum institutionellen Wandel) erklärt, und zwar als Element des »egalitär-demokratischen Ethos der Populisten«. Schimmer verdeutlicht, daß die biographische Forschung mit dem Ziel einer kritischen Revision und Entmythologisierung des tradierten Veblen-Bildes wieder aufzunehmen ist und nur in eine umfassende Korrektur der

---

80 Im deutschen Sprachraum wird der Begriff vorwiegend aufgefaßt als opportunistische, auf die Gunst der Massen zielende politische Taktik. Diese Bedeutung steht in keinem direkten Zusammenhang mit der o.g. Bewegung.
81 Vgl. z.B. Mayberry 1969.
82 Es sei hier nochmals erwähnt: Es handelte sich um eine Waschbärenfell-Mütze, Cordhosen sowie Sicherheitsnadeln als Knopfersatz.

meinungsmonopolistischen Standard-Biographie von Joseph Dorfman[83] münden kann.

Thorstein Veblen hatte sich in seinem Werk mehrfach mit Adam Smith auseinandergesetzt, allerdings in sehr begrenztem Umfang. Er verifizierte bei Smith die These teleologischer Entwicklungsvorstellungen der Klassik; dazu zähle auch die Metapher der »invisible hand« als Ausdruck einer Harmoniedoktrin.[84] **Wolfram Elsner** stellt in seinem Beitrag *Thorstein Veblen und Adam Smith – explizite und faktische Rückgriffe* fest, daß Veblen angesichts einer solchen Einschätzung in der Smith-Interpretation des 19. Jahrhunderts (die sich auf das Buch I des *Wealth of Nations* gestützt habe) verhaftet geblieben sei, tatsächlich aber – vor dem Hintergrund eines gemeinsamen institutionentheoretischen Interesses – wesentlich mehr Bezüge zu Smith aufweist, als er selbst explizit aufgearbeitet hat. Elsner zieht die Kuhnsche Theorie wissenschaftlicher Revolutionen – mit ihren Phenomena der (partiell) inkommensurablen Paradigmata, der daraus resultierenden wissenschaftlichen Verluste und der wissenschaftsgeschichtlichen Rückgriffe als Bestandteil paradigmatischer Revolutionen – als Bezugspunkt heran und analysiert, »ob und in welchem Maße es bei der von Veblen eingeleiteten anti-neoklassischen, evolutionstheoretischen und institutionentheoretischen Revolution zu Rückgriffen auf von der Neoklassik nicht aufgenommenes klassisches Erbe gekommen ist«. Wolfram Elsner zeichnet pointiert den »Vergleich zweier Institutionalisten«, denen, im Gegensatz zur Neoklassik, die explizite Thematisierung des Institutionenproblems und das Verständnis des Wettbewerbssystems als differenzierter Institutionenkomplex gemeinsam ist. In der genaueren Analyse ergeben sich interessante Resultate in bezug auf das Erkenntnisinteresse, das Menschenbild, die technologisch-institutionelle Dichotomisierung als entwicklungstheoretischer Ansatz, Entwicklungsvorstellungen in organischer Analogie und die Funktionen und Funktionsbedingungen von Institutionen. Elsner vermittelt eindrücklich, daß die vermeintlich vorrangig theoriegeschichtliche Aufarbeitung sich – gerade durch das zugrundeliegende Erkenntnisobjekt – als ausgesprochen relevant für eine moderne, institutionentheoretisch fundierte ökonomische Wissenschaft erweist.

Die Verbindung zwischen deutscher Historischer Schule und amerikanischem Institutionalismus – die geistige Affinität, die ideenge-

---

83 Vgl. Dorfman 1934/1961.
84 Vgl. u.a. Veblen 1899/1900, Teil II.

schichtlichen Parallelen, schließlich die historischen Verflechtungen durch personalen Austausch – zog spätestens seit den 20er Jahren regelmäßig größere Aufmerksamkeit auf sich.[85] Kontroversen schlossen sich an, vor allem um die Beziehung des »amerikanischen Historismus«[86] zum deutschen Historismus und die damit einhergehende Frage nach der Originalität und dem geistigen Ursprung – amerikanisch oder europäisch? – des Institutionalismus.[87] Einen der interessantesten Aspekte, auch Teil dieser Kontroverse, stellt das Verhältnis Veblens zur deutschen Historischen Schule dar. Veblen selbst hatte offenkundig die deutschen Werke mit regem Interesse aufgenommen und bezog in Aufsätzen, Essays und Rezensionen mehrfach dazu Stellung, und zwar insbesondere zu den Arbeiten Gustav Schmollers. Unter anderem besprach er den ersten Teil von Schmollers *Grundriß der Volkswirtschaftslehre*, veröffentlicht 1901 als »Gustav Schmoller's Economics«[88]. **Horst K. Betz** und **Dixie Francovich** konzentrieren sich in ihrem Beitrag *Veblen über Schmoller* auf diese Rezension, anhand derer sie Veblens konkreten Blickwinkel auf Schmoller herausarbeiten – Zielsetzung, Methode und methodologische Auffassungen Schmollers sowie dessen Beiträge zum sozialen Wandel. Der Gehalt der Auseinandersetzung Veblens mit Schmoller wird schließlich einer kritischen Betrachtung unterzogen. In den von Betz und Francovich angesprochenen Themenbereichen Instinktlehre, Wissenstheorie, Rolle der technologischen Entwicklung, Privateigentum, Sozialismus und

---

85 Vgl. u.a. Flügge 1927; Montaner 1948; Dorfman 1955; Seckler 1975; Schmölders 1982; Mayhew 1987.
86 Siehe zu diesem Begriff Seckler 1975, S. 12ff., und Dorfman 1955.
87 Die unterschiedlichen Auffassungen zur Herkunft des amerikanischen Institutionalismus kulminieren regelmäßig in der Frage nach dem Einfluß der deutschen Historischen Schule. In historischer Perspektive weist Seckler nach, daß zwar ein amerikanischer Historismus zu Beginn der 70er Jahre und in den 80er Jahren des 19. Jahrhunderts existierte und sich eng an das deutsche Vorbild anlehnte, danach allerdings keine Befürworter mehr fand und schließlich bedeutungslos wurde. Anne Mayhew argumentiert darüber hinaus ideengeschichtlich-biographisch: Die Übereinstimmungen zwischen Historischer Schule und Institutionalismus ließen sich – dies gelte insbesondere für die Einflüsse auf Veblen – nicht zwingend auf die deutsche Historische Schule zurückführen. Ebenso plausibel und durch Quellenanalyse gut zu untermauern sei die Bedeutung der (die deutschen Einflüsse substituierenden) amerikanischen Einflüsse – des Pragmatismus (Peirce), der Kulturanthropologie (Morgan, Ward) und des (Sozial-)Darwinismus (Spencer, Sumner). Vgl. Seckler 1975, Kapitel 2; Mayhew 1987; Reuter 1994, S. 61ff.; Stadler 1983; Dorfman 1955.
88 Vgl. Veblen 1901.

Psychologie offenbart sich Veblens ambivalentes Verhältnis zu Schmoller (und zur jüngeren Historischen Schule): Den gemeinsamen Ressentiments gegen die Behauptung sozialer Naturgesetzlichkeiten und teleologischer Kausalitäten und dem gemeinsamen Erkenntnisinteresse am sozioökonomischen Wandel steht Veblens scharfe Ablehnung des »ethischen Tones der Allokation« (Birger Priddat) gegenüber, den die deutschen Ökonomen pflegten. Horst K. Betz und Dixie Francovich entschärfen diesen Einwand; sie zeigen, daß sich Veblens Entwicklungsmaxime der technischen Effizienz, die er dem Schmollerschen Ideal des institutionell-sittlichen Reformismus entgegenhält, als normatives Konstrukt erweist, welches Veblens implizite Wertvorstellungen einer »natürlichen Ordnung im Maschinenprozeß« verkörpert.

Die Frage, ob dem amerikanischen Institutionalismus eine eindeutige politische Grundhaltung eigen ist, hat auch Veblen-Exegeten über Jahrzehnte beschäftigt. Während Veblen wiederholt explizit einen *theoretisch-evolutionären* Gegenentwurf postulierte, der sich in seinem »puren« Positivismus um politische Implikationen und Verwertbarkeit nicht kümmern sollte, hatte und hat der Institutionalismus in den USA die Konnotation von Reformismus und Interventionismus.[89] Eine solche Auffassung über die Reformierbarkeit des Kapitalismus mußte auch die Polit-Ökonomen der sozialistischen Gesellschaften herausfordern.[90] **Günter Krause** liefert mit seinem Beitrag *Ein Amerikaner in der DDR oder Thorstein B. Veblen in der Optik von Offizialwissenschaften* eine differenzierte und anschauliche Darstellung und Interpretation der Veblen-Rezeption in der DDR. Den Rezeptionsbegriff sogleich spezifisch einschränkend – von einer »*Auf-* oder *Über*nahme fremden Gedankengutes« könne keine Rede sein –, zeigt Krause, warum (wie er eingangs feststellt) im »westlichen« Veblen-Diskurs »östliche« Quellen kaum auftauchen. Es habe nicht an Auseinandersetzungen mit Veblen gemangelt, es habe der »innerwissenschaftliche Wettbewerb unterschiedlicher Theorieprojekte« gefehlt. In einem ersten Teil skizziert Günter Krause das Resultat dieses ideologisch eingeschränkten Wettbewerbs: das Veblen-Bild, das die Literatur der marxistisch-leninistischen Offizialwissenschaften von Veblen

---

89 Eine Konnotation, die, siehe oben, erheblich und zu Recht auf John Roger Commons' Wirken zurückgeht.
90 Zudem gab es immer wieder »westliche« Debatten um das Verhältnis von Veblen zu Marx, die für staatssozialistische Ökonomen Anlaß zur Beschäftigung mit Veblen waren.

zeichnete. Im zweiten Teil analysiert Krause Gründe und Fundamente der »Verzeichnung des Veblen-Bildes«, darunter Herrschaftsmechanismen, der Generationenwandel nach der Gründergeneration und die Beschäftigung mit Veblen in der Sowjetunion. Krause bietet auf diese Weise zugleich eine aufschlußreiche Beschreibung des Profils von Offizialwissenschaften in staatssozialistischen Gesellschaften.

Veblen hat auch in der Umweltökonomik Spuren hinterlassen. K. William Kapp rekurriert in seinem klassischen Werk *Soziale Kosten der Marktwirtschaft* in zweifacher Weise auf den Institutionalisten. Veblen habe – aus einem sozio-kulturellen Theorieverständnis heraus – nicht nur überzeugende Analysen sozialer Kosten des Wirtschaftsprozesses geliefert, sondern mit dem Postulat der kumulativen Verursachung als evolutorischer Methodik »das Fundament eines alternativen Bezugssystems und Erklärungsprinzips gelegt ..., das seine Fruchtbarkeit bei jeder systematischen Anwendung bewiesen hat«[91]. Ungeachtet dieser Einschätzung wurde Veblen in der Umweltökonomik nach Kapp nicht wieder aufgegriffen. **Beat Bürgenmeier** begründet dies in seinem Beitrag *Umweltschutz in einer Veblenschen Perspektive* mit dem Fehlen eines evolutionären Ansatzes, der erst den Wirtschaftswissenschaften eine dezidierte umweltpolitische Gestaltungskompetenz verschaffen könnte. Bürgenmeier plädiert für ein die grundsätzlichen Einschränkungen der neoklassischen Theorie überwindendes, interdisziplinäres Konzept, das sich – als sozio-ökonomisches Forschungsprogramm – auch verhaltenstheoretischen Fragen (Motivationswandel und Präferenzbildung) stellt und »informelle« Institutionen in die Analyse integriert, das zugleich aber die naturwissenschaftlichen Zusammenhänge – wie derzeit in der Bioökonomie – in eine ganzheitliche Wirtschaftsprozeß-Naturprozeß-Betrachtung aufnimmt. Bürgenmeier zeigt, daß diese Forschungsprogramme vielfältige Bezüge zu den Arbeiten Thorstein Veblens aufweisen (Evolutorischer Ansatz in kritischer Analogie, Integration des politischen Prozesses, Präferenzwandel und Präferenzinterdependenzen, Berücksichtigung soziologischer Aspekte, z.B. gesellschaftlicher Machtverhältnisse) und auf eine »institutionelle« Umweltschutzpolitik zielen, die über die Veränderung von »Restriktionen« hinaus eine Veränderung des gesellschaftlichen Naturbildes bewirkt.

---

91 Kapp 1971, S. 32. Zur kumulativen Verursachung vgl. ebd., S. 19, und Kapp 1976.

Im abschließenden Beitrag *Institutionenökonomie und Marktökonomie* setzt sich **Hajo Riese** grundlegend mit den Möglichkeiten von Institutionenanalyse und Evolutionismus in der Wirtschaftswissenschaft auseinander. Veblen scheitert nach Riese an seiner »markttheoretischen Aporie«, die mit der »Preisgabe des Grenznutzenprinzips« gleichzeitig die »Preisgabe der werttheoretischen Fundierung der Ökonomie« in Kauf nimmt. Nach Veblen solle eine evolutionäre Theorie der Institutionen die Markttheorie substituieren, da die Entwicklung der institutionellen Bedingungen des Marktes als empirisches Faktum der genuine Gegenstand der Wirtschaftswissenschaft sei; dagegen stellten Grenznutzenprinzip und Gleichgewicht nur fiktive »preconceptions« dar. Mit solchen Argumenten, so Riese, versuche Veblen, Theorie und Realität gegeneinander auszuspielen: »Dynamik wird als Abbild der Realität präsentiert, Statik als Verweigerung der Realität.« Apriori der Theorienbildung sind nach Riese aber notwendigerweise exogen, und das notwendige Apriori ökonomischer Theorie sei der *Gleichgewichtsbegriff*. Da Veblens Ansatz diesen ablehne, würde ihm der Charakter einer ökonomischen Theorie genommen. Die eigentliche Aufgabe einer *ökonomischen* Theorie der Evolution liegt hingegen in einer systematischen Integration von Evolution und ökonomischem Prinzip, da der Erfolg von neuen Handlungsmöglichkeiten (Individualexperimente) durch Marktexperimente evaluiert wird und nur eine markttheoretisch fundierte Ökonomik diesen Vorgang abbilden kann: »Evolution zeigt sich somit an der Durchsetzung von Marktexperimenten« faßt Riese zusammen. Obwohl nun die *Neue Institutionenökonomie* in der Konstatierung institutionentheoretischer Defizite in der Neoklassik einen ähnlichen Ausgangspunkt wie Veblen wählt, gerät sie nicht in kulturwissenschaftliches Fahrwasser, da ihr mit dem *Transaktionskostenbegriff* eine werttheoretische Begründung von Institutionen gelingt. In »mustergültiger Weise« würden insbesondere bei Williamson »Institutionen in einen effizienztheoretischen Kontext« gestellt. Im »Fall Williamson« lautet Rieses Diagnose deshalb: »Neoklassik pur«. Der »Fall North« dagegen sei anders gelagert. Bei North kulminiert die unglückliche Verbindung von Effizienz- und Evolutionstheorie in einem historischen Determinismus, der letztendlich nichts anderes als eine Apologie der liberalen Ökonomie darstellt. In geradezu »marxistischer« Manier, so Riese, behauptet North, daß im Fortgang der Evolution »falsche Theorien« eliminiert würden. Die historische Wahrheit wird hierbei durch die neoklassische Effizienznorm repräsentiert, denn North ist »von der Überzeugung durchdrungen, daß die Neoklassik der Geschichte jene Norm liefert, die sie uns enträtselt«. Riese wendet sich abschließend den Grundzügen einer ökonomischen Theorie der Evolution aus Sicht des Monetärkeynesianismus zu. Er entwickelt vier verschiedene Aspekte, die in einer Evolutionstheorie Berücksichtigung finden müßten, und zeigt, daß der monetäre Keynesianismus diesen Ansprüchen genüge trägt. Somit ergibt sich bei Riese das sicherlich überraschende Ergebnis, daß die Wurzeln einer Evolutorischen Ökonomik nicht bei Veblen, Hayek oder Schumpeter, sondern bei Keynes zu suchen sind.

Literatur

Ayres, Clarence E. (1944): The Theory of Economic Progress, New York.
Blaug, Mark (ed.) (1992): Pioneers in Economics 32. Thorstein Veblen (1857-1929), Cambridge.
Blaug, Mark (ed.) (1992a): Pioneers in Economics 33. Wesley Mitchell (1874-1948), John Commons (1862-1945), Clarence Ayres (1891-1972), Cambridge.
Boulding, Kenneth E. (1957): Der Institutionalismus in neuer Sicht, in: A. Montaner (Hrsg.), Geschichte der Volkswirtschaftslehre, Köln, Berlin 1967, S. 62-74; engl.: A New Look at Institutionalism.
Bromley, Daniel W. (1994): Art. »Institutional Economics, Wisconsin School of«, in: G.M. Hodgson/W.J. Samuels/M.R. Tool (eds.), The Elgar Companion to Institutional and Evolutionary Economics A-K, S. 386-391.
Burns, Arthur F. (ed.) (1952): Wesley Clair Mitchell. The Economic Scientist. Publications of the NBER, No. 3, New York.
Commons, John R. (1924): Legal Foundations of Capitalism, Madison/Wisc. 1957.
Commons, John R. (1931): Institutional Economics, in: American Economic Review, Vol. 21, S. 648-657.
Commons, John R. (1934): Institutional Economics. Its Place in Political Economy, 2 Vols., Madison/Wisc. 1961.
Commons, John R. (1950): The Economics of Collective Action, New York.
Dorfman, Joseph (1934/1961): Thorstein Veblen and His America, New York 1961.
Dorfman, Joseph (1955): The Role of the German Historical School in American Economic Thought, in: American Economic Review, Papers and Proceedings, Vol. 45, S. 17-28.

Elsner, Wolfram (1986): Ökonomische Institutionenanalyse. Paradigmatische Entwicklung der ökonomischen Theorie und der Sinn eines Rückgriffs auf die ökonomische Klassik am Beispiel der Institutionenanalyse (»Property Rights«), Berlin.

Flügge, Eva (1927): »Institutionalismus« in der Nationalökonomie der Vereinigten Staaten, in: Jahrbücher für Nationalökonomie und Statistik, 126. Bd., III. Folge, S. 337-356.

Friedman, Milton (1950): Wesley C. Mitchell as an Economic Theorist, in: Journal of Political Economy, Vol. 58, S. 465-493.

Gruchy, Alan G. (1947): Modern Economic Thought. The American Contribution, New York 1967.

Gruchy, Alan G. (1972): Contemporary Economic Thought. The Contribution of Neo-Institutional Economics, Clifton.

Hamilton, David (1953): Veblen and Commons: A Case of Theoretical Convergence, in: W.J. Samuels (ed.), Institutional Economics, Vol. I, Aldershot 1988, S. 212-219.

Hirsch, Abraham (1988): What is an Empiricist? Wesley Clair Mitchell in Broader Perspective, in: M. Blaug (ed.), Pioneers in Economics. Wesley Mitchell (1874-1948), John Commons (1862-1945), Clarence Ayres (1891-1972), Cambridge 1992, S. 264-273.

Hodgson, Geoffrey M. (1988): Economics and Institutions – A Manifesto for a Modern Institutional Economics, Philadelphia.

Hodgson, Geoffrey M. (1993): Economics and Evolution. Bringing Life back into Economics, Cambridge.

Hutchison, Terence W. (1984): Institutionalist Economics Old and New, in: Journal of Institutional and Theoretical Economics, Vol. 140, S. 20-29.

Kapp, K. William (1971): Soziale Kosten der Marktwirtschaft, Frankfurt a. M. 1988.

Kapp, K. William (1976): The Nature and Significance of Institutional Economics, in: Kyklos, Vol. 29, S. 209-232.

Katterle, Siegfried (1990): Der Beitrag der institutionalistischen Ökonomik zur Wirtschaftsethik, in: P. Ulrich (Hrsg.), Auf der Suche nach einer modernen Wirtschaftsethik, Bern, Stuttgart, S. 121-144.

Mann, Fritz Karl (1955): Wirtschaftstheorie und Institutionalismus in den Vereinigten Staaten, in: W. Bernstorf, G. Eisermann (Hrsg.), Die Einheit der Sozialwissenschaften, Stuttgart 1955, S. 201-213.

Mayberry, Thomas C. (1969): Thorstein Veblen on Human Nature, in: American Journal of Economics and Sociology, Vol. 28, S. 315-323.

Mayhew, Anne (1987): The Beginnings of Institutionalism, in: Journal of Economic Issues, Vol. 21, S. 971-998.

Mirowski, Philip (1987): The Philosophical Bases of Institutionalist Economics, in: Journal of Economic Issues, Vol. 21, S. 1001-1038.

Mitchell, Lucy Sprague (1952): A Personal Sketch, in: A.F. Burns (ed.), Wesley Clair Mitchell. The Economic Scientist, New York, S. 55-106.

Mitchell, Wesley Clair (1912): The Backward Art of Spending Money, in: ders., The Backward Art of Spending Money and Other Essays, New York, London 1937, S. 3-19.
Mitchell, Wesley Clair (1924): The Prospects of Economics, in: R.G. Tugwell (ed.), The Trend of Economics, New York, S. 3-34.
Mitchell, Wesley Clair (1925): Quantitative Analysis in Economic Theory, in: American Economic Review, Vol. 15, S. 1-12.
Mitchell, Wesley Clair (1969): Types of Economic Theory. From Mercantilism to Institutionalism, Vol. II, New York.
Montaner, Antonio (1948): Der Institutionalismus als Epoche amerikanischer Geistesgeschichte, Tübingen.
Myrdal, Gunnar (1974): Anstelle von Memoiren, Frankfurt a. M.
Myrdal, Gunnar (1977): The Meaning and Validity of Institutional Economics, in: R. Steppacher u.a. (eds.), Economics in Institutional Perspective, Lexington/Mass., Toronto.
Pribram, Karl (1983): Geschichte des ökonomischen Denkens, Frankfurt a. M. 1992; engl.: A History of Economic Reasoning.
Reuter, Norbert (1994): Der Institutionalismus. Geschichte und Theorie der evolutionären Ökonomie, Marburg.
Richter, Rudolf (1994): Institutionen ökonomisch analysiert. Zur jüngeren Entwicklung auf einem Gebiet der Wirtschaftstheorie, Tübingen.
Riese, Hajo (1975): Wohlfahrt und Wirtschaftspolitik, Reinbek bei Hamburg.
Rutherford, Malcolm (1981): Clarence Ayres and the Instrumental Theory of Value, in: Journal of Economic Issues, Vol. 15, S. 657-673.
Rutherford, Malcolm (1983): J.R. Commons's Institutional Economics, in: Journal of Economic Issues, Vol. 17, S. 721-744.
Rutherford, Malcolm (1984): Thorstein Veblen and the Processes of Institutional Change, in: History of Political Economy, Vol. 16, S. 331-348.
Samuels, Warren J. (ed.) (1988): Institutional Economics, Vol. I-III, Aldershot.
Schmölders, Günter (1982): Art. »Theorienbildung in der Volkswirtschaftslehre, Geschichte«, in: W. Albers u.a. (Hrsg.), Handwörterbuch der Wirtschaftswissenschaft (HdWW), Bd. 9, Stuttgart u.a., S. 425-446.
Schumpeter, Joseph A. (1965): Geschichte der Ökonomischen Analyse, Göttingen.
Seckler, David (1975): Thorstein Veblen and the Institutionalists. A Study in the Social Philosophy of Economics, London and Basingstoke.
Seifert, Eberhard K./Priddat, Birger P. (1995): Neuorientierungen in der ökonomischen Theorie. Zur moralischen, institutionellen und evolutorischen Dimension des Wirtschaftens, Marburg.
Spiegel, Henry W. (1983): The Growth of Economic Thought, Rev. and exp. ed., Durham, North Carolina.

Stadler, Markus (1983): Institutionalismus heute. Kritische Auseinandersetzung mit einer unorthodoxen wirtschaftswissenschaftlichen Bewegung, Frankfurt a. M., New York.
Tugwell, Rexford G. (ed.) (1924): The Trend of Economics, New York.
Veblen, Thorstein (1898): »Why is Economics not an Evolutionary Science?«, in: The Quarterly Journal of Economics, Vol. 12, S. 373-397 (Repr. Millwood, New York 1975).
Veblen, Thorstein (1899): Theorie der feinen Leute. Eine ökonomische Untersuchung der Institutionen, dt. 1958, Frankfurt a. M. 1986; engl.: The Theory of the Leisure Class.
Veblen, Thorstein (1899/1900): The Preconceptions of Economic Science I-III, in: The Quarterly Journal of Economics, Vol. 13, S. 121-150, 396-426, Vol. 14, S. 240-269 (Repr. Millwood, New York 1975).
Veblen, Thorstein (1901): »Gustav Schmoller's Economics«, in: The Quarterly Journal of Economics, Vol. 16, S. 69-93 (Repr. Millwood, New York 1975).
Veblen, Thorstein (1909): The Limitations of Marginal Utility, in: The Journal of Political Economy, Vol. 17, S. 620-636 (Bobbs-Merrill Reprint Series in Economics).
Veblen, Thorstein (1914): The Instinct of Workmanship and the State of the Industrial Arts, Nachdruck, New York 1964.
Veblen, Thorstein (1915): Imperial Germany and the Industrial Revolution, Nachdruck, Westport/Connecticut 1984.
Walker, Donald A. (1977): Thorstein Veblen's Economic System, in: Economic Inquiry, Vol. 15, S. 213-237.
Zingler, Ervin K. (1974): Veblen vs. Commons: A Comparative Evaluation, in: Kyklos, Vol. 27, S. 322-344.

Thorstein Veblens evolutorische Methodik

Reinhard Penz

1. Einleitung

1898 fragte Thorstein B. Veblen in einem Aufsatz im *Quarterly Journal of Economics*: »*Why is Economics not an Evolutionary Science?*«. In neuester Zeit ist diese Frage wieder modern geworden. Eine Reihe von Ökonomen beschäftigt sich mit den evolutorischen Defiziten des neoklassischen Paradigmas und entwickelt erste Ansätze einer alternativen Sichtweise. In diesem Aufsatz soll erstens gezeigt werden, daß Veblens häufig scheinbar widersprüchliche methodische Positionen vor dem Hintergrund einer evolutorischen Methodik verständlicher werden. Dies betrifft insbesondere seine Auffassung zum Verhältnis von kausaler und intentionaler Erklärung. Zweitens soll die Frage beantwortet werden, ob Veblens eigene Vorstellungen zu einer Theorie des institutionellen Wandels evolutorisch genannt werden können. Drittens wird, mit Hilfe eines Vergleichs zwischen der Veblenschen Theorie und dem Ansatz von Douglass North, die Frage behandelt, ob man aus Veblens Institutionalismus etwas für die aktuelle Theorieentwicklung lernen kann.

Hierzu wird im ersten Abschnitt die Veblensche Orthodoxie-Kritik, die vorrangig den anti-evolutionären, taxonomischen Charakter der herrschenden Nationalökonomie in den Mittelpunkt stellt, dargestellt und kritisch eingeschätzt, um mit ihrer Hilfe Veblens methodische Position zu rekonstruieren. Generell wird im Aufsatz eine wohlwollende Interpretationslinie verfolgt, in der versucht wird, eine konstruktive Systematisierung der Veblenschen Gedanken zu erreichen.[1] Darauf folgt der zweite Abschnitt des Aufsatzes, in dem eine Rekonstruktion der Grundzüge von Veblens Theorie des institutionellen Wandels durchgeführt wird und mittels eines Schemas, das die grundlegenden methodischen Anforderungen an eine evolutorische Theorie beinhaltet, die Frage beantwortet werden soll, ob Veblens Ökonomik evolutorisch ist. Im letzten Abschnitt wird Douglass North' Theorie des institutionellen Wandels, der man unzweifelhaft attestieren kann, daß sie Veblensche Themen aus der Sicht der neoklassischen Institutionenökonomik behandelt, ebenfalls mit Hilfe des oben genannten Schemas bewertet und dann mit Veblens Konzeption verglichen. Der Vergleich wird paradigmatische Divergenzen und überraschende Gemeinsamkeiten herausarbeiten. Abschließend werden kurz einige Konsequenzen für die aktuelle Theorieentwicklung in der evolutorischen und institutionellen Ökonomik angedeutet.

2. Veblens methodische Position

Veblen entwickelte seine methodische Position in erster Linie in Abgrenzung zur orthodoxen Ökonomie.[2] Aus seinen methodologischen

---

1 Der Aufsatz befindet sich damit sowohl methodisch als auch inhaltlich in der Nähe der Interpretationen von Rutherford 1984; Rutherford 1994 und Hodgson 1993. Eine abweichende Position wird insbesondere zur Auffassung von Seckler 1975 eingenommen, dessen Veblen-Verständnis zwar hermeneutische Evidenz aufweisen kann – wie viele, zum Teil völlig divergente Interpretationen –, allerdings nach meiner Auffassung unfruchtbar ist.

2 Veblen unterschied in der Regel nicht zwischen klassischer und neo-klassischer Ökonomie und faßte alles unter der Bezeichnung *orthodoxe* Ökonomie zusammen. Dies rief Kritik hervor. Jones 1985/86 behauptete, Veblen würde bei Smith nur die allokationstheoretischen Aspekte sehen, die institutionellen und entwicklungstheoretischen aber ignorieren. Ein solcher Vorwurf ist aus zweierlei Gründen unzutreffend. Erstens haben auch die entwicklungstheoretischen Ideen Smith' zumindest teleologische Züge, und dies ist der Kern der Veblenschen Smith-Kritik (vgl. Veblen 1919, S. 114ff.). Zweitens bezog sich Veblen auf die gesamte Theorienentwicklung seit Smith, und da stand in der neoklassischen Theorie der allokative Aspekt im Vordergrund, was sicherlich zu Verlusten gegenüber der Klassik führte (siehe Hinterberger/Hüther 1993, S. 228ff.; Elsner 1986, S. 207ff. und seinen Aufsatz in diesem Band). Daß Veblen keinen Neoklassik-Begriff hatte, ist ebenfalls kaum haltbar, da er, nach einer Untersuchung von Aspromourgos 1986, immerhin der Schöpfer dieses Ausdrucks ist. Die Stelle, in der Veblen den Neoklassik-Begriff zum erstenmal verwendet, findet sich in seinem »Preconceptions«-Aufsatz, Teil III, 1900, S. 261: »... the

Aufsätzen³ lassen sich die grundlegenden Argumente seines Denkens am ehesten herausdestillieren, obwohl auch hier verschiedenste Ambiguitäten und Kontingenzen den wohlwollenden Interpreten fordern.⁴

Wenn etwas von Veblen die Zeit überdauert hat, dann seine Kritik der orthodoxen Ökonomie, die von unzähligen Autoren reproduziert wurde, häufig allerdings ohne ihre Herkunft zu belegen. Veblens Kritik beruht auf drei Argumentationssträngen. Zum einen kritisiert er den hedonistischen Charakter des klassisch-neoklassischen Menschenbildes. Eine bekannte Passage lautet: »The psychological and anthropological preconceptions of the economists have been those which were accepted by the psychological and social sciences some generations ago. (Gemeint ist der Utilitarismus. R.P.) The hedonistic conception of man is that of a lightning calculator of pleasures and pains, who oscillates like a homogeneous globule of desire of happiness under the impulse of stimuli that shift him about the area, but leave him intact. He has neither antecedent nor consequent. He is an isolated, definitive human datum, in stable equilibrium except for the buffets of the impinging forces that displace him in one direction or another. Self-poised in elemental space, he spins symmetrically about his own spiritual axis until the parallelogram of forces bears down upon him, whereupon he follows the line of the resultant. When the force of the impact is spent, he comes to rest, a self-contained globule of desire as before. Spiritually, the hedonistic man is not a prime mover. He is not the seat of a process of living, except in the sense that he is subject to a series of permutation enforces upon him by circumstances external and alien to him.«⁵

---

so-called Austrian school is scarcely distinguishable from the neo-classical, unless it be in the different distribution of emphasis.«

3 Zu nennen sind hier insbesondere: Veblen 1898 »Why is Economics not an Evolutionary Science«; Veblen 1899/1900 »The Preconceptions of Economic Science«; Veblen 1908 »The Evolution of the Scientific Point of View« und Veblen 1909 »The Limitations of Marginal Utility« (im weiteren werden alle vier Aufsätze in ihrer Reprint-Fassung Veblen 1919 zitiert). Die Argumentation der folgenden Abschnitte bezieht sich in erster Linie auf die methodologisch-theoretischen Positionen in Veblen 1898; 1899 (deutsch 1986) und 1909. Teilweise wird auf Veblen 1899/1900; 1901; 1904; 1908 und 1914 zurückgegriffen. Der Aufsatz verfolgt im übrigen ein spezifisches Interpretationsproblem und erhebt keinen Anspruch einer hermeneutischen Gesamteinschätzung Veblens (also kein »what Veblen really thinks«), was die selektive Auswahl der Veblen-Werke begründet.

4 Der Kritiker hat es dagegen leichter.

5 Veblen 1919, S. 73f.

In diesem Abschnitt sind die beiden wichtigsten Motive seiner Kritik am hedonistischen Menschenbild versammelt. Nach Veblen beruht dieses Menschenbild auf einer veralteten Psychologie des Menschen. Die moderne Psychologie, insbesondere die anthropologische Instinktpsychologie, betone die Bedeutung von instinktiven Handlungsmustern, Gewohnheiten und Lernen für das menschliche Verhalten, und ohne eine solche verhaltenswissenschaftliche Fundierung könne eine moderne Wirtschaftstheorie keine gehaltvollen Aussagen generieren.[6]

Eine psychologische Fundierung der Wirtschaftswissenschaft erscheint heute aus mehreren Gründen als eine problematische Theoriebildungsstrategie. Erstens gibt es keine einheitliche Theorie des menschlichen Verhaltens, sondern nur verschiedene psychologische Schulen, die zum Teil ganz unterschiedliche Menschenbilder und Verhaltensmodelle anbieten. Für Zwecke ökonomischer Theorienbildung müßte man folglich zwischen den verschiedenen Ansätzen einen auswählen. Hierbei ist nun aber fraglich, ob es *den* für die Wirtschaftstheorie geeigneten psychologischen Ansatz gibt, oder ob man nicht – wenn man diesen Weg überhaupt gehen will – problemabhängig verschiedene Ansätze auswählt. Grundsätzlicher ist das Problem, daß in sozialen Zusammenhängen individualpsychologische Aussagen nur eingeschränkt gelten, wenn nicht bedeutungslos werden, da im Zentrum der sozialwissenschaftlichen Theorienbildung Interdependenzprobleme und ihre Koordination stehen. Diese Irrelevanzvermutung gilt im übrigen ebenfalls für kulturtheoretisch orientierte Psychologien (wie z.B. die Psychoanalyse) und die Sozialpsychologie, da sie sich kaum mit Interdependenzen individueller Handlungen und den daraus resultierenden unbeabsichtigten Folgen für die Akteure und das Kollektiv beschäftigen, sondern vorrangig mit Sozialisationsfragen. Als dritter Einwand zur Veblenschen Position muß angefügt werden, daß das neoklassische Verhaltensmodell heute nicht mehr als ein psychologisch motiviertes, geschweige denn fundiertes Konzept interpretiert wird, sondern als ein ausschließlich analytisches Konzept.[7] Ebenso ist der Individualismus des ökonomischen Ansatzes kein reduktionistischer, sondern ein methodologischer. Zur Analyse von sozialen Mak-

---

6 Eine Argumentationsfigur, die in der nachfolgenden Theoriegeschichte der evolutorischen Ökonomik immer wieder auftauchen wird. Man vergleiche für die heutige Zeit nur Witt 1987, S. 14ff.
7 Vergleiche hierzu Becker 1976, S. 1ff.; Suchanek 1994, S. 100ff.; außerdem Penz 1992 und 1994.

rophänomenen wird sich einer mikroökonomischen Argumentation bedient, ohne den Anspruch zu erheben, die Makroebene auf Mikrophänomene reduzieren zu können. Entscheidend ist, ob eine solche Analyse fruchtbare Ergebnisse zeitigt.[8]

Veblens zweite Motivation für seine Kritik des ökonomischen Verhaltensmodells[9] ist von grundlegender methodologischer Natur und bedeutsamer als die erste. Bezugnehmend auf das oben gesagte, behauptet Veblen, daß das neoklassische Verhaltensmodell zur Analyse der Evolution von sozialen Makrophänomenen, z.B. Institutionen, ungeeignet ist und eben zu keinen fruchtbaren Ergebnissen führt. Wenn man auf einer individualistischen Basis Aussagen machen will über die Entstehung und Veränderung von Institutionen, den Menschen also zum »seat of a process of living«[10] erklärt, dann widerspricht das einem Verhaltensmodell, in dem die Individuen nur auf externe Umstände reagieren. Statt dessen benötigt man eine theoretische Perspektive, in der das Zusammenspiel und die *gegenseitige* Beeinflussung von menschlichem Verhalten und institutioneller Entwicklung geklärt ist. Individuen, die nicht lernen können, deren Motive und Wahrnehmungen stabil bleiben, die nicht kreativ sind und keine Gewohnheiten haben, sind für ein solches Vorhaben denkbar ungeeignet. Denn nach Veblen ist der Mensch »not simply a bundle of desires that are to be saturated by being placed in the path of the forces of the environment, but rather a coherent structure of propensities and habits which seeks realisation and expression in an unfolding activity. (...) The economic life history of the individual is a cumulative process of adaption of means to end that cumulatively change as the process goes on, both the agent and his environment being at any point the outcome of the last process.«[11]

Der zweite, und aus evolutorischer Sicht entscheidende, Argumentationsstrang seiner Orthodoxie-Kritik bezieht sich auf die teleologische Natur der ökonomischen Theorie. Nach Veblen vertritt die tradi-

---

8   Zu dieser Interpretation des methodologischen Individualismus vergleiche Zintl 1989. Zur institutionalistischen Position des methodologischen Holismus vergleiche Wilber/Harrison 1978 und Reuter 1994, S. 130ff.
9   Veblen interpretiert die orthodoxe Ökonomie eher im Sinne einer *Verhaltens*theorie, eben als hedonistische Psychologie, und weniger im Sinne einer *Handlungs*theorie. Auf die Unterscheidung komme ich zurück.
10 Veblen 1919, S. 74.
11 Veblen 1919, S. 74f. Trotz seiner Kritik am ökonomischen Verhaltensmodell läßt sich Veblens Position auch methodologisch-individualistisch deuten, wie Rutherford 1984, 143ff. zeigt.

tionelle Wirtschaftswissenschaft die Auffassung, daß es eine natürliche Ordnung der Dinge gibt, die zwangsläufig dazu führt, daß die Wirtschaft entlang teleologischer Entwicklungspfade einen gesellschaftlich optimalen Ruhepunkt erreicht. Allgemein und zeitlos gültige Gesetzmäßigkeiten führen die ökonomische Entwicklung immer wieder auf ihr Gleichgewichtstelos zurück. Die ökonomische Theorie propagiert eine Idee des »Normalen«, in der alle andersartigen und abweichenden Phänomene als »disturbing factors« bezeichnet werden und damit als zweitrangig und nicht bestimmend für den Prozeß. Mit diesen Voraus-Annahmen (»Preconceptions«) geht die klassische Ökonomie an die Analyse wirtschaftlicher Tatbestände und trifft damit eine Vorentscheidung, was als »natürlich« und »unnatürlich« zu gelten habe: »The ultimate laws and principles which they formulated were laws of the normal or the natural, according to a preconception regarding the ends to which, in the nature of things, all things tend. In effect, this preconception imputes to all things a tendency to work out what the instructed common sense of the time accepts as the adequate or worthy end of human effort. It is a projection of the accepted ideal of conduct.«[12]

Diese Idee teleologischer Entwicklungspfade ist nach Veblen eher »spirituell« oder »animistisch« als wissenschaftlich zu nennen. Die Ökonomie verpaßt damit den Anschluß an die moderne Wissenschaftsentwicklung, ist »helplessly behind the times«[13] und degeneriert zur Theologie.

Moderne Wissenschaft ist für Veblen darwinistische Wissenschaft. Das Augenmerk der Ökonomen sollte auf der *Evolution* des Wirtschaftssystems liegen. Hierzu ist es notwendig, daß die ökonomischen Phänomene und ihre Geschichte zunächst deskriptiv entschlüsselt und nicht von vornherein in ein metaphysisches Raster gezwängt werden. Die Ökonomie muß ihre teleologische Perspektive verlassen und sich zu einer »post-Darwinian science« wandeln mit einer »new distribution of emphasis«[14] auf Ursache und Wirkungszusammenhänge in einem evolutionären Prozeß: »The modern Scientist is unwilling to depart from the test of causal relation or quantitative sequence. When he asks the question, Why? he insists on an answer in terms of cause and effect. (...) This is his last recourse. And this last recourse has in our time been made available for the handling of schemes of develop-

---

12 Veblen 1919, S. 65.
13 Veblen 1919, S. 56.
14 Veblen 1919, S. 37.

ment and theories of a comprehensive process by the notion of a cumulative causation.«[15]

In dieser Passage zeigt sich Veblen als entschiedener Vertreter einer kausalen Analysemethode in der Ökonomie. Andererseits betont er im selben Aufsatz: »Economic action is teleological, in the sense that men always and everywhere seek to do something.«[16] Dieser Satz, wie auch das in seiner Instinktlehre entwickelte Menschenbild,[17] deutet eher darauf hin, daß Veblen ein intentionales Erklärungsschema zur Analyse sozialer Zusammenhänge für adäquat erachtet. Derartige, auf den ersten Blick unvereinbare methodologische Standpunkte führen bei Interpreten wie Seckler zu der Bewertung, daß Veblen am »problem of free will versus determinism« gescheitert sei und sich nicht zwischen einer Methodologie des »sufficient reason« und des »efficient cause« entscheiden konnte.[18] In der Tat schreibt Veblen zum einem: »The two methods of inference – from sufficient reason and from efficient cause – are out of touch with one another ...«[19] und »The modern scheme of knowledge, on the whole, rests, for its definitive ground, on the relation of cause and effect; the relation of sufficient reason being admitted only provisionally and as a proximate factor in the analysis, always with the unambiguous reservation that the analysis must ultimately come to rest in terms of cause and effect.«[20] Zum anderen wird von Veblen zwei Seiten vorher in einer Fußnote eine mögliche Begründung für die Vorteilhaftigkeit des intentionalen Schemas bei der Erklärung menschlichen Verhaltens angeführt, indem Veblen behauptet, daß dieses bestimmt sei von »... *anticipated* sensations of pleasure and pain, instead of actual sensations«.[21]

In meiner Lesart löst sich diese vermeintliche Widersprüchlichkeit allerdings auf. Veblens Kritik teleologischer Erklärungsmuster richtet sich vorrangig gegen die Anwendung solcher Konzepte auf der Systemebene.[22] Dagegen spricht Veblen Verhalten auf der Akteursebene durchaus einen teleologischen Charakter zu und hält somit ein

---

15 Veblen 1919, S. 60f.
16 Veblen 1919, S. 75.
17 Ich komme im nächsten Abschnitt darauf zurück.
18 Seckler 1975, S. 52ff.
19 Veblen 1919, S. 237.
20 Veblen 1919, S. 238.
21 Veblen 1919, S. 235; Hervorhebung von mir.
22 Veblen nimmt hier im Grunde die Popper-Kritik am Historizismus, insbesondere an seinen pronaturalistischen Doktrinen, vorweg. Vgl. Popper 1965/1987, S. 83ff.

intentionales, also handlungstheoretisches Erklärungsschema für angebracht.[23] Doch im Unterschied zur Orthodoxie will Veblen die individuellen Intentionen und kognitiven Modelle in ihrer entwicklungsgeschichtlichen und institutionellen Genese kausal – also verhaltenstheoretisch – erklären. Die Betonung liegt hier auf *entwicklungsgeschichtlich*, da durch intentionales Handeln auf der Akteursebene neues Wissen entsteht, welches dazu führt, daß die Entwicklungspfade zwar durch die Vergangenheit kumulativ-kausal bestimmt werden, allerdings zukunftsoffen und damit nicht deterministisch zu interpretieren sind.[24] Menschliches Verhalten ist das Ergebnis einer kumulativen Sequenz von Ursachen und Wirkungen; aber diese »cumulative causation« determiniert keineswegs die zukünftige Entwicklung des Prozesses.[25] Ganz im Gegenteil: erst die Erkenntnis von Kausalzusammenhängen ermöglicht Handlungsfreiheit.

An diesem Punkt zeigt sich bereits auf methodologischer Ebene die Nähe zum Darwinismus. Zweckorientiertes Verhalten von Organismen ist kausal durch die ultimaten Folgen einer Handlung, also die Konsequenzen für die reproduktive Fitneß, erklärbar. Die Orientierung auf Zwecke ist dem Organismus also nicht inhärent,[26] sondern wird ihm durch die Funktionsbedingungen seiner systemischen Umwelt vorgegeben. Auf jeder Stufe des evolutionären Prozesses ent-

---

[23] Ich unterscheide in Anlehnung an von Wright 1970 zwischen einem *kausalen* und *intentionalen* Erklärungsschema menschlichen Verhaltens. Intentionales Verhalten entspricht folglich dem Begriff der Handlung und das entsprechende Erklärungsschema dem Begriff der *Handlungstheorie*. Kausale Erklärungen menschlichen Verhaltens werden hier im Sinne einer *Verhaltenstheorie* verstanden. Von dieser Unterscheidung ausgehend, läßt sich mit MacIntyre 1977 sagen, daß zwar kausale Erklärungen menschlichen Verhaltens ohne den Begriff der Intention möglich sind, allerdings keine intentionalen Erklärungen ohne den Begriff der Kausalität, da Absichten Überzeugungen über kausale Zusammenhänge beinhalten. Schon an diesem Punkt zeigt sich also die Notwendigkeit der Verknüpfung von Handlungs- und Verhaltenstheorie.

[24] Diese Position wird auch von Seckler 1975 geteilt, der schreibt: »For this reason Veblen's theory cannot be desribed as truly deterministic because one never knows what the idle curiosity will create.« (S. 61). »Idle curiosity« ist ein Begriff aus Veblens Instinkttheorie, der den menschlichen Drang, Neues zu entdecken und zu erfinden, beschreibt. Im nächsten Abschnitt wird dieses Thema eingehender behandelt. Zu der obigen Argumentation vergleiche auch: Hodgson 1991, S. 115ff. und 1993, S. 123ff.

[25] »Cumulative causation« ist zudem ein Kausalitätsbegriff, der einen Komplexitätsgrad impliziert, welcher die wissenschaftliche Beobachtung der Determinanten ökonomischer Entwicklung zumindest erschwert.

[26] Das entspräche dem aristotelischen »Entelechie«-Begriff.

stehen neue Systembedingungen[27], die nicht aus der vorhergehenden Stufe abgeleitet werden können und trotzdem durch diese beschränkt werden.[28] Diese Systembedingungen geben der Evolution für einen Zeitraum ihre »Richtung«, ohne damit die Entwicklung auf der nächsten Systemstufe determinieren zu können. Die Evolution ist teleonom, nicht teleologisch, und das bedeutet: die Systembedingungen setzen kausal die Zwecke,[29] wobei der evolutionäre Gesamtprozeß auf kein Telos zustrebt, sondern zukunftsoffen ist.[30]

Veblens Methode zielt also auf eine historische und kausale Erklärung intentionalen Verhaltens: Intentionen und die darin enthaltenen Theorien über die Welt sind ein Ergebnis geschichtlicher Entwicklungspfade. An diesem Punkt schließt sich unmittelbar die Frage an, ob Veblen zu diesem Zweck eine holistische oder individualistische Methodik präferierte. Veblen schrieb hierzu: »... an adequate theory of economic conduct ... cannot be drawn in terms of the individual simply – as is the case with marginal-utility economics ..., since the response that goes to make up human conduct takes place under institutional norms ...« Allerdings heißt es ein paar Zeilen später: »The growth and mutations of the institutional fabric are an outcome of the conduct of the individual members of the group, since it is out of the experience of the individuals, ... that institutions arise; (...) Scientific inquiry in this field, therefore, must deal with individual conduct and

---

27 Hierunter werden in der Evolutionstheorie spezifische systemische Eigenschaften verstanden, die Verhaltensprogramme nach ihrem funktionellen Wert (gemessen an ihrer reproduktiven Fitneß) selektieren. Der Begriff wird hier synonym zu »Selektions-« oder »Funktionsbedingungen« verwendet.
28 Zum Reduktionismusproblem in der Biologie vergleiche Ayala 1985, S. 68ff.
29 Diese Herangehensweise ermöglicht es wiederum, auf den Erklärungsmodus der Intentionalität umzuschalten, wenn es angebracht ist, wie die Analysekonzepte der Soziobiologie zeigen (vgl. Wilson 1980). Die Atemfrequenz einer Frau, die einen schweren Langlauf hinter sich hat, läßt sich sowohl kausal als auch intentional beschreiben. Im zweiten Fall »verfolgt« der Organismus das »Ziel«, ein bestimmtes Sauerstoffniveau im Blutkreislauf aufrechtzuerhalten. Von Wright nennt solche Erklärungen *quasi-teleologisch*, die Evolutionsbiologie nennt sie *teleonom*. Vgl. von Wright 1970, S. 83ff. Allgemein zum Wechsel zwischen intentionaler und kausaler Erklärung ebenda, S. 110ff.
30 Vergleiche zur methodologischen Selbsteinschätzung von Evolutionsbiologen zu diesem Thema Bertalanffy 1970, S. 78ff.; Mayr 1994, S. 205ff. und Waddington 1970, S. 342ff. Zur Fremdeinschätzung durch Philosophen von Wright 1970, S. 84f.; Popper 1978, S. 343ff. und Ruse 1977, S. 646ff.

must formulate its theoretical results in terms of individual conduct.«[31]

Auch hier scheint Veblens Position widersprüchlich. Individuelle Akteure handeln unter selektiv wirkenden Systembedingungen.[32] Eine solche Selektion könnte man in der Gesellschaftstheorie als einen Sozialisationsprozeß beschreiben und befände sich damit im holistischen Fahrwasser. Andererseits sind (institutionelle) Systembedingungen gerade bei Veblen Ergebnis individuellen Verhaltens, wie das obige Zitat zeigt.[33] Daß Veblen offensichtlich die Notwendigkeit sah, die Wechselwirkungen zwischen System- und Akteursebene theoretisch abzubilden, bleibt eine Allerweltsbehauptung, solange nicht klar wird, was daraus methodisch für die Theorienbildung folgt. In diesem Aufsatz wird die Veblensche Position im Sinne einer evolutorischen Konzeption interpretiert, und unter dem Blickwinkel eines solchen (bereits oben angedeuteten) teleonomen Erklärungsmusters löst sich der scheinbare Widerspruch in Veblens Argumentation auf. Genauso wie kausale und intentionale Schemata in einer evolutorischen Theorie ihren Platz haben, trifft das auch auf holistische und individualistische Erklärungsansätze zu, solange sie methodologisch und nicht ontologisch gemeint sind.[34] Die Theorieentscheidung trifft das Problem.[35]

Der dritte Aspekt der Veblenschen Kritik an der Orthodoxie richtet sich gegen die deduktive Methode der Ökonomie und ist pragmatistischen Ursprungs. Durch die deduktive Vorgehensweise erscheinen kulturell und institutionell bedingte Tatbestände wie ahistorische Gesetzmäßigkeiten. Solchen Irrtümern sollte man durch eine eher historische oder phänomenologische Betrachtungsweise entgehen,[36] die sich

---

31 Veblen 1919, S. 242f.
32 Im nächsten Abschnitt werden wir sehen, daß Veblen zwei Selektionsebenen unterscheidet: die technologische Ebene, bestimmt durch die »materiellen Dringlichkeiten«, und die institutionelle Ebene, bestimmt durch deren Logik.
33 Wir befinden uns hier in einem hermeneutischen Zirkel.
34 In Übereinstimmung mit Rutherford 1984, S. 343ff. und 1994, S. 38ff. halte ich es für die moderne Theorieentwicklung für das fruchtbarste, Veblen im Sinne eines methodologischen Individualismus zu interpretieren.
35 Zur problemorientierten Begründung des methodologischen Individualismus vergleiche Suchanek 1994, S. 125ff.
36 An dieser Stelle ist vielleicht eine Bemerkung zum Verhältnis des amerikanischen Institutionalismus zur Deutschen Historischen Schule angebracht. Die inhaltliche Ähnlichkeit, was die Betonung historischer und kultureller Faktoren für die Wirtschaftsentwicklung angeht, ist unübersehbar. Allgemein bekannt ist auch, daß viele amerikanische Ökonomen in der Zeit zwischen 1870

den tatsächlichen Begebenheiten (»matter of fact«) der gesellschaftlichen Entwicklung widmet und nicht, wie ihr deduktives Gegenstück, durch ideologisch vorgeprägte »preconceptions« das Ergebnis präjudiziert.[37] Auf den ersten Blick scheint Veblen einer induktiven Methode das Wort zu reden.[38] Doch eine solche Einstellung würde eigentlich seiner an Peirce und Dewey[39] geschulten, pragmatistischen Vorgehensweise widersprechen, nach der man konstatieren muß, daß Wahrnehmungen und Handlungen immer durch »preconceptions« (theorie-)geleitet sind und die daraus folgenden Konsequenzen über die Adäquanz der »Vorausannahmen« entscheiden. Veblens Auffassung läßt sich nur so deuten, daß im Zusammenhang der *Theorieentstehung* Anschauung und historische Beschreibung eine gewichtige Rolle spielen sollen, um eine durch subjektive Interessen bestimmte ideologische Vorprägung zu verhindern,[40] und im Zusammenhang der *Theorierecht-*

und 1900 in Deutschland studiert hatten und eine historische Methode vertraten. So z.B. Richard T. Ely, der Gründer der »American Economic Association«, die nach dem Vorbild des Vereins für Socialpolitik aufgebaut wurde. Die neoklassische Theorie gewann erst nach der Jahrhundertwende an Boden. Die Institutionalisten waren allerdings kaum von der Deutschen Historischen Schule geprägt. Ihr Denken hatte eindeutig amerikanische Wurzeln, insbesondere im Pragmatismus. Veblen selbst hat sich intensiv mit Schmoller auseinandergesetzt (vgl. Veblen 1901). Seine Position zur Historischen Schule war zugleich von Sympathie und deutlicher Abgrenzung gekennzeichnet (vgl. auch Betz/Francovich in diesem Band): »The insistence on data could scarcely be carried to a higher pitch than it was carried by the first generation of the Historical School; and yet no economics is farther from being an evolutionary science than the received economics of the Historical School. The whole broad range of erudition and research that engaged the energies of that school commonly falls short of being science, in that, when consistent, they have contented themselves with an enumeration of data and a narrative account of industrial development, and have not presumed to offer a theory of anything or to elaborate their results into a consistent body of knowledge.« Veblen 1919, S. 58.

37 Letztendlich wird dieser neue Denkstil eine Konsequenz der historischen Entwicklung sein: »... the training given by this current state of the industrial arts is a training in the impersonal, quantitative apprehension and appreciation of things ... It is a training in matter-of-fact; more specifically it is a training in the logic of the machine process.« Veblen 1914, S. 318. Vgl. hierzu auch Reuter 1994, S. 224ff.
38 Für diese Auffassung lassen sich auch Belege anführen. Vgl. ebenda, S. 108.
39 Vgl. Peirce 1934, Dewey 1929, Mirowski 1988, S. 123ff. und Hodgson 1993, S. 15ff.
40 Das dies nur eingeschränkt möglich ist, erscheint gerade aus einer Veblenschen Sichtweise, welche die kulturelle Prägung von Anschauungsformen betonen müßte, evident. In einer selbstbezüglichen Anwendung dieser Sichtweise auf

fertigung ist die empirische und praktische Überprüfung der Erklärungskonzepte unabdingbar. Auch die von Veblen propagierte kausale Analysemethode ist natürlich – denkt man konsequent veblenianisch – eine habitualisierte Vorausannahme und wird von ihm in seinen entwicklungsgeschichtlichen Schriften auch so eingeführt. Veblen ist folglich kein naiver Induktivist, sondern es kommt ihm auf die praxisnahe Genese von »preconceptions« und deren empirische Adäquanz an. Hier zeigt sich eine gewisse Analogie zwischen pragmatistischem und darwinistischem Denken. Die Evolution überprüft organismische Verhaltensstrategien auf ihre Überlebensfähigkeit, oder – technischer – auf ihre *Evolutionsstabilität*. Evolutionsstabil sind diejenigen Verhaltensstrategien, die bei gleichbleibenden Umweltbedingungen in einer Population durch alternative Strategien nicht verdrängt werden können. Dieser Grundgedanke der Evolutionsbiologie ist nach meiner Auffassung auch der theoretische Kern des Pragmatismus. Wissenschaftliche Aussagen lassen sich nicht auf ihren Wahrheitsgehalt hin *letzt*begründen, sondern ausschließlich ihre gesellschaftliche Nützlichkeit ist überprüfbar. Der Begriff »gesellschaftliche Nützlichkeit« läßt sich nun ebenfalls nicht mehr allgemein begründen, so daß die theoretische Betrachtung dieses Vorgangs nur noch die (Evolutions-)Stabilität von wissenschaftlichen Aussagen (oder Paradigmen, oder Ideologien) beobachten und Hypothesen darüber aufstellen kann, welche adaptiven Eigenschaften die Evolutionsstabilität der Aussage (bzw. des Organismus) hervorrufen.[41] Da sich die natürlichen und gesellschaftlichen Bedingungen ändern können, ist solches Wissen auch nach Veblen immer vorläufig: »... modern scientific inquiry in any case comes to rest only provisionally; because its prime postulate is that of consecutive change, and consecutive change can, of course, not come

---

Veblens Ansatz ist dann auch fraglich, ob Veblen in der Lage sein kann, einen allgemein gültigen Theorietypus zu entwickeln, wenn er doch selbst auch nur im Schema der »Preconceptions« seiner Zeit zu denken imstande ist. Auch wenn mir der reflektierte und rationale Umgang mit diesem Problem der einzige Ausweg aus diesem Dilemma scheint, ist die Auffassung, daß in diesem Punkt ein besonderes Problem gerade für die Veblensche Theoriebildung zu konstatieren ist, zutreffend (vgl. Peukert in diesem Band). Eine Möglichkeit eines solchen Umgangs würde darin bestehen, dieses erkenntnistheoretische Problem in einem evolutionstheoretischen Ansatz systematisch zu berücksichtigen. Das Ergebnis wäre dann allerdings konsequenterweise hypothetischer Natur, stünde also unter dem Vorbehalt der Fehlbarkeit.

41 Vgl. zu dieser Position: Rorty 1994a und 1994b, S. 31ff.

to rest except provisionally. By its own nature the inquiry cannot reach a final term in any direction.«[42]

Ebenso wie bei den Begriffspaaren Kausalität/Intentionalität und Holismus/Individualismus zeigt sich auch beim Paar Induktion/Deduktion, daß Veblen in seiner Theorie eine Integration divergenter wissenschaftlicher Erklärungsmodi anstrebt. Auf dieser methodologischen Ebene ist aber aus pragmatistischer Sicht nicht zu entscheiden, ob hier – wie Seckler behauptet – ein inkonsistentes Theoriedesign mit eklektizistischen Zügen vorliegt. Hierzu ist es notwendig, das Gesamtkonzept dahingehend zu untersuchen, ob es einen theoretischen Kern aufweist, der die systematische Integration unterschiedlicher Erklärungsmuster leisten kann.

3. Veblens Theorie des institutionellen Wandels – eine evolutorische Konzeption?

In diesem Abschnitt wird versucht, Veblens Theorie des institutionellen Wandels in ihren Grundzügen darzustellen,[43] wobei der Schwerpunkt der Argumentation auf der Frage liegen wird, ob es sich hierbei um eine evolutorische Theorie handelt. Hierzu ist es notwendig, Begriffe zu definieren, die evolutorische Theorien *allgemein* konstituieren. Diese Schematisierung erfolgt in Anlehnung an die biologische Evolutionstheorie[44], was ihre Bedeutung für die ökonomische Theorie allerdings nicht schmälert, solange man auf Differenzierungen achtet, die durch Unterschiede zwischen natürlichen und kulturellen Phänomenen notwendig werden. Der Allgemeinheitsgrad der Begriffe bleibt davon unberührt. Im Gegenteil: Erst die Aufstellung eines solchen Schemas macht einen Vergleich zwischen natürlicher und kultureller Evolution möglich und damit Differenzen sichtbar. Evolutorische Theorien lassen sich nach meiner Einschätzung durch folgende vier Punkte charakterisieren:

a) Sie müssen Aussagen enthalten zur Irreversibilität geschichtlicher Prozesse, d.h. sie brauchen einen Begriff von *Reproduktion*, um auf

---

42 Veblen 1919, S. 33.
43 Die Interpretation geschieht in Anlehnung an Rutherford 1984.
44 Insbesondere Mayr 1994, S. 204ff.; Ebeling 1990, S. 60ff. und Ballmer/von Weizsäcker 1974, S. 250ff.

diese Weise die historische Zeit in die Theoriebildung einzuführen. Historizität ist ein grundlegendes Merkmal evolutorischer Theorien.

b) Sie müssen Aussagen enthalten zur Offenheit des Prozesses, also zum Phänomen der Neuheit, d.h. sie brauchen einen Begriff von *Variation*. Offenheit ist das zweite grundlegende Merkmal evolutorischer Theorien.[45]

c) Sie müssen Aussagen enthalten zur Gerichtetheit des Prozesses, d.h. sie brauchen einen Begriff von *Selektion*, der Aussagen darüber zuläßt, welche Varianten sich reproduzieren und welche nicht und auf welche Weise das geschieht. Erst hierdurch kann eine evolutorische Theorie empirisch gehaltvolle Hypothesen generieren.

d) Sie müssen Aussagen enthalten zur Persistenz von Prozeßstufen (z.B. in der Geschichte der Arten oder Gesellschaftssysteme), d.h. sie brauchen einen Begriff von *Stabilisation* von Varianten.

Daß diese Begriffe nicht auf den biologischen Phänomenbereich beschränkt sind (trotz der unbezweifelbaren Konnotationen), zeigt sich beispielsweise an dem in diesem Zusammenhang besonders kritischen Begriff der Selektion. Während im biologischen Zusammenhang die Selektion auf realisierte Varianten wirkt,[46] wird in der kulturellen Evolution die Selektion durch planerische Antizipation der Umweltbedingungen gedanklich vorweggenommen.[47] Dadurch nimmt die Geschwindigkeit des Variations-Selektions-Mechanismus (sozusagen die Generationenfolge) in der Kultur rapide zu.[48] Nichtsdestotrotz kann man in beiden Fällen von einem Selektionsvorgang sprechen.

---

45 Dagegen werden deterministische Entwicklungstheorien von Popper treffenderweise »historizistisch« genannt. Vgl. Popper 1965/1987.

46 Auf welcher Ebene die Selektion wirkt (Gen, Organismus, Population oder gar Art) ist in der Evolutionsbiologie durchaus umstritten; das soll hier aber nicht interessieren. Vgl. Depew/Weber 1985, S. 230f. und Nagl 1993, S. 6f.

47 Vgl. Ebeling 1990, S. 61 und Depew/Weber 1985, S. 249f.

48 Häufig wird auch behauptet, derartige Unterschiede sowie die Bedeutung des Lernens für die Kultur deuten darauf hin, daß die Mechanismen der kulturellen Evolution eher lamarckistischer als darwinistischer Natur sind. Daß erworbene Eigenschaften in der Kultur vererbt werden, ist aber nur dann stichhaltig, wenn man die Generationenfolge der kulturellen Evolution an die der biologischen koppelt. Da es allerdings theoretisch sinnvoll ist, von einem eigenen kulturellen Informationsträger mit eigenen Reproduktionsmechanismen auszugehen, ist die Frage, ob man diesen Mechanismus der kulturellen Evolution darwinistisch erklären kann, zumindest noch nicht entschieden. Für die biologische Evolution gilt nun wiederum, daß sie vermutlich lamarckistischer ist als bisher angenommen. Vgl. Bertanlanffy 1970 und Depew/Weber 1985, S. 249ff.

Veblens Theorie des institutionellen Wandels wird im folgenden als eine kulturelle Selektionstheorie verstanden. In der *Theorie der feinen Leute* schreibt Veblen: »Das gesellschaftliche Leben des Menschen ist genau wie das Leben anderer Arten ein Kampf ums Dasein, weshalb es als Prozeß der selektiven Anpassung beschrieben werden kann. Die Entwicklung der gesellschaftlichen Struktur stellt einen Prozeß der natürlichen Auslese von Institutionen dar. Die in den menschlichen Institutionen und im menschlichen Charakter erzielten Fortschritte können allgemein auf eine natürliche Selektion der geeignetsten Denkgewohnheiten und auf einen erzwungenen Anpassungsprozeß der Individuen an eine Umwelt zurückgeführt werden, die sich mit der Entwicklung der Gesellschaft und mit dem Wandel der menschlichen Institutionen allmählich verändert. Die Institutionen sind nicht nur selbst das Ergebnis eines selektiven Anpassungsprozesses, der die vorherrschenden geistigen Haltungen und Neigungen prägt, sondern sie stellen gleichzeitig Mittel dar, mit deren Hilfe das Leben und die menschlichen Beziehungen gestaltet werden; sie sind somit selbst wichtige Faktoren im Ausleseprozeß (sic!).«[49]

In diesem Abschnitt entwickelt Veblen in völliger Klarheit seinen programmatischen Ansatz. Hierauf aufbauend rekonstruieren wir nun die Grundzüge dieses Selektionsprozesses. Ausgangspunkt seines Denkens ist sein Bild von der instinktiven Natur des Menschen: »For mankind ... the life of the species is conditioned by the complement of instinctive proclivities and tropismatic aptitudes with which the species is typically endowed.«[50]

Instinkte sind bei Veblen nicht im Sinne einer biologischen Definition als Verhaltensprogramme, die eine feststehende Reaktion auf bestimmte Umweltreize darstellen, zu verstehen, sondern als eine anthropologisch determinierte Triebausstattung des Menschen, die im kulturellen Zusammenhang zu bewußten, zielorientierten Handlungen führt.[51] Diese instinktiven Verhaltensmuster richten sich auf die Auseinandersetzung mit Umweltbedingungen. Das grundlegendste von ihnen wird durch den Werkinstinkt (»instinct of workmanship«) beschrieben. Dieser bezeichnet die produktive, schöpferische und nutzenbringende Beschäftigung mit den Dringlichkeiten (»exigencies«)

---

49 Veblen 1899/1986, S. 184.
50 Veblen 1914, S. 1.
51 Zur Herkunft dieses Instinktbegriffes, der möglicherweise durch den Begriff der »propensities« (Neigungen) treffender bezeichnet ist, vergleiche Hodgson 1993, S. 125f.

der materiellen Umwelt. Der zweite Instinkt wird von Veblen als »idle curiosity«, als der Drang nach Neuem und Erfindung, bezeichnet. Zusammen mit dem Werkinstinkt bildet er die Keimzelle für Variationen im Veblenschen Ansatz. Der dritte Instinkt wird von Veblen »parental bent« genannt, der Fürsorgetrieb. Umstritten ist, ob es bei Veblen auch so etwas wie einen »Wettbewerbstrieb« gibt. Schaut man in seine *Theory of the Leisure Class*, erkennt man allerdings sofort, daß es sich hierbei um ein kulturell überformtes, also letztendlich institutionell bedingtes Verhalten handelt.[52] Veblen interpretiert hier Wettbewerb als Statuskonkurrenz, in der durch demonstrativen Konsum (»conspicuous consumption«) Sozialprestige und -status erreicht werden soll. So konzentriert sich nach Veblen das Konsumverhalten der müßigen Klasse insbesondere auf Produkte, die sich nur wenige leisten können.[53]

Die instinktiven Verhaltensmuster sind der »prime mover« in der Veblenschen Theorie. Zwar betont er, daß sie als Ergebnis der biologischen und kulturellen Evolution in einem Selektionsprozeß entstanden sind und auf diese Weise endogen erklärt werden können,[54] letztendlich steht jedoch ihre Funktion in bezug auf die Institutionengenese im Mittelpunkt, so daß man sie durchaus auch als Komponenten eines alternativen *Handlungs*modells interpretieren kann, welches die kreativen Merkmale intentionalen menschlichen Verhaltens betont.[55]

Zentral in Veblens Denken ist der »habit«-Begriff. In der instinktiven Auseinandersetzung mit der materiellen Umwelt (die im Verlaufe der Geschichte immer mehr durch Technologie geprägt wird) entste-

---

52 Veblen 1899/1986, S. 40ff. und S. 51ff.
53 Auf diesen Zusammenhang stützt sich der in der Mikroökonomik bekannte »Veblen-Effekt«. Dort wird dann allerdings behauptet, daß bei Veblen der Konsum mit steigendem Preis zunimmt; ein Phänomen, das auftreten kann, aber keine hinreichende Beschreibung der Veblenschen Konsumtheorie darstellt. Das entscheidende Argument ist, daß der Konsum bei Veblen überhaupt nicht durch den Preis determiniert ist und der Veblen-Effekt nur für den Fall gilt, daß teurere Güter auch höheres Prestige versprechen (vgl. Veblen 1899/1986, S. 79ff.). Dieser Zusammenhang gilt aber wiederum nur für die geschichtliche Formation der »leisure class«. In Coupland 1994 wird die »Generation X« als eine institutionelle Erscheinung der heutigen Zeit beschrieben, in der Status durch Verweigerung von Besitz erlangt wird. Coupland nennt dieses Verhalten in Veblenesker Manier »conspicious minimalism«: »Das Nichtbesitzen von materiellen Gütern, stolz vorgezeigt als Zeichen von moralischer und intellektueller Überlegenheit« (S. 132).
54 Vgl. hierzu Seckler 1975, S. 63ff.
55 Vgl. hierzu Herrmann-Pillath in diesem Band.

hen sich verfestigende Gewohnheiten und technische Routinen (Prozeß der »habit formation«), die durch ihre entlastende und stabilisierende Wirkung den Individuen helfen, ihre instinktiv geformten Ziele zu erreichen.[56] Diese »habits of thought« sind die entscheidende Variable in Veblens Theorie. »Habits« umfassen Denkgewohnheiten, routinisierte Verhaltensmuster, Wahrnehmungsformen, Rituale u.v.a.m. Obwohl der genaue Vorgang der »habit formation« bei Veblen nicht abstrakt theoretisch geklärt wird, sondern nur historisch kontingent beschrieben, ist seine Bedeutung als Ausgangspunkt der Institutionenbildung in seinem Ansatz evident. Die soziokulturelle Verallgemeinerung von »habits« führt zur Herausbildung von Institutionen: »An institution is of the nature of a usage which has become axiomatic and indispensable by habituation and general acceptance.« Institutionen sind »settled habits of thought common to the generality of men«.[57]

Institutionen bilden eine eigene Logik des Denkens und Handelns aus, und diese Logik greift in die gesamte Kultur über (»grafting and crossing«). »Die Entwicklung der Institutionen ist identisch mit der Entwicklung der Gesellschaft«.[58] Das institutionelle Verhalten beeinflußt nun wiederum die Form der Auseinandersetzung mit der materiellen Umwelt und ist damit mitbestimmend für die technologische Entwicklung.[59]

Zwei Selektionsprozesse prägen die Entwicklung von »habits« und damit den institutionellen Wandel:[60] Einerseits gibt es eine *interne Selektion* von »habits« (und Institutionen als ihren phänotypischen Trägern) innerhalb der institutionellen Logik, die nur diejenigen Denk- und Handlungsgewohnheiten unterstützt, die in das Raster der institutionellen Logik passen (»institutionelles Verhalten«). Dieser

---

56 Veblen 1899/1986, S. 186ff. Ault/Ekelund 1988, S. 435f., vertreten die Meinung, daß der »habit«-Begriff bei Veblen nicht endogen erklärt wird. Diese Auffassung beruht auf dem methodologischen Mißverständnis, daß es in einer evolutorischen Theorie ein universelles und ahistorisches Modell der Entstehung von »habits« geben könne. Möglich ist dagegen nur, ein sehr allgemeines heuristisches Konstrukt zu entwickeln, welches in spezifischen historischen und kulturellen Kontexten empirisch gefüllt werden muß, um den Vorgang der »habit«-Genese zu erklären. Genau das leistet Veblen. Man vergleiche nur Veblen 1899/1986 und 1914.
57 Veblen 1919, S. 239.
58 Veblen 1899/1986, S. 186.
59 Man vergleiche nochmals das Zitat aus Veblen 1899/1986, S. 184: »... sie sind somit selbst wichtige Faktoren im Ausleseprozeß.«
60 Im folgenden wird bereits ein Übersetzungsversuch in eine modernere Terminologie durchgeführt.

negative Rückkopplungsprozeß führt zur Stabilisierung eines institutionellen Systems, er ist das konservative (stabilisierende) Element der institutionellen Entwicklung.[61] Dem gegenüber steht die *externe Selektion* von »habits« durch die instinktive Auseinandersetzung mit der materiell-technologischen Umwelt (»instrumentelles Verhalten«). Durch diesen Vorgang, der das progressive Element bildet,[62] entstehen neue »habits«, die in Konkurrenz zur alten institutionellen Logik treten, aufgrund der technologischen Weiterentwicklung aber einen Selektionsvorteil besitzen, die alten »habits« also verdrängen, um schließlich sich selbstverstärkend eine neue institutionelle Logik aufzubauen, die sich auf die oben beschriebene Weise abermals intern stabilisiert. Der langfristige institutionelle Entwicklungspfad wird also durch die technologische Entwicklung determiniert. Die technologische Entwicklung ist aber bei Veblen auf zweierlei Weise endogenisiert: Erstens durch seine Verhaltenstheorie instinktiv geleiteter Handlungsmuster, die eine Erklärung für die Quelle technologischen Wandels anbietet. Zweitens durch den Einfluß der institutionellen Logik auf die technologische Entwicklung, der bei dieser zu Pfadabhängigkeiten innerhalb einer Gesellschaftsstufe führen kann. Exogen in Veblens Ansatz ist in erster Linie seine Instinktlehre.[63]

Institutionelles, von ihm auch »zeremoniell« genanntes, und instrumentelles Verhalten geraten mit der Zeit in ein antagonistisches Verhältnis, indem Institutionen gesellschaftlich sinnvolle technologische Entwicklungen verhindern.[64] Insbesondere in der *Theory of Business Enterprise*[65] versucht Veblen aufzuzeigen, wie die »pecuniary calculation« der Unternehmer, also ihr Gewinnmaximierungsverhalten[66], gesellschaftlich nützliche technologische Investitionen verhindert.[67] Ent-

---

61 Vgl. Veblen 1899/1986, S. 186ff.
62 Ebenda.
63 Trotz seiner Bezugnahme auf die damalige Psychologie und Anthropologie hat Veblens Verhaltenstheorie einen eher unausgeführten Charakter. Walker 1977, S. 222ff. betont insbesondere die normativen Züge des Veblenschen Menschenbildes und der daraus folgenden Theorie der kapitalistischen Entwicklung.
64 Häufig wird auch von einer Dichotomie zwischen Technologie und Institutionen im Institutionalismus gesprochen. Vgl. Reuter 1994, S. 224ff. und 235ff.
65 Veblen 1904.
66 Hier zeigt sich, daß ökonomisches Rationalverhalten bei Veblen institutionell und historisch bedingtes Verhalten ist und nicht, wie in der Neoklassik, ein allgemeiner und ahistorischer Verhaltenstypus.
67 Auf der Enttäuschung von Profiterwartungen der Unternehmer fußt dann die Veblensche Erklärung von Zyklen der wirtschaftlichen Entwicklung. Dieses

sprechend seines Vorhabens, Intentionen kausal zu erklären, zeigt Veblen, wie die institutionelle Logik der kapitalistischen Gesellschaft auf der Nachfrageseite *Statusmaximierung* als Zielgröße der »leisure class« und auf der Angebotsseite *Gewinnmaximierung* als Zielgröße der »business class« erzeugt.[68] Durch diese Maximierungsziele des institutionellen Verhaltens werden ökonomische Entscheidungen getroffen, die vor dem Hintergrund instrumenteller Nützlichkeit dysfunktional sind.[69] Hier deutet sich bei Veblen die Grundfigur der institutionalistischen Werttheorie, »instrumental value theory« genannt, an. Nach Veblen sind die Erzeugung technologischen Wissens und die Ausweitung der industriellen Produktion, wenn sie ein Produkt instrumentellen Verhaltens sind, prinzipiell nützlich, effizient und der gesellschaftlichen Wohlfahrt förderlich.[70] Das wirkt auf den ersten Blick befremdlich, ist aber aus seiner Instinktlehre begründbar, da nach Veblen das Voranschreiten der technologischen Entwicklung bedeutet, daß der Mensch seine eigentlichen Neigungen befriedigen kann.[71] Nur im Ausleben seiner Instinkte in der schöpferischen Beschäftigung mit Technik ist der Mensch wirklich eins mit seiner Natur. Die institutionellen Bedingungen stehen aber häufig diesem Ansinnen im Wege.[72] Veblens anthropologisches Konzept ist die Basis und Quelle seiner normativen Implikationen.[73]

Argument ist von Mitchell später als Grundlage einer keynesianisch anmutenden Konjunkturtheorie verwandt worden.

68 Wobei es eine Hegemonie der »leisure class« gibt, die dazu führt, daß die »business class« nur deswegen ihren Gewinn maximiert, um die für den Statuswettbewerb nötige Liquidität zu generieren. Die Validität dieser Argumentation soll hier nicht geprüft werden. Vgl. hierzu Herrmann-Pillath, Reuter, Fehl/Schreiter und Hölscher in diesem Band.

69 In der Biologie gibt es eine analoge Argumentationsfigur, die darin besteht, die zuweilen auftretende Dysfunktionalität von organismischen Merkmalen zu konstatieren, die durch intra-spezifische Selektion entstanden sind (z. B. das Pfauenrad oder das Hirschgeweih). Im Umweltkontext der inter-spezifischen Selektion sind diese Merkmale dann nachteilig. Dies verdeutlicht, daß auch in der Biologie zwischen verschiedenen Selektionsebenen unterschieden wird.

70 Zur Auseinandersetzung mit dieser These und modernen Varianten der instrumentellen Wertlehre vgl. Reuter in diesem Band.

71 Vgl. Walker 1977, 217ff. und 222ff.

72 In dem Gedanken, daß die gesellschaftlichen Verhältnisse es dem Menschen unmöglich machen, nach seiner eigenen Natur zu leben, ist die Nähe zu Marx unübersehbar.

73 Aus methodologischer Sicht ist hier eher ein »normativer Individualismus« im Sinne eines Rousseauschen Emanzipationsgedankens als eine »kollektive Wert-

Als Schwächen der Konzeption fallen insbesondere drei Punkte ins Gewicht: Erstens entwickelt Veblen keine theoretischen Vorstellungen von einem endogenen Wandel innerhalb einer institutionellen Logik. Das ist schon deshalb bedeutsam, weil die Persistenz von Institutionen unter anderem durch ihre Wandlungsfähigkeit begründet sein kann. Veblens Theorie beschreibt institutionellen Wandel in großen, geschichtlich bedeutsamen Zeiträumen. Für eine moderne Institutionentheorie sind aber Modelle endogenen Institutionenwandels relevant, vor allem wenn man für institutionelle Reformvorhaben nicht auf die nächste Gesellschaftsstufe und ihre neuen »habits« warten will. Zweitens kapriziert sich Veblen unangemessen stark auf den konservativen, Evolution verhindernden Aspekt von Institutionen.[74] Obwohl er die entlastende Funktion von »habits« durchaus anerkennt, betont er, sobald diese eine institutionelle Logik konstituiert haben, ausschließlich ihren destruierenden Charakter. Die überwiegende Zahl institutionentheoretischer Konzepte nach Veblen sieht dagegen in Institutionen ein notwendiges Instrument zur Koordination individueller Handlungen durch Abbau von Unsicherheit und damit zur effizienten Bewältigung von Knappheitsproblemen. Institutionen sind hiernach die notwendige Bedingung einer vorteilhaften ökonomische Entwicklung.[75] Drittens reflektiert seine implizite Werttheorie nicht das Problem, daß – gerade aus pragmatistischer Sicht! – normative Aussagen nur das Ergebnis eines gesellschaftlichen Bewertungsschemas – und damit von Institutionen – sein können, das durch Gesellschaftstheorie rekonstruiert, aber niemals in seinen Bedingungen und Inhalten vorbestimmt werden kann.[76] Genau letzteres versucht Veblen allerdings.

Zu diesen Punkten ließen sich wiederum vielfältige Einwendungen machen. Festzuhalten bleibt: Trotz der Schwächen ist es Veblen gelungen, eine Theorie zu entwickeln, die den institutionellen Wandel zum Hauptgegenstand der Analyse macht und sowohl Entstehung als auch Entwicklung von Institutionen erklären kann. Hat diese Theorie

---

lehre« zu erkennen. Dies unterscheidet Veblen von späteren Institutionalisten und ist, wohlwollend formuliert, zeitbedingt zu nennen.

74 Er spricht sogar davon, daß viele von ihnen »imbecile«, also »schwachsinnig«, wären. Veblen 1914, S. 25.

75 Vgl. zum Beispiel den Mitbegründer des Institutionalismus, Commons 1934/1961, S. 52ff. Bei North 1992 wird das Veblensche Thema der entwicklungshemmenden institutionellen Ordnungen wieder aufgenommen. Ich komme darauf zurück.

76 Vgl. hierzu Rorty 1994b.

nun einen evolutorischen Charakter? Den Anspruch formuliert Veblen wiederholt: »... evolutionary economics must be the theory of a process of cultural growth as determined by the economic interest, a theory of a cumulative sequence of economic institutions stated in terms of the process itself.«[77]

Rufen wir uns das Schema vom Anfang dieses Abschnitts noch einmal in Erinnerung und versuchen die Veblensche Konzeption dort einzubauen:

a) Die *Reproduktion* des Prozesses geschieht über die kulturelle Weitergabe von »habits of thought«. »Habits« sind die kulturellen Informationsträger, sie spielen die Rolle des genetischen Replikators. Institutionen sind, um in der biologischen Analogie zu bleiben, die phänotypische Ausprägung der »habits«. Damit werden irreversible, historische Entwicklungspfade theoretisch abbildbar.

b) *Variationen* entstehen in der instinktiven Auseinandersetzung der *handelnden* Individuen mit der materiell-technologischen Umwelt, insbesondere durch den Instinkt der »idle curiosity«. Somit ist der offene, nicht deterministische Charakter des evolutionären Prozesses gewährleistet.

c) Die *Selektion* von »habits« findet auf zwei Ebenen statt; und zwar intern, durch die Bedingungen der institutionellen Logik, und extern, durch die Bedingungen der materiellen Umwelt. Damit ist die Gerichtetheit der institutionellen Entwicklung erklärt.

d) Die *Stabilisation* ist ein Ergebnis von Rückkopplungprozessen der internen Selektion.[78] Das Auftreten persistenter institutioneller Arrangements wird somit verstehbar.

Thorstein Veblens Ökonomik bedient sich also in der Tat einer evolutorischen Methodik. Dieses formale, methodologische Kriterium ist mit Sicherheit nicht hinreichend, um den Wert seiner Theorie einzuschätzen, aber es war die Frage, die uns hier interessierte.

In welchem Verhältnis steht nun Veblens Institutionentheorie zur »new institutional economics«? Im folgenden Abschnitt soll der Veblensche Ansatz mit einem Konzept aus dieser Theorierichtung verglichen werden, das sich ebenfalls dem Problem des institutionellen Wandels widmet: Douglass North' Institutionenökonomik der Wirtschaftsgeschichte.

---

77 Veblen 1919, S. 77.
78 Auch Sozialisationsprozesse lassen sich auf diese Weise interpretieren.

4. Veblen und North – wo ist der Unterschied?

North' Theorie des institutionellen Wandels hat in erster Linie zum Ziel, Unterschiede in der Wirtschaftsleistung verschiedener Volkswirtschaften zu erklären.[79] Institutionen sind Beschränkungen (»constraints«) individuellen Handelns, die durch ihre unsicherheitsreduzierende Wirkung komplexe, anonyme Tauschvorgänge und Kooperationsgewinne ermöglichen.[80] Da wirtschaftliche Transaktionen unter der Bedingung unvollständiger Information durchgeführt werden, verursacht ihre Absicherung Kosten.[81] Die institutionelle Absicherung wird von den rational handelnden Akteuren so vorgenommen, daß die Transaktionskosten möglichst minimiert werden. Innerhalb einer institutionellen Ordnung unterscheidet North zwischen kodifizierten formgebundenen Beschränkungen (»formal constraints«) und nichtkodifizierten formlosen Beschränkungen (»informal constraints«).[82] Erstere bezeichnen Recht und Gesetz, letztere Sitten, Gebräuche, Traditionen etc. In dieser institutionellen Umwelt agieren vermögensmaximierende Akteure (bei North »Organisationen«), die bei begrenzter Informationsverarbeitungskapazität mit subjektiv konstruierten Wahrnehmungsmodellen der Wirklichkeit arbeiten. Wirtschaftliche Leistung – bei North Wachstum des Sozialproduktes pro Kopf – und Entwicklung werden durch eine institutionelle Ordnung induziert, die es den Akteuren ermöglicht, durch Lernversuche ihre subjektiven Wahrnehmungsmodelle wirklichkeitsgerechter zu machen.[83] Die Etablierung einer solchen effizienten institutionellen Ordnung wird nun allerdings häufig verhindert. Auf der Ebene der formellen Institutionen gibt es Pfadabhängigkeiten der institutionellen Entwicklung, die durch zunehmende Erträge, Lock-in-Effekte und Netzwerkexternalitäten verursacht werden, auf der Ebene der informellen Institutionen treten Persistenzen auf, die durch die kognitive Verankerung von

---

79 Die folgende Rekonstruktion bezieht sich vorrangig auf sein Buch *Institutionen, institutioneller Wandel und Wirtschaftsleistung* von 1992.
80 North 1992, S. 13ff. und 1991.
81 North 1992, S. 32ff. Durch Williamson ist allerdings klar geworden, daß Unsicherheit erst in der Kopplung mit den Phänomenen des Opportunismus und der Spezifität das Absicherungsproblem von Transaktionen verursacht. Vgl. Williamson 1985, S. 43ff.
82 North 1992, S. 43ff. und 55ff.
83 Ebenda, S. 87ff.

Institutionen und Ideologien bewirkt werden.[84] Auf diese Weise können ineffiziente institutionelle Ordnungen eine hohe Dauerhaftigkeit aufweisen, wodurch die Unterschiede in der wirtschaftlichen Leistungsfähigkeit von Volkswirtschaften – insbesondere zwischen denen, die ähnliche geographische und klimatische Bedingungen haben – verständlich werden.[85]

Wenn wir diese, in kargen Grundzügen dargestellte Theorie des institutionellen Wandels mit derjenigen Veblens vergleichen, sollten wir dies zweckmäßigerweise vor dem Hintergrund des oben entwickelten Schemas tun. Als erster Punkt ist zu konstatieren, daß North nirgendwo einen eindeutigen Reproduktionsbegriff definiert. North benutzt sowohl formelle und informelle Institutionen als auch subjektive Wahrnehmungsmodelle und Ideologien in dieser analytischen Funktion. Erschwerend kommt hinzu, daß North keine genaue Abgrenzung zwischen diesen Phänomenen anbietet.[86] Am konsistentesten ist North dort, wo er sich des üblichen neoklassischen Institutionenbegriffes bedient:[87] Institutionen als ein Arrangement von Regeln, die einen Teil des Restriktionenrahmens der Individuen darstellen. Die rationalen Akteure passen sich entsprechend ihres Präferenzsystems an diese Restriktionen an. Der Perspektivenwechsel der Institutionenökonomik, im Unterschied zur traditionellen Neoklassik, liegt nun in der Konzentration auf der Analyse von »choice among constraints« anstatt »choice within constraints«. Damit ist die Ausrichtung dieses Forschungsprogramms klar: Die Entstehung und Veränderung von Institutionen wird als rationale Wahlhandlung beschrieben, als »institutional choice«. North differenziert gegenüber diesem Ansatz seinen Institutionenbegriff in »formell« und »informell« und erkennt, daß erstens für den Bereich der informellen Institutionen subjektive Wahrnehmungsmodelle und Ideologien von Bedeutung sind und zweitens an diesem Punkt der wahlhandlungstheoretische Ansatz durch einen verhaltenstheoretischen ergänzt werden

---

84 Ebenda, S. 109ff. und Denzau/North 1994, S. 21f. und 22ff.
85 North 1992, S. 127ff. Der Northsche Effizienzbegriff des wirtschaftlichen Wachstums ist mehr klassisch-österreichischer als neoklassischer Herkunft. Im Grunde ist der Effizienzbegriff in dieser Verwendung unangebracht. Obwohl er bei North die Funktion des entscheidenden normativen Kriteriums zur Bewertung von Volkswirtschaften besitzt, wird er nirgendwo begründet – nicht einmal methodologisch, was sicherlich möglich wäre.
86 Dieses Problem wird in Denzau/North 1994, S. 21ff. auch nicht eindeutig gelöst.
87 Vgl. Priddat 1995a, S. 206ff. und 1995b.

muß.[88] Was North nicht erkennt, sind die institutionellen Voraussetzungen institutioneller Wahlhandlungen, insbesondere die Bedeutung informeller Institutionen für die Entstehung von formellen Institutionen. Hier sind striktere theoretische Konzepte notwendig, um nicht das *explanans* als *explanandum* seiner selbst zu verwenden.

Die genotypische Basis des Veblenschen Institutionenbegriffs, die »habits of thought«, zeichnet sich nun dadurch aus, daß in ihr die Northschen Begriffe der informellen Institutionen und subjektiven Wahrnehmungsmodelle zusammenfallen. Folglich ist der Institutionenbegriff des Institutionalismus ein fundamental anderer. Institutionen sind nicht nur formelle oder informelle Restriktionen, sondern prägen die Wahrnehmungen und Motive und damit die Präferenzen der Individuen; die ihnen zugrundeliegenden »habits of thought« sind *Denk*gewohnheiten[89], und erst aus ihnen können formelle institutionelle Strukturen erwachsen. Daraus folgt, daß das gesamte Denken und Handeln des Menschen institutionell bedingt und nur im institutionellen Kontext verstehbar ist.[90] Dies hat zur Konsequenz, daß die ökonomische Theorie einen derart verstandenen Institutionenbegriff in den Mittelpunkt ihrer Analyse rücken muß, um die wirtschaftlichen Handlungen der Individuen zu verstehen. Institutioneller Wandel ist zudem nur durch die Veränderung von Denkgewohnheiten erklärbar, das heißt, der Mensch muß als ein lernfähiges Wesen modelliert werden; folglich müssen seine Präferenzen veränderbar sein. Im Gegensatz zur traditionellen neoklassischen Institutionenökonomik nähert sich North einer solchen Sichtweise, zeichnet sich aber im Unterschied zu Veblen durch eine geringere Klarheit aus.

Ähnlich problematisch verhält es sich mit North' Variationsbegriff. Im Unterschied zu Veblen entwickelt North keine hinreichenden theoretischen Vorstellungen darüber, was die Quelle institutioneller Innovationen sein könnte, da Veränderung bei North nur das Produkt rationaler Entscheidung ist und die rationale Rekonstruktion innovativen Verhaltens an Grenzen stößt. Bedeutsamer ist aber die Frage des Selektionsbegriffes. Wenn wir davon ausgehen, daß die Selektion in der Northschen Theorie auf der Ebene der institutionellen Ordnungen ansetzt, folglich diese in einer hayekianisch anmutenden Vorstellung miteinander konkurrieren, dann ermöglicht die Wachstumskate-

---

88 Vgl. hierzu Denzau/North 1994, S. 3ff.
89 Die natürlich entsprechende Handlungskonsequenzen haben.
90 Eine moderne Version dieses Ansatzes bietet Mary Douglas' *Wie Institutionen denken* 1991. Douglas spricht davon, daß Institutionen »Denkstile« entwickeln.

gorie – so man sie denn akzeptiert – empirisch gehaltvolle Aussagen über ihren differentiellen Reproduktionserfolg, soweit man in der Lage ist, systematische Zusammenhänge zwischen Institutionenstruktur und Wachstumsentwicklung zu erkennen. Setzt die Selektion dagegen auf der Ebene der Organisationen an und wählt zwischen dem unterschiedlichen Grad der Wirklichkeitspassung ihrer subjektiven Wahrnehmungsmodelle, so läßt sich anhand des neoklassischen Begriffs der Vermögensmaximierung, den North wählt, nur behaupten, daß die bisher überlebenden Organisationen effizient angepaßt sind – und umgekehrt. Hier wird der Selektionsbegriff auf eine Weise mit der Effizienzkategorie verwoben, die untauglich ist und zu einer Tautologisierung führt: Es überleben die effizienten Organisationen, und effizient sind diejenigen Organisationen, die überleben (»Survival of the Surviver«). Ein gehaltvoller Selektionsbegriff ist aber nur durch die Qualifizierung eines Umweltkontextes zu erzielen, der es ermöglicht, die systematischen Zusammenhänge zwischen Verhalten, Umweltbedingungen und Reproduktionserfolg theoretisch zu erfassen.[91] Für Veblen muß man konstatieren, daß er den Prozeß der internen Selektion innerhalb einer institutionellen Logik theoretisch sehr viel genauer beschreibt[92] als den Vorgang der externen Selektion, also den der »habit formation«, dieser aber für seine Theorie des institutionellen Wandels von größerer Bedeutung ist. Auch bei Veblen droht der Selektionsbegriff zur Leerformel zu werden, so lange es bei ihm nur wenige Aussagen zu der Frage gibt, auf welche Weise die »materiellen Dringlichkeiten« zu bestimmten »habits of thoughts« führen. Trotzdem sind aus methodologischer Sicht empirisch gehaltvolle selektionstheoretische Aussagen im Veblenschen Ansatz möglich; bei North allerdings auch, obwohl sie aufgrund des wahlhandlungstheoretischen Designs einen anderen Charakter hätten.

In der Institutionenökonomik wird die Persistenz von Institutionen (also ihre Stabilisation) in der Regel dadurch erklärt, daß die Transaktionskosten einer Änderung des institutionellen Arrangements höher sind als der zu erwartende Nutzen. North zeigt, daß man diese,

---

91 Auch die evolutionsbiologische Selektionstheorie der neo-darwinistischen Synthetischen Theorie ist tautologisch interpretierbar. Dies betrifft aber nur ihren paradigmatischen Kern, in der Anwendung sind aus ihr problemlos empirisch gehaltvolle Hypothesen ableitbar. Vgl. Ruse 1977, S. 646ff. und Popper 1978, S. 344ff., der in jenem Aufsatz zum ersten Mal die Position verläßt, es handele sich beim Neo-Darwinismus um ein »metaphysisches Forschungsprogramm«.
92 Vgl. z.B. Veblen 1904.

durch den nicht operationalisierten Transaktionskostenbegriff tautologisch anmutende Erklärung empirisch füllen kann, indem man institutionelle Pfadabhängigkeiten durch zunehmende Erträge, Netzwerkexternalitäten etc. modelliert. Auf dieser Ebene gelingt es North auch, Historizität theoretisch zu integrieren. Hier ergeben sich Anschlußmöglichkeiten an die Veblensche Vorstellung einer selbstverstärkenden Ausbreitung und selbstregulierenden Stabilisation einer institutionellen Logik. Die Bedeutung, die North in jüngster Zeit der Stabilisation durch »shared mental models« zumißt, zeigt, daß er inzwischen auf Veblenschen Pfaden wandelt.

Trotzdem beschreibt North – im Unterschied zu Veblen – menschliches Verhalten vorrangig in einem verhaltenstheoretisch nicht fundierten intentionalen Erklärungsschema. Veblen versucht dagegen, die Intentionen menschlicher Handlungen auf zwei Ebenen *kausal* zu erklären: Auf der Ebene der externen Selektion werden sie durch die Funktionsbedingungen der materiellen Umwelt erklärt, und auf der Ebene der internen Selektion durch die Funktionsbedingungen der institutionellen Logik. Dies kennzeichnet nochmals die Veblensche Intention einer Rückführung von Handlungen auf kausale Erklärungsmuster und rechtfertigt damit auch, seinen Ansatz als *verhaltenstheoretisch fundierte Handlungstheorie* zu bezeichnen. Diese entscheidende paradigmatische Differenz zwischen Veblen und North wird insbesondere im jeweils unterschiedlich beschriebenen Entstehungsmodus von Institutionen virulent. Während bei North Institutionen das Ergebnis von Wahlhandlungen sind, beschreibt Veblen sie als Produkt der Selektion von Verhaltensprogrammen (»habits«); d.h., institutionell bedingtes intentionales Verhalten wird im Rahmen einer *selektionistischen Verhaltenstheorie* kausal erklärt.[93] Diese ist nach Veblen einer Handlungstheorie aus systematischen Gründen theoretisch vorgelagert.

Der Vergleich zwischen Veblen und North zeigt, daß, trotz der paradigmatischen Unterschiede in den theoretischen Grundlagen, zwischen beiden Ansätzen Gemeinsamkeiten und Anschlußmöglichkeiten bestehen. Auch North Theorie hat – trotz einiger Unklarheiten – evolutorische Züge. Ob sich daraus Hinweise für die zukünftige Theorieentwicklung in der institutionellen und evolutorischen Ökonomik ableiten lassen, soll im Schlußabschnitt kurz behandelt werden.

---

93 Und dies bedeutet: *teleonom*.

5. Resümee

Für die Entwicklung einer evolutorischen Ökonomik erscheint es aus einer Veblenschen Perspektive notwendig, den institutionellen Wandel einer Volkswirtschaft theoretisch beschreiben zu können, wenn man unter ökonomischer Evolution die Veränderung der *Bedingungen* wirtschaftlichen Handelns versteht. Diese Bedingungen sind in erster Linie von der institutionellen Umwelt bestimmt.[94] Der institutionelle Wandel über längere Zeiträume läßt sich aber nur erklären, wenn man einen theoretischen Ansatz besitzt, der die Wandlung von Präferenzen (damit verbunden: subjektive Wahrnehmungsmodelle und soziale Denkstile) und Technologien und ihre Beziehung sowohl zueinander als auch zur institutionellen Ordnung abbilden kann. Die Begründung für eine Alternative zum ökonomischen Ansatz mit seiner methodologisch interpretierten Stabilität von Präferenzen und Exogenität von Technologie ist dabei nicht vorrangig empirischer Natur, sondern ebenfalls, wie die Begründung jenes Konzepts, methodologisch durch das oben skizzierte Problem bestimmt. Veblens Ansatz bietet eine derartige methodologische Begründung und leistet einen ersten Beitrag zu einer evolutorischen Theorie des institutionellen Wandels. Der aktuelle Stand der Northschen Konzeption zeigt, daß dieser Zweig der Institutionenökonomik – durch sein Problem gezwungen – sich in eine ähnliche Richtung bewegt. Offen bleibt dabei allerdings die Frage, ob die von North offenkundig angestrebte systematische Integration von ökonomischem Ansatz und evolutorischer Ökonomik gelingen kann. Die Alternative wäre ein sich gegenseitig befruchtender Paralleldiskurs[95] zweier differenter Ansätze. Man kann allerdings auch die Position vertreten, daß der Kern eines ökonomischen Paradigmas durch eine – von Veblen als teleologisch charakterisierte – Gleichgewichtstheorie konstituiert wird, da nur diese in der Lage ist, auf systematische Weise werttheoretische Aussagen abzuleiten;[96] somit eine evolutorische Theorie des institutionellen Wandels nur instrumentelles Wissen[97] zur Implementierung wirtschaftspolitischer Ent-

---

94 Daneben gibt es selbstverständlich noch natürliche Bedingungen.
95 Vgl. Homann 1994.
96 Vgl. hierzu Riese 1975, insbesondere seine Fundamentalkritik am Institutionalismus S. 42ff. und seinen Beitrag in diesem Band.
97 Oder eine Methodik zur Analyse von Entwicklungsproblemen. Vgl. Kapp 1976, S. 217ff.

scheidungen anbieten kann und als *ökonomische* Theorie immer an eine Gleichgewichtstheorie gebunden sein wird. Aber dies ist ein weites Feld.

Literatur

Aspromourgos, Tony (1986): On the Origins of the Term »neoclassical«, in: Cambridge Journal of Economics, Jg. 10, S. 265-270.

Ault, Richard W./Ekelund, Robert B. (1988): Habits in economic analysis: Veblen and the neoclassicals, in: History of Political Economy 3, Jg. 20, S. 431-445.

Ayala, Francisco J. (1985): Reduction in Biology: A Recent Challenge, in: Depew, David J./Weber, Bruce H. (Hrsg.), Evolution at a Crossroads: The New Biology and the New Philosophy of Science, Cambridge (Mass.), S. 65-79.

Ballmer, Thomas T/Weizsäcker, Ernst von (1974): Biogenese und Selbstorganisation, in: Weizsäcker, Ernst von (Hrsg.), Offene Systeme I: Beiträge zur Zeitstruktur von Information, Entropie und Evolution, Stuttgart.

Becker, Gary S. (1976): The Economic Approach to Human Behavior, Chicago.

Bertalanffy, Ludwig von (1970): Gesetz oder Zufall: Systhemtheorie und Selektion, in: Koestler, Arthur/Smythies, J.R. (Hrsg.), Das neue Menschenbild, Wien/München/Zürich, S. 71-90.

Depew, David J./Weber, Bruce H. (1985): Innovation and Tradition in Evolutionary Theory: An Interpretive Afterword, in: dies. (Hrsg.), Evolution at a Crossroads: The New Biology and the New Philosophy of Science, Cambridge (Mass.), S. 227-260.

Denzau, Arthur T./North, Douglass C. (1994): Shared Mental Models: Ideologies and Institutions, in: Kyklos 1, Jg. 47, S. 3-31.

Dewey, John (1929): The Quest for Certainty: A Study of the Relation of Knowledge and Action, New York.

Douglas, Mary (1991): Wie Institutionen denken, Frankfurt am Main.

Commons, John R. (1934/1961): Institutional Economics: Its Place in Political Economy, 2 Bände, Madison.

Coupland, Douglas (1994): Generation X. Geschichten für eine immer schneller werdende Kultur, Berlin.

Ebeling, Werner (1990): Instabilität, Mutation, Innovation, Erneuerung aus evolutionstheoretischer Sicht, in: Niedersen, Uwe (Hrsg.), Selbstorganisation, Berlin, S. 55-62.

Elsner, Wolfram (1986): Ökonomische Institutionenanalyse, Berlin.

Hinterberger, Friedrich/Hüther, Michael (1993): Von Smith bis Hayek und zurück: Eine kleine Geschichte der Selbstorganisationsidee in der Nationalökonomie, in: Jahrbuch für Nationalökonomie und Statistik 3-4, Bd. 211, S. 218-238.
Hodgson, Geoffrey M. (1988): Economics and Institutions: A Manifesto for a Modern Institutional Economics, Cambridge.
Hodgson, Geoffrey M. (1991): Evolution and Intention in Economic Theory, in: Saviotti, P. Paolo/Metcalfe, J. Stanley (Hrsg.), Evolutionary Theories of Economic and Technological Change: Present Status and Future Prospects, Reading.
Hodgson, Geoffrey M. (1993): Economics and Evolution, Cambridge.
Homann, Karl (1994): Ethik und Ökonomik. Zur Theoriestrategie der Wirtschaftsethik, in: ders. (Hrsg.), Wirtschaftsethische Perspektiven I: Theorie, Ordnungsfragen, Internationale Institutionen, Berlin, S. 9-30.
Jones, Lamar B. (1985/86): The Institutionalists and On The Origin of Species. A Case of Mistaken Identity, in: Southern Economic Journal, Jg. 52, S. 1043-1055.
Kapp, K. William (1976): The Nature and Significance of Institutional Economics, in: Kyklos, Jg. 29, S. 209-232.
Mayr, Ernst (1994): Evolution – Grundfragen und Mißverständnisse, in: Ethik und Sozialwissenschaften 2, Jg. 5, S. 203-209.
MacIntyre, Alasdair C. (1977): Was dem Handeln vorhergeht, in: Beckermann, Ansgar (Hrsg.), Analytische Handlungstheorie Band 2: Handlungserklärungen, Frankfurt am Main, S. 168-194.
Mirowski, Philip (1988): The Philosophical Foundations of Institutionalist Economics, in: ders., Against Mechanism, Totowa, S. 106-133.
Nagl, Walter (1993): Grenzen unseres Wissens am Beispiel der Evolutionstheorie, in: Ethik und Sozialwissenschaften 1, Jg. 4, S. 3-16.
North, Douglass C. (1991): Institutions, in: Journal of Economic Perspectives 1, Jg. 5, S. 97ff.
North, Douglass C. (1992): Institutionen, institutioneller Wandel und Wirtschaftsleistung, Tübingen.
Peirce, Charles Sanders (1934): Collected Papers of Charles Sanders Peirce, Vol. 5: Pragmatism and Pragmaticism, Cambridge.
Penz, Reinhard (1992): Gary S. Beckers »Economic Approach«, in: Wirtschaftsdienst 11, Jg. 72, S. 602-608.
Penz, Reinhard (1994): Die Opportunitätskosten des ökonomischen Ansatzes, in: Ethik und Sozialwissenschaften 2, Jg. 5, S. 323-325.
Popper, Karl (1978): Natural Selection and the Emergence of Mind, in: Dialectica 3-4, Jg. 32, S. 339-355.
Popper, Karl (1965/1987): Das Elend des Historizismus, 6. Auflage, Tübingen.
Priddat, Birger P. (1995a): Ökonomie und Geschichte: Zur Theorie der Institutionen bei D. C. North, in: Seifert, Eberhard K./Priddat, Birger

P. (Hrsg.), Neuorientierungen in der ökonomischen Theorie: Zur moralischen, institutionellen und evolutorischen Dimension des Wirtschaftens, Marburg, S. 205-239.

Priddat, Birger P. (1995b): Zeit und institutionelles Dilemma, in: List Forum für Wirtschafts- und Finanzpolitik 2, Bd. 21, S. 207-221.

Reuter, Norbert (1994): Der Institutionalismus: Geschichte und Theorie der evolutionären Ökonomie, Marburg.

Riese, Hajo (1975): Wohlfahrt und Wirtschaftspolitik, Reinbek bei Hamburg.

Rorty, Richard (1994a): Dewey Between Hegel and Darwin, in: Ross, Dorothy (Hrsg.), Modernism and the Human Science, Baltimore.

Rorty, Richard (1994b): Wahrheit ohne Realitätsentsprechung, in: ders., Hoffnung statt Erkenntnis: Eine Einführung in die pragmatische Philosophie, Wien, S. 11-36.

Ruse, Michael (1977): Karl Popper's Philosophy of Biology, in: Philosophy of Science, Jg. 44, S. 638-661.

Rutherford, Malcom (1984): Thorstein Veblen and the Processes of Institutional Change, in: History of Political Economy, Jg. 16, S. 331-348.

Rutherford, Malcom (1994): Institutions in Economics: The Old and the New Institutionalism, Cambridge.

Seckler, David (1975): Thorstein Veblen and the Institutionalists: A Study in the Social Philosophy of Economics, London.

Suchanek, Andreas (1994): Ökonomischer Ansatz und theoretische Integration, Tübingen.

Veblen, Thorstein B. (1898): Why is Economics not an Evolutionary Science? in: The Quarterly Journal of Economics, Jg. 12, S. 373-397; reprinted in Veblen (1919), S. 56-81.

Veblen, Thorstein B. (1899): The Theory of the Leisure Class: An Economic Study of Institutions, New York; deutsch (1986): Theorie der feinen Leute: Eine ökonomische Untersuchung der Institutionen, Frankfurt am Main.

Veblen, Thorstein B. (1899/1900): The Preconceptions of Economic Science I and II, in: The Quarterly Journal of Economics, Jg. 13, S. 121-150 und 397-426; Part III, in: ebenda, Jg. 14, S. 240-269; reprinted in Veblen (1919), S. 82-179.

Veblen, Thorstein B. (1901): Gustav Schmoller's Economics, in: The Quarterly Journal of Economics, Jg. 16, S. 69-93; reprinted in Veblen (1919), S. 252-278.

Veblen, Thorstein B. (1904): The Theory of Business Enterprise, New York.

Veblen, Thorstein B. (1908): The Evolution of the Scientific Point of View, in: The University of California Chronicle 4, Bd. 10; reprinted in Veblen (1919), S. 32-55.

Veblen, Thorstein B. (1909): The Limitations of Marginal Utility, in: The Journal of Political Economy, Jg. 17, S. 620-636; reprinted in Veblen (1919), S. 231-251.
Veblen, Thorstein B. (1914): The Instinct of Workmanship and the State of the Industrial Arts, New York.
Veblen, Thorstein B. (1919): The Place of Science in Modern Civilisation and Other Essays, New York.
Waddington, C.H. (1970): Der gegenwärtige Stand der Evolutionstheorie, in: Koestler, Arthur/Smythies, J.R. (Hrsg.), Das neue Menschenbild, Wien/München/Zürich, S. 342-356.
Walker, Donald A. (1977): Thorstein Veblen's Economic System, in: Economic Inquiry, Jg. 15, S. 213-237.
Wilber, Charles K./Harrison, Robert S. (1978): The Methodological Basis of Institutional Economics: Pattern Model, Storytelling, and Holism, in: Journal of Economic Issues, Jg. 12, S. 61-89.
Williamson, Oliver E. (1985): The Economic Institutions of Capitalism, New York.
Wilson, Edward O. (1980): Sociobiology – The Abridge Edition, Cambridge (Mass.).
Witt, Ulrich (1987): Individualistische Grundlagen der evolutorischen Ökonomik, Tübingen.
Wright, Georg Henrik von (1974/1991): Erklären und Verstehen, 3. Auflage, Frankfurt am Main.
Zintl, Reinhard (1989): Der Homo Oeconomicus: Ausnahmenerscheinung in jeder Situation oder Jedermann in Ausnahmesituationen?, in: Analyse & Kritik, Jg. 11, S. 52-69.

Thorstein Veblens Menschenbild

Theoretische Grundlagen und empirische Relevanz

Carsten Herrmann-Pillath

1. Das schwankende Fundament der Evolutorischen Ökonomik und die Frage nach anthropologischen Konstanten in der Wirtschaftswissenschaft

Seit längerem finden kritische Stellungnahmen zur Neoklassik als »Kern« des allgemeinen wirtschaftswissenschaftlichen Forschungsprogrammes verstärkt Unterstützung. In der Regel formieren sie sich unter den Schlagwörtern der »institutionellen« und der »evolutorischen Ökonomik«, wobei es Übergangsfelder etwa zur ökonomischen Verhaltensforschung gibt.[1] Bei genauer Betrachtung zeigen sich freilich beträchtliche Unterschiede zwischen den Vertretern dieser Forschungsrichtungen. Dies betrifft nicht nur Forschungsgebiete und methodische Ansätze, sondern auch prinzipielle Einstellungen etwa zur Frage, was eigentlich das »Evolutorische« bei der »Evolutorischen Ökonomik« bedeuten solle.

Offensichtlich konkurrieren bislang noch keine Forschungsprogramme gegeneinander, sondern ein weitgehend unstrukturiertes, eklektisch definiertes Forschungsfeld versucht den Anspruch zu erheben, ein wohlstrukturiertes, lange Zeit leistungsfähiges Forschungsprogramm zu verdrängen oder zumindest in wesentlicher Hinsicht zu ergänzen und zu relativieren. Selbst der letztere, recht schwache Anspruch erscheint jedoch zunehmend schwieriger zu erfüllen, weil das neoklassische Forschungsprogramm nicht nur immer mehr bislang unbeackerte Forschungsfelder erschließt, sondern sogar einige zentrale formal-methodische Argumente der Evolutorischen Ökonomik adap-

---

1 Einen Überblick zur deutschen Situation gibt Pascha 1994.

tieren kann, wie etwa Historizität und Singularität von Entwicklung (etwa im Kontext der wachsenden Literatur zu Netzwerk- und anderen positiven Externalitäten).

Nun mag es gar nicht für erforderlich gehalten werden, das neoklassische Forschungsprogramm abzulösen. Allerdings sollte das allgemeine Unbehagen an den Beschränkungen dieses Ansatzes (das sich etwa auch in dem wichtigen Gebiet der Spieltheorie fortlaufend und nachdrücklich artikuliert) nicht immer wieder ohne Konsequenzen ermüden, um dann nach einiger Zeit doch wieder hervorzubrechen. Das bedeutet, wenn innerhalb der Wirtschaftswissenschaft tatsächlich eine Konkurrenz zwischen gleichmächtigen Forschungsprogrammen entstehen soll, dann ist die Evolutorische Ökonomik gefordert, eine ähnlich klare Struktur anzunehmen wie die Neoklassik: Der Herausforderer trägt die Beweislast. Was bedeutet dies konkret?

Im Widerstreit zwischen den Meinungen dürften zwei Elemente der Neoklassik entscheidend für die Strukturierung des wirtschaftswissenschaftlichen Forschungsprogrammes sein:

- erstens der neoklassische Rationalitätsbegriff, mithin also der »Homo oeconomicus« auch in seinen geläuterten Varianten (RREMM etc.);
- zweitens bestimmte formale Instrumente wie vor allem die Grenzwertbetrachtung, also die Anwendung des Differentialkalküls auf Entscheidungs- und Tauschprozesse, seien sie aggregiert oder disaggregiert (Mikro/Makro-Differenzierung).

Bei genauer Betrachtung handelt es sich freilich bei dem zweiten Charakteristikum lediglich um eine Konsequenz des ersteren: Die eigentlich zentrale Kritik der Evolutorischen Ökonomik an der Anwendung des Differentialkalküls (auch implizit und verbal) richtet sich nämlich auf die entsprechend erforderlichen Informationsannahmen, wenn realistischerweise zumindest teilweise von einem zukunftsorientierten Handeln der Entscheidungsträger ausgegangen werden muß. Jede Anwendung des Differentialkalküls auf ökonomische Zusammenhänge setzt voraus, daß die einbezogenen Ableitungen bestimmter Größen, also Grenzwerte (Grenzproduktivitäten, Grenznutzen etc.) den modellierten Akteuren als bekannt unterstellt werden. Genau diese Annahme wird jedoch von vielen Vertretern der Evolutorischen Ökonomik bestritten: Dabei geht es dann aber nicht um quantitative Grenzen des individuellen Wissens (die wiederum mit Hilfe des neoklassischen Informationsbegriffes modelliert werden könnten), sondern um eine prinzipielle logische Inkompatibilität zwischen menschlichem Unwissen und Marginalanalyse.²

Insofern läßt sich sagen, daß die Strukturierung eines zur Neoklassik konkurrierenden Forschungsprogrammes an der Formulierung eines alternativen Menschenbildes ansetzen müßte. Nur auf diese Weise ließe sich eine Einheitlichkeit der vielfältigen konkurrierenden Ansätze gewinnen, die auf der gleichen methodologischen Ebene verankert wäre wie die Einheit des neoklassischen Forschungsprogrammes.

Merkwürdigerweise findet dies jedoch in der Evolutorischen Ökonomik nur begrenzt Anklang.³ Das hängt sicherlich auch damit zusammen, daß bei den meisten Auseinandersetzungen über den »Homo oeconomicus« alter Wein in ständig erneuerte und ausgetauschte Schläuche gegossen wird und daß dieses Thema also wenig zur Profilierung eines neuen Forschungsprogrammes geeignet scheint. Zudem gibt es wichtige Vertreter des »Homo oeconomicus«-Ansatzes, die durchaus die informationstheoretische Kritik der Neoklassik ernst nehmen, freilich nicht radikalisieren.⁴ Viele Vertreter der Evolutorischen Ökonomik wollen daher das neue Forschungsprogramm auf der Grundlage des etablierten wirtschaftswissenschaftlichen Menschenbildes errichten: Der »Homo oeconomicus« wird zwar stark modifiziert, aber ein bestimmter minimaler Kern soll erhalten bleiben, weil er längst zu den definierenden Bestandteilen von »Wirtschaftswissenschaft« als solcher gehört und weil also die Evolutorische Ökonomik in die Gefahr geriete, die Grenze zwischen der Wirtschaftswissenschaft und anderen sozialwissenschaftlichen Disziplinen zu überschreiten.⁵

---

2 Zu den Vorläufern dieser Kritik gehört natürlich Shackle 1973, für die Evolutorische Ökonomik siehe besonders Streit/Wegner 1992.
3 Eine Ausnahme ist etwa Weise 1989.
4 Wie etwa Tietzel 1985. Tietzel 1993 reduziert in letzter Konsequenz die Evolutionstheorie auf ein neoklassisches Fundament, indem er vom »animal ratiomorphum« spricht.
5 Diese Auffassung vertritt m.E. Ulrich Witt gegenwärtig, obgleich er in Witt 1987 programmatisch ein anderes Menschenbild eingefordert hat. Der zentrale Beweggrund scheint das erwähnte Problem der Abgrenzung der Wirtschaftswissenschaft von anderen Sozialwissenschaften zu sein. Witt entfernt sogar die evolutionäre Spieltheorie aus dem Kern der evolutorischen Ökonomik, weil diese auf das Rationalwahl-Paradigma verzichte. Anderer Auffassung scheint diesbezüglich Weise 1995. Eine frühe und prinzipielle Auseinandersetzung mit diesen Fragen ist Binmore 1987/88.

Der Preis dieser Zurückhaltung besteht aber darin, daß dann allein wegen des berechtigten (Allein-?)Vertretungsanspruches der Neoklassik für den »Homo oeconomicus« die Evolutorische Ökonomik und andere Heterodoxien wenigstens an der Wurzel in das etablierte Forschungsprogramm zurückgeholt werden können. Letzten Endes können sie sogar eine Position im »protective belt« der Neoklassik zugewiesen bekommen, nämlich als Interims-Lösungen von Problemen, die zwar heute noch nicht, aber in der Zukunft auch von der Neoklassik gelöst werden können. Das bedeutet, auf lange Sicht würden Ortho- und Heterodoxie koexistieren, gleichsam als ein Nebeneinander von mächtiger Regierungspartei und ewiger Opposition, das letztendlich das System einer Einparteienherrschaft konstituiert.

Meines Erachtens muß die Frage nach dem Menschenbild der Evolutorischen Ökonomik also nicht nur gestellt, sondern auch systematisch anders als in der Neoklassik beantwortet werden. Das ist keinesfalls ungewöhnlich und tritt nicht zuletzt auch hervor, wenn der Versuch unternommen wird, Dogmengeschichte der Evolutorischen Ökonomik zu betreiben. Wirtschaftswissenschaftliche Heterodoxien haben sich immer wieder durch ein alternatives Menschenbild gegenüber der jeweils herrschenden Lehre zu profilieren gesucht. Daher erscheint der Versuch durchaus lohnend, aus einer Dogmengeschichte der Heterodoxien ein vergleichsweise konsistentes Menschenbild der Evolutorischen Ökonomik zu destillieren.

In diesem Kontext verdient Thorstein Veblen besondere Aufmerksamkeit – nicht zuletzt auch deshalb, weil der »Veblen-Effekt« ein typisches Beispiel dafür ist, wie das neoklassische Forschungsprogramm Heterodoxien im oben skizzierten Sinne integrieren kann, bis hin zur Entschärfung als Bestandteil der mikroökonomischen Lehrbücher. Als »Effekt« wird er seiner systematischen Begründung innerhalb des Gesamtansatzes von Veblen beraubt und als möglicherweise auftretendes, aber insgesamt relativ bedeutungsloses Phänomen abweichenden Nachfrageverhaltens gedeutet, das aber die Ergebnisse der neoklassischen Verhaltensanalyse von »Aggregaten« rationaler Individuen (also von Nachfragekurven auf Märkten) nicht grundsätzlich in Frage stellt. Damit ist der »Veblen-Effekt« gut in den »protective belt« der Neoklassik eingefügt, ohne daß sich auch nur geringfügige Rückwirkungen auf deren Grundannahmen ergeben.

Bezeichnenderweise hat die Neoklassik an dieser Stelle Aussagen Veblens in einer Weise integriert, die genau von Veblen als charakteristischer methodischer Fehler seiner »Mainstream«-Zeitgenossen betrachtet wurde:⁶ nämlich die Reduktion wirtschaftswissenschaftlicher Aussagen auf Klassen »typischer« und »normaler« Fälle, die dann einer verallgemeinernden, theoretischen Betrachtung unterzogen werden. Der »untypische« Fall wird also eigentlich vor dem Schritt der Theoriebildung als mehr oder weniger irrelevant ausgeklammert und bleibt damit ohne Folgen für die Theorie, ist aber in seiner Existenzberechtigung keinesfalls angezweifelt worden.

Veblen ist also nicht nur dogmengeschichtlich, sondern auch programmatisch von großem Interesse für die Evolutorische Ökonomik, denn hier wird an einem Beispiel deutlich, daß Herausforderungen an die Neoklassik, die kein alternatives Menschenbild vorschlagen oder sich dieses Menschenbildes argumentativ berauben lassen, ohne Folgen für den inneren Aufbau der Wirtschaftswissenschaft bleiben. Es sollte statt dessen bewußt der Anspruch erhoben werden, anthropologische Konstanten anders zu begründen, als das in der Neoklassik üblich ist. In diesem Zusammenhang ist eine der wichtigsten Rückzugslinien der Neoklassik grundsätzlich in Frage zu stellen, die im wesentlichen den theoretischen Instrumentalismus Friedmans fortschreibt. Das heißt, die anthropologischen Annahmen der Neoklassik werden dann nur als Prinzipien der konzeptionellen Organisation empirisch überprüfbarer Hypothesen betrachtet, nicht aber als empirisch gehaltvolle Beschreibungen allgemeiner Züge menschlichen Verhaltens. Auf diese Weise wird die Auseinandersetzung auf die Ebene der Methodologie verschoben, mit der wir uns hier nicht befassen werden. Statt dessen wird einem methodologischen Werturteil gefolgt, daß zentrale Annahmen einer Verhaltenstheorie den Status vollwertiger Theorien haben sollten, also als empirisch gehaltvolle Aussagen zu verstehen wären. Es wird eine Position des erkenntnistheoretischen Realismus eingenommen.⁷

Wenden wir uns also dem Menschenbild Thorstein Veblens zu. Wir werden im ersten, großen Schritt des Argumentes versuchen, die theoretischen Grundlagen des Menschenbildes bei Veblen zu erarbeiten, um auf diese Weise zu einer gänzlich anderen Kennzeichnung des »typischen« menschlichen Verhaltens zu gelangen. Es wird sich zei-

---

6   Vgl. Nabers 1957, S. 91.
7   Für ein Beispiel des neoklassischen Instrumentalismus vgl. Pies 1994. Popper 1983, Teil 1, Abschnitte 12-14, hat sich mit der instrumentalistischen Position abschließend und kritisch auseinandergesetzt. Zur These, daß die evolutorische Ökonomik sich durch die Position des erkenntnistheoretischen Realismus von der Neoklassik abgrenze, besonders Foss 1994.

gen, daß der Status-Begriff Veblens in der Tat eine systematisch andere Sicht menschlicher Wahlhandlungen impliziert. Dies gilt auch dann, wenn eine »Status-Rationalität«[8] noch rein individualistisch begriffen wird, denn Status als relationaler Term impliziert notwendig einen essentiellen Bezug auf supraindividuelle Phänomene im Entscheidungsverhalten, ganz im Gegensatz also zum subjektiven Nutzen der Neoklassik. Insofern wird der Status-Begriff auch eng mit dem Begriff der »Ordnung« in Verbindung zu bringen sein.

Dieser Zusammenhang zwischen Status und Ordnung wird anschließend anhand eines empirischen Falles illustriert, nämlich der Entstehung einer nahezu idealtypischen »laissez-faire« Wirtschaft in Hong Kong. Es wird gezeigt, daß die Wirtschafts- und Gesellschaftsordnung Hong Kongs in wesentlicher Weise in bestimmten Statusordnungen wurzelt und historisch-genetisch auf Statuskonkurrenz zwischen Europäern und Chinesen einerseits und innerhalb beider Bevölkerungsgruppen andererseits zurückgeführt werden kann.

Die theoretischen und empirischen Überlegungen weisen darauf hin, daß Veblens Werk ein wichtiger Bestandteil der Dogmengeschichte eines alternativen evolutionsökonomischen Forschungsprogrammes ist. Es stellt sich dann abschließend die Frage, wie dieser und verwandte Ansätze heutige Einsichten verschiedener Forschungsgebiete der Ökonomik integrieren könnten.

2. Veblens Menschenbild als evolutionärer Institutionalismus

2.1 Kreative und kompetitive Verhaltensfunktion: Instinkt und Habitus als anthropologische Kategorien

Im folgenden wird versucht, Veblens Menschenbild zu rekonstruieren, indem es systematisch vervollständigt wird. Veblens Position ist nirgendwo systematisch aufgebaut worden, wechselt daher zum Teil oder ist sogar in sich widersprüchlich. Wird aber Bezug auf wenige wesentliche Texte genommen, dann besteht durchaus die Möglichkeit einer kreativen Rezeption. Es wird deutlich, daß Veblen als einer der wichtigsten Vertreter des amerikanischen Institutionalismus tatsächlich explizit als einer der Vorläufer der Evolutorischen Ökonomik aufzu-

---

8 Diesen Begriff hat Krüsselberg 1989 geprägt.

fassen ist und daß eine zentrale Herausforderung dieser möglichen Anerkennung darin besteht, daß Veblen versucht, eine realistische Anthropologie an das Fundament der Ökonomik zu stellen und damit auch innerhalb der Evolutorischen Ökonomik keinesfalls eine Kernposition verkörpert. Merkwürdigerweise wird dies sogar innerhalb des heutigen amerikanischen Institutionalismus gar nicht ausreichend gesehen, der Veblen häufig nicht systematisch rezipiert, sondern zum Teil nur als einen der Begründer der sicherlich allzu vagen These, daß Institutionen menschliches Verhalten determinieren, daß sie eine historische Wurzel besitzen und daß sie sich nur langsam verändern.[9]

Veblens Menschenbild gibt aber wesentlich weitreichendere Ansätze für eine dogmenhistorisch-systematische Begründung der Evolutorischen Ökonomik. Allerdings dürften hier einige Vorurteile zu überwinden sein, die vor allem damit zusammenhängen, daß der frühere amerikanische Institutionalismus einige engere Gemeinsamkeiten mit dem amerikanischen Sozialdarwinismus aufwies.[10] Tatsächlich ist auch Veblens Menschenbild stark durch darwinistische Perspektiven bestimmt. Genau dies ist aber auch eine der wesentlichen Fragen der Evolutorischen Ökonomik heute: Wie weit sollten Bezüge zur biologischen Evolutionstheorie hergestellt werden, um die Evolutorische Ökonomik systematisch zu begründen? Veblens Antwort scheint zweischichtig: zum einen geht es nämlich um den inneren Aufbau der lebenden Persönlichkeit und zum anderen um die Mechanismen, die den Wandel verhaltensbestimmender Institutionen determinieren.

Veblen hat bekanntlich eine Theorie der »Instinkte« formuliert, die allerdings, wie viele Kommentatoren betont haben, nicht primär biologisch ist und auch nicht unbedingt mit Konzepten wie »Trieb« oder »angeborenem Verhalten« in Verbindung gebracht werden sollte.[11] Vielmehr handelt es sich im ersten Schritt um eine Klassifikation bestimmter grundlegender Verhaltensdispositionen des Menschen, wie etwa die elterlichen Neigungen oder die Konkurrenz, die jeweils zwar Bestandteil der menschlichen Natur, aber stark durch die kulturelle Entwicklung und den jeweiligen gesellschaftlichen Kontext geprägt sind.

Genauer betrachtet, definiert Veblen also die Natur des Menschen als dynamisches Ergebnis langfristiger zivilisatorischer Prozesse. Der zivilisatorische Prozeß ist aber nicht von einer biologischen Fundie-

---
9 Zum Beispiel Gordon/Adams 1989, S. 17-46.
10 Vgl. Kliemt 1985, S. 166-98.
11 Watkins 1957 und Murphey 1990.

rung entkoppelt, weil der »Fundamental-Instinkt« der »workmanship« selbst das Ergebnis natürlicher Auslese ist.[12] Veblen spricht hier von »selective necessity«, mit der dieser »Instinkt« jedem anderen historisch-genetisch und auch systematisch vorgelagert sei. Das bedeutet aber, daß der Mensch nicht ein bloßes Aggregat voneinander unabhängig bestehender »Instinkte« ist, sondern zunächst ein »Homo faber«: Dieser Begriff mag Veblens Verständnis von »workmanship« in der Übersetzung am nächsten kommen, denn »workmanship« ist zuallererst ziel- und erfolgsorientiertes Handeln mit der Absicht, die Umwelt für die eigenen Zwecke zu instrumentalisieren, vor allem auch im Sinne des Werkzeuggebrauchs (»serviceability for the ends of life«). Selbst der zweite Veblensche »Fundamentalinstinkt«, der Wettbewerbsgeist, der »emulative predatory impulse«, der »instinct of sportsmanship«, ist nur ein Derivat des »Homo faber«. Wir wollen im folgenden beide Grundformen menschlicher Verhaltensweisen als die »kreative« und die »kompetitive Funktion« bezeichnen, wobei beim ersteren allerdings weniger das »innovatorische« Verhalten betont sein soll, sondern allgemeiner das »schaffende«.

Dieses Derivat einer kompetitiven Funktion ist also bereits nicht mehr »naturgegeben«, sondern das Ergebnis der Einwirkung bestimmter Umweltbedingungen auf das menschliche Substrat. Damit ist die wichtigste Argumentationsfigur Veblens bereits bei seinen Ausgangsannahmen vollständig formuliert: Welche Gestalt die menschlichen Verhaltensdispositionen tatsächlich annehmen, ist Ergebnis einer Selektion konkreter Verhaltensmuster durch bestimmte Umweltbedingungen. Der »Homo faber« wird also notwendig deshalb zum streitbaren Akteur, der sich stets und ständig mit anderen mißt, weil Natur und Umwelt zusammenwirken und diesen Wandel selektieren. Dabei ist aber entscheidend, daß diese Umweltwirkungen wiederum nicht unabhängig vom technologischen Wandel sind, der sich als Ergebnis menschlicher Handlungen einstellt (die »industrial arts«).

Bekanntlich spielt der Widerstreit zwischen der kreativen und der kompetitiven Funktion eine Schlüsselrolle im gesamten Veblenschen

---

12 Veblen 1899, S. 15f., 270. Veblens Instinktlehre ist in 1914, hier S. 25ff., besonders weit ausgebaut. Dort wird dem »instinct of workmanship« der »parental bent« als gleichwertig zugeordnet. Allerdings erhält letzterer keine systematische Position in Veblens Verhaltenstheorie, weil er nicht Substrat von Selektionsprozessen wird, sondern gewissermaßen nur eine notwendige Vorbedingung für deren Möglichkeit ist. In 1914, S. 48, wird daher von einer »concurrence of the two« gesprochen.

Werk und liegt beispielsweise auch der Differenzierung von »Klassen« in der Gesellschaft zu Grunde. Bereits jetzt muß daher betont werden, daß sämtliche Ausprägungen dieses Konfliktes immer implizit auf eine historisch-genetische Wurzel Bezug nehmen, und daß er dennoch nie statisch vorgeprägt, sondern dynamisch zu begreifen ist: Es gibt kein universell »gleiches« menschliches Verhalten, sondern verschiedene Verhaltensklassen haben in verschiedenen historischen Epochen unterschiedliche Relevanz.[13] Nicht zuletzt deshalb kann Veblen überhaupt wünschen, daß im Dienste einer künftigen, optimalen Organisation der Industriegesellschaft die kompetitive Funktion hinter die kreative treten muß: Doch greifen wir vor.

Historisch-genetisch unterstellt Veblen – ganz im Einklang mit der damals vorherrschenden ethnologischen Meinung – also eine Phase menschlicher Entwicklung, während der »Homo faber« friedlich (»peaceable«) lebte. Allerdings gibt es eine Ursache für diese Friedfertigkeit, die in den spezifischen Umweltbedingungen dieser frühesten Phase der zivilisatorischen Entwicklung liegt: Nämlich das niedrige Niveau wirtschaftlicher Aktivitäten in technologischer Hinsicht. Sobald der Mensch zur aktiven »Fertigung« von »Geräten« und nicht zuletzt Waffen in der Lage war, entstand ebenso die Möglichkeit wie der Gegenstand kompetitiven Verhaltens, nämlich die Erzeugung von Gütern über das Subsistenzniveau hinaus, die in Gestalt von Waffen auch zum Raub von Gütern eingesetzt werden können. Vereinzelt auftretende Streitbarkeit ist jedoch nicht hinreichend für den zivilisatorischen Übergang zur kompetitiven Verhaltensfunktion: Erst wenn der Wettstreit mit anderen konstitutiv für eine »Geisteshaltung« wird, hat sich die kompetitive Verhaltensfunktion voll entwickelt.[14]

Wird nach der eigentlichen systematischen Verknüpfung zwischen beiden Funktionen gefragt, so bleibt Veblen in einiger Hinsicht unklar. Im Sinne einer systematischen Vervollständigung des Argumentes wäre zu vermuten, daß beide Funktionen über die Konzepte der »Kontrolle« und der »Beherrschung« verknüpft sind, denn so wie es bei der kreativen Funktion um die Kontrolle vor allem der materiellen Umwelt geht, so bei der kompetitiven um die Kontrolle der sozialen Umwelt, also anderer Menschen. Insofern wäre die kompetitive Funktion nicht lediglich zweckfreier Wettstreit um den Vergleich mit

---

13 Veblen 1899, S. 9 und wieder wesentlich weiter ausgebaut in 1914.
14 Dieser historische Wandel wird im vierten Kapitel von 1914 ausführlich analysiert.

anderen, sondern das »Besser-sein« diente auch dem Ziel der Beherrschung durch höhere soziale Wertigkeit.[15]

Diese Interpretation läßt sich durchaus stützen, denn Veblen sieht die Genese der kompetitiven Funktion im Kontext kleiner menschlicher Gruppen und nicht zuletzt auch der Geschlechter-Differenzierung. Beide Punkte sind deshalb wichtig, weil auch an dieser Stelle eine weitere zentrale Argumentationsfigur Veblens an einer sehr frühen Stelle des Gedankengangs ausgearbeitet wird: Daß es nämlich soziale Differenzierungen bei der Ausprägung der beiden Grundfunktionen menschlichen Verhaltens gibt, insofern also menschliche Universalien und menschliche Typen gleichermaßen.

Die Rolle des Besitzes von Frauen für die Entstehung des Eigentums als gesellschaftlicher Institution gehört sicherlich ebenfalls zu den aus heutiger Sicht modifizierungsbedürftigen anthropologischen Thesen Veblens.[16] Allerdings tritt hier deutlich die Wechselwirkung zwischen kreativer und kompetitiver Funktion zu Tage, ohne daß Veblen freilich den sexuell-prokreativen Aspekt besonders betont. Vielmehr wird die Frau wegen ihrer physischen Unterlegenheit zum Gegenstand des allgemeinen menschlichen – schließlich aber männlichen – Dominanzstrebens, und das heißt ebenso zum Prestigeobjekt im Dienste der kompetitiven Funktion (im engeren Sinne) wie auch Nutzgegenstand im Dienste der kreativen Funktion (im engeren Sinne). Indem sie aber historisch in diese Rolle des Objektes männlicher Dominanz tritt (bzw. getreten wird), übernimmt sie auch bestimmte Verhaltensmuster, die typischerweise die kompetitive Funktion nahezu vollständig ausklammern und die Frau auf die Erfüllung der kreativen Funktion verweisen. Dies gilt vor allem für die vorindustriellen Gesellschaften. Insofern ist die »menschliche Natur« bei Veblen nur in sehr allgemeiner Weise als Universalie gekennzeichnet, während das tatsächliche Verhalten einzelner Menschen sehr stark durch die Position im gesellschaftlichen Gefüge bestimmt ist, und zwar nicht im Sinne einer Restriktion prinzipiell freier Entscheidungen, sondern einer typenspezifisch verinnerlichten Geisteshaltung, zu der beispielhaft die Geschlechterdifferenzierung zu zählen ist.

---

15 Veblen 1899, S. 47.
16 Veblen 1899, S. 53. In 1914, S. 95ff. greift Veblen außerdem die damaligen Auffassungen zur mythischen Rolle der weiblichen Schöpfungskraft auf, die sich bei manchen Anthropologen mit Vorstellungen eines ursprünglichen Matriarchates paarten.

Im Besitz von Menschen spiegelt sich also die Verknüpfung zwischen kreativer und kompetitiver Funktion deutlich wider, denn hier richtet sich die Kontrolle des »Homo faber« gleichermaßen auf die soziale wie auf die materielle Umwelt: Die Frau wird zum »Vieh« (»cattle«), das allerdings selbst kreativ wirkt, also arbeitet (»industry«), und das somit den Besitzer auch um die Produkte seiner Arbeit bereichert. Veblen meint, daß genau an dieser Stelle die früheste Fokussierung der kompetitiven Funktion zur Entstehung des »Eigentums« als Institution führt.[17] Damit erhält »Eigentum« aber eine radikal andere Bedeutung als in der philosophischen Fundierung der wirtschaftswissenschaftlichen Orthodoxie: Eigentum wird konstitutiv für die Verwirklichung der kompetitiven Funktion, denn es wird zum entscheidenden Vergleichsmaßstab zwischen Menschen bzw. selbstverständlich zwischen Männern. In diesem Sinne verwendet Veblen »wealth«, Vermögen, nahezu synonym mit »Eigentum«. Es mag also hilfreich sein, »Eigentum« als Institution von »Eigentum« als Gegenstand zu unterscheiden und das letztere als »Vermögen« zu bezeichnen.

Dann erweist sich die gemeinsame Wurzel von kompetitiver und kreativer Funktion in der Zielharmonie bei der Vermögensakkumulation: Der soziale Wandel von einer Gesellschaftsstruktur, die durch die Dominanz der kreativen Funktion geprägt ist (die »Urgruppe« auf Subsistenzniveau), zu einer Struktur, die durch die kompetitive Funktion und damit soziale »Klassen-« oder »Typenbildung« beherrscht wird, läßt Vermögen zur zentralen Zielgröße menschlichen bzw. männlichen Handelns werden – Vermögen aber dient ebenso als Vergleichsmaßstab mit anderen wie als Instrument kreativer Zielsetzungen, da es den Grad des individuellen Zugriffs auf Güter bestimmt. Das Streben nach Vermögen stellt die Einheit von kompetitiver und kreativer Funktion dar und her.[18]

Damit sind wesentliche Grundlinien von Veblens Menschenbild skizziert, die es nun mit Farbe auszufüllen gilt. Aus systematischer Sicht ist es ratsam, im folgenden die Beziehung zwischen kreativer

---

17 Veblen 1899, S. 5, 22ff., 71f.
18 Veblen 1899, S. 32ff. und ausführlich dann 1914, Kapitel V, wo das Eigentum als institutionelle Innovation begriffen wird, die es der Menschheit erlaubt, den Zustand der »predatory culture« wieder zu verlassen, in den sie mit der Entstehung von Vermögensunterschieden in der friedfertigen »savage culture« eingetreten war. Eigentum und Geld erlauben also eine friedliche Verwirklichung der kompetitiven Funktion. Allerdings entsteht dann die Trennung zwischen »industry« und »business«, die wiederum die Erfüllung der kreativen Funktion stören kann. Wir kommen hierauf zurück.

und kompetitiver Funktion ausschließlich zu betonen, denn im Sinne der These Veblens von der Ursprünglichkeit (»primordial instinct of workmanship«) der kreativen Funktion wäre es leicht, auch die anderen »Instinkte«, die er erwähnt, aus dieser Funktion abzuleiten, wie etwa die Neugierde. Keine dieser anderen Verhaltensdispositionen besitzt aber eine ähnlich fundamentale Bedeutung für die Analyse gesellschaftlicher Verhältnisse wie die Beziehung zwischen kreativer und kompetitiver Funktion.

2.2 Die »natürliche Auslese« von Normen

Das Verhältnis zwischen kreativer und kompetitiver Funktion wird im Laufe der gesellschaftlichen Entwicklung entscheidend durch die konkrete Struktur der »Gewohnheiten«, der »habits«, und der »Institutionen«, der »institutions«, bestimmt. Auch an dieser Stelle ist eine systematische Vervollständigung der Argumentation Veblens geboten, und zwar in Gestalt einer Differenzierung zwischen »habits« und »institutions«: Nach heutiger Terminologie sollten »habits« als »Normen« verstanden werden, die internalisiert sind, und »institutions« als exogene, institutionelle Beschränkungen des Verhaltens. Es besteht aber natürlich eine enge Wechselwirkung zwischen beiden, denn Normen bilden die eigentliche Grundlage für die Persistenz und die Gültigkeit von Institutionen, und Institutionen erzeugen über die Verhaltenssteuerung auch angepaßte Normen. Beides ist eigentlich scharf voneinander zu trennen, und geschieht manchmal auch bei Veblen, der jedoch zumeist die Begriffe »Norm«, »Gewohnheit« und »Institutionen« lax und zum Teil beliebig gegeneinander austauscht. Aber wichtige Passagen wie die historisch-genetische Analyse des Eigentumsbegriffs zeigen meines Erachtens deutlich, daß Veblen zwischen der formalen Institution »Eigentum« und ihrer normativen Fundierung unterscheidet, letzteres etwa in Gestalt der »in einer bestimmten Zeit und Region herrschenden Eigentumstheorie, die damalige gewohnheitsmäßige Einstellungen der Menschen zur Eigentumsfrage zum Vorschein bringt«.[19]

Ohne Zweifel spielen »habits«, im weiteren also als »Normen« übersetzt, eine Schlüsselrolle für das evolutorische Fundament des Veblenschen Menschenbildes. Normen sind nämlich eindeutig Veblens »Grundeinheit der Evolution« menschlicher Zivilisation. An

---

19 Veblen 1904, S. 66ff., 71 (eigene Übersetzung).

dieser Stelle tritt selbstverständlich der aus heutiger Sicht vorwissenschaftliche Charakter des damaligen Sozialdarwinismus zu Tage. Veblen unterscheidet bekanntlich verschiedene ethnische oder sogar rassische Typen nach Kopfform und Haarfarbe, und er verbindet mit dieser Differenzierung zum Teil weitreichende Schlußfolgerungen: Zum Beispiel, daß im »Erbe« der in späterer, unheilvoller Terminologie vielleicht als »germanisch« (»dolicho-blond«) bezeichneten Ethnie eine Präferenz für Rasenlandschaften bestehe, weil dies ästhetische Normen von Viehhaltern widerspiegele, die in früheren Zeiten eine hohe gesellschaftliche Position in diesen Ethnien eingenommen hätten.[20] Das heißt, Veblen faßt Ethnien nach einem gemeinsamen normativen Erbe zusammen, das nur sehr langsamen Veränderungen unterworfen ist.

Wird diese Überlegung zunächst werkimmanent ernstgenommen, so muß allerdings Beachtung finden, daß Veblen erstens eine rein genetische Interpretation von Ethnien als »Rassen« ablehnt, und zweitens, daß er bestimmte seiner ethnischen Typen nur »in Mischung« vorliegen sieht, d.h. also eigentlich nur auf der Ebene der Analyse Ethnien als abstrahierte Typen bestimmter Verhaltensdispositionen betrachtet, mit deren Hilfe dann das empirisch vorfindbare Verhaltensmuster in einer bestimmten Gesellschaft charakterisiert werden kann. Dies geht soweit, daß Veblen innerhalb der ethnischen Typen wiederum zwischen Typen mit Dominanz der kreativen und der kompetitiven Funktion unterscheidet, die dann ebenso in Mischung vorliegen können wie die ethnischen Typen selbst. »Rassische« Unterschiede werden gar für die Stadt/Land-Beziehung unterstellt.[21]

Wenn derartige Argumente heute unhaltbar, ja lächerlich sind, so darf nicht übersehen werden, daß sie zu Veblens Zeit durchaus Bestandteil der wissenschaftlichen Anthropologie waren.[22] Werden sie all ihres historischen Kontextes entkleidet, dann bleibt dennoch ein sachlicher Kern: Veblen nimmt an, daß sich menschliche Gesellschaften in Zeit und Raum nach einem bestimmten, ihnen jeweils spezifischen

---

20 Das Beispiel ist aus Veblen 1899, S. 133ff.
21 Wichtige Passagen zu dieser Frage sind Veblen, 1899, S. 214ff., 1904, S. 354 und 1915, S. 3-12. In 1914, Kapitel I, hat Veblen versucht, solche Überlegungen zu systematisieren und explizit mit der Biologie in Verbindung zu bringen. Er sieht aber auch hier Unterschiede zwischen Rassen weniger genetisch, im engen Sinne, als vielmehr habituell bedingt. Entscheidend ist die Wechselwirkung zwischen kleinen genetischen Differenzen und den Institutionen, die solche Differenzen unter Umständen verstärken und verfestigen können (1914, S. 24).
22 Vgl. Stein 1987.

historischen Erbe gemeinsamer Normen ihrer Mitglieder unterscheiden lassen. Dieses Erbe ist kein »natürliches« im Sinne angeborener Verhaltensdispositionen, sondern in heutiger Sprache ein »kulturelles«: »Human nature will have to be restated in terms of habit«.[23] Als kulturelles Erbe besitzt es aber eine erhebliche Resistenz gegenüber Veränderungen: Normen werden von Veblen daher ausdrücklich mit Begriffen charakterisiert, die aus der Biologie bzw. insbesondere der Evolutionstheorie entlehnt sind, wie etwa als »acquired traits« oder als »hereditary traits«.[24]

Insofern läßt sich also das Individuum kennzeichnen als ein dynamisches System des Konfliktes zwischen kompetitiver und kreativer Funktion, das sich wiederum langfristig stabilisiert in Gestalt eines bestimmten Erbes von Normen, die beide Funktionen konkret realisieren. Solche Normen besitzen jedoch innerhalb bestimmter Gesellschaften auf der Ebene der Individuen gleichermaßen identische wie differenzierende Merkmale derart, daß die ersteren die gemeinsame Identität der Mitglieder einer Gesellschaft bestimmen, die letzteren aber die Zugehörigkeit zu bestimmten Typen innerhalb dieser Gesellschaft. Solche Typen werden bei Veblen in der Regel als »Klassen« (»class«) oder als »Berufe« (»employments«) bezeichnet. Was aber bestimmt die Genese und den Wandel derart differenzierter und differenzierender Normen?

Genau an dieser Stelle spielt die Evolutionstheorie erneut eine ausschlaggebende systematische Bedeutung für die Position Veblens, denn der Wandel von Normen wird durch Anpassung und Selektion angestoßen. Im Prinzip war dieses Argument schon bei der Entstehung der kompetitiven aus der kreativen Funktion deutlich geworden, denn es sind bestimmte Umweltbedingungen – gleichwohl auch sozialer, also durch den Menschen geschaffener Natur – die zum Umschlag der Funktionen führen. Dieses Argument besitzt aber äußerst weitreichende Gültigkeit für alle Bereiche der Analyse Veblens.

Nirgendwo ist dieser evolutionstheoretische Ansatz so klar formuliert wie zu Beginn des achten Kapitels der *Theory of the Leisure Class*, aus der Sicht der bisherigen Ausführungen allerdings mit dem Nach-

---

23 Veblen 1899, S. 221.
24 Veblen 1899, S. 222, 248 und 1914, S. 13, wo dies auf die »instincts« bezogen wird, die Wurzel von konkreten Verhaltensweisen sind, und die selbst in unendlich vielen Variationen auftreten können. Hinzu treten dann noch die Modifikationen der Instinkte durch den Habitus, siehe programmatisch 1914, S. 38.

teil einer unklaren Differenzierung zwischen »Normen« und »Institutionen«. Versuchen wir, dieser Passage möglichst genau zu folgen, und fügen wir die vorgeschlagene Unterscheidung im Sinne einer systematischen Vervollständigung hinzu.

»Homo faber« kämpft wie alle Lebewesen um seine Existenz, entwickelt freilich in Besonderheit, wie schon gesehen, seine wesensbestimmende kreative Funktion. Die spätere Weise seines Daseins wird aber wesentlich dadurch bestimmt, inwieweit seine Normen den zu einer bestimmten Zeit und in einer bestimmten Region vorherrschenden Umweltbedingungen gerecht werden, inwieweit sie also optimal angepaßt sind. Das heißt, der zivilisatorische Prozeß des Menschen ist im wesentlichen eine natürliche Auslese von Normen bzw. natürlich auch der Institutionen (als Verhaltensbeschränkungen), deren Grundlage Normen (als innere Einstellungen) sind. Das bedeutet aber auch, daß nicht primär der Mensch als solcher unmittelbarer Gegenstand natürlicher Auslese ist.

Bei genauerer Betrachtung bezeichnet Veblen mit »natural selection« auch gar kein materiales Analogon zum biologischen Terminus, sondern ein formales. Das heißt unter anderem, es geht etwa nicht direkt um Konzepte wie die später von der Biologie exakt definierte »relative reproduktive fitness« oder, einfacher formuliert, die relative Zahl der Nachkommen. Veblen ist hier freilich notwendig unscharf, da er mit dem Wissensstand seiner Zeit noch nicht ausreichend in der Lage war, scharf zwischen genetischer und kultureller Vererbung zu unterscheiden bzw. methodisch zwischen Darwinscher und Lamarckscher Vererbung von Verhaltensmerkmalen. So formuliert er auch die Vorstellung einer Auslese zwischen Gruppen, die sich unter Umständen auch eindeutiger als »Abstammungslinien«, »lines of descent«, abgrenzen lassen. Dabei bleibt aber unklar, ob es sich gewissermaßen um eine »genetische« oder eine »normative« Abstammungslinie handelt.[25]

In jedem Fall handelt es sich beim Selektionsbegriff Veblens eindeutig um einen nicht-biologischen, weil Einheit der Selektion Normen sind und mehr noch, weil die »natürliche Umwelt« gleichermaßen materiell wie sozial aufgefaßt wird. Das heißt, die selektiv wirksame Umwelt schließt Institutionen (und andernorts stärker betont, Technologien) als selektive Kräfte ein. Genau hier wird dann auch die analytische Differenzierung zwischen Normen und Institutionen erneut hilfreich, nämlich als Unterscheidung zwischen Gegenstand (Norm als

---

25 Veblen 1899, S. 225, 235.

Verhaltensmuster) und Faktor, »factors of selection« (Institution als exogene Beschränkung), der Selektion. Aber insofern Institutionen ohne normatives Fundament unvorstellbar sind, entsteht also das Bild eines rekursiven Prozesses des Wandels von Institutionen als Gegenstand und Faktor der Selektion. Institutionen wirken selektiv, weil sich Individuen hinsichtlich ihrer normativen, aber vielleicht auch ihrer angeborenen Verhaltensausstattung (»temperament«) beim Grad der Anpassung an diese Institutionen unterscheiden können. Andererseits passen sie diese Institutionen auch aktiv handelnd an die eigene Verhaltensausstattung an.

Die letzte Überlegung spielt eine sehr große Rolle für Veblens empirische Analyse des gesellschaftlichen Wandels. Wenn sich beispielsweise, wie schon angedeutet, verschiedene »Klassen« der Gesellschaft hinsichtlich ihrer normativ verankerten Verhaltensmuster unterscheiden, dann schlägt sich dies natürlich auch in einem anderen institutionellen Gefüge nieder. Diese klassenspezifischen Institutionen wirken dann als selektive Faktoren (also als exogene Beschränkungen) in der sozialen Mobilität, das heißt, Individuen anderer Klassen überschreiten die Grenze zu einer Klasse um so leichter, je besser ihr eigenes Verhaltensmuster bereits an deren Institutionen voradaptiert ist. Nach Eintritt in diese Klasse werden diese selektiv wirksamen Institutionen weiter internalisiert und haben auch einen Wandel der individuellen normativen Ausstattung zur Folge, werden also verinnerlicht. Dies geschieht jedoch interaktiv, d.h. durch das idiosynkratische individuelle Verhalten verändern sich die Institutionen auch schrittweise.

Insofern muß deutlich betont werden, daß Veblens Typen – wie auch schon bei der Diskussion seines Rassenkonzeptes deutlich wurde – lediglich analytische Vereinfachungen darstellen und tatsächlich die Breite und Weite individueller Variationen auf verschiedenen Betrachtungsebenen (Gesellschaften, Typen innerhalb von Gesellschaften, Individuen als Elemente von Typen etc.) ausschlaggebend für den aktuellen Wandel sind.

Zwei Aspekte sind nun wesentlich für den Charakter von Normen als Gegenstand von Selektion. Erstens, im Rahmen einer mehr oder weniger hierarchischen Ordnung zwischen gesellschafts-, typen- und individuell spezifischen Normen stellen die konkreten menschlichen Verhaltensdispositionen einen systematischen Zusammenhang, ein »Ganzes« dar, etwa als »scheme of life«, das sich in einer speziellen »theory of life« widerspiegelt. Das heißt, Veränderungen einzelner

Normen berühren immer auch das Normengefüge insgesamt.[26] Zweitens, im Zeitablauf ergibt sich notwendig eine Differenz zwischen den aktuell wirksamen Selektionsfaktoren, also den herrschenden Umweltbedingungen (»circumstances«), und dem Grad der Anpassung der Normen bzw. Institutionen, die Resultat der Selektion unter Umweltbedingungen der Vergangenheit sind.

Veblen ist daher mit Nachdruck der Überzeugung, daß Normen nie optimal an die herrschenden Umweltbedingungen angepaßt sind (»Whatever is, is wrong«).[27] Sein Argument könnte in verschiedener Weise als tatsächlich zwingender Begründungszusammenhang rekonstruiert werden. Ausschlaggebender Faktor für die Differenz zwischen der Geschwindigkeit des Wandels von Umweltbedingungen und der Veränderung von Normen könnte beispielsweise die Kohärenz des gegebenen Normengefüges sein: So leisten Individuen aktiv Widerstand gegen normativen Wandel, weil sie fürchten, daß dann ein gesamtes, nicht zuletzt auch individuell identitätsstiftendes institutionelles Regime verändert werden müßte (gewissermaßen »Revolution« statt »Evolution«).[28] Aber Veblen nennt auch andere Faktoren für eine relative Verlangsamung des normativen Wandels und damit die Suboptimalität der Anpassung. Auf entwickelteren Stufen des zivilisatorischen Prozesses wirken beispielsweise gesellschaftliche Dominanzordnungen retardierend: Die herrschenden, von besondere Kräftigkeit der kompetitiven Funktion geprägten Klassen oktroyieren auf der einen Seite Institutionen auf andere Mitglieder der Gesellschaft (wie etwa die Frauen), sind aber auf der anderen Seite gerade durch diese Dominanzposition teilweise gegenüber den aktuellen Zwängen einer Anpassung an veränderte Umweltbedingungen abgeschirmt. Das heißt, in Veblens Ansatz kann sich offenbar eine Diskrepanz zwischen den Anpassungserfordernissen auf unterschiedlichen Ebenen der Gesellschaft einstellen: Was beispielsweise einen starken Selektionsdruck für die institutionelle Struktur insgesamt darstellt (Ebene der »Gesellschaft«), muß nicht unbedingt in derselben Stärke und Aktualität für denjenigen »Typus« selektiv wirksam werden, der zur Klasse der Entscheidungsträger gehört. Gerade die komplexe rekursive Struktur institutioneller

---

26 Veblen 1899, S. 201. In 1914, S. 11f., 40ff., wird diese Interdependenz aller Normen und Instinkte als »contamination« bezeichnet. In diesem Sinne würde es also keinen Sinn machen, einzelne Normen unmittelbar durch bestimmte Selektionsprozesse zu erklären, analog zu einem genetischen Atomismus.
27 Veblen 1899, S. 207.
28 Veblen 1899, S. 201.

Veränderungen hat also die Suboptimalität des Anpassungsprozesses zur Folge: Wie Veblen an einer Stelle mit später selten wiederholten Begriffen formuliert, gesellschaftlicher Wandel ist fortlaufende Adjustierung innerer Beziehungen an äußere bei gleichzeitiger Rückwirkung der Veränderung innerer Beziehungen auf äußere. Dabei können dann aber auch Gleichgewichtszustände mit optimaler Anpassung auftreten, wie im Falle der kompetitiven Wirtschaft, in der handwerkliche Fertigung durch Eigentümer die vorherrschende Technologie ist, und wo entsprechend kompetitive und kreative Funktion harmonisch zusammenwirken, d.h. wo Funktionalität in beiden Dimensionen letztendlich durch das Preissystem und den Tausch von Leistungen und Gütern durch Eigentümer gemessen und bestimmt wird.[29]

Veblens evolutionstheoretischer Bezug gründet sich also eindeutig auf eine formale, nicht materiale Analogie zur natürlichen Auslese, und zwar im Sinne eines »heterarchischen«, d.h. hierarchisch-rekursiv verkoppelten Prozesses der Variation und bewahrender Selektion von Merkmalen (»traits«). Dies schließt keinesfalls eine aktive Beteiligung des Individuums aus, das gewöhnlich freilich durch »psychologische Trägheit« gekennzeichnet ist. Der Druck der Umstände veranlaßt dann aber Verhaltensneuerungen, die sich je nach dem Ergebnis der weiteren Selektion zu Normen verfestigen können.

Mit diesen Ausführungen ist freilich noch offen, was eigentlich letzten Endes Anpassungserfolg ausmacht. Die Antwort auf diese Frage setzt eine eingehendere Analyse von Veblens bekanntester Idee voraus, nämlich seiner Konsumtheorie. Betont sei aber bereits jetzt, daß er die ökonomische Problematik in den Mittelpunkt der selektiv wirksamen Faktoren rückt.[30] Insbesondere spielt an dieser Stelle die »Gruppe« oder »Gemeinschaft« (»community«) eine besonders herausgehobene Rolle, denn ihr sind all jene Institutionen analytisch zuzuordnen, deren Zusammenwirken letztendlich den Erfolg bei der Auseinandersetzung mit den jeweilig herrschenden materiellen Lebensbedingungen bestimmt. Innerhalb der Gruppe mögen diese Institutionen zwar nicht notwendig eine gleichmäßige oder gar gleichgerichtete Verbesserung der materiellen Lebensbedingungen für alle Mitglieder zur Folge haben, doch insgesamt schlägt sich der ökonomische Anpassungsdruck auf die Gruppe in der überragenden Bedeutung ökonomischer Auslesemechanismen auch für die Innenbeziehungen der Grup-

---

29 Veblen 1914, S. 342ff.
30 Veblen 1899, S. 193ff.

pe nieder. Genau an dieser Stelle kehrt die Analyse aber zur Wechselwirkung zwischen kreativer und kompetitiver Funktion menschlichen Verhaltens zurück, denn ökonomische Auslesefaktoren sind für die Erfüllung beider Funktionen relevant.

Damit sind nahezu sämtliche analytische Kategorien allgemein formuliert, die für ein Verständnis der oft recht unsystematischen empirischen Betrachtungen Veblens nötig sind. Was zeichnet konkretes menschliches Verhalten im Laufe des zivilisatorischen Prozesses der Variation und Selektion von Normen und Institutionen aus?

2.3 Statusordnungen, materielle Zivilisation und Konsum

Der Einfluß zeitlich und räumlich spezifischer Umweltmerkmale auf das Verhalten ist eine entscheidende Determinante des äußeren Erscheinungsbildes der verschiedenen Verhaltensfunktionen. Hinsichtlich der kompetitiven Funktion differenziert Veblen zwischen der kleinen und der großen Gruppe bzw. anonymen Gesellschaft,[31] und zwar einerseits historisch-genetisch, andererseits aber auch synchronisch im Vergleich zwischen den unterschiedlichen Lebensbedingungen in der Stadt und auf dem Lande. Jeweils sind ganz andere Güter instrumentell für die Erfüllung der kompetitiven Funktion, denn zum Beispiel erfordert die Abgrenzung und Distanzierung gegen andere Menschen in einer großen und anonymen Gruppe allgemein anerkannte, leicht identifizierbare Statusindikatoren, während in der fortlaufend interagierenden kleineren Gruppe solche Indikatoren kaum benötigt werden: in der ersten muß die »Zahlungsfähigkeit« (»ability to pay«) demonstriert werden, in der zweiten ist sie allen Beteiligten bekannt. Das heißt, Unterschiede in der materiellen Zivilisation einer Gesellschaft leiten sich aus dem Zusammenwirken zwischen allgemeinen Verhaltensfunktionen und spezifischen sozialen und natürlichen Umweltbedingungen ab.

Umgekehrt aber wirkt die materielle Zivilisation als Umweltfaktor auch auf das Verhalten zurück: Das herausragende Beispiel für diesen Zusammenhang ist sicherlich Veblens Analyse des »Maschinenprozesses«, der durch seine technischen Erfordernisse weitreichenden Einfluß auf so unterschiedliche Dinge wie die Einstellung zur Zeit oder die Entfaltung der Naturwissenschaft ausübt.[32] Dabei wirkt die Aus-

---

31 Veblen 1899, S. 86ff.
32 Veblen 1904, S. 5ff., 302ff., 348, 360ff.

übung bestimmter Tätigkeiten (»employments«, »occupations«) durch den Menschen als Vermittlungsglied der normativen Prägung (»habits«) durch Selektion. Die geistige Disziplinierung durch den Maschinenprozeß (hier ganz im Sinne von Veblens historischer Situation eigentlich als »Taylorismus« aufgefaßt) verändert die Grundlage des Verhaltens bis hin zu einer Umkehrung bestimmter typenspezifischer Verhaltensstandards.

Prägnant ist Veblens Analyse des gesellschaftlichen Wandels im Haushalt der Mittelklasse, wo eine neue Verteilung von Verhaltensmustern zwischen den Geschlechtern stattfindet.[33] Der Mann wird gerade durch die konstante Verfolgung der kompetitiven Funktion unter den veränderten Umweltbedingungen zum »Arbeiter«, d.h. im Rahmen der intrafamilialen Arbeitsteilung muß er sich ausschließlich auf die Akkumulation von Vermögen konzentrieren (sei es als Arbeiter im wörtlichen Sinne oder als Geschäftsmann), während die Frau nun die Aufgabe erhält, für den zum Müßiggang unfähigen Mann den »auffälligen Konsum« vikarisch auszuüben. Unter den Bedingungen der Mittelklasse ist freilich auch letzteres kein Müßiggang, sondern ein anstrengendes Geschäft, denn die Aufrechterhaltung eines bestimmten Konsumniveaus erfordert ständige Arbeit am äußeren Erscheinungsbild. Nur die Oberklasse ist in der Lage, diesen Konsum in echtem Müßiggang durchzuführen, da sie wohlhabend genug ist, um diese Arbeiten an Hausangestellte zu delegieren.

An dieser Stelle ist kein Raum, auf die weiteren sozioökonomischen Zusammenhänge einzugehen, die Veblen aus seinem Menschenbild ableitet. Wesentlich ist aber, daß wegen der Differenzierung zwischen kreativer und kompetitiver Verhaltensfunktion auch einige selbstverständliche theoretische Kategorien der Ökonomik fragwürdig werden, wie soeben die Unterscheidung zwischen »Arbeit« und »Konsum«. Veblens konsumierender Mensch arbeitet in der Regel sehr intensiv, denn, um einen der entscheidenden systematischen Gründe zu nennen, es ist nicht einfach, glaubwürdig zu demonstrieren, daß demonstratives Nichts-Tun tatsächlich auf hohen relativen Status zurückzuführen ist: Auf den Kern reduziert, geht es nämlich darum, die unterschiedliche Verfügbarkeit von »Zeit« als eigentlich zentralem Gut des Menschen zu demonstrieren.[34] Der wohlhabendere hat mehr Zeit als der ärmere, kann dies aber nur glaubwürdig zur Schau tragen, wenn er

---

33 Veblen 1899, S. 80ff.
34 Veblen 1899, S. 43.

diese Zeit auch tatsächlich für Tätigkeiten aufwendet, die zeitintensiv sind, aber gleichzeitig nicht für den eigenen Lebensunterhalt erforderlich scheinen. Dieses Argument gilt dann aber nicht nur für den Wohlhabenden selbst, sondern auch für die von ihm abhängigen Menschen, die seinen »Konsum« vikarisch potenzieren, wie Frauen, Dienstboten oder Künstler, Priester und Musiker. Alle »arbeiten« im konventionellen ökonomischen Sinne, denn sie verwenden die Zeit für Tätigkeiten, die ein »Arbeitsleid« erzeugen, und die, wie gerade im Falle der abhängigen Menschen, nicht notwendig individuell präferiert werden, insbesondere im Vergleich zu echtem Müßiggang und echter Freizeit.

Allerdings tritt die Unterscheidung zwischen »Konsum« und »Arbeit« bei Veblen durchaus deutlich und prinzipiell auf, ist dann aber mit der theoretisch anders orientierten Differenzierung zwischen den beiden Verhaltensfunktionen verbunden, also der kompetitiven (»Konsum«, »consumption«) und der kreativen (»Arbeit«, »industry«). Das heißt aber im wesentlichen, daß die konkrete Aufteilung zwischen »Konsum« bzw. »Freizeit« und »Arbeit« nicht als Gegenstand einer konsistent-rationalen Nutzenmaximierung aufgefaßt wird, sondern als Lösung eines Konfliktes zwischen zwei prinzipiell widerstreitenden Wertskalen. Der Mensch als Entscheidungsträger ist also notwendig innerlich zerrissen, und viele Aspekte der materiellen Kultur (etwa Bildung als Instrument der kompetitiven Funktion) erklären sich als Kompromisse zwischen der kreativen und der kompetitiven Wertskala.

Diese Wertkonflikte werden dann natürlich auch in die Gesellschaft hineingetragen und prägen letztlich sogar den Wirtschaftsprozeß von Grund auf: Aus Veblens Menschenbild leitet sich seine Theorie zyklischer Schwankungen und anhaltender Depression des Industriesystems eigentlich bruchlos ab.[35] Während nämlich der Marktprozeß durch die kompetitive Funktion und ihre Wertskala geprägt ist, würde die Optimierung der produktiven Kräfte die Vorherrschaft der kreativen Funktion verlangen. Hier begründet sich auch Veblens zeitgeschichtliche Analyse des Industriesystems als inhärent widersprüchlicher institutioneller Struktur: Denn die Trennung zwischen »business« und »industry« auch in Gestalt von »employments« und ihren Prägungen führt letztlich zu dysfunktionalen Tendenzen im Bereich der technologischen Entwicklung, weil niemand mehr ausreichende

---

35 Veblen 1904, S. 266.

Anreize erfährt, die kreative Funktion voll zu realisieren und auf diese Weise zum allgemeinen Wohl beizutragen, indem entsprechende Fertigkeiten und entsprechendes Wissen akkumuliert werden.[36]

Wörtlich genommen, ist die Prägung des Marktprozesses durch die kompetitive Funktion eine ökonomische Selbstverständlichkeit. Daß Veblen allerdings auf dieser Grundlage nicht zu einer Theorie der optimalen Allokation gelangt, hängt mit der völlig anderen Stellung dieser Funktion innerhalb seines Menschenbildes zusammen. Wenn die kompetitive Funktion das Entscheidungsverhalten eines Menschen dominiert, dann ist dies grundlegend verschieden von der Maximierung individuellen Nutzens, aber ebenso von Gewinnen, wie in der konventionellen ökonomischen Theorie unterstellt. Kompetitives Verhalten bedeutet vielmehr immer und an jedem Ort, daß die relative Position zu anderen Menschen verbessert werden soll, daß also nie auf eine »subjektive« Größe oder einen individuell beliebigen Wertstandard Bezug genommen wird, sondern auf eine gesellschaftlich gegebene Statusordnung, die relative Positionen einzelner Individuen festlegt. Diese Statusordnung ist also insofern »objektiv«, als sie aus der Sicht des Individuums eine soziale Tatsache ist, die durch das eigene Verhalten kaum verändert werden kann.

Die Statusordnung ist das Ergebnis historischer Prozesse der Variation und Selektion von Normen, kann aber zunächst auf einen Grundwert reduziert werden, nämlich die Rolle des »Vermögens« als Statusmerkmal. Wird der Mensch in seiner kompetitiven Verhaltensfunktion also als Vermögensmaximierer aufgefaßt, dann impliziert dies immer ein differentielles Maximierungsverhalten unter Bezug auf eine exogene, »soziale« Statusordnung. Die konkrete Struktur dieser Ordnung ist komplex und soll hier nicht im einzelnen betrachtet werden. Wesentlich ist aber, daß aus der Sicht des Individuums diese Ordnung normativ verankert ist, also etwa in Gestalt ganz bestimmter Konsumstandards (»standard of living«). Diese Standards definieren sich unter Bezug auf die jeweils statushöheren Individuen, so daß sie zum einen nie den Status quo des einzelnen als erwünschten Zustand

---

36 Veblen, 1914, S. 348ff. Bei Veblen findet sich also schon der Gedanke der jüngeren Wachstumstheorie, daß Wachstum ein »public knowledge capital« voraussetzt. Diese Bezüge werden überwiegend nur im Kontext von Veblen 1915 und leider auch hier nur selten aufgedeckt, zumeist von wirtschaftshistorisch gebildeten Autoren wie Abramovitz 1989, S. 223. Ich habe in Herrmann-Pillath 1995b versucht, einige Aspekte in die Wachstumstheorie einzubringen, die sehr nah an Veblen liegen, ohne diese Bezüge zu diskutieren.

auszeichnen, also immer nur ein Aspirationsniveau identifizieren, und so daß zum anderen aber dieses Aspirationsniveau stets ein »bewegliches Ziel« von tantalischer Qualität ist, denn sobald der höhere Platz in der Statusordnung erreicht ist, wird der Standard der nächsthöheren Position zum Aspirationsniveau.[37] Das bedeutet also, daß auf der einen Seite die Individuen sich innerhalb einer gesellschaftlichen, umfassenden Statusordnung bewegen, daß sie aber gleichzeitig immer nur innerhalb ihres jeweils gegebenen, lebensweltlichen Kontextes Status maximieren, d.h. im Rahmen eines bestimmten Ausschnittes der Statusordnung.

Veblen untersucht diese Zusammenhänge mit großem Detail, denn sie sind für die soziale Differenzierung in Schichten, Gruppen und Klassen von ausschlaggebender Bedeutung. Um zur Illustration nur eine seiner gleichzeitig satirisch anmutenden, aber entsprechend leider auch mißverstandenen Ausführungen zu zitieren, die nicht zuletzt auch für die Beziehung zwischen Veblens Menschenbild und seiner Sicht der Evolutionstheorie als darwinistischer Theorie sehr instruktiv ist: Warum haben die gebildeten Schichten im Schnitt vergleichsweise wenig Kinder? Veblens Anwort ist einfach und theoretisch konsistent. Auf der einen Seite sind große Teile der gebildeten Schichten mit dem vikarischen Konsum von Zeit befaßt, insofern als »Wissen« eines der Güter ist, bei der sich kompetitive und kreative Funktion besonders harmonisch verbinden lassen, und zwar gleichzeitig auf der Seite der Produzenten von Wissen (also den »Gelehrten«) wie auf der Seite derjenigen Nachfrager, die mit dem Konsum von Wissen ihren Überschuß an Zeit demonstrieren (also den Lesern von Büchern oder den Studierenden). Im konkreten lebensweltlichen Kontext bedeutet dies aber, daß die Produzenten von Wissen vergleichsweise enge Kontakte zur Gruppe derjenigen direkten Vermögensmaximierer unterhalten, die an der Spitze der gesellschaftlichen Statusordnung angesiedelt sind, also den Vertretern der »pecuniary employments«. Dann werden die Konsumstandards der ersteren jedoch stark durch die Praxis der letzteren geprägt, was auf der anderen Seite jedoch ihre tatsächlichen finanziellen Möglichkeiten übersteigt. Insofern wird bei den Produzenten von Wissen das Haushaltsbudget verhältnismäßig stark durch den Konsum teurer Güter belastet, die ohne den Kontakt mit den »pecuniary employments« nicht in den Bereich des Aspirationsniveaus gerückt wären. Eine Verringerung der Kinderzahl wird dann zum ent-

---

37 Veblen 1899, S. 31, 103f., 106ff. und zum folgenden S. 112ff.

scheidenden Instrument der Anpassung des Lebensstandards an das verfügbare Budget.

An diesem Beispiel wird die komplexe Struktur von Statusordnungen ebenso deutlich wie die komplizierten Zusammenhänge mit dem tatsächlich auftretenden Konsumverhalten. Wenn beispielsweise gebildete Familien viel in die Bildung ihrer Kinder investieren und für diesen Zweck natürlich auch auf den Kauf teurer Luxusgüter verzichten, so ist dies lediglich eine gruppen- und situationsspezifische Erfüllung der kompetitiven Funktion. Insofern bedeutet die historische Übertragung von Konsumstandards auch nicht, daß der einzelne gar keine Wahlmöglichkeit mehr besäße, denn es gibt eine Fülle funktional gleichwertiger konkreter Konsumalternativen. Auch ist radikal abweichendes Verhalten nicht prinzipiell ausgeschlossen, führt jedoch rasch zur Ausgliederung aus der Gesellschaft (qua Statusordnung) insgesamt. Die primäre Wahlfreiheit und auch das typische Verhalten der Menschen besteht also in der Auswahl bestimmter Bezugsgruppen (soweit nicht nur eine bestimmte strukturell fest vorgegeben ist) und innerhalb des so definierten Aspirationsniveaus dann in der Wahl eines bestimmten, normativ sanktionierten Konsumverhaltens. Statusordnungen sind also ein wesentlicher Teil der Institutionen einer Gesellschaft, wirken also einerseits als Verhaltensrestriktionen und definieren auf der Ebene der materiellen Zivilisation individuell wählbare Konsumalternativen.

2.4 Statusordnungen und Anpassungserfolg

Kehren wir nun abschließend zur allgemeinen Ebene der Evolution von Normen und Institutionen zurück. Zwei Punkte sollten noch diskutiert werden, einer von theoretischer und einer von gesellschaftlicher Relevanz: Erstens, was bestimmt nun tatsächlich den langfristigen Verlauf der Selektion von Normen und Institutionen, und zweitens, welche Bedeutung besitzen direktere Ausdrucksformen der kompetitiven Funktion, also vor allem die physische Gewalt, im Verlauf der gesellschaftlichen Entwicklung?

Veblen ist hinsichtlich der langfristig wirksamen Selektionsfaktoren nicht eindeutig. Wird wieder das Prinzip der systematischen Vervollständigung seiner Ausführungen angewendet, dann fällt auf, daß er auf der einen Seite der Auffassung ist, daß sich die Institutionen selbst unter der Wirkung des kompetitiven Verhaltens verändern. Das heißt also beispielsweise, wenn eine Institution dem allgemeinen Wert der Vermögensmaximierung gerecht wird, dann bleibt sie erhalten, indem sie das Verhalten der Individuen optimal an diesen Standard anpaßt, also im Sinne unserer begrifflichen Differenzierung als Institution Normen (»habits«) der Individuen selektiert, die wiederum zur Maximierung der individuellen Vermögensakkumulation beitragen.[38] Insofern entstünde freilich das Bild einer wachsenden Beherrschung aller Verhaltensweisen vom Prinzip des demonstrativen Konsums, je größer der Abstand des Wohlstandes einer Gesellschaft vom Subsistenzniveau wird. Auf der anderen Seite führt aber gerade das Prinzip der Vermögensmaximierung dazu, daß gerade diejenige Gruppe von Menschen, die es schließlich verkörpert, also die »business class«, tatsächlich gar keine »leisure class« mehr sein kann, weil sie nicht mehr auf die Demonstration, sondern die Erlangung von Vermögen fokussiert und in einer vorher nie dagewesenen Weise zeitlich ausgelastet ist.[39]

Es finden sich aber auch wesentliche Passagen, wo Veblen offenbar der Überzeugung ist, daß die eigentlich ursprüngliche kreative Funktion den langfristigen Bestand bestimmter Normen garantiert, so daß umgekehrt der Wandel von Normen zumindest teilweise oder simultan kompetitive und kreative Funktionen gleichermaßen erfüllen muß. Es scheint, daß Veblen an dieser Stelle besonders den Wettbewerb zwischen verschiedenen Gruppen und Gesellschaften vor Augen hat. Wie schon einmal erwähnt, spielt hier der Faktor der Wirtschaftlichkeit die ausschlaggebende Rolle, denn welche Ursachen auch letztlich die Durchsetzung bestimmter Verhaltensweisen bedingen, letzten Endes müssen sie die Norm der Wirtschaftlichkeit in dem Sinne erfüllen, »whether it serves directly to enhance human life on the whole – whether it furthers the life process taken impersonally«. Dieses Argument findet sich dann an verschiedenen Stellen konkret ausgefüllt.

So zum Beispiel ist der entscheidende erste Übergang von der gesellschaftlichen Dominanz der kreativen Verhaltensfunktion zu derjenigen der kompetitiven nur dann langfristig stabil, wenn die entstehende Statusordnung auch gewährleistet, daß die Eliten durch ihr Handeln zum Überleben der Gruppe insgesamt beitragen. Ob sie dies tun, dürfte aber wohl nur aus dem Ergebnis der Gruppenkonkurrenz selbst ableitbar sein.[40]

---

38 Veblen 1899, S. 166.
39 Veblen 1914, S. 225ff.
40 Veblen 1899, S. 39.

Dieser Punkt ist offenbar auch für entwickelte Industriegesellschaften gültig. Bekanntlich sieht Veblen hier einen grundsätzlichen Konflikt zwischen dem Prinzip der Wirtschaftlichkeit einerseits und der Tatsache andererseits, daß bei Dominanz der kompetitiven Verhaltensfunktion Ressourcen für die Maximierung der »vendibility« eines Produktes eingesetzt werden (im Gegensatz zur »serviceability«), also etwa für Werbung.[41] Letzteres ist wiederum nur ein allgemeiner Ausdruck der Tatsache, daß zur Erfüllung der kompetitiven Funktion differentielle Aspekte von Gütern, bezogen auf die gesellschaftliche Statusordnung, wichtiger sind als der eigentliche wirtschaftliche Nutzen dieser Güter. Insofern würde die Industriestruktur immer mehr in die Richtung eigentlich unproduktiver Branchen verändert – wenn dies nicht im Endergebnis dadurch die Lebenschancen der Gesellschaft insgesamt so stark verringert würde, daß in der langen Frist ein derartiges normatives Regime ausselektiert würde.[42]

Auf der einen Seite liegt nun auf der Hand, daß eine solche »Selektion« nur denkbar ist im Kontext der Konkurrenz zwischen Gesellschaften. Auf der anderen Seite wird dieser Punkt bei Veblen aber nicht klar herausgearbeitet. Dies ist offenbar der eigentliche Grund dafür, daß Veblen so große Schwierigkeiten besitzt, seine deutliche normative Präferenz für das kreative Prinzip mit seiner positiven Analyse zur Deckung zur bringen, und daß er sich also ständig in Selbstwidersprüche verstrickt.[43] Er fällt immer wieder Werturteile, ohne aber letztlich die Konsequenz zu ziehen, daß durch einen politischen Eingriff die »schädliche« Wirkung des kompetitiven Prinzips aufzuheben sei; denn dies würde seine positive Analyse beliebig werden lassen, die dem kompetitiven Prinzip durchaus den Charakter von Notwendigkeit zuspricht, nämlich im Sinne eines Ergebnisses von »natürlichen« Selektionsprozessen. Allerdings wird gerade der späte Veblen in dieser Hinsicht gleichsam passiv politisch, leitet er doch aus seiner Analyse letztendlich die entfernte Möglichkeit einer Revolution der Technokraten und Ingenieure ab, die im modernen System gegen die »business class« und ihre »vested interests« die eigentliche Verkörperung der kreativen Verhaltensfunktion sind. Bei dieser Vision spielt dann wiederum die aufkommende Konkurrenz zwischen der Sowjetunion und den westlichen Industrienationen eine wichtige Rolle.[44]

---

41 Veblen 1904, S. 55.
42 Veblen 1904, 64f.
43 Siehe auch den Kommentar von Ayres 1957, S. 35.
44 Veblen 1921, mit der Vision des »Soviet of Technicians«.

Insofern müßte eine systematische Vervollständigung seines Argumentes so lauten, daß der gesellschaftliche Wandel endogen durch das kompetitive Prinzip vorwärtsgetrieben wird, das dann auch die Verteilung von Verhaltensmustern in einer bestimmten Population menschlicher Individuen bestimmt (»Typen«, »Klassen«, »Berufe« etc.). Diese Individuen weisen zwar ein komplexes Entscheidungsverhalten auf, da sie neben ihrer Vernunft von verschiedenen »instincts« und »habits« geleitet werden, doch hat die gesellschaftliche Entwicklung eindeutig zur Dominanz der kompetitiven Funktion im Entscheidungsverhalten geführt, also in Gestalt einer Entscheidung nach dem Prinzip der Vermögensmaximierung bezüglich einer bestimmten Statusordnung. Diese Statusordnung ist durch die Mitglieder dieser Gesellschaft nicht unabhängig und ausschließlich nach dem kreativen Prinzip bewertbar, da die vorherrschende und vor allem individuell internalisierte Wertskala immer eine kompetitive ist: Mitglieder einer Statusordnung können diese nicht selbst ökonomisch beurteilen. Eine Bewertung gemäß der kreativen Funktion muß also notwendig auf einer Ebene oberhalb der Entscheidungsträger einer Statusordnung erfolgen: Dies ist aber die Ebene der Konkurrenz zwischen Populationen und damit eigentlich der Statusordnungen, die deren Verhalten prägen. Da auf dieser Ebene das Entscheidungsverhalten von Individuen nicht mehr direkt für das Wettbewerbsergebnis relevant ist (sondern nur indirekt über die Beeinflussung der Statusordnung), wirkt hier die kreative Funktion als bestimmender Selektionsfaktor. Langfristig hat die Konkurrenz der Statusordnungen also zur Folge, daß das statusorientierte individuelle Verhalten an der Erfüllung der kreativen Verhaltensfunktion orientiert ist, ohne dies aber bewußt anzustreben oder zu wissen. Die kompetitive Verhaltensfunktion richtet das Verhalten an der Statusordnung aus, der langfristige Wandel der Statusordnung wird aber durch den Grad der Erfüllung der kreativen Verhaltensfunktion bestimmt, und zwar relativ zu anderen existierenden Statusordnungen.

Nun muß sich eine solche systematische Vervollständigung von Veblens Argument freilich vorwerfen lassen, eine allzu geradlinige und harmonische Sicht der Konkurrenz von Statusordnungen zu entwerfen. Veblen selbst sieht bezüglich der Entwicklung der modernen Industriegesellschaft die eindeutige Tendenz einer Durchsetzung der kreativen Verhaltensfunktion, die aber in immer stärkere Spannung zur kompetitiven gerät: Diese Spannung schlägt sich im grundlegenden Konflikt zwischen individuellen und kollektiven Interessen in der Industriegesellschaft nieder. Es ist die durch Vermögen und Status geschätzte Elite, die durch ihre bloße Existenz solche Verhaltensmuster in der Gemeinschaft bewahrt und perpetuiert, die letztlich kollektive Interessen schädigen.[45] Wie aber ist letzten Endes zu erklären, daß diese Elite ein derart stabile Position einnimmt?

Einer der wichtigsten Faktoren scheint hier die Gewalt zu sein, und zwar besonders in Gestalt des Krieges. Veblen geht bekanntlich so weit, den gesellschaftlichen Repräsentanten der kompetitiven Funktion, also vor allem den Geschäftsleuten, die aktive Förderung des Krieges zu unterstellen – was zu seiner Zeit ohne Zweifel größtenteils richtig war und eine eigenwillige Deutung des Imperialismus im 19. und frühen 20. Jahrhundert darstellt.[46]

Unabhängig hiervon hat der Krieg aber wesentliche Funktionen für die Selektion kompetitiver Verhaltensmuster in einer Gesellschaft, weil er durch direkte physische, aber vor allem wieder normative Auslese von Individuen als Trägern von Verhaltensmustern letztlich die Gestalt gesellschaftlicher Statusordnungen nachhaltig prägt. Vor allem aber hat der Krieg immer atavistische Konsequenzen, denn mit der zentralen Rolle von physischer Gewalt werden notwendig die verfeinerten Ausdrucksformen der kompetitiven Funktion zu Gunsten der einfachen, unmittelbar wirksamen zurückgedrängt. In Friedenszeiten kann also auch argumentiert werden, daß die Pflege von in weitestem Sinne physischen Ausdrucksformen dieser Funktion (etwa Sport) gewährleisten soll, daß eine gewisse Einfachheit und Ursprünglichkeit kompetitiven Verhaltens erhalten bleibt. Auch dieses Argument sieht also wieder selektive Wirkungen der sozialen Umwelt auf den Wandel von Normen.

Im Kontext der systematischen Ergänzung von Veblens Analysen stellt sich dann natürlich die Frage, ob nicht angesichts der Tatsache, daß Konkurrenz von Statusordnungen immer auch gewaltsam ablaufen kann, notwendig beide Wertskalen, die kompetitive und die kreative, in allen menschlichen Gesellschaften nebeneinander Bestand haben müssen, und ob dies dann nicht auch für die langfristige Auslese von Statusordnungen gilt. Dies führt zur Ausgangsthese Veblens zurück, daß die kompetitive Funktion historisch-genetisch aus der krea-

---

45 Veblen 1899, S. 226f., 243f., 1921, passim. In 1921 spricht Veblen daher von »Sabotage«, die an einer Stelle (1921, S. 50) konzis definiert ist als »conscientious withdrawal of efficiency«, d.h. also als systematische Störung der Erfüllung kreativer Verhaltensfunktionen durch die »business class«, die »captains of industry« und ihre »vested interests«.

46 Veblen 1904, S. 391ff.

tiven abgeleitet ist. Dies gilt dann auf der ersten Stufe ihrer Entstehung auch für die Gewalt, denn in Veblens Sicht setzt »Kampf« (»fighting«) einen wirtschaftlichen Überschuß voraus. Auf dem Subsistenzniveau ist das Leben friedlich.[47]

Abgesehen vom heutigen Wissensstand erscheint dieses Argument natürlich auch systematisch wenig zwingend, denn solange das physische Potential (»Kraft«) vorhanden ist, läßt sich jederzeit auch für die »Urgruppe« annehmen, daß dort Kämpfe stattgefunden haben. Insofern erscheinen die kompetitive und die kreative Funktion eigentlich nurmehr begrifflich-systematisch einander nachgeordnet, nicht aber historisch-genetisch.

Dann ergibt sich aber als letzte Schlußfolgerung aus der Betrachtung des Veblenschen Menschenbildes, daß die kompetitive Funktion eine sich selbst erhaltende und erzeugende Funktion sein muß, solange physische Gewalt zwischen Menschen eine mögliche Verhaltensalternative ist. In diesem Sinne erlangt also ein sehr elementarer, als »biologisch« zu kennzeichnender Tatbestand eine normprägende Kraft, und zwar nicht als schlichtes Datum, sondern als eine sehr weit greifende Randbedingung jeglichen normativen Wandels.

Mit dieser systematisch zentralen Rolle des Gewaltkonzeptes tritt das Menschenbild Veblens dann auch endgültig und radikal aus dem Rahmen der konventionellen ökonomischen Theorie heraus: Die Neoklassik ist eine Theorie des gewaltfreien Tausches und des gewaltfreien Wettbewerbes. Dies bedeutet im Umkehrschluß, daß eine Neubegründung der Ökonomie bei der Aufhebung der Annahme von der Gewaltfreiheit ansetzen könnte.

3. Statusordnung und wirtschaftliche Entwicklung in Hong Kong seit 1843: ein Veblensches Sozialexperiment

Wir wollen nun versuchen, die skizzierten theoretischen Prinzipien des Menschenbildes in Veblens Werk empirisch anzuwenden. Als Beispiel dient die sozioökonomische Entwicklung der britischen Kolonie Hong Kong, die aufgrund ihrer geringen Größe, der Überschaubarkeit

---

[47] Veblen 1899, S. 20. In 1914, Kapitel II, wird dies zusätzlich durch die enge Beziehung zwischen dem »instinct of workmanship« und dem »parental bent« begründet.

der sozialen Interaktionen und gleichzeitig der relativ starken Abgrenzung zur Umwelt fast als eine Art Laboratorium der gesellschaftswissenschaftlichen Betrachtung gelten könnte.

Dieser Fall ist sehr interessant, weil hier auf engstem Raume offensichtlich eine Wirtschaftsordnung entstanden ist, die langfristiger Entwicklung zuträglich war – unter den spezifischen Bedingungen eines Stadtstaates. Die noch bis 1997 britische Kolonie hat heute ein durchschnittliches Pro-Kopf-Einkommen, das über demjenigen Großbritanniens liegt. Hong Kong spielt eine zentrale Rolle in der immensen Dynamik des südchinesischen Wirtschaftsraumes und ist einer der wichtigsten Knotenpunkte für den Kapitalverkehr im gesamten asiatisch-pazifischen Raum. Insofern kann als Vermutung notiert werden, daß die Institutionen Hong Kongs im Sinne der Erfüllung der kreativen Verhaltensfunktion und ihres grundlegenden Wirtschaftlichkeitsmaßes (efficiency) verhältnismäßig optimal sind, soweit die herrschenden Selektionsbedingungen Berücksichtigung finden. Letztere haben offenbar bestimmte komparative Vorteile des herrschenden institutionellen Regimes bedingt, die bis heute vor allem im Bereich von Handel, Finanzierung und Dienstleistungen zum Tragen gekommen sind. Im eigentlich industriellen Sektor waren diese Vorteile nur während der Phase arbeitsintensiver, exportorientierter Industrialisierung zwischen den fünfziger und siebziger Jahren gegeben. Während die Regierung und die Wirtschaftsverbände Hong Kongs seit den siebziger Jahren entsprechend das Erfordernis sahen, angesichts steigender Faktorkosten den technologischen Wandel auch aktiv zu unterstützen, ist seit Beginn der achtziger Jahre die Abwanderung dieser Industrien in die VR China der wichtigste Anpassungsmechanismus, d.h. in der Industrie dominiert eine passive Investitionsstrategie ohne technologischen und organisatorischen Wandel.[48]

Der wirtschaftliche Erfolg Hong Kongs wurde immer wieder von liberalen Ökonomen aufgegriffen um zu demonstrieren, daß freiheitliche Wirtschaftsordnung und Unternehmertum die wichtigsten Bedingungen für Wohlstand sind. In der Tat wird Milton Friedman in Hong Kong empfangen wie andernorts Filmstars und berühmte Sportler. In der kolonialen Geschichtsschreibung wird dies in der Regel der Wirtschafts- und Sozialpolitik der britischen Kolonialregierung zugerechnet, die chinesischem Unternehmergeist freien Lauf ließ. Bei

---

[48] Nähere Informationen zur Entwicklung Hong Kongs im regionalen Kontext finden sich bei Herrmann-Pillath 1995a. Zur Problematik der Anpassungsstrategien für Hongkonger Unternehmen ausführlich Sit/Wong 1989.

Autoren wie Julian Simon wird diese Interpretation so weit ausgedehnt, daß Fälle wie Hong Kong auch als ein Beleg gegen neomalthusianische Ansätze in der globalen Ökologie dienen.[49]

Eine solche Darstellung verdeckt jedoch einige wesentliche Aspekte des sozioökonomischen Wandels in Hong Kong und beschreibt vor allem die tatsächliche Struktur der Wirtschafts- und Gesellschaftsordnung unzureichend und über das Maß hinaus verkürzt. Im folgenden sollen diese Strukturen mit Hilfe der Begrifflichkeit Veblens analysiert werden. Dieser Analyse liegt eine der wichtigsten und gleichzeitig ersten Untersuchungen ihrer historischen Genese zugrunde, die im Jahre 1991 von Chan Wai Kwan vorgelegt worden ist. Ohne jeden Bezug auf Veblen oder verwandte Autoren gelangt Chan nämlich zu dem Ergebnis, daß die spezifischen Formen gesellschaftlicher Integration und sozioökonomischer Differenzierung in Hong Kong in wesentlicher Weise auf den Statuswettbewerb zwischen und innerhalb der britischen und chinesischen Eliten Hong Kongs zurückgeführt werden können. Dabei erweisen sich wichtige Zäsuren der Entwicklung Hong Kongs auch als Ereignisse, bei denen die Demonstration bestimmter Machtpotentiale und -verhältnisse in der Gesellschaft die weitere Richtung des institutionellen Wandels selektierte. Chan betrachtet den Zeitraum zwischen 1843 und 1923. Wir werden einige kursorische Bezüge zur jüngeren Vergangenheit hinzufügen.

Die beiden genannten Daten bezeichnen zwei wichtige Abschnitte der Geschichte Hong Kongs, nämlich die formale Abtretung der Kolonie durch den chinesischen Kaiser einerseits und der Abschluß des Streikes der Seeleute andererseits. Im ersten Fall etablierte sich eine britische Zwangsgewalt auf der Insel, im zweiten gelang es der Arbeiterschaft, kollektives Handeln in einem Umfang zu organisieren, daß auch ohne Blutvergießen eine fundamentale Neudefinition der soziopolitischen Machtverhältnisse in der Kolonie erzwungen wurde. Insofern ist der betrachtete Zeitraum tatsächlich die prägende Phase für die spätere, konsensuale Kolonialverwaltung Hong Kongs und mithin die letztendliche Entstehung der Politik des »positive noninterventionism« einer modernen Patriziergemeinschaft.

War schon die Gründung Hong Kongs selbst das Ergebnis einer Demonstration physisch-militärischer Überlegenheit der Briten im ersten Opiumkrieg, so wurde diese Machtrelation in eine aktuelle

---

49   Simon 1990. Eine Auseinandersetzung mit solchen Argumenten ist u.a. Schmid 1992.

Demonstration von ethnischer Überlegenheit der Kolonialherren umgesetzt. Ausdruck dieses Verhaltens waren unter anderem die gewohnheitsmäßige Anwendung physischer Strafen gegen chinesische Arbeitskräfte, die räumliche Trennung zwischen europäischen und chinesischen Wohngebieten, vielfältige Zwangsmaßnahmen im Bereich der sanitären und hygienischen Stadtverwaltung und die weite Verbreitung des Konkubinates chinesischer Frauen bei britischen Kolonialhaushalten.

Es ist nun frappierend, daß innerhalb nur einer Generation die wirtschaftliche Entwicklung des chinesischen Unternehmertums zu einem grundlegenden Wandel dieser zunächst rein physisch definierten Machtverhältnisse führte. Äußerlicher Ausdruck dieses Wandels war dann die Aufnahme eines ersten chinesischen »unofficial member« (Ng Choy) in den »Legislative Council«, Hong Kongs Quasi-Parlament, im Jahre 1880. Im Zentrum der Entwicklungen stand das Phänomen einer Ausdifferenzierung von zwei unterschiedlichen Eliteschichten innerhalb der beiden wichtigsten ethnischen Gruppierungen Hong Kongs, also den Briten und den Chinesen. Die Kooperation beider Eliten seit den letzten Jahrzehnten des 19. Jhds. wurde dann konstitutiv für die Überlagerung der ethnischen Differenzierung durch einen sozioökonomischen Differenzierungsprozeß entlang der Einkommenskala, der schließlich in die große Streikbewegung von 1922/23 einmündete.

Für die Dynamik dieses Wandels waren nun spezifische Formen der Statuskonkurrenz innerhalb der jeweiligen ethnischen Referenzgruppen bestimmend. Zunächst ist bemerkenswert, daß die ethnische Diskriminierung der chinesischen Gruppe nicht hinreichend für die Begründung von Status für die britische war. Vielmehr gehörten viele Briten im Heimatland zu eher niedrigeren Teilschichten der dortigen Eliten, die über die wirtschaftlichen Möglichkeiten Hong Kongs versuchten, in der Statushierarchie der Heimat aufzusteigen; dies gilt vor allem für die Gruppe der Kaufleute, die sich innerhalb der britischen Einwohnerschaft Hong Kongs wiederum von der Gruppe der Kolonialbeamten abgrenzte und zum Teil abweichende Interessen verfolgte.

Es bildet sich rasch Verhaltensstandards der Statusdifferenzierung innerhalb der britischen Gruppe aus, die von der Machtbasis in der ethnischen Diskriminierung weitgehend unabhängig und gleichzeitig auch nicht identisch mit derjenigen des viktorianischen England waren (vide Konkubinat). Jeder Brite, gleich in welcher sozioökonomischen Position, war zwar von höherem Status als ein formal gleichstehender Chinese (und wurde entsprechend etwa wesentlich besser entlohnt), doch stellte dies nicht die Bezugsgröße für die Verortung des relativen Status innerhalb der britischen Gruppe dar. Die teilweise hypertrophe britische Statussymbolik der Clubs, des Luxus und der Pferderennen in Hong Kong ist die Wurzel der bis heute fortbestehenden Konsum- und Luxuskultur Hong Kongs, die nicht zuletzt auch seinen Ruf als Konsum- und Hotelparadies begründete. Aus dieser gruppeninternen Statuskonkurrenz folgte aber keinesfalls eine dysfunktionale Ausdifferenzierung der britischen Herrscherschicht: Ganz im Gegenteil war die besondere Statushierarchie ein zentrales Element der Identifikation der Briten als Mitglieder der Kolonialelite. Die Abgeschlossenheit der Statushierarchie und ihre Abbildung im Habitus der Mitglieder war also konstitutiv für die gesellschaftliche Integration dieser ethnischen Gruppe, und Statuskonkurrenz war die Grundlage für die Konvergenz in Habitus und Weltanschauung. Zentrale Institutionen der Statusdifferenzierung wie der 1846 gegründete Hong Kong Club blieben für Chinesen verschlossen und wurden das Medium ständiger gegenseitiger Verhaltenskontrolle innerhalb der britischen Elite. Endgültig abgeschlossen wurde dieser Prozeß der kulturellen Segregation der britischen Statusordnung im Jahre 1904, als der »Peak«, der Berg Hong Kongs, als ausschließlich europäisches Siedlungsgebiet abgesperrt wurde.

Die Kolonialelite übte wichtige Management- und Verwaltungsfunktionen aus. Neben der Entwicklung des Handelsplatzes Hong Kong gehörte hierzu auch der Ausbau und die Modernisierung der Infrastruktur im weiten Sinne – zu Beginn des 20. Jhds. hielten führende chinesische Intellektuelle Hong Kong für ein Muster künftiger chinesischer Städte, das in China seinesgleichen suche. Diese Tätigkeit setzte allerdings weitgehend voraus, daß chinesische Arbeitskräfte Verwendung fanden. Wegen der sprachlichen und kulturellen Barrieren zwischen Europäern und Chinesen nahmen an dieser Stelle chinesische Geschäftsleute und Organisatoren rasch eine Schlüsselrolle als Vermittler ein. Bei britischen Bauvorhaben etwa traten die Europäer selten direkt in Kontakt mit den chinesischen Arbeitskräften, sondern nur mit den Vormännern und Kontraktoren, die entsprechend die Gewinnspannen zwischen Werkhonorar und Arbeitslohn abschöpften. Voraussetzung war natürlich, daß diese chinesischen Vermittler zweisprachig operieren konnten und ein gewisses Verständnis im Umgang mit beiden Kulturen aufbrachten. Für die britischen Eliten hatte dies außerdem den Vorteil, daß die bis zu Beginn unseres Jahrhunderts furchtbaren sozialen Verhältnisse und Arbeitsbedingungen (durchschnittliche Lebenserwartung von Chinesen um 19 Jahre) nicht den Briten direkt zugeschrieben werden konnten, sondern zumindest teilweise der Ausbeutung der Arbeitskräfte durch chinesische Vermittler. In diesem Sinne wurde die Kolonialherrschaft zum Teil formal aus den wirksamen Ausbeutungsmechanismen ausgeklammert, obgleich sie natürlich die Möglichkeiten voll ausschöpfte, die das System der Vermittler bot. Dieser Keil zwischen ethnischer Gruppierung und Klassenformation verhinderte lange Zeit, daß soziale Probleme mit ethnischen Konflikten zur Deckung gelangten.

Entscheidend für die Genese von Ordnung in Hong Kong war nun die rasche Bildung einer chinesischen Elite, die aus diesen Vermittlerfunktionen Kapital zu schlagen wußte. Chinesische Geschäftsleute gehörten schon rund zwanzig Jahre nach der Gründung der Kolonie Hong Kong zu den reichsten Männern der Stadt. Dies hatte zur Folge, daß die Kolonialregierung ihre Steuereinnahmen zunehmend aus der Besteuerung chinesischer Kaufleute erzielte. In der späten zweiten Hälfte des 19. Jhds. ergaben sich aus diesem Sachverhalt bestimmte formale Zwänge, dann auch die Interessenrepräsentation der Chinesen in Hong Kong zu ermöglichen. Britische Reformer vertraten die Auffassung, daß Besteuerung und Stimmrecht eng zusammengehören. Die Position der Kaufleute geriet aber in den schweren Konflikt, daß jede Forderung nach größerer politischer Partizipation britischer Kaufleute automatisch auch auf die chinesischen Kaufleute übertragen werden könnte, wenn auf den Konnex von Steuerkraft und Repräsentation Bezug genommen würde.

Auf diese Weise bildeten sich die rechtlichen Grundlagen für die konsensuale Kolonialherrschaft Hong Kongs im 20. Jhd. heraus. Das bedeutet, obgleich der britische Gouverneur absolute Herrschaftsgewalt in der Kolonie besaß und auch im Prinzip keine Gewaltenteilung existierte (die erst im britischen Mutterland griff), formierte sich ein Mechanismus der informellen und teilformalisierten Konsultation chinesischer Eliten durch die Kolonialregierung, der im Prinzip die Mechanismen der Repräsentation britischer Geschäftsinteressen in der Kolonie imitierte.[50]

---

50 Die klassische Einführung in das Regierungssystem Hong Kongs ist Miners 1991.

Grundlage dieser Mechanismen war jedoch weniger der formale Rahmen von Institutionen wie der »inoffiziellen« Mitgliedschaft im Legislative Council, als vielmehr die Tatsache, daß die chinesischen Eliten eine authentische kulturelle Mittlerfunktion zwischen beiden ethnischen Gruppierungen einnahmen. Ursache dieses Prozesses war eine spezifische Form der Statuskonkurrenz der chinesischen Eliten. Dabei ist zunächst zu betonen, daß Hong Kong einen ständigen Zustrom von Migranten vom chinesischen Festland erfuhr. China war in der Zeit des Aufstieges der chinesischen Kaufleute in Hong Kong von schwersten Krisen geschüttelt, wie vor allem der Taiping-Rebellion der sechziger Jahre, die schätzungsweise 20 Millionen Menschenleben kostete. Aus der Sicht der Briten bedeutete dies zwar die Möglichkeit, ständig auf billigste Arbeitskräfte zurückgreifen zu können, doch gleichzeitig schien die Migrantengesellschaft eine undurchdringbare Masse von Menschen, die kaum gebildet waren, in schmutzigen, beengtesten Verhältnissen lebten und wenn überhaupt, dann größtenteils in Geheimbünden und Verbrechergruppen organisiert waren (»scum of Canton«). Dieses Bild der chinesischen Gesellschaft Hong Kongs wirkte bis in das frühe 20. Jahrhundert fort und wurde von britischer Seite immer wieder als argumentative Waffe benutzt, um den Aufstieg chinesischer Eliten zu bremsen.

Die erstaunlich rasche Formierung dieser chinesischen Eliten in Hong Kong ging wesentlich auf eine Doppelstrategie in der Statuskonkurrenz zurück. Bei der Gründung Hong Kongs hatte die Trennung zwischen der britischen und der chinesischen kulturellen Sphäre quasikonstitutionellen Charakter erhalten (»constitutional conventions«, Erklärung des Captain Elliot von 1841). Das bedeutete, soweit nicht unmittelbare Interessen der Kolonialherrschaft berührt waren, blieben die Chinesen gesellschaftlich autonom. Dies bot die Grundlage für die Ausbildung eigenständiger Ordnungsmechanismen, die wiederum in der Formierung einer von der britischen unabhängigen Statushierarchie der Chinesen in Hong Kong wurzelten. Chinesische Kaufleute nahmen seit der frühen zweiten Hälfte des 19. Jhds. eine zentrale Rolle als Promotoren der sozialen Selbstorganisation in den chinesischen Siedlungszonen ein. Diese Rolle wurde unter anderem durch den Kauf von konfuzianischen Beamteninsignien aus Peking symbolisch repräsentiert und schlug sich in der Schaffung einer eigenständigen Polizei, der Finanzierung öffentlicher Güter durch Zwangsbeiträge (z.B. Schulen und Unterrichtsmaterialien) und die Gründung bestimmter sozialer und wohltätiger Einrichtungen nieder, die aber weiterreichende Funktionen als Ort der Zusammenkunft und Koordination der Eliten besaßen (vor allem das Tung Wah Hospital). Das bedeutet, die traditionelle Statusordnung der chinesischen Kultur wurde in den Kontext Hong Kongs übertragen: Zwar verbat die Kolonialherrschaft die unmittelbare Partizipation der Chinesen an Regierungsfunktionen (»Beamtenkarriere«), doch wurden funktionale Substitute geschaffen, deren Funktionsweise für die Briten teilweise schwer durchschaubar waren und wiederholt als geheimgesellschaftliche Intrigen diffamiert wurden. Herausragende Positionen in der Vermögenshierarchie wurden also im Rekurs auf traditionelle Werte in herausragende soziopolitische Positionen in der chinesischen Statushierarchie umgesetzt. Dabei behielten traditionelle Institutionen ihre ordnende Kraft, wie etwa die Tempel als Ort der informellen Rechtsprechung durch Eliten, die gleichzeitig an der Finanzierung und Organisation des Tempelbaus entscheidend beteiligt waren (in Hong Kong besonders der Man Mo Tempel).

Die gleichen chinesischen Eliten konkurrierten aber auch mit den Briten um Statuspositionen, zunächst im Sinne einer Überwindung der ethnischen Diskriminierung, dann aber auch direkt auf der Ebene der jeweiligen Elitepositionen. Da die Statusordnungen beider Ethnien gegenseitig isoliert waren, setzte dies einen Übersetzungsprozeß voraus. Dies war auf der Grundlage zentraler Statuswerte der chinesischen Tradition möglich, nämlich auf der einen Seite der Betonung materiellen Vermögens und des ostentativen Konsums, auf der anderen Seite aber die herausragende Rolle der Bildung als Indikator von Status. Beide Faktoren hingen eng zusammen, denn nur Vermögen eröffnete die Möglichkeit, die äußerst langen Lern- und Studienzeiten im traditionellen China zu finanzieren.[51]

Die vermögenden chinesischen Eliten begannen daher zum frühestmöglichen Zeitpunkt, in eine britische Ausbildung ihrer Kinder zu investieren, um auf diese Weise zu erreichen, daß ihre Familien sich in die britische Statushierarchie einordnen könnten. Der Statuswettbewerb wurde zum Medium der Überwindung ethnischer Diskriminierung. Eine Generation war bereits ausreichend, um erste Erfolge zu erzielen. Über diese Bildungsinvestitionen vermögender chinesischer Kaufleute wurde eine Verflechtung zwischen der britischen und der chinesischen Statusordnung erreicht. Erleichtert wurde dies durch

---

51 Eine konzentrierte Einführung in die traditionellen chinesischen Werte unter besonderer Berücksichtigung wirtschaftlicher Fragen ist Redding 1990.

die erwähnte, große Bedeutung hypertrophen Konsums in der britischen Elite, die ihrerseits teilweise isoliert von der Statusordnung des Mutterlandes war: Die Angleichung der gruppenspezifischen Konsumnormen war als zunächst rein äußerliches Phänomen Randbedingung für die Angleichung anderer Elemente des Habitus.

Insofern läßt sich festhalten, daß als Ergebnis des Statuswettbewerbes eine Hauptvoraussetzung für die Wirtschafts- und Gesellschaftsordnung Hong Kongs geschaffen wurde: Zum einen die feste gesellschaftliche Verwurzelung einer konsensualen politischen Herrschaft und Selbstregulierung britischer und chinesischer Eliten, zum anderen aber die klare Ausrichtung dieser Herrschaft an den konkreten Vermögensinteressen der besitzenden Schichten Hong Kongs, ohne Ansehen ihrer ethnischen Zugehörigkeit.

Hinzu kam ein dritter, nicht zu unterschätzender Faktor: Die chinesischen Eliten investierten vor allem im weitesten Sinne in eine klassische Ausbildung ihrer Kinder, verbanden dies aber regelmäßig mit einer starken Betonung der Jurisprudenz. Gute Kenntnis des Common Law war eine entscheidende Voraussetzung dafür, chinesische Interessen gleich welcher Art zu verfolgen. Die entsprechende Verbreitung des angelsächsischen Rechtsverständnisses unter den chinesischen Eliten bot aber der Ausrichtung politischer Herrschaft an Vermögensinteressen eine weltanschaulich-normative Grundlage. Bemerkenswert ist freilich, daß diese normative Grundlage nicht in den Bereich des politischen Selbstverständnisses hineinreichte: Die weiterhin gültige Qualifikation der Kolonialherrschaft als ethnische Vorherrschaft grenzte Fragen der vollen politischen Partizipation der Chinesen aus.

Es sei betont, daß diese Entwicklungen wesentlich verkürzt dargestellt würden, wenn etwa die Investitionen in europäische Bildung nur als Instrument der Absenkung von Transaktionskosten und Reduktion von Verhaltensunsicherheit im chinesisch-britischen Geschäftsleben interpretiert würden. Die methodische Position Veblens unterscheidet sich von einer solchen Sicht des neoklassischen Institutionalismus, indem Statusfragen immer auch mit der Genese gesellschaftlicher Ordnung in Verbindung gebracht werden. Die chinesischen Kaufleute verbessern zwar durchaus ihre geschäftlichen Chancen, wenn sie Englisch sprechen; doch ist der gewonnene Status auch mit der Übernahme öffentlicher Aufgaben verbunden und nur dann legitim. Denn die Befähigung zu Öffentlichkeit ist ihrerseits Ausdruck von Status. Genau die Ausblendung des letzten Faktors kennzeichnete übrigens immer auch die britische Kolonialgeschichtsschreibung und bis heute weit verbreitete Versuche, die Chinesen Hong Kongs als unpolitisch und wenig gesellschaftlich aktiv zu charakterisieren.[52]

Während die mangelnde Kongruenz zwischen politischer Herrschaft und sozioökonomischer Struktur zu Beginn des 20. Jhds. durchaus als problematisch empfunden wurde, änderte sich dies grundlegend mit den Streikbewegungen der zwanziger Jahre. Hier wurde erstmals die Symbiose zwischen britischen und chinesischen Eliten offen in einem gesellschaftlichen Konflikt thematisiert, indem Frontlinien zwischen Klassen die ethnischen Abgrenzungen überlagerten. Aus der Sicht der chinesischen Eliten zeigte dies aber gleichzeitig, daß die mangelnde Kongruenz zwischen politischen und sozioökonomischen Strukturen durchaus den eigenen Vermögensinteressen entsprach. Denn jede Thematisierung größerer Partizipation chinesischer Eliten würde durch die prinzipielle formale Abschaffung ethnischer Trennlinien in der Politik suggerieren, daß über kurz oder lang alle Schichten des chinesischen Bevölkerungsteiles Partizipationsrechte einfordern würden. Damit erschien aber die gegebene Form konsensualer Herrschaft der britischen und chinesischen Eliten als die beste aller möglichen Welten.

Insofern hat der Streik der Seeleute von 1922/23 tatsächlich die Bedeutung einer einschneidenden Zäsur der Entwicklung Hong Kongs: Nicht nur pendelte sich das koloniale Herrschaftssystem in einen stabilen Endzustand ein, sondern gleichzeitig wurden von diesem Zeitpunkt an politische Maßnahmen wenigstens zum Teil an den Interessen breiterer Bevölkerungsschichten ausgerichtet, also den mehr oder weniger besitzlosen Chinesen. Im weitesten Sinne war nun anerkannt, daß der marktwirtschaftliche Prozeß auch bestimmte soziopolitische Nebenbedingungen bei der Verteilung zu erfüllen hat, wenn längerfristig stabiles Wachstum gewährleistet sein soll. Die Wirtschafts- und Gesellschaftsordnung Hong Kongs der Nachkriegszeit war konstituiert, die den Rahmen für eine beispiellose Akkumulation von Wohlstand ohne jegliche Ressourcenbasis bot. Grundlage dieser Ordnung war die letztendliche Konvergenz der ethnischen Statusordnungen zur Identität einer modernen Patrizierschicht, die dann aktiv zur Internationalisierung des Standortes Hong Kong in der Lage war. Solche Faktoren sind wesentliche Elemente der »social capability« einer Ge-

---

52 So auch Miners 1991, S. 36ff. und sehr kritisch gegen solche Darstellungen DeGolyer 1994.

sellschaft, die von neueren Analysen der Bedingungen langfristigen Wachstums hervorgehoben werden.[53]

Die skizzierte Dynamik der gesellschaftlichen Veränderungen in Hong Kong zeigt also, daß zentrale Kategorien Veblens für die Erklärung der empirischen Daten herangezogen werden können. Beispielsweise wäre es verkürzt, unmittelbar auf die Interessenkongruenz besitzender Schichten Bezug zu nehmen, um die Konstitution konsensualer Eliteherrschaft zu erklären. Vielmehr setzt dieser Konsens zunächst eine normative Angleichung und eine gewisse Konvergenz des Habitus voraus, ohne den vor allem die britischen Eliten gar nicht in einen Diskurs mit chinesischen eingetreten wären. Hier geht es um weit mehr als um die Verwendung der gleichen Sprache. Wenn beispielsweise Sir Robert Ho als erster Chinese nach Absperrung des »Peak« das Recht erhielt, sich mit seiner Familie im europäischen Siedlungsgebiet niederzulassen, dann konnten seine Kinder die Diskriminierung durch britische Kinder nur überwinden, wenn sie ihren Habitus überzeugend an denjenigen der Mikrokultur des Peak anpaßten. Insofern wäre es erheblich verkürzt, lediglich die ökonomischen Interessen bei einer Erklärung der Veränderungen in Hong Kong heranzuziehen. Eine solche Erklärung würde auch aus dem Auge verlieren, daß in der Tat Klassengegensätze eine marginale Rolle bis in die zwanziger Jahre hinein spielten. Vielmehr war die doppelte Einbindung der chinesischen Eliten in die chinesische und die britische Statuskonkurrenz eine entscheidende Voraussetzung dafür, daß sie erhebliche Ordnungsleistungen bereitstellten: Der Statusbegriff reicht also wesentlich weiter als interessenbasierte Erklärungsmodelle. Dies hängt wesentlich damit zusammen, daß im Statusbegriff immer auch gewisse Formen der Anerkennung durch statusniedrigere Personen impliziert sind, also auch Formen der Legitimation von Hierarchien.

Allerdings darf nicht übersehen werden, daß bestimmte normative Merkmale der chinesischen Kultur eine Präadaption an die emergierende Gesellschaftsordnung bedingten, hier ganz im Sinne der Konzeptionen Veblens. Die Schlüsselrolle spielte dabei der Charakter der Bildung als Statusgut, die prinzipiell nicht als ethnisch spezifisch begriffen wurde. Zudem war der konfuzianische Bildungsbegriff im weitesten Sinne ein »klassischer«, also auch stark ethisch fundiert und nicht instrumentell interpretiert. Ähnliche Faktoren der Präadaption

---

53 Zur Bedeutung dieses Konzeptes von Abramovitz im Kontext konkurrierender wachstumstheoretischer Paradigmata siehe Fagerberg 1995.

lassen sich etwa in den Auffassungen zu den Geschlechterbeziehungen erkennen, also der Rolle der Frau als Statusgut im öffentlichen Leben (wobei freilich die privaten Beziehungen sehr unterschiedlich normativ reguliert waren). Diese normative Präadaption der chinesischen Eliten hat wesentlich dazu beigetragen, daß eine Angleichung des Habitus erfolgte. Diese Konvergenz informeller Verhaltensstandards führte schließlich zu einem Wandel auch formaler Institutionen.

Dabei ist aber im Sinne Veblens zu beachten, daß eigentlich eine Fälle verschiedener Gruppen in Hong Kong miteinander um gesellschaftliche Positionen und Ressourcen konkurrierten, die weitaus stärker differenziert waren als lediglich die ethnischen Trennlinien erkennen lassen, wie etwa im Falle der erwähnten Differenzierung zwischen britischen Kaufleuten und Kolonialbeamten. Jüngere Analysen des »British Decline« im 20. Jahrhundert betonen beispielsweise die Brüche zwischen Elitestandards und unternehmerischen Werten, mit Schlagworten wie der »gentrification« der britischen Industriekultur.[54] Gerade diese spezifischen Wertgefüge der britischen Statusordnung, die sich interessanterweise auch in einem anderen Nachfrageverhalten (also Konsumstandards) niederschlugen, und die schärfere Differenzierung zwischen Elitegruppen und Arbeitern waren in besonderer Weise entsprechenden Verhaltensstandards in der chinesischen Kultur verwandt und boten so vielfältige Möglichkeiten der Verschmelzung von Formen des Habitus.

Der »Hong Kong Man« ist bis heute eine Gestalt, die durch solche spezifischen Verhaltensstandards geprägt ist.[55] Hong Kong blickt auf das Jahr 1997, den Zeitpunkt der Rückgabe der Kolonie an die VR China. Viele stellen die Frage, welche Entwicklungen die Wirtschafts- und Gesellschaftsordnung nehmen wird, und ob auch weiterhin die Bedingungen für wirtschaftliche Dynamik gegeben sind. Formal ist der Fortbestand des Wirtschaftssystems für fünfzig Jahre garantiert. Wenn die Analyse im Geiste Veblens richtig ist, dann dürfte aber eine solche formale Garantie wenig bedeutsam sein. Entscheidend ist vielmehr die Frage, ob und wie sich die informellen Verhaltensstandards wandeln werden, die eigentliche Grundlage der Ordnung Hong Kongs sind. Dann rücken mögliche Phänomene wie Veränderungen der Formen von Statuskonkurrenz und des Habitus in den Vordergrund. Andere Referenzgruppen werden wichtig, wie vor allem die politi-

---

54 Die relevante Literatur wird bei Kirby 1992 zusammengefaßt und diskutiert.
55 Diesem Thema ist das Buch von Lau/Kuan 1988 gewidmet.

schen Eliten der VR China. Verhaltensänderungen können letztendlich etwa die Haltung zu Rechtsnormen und die Selbstbindung an Traditionen des Common Law beeinflussen und das Klima der Rechtsprechung und Rechtsanwendung in Hong Kong zum Nachteil der wirtschaftlichen Entwicklung verändern.

Veblens Perspektiven bieten jedoch noch weiterreichende Anregungen für die Suche nach Antworten auf die Fragen hinsichtlich der Zukunft Hong Kongs. Wie eingangs erwähnt, besteht ein wichtiges Problem der gegenwärtigen Situation Hong Kongs darin, daß die industrielle Entwicklung von passiven Anpassungsstrategien an weltwirtschaftliche Herausforderungen geprägt ist[56]. Hong Kong ist in der Tat geprägt von Veblens »business class«, während die »workmanship« des modernen industriellen Zeitalters stagniert. Die Herausforderung an alle ostasiatischen Wachstumsgesellschaften besteht seit den achtziger Jahren darin, technologie- und humankapitalintensive Wachstumspfade zu beschreiten. Die chinesische Wirtschaftskultur mit ihrer starken Betonung des »entrepreneurial capitalism«, aber ihren erheblichen inneren Begrenzungen bei der Ausbildung des »managerial capitalism«, hat in Hong Kong lange Zeit eine erfolgreiche Synthese mit ähnlichen Elementen der britischen Industriekultur gebildet. Während andere chinesische Gesellschaften wie vor allem Taiwan und Singapur sich seit längerem aktiv mit der Herausforderung befassen, in die Phase wissensintensiver Industrialisierung einzutreten, fällt Hong Kong gerade durch die Einbindung in den festlandchinesischen Entwicklungsprozeß zurück. Das wirtschaftliche Überleben Hong Kongs ist also mehr denn je mit den Interessen der »business class« verknüpft, die ihrerseits immer engere Beziehungen zu den Eliten der Kommunistischen Partei Chinas entfaltet. Veblens späte Analyse der »vested interests« in Amerika scheint also im Laboratorium Hong Kongs zum reinen Destillat zu werden.

---

56 Zu einer entsprechenden, aktuellen Einschätzung vgl. nur Far Eastern Economic Review vom 6. Juli 1995, S. 54ff.

4. Schlußfolgerungen: Veblens Menschenbild und die systematische Begründung der Evolutorischen Ökonomik

Wir haben versucht, die theoretische Konsistenz und empirische Relevanz von Veblens Menschenbild nachzuweisen. Trotz des insgesamt positiven Ergebnisses erscheint es aber wenig sinnvoll, künftig seine Überlegungen unmittelbar und unmodifiziert weiteren Forschungen zugrundezulegen, da sie im wesentlichen als Bestandteil der Dogmengeschichte und also im Grunde als überwunden betrachtet werden sollten. Vielmehr wäre erforderlich, zunächst neuere Einsichten der Wirtschafts- und Sozialwissenschaften in ein Paradigma zu integrieren, dessen geistiger Vorläufer dann unter anderen Veblen wäre. Dieses Paradigma könnte dasjenige der Evolutorischen Ökonomik sein. Da es der Evolutorischen Ökonomik aber an einer systematisch geordneten Dogmengeschichte fehlt, ragen auch Veblens Überlegungen in die gegenwärtige Diskussion hinein, freilich als Torsi.

Ich möchte daher abschließend einige knappe Hinweise geben, wie und wo neuere Ansätze in der Ökonomik im allgemeinen und der Evolutorischen Ökonomik im besonderen in engen dogmengeschichtlichen Zusammenhang mit Veblens Menschenbild gebracht werden können; außerdem sind natürlich auch Ergebnisse der Anthropologie zu berücksichtigen. Soweit dies möglich ist, leitet sich dann zwingend die Frage ab, inwieweit der systematische Anspruch dieses Menschenbildes auch dazu dienen kann, diese heute noch wenig geordneten Ansätze zu einem eigentlichen Forschungsprogramm der Evolutorischen Ökonomik sinnvoll zusammenzusetzen. Dieser Zusammenhang kann hier nur als Spiegel der Reihung einiger Aspekte aufleuchten.

1. Normenbegriff und Evolutionäre Spieltheorie: Vor allem innerhalb der Spieltheorie wird vermehrt die Frage untersucht, wie Normen entstehen und Verhalten langfristig stabil determinieren. Dabei gibt es längst formale Instrumente, mit deren Hilfe eine »natürliche Auslese« von Normen modelliert wird. In diesem Zusammenhang spielt der eigentliche »Homo oeconomicus« keine zentrale Rolle mehr bzw. wird zu einer situationsabhängig auftretenden Form des Entscheidungsverhaltens unter anderen. Allerdings ist noch weitge-

hend unklar, welchen Stellenwert diese Modelle innerhalb der ökonomischen Sicht menschlichen Verhaltens spielen sollen.[57]
2. Darwinismus und Kulturbegriff: Seit langem sind Biologen und Anthropologen um eine Integration des Kulturbegriffs in ein allgemeines evolutionstheoretisches Paradigma bemüht. Frühe Konzepte wie Dawkins Gen-Mem-Dichotomie sind sogar inzwischen in den Gesichtskreis der Ökonomie gerückt. Hier ergeben sich direkte Bezüge zum evolutionären Institutionalismus Veblens und vor allem zur offen gebliebenen Frage, was langfristig Maßstab des Anpassungserfolges beim normativen Wandel (also der »Kultur«) ist. Eine zentrale Rolle dürfte hier ein ökonomisches Konzept spielen, nämlich dasjenige der Opportunitätskosten verschiedener Formen der Verhaltenssteuerung (genetisch, normativ, rationale Entscheidung etc.), wobei dieser Kostenbegriff evolutionstheoretisch fundiert werden muß.[58]
3. Ökonomische Verhaltensforschung und individuelle Entscheidung: Die experimentelle Ökonomik und sämtliche darüber hinausreichenden empirischen Forschungen zum menschlichen Entscheidungsverhalten bieten reichhaltige Verbindungslinien zu Veblen. Veblen hat einige später »klassische« Konzepte bereits vollständig, wenn auch knapp ausformuliert und in den systematischen Zusammenhang des evolutionären Institutionalismus gestellt, wie beispielsweise diejenigen des »Aspirationsniveaus« oder der »Bedürfnishierarchien«. Es sollte also gefragt werden, ob die Ergebnisse der ökonomischen Verhaltensforschung innerhalb eines evolutionsökonomischen Paradigmas besser systematisiert werden könnten.[59]
4. Alternative Ansätze zur Präferenztheorie: Es gibt inzwischen einige weit und tief ausgebaute Ansätze zu alternativen Präferenztheorien. Besonders zu erwähnen sind hier die Theorie der Statuspräferenzen und die verschiedenen Überlegungen zu »multiple self«-Konzepten. Die Theorie der Statuspräferenzen kann natürlich direkt auf Veblen zurückgeführt werden, leider geschieht dies aber selbst bei führenden Vertretern dieser Ansätze nicht. Während die Theorie der Statuspräferenzen diese als gegeben betrachtet, ist Veblen um eine evo-

---

57 Übersicht bei Binmore/Samuelson 1994 und beispielhaft Weise 1995.
58 Der diesbezügliche Klassiker ist Boyd/Richerson 1985. Ich selbst habe einschlägige Betrachtungen in Herrmann-Pillath 1991, 1992 angestellt.
59 Selbstverständlich ausgehend von Witt 1987. Eine Möglichkeit bestände darin, die »personal construct theory« stärker mit dem Statusbegriff zu verbinden, siehe zum Überblick Earl 1991.

lutionstheoretische Erklärung bemüht. »Multiple-self«-Konzepte wiederum weisen enge Bezüge zu Veblens Instinkt- und Typenlehre auf. Allerdings hat Veblen die Nachteile dieser Ansätze im Prinzip bereits überwunden, die in einer ad-hoc-Fragmentierung der menschlichen Persönlichkeit zu sehen sind.[60]

5. Institutionenökonomik: Hier reicht der einfache Hinweis, daß die »Entdeckung« der Kultur und der Verhaltenssteuerung durch Normen und Weltanschauungen durch die Vertreter des »neoklassischen Institutionalismus« sicherlich zu den sehr späten Wiederholungserfindungen des Rades gehört.[61] Hier hat sich Theoriebildung rund 90 Jahre zurückbewegt und sollte daher ihr dogmenhistorisches Unterbewußtsein zunächst aufarbeiten, bevor auch Radmuttern und anderes Zubehör »neu« erfunden und entdeckt werden.

6. Macht und ökonomisches Gesetz: Nach dem Niedergang des Marxismus hat die konventionelle Ökonomik sicherlich über einen ihrer wichtigsten Widersacher obsiegt, der auch ein umfassendes Forschungsprogramm vertrat. Damit tritt aber heute ein weißer Fleck in der Neoklassik deutlich zu Tage, bei dem gerade der Marxismus einen Schwerpunkt setzte, nämlich die Rolle von Herrschaft, Macht und Gewalt im Wirtschaftsprozeß. Die Berücksichtigung des Zwangs im allgemeinen gehört zu den verschütteten Denklinien in der Wirtschaftswissenschaft,[62] und wird in der Regel politisiert. Doch handelt es sich um einen derart elementaren sozialen Tatbestand, daß eine künftige Evolutorische Ökonomik genau hier einen analytischen Schwerpunkt setzen sollte, um auf diese Weise auch wirtschafts- und gesellschaftspolitisch relevant zu werden.[63] Genau in diesem Bereich fehlt es nämlich bislang völlig an Aussagekraft vorhandener Ansätze. Bei Veblen sind Kategorien der

---

60 Für die verschiedenen erwähnten Aspekten siehe Frank 1985, Tietzel 1988, Konrad 1990, Ainslie 1992. Der eklatante Mangel an einer paradigmatischen Alternative wird gerade hier deutlich. Robert Franks eigenes Lehrbuch 1991 bleibt bei der nutzentheoretischen Begründung der Nachfragetheorie konventionell und fügt die Theorie der Positionsgüter erst in einem »Supplementary chapter« zu intertemporalen Wahlhandlungen ein. Veblen wird gar nicht erwähnt, und so bleibt Franks eigener Ansatz 1985 ohne jede Konsequenz für den Kern der Präferenztheorie. Ganz offensichtlich schlagen hier die scharfen Wettbewerbsbedingungen für Lehrbücher in den USA durch.
61 Repräsentativ: North 1990, Denzau/North 1994.
62 Siehe nur Stützel 1952.
63 Ich habe einen Vorschlag in Herrmann-Pillath 1994 unterbreitet.

Macht unmittelbarer Bestandteil bereits des Menschenbildes. Insofern ist hier ein wichtiger dogmengeschichtlicher Anknüpfungspunkt gefunden.
7. Die Theorie langfristiger wirtschaftlicher Entwicklung. Wie schon gelegentlich erwähnt, wird Veblen inzwischen als ein Vorläufer des Konzeptes der »social capability« in der Wachstumstheorie expressis verbis anerkannt. Veblens Analysen der längerfristigen Entwicklung insbesondere der Industriegesellschaft sind durch eigenwillige Interpretationen der Institution des Kapitalmarktes und der Trennung von Eigentum und Leitungsmacht geprägt, die sicherlich widerlegt sind. Andererseits bleiben die modernen Konzeptionen zur »social capability« diffus und wenig systematisch, soweit sie in allgemeingültige Wachstumstheorien zu übertragen wären, während die wirtschaftshistorische Analyse inzwischen viele empirische Daten in einer entsprechenden Richtung konzentriert hat. Veblen könnte hier als Vorläufer interdisziplinärer wachstumstheoretischer Ansätze gelten.

Es wären sicherlich noch viele andere Punkte zu erwähnen, die etwa im Zusammenhang mit Veblens Auffassungen zur Wirtschaftsgeschichte oder seiner Analysen des Wirtschaftsprozesses stehen. Da solche Fragestellungen über die engere Problematik des Menschenbildes hinausgehen, bleiben sie hier ausgeblendet. Es ist wohl hinreichend deutlich geworden, daß Veblen in vielerlei Hinsicht als Vorläufer wichtiger Forschungen an den Randgebieten der heutigen Wirtschaftswissenschaft betrachtet werden sollte. Es ist absehbar, daß diese Forschungen, falls sie zu einem Forschungsprogramm verdichtet werden können, einen weitreichenden Wandel wirtschaftswissenschaftlicher Theoriebildung und vielleicht sogar der praktischen Wirtschaftspolitik anstoßen würden. Dann sollte auch der Titel von Veblens bekanntestem Werk ernst genommen werden, der *Theory of the Leisure Class*, denn die »Leisure Class« ist nur der Gegenstand seiner Untersuchungen, die »Theory« geht aber auf allgemeingültige analytische Prinzipien zurück. Diesen Prinzipien galt unsere Aufmerksamkeit.

Literatur

Abramovitz, M. (1989): Thinking About Growth And Other Essays on Economic Growth and Welfare, Cambridge et al.: Cambridge University Press.

Ainslie, G. (1992): Picoeconomics, New York et al.: Cambridge UP.

Ayres, C.E. (1957): Veblen's Theory of Instincts Reconsidered, in: Dowd (1957), S. 25-38.

Biervert, B./Held, M. (Hrsg.) (1990): Ethische Grundlagen der ökonomischen Theorie, Frankfurt/New York.

Binmore, K. (1987/1988): Modeling Rational Players, in: Economics and Philosophy, Vol. 3, S. 179-214 und Vol. 4, S. 9-55.

Binmore, K./Samuelson, L. (1994): An Economist's Perspective on the Evolution of Norms, in: JITE Vol. 150/1, S. 45-62.

Boyd, R./Richerson, P. (1985): Culture and the Evolutionary Process, Chicago: Chicago University Press.

Chan Wai Kwan (1991): The Making of Hong Kong Society, Three Studies of Class Formation in Early Hong Kong, Oxford: Clarendon.

DeGloyer, M.E. (1994), Politics, Politicians, and Political Parties, in: McMillen/Man (1994), S. 75-102.

Denzau, Arthur T./North, Douglass C. (1994): Shared Mental Models: Ideologies and Institutions, in: Kyklos Vol. 47(1), S. 3-32.

Dowd, D.F. (Hrsg.) (1957): Thorstein Veblen: A Critical Reappraisal, Westport: Greenwood Press.

Earl, P.E. (1990): Economics and Psychology: A Survey, in: The Economic Journal Vol. 100, S. 718-755.

Fagerberg, J. (1995): Convergence or Divergence? The Impact of Technology on »Why Growth Rates Differ«, in: Journal of Evolutionary Economics, Vol. 5 (im Druck).

Felderer, B. (Hrsg.) (1990): Bevölkerung und Wirtschaft. Jahrestagung des Vereins für Socialpolitik 1989. Berlin.

Foss, N.J. (1994): Realism and Evolutionary Economics, in: Journal of Social and Evolutionary Systems, Vol. 17, S. 21-40.

Frank, R. (1985): Choosing the Right Pond, Oxford et al.: Oxford UP.

Frank, R. (1991): Microeconomics and Behavior, New York et al.: McGraw-Hill.

Gordon, W./Adams, J. (1989): Economics as a Social Science – An Evolutionary Approach, Riverdale: Riverdale.

Herrmann-Pillath, C. (1991): A Darwinian Framework for the Economic Analysis of Institutional Change in History, in: Journal of Social and Biological Structures, Vol. 14/2, S. 127-148.

Herrmann-Pillath, C. (1992): Evolution und divergierende Entwicklung: China und Europa, in: Witt (1992a), S. 197-228.
Herrmann-Pillath, C. (1994): Evolutionary Rationality, »Homo economicus« and the Foundations of Social Order, in: Journal of Social and Evolutionary Systems, Vol. 17/1, 41-70.
Herrmann-Pillath, C. (1995a), Marktwirtschaft in China, Geschichte, Strukturen, Transformation, Opladen.
Herrmann-Pillath, C. (1995b): Endogenes Wachstum, Externalitäten und Evolution: Industriekulturen und gesamtwirtschaftliche Entwicklung im evolutionsökonomischen Paradigma – eine Einführung, Diskusionsbeiträge des Fachbereichs Wirtschaftswissenschaft der Gerhard Mercator Universität GH Duisburg Nr. 213.
Kirby, M. W. (1992): Institutional Rigidities and Economic Decline: Reflections on the British Experience, in: Economic History Review, Vol. XLV, No. 4, S. 637-660.
Kliemt, H. (1985): Moralische Institutionen. Empiristische Theorien ihrer Evolution. München.
Konrad, K.A. (1990): Statuspräferenzen: Soziobiologische Ursachen, Statuswettrüsten und seine Besteuerung, in: Kyklos, Vol. 43, S. 249-272.
Krüsselberg, H.-G. (1989): Ordnungstheorie – Zur Konstituierung und Begründung der Rahmenbedingungen, in: Biervert/Held (1990), S. 100-133.
Lau, S.-K./Kuan, H.-C. (1988): The Ethos of the Hong Kong Chinese, Hong Kong: Chinese University Press.
Leschke, M. (Hrsg.) (1994): Probleme der deutschen und der europäischen Integration, Institutionenökonomische Analysen, Münster/Hamburg: LIT.
McMillen, D.H./Man Si-wai (Hrsg.) (1994), The Other Hong-Kong Report 1994, Hong Kong: Chinese University Press.
Miners, N. (1991): The Government and Politics of Hong Kong, Hong Kong et al.: Oxford University Press.
Murphey, M.G. (1990): Introduction to the Transaction Edition, in: Veblen (1914/1990).
Nabers, L. (1957): Veblen's Critique of the Orthodox Economic Tradition, in: Dowd (1957), S. 77-112.
North, D.C. (1990): Institutions, Institutional Change and Economic Performance, Cambridge et al.: Cambridge University Press.
Pascha, W. (1994): Institutional and Evolutionary Economics in Germany, Diskussionsbeiträge des Fachbereichs Wirtschaftswissenschaft der Gerhard-Mercator-Universität GH Duisburg Nr. 205.
Pies, I. (1994): Normative Institutionenökonomik: Programm, Methode und Anwendungen auf den europäischen Integrationsprozeß, in: Leschke (1994), S. 1-33.

Popper, K. (1983): Realism and the Aim of Science, London et al.: Hutchinson.
Ramb, B.-T./Tietzel, M. (Hrsg.) (1993): Ökonomische Verhaltenstheorie, München.
Redding, S. G. (1990): The Spirit of Chinese Capitalism, Berlin/New York.
Reynolds, V. et al. (Hrsg.) (1987): The Sociobiology of Ethnocentrism, London/Sydney: Croom Helm.
Schmid, J. (1992): Das verlorene Gleichgewicht, eine Kulturökologie der Gegenwart, Stuttgart/Berlin/Köln.
Seifert, E.K./Priddat, B.P. (Hrsg.) (1995): Neuorientierungen in der ökonomischen Theorie, Marburg.
Shackle, G.L.S. (1973): Epistemics & Economics, Cambridge: Cambridge UP.
Simon, J. (1990): Population and Economic Growth, in: Felderer (1990).
Sit, V. F.-S./Wong S.-L. (1989): Small and Medium Industries in an Export-oriented Economy: The Case of Hong Kong, Hong Kong: Centre for Asian Studies.
Stein, G. J. (1987): The Biological Bases of Ethnocentrism, Racism and Nationalism in National Socialism, in: Reynolds et al. (1987), S. 251-267.
Streit, M./Wegner, G. (1992): Information, Transaction, and Catallaxy – Reflections on Some Key Concepts of Evolutionary Market Theory, in: Witt (1992b), S. 125-149.
Stützel, W. (1952/1972): Wert, Preis und Macht, Reprint Aalen: Scientia.
Tietzel, M. (1985): Wirtschaftstheorie und Unwissen, Tübingen.
Tietzel, M. (1988): Zur Theorie der Präferenzen, in: Jahrbuch für Neue Politische Ökonomie 7, S. 38-91.
Tietzel, M. (1993): Vom homo oeconomicus zum animal ratiomorphum, in: Ramb/Tietzel (1993), S. 387-414.
Veblen, Th. (1899/1965): The Theory of the Leisure Class, Reprint New York: Kelley, Original Macmillan.
Veblen, Th. (1904/1973): The Theory of Business Enterprise, Reprint Clifton: Kelley, Original New York: Scribners.
Veblen, Th. (1914/1990): The Instinct of Workmanship and the State of Industrial Arts, Reprint New Brinswick/London: Transaction und Original New York: Macmillan.
Veblen, Th. (1915/1946/1990): Imperial Germany and the Industrial Revolution, Reprint New Brunswick/London: Transactions und Original Viking Press.
Veblen, Th. (1921/1963/1983): The Engineers and the Price System, Reprint New Brunswick: Transaction und Original B.W. Huebsch.
Watkins, M.W. (1957): Veblen's View of Cultural Evolution, in: Dowd (1957), S. 249-264.

Weise, P. (1989): Homo oeconomicus und homo sociologicus: Die Schreckensmänner der Sozialwissenschaften, in: Zeitschrift für Soziologie Vol. 18, S. 148-161.
Weise, P. (1995): Moral: Die Handlungsbeschränkung für den Deppen?, in: Seifert/Priddat (1995), S. 74-105.
Witt, U. (1987): Individualistische Grundlagen der evolutorischen Ökonomik, Tübingen.
Witt, U. (Hrsg.) (1992a): Studien zur Evolutorischen Ökonomik II, Berlin.
Witt, U. (Hrsg.) (1992b): Explaining Process and Change, Contributions to Evolutionary Economics, Ann Arbor: Michigan University Press.

Die Kapitalismuskritik Veblens

Zur Aktualität eines unorthodoxen Ansatzes

Norbert Reuter[1]

1. Biographische Vorbemerkungen

Thorstein Bunde Veblen war zeit seines Lebens ein Außenseiter, ein »visitor from another world«[2], oder, wie Edgar Johnson 1941 prägnant schrieb, der »Man from Mars«[3], der die Vorgänge einer für ihn fremden Welt beschrieb, analysierte und kommentierte. Diese Stellung eines »Fremden« spielt für die Veblensche Kapitalismus- und Gesellschaftskritik eine konstitutive Rolle. Auf sie ist auch die spezifische Kritik von Handlungsweisen und Denkgewohnheiten zurückzuführen, deren Gültigkeit nicht auf Veblens Zeitalter beschränkbar ist.

Georg Simmel hat in einem »Exkurs über den Fremden«[4] die spezifische Rolle des Fremden, »... der heute kommt und morgen bleibt ...«[5], beschrieben. Herausragende Merkmale eines solchen Fremden sind nach Simmel dessen »Objektivität«, weil »... er nicht von der Wurzel her für die singulären Bestandteile oder die einseitigen Tendenzen der Gruppe festgelegt ist ...«[6], und dessen daraus folgende Freiheit von Konventionen. Der Fremde ist für Simmel »... der Freiere, praktisch und theoretisch, er übersieht die Verhältnisse vorurteils-

---

1 Herrn Dipl.-Kfm. Rolf Münster danke ich für die kritische Durchsicht des Manuskripts.
2 So charakterisiert ihn sein Freund und Schüler W.C. Mitchell. Vgl. Mitchell 1937b, S. 73.
3 Johnson 1941, S. 121.
4 Simmel 1977/1900, S. 509-512.
5 Ebd., S. 509. Vgl. dazu auch die Darstellung bei Rosenberg 1956, S. 7f.
6 Simmel 1977/1900, S. 510.

loser, mißt sie an allgemeineren, objektiveren Idealen und ist in seiner Aktion nicht durch Gewöhnung, Pietät, Antezedentien gebunden«[7].

Diese allgemeine, auf Veblen zutreffende Charakterisierung als »Fremder« wird durch seine spezifische Lebenserfahrung als Sohn norwegischer Einwanderer konkretisiert, deren Werte sich fundamental von denen der übrigen Bewohner Amerikas unterschieden. Als Veblen am 30. Juli 1857 auf einer Farm in Wisconsin als sechstes von insgesamt zwölf Kindern geboren wurde, lebten seine Eltern bereits zehn Jahre in einer weitgehend autarken Farmersiedlung, in der ausschließlich norwegisch gesprochen wurde und in der der traditionelle norwegische Lebensstil in scharfem Gegensatz zum amerikanischen stand.[8] Veblens Sozialisation fand in dieser abgeschlossenen Welt statt. Erst der Wechsel auf eine amerikanische Schule im Alter von siebzehn Jahren konfrontierte ihn mit der amerikanischen Kultur, die für ihn eine fremde und unbekannte Welt bedeutete. Frederickson unterstreicht diese Einschätzung, wenn er schreibt: »When Veblen left the farm, he was, in a sense, emigrating to America.«[9]

Im Rahmen seiner schulischen und universitären Ausbildung kam Veblen mit so unterschiedlichen Persönlichkeiten wie John Bates Clark, der später einer der führenden Theoretiker der neoklassischen Ökonomie in Amerika werden sollte, Richard T. Ely, der das Gedankengut der Deutschen Historischen Schule in Amerika verbreitete, Charles S. Peirce, der Begründer der philosophischen Richtung des Pragmatismus, aber auch mit William Graham Sumner, als Schüler von Herbert Spencer der führende Vertreter des Sozialdarwinismus in Amerika, zusammen. Trotz nachgewiesener wissenschaftlicher Qualifikation gelang es Veblen während seines ganzen Lebens nicht, eine ihm angemessene, dauerhafte Stellung an einer Universität zu erlangen. Die Tatsache, daß bereits seine erste und sofort breite Aufmerksamkeit erweckende Buch-Veröffentlichung eine beißende Gesellschaftskritik beinhaltete, die mit einer deutlichen Anklage an die oberen Gesellschaftsschichten verbunden war,[10] letztere aber wiederum maßgeblich zur Finanzierung der Universitäten beitrugen, läßt grundlegende Ursachen und Konfliktlinien erahnen. Max Lerner schreibt zu Veblens lebenslangen beruflichen Schwierigkeiten: »The Philistines knew that a giant was among them, but he was the wrong kind of

---

7   Ebd., S. 510f.
8   Vgl. Dorfman 1934, S. 6f.
9   Frederickson 1959, S. 406.
10 Vgl. Veblen 1981/1899.

giant, whose strength they feared, and they were glad to see him go packing before he pulled the temple down around their heads.«[11]

Nach Lehraufenthalten an verschiedenen amerikanischen Universitäten (u.a. an der neugegründeten New School for Social Research), die immer wieder von Zeiten längerer Arbeitslosigkeit unterbrochen waren, zog sich Veblen 1926 enttäuscht und ernüchtert nach Palo Alto zurück, wo er am 3. August 1929 einsam und weitgehend vergessen starb. Die Hoffnung, mit seinen umfangreichen Schriften den als verhängnisvoll erkannten Lauf der Dinge ändern zu können, hatte sich für Veblen nach und nach als illusionär erwiesen. Selbst Ereignisse wie die russische Oktoberrevolution, die von Veblen begrüßt und publizistisch unterstützt wurde,[12] oder Diskussionen über eine neue Nachkriegsordnung, die während des Ersten Weltkriegs vom amerikanischen Präsidenten Wilson angeregt worden waren, hatten keinen Einfluß auf die Entwicklung des kapitalistischen Systems Amerikas ausgeübt. Eine in seinem Nachlaß gefundene Bleistiftnotiz weist darauf hin, daß Veblen am Ende seines Lebens völlig desillusioniert war und keinen Frieden mit der Welt geschlossen hatte. So hatte er für den Fall seines Todes notiert: »Ich wünsche, daß meine Asche ins Meer ... gestreut wird, daß nirgendwo und niemals ein Grabstein, ein Kreuz, ein Epitaph, eine Büste, eine Gedenktafel, eine Inschrift oder ein Monument irgendwelcher Art errichtet wird, daß keinerlei Nachrufe, Gedenkworte, Porträts oder Biographien, ebenso keinerlei von mir geschriebene oder an mich gerichtete Briefe gedruckt oder publiziert oder auf sonstige Weise vervielfältigt, kopiert oder in Umlauf gebracht werden ...«[13]

Doch schon bald nach Veblens Tod wuchs seine Bedeutung als Gesellschafts- und Kapitalismuskritiker, was mit der immer offensichtlicher werdenden Krisenanfälligkeit kapitalistischer Wirtschaftssysteme zusammenhing. Nicht ganz zwei Monate nach seinem Tod erschütterte der Zusammenbruch der amerikanischen Börsen das System in seinen Grundfesten und leitete das Ende der Prosperitätsperiode ein. Mit Blick auf diese Entwicklung würdigt Ernest Sutherland Bates die Verdienste Veblens, indem er über ihn schreibt: »A lone wolf, with all the pack against him, he had one powerful ally, Time. He had

---

11 Lerner 1948, S. 10.
12 Vgl. Veblen 1919; Veblen 1954b/1919; Veblen 1954c/1921.
13 Zitiert nach DosPassos 1961/62, S. 112.

other allies, friends, and disciples outside the pack, but it is Time, above all, that has justified him.«[14]

Zu den herausragenden Leistungen Veblens gehört zweifellos seine fundamentale, nichtmarxistische Kapitalismuskritik, die auf einer ethischen, durch seine spezifischen Lebenserfahrungen geprägten Grundlage beruht.

2. Die Veblensche Werttheorie als Grundlage seiner Kapitalismuskritik

Obwohl Veblen für sich beanspruchte, eine wertfreie Darstellung der Lebens- und Produktionsverhältnisse unter kapitalistischen Bedingungen zu liefern,[15] erreichte er dieses Ideal nie. Wertungen durchziehen im Gegenteil durchgängig seine Schriften, so daß zu Recht von einer spezifischen – wenn auch nur implizit formulierten – Veblenschen Werttheorie gesprochen werden kann.[16] Durchgängig steht sein fundamentales Anliegen im Vordergrund, Bedingungen aufzuzeigen, die den »life process taken impersonally« fördern, d.h. die das menschliche Leben in seiner Gesamtheit zu verbessern in der Lage sind. Das Kriterium der Effizienz und des maximalen Outputs an Gütern und Dienstleistungen steht – anders als bei den ihm nachfolgenden amerikanischen Institutionalisten[17] – eindeutig im Vordergrund.[18] Sein an die Adresse des »business« gerichteter Vorwurf der »Sabotage« beruht

---

14 Bates 1933, S. 355.
15 In der *Theorie der feinen Leute* betont Veblen beispielsweise, daß er die Begriffe »Vergeudung« oder »Verschwendung« nur »mangels eines besseren Ausdrucks« gebrauche. Keineswegs benutze er sie, um einen »ungerechtfertigten Aufwand an menschlicher Mühe und menschlichem Leben« zu kennzeichnen. Gleichwohl schreibt er weiter: »Wir nennen sie hier nur deshalb *Vergeudung*, weil sie im ganzen weder dem Leben des Menschen noch seinem Wohlbefinden dient ...« Veblen 1981/1899, S. 82 [Hervorh. im Orig.]. Vgl. auch ebd., S. 196 und Veblen 1965/1919, S. 94. Vgl. kommentierend hierzu Riesman 1953, S. 127; Chandler 1959, S. 177; Smith 1969, S. 278; Kolodny 1947, S. 327 und S. 497f.
16 Vgl. Tool 1977, S. 825; Delius 1957, S. 43; Hickerson 1987, S. 1127f.; Hill 1958, S. 129; Harris 1953, S. 30f. und Bush 1993, S. 99, Fn. 7.
17 Veblen gehört bekanntlicherweise neben Wesley C. Mitchell und John R. Commons zu den Begründern des amerikanischen »Institutionalismus«, einer Richtung der Ökonomie, die zunehmend an Bedeutung gewinnt. Vgl. zum Überblick Reuter 1994 und umfassend Reuter 1994a.
18 Vgl. Delius 1957, S. 44; Davis 1957a, S. 68; Homan 1928, S. 177.

gerade auf der Argumentation, daß vorhandene Produktionskapazitäten ungenutzt bleiben bzw. stillgelegt werden, um Preise und Profitspannen in einer von zunehmender Oligopolisierung und Monopolisierung geprägten Wirtschaft zu erhalten. Trotz Veblens Betonung von »Effizienz« ist der wiederholt vorgetragene Vorwurf, er habe vorschnell Nützlichkeit und soziales Wohlergehen mit maximaler industrieller Produktion gleichgesetzt,[19] zu relativieren. Schon seine Kritik an speziellen Produktionen, wie er sie z.B. in scharfer Form an der Produktion von Rüstungs- und Luxusgütern geübt hat, weist darauf hin, daß er keinem »blinden 'Produktionsfetischismus'« anhing.[20] Neben dem auf reinen Effizienzüberlegungen basierenden Sabotagevorwurf gegenüber dem »business« kritisiert er, daß unter der maßgeblichen Leitung der Geschäftsleute nur Güter produziert und nur Dienstleistungen angeboten werden, die einen Profit abzuwerfen versprechen. Veblen hat aber den Produktionssektor nicht nur unter quantitativen, sondern auch unter qualitativen Aspekten betrachtet. Seine Kritik richtet sich gegen die Art und Weise, *wie* bestimmte Produktionsentscheidungen getroffen werden und damit gegen den gesellschaftsdominierenden Einfluß *bestimmter* Interessen: »The business man, through his pecuniary dispositions, enforces his choice of what industrial processes shall be in use. ... he can decide whether and which of the known processes and industrial arts shall be practiced, and to what extent. Industry must be conducted to suit the business man in his quest for gain ...«[21]

Voraussetzung für die soziale Wohlfahrt der Gesellschaft ist für Veblen nicht nur ein maximaler Ausstoß an Waren und Dienstleistungen. Er ist sich durchaus bewußt, daß es auch auf die *Qualität* der Produktion ankommt.[22] Während er eine maximale Produktionssteigerung für solche Produkte fordert, die seiner Ansicht nach notwendige kollektive »Grundbedürfnisse« der Bevölkerung befriedigen, verurteilt er solche Produktionen, die nur der individuellen Wertschätzung, d.h. der Befriedigung eines kulturell bedingten Demonstrations-

---

19 So u.a. Davis 1957a, S. 68; Davis 1941, S. 413; Harris 1951, S. 67; Homan 1928, S. 177.
20 Vgl. Sonntag 1990, S. 82. Vgl. auch Smith 1977, S. 130; Smith 1947, S. 369; Dente 1977, S. 74.
21 Veblen 1990c/1901, S. 297f. Mitchell vertiefte diesen Gedanken weiter. Vgl. dazu Mitchell 1937a.
22 Vgl. Friday 1968, S. 29.

bedürfnisses, dienen.²³ Veblen nennt allerdings keine brauchbaren Unterscheidungskriterien; seine Vorstellungen über notwendige und sinnvolle Produkte wurzeln offensichtlich im Puritanismus seiner Kindheit.

In Abgrenzung zur Arbeitswertlehre einerseits und zur subjektiven Wertlehre andererseits können Veblens werttheoretische Äußerungen als erste Schritte auf dem Weg zu einer *kollektiven Wertlehre* bezeichnet werden, die von seinen Nachfolgern aufgegriffen und weiterentwickelt wurde.²⁴ Der Grundgedanke, also der Versuch, individuelles Handeln anhand der sich für die Gesamtgesellschaft ergebenden Konsequenzen zu bewerten, war schon bei Veblen vorhanden. Einen solchen Wertmaßstab forderte Veblen bereits in der *Theory of the Leisure Class*, in der er als Leitlinie seiner Ausführungen schrieb: »Die verschiedenen Elemente der menschlichen Natur werden einzig und allein vom Standpunkt der ökonomischen Theorie aus betrachtet, und die diversen Eigenschaften werden an ihrem *unmittelbaren Wert für die Erleichterung des kollektiven Lebens gemessen und demgemäß eingestuft*.«²⁵

Zweifelsohne war es Veblens Anliegen, darauf aufmerksam zu machen, daß Waren und Dienstleistungen produziert bzw. angeboten und aus den unterschiedlichsten (Demonstrations-)Motiven nachgefragt werden, die nicht zum allgemeinen Wohlstand der Gesellschaft beitragen und die überhaupt nur aufgrund pekuniärer Erwägungen seitens des »business« vermarktet werden. Aus der Sicht der kollektiven Wertlehre können Produktion und Konsumtion dieser Art nur als »unproduktiv« bezeichnet werden.²⁶ Darüber hinaus hat Veblen auf den Umstand verwiesen, daß ausschließlich profitorientierte Entscheidungen in keiner Weise eine Garantie für eine gesamtgesellschaft-

---

23 Vgl. Veblen 1990b/1899, S. 90f.
24 Vgl. hierzu ausführlich Reuter 1994a, S. 291-326 und weiter unten.
25 Veblen 1981/1899, S. 196 [Hervorh., N.R.]. Vgl. hierzu Mirowski 1992, S. 400.
26 Um produktive von unproduktiven Handlungsweisen zu unterscheiden, schlug Veblen folgendes Verfahren vor: »The test of productivity ... is the increase of nutritive material. Whatever employment of time or effort does not afford an increase of such material is unproductive ...« Veblen 1990b/1899, S. 91. Eine solche, nur Nahrungsmittel berücksichtigende Differenzierung mag für eine Mangelgesellschaft brauchbar sein; industrialisierte Überflußgesellschaften bedürfen zweifellos weiterer Kriterien. Zinn schlägt z.B. vor, Handlungsweisen und Produkte hinsichtlich ihrer »lebensschädlichen« bzw. »lebensnützlichen« Eigenschaften zu bewerten. Vgl. Zinn 1980, S. 38.

lich wünschenswerte Bereitstellung von Produkten und Dienstleistungen bieten.

Auf der Suche nach einem unabhängigen Maßstab verfiel Veblen in seinen späteren Schriften auf die Idee, diesen im »industriellen Prozeß« zu suchen. Diejenigen Menschen, die eng mit diesem verbunden und daher nicht von finanziellen Interessen geleitet sind und unter denen ohnehin ein »... good deal of a consensus as to what manner of things are wasteful«[27] herrsche, sollten die Entscheidungsgewalt übernehmen. Hier dachte Veblen vor allem an die mit den »material facts of life« vertrauten Techniker und Ingenieure, deren Ziele er mit den Anliegen und Bedürfnissen der breiten Arbeiterbevölkerung im Einklang sah. Trotz dieser kritikbedürftigen technokratischen Tendenz ist Chandler zuzustimmen, wenn er zur Bedeutung der Veblenschen Ausführungen mit Blick auf den Tenor des Gesamtwerks schreibt: »It is apparent that Veblen's theory of value is oriented to the welfare of the society. Individual behavior is to be judged by its relationship to the group. ... The generality of men, in Veblen's view, ultimately determines what is wasteful.«[28]

Auch wenn Veblens Urteil darüber, was im einzelnen als produktiv bzw. unproduktiv zu werten ist, als zeitbedingt herausgestellt werden muß und auch letztlich eine autoritäre Wendung erfuhr,[29] wurde seine grundlegende Feststellung, daß individuelles Handeln und Produzieren nur mit Blick auf gesamtgesellschaftliche Ergebnisse zu beurteilen ist, d.h. dem Kriterium der »social serviceability« genügen muß, von den nachfolgenden Institutionalisten aufgegriffen.[30] Für zeitgenössische Institutionalisten stellen sich die Leistungen Veblens daher folgendermaßen dar: »Veblen, although blocked by value analysis itself as an inquiry problem, nevertheless provides rudimentary value

---

27 Veblen 1899, S. 108.
28 Chandler 1959, S. 162 und S. 169. Vgl. auch Mills 1953, S. xi und Teggart 1932, S. 21.
29 Die Tatsache, daß Veblen offensichtlich glaubte, daß ein unabhängiger Wertmaßstab im industriellen Prozeß selbst liegt und durch die Ingenieure und Techniker objektiv festgestellt werden könnte, unterstreicht nach Mirowski »... seine Abhängigkeit von der Maschinenmetapher als letztendlicher Effizienz- und Verschwendungsinstanz ...« Mirowski 1992, S. 400.
30 Vgl. Chandler 1959, S. 169. Eine ideale Gesellschaft, die Veblens Anforderungen genügen würde, müßte nach Chandler folgendermaßen aussehen: »Surely, it would be a society characterized by peace, cooperation, efficiency, workmanship, rationality, humility, and knowledge for its own sake. It would be a society in which the institutions would provide a perfect adjustment between man and his environment.« Ebd., S. 171.

constructs and makes extensive application of them throughout his writing.«[31]

Für die spezifische Kapitalismuskritik Veblens haben diese Wertüberlegungen eine herausragende Bedeutung.

3. Zur Genese des modernen Kapitalismus

Veblen sieht die Menschheitsgeschichte in zwei grundlegende Phasen geteilt. Die erste bezeichnet er als die »Phase des ursprünglichen friedlichen Lebens«, in der die Menschen in kleinen, z.T. schon seßhaften Gruppen zusammenlebten. Es gab noch kein Privateigentum, und der Wettbewerb war nur schwach ausgebildet.[32] Diese Phase, die sich nach Veblen »... eher psychologisch als ethnologisch ...«[33] begründen läßt, wurde durch das von ihm so benannte »barbarische Zeitalter« abgelöst. Dieses zeichnet sich v.a. durch die Institution des Privateigentums und durch wettbewerbsmäßiges Verhalten (Konkurrenzkampf) aus, das alle Bereiche der Gesellschaft durchdringt. Es begann, als sich die Produktivkräfte soweit entwickelt hatten, daß sie einen Überschuß an Gütern und Dienstleistungen produzieren konnten, was einem Teil der Gesellschaftsmitglieder das Privileg verschaffte, nicht mehr »produktiv« arbeiten zu müssen: Sie konnten sich nun »Heldentaten« widmen.[34] Unterphasen der barbarischen Gesellschaft sind in zeitlichem Ablauf die »räuberisch-kriegerische Epoche«, die »scheinbar-friedliche Epoche« und die »moderne, vom Geld beherrschte Kultur«.[35] Letztere läßt sich nach Veblen noch unterteilen in das »Zeitalter der Handwerkerwirtschaft« und in das »moderne Maschinenzeitalter«, d.h. den modernen Kapitalismus.

---

31 Tool 1977, S. 840.
32 Vgl. Veblen 1981/1899, S. 29.
33 Ebd., S. 32.
34 Veblen unterscheidet – wie weiter unten noch ausgeführt wird – zwischen »Heldentat« und »produktiver Arbeit« bzw. »Plackerei«: »Produktive Arbeit ist das Bemühen, aus dem passiven 'rohen' Stoff etwas Neues mit einem neuen Zweck zu schaffen, der ihm durch die bildende Hand des Menschen verliehen wird; die Heldentat hingegen ... besteht in der Verwandlung von Kräften – die ursprünglich von einem anderen Agens für andere Zwecke bestimmt waren – und in deren Lenkung für die eigenen Zwecke.« Ebd., S. 26f. Vgl. auch ebd. S. 32 und Davis 1957a, S. 56f.
35 Vgl. Veblen 1981/1899, S. 177.

Während die Abgrenzung der Hauptphasen anhand vorherrschender Geisteshaltungen erfolgt, orientiert sich die Unterteilung der beiden letztgenannten Zeitabschnitte an der technologischen Entwicklung. Da die vorherrschende Geisteshaltung weiterbesteht, lassen sich das »Zeitalter der Handwerkerwirtschaft« wie auch das »moderne Maschinenzeitalter« als Unterphasen des »scheinbar-friedlichen Zeitalters« begreifen, wobei Veblen die Betonung auf »scheinbar« legt.[36] Hierbei wird deutlich, daß Veblen den modernen Kapitalismus nicht etwa als Fortschritt, sondern nur als Variante des »barbarischen Zeitalters« begreift, womit er bereits alle harmonistischen Vorstellungen über dieses System zurückweist und dem Konflikt zentrale Bedeutung bei der Analyse des Kapitalismus zuerkennt. Der Kapitalismus unterscheidet sich nur insofern von der älteren »barbarischen Phase«, als gesellschaftliche Konflikte nun in der Regel nicht mehr mit physischer Gewalt ausgetragen werden, sondern sich subtilere Mittel herausgebildet haben, die jedoch das gleiche Ziel verfolgen, nämlich individuelle Überlegenheit zu demonstrieren. Hierzu hält Veblen fest: »Das hervorstechendste Kennzeichen der barbarischen Kultur besteht ja im unablässigen Wettkampf und im Antagonismus zwischen Klassen und Individuen. Das Gesetz des Wettbewerbs aber begünstigt jene Individuen und Geschlechter, welche die friedlichen Eigenschaften des Wilden nur in geringem Ausmaß besitzen. ... In einer anderen oder späteren als der hier angenommenen ersten Phase der Kultur sind Gutmütigkeit, Gerechtigkeit und umfassende Sympathie dem Leben der Individuen nicht unbedingt förderlich.«[37]

Diese Sichtweise, den modernen Kapitalismus mehr als Ausdruck alter, barbarischer Verhaltensstrukturen denn als qualitativ neues Phänomen begreifend, korrespondiert mit Veblens Theorem der »kumulativen Verursachung«: Jede kulturelle Situation ist ursächlich durch die vorhergehende bedingt und damit auch letztlich mit der gesamten Vergangenheit belastet.[38]

Das Zeitalter des Kapitalismus sieht Veblen durch zwei sich antagonistisch gegenüberstehende Klassen grundlegend charakterisiert: Diejenigen Menschen, deren Aktivitäten durch das Bestreben, monetäre Profite zu machen, gekennzeichnet sind, rechnet er zum unproduktiven »business« und die übrigen, die unmittelbar mit der Produktion

---

36 Vgl. ebd., S. 148.
37 Ebd., S. 166f.
38 Vgl. Diggins 1977, S. 370 und S. 383; Diggins 1978, S. 152; Diggins 1978a, S. 231.

von Gütern und Dienstleistungen beschäftigt sind, zur produktiven »industry«. Mittels Anhäufung finanzieller Mittel sichert sich das »business« eine Machtstellung, die es in die Lage versetzt, alle wirtschaftlichen und politischen Fragen maßgeblich zum eigenen Nutzen zu entscheiden. Hierbei sind jedoch keine Überlegungen über »soziale Nützlichkeit«, sondern ausschließlich finanzielle Erwägungen ausschlaggebend. Die Produktion von Gütern und Dienstleistungen ist für die »absentee owner« als den Kapitalismus dominierende Figuren allenfalls Mittel zum Zweck; ein unmittelbares Interesse an der Produktion besteht nicht mehr. Notwendigerweise unterbleiben Überlegungen über sozial nützliche Produktionen; produziert wird, was Profite verspricht. So werden z.B. Luxusgüter für eine zahlungskräftige Minderheit produziert, die zwar Gewinne einbringen, jedoch zu Lasten der Versorgung mit Gütern und Dienstleistungen der breiten Bevölkerung gehen. Die ausschließlich auf Profite gerichteten Handlungsweisen der dominierenden »business class« führen notwendigerweise zu einem ruinösen Wettbewerb und in dessen Folge zu immer stärkerer Konzentration von wirtschaftlicher und, damit verbunden, auch politischer Macht. Unmittelbar Leidtragende sind die kleinen und mittleren Betriebe, die aufgrund fehlender Liquidität nicht in der Lage sind, gegen die übermächtigen Kartelle dauerhaft zu bestehen. Als Folge dieser Entwicklung sieht Veblen langfristig einen »natural decay of business enterprise«[39]. Diese sich kontinuierlich verschärfende Entwicklung, die zudem einen immer größer werdenden Zwang zu unproduktiven Produktionen und zur Verschwendung von Ressourcen und Arbeitskräften bedingt, ließ für Veblen eine Neuordnung der Gesellschaft unbedingt notwendig erscheinen.

---

39 So die Überschrift des letzten Kapitels von Veblen 1978/1904, S. 374. Vgl. auch Frederick 1965, S. 225f.

4. Kapitalismus als »Kultur der Verschwendung«

Die grundlegende Kategorie, die Veblen als Maßstab für seine Kritik an den bestehenden Zuständen diente, war der von ihm als anthropologische Konstante eingeführte »instinct of workmanship«, mit dem er im Gegensatz zum »homo oeconomicus«-Konzept der klassischen Ökonomie eine grundsätzlich positive Einstellung der menschlichen Natur zur Arbeit unterstellte. Zwischen diesem »Arbeitstrieb« und der gesamtgesellschaftlichen Verschwendung sah Veblen einen kausalen Zusammenhang: Der Arbeitstrieb bewirkt, daß sich Menschen hinsichtlich ihrer Leistungsfähigkeit vergleichen. Wo immer die Umstände oder Traditionen des Lebens diesen Vergleich zulassen, »... wirkt sich der genannte Trieb zugunsten eines vom Konkurrenzneid bestimmten, also eines neidvollen Vergleiches aus«[40]. Diesen grundlegenden Gedanken hatte Veblen nicht erst in seinem ersten Buch *The Theory of the Leisure Class* entwickelt, sondern er gehört überhaupt zu den frühesten Erkenntnissen, die er schriftlich niedergelegt hat.[41] Der aus dem »Arbeitstrieb« folgende Wettbewerb »to be better than one's neighbor« findet in unterschiedlichen Gesellschaften unterschiedliche Ausprägungen. In der ersten Phase menschlichen Zusammenlebens, also der »ursprünglichen Phase friedlichen Lebens«, in der es noch kein Privateigentum gab, bestand dieser Wettbewerb nach Veblen darin, sich als besonders förderlich für das Gruppenleben auszuweisen.[42] Individuelle Anerkennung war in dieser Phase noch unmittelbar mit der Steigerung des Gesamtwohls verbunden. Mit dem Übergang zum »räuberischen Lebensstil«, primär durch das Aufkommen der Institution des Privateigentums gekennzeichnet, änderten sich Art und Wirkung dieses Wettbewerbs fundamental: Anstatt wie bisher auf das Wohl der Allgemeinheit gerichtet zu sein, wies er nun individuelle, egoistische Züge auf: »Wo immer das Privateigentum, auch in wenig entwickelter Form, besteht, trägt der Wirtschaftsprozeß den Charakter des Kampfes zwischen Menschen um den Besitz von Gütern.«[43]

Die Genese der »Institution des Privateigentums« erklärt Veblen wie folgt: Beginnend mit einem Vergleich von Beute, Jagd- oder Kriegstrophäen, der die individuelle Überlegenheit einzelner Männer

---

40 Veblen 1981/1899, S. 29.
41 Vgl. Veblen 1990d/1891, S. 392.
42 Vgl. Veblen 1981/1899, S. 29.
43 Ebd., S. 34.

demonstrieren sollte, kam es, so vermutet Veblen, mittels des Raubes von weiblichen Gefangenen und des männlichen Eigentums an ihnen mit der Zeit auch zum Eigentum am Produkt ihrer Arbeit: »Das Eigentum an der Frau wird allmählich zum Eigentum an den Produkten ihrer Arbeit, und so entsteht das Eigentum an Sachen wie an Personen. Auf diese Weise entwickelt sich allmählich ein folgerichtiges System des Eigentums.«[44]

Diese als historisches Produkt beschriebene »Institution des Privateigentums« wurde mit der Zeit in den Stand eines »Naturrechts« erhoben.[45] Damit hängt zusammen, daß der Vergleich zwischen Individuen in erster Linie zu einem Vergleich von Besitztümern wurde. In Zeiten, als die Produktivität handwerklicher und landwirtschaftlicher Kleinbetriebe gerade die Grundbedürfnisse der Bevölkerung decken konnte, waren die Möglichkeiten für einen solchen Vergleich noch sehr begrenzt und spielten daher nur eine untergeordnete Rolle. Mit der Entstehung der modernen industriellen Produktionsweise und der damit verbundenen enormen Produktionssteigerung gewann jedoch der Vergleich von Reichtum eine immer größere Bedeutung mit der Folge, daß Güter und Dienstleistungen zunehmend bewußt verschwendet werden konnten, um individuelle Überlegenheit zu demonstrieren.[46] Dieses Phänomen bezeichnet Veblen als »demonstrative Verschwendung« (conspicuous waste) bzw. als »demonstrativen Konsum« (conspicuous consumption).

Ein Hauptanliegen Veblens in seinem Buch *The Theory of the Leisure Class* war es, die These vom »demonstrativen Konsum« zu belegen. Dabei analysiert er jedoch nicht nur menschliche Handlungsweisen vergangener Jahrhunderte, sondern befaßt sich ausgiebig mit zeitgenössischen Alltäglichkeiten: Die Beweggründe für die Benutzung eines Spazierstocks und das Tragen von Miedern und Schuhen mit hohen Absätzen werden genauso wie die Gründe für die Bevorzugung bestimmter Haustiere oder bestimmter Zierpflanzen als dem Gesetz der »demonstrativen Verschwendung« bzw. der »demonstrativen Muße«

---

44 Ebd. Vgl. auch Veblen 1954a/1898, S. 32-49.
45 Dazu stellt Veblen fest: »The ultimate ground of validity for the thinking of the business classes is the natural-rights ground of property, – a conventional, anthropomorphic fact having an institutional validity, rather than a matter-of-fact validity such as can be formulated in terms of material cause and effect; ...« Veblen 1978/1904, S. 318.
46 Vgl. ebd., S. 64f.

folgend demaskiert.[47] Daß solche, als selbstverständlich erachteten Aktivitäten – zumal von einem Ökonomen – hinterfragt wurden, war einzigartig, und die Tatsache, daß diese Handlungsweisen auch noch mit denen von Barbaren und Raubrittern früherer Zeiten verglichen wurden, machte es leicht, Veblen lange Zeit als Satiriker zur Kenntnis zu nehmen und ihm damit die Anerkennung als seriöser Wissenschaftler zu verweigern.[48]

Zwei Bedingungen sind Veblen zufolge erforderlich, damit der auf dem »Werkinstinkt« beruhende Wettbewerb sich negativ auf die Gesellschaft auswirkt, d.h. zur »demonstrativen Verschwendung« und zur »demonstrativen Muße« führt: Einmal die Existenz der Institution des Privateigentums und zum anderen eine industrielle Produktionsweise, die Verschwendung überhaupt erst ermöglicht. Da diese beiden Bedingungen, neben der Glorifizierung von Wettbewerb und Konkurrenzkampf, zu den konstituierenden Merkmalen kapitalistischer Systeme gehören, wurde Veblens Werk primär zu einer Analyse und Kritik des Kapitalismus.

5. Die Hegemonie der »Leisure Class«

Basierend auf einer schon in frühesten Gesellschaftsformen vorherrschenden »Funktionsteilung« von Tätigkeiten in einerseits wertvolle und andererseits wertlose unterscheidet Veblen in seinem Werk explizit zwei Klassen, die als idealtypische Kategorien aufzufassen sind[49] und von ihm selbst als »Hauptklassen« (main classes) beschrieben werden.[50] Die eine Klasse, die Veblen als »vornehme« oder »müßige

---

47 Vgl. Veblen 1981/1899, S. 108-113.
48 Über die allgemeine Rezeption der *Theory of the Leisure Class* und Veblens Empfindungen schreibt sein Biograph Dorfman: »No one was more surprised than Veblen at the book's reception. He was disappointed at the popular view of it as a satire upon the aristocratic classes ... He came to feel that those who gave the book its popularity were foolish and gullible.« Dorfman 1934, S. 197. Diese die Veblensche Gesellschaftskritik entschärfende Einschätzung zieht sich bis heute durch die Veblen-Literatur, etwa wenn Frenkel die *Theorie der feinen Leute* als eine »überaus amüsant formulierte Gesellschaftssatire« charakterisiert. Vgl. Frenkel 1994, S. 221.
49 Vgl. Tilman 1973, S. 165.
50 Vgl. Veblen 1965/1919, S. 160. Die Sichtweise der beiden von Veblen beschriebenen Klassen als Idealtypen entkräftet auch das Argument, daß eine Kapitalis-

Klasse« (leisure class) beschreibt, ging ursprünglich Beschäftigungen nach, die man als Heldentaten bezeichnete, während die andere Klasse solche Tätigkeiten verrichtete, die mit »... notwendigen und täglichen Plackereien, die gewiß nichts Heldenhaftes an sich haben«[51], verbunden waren: »Diese Arbeitsteilung stimmt mit der Einteilung in eine arbeitende und eine müßige Klasse überein, wie sie in der höher entwickelten barbarischen Kultur auftritt. Je weiter die Teilung und Spezialisierung der Arbeit fortschreitet, desto schärfer wird die Trennungslinie zwischen produktiven und den übrigen Tätigkeiten.«[52]

Diese grundlegende Unterteilung behält Veblen auch bei der Beschreibung der gesellschaftlichen Schichtung im Kapitalismus bei: Auf der einen Seite sieht er die beherrschte »industrial class«, zu der er Arbeiter, Techniker, Ingenieure und alle direkt mit der Produktion in Verbindung Stehende zählt, also alle die, die unmittelbar Güter und Dienstleistungen für die Erhaltung der menschlichen Existenz produzieren.[53] Diesen steht die herrschende »business class«, bestehend aus Geschäftsleuten, Finanzfachleuten, Händlern etc. gegenüber, also all jenen, die am monetären Gewinn interessiert sind. Veblens Trennung dieser Klassen erfolgt, ähnlich seiner Phaseneinteilung der Geschichte, anhand von Handlungsmotiven und vorherrschenden Denkgewohnheiten, womit er sich explizit von der Klassendefinition Marx', für den die Eigentumsverhältnisse ausschlaggebend waren, abgrenzt: »It is a question not so much of possessions as of employments; not of relative wealth, but of work. It is a question of work because it is a question of habits of thought, and work shapes the habits of thought.«[54]

Diese Analyse von sozialen Klassen, die bei Veblen mehr den Charakter von Statusgruppen haben, birgt für die Erklärung realer gesellschaftlicher Vorgänge der letzten 100 Jahre eine Reihe von Vorteilen gegenüber der marxistischen Sichtweise. Letzterer liegt die Annahme einer im Zeitverlauf zunehmenden Ausbeutung und damit einer Proletarisierung der Massen zugrunde, welche den Klassengegensatz zwischen Bourgeoisie und Proletariat so verschärfen wird, daß es letztlich zum Aufstand der Arbeiter und damit zur Revolution kommen

---

musanalyse, die nur zwei ökonomische Kategorien und nur zwei Klassen im »capitalistic universe« sieht, unzureichend sei. Vgl. Teggart 1932, S. 95f.
51 Veblen 1981/1899, S. 23.
52 Ebd., S. 21.
53 Vgl. Z'Graggen 1983, S. 111.
54 Veblen 1978/1904, S. 348.

muß.⁵⁵ Jedoch ist – aus heutiger Sicht klarer als aus zeitgenössischer – zu beobachten, daß, wie Heilbroner unter Hinweis auf Veblen feststellt, »[d]ie unteren Klassen ... den oberen nicht mit gezogenen Schwertern gegenüber[stehen]; sie sind mit ihnen durch die unfaßbaren, aber stahlharten Bande gemeinsamer Verhaltensweisen verknüpft.«⁵⁶

Grundlage dieser »stahlharten Bande« ist die übereinstimmende Haltung der Angehörigen der »industrial class« mit der der »business class« hinsichtlich der Überzeugung, daß Arbeit »unwürdig, verächtlich und gemein« ist.⁵⁷ Dieses Werturteil geht zurück auf die Zeit, als produktive Arbeit ausschließlich von Frauen verrichtet wurde, während die Männer sich den erwähnten »Heldentaten« widmeten.⁵⁸ Daraus folgt für Veblen, daß die Zugehörigkeit zur »business class«, die nur noch mittelbar mit der Produktionssphäre verbunden ist, von allen Mitgliedern der Gesellschaft als ehrenvoller empfunden wird als die zur güterproduzierenden »industrial class«, woraus er die These von der Hegemonie der »business class« ableitet: »Die Institution einer müßigen Klasse übt nicht nur einen Einfluß auf die soziale Struktur aus, sondern auch auf den Charakter der einzelnen Gesellschaftsmitglieder. Sobald eine gegebene Neigung oder ein gegebener Gesichtspunkt als autoritative Standards, als lebensbestimmende Normen übernommen worden sind, machen sie ihre diesbezügliche Wirkung auf die Gesellschaft geltend. Sie formen die Denkgewohnheiten ...«⁵⁹

Ergebnis dieser durch die Hegemonie der »leisure class« bewirkten Geringschätzung der Arbeit ist, wie Heilbroner folgert, daß die Arbeiter nicht versuchen, ihre Manager zu beseitigen, sondern sie nachzuahmen.⁶⁰ Ihr Konsumverhalten orientiert sich an dem der nächst höheren sozialen Gruppe mit dem Ziel, ihr zugerechnet zu werden. Das hiermit zusammenhängende Phänomen, daß mit steigendem (vermuteten) Preis die Nachfrage nach diesem Gut ebenfalls steigt, da

---

55 Diese Prognose ist ein Hauptpunkt der Kritik Veblens an Marx. Vgl. Veblen 1990e/1906, S. 416f. Vgl. zum Vergleich Marx-Veblen Edgell/Townshend 1993.
56 Heilbroner 1960, S. 252f. Vgl. auch Noble 1958, S. 217.
57 Vgl. Veblen 1981/1899, S. 28.
58 Vgl. ebd., S. 26f.
59 Ebd., S. 159.
60 Vgl. Heilbroner 1960, S. 253. Die Hegemonie der »leisure class« bewirkt also eine kulturbedingte Umformung des altruistischen »instinct of workmanship« in einen egoistischen »instinct of sportmanship«, der zum räuberischen Wettbewerb führt. Vgl. hierzu Reuter 1994a, S. 215f.

die Prestigewirkung zunimmt, ist in der Volkswirtschaftslehre als »Veblen-Effekt« bekannt.[61]

Bedeutung erlangt dieses von Veblen entwickelte Konzept der Hegemonie der kapitalistischen »business class«[62] dadurch, daß sich auf dieser Grundlage z.B. erklären läßt, warum es in Amerika nicht zur Ausprägung eines Klassenbewußtseins mit der Folge der Bildung einer Arbeiterklasse im marxistischen Sinne gekommen ist und warum selbst in Europa, wo die Arbeiter am ehesten der Marxschen Kategorie des »Proletariats« entsprachen, es zu keiner wachsenden Klassenfeindschaft gekommen ist.

6. Veblens Analyse kapitalistischer Wirtschaftskrisen

Veblens Analyse der kapitalistischen Wirtschaft liefert in erster Linie eine Theorie der chronischen Wirtschaftsdepression, obwohl sich auch Elemente einer Konjunkturtheorie finden lassen.[63] Aufgrund seiner dualistischen Sicht der Gesellschaft (»business« versus »industry«) überrascht es nicht, daß bei ihm Wirtschaftskrisen primär Ergebnis der Aktivitäten des »business« sind. Auch wenn deshalb seine Analyse an vielen Stellen zu monokausal erscheint, so antizipierte er doch mit der Betonung der Bedeutung von Erwartungen und des Einflusses von Geld und Kredit Kernelemente moderner Konjunkturtheorien, was ihn zum Pionier in der theoretischen Konjunkturforschung machte.[64] Für Veblen stand fest, daß konjunkturelle Bewegungen und damit verbundene wirtschaftliche Krisen in der »pekuniären Sphäre« der kapitalistischen Wirtschaft entstehen, somit ihr Ursprung

---

61 Diese Erklärung anomaler Preis-Absatz-Entwicklungen ist das einzige, was die Volkswirtschaftslehre aus der Veblenschen Theorie in ihr Allgemeingut übernommen hat. Vgl. zur Beschreibung dieses Effektes Veblen 1981/1899, S. 85f. Vgl. hierzu auch Stadler 1983, S. 164.

62 Aufgrund des gesamtgesellschaftlich verbindlichen Verhaltenskodexes, der auf der Hegemonialstellung der »leisure class« beruht, bezeichnet Veblen deren Funktion auch als »quasi-priesterlich«. Vgl. Veblen 1981/1899, S. 86.

63 Vgl. u.a. Veblen 1978/1904, S. 234. Vgl. dazu Mitchell 1950/1941, S. 217, Fn. 30. Eine Zusammenfassung der Veblenschen Krisentheorie findet sich in Mitchell 1931, S. 41f.

64 Vgl. Davis 1957a, S. 75. Davis schreibt, daß »[a]side from Schumpeter, Keynes, and the Marxians, no other major economist so clearly grasped the inherently changing and crisis-generating nature of capitalism.« Ebd., S. 76. Vgl. auch Davis 1957, S. 286; Wisman 1974, S. 208.

nicht in realwirtschaftlichen Vorgängen zu suchen ist.[65] Eine gesamtwirtschaftliche Expansion sieht Veblen durch den Umstand eingeleitet, daß in einzelnen Wirtschaftssektoren ein wechselseitig sich verstärkender Prozeß von Produktionssteigerungen und steigenden Preisen zu verzeichnen ist. Der Preisanstieg veranlaßt Investoren in anderen Wirtschaftszweigen ebenfalls zu einer Ausweitung der Produktion, einmal als Reaktion auf den allgemeinen Anstieg der Nachfrage, im besonderen aber in der Hoffnung auf einen damit verbundenen Anstieg der Profitmargen, womit auch psychologische Faktoren bei dieser Erklärung des Konjunkturphänomens Berücksichtigung finden.[66]

Wie nach ihm Keynes, stellte Veblen bereits früh die zentrale Bedeutung von Erwartungen der Unternehmer und Investoren bei der Analyse des Wirtschaftsgeschehens heraus. Als Konsequenz eines sich auf immer mehr Sektoren der Wirtschaft ausbreitenden Optimismus und des damit wechselseitig im Zusammenhang stehenden Nachfrageanstiegs nach Investitionsgütern wird der bisher nur in einzelnen Sektoren zu beobachtende Preisauftrieb zu einem allgemeinen Phänomen mit weiteren positiven Auswirkungen auf die Profiterwartungen der Investoren, was zu einer gesteigerten Risikobereitschaft führt. Die Folge ist, daß erwartete Gewinne hoch kalkuliert, langfristige und umfangreiche Lieferverträge abgeschlossen und vor allem umfassende Kreditverpflichtungen eingegangen werden. Da der anfänglich hohe Gewinn der Unternehmer jedoch der Tatsache zuzurechnen ist, daß in der frühen Phase der wirtschaftlichen Expansion Preise schneller ansteigen als Löhne, Renten und Zinsen, dieser Inflationsgewinn jedoch mit der Zeit durch ein Ansteigen dieser Größen wieder schwindet, erweisen sich die erwarteten Gewinne der Unternehmer bald als zu hoch. Der Aufschwung setzt sich nur solange fort, wie die Produktpreise im Vergleich zu den Kosten, d.h. den Löhnen, Renten und Zinsen, in einem Maße steigen, daß der mit der Zeit als »normal« empfundene Profit mindestens erhalten bleibt.[67] In dem Moment, in dem die gewohnten Gewinnspannen aufgrund steigender Kosten nicht mehr zu halten sind, beginnt ein sich kumulativ verstärkender wirt-

---

65 Vgl. Veblen 1978/1904, S. 180. Vgl. dazu Sonntag 1990, S. 109f.
66 Vgl. Veblen 1978/1904, S. 186 und S. 194f. Vgl. dazu Harris 1958, S. 191.
67 Veblen spricht von einer »... nominal capitalization which they [die Unternehmer/Investoren, N.R.] have set their hearts upon through habituation in the immediate past ...« Veblen 1978/1904, S. 237.

schaftlicher Pessimismus sich auszubreiten.[68] Die Unternehmer werden zunehmend mit einer mengenmäßigen Beschränkung des Angebotes reagieren, d.h. sie werden die Produktion einschränken, um durch eine Verknappung des Angebots die Preise und die als »normal« empfundenen Profite halten zu können.[69] Gleichzeitig erweisen sich die zu bedienenden Kredite aber als zu hoch, erste Zahlungsschwierigkeiten treten auf, Profite beginnen verstärkt zu sinken, Produkte müssen unter Kosten verkauft werden, erste Firmenzusammenbrüche treten auf.[70] Das System gerät über diesen sich selbst generierenden Prozeß in eine Abwärtsbewegung mit der Folge einer wirtschaftlichen Krise, die gekennzeichnet ist durch Arbeitslosigkeit, brachliegende Kapazitäten und weiter schwindende Profite. Mitchell, der die Veblensche Konjunkturtheorie zusammen mit der von Jean Lescure unter der Überschrift »Der Unternehmergewinn als Konjunkturfaktor« behandelt, hält resümierend fest: »Das Verhältnis von Gewinnaussichten und Kapitalisierungssatz bestimmt demnach für Veblen die Konjunktur. Sind die Aussichten gut, so gibt es Aufschwung, die Gewinne steigen. Hernach steigen aber auch die Kosten, sie drücken auf die Gewinne, die Kapitalisierung erscheint dann zu hoch angesichts der verschlechterten Gewinnaussichten. Diese Situation charakterisiert die Depression.«[71]

Veblen betont, daß in der Periode zwischen 1816 und 1873 immer wieder exogene Faktoren, insbesondere die Nachfrage nach Rüstungsgütern infolge von Kriegen, zu verzeichnen waren, die das kapitalistische System aus der Krise gerissen hätten, es aber seit 1870 dazu tendiere, daß ein solcher Zustand der Wirtschaftsdepression chronisch wird. Exogene Faktoren stellen für Veblen also gerade nicht die Ursache für die krisenhafte Entwicklung der Wirtschaft dar. Diese sind im Gegenteil dafür verantwortlich, daß sich das kapitalistische System zeitweise wieder stabilisieren konnte. So hebt er mehrfach hervor, daß »... depression is normal to the industrial situation under the consummate régime of the machine, so long as competition is unchecked and no deus ex machina interposes«[72].

---

68 Vgl. Veblen 1978/1904, S. 200f.
69 Vgl. ebd., S. 237. Dieses Verhalten bezeichnete Veblen als »Sabotage« am Volkswohlstand.
70 Vgl. ebd., S. 191.
71 Mitchell 1931, S. 42.
72 Ebd., S. 255. Vgl. auch ebd., S. 249f. Vgl. dazu Stanfield 1989, S. 719.

Veblens Konjunktur- und Krisenerklärung läßt sich mit Mitchell den »Profittheorien« zuordnen, da das System nur aufgrund sinkender »gewohnheitsmäßiger« Profitspannen in die Krise gerät. Ansonsten könne das Angebot niemals das Konsumvermögen der Gesellschaft übersteigen.[73] Hier macht sich bemerkbar, daß Veblen – wie die klassischen Ökonomen vor ihm, aber im Gegensatz zu den Institutionalisten nach ihm – noch von einer sich perpetuierenden Knappheitssituation ausging. Auch wird hier bereits deutlich, warum in Veblens Theorie den Kriterien der Effizienz und des maximalen Outputs als Leitwerte noch eine zentrale Bedeutung zukommt.

Als Antwort auf die diagnostizierte Tendenz zur chronischen Depression fordert Veblen eine gezielte Planung der Wirtschaft. Andere Ansätze stellen für ihn nur Scheinlösungen dar, die die chronische Wirtschaftsdepression allenfalls vorübergehend zu lindern vermögen. Hierzu zählt er

- ein verstärktes Engagement des Staates,
- Lohnkürzungen und Entlassungen infolge von Produktionseinschränkungen, um Kosten zu senken,
- Versuche, durch Monopolbildung Konkurrenzkämpfe zu mildern oder ganz auszuschalten,
- eine Steigerung des Werbeaufwands und/oder
- eine Ausweitung der Märkte.

Im folgenden sollen diese Strategien in ihrer Wirkung auf den kapitalistischen Akkumulationsprozeß genauer beleuchtet werden:

Der Staat kann durch eine Steigerung öffentlicher Investitionen (worunter Veblen in erster Linie »wasteful expenditures«, v.a. Ausgaben für Rüstung, verstand) zeitweise dazu beitragen, die Profite der Unternehmer und Investoren zu stabilisieren. Wegen der unterstellten hegemonialen Abhängigkeit des Staates vom »business« zweifelte Veblen jedoch die gesamtgesellschaftliche Sinnhaftigkeit solcher Aus-

---

73 Vgl. Veblen 1892, S. 489 und Veblen 1978/1904, S. 214ff. Vgl. dazu Dillard 1987, S. 1637f. und Sonntag 1990, S. 111. Das Problem der Sättigung gewinnt in dem Maße an Bedeutung, wie die Grundbedürfnisse einer Gesellschaft zunehmend befriedigt werden. So stellt die Sättigungsproblematik für die heutige Situation der auf Wachstumssteigerung angewiesenen kapitalistischen Systeme einen zusätzlichen Krisenfaktor dar. Vgl. Zinn 1984, S. 23. Hinsichtlich der wirtschaftlichen Situation Amerikas zur Zeit Veblens ist die Sättigungsproblematik als Krisenfaktor jedoch noch zu vernachlässigen. Von Veblen wurde sie grundsätzlich verneint. Vgl. Veblen 1978/1904, S. 215f. Vgl. dazu auch Dente 1977, S. 152.

gaben ebenso an, wie er überhaupt die dauerhafte Fähigkeit des Staates, öffentliche Ausgaben in einer krisenüberwindenden Höhe zu leisten, in Frage stellte.[74]

Von seiten der Unternehmer wird auf sinkende Profite und drohende Depression in der (mikroökonomischen) Logik des Systems mit Lohnkürzungen, Entlassungen und/oder Produktionseinschränkungen reagiert, um die Profitmarge bei schwindender Nachfrage zu erhalten. In diesem Sinne spricht Veblen von »Sabotage« durch das »business«. Wegen daraus folgender sinkender gesamtwirtschaftlicher Nachfrage wirkt sich diese Strategie jedoch nur kurzfristig positiv auf die Profitsituation der Unternehmer aus. Langfristig wirkt sie sogar krisenverschärfend; gleichzeitig wird Arbeitslosigkeit – wie später auch von Michal Kalecki herausgestellt[75] – zum Mittel der Politik des »business«: »[I]n no such community [gemeint ist das kapitalistische System, N.R.] can the industrial system be allowed to work at full capacity for any appreciable interval of time ... The requirements of profitable business will not tolerate it. So the rate and volume of output must be adjusted to the needs of the market, not to the working capacity of the available resources, equipment and man power, nor to the community's need of consumable goods. Therefore there must always be a certain variable margin of unemployment of plant and man power.«[76]

Veblen kann unter den Bedingungen einer Mangelwirtschaft für die Phänomene Depression und Arbeitslosigkeit keine Gründe erkennen, die außerhalb der kapitalistischen Systemlogik liegen. Sie sind für ihn ausschließlich ein »phenomena of business«.[77]

Hierzu gehört auch die Tendenz zur Bildung von Kartellen und Monopolen, die genauso wie ein bestimmtes Ausmaß an Arbeitslosigkeit für Veblen der Systemlogik entspricht. In Zeiten wirtschaftlicher Depression, in denen aus mildem Wettbewerb harter Konkurrenzkampf wird, wirkt sich dieser besonders negativ auf die Preise und damit auf die Profite aus. Um diesen Konkurrenzkampf auszuschal-

---

74 Vgl. Veblen 1978/1904, S. 255ff. Vgl. dazu Harris 1958, S. 193. Trotz der Skepsis, die Veblen staatlichem Handeln entgegenbrachte, gestand er implizite mit seinen Ausführungen ein, daß wirtschaftliche Schwierigkeiten, wie Stanfield herausstellt, »... *in principle* could be addressed by government intervention ...« Stanfield 1989, S. 719 [Hervorh., N.R.].
75 Vgl. Kalecki 1987, S. 235-241, insbes. S. 241. Vgl. dazu auch Zinn 1987, S. 165f.
76 Veblen 1965a/1921, S. 9.
77 Vgl. Veblen 1978/1904, S. 180; Dillard 1987, S. 1638.

ten, was heißt, (Monopol-)Gewinne zu sichern, besteht ein folgerichtiges Interesse der Produktionsmittelbesitzer an Preisabsprachen und Firmenzusammenschlüssen. Kapitalistischer Wettbewerb, Monopolbildung und wirtschaftliche Depression sind daher für Veblen zusammengehörige Faktoren.[78]

Diese Analyse wurde durch die damalige Entwicklung der US-Wirtschaft empirisch bestätigt. Die Monopolbildung hatte hier zwischen 1880 und 1890 nie gekannte Ausmaße angenommen. Es stand zu befürchten, daß innerhalb kürzester Zeit jeder einzelne Gütermarkt von einem Monopol beherrscht sein würde.[79] Bereits 1904 meinte Veblen, daß »... it is very doubtful if there are any successful business ventures within the range of the modern industries from which the monopoly element is wholly absent«[80].

Das Mittel der Nachfragestimulierung mittels Werbung stellt eine weitere von Veblen thematisierte Möglichkeit der Profitsteigerung bzw. -stabilisierung dar. Jedes Unternehmen und jeder Konzern ist gezwungen, Werbung zu betreiben und zwar »... chiefly because the others do«[81]. Das Argument, Werbung diene in erster Linie der Verbraucherinformation, verwirft Veblen mit dem Hinweis, daß mit Werbung in erster Linie nur die Nachfrage von einem zum anderen Unternehmen verlagert wird, d.h. »... from one channel to another channel of the same general class«[82]. Veblen weist auch darauf hin, daß massive Werbung Konsumentenwünsche so kanalisieren und manipulieren kann, daß sich ein »Monopol von Gewohnheit und Prestige« herausbildet: So gerät das »business« in die Lage, sich mittels Werbung die notwendigen Konsumenten selbst zu »produzieren«.[83] Für Veblen gilt damit nicht, daß der Bedarf das Angebot steuert, also gewissermaßen die Not die Mutter der Erfindung ist; er betont vielmehr umgekehrt: »... invention is the mother of necessity ...«[84]

Insgesamt gesehen hat Werbung für Veblen ausschließlich negative Effekte, zumal sich deren Kosten in vollem Umfang auf die Güterpreise niederschlagen. Sie dient in keiner Weise der Wohlfahrt der Ge-

---

78 Vgl. Friday 1968, S. 27.
79 Vgl. Cochran 1955, S. 54; Sonntag 1990, S. 1-7.
80 Veblen 1978/1904, S. 54.
81 Ebd., S. 58. Vgl. auch Dillard 1978, S. 1627.
82 Veblen 1978/1904, S. 57.
83 Veblen beschreibt dies als »... production of customers by sales-publicity ...« Veblen 1964a/1923, S. 306, Fn. 12.
84 Veblen 1964/1914, S. 316. Vgl. dazu Smith 1969, S. 96f.

sellschaft, sondern verbraucht im Gegenteil Ressourcen, die zu deren Lasten gehen. Werbung ist damit grundsätzlich Verschwendung: »Competitive advertising is an unavoidable item in the aggregate costs of industry. It does not add to the serviceability of the output ... What it aims at is the sale of the output, and it is for this purpose that it is useful. It gives vendibility, which is useful to the seller, but has no utility to the last buyer.«[85]

Eine weitere Möglichkeit, der internen Schwierigkeiten kapitalistischer Systeme Herr zu werden, sieht Veblen in dem Versuch, über nationale Grenzen hinweg Märkte zu erschließen, um auf diesem Wege Absatz und damit Gewinnmargen zu sichern. Insbesondere im Falle nichtindustrialisierter, aber rohstoffreicher Länder sieht Veblen ausgezeichnete Möglichkeiten, da dort zunächst jegliche Konkurrenz fehlt, was bezüglich der Profitmöglichkeiten enorme Spielräume schafft. Der Versuch, fremde Länder politisch, ökonomisch, kulturell und ideologisch mit dem Ziel zu durchdringen, sie direkt oder indirekt abhängig zu machen, stellt für Veblen die Grundlage imperialistischer Politik dar. Das »business« scheut auch nicht vor kriegerischen Auseinandersetzungen zurück, wenn es sich davon Vorteile verspricht.[86] Imperialistische Politik fördert, neben einem ohnehin bestehenden internationalen Wettbewerb, der, analog zu dem zwischen Individuen, die nationale Überlegenheit demonstrieren soll, auch unproduktive Rüstungsausgaben. Diese »warlike emulation between states« – man denke nur an die profitablen Rüstungsspiralen des »Kalten Krieges« – führt zur Verschwendung von Ressourcen, der sich kaum ein Land entziehen kann.[87] Aus der Sicht des »business« bietet Rüstungsproduktion jedoch eine ausgezeichnete Möglichkeit, Profite zu stabilisieren, woraus folgt, daß unter Profitaspekten kriegerische Auseinandersetzungen, insbesondere in wirtschaftlich schweren Zeiten, als äußerst wünschenswert angesehen werden.[88]

Veblen schätzt, daß die gesamte systembedingte Verschwendung, die durch »conspicuous consumption«, Werbung, Monopolisierung, strategische Stillegung von Produktionskapazitäten (Arbeitslosigkeit) und Rüstung entsteht, insgesamt bis zu 50% der industriellen Produk-

---

85 Veblen 1978/1904, S. 59. Vgl. zur Bedeutung der Veblenschen Analyse der Werbung für die Konsumtheorie Sonntag 1990, S. 150-163.
86 Vgl. zur Imperialismustheorie Veblens insbes. Veblen 1978/1904, S. 391-400. Vgl. dazu Harris 1953, S. 22f.
87 Vgl. Veblen 1978/1904, S. 298. Vgl. dazu Tool 1980, S. 205.
88 Vgl. Anderson 1974, S. 240.

tion ausmacht.[89] Daraus folgert er bereits 1891, daß ein geändertes Wirtschaftssystem auf einen Teil der gesamten Arbeitszeit verzichten könnte, ohne daß damit materielle Einbußen einhergehen würden, was die Situation der industriell Beschäftigten erheblich verbessern würde (geringere Arbeitszeit, mehr Freizeit, mehr Selbstbestimmung etc.): »The required aggregate output of the nation's industry would be considerably less than at present, and there would therefore be less necessity for that close and strenuous industrial organisation and discipline of the members of society under the new régime, whose evils unfriendly critics are apt to magnify.«[90]

Eine solche Veränderung ist jedoch nach Veblen solange nicht zu erwarten, wie das »business« noch die gesellschaftsbestimmende Kraft darstellt. Das »business« ist allenfalls in der Lage, für kurze Zeiten einen auch für die Mehrzahl der Gesellschaftsmitglieder mehr oder weniger befriedigenden Ablauf der wirtschaftlichen Entwicklung zu gewährleisten. Eine dauerhafte Krisenüberwindung konnte für ihn dagegen nur durch eine Übernahme der gesellschaftlichen Verantwortung durch einen planenden »soviet of technicians« gewährleistet werden, worauf im folgenden genauer eingegangen wird.

Im Unterschied zu den späteren Institutionalisten sah Veblen auf Grund bestehender Grundwidersprüche keine Möglichkeiten zu einer Reform des Kapitalismus. Hier stand er den Marxisten in nichts nach. Für ihn gab es nur eine Hoffnung, nämlich die Überwindung des Kapitalismus durch Beseitigung der »business class« bei gleichzeitiger Errichtung einer durch Techniker und Ingenieure geleiteten Wirtschaftsplanung, bei der es nicht mehr auf die Erzielung von Profiten, sondern auf die Befriedigung kollektiver Bedürfnisse ankommt.

---

89 Vgl. Veblen 1965a/1923, S. 121; Veblen 1964/1914, S. 193. Diese Zahl wird bemerkenswerterweise durch eine Studie, die Winfried Schwarz für die BRD des Jahres 1985 erstellt hat, bestätigt. Unter den größten Verschwendungsposten sind bei ihm, genauso wie bei Veblen, die ökonomischen Folgen der Arbeitslosigkeit, die Werbung und die Rüstung zu finden. Vgl. Schwarz 1987, S. 252, Tab. 26.
90 Veblen 1990d/1891, S. 400.

7. Die Bedeutung von Wirtschaftsplanung bei Veblen

Veblen, der die Menschen weitgehend als Spielball von »Instinkten« und Institutionen begreift,[91] sieht institutionellen Wandel nicht als Ergebnis selbstbestimmten Handelns, sondern vorwiegend als Handlungsanpassung infolge des »Drucks materieller Forderungen«[92], kurz, die Menschen machen ihre Geschichte nicht selbst.[93] Aufgrund dieser Sichtweise der menschlichen Natur, die Veblen wiederum von allen späteren Institutionalisten unterscheidet, spielt bei ihm die Diskussion von Reform, Planungsproblemen und Demokratie, der sonst im institutionalistischen Schrifttum eine zentrale Bedeutung zukommt, keine wesentliche Rolle. Damit hängt zusammen, daß Veblen – wie Marx – weder das Entwicklungspotential des Staates noch das von politischen Institutionen in einer kapitalistischen Gesellschaft angemessen erkannt und analysiert hat. Veblen kann somit als dezidierter Vertreter der These vom »Primat der Ökonomie« gesehen werden. Für ihn war der Staat nichts anderes als ein Diener des »business«; daher waren von ihm auch keine Reformen zu erwarten, die in irgendeiner Weise die »vested interests« tangieren.[94]

Diese demokratie- und reformtheoretischen Defizite entspringen Veblens Menschenbild, denn für einen Theoretiker, der die Menschen weniger als selbstbestimmte und selbstbestimmende, sondern vielmehr als von »Instinkten« und Institutionen determinierte Wesen sieht, kann es kein Vertrauen in demokratische Entwicklungen geben.[95] Veblen beschrieb – und dies macht andererseits wiederum die Qualität seiner Schriften aus – die unzähligen institutionellen Abhängigkeiten, in die die Menschen bereits hineingeboren werden.[96] Diese sah er –

---

91 Vgl. Chandler 1959, S. 251; Homan 1928, S. 189; Noble 1958, S. 209.
92 Dieser »Druck« entsteht aufgrund von Änderungen in der materiellen Umwelt. Vgl. dazu Veblen 1981/1899, S. 148.
93 Vgl. Kolodny 1947, S. 235 und Foster 1981, S. 919. Auch Smith schreibt: »... he [Veblen, N.R.] rarely failed to perceive the individual actor as the agent, as the source of activity and purpose.« Smith 1977, S. 34. Vgl. dazu Ferguson 1971, S. 14.
94 Für Veblen stand fest, daß »... modern politics is business politics ...« Veblen 1978/1904, S. 269.
95 Vgl. Chandler 1959, S. 220ff. und S. 243; Lerner 1948, S. 39.
96 Insofern kann Veblen auch als ein Sozialwissenschaftler gesehen werden, der, wie Chandler hervorhebt, »... raised and examined the significant problems facing a democratic society. He ... had the ability to raise the right questions.

trotz zeitweiliger vager Hoffnung auf Reformen – als so übermächtig, daß für ihn ein Zustand nicht denkbar war, in dem demokratische Verfahren dem einzelnen die Möglichkeit geben, aktiv an der Gestaltung seiner Umwelt, also auch der Institutionen, mitwirken zu können.[97] Insofern sah Veblen auch zwischen autokratisch und demokratisch verfaßten Gesellschaftstypen keinen signifikanten Unterschied. In beiden wird die Bevölkerung unterdrückt, nur mit dem Unterschied »... that in the democratic commonwealth the common man has to be managed rather than driven ... And it is pleasanter to be managed than to be driven. Chicane is a more humane art than corporal punishment.«[98]

Als einzig wirklich dynamische Kraft, die potentiell den Kampf mit der erstarrten institutionellen Struktur aufzunehmen in der Lage ist, sah Veblen die sich kumulativ entwickelnde Technik. Von ihr erhoffte er sich einen positiven Einfluß derart, daß sich zunehmend ein Denken in Ursache-Wirkungsketten durchsetzen würde, das über kurz oder lang zu einem rationaleren Handeln beitragen würde. Es überrascht daher kaum, daß Veblen sich nicht, wie die Institutionalisten nach ihm, für die Verwirklichung von Demokratie in Wirtschaft und Gesellschaft einsetzte, sondern zwischen einerseits Resignation und andererseits Hoffnung auf die mit dem technologischen Prozeß unmittelbar verbundenen Techniker und Ingenieure schwankte. Als »the indispensable General Staff of the industrial system«[99] sollten sie eine Veränderung der Gesellschaft sozusagen »von oben« – wenn auch, wie Veblen etwas nebulös bemerkte, gedeckt durch die »population at large« – durchsetzen.[100] Diese Gedanken formulierte Veblen in einer Serie von Aufsätzen, die zuerst 1919 erschienen und dann 1921 unter dem Titel *The Engineers and the Price System* in einer Monogra-

---

Although he seemingly provides us with the wrong answers ...« Chandler 1959, S. 244.
97 Vgl. Smith 1977, S. 179, S. 209 und S. 211. Insofern sah Veblen auch das menschliche Wissen weniger als Ergebnis intellektueller Anstrengungen als vielmehr als Resultat zeremonieller Überlieferungen. Vgl. Veblen 1990f/1907, S. 441. Vgl. dazu Tilman 1984, S. 749.
98 Veblen 1965/1919, S. 127. Vgl. dazu Kolodny 1947, S. 195f.
99 Veblen 1965a/1921, S. 71. Vgl. auch ebd., S. 133.
100 »But so long as they [die Techniker, N.R.] have not, at least, the tolerant consent of the population at large, backed by the aggressive support of the trained working force ..., they will be substantially helpless to set up a practicable working organization on the new footing ...« Ebd., S. 167f. Vgl. auch ebd., S. 139 und S. 166.

phie zusammengefaßt wurden. Hier entwickelte er seine Vorstellung einer Machtübernahme durch einen »Soviet of Technicians«.[101] Sich ihrer Verantwortung bewußt werdende Ingenieure und Techniker stellten für Veblen die »Personifizierung des Werkantriebs«[102] dar, da sie, ohne jegliches finanzielle Interesse, nur darauf bedacht seien, die gesamte Gesellschaft zu höherem Wohlstand zu führen: »They are, by force of circumstance, the keepers of the community's material welfare ... They are thrown into the position of responsible directors of the industrial system, and by the same move they are in a position to become arbiters of the community's material welfare. They are becoming class-conscious, and they are no longer driven by a commercial interest ...«[103] Konkret stellte sich Veblen vor, daß sich Ingenieure und Techniker durch einen Generalstreik den »vested interests« und den »absentee owners« verweigern und ihnen auf diesem Weg die materielle Grundlage ihrer gesellschaftlichen Dominanz entziehen. Kraft »self-selection« sollten die Techniker und Ingenieure im Anschluß ein Direktorium bilden, das die Aufgabe haben sollte, durch Lenkung der Wirtschaft vorhandene Unzulänglichkeiten und Fehlentwicklungen der ehemals vom »business« beherrschten marktwirtschaftlichen Ordnung zu korrigieren, d.h. Arbeitslosigkeit zu beseitigen, Verschwendung zu verhindern und eine gleiche und ausreichende Versorgung der Bevölkerung mit Gütern und Dienstleistungen zu gewährleisten.[104] Auch wenn Veblens Ausführungen in dieser Hinsicht sehr vage bleiben und er in keiner Weise Probleme von Planung thematisiert hat, ist doch festzuhalten, daß er im Rahmen seiner Kapitalismusanalyse zu der grundlegenden Erkenntnis gelangte, daß zyklische bzw. zunehmend sogar chronisch werdende Depressionen und Krisen eine Planung der Wirtschaft in modernen Industriestaaten notwendig machen.[105]

---

101 Vgl. ebd., insbes. Kapitel VI: »A Memorandum on a Practicable Soviet of Technicians«, S. 138-169. Kolodny weist darauf hin, daß das russische Wort »soviet« nicht mehr als »council«, also Ratsversammlung bedeutet. Vgl. Kolodny 1947, S. 345f.
102 Diese Charakterisierung der »engineers« findet sich auch bei Layton 1962, S. 70, und Vatter 1964, S. 164.
103 Veblen 1965a/1921, S. 79. Auch Veblen sah — wie Lenin — die Notwendigkeit einer Führung der Arbeiterschaft: Was für Lenin die Kaderpartei war, war für Veblen der »Soviet of Technicians«.
104 Vgl. ebd., S. 142, S. 152 und S. 166f.
105 Vgl. Rosenberg 1956, S. 85; Smith 1947, S. 377; Krause 1988, S. 1506.

Veblens Vorstellungen unterscheiden sich in signifikanter Weise von denen der damaligen (autoritären) Technokratiebewegung, da er als Ausgangspunkt für seine neue Ordnung folgende, von Ardzrooni zusammengefaßten Vorbedingungen fordert: »(a) An extensive campaign of inquiry and publicity, such as will bring the underlying population to a reasonable understanding of what it is all about; and (b) the working out of a common understanding and a solidarity of sentiment between the technicians and the working force.«[106]

Aus diesem Grunde kann Veblen nicht undifferenziert der Vorwurf gemacht werden, er habe ein autokratisches Regime befürwortet. Seine Vorstellungen einer neuen Gesellschaftsordnung sind eher mit Begriffen wie »gemeinnützige Technokratie«[107] oder »demokratische industrielle Republik«[108] zu umschreiben. Zu Recht aber ist ihm der Vorwurf zu machen, daß seine nicht in ihrer Konsequenz durchdachten Äußerungen zur leitenden Rolle von Technikern und Ingenieuren dazu angetan waren, den Befürwortern einer elitären Technokratie unterstützende Argumente zu liefern. Auch ist der Vorwurf berechtigt, Veblen habe an keiner Stelle diskutiert, wie die Beteiligung der »population at large« gewährleistet werden soll und kann. Galbraith hat dazu richtigerweise bemerkt, daß es in jedem Fall »... irgendeiner Methode [bedürfe], um festzulegen, welche Bemühungen der Techniker man fördern und von welchen man abraten sollte«[109]. Im Rahmen einer solchen Fragestellung hätte auch die naheliegende Möglichkeit eines Umschlagens der technokratischen Führung in eine »... tyrannical exercise over the subordinate work force ...«[110] erörtert werden müssen. Erklärbar ist dieses Versäumnis durch Veblens rousseauistische Sichtweise der menschlichen Natur, die nur wegen kapitalistischer Verstrickungen ins Negative umschlägt. David Riesman hat dieses Veblensche Urvertrauen in folgende Worte gefaßt: Veblen war von der Hoffnung beseelt, daß »... die Mélange räuberischer Institutionen, die von nomadisierenden Barbaren eingeführt waren und seither im Sattel saßen, nur eine zivilisatorische Kruste ist, die man abkratzen kann, worauf dann der Mensch sich so zeigt, wie er biologisch gemeint ist, ein Geschöpf, das im großen und ganzen zum Leben und

---

106 Ardzrooni 1933, S. 42. Vgl. dazu Veblen 1965a/1921, S. 139 und S. 167.
107 Vgl. Haselberg 1962, S. 86.
108 Vgl. Z'Graggen 1983, S. 74f.
109 Galbraith 1988, S. 209. Vgl. auch Dobriansky 1957, S. 368 und S. 389; Mumford 1921, S. 262.
110 Harris 1953, S. 5.

Lebenlassen bereit ist«[111]. Obwohl Veblen sich an keiner Stelle explizit dazu äußerte, dürften seine Vorstellungen einer »'Post-business'-Gesellschaft« auch hier vom Leben, wie er es in seiner Kindheit in der homogenen Gruppe der norwegischen Einwanderer erlebt hatte, entscheidend geprägt gewesen sein.[112]

Die Tatsache, daß Veblens Eintreten für ein »Soviet of Technicians« sehr kurzlebig war, ist nicht etwa auf Einsichten in die grundlegende Problematik seines Konzeptes zurückzuführen, sondern beruht ausschließlich auf der Erkenntnis, daß selbst die Techniker und Ingenieure zu stark mit den Finanzinteressen verwoben waren, als daß sie eine eigene gesellschaftsverändernde Kraft hätten bilden können. Ohne eine Alternative anbieten zu können, schrieb er zwei Jahre später (1921) recht pessimistisch: »There is nothing in the situation that should reasonably flutter the sensibilities of the Guardians or of that massive body of well-to-do citizens who make up the rank and file of absentee owners, just yet.«[113]

Für den Fall, daß ein »revolutionary overturn« nicht gelingen sollte und Profitinteressen weiter das Gesellschaftsleben dominieren würden, hatte Veblen bereits 1904 (!) das Entstehen von »barbarischen« bzw. totalitären Staaten, geprägt von einer Vorherrschaft des Militärs und begleitet von patriotischen und nationalistischen Emotionen, prophezeit.[114]

8. Zur Aktualität von Veblens Kapitalismuskritik

Die schonungslose Analyse des kapitalistischen Wirtschaftssystems stellt die herausragende und bleibende Leistung Veblens dar. Als Maßstab diente ihm das Bild einer kollektiven Wohlstandsgesellschaft, die sich in erster Linie dadurch auszeichnet, daß der technische Fort-

---

111 Riesman 1966a, S. 355f.
112 Vgl. hierzu insbes. die ersten beiden Kapitel der Veblen-Biographie von Dorfman 1934, S. 3-37. Zur rousseauistischen Sichtweise Veblens vgl. Dugger 1992, S. xxv.
113 Veblen 1965a/1921, S. 169. Vgl. auch ebd., S. 135. Vgl. dazu Anderson 1974, S. 232f.; Layton 1962, S. 70ff.; Rosenberg 1956, S. 115f.
114 Vgl. Veblen 1978/1904, S. 391-400; Veblen 1964a/1923, S. 398-445. Harris bezeichnet Veblens Vorstellungen eines totalitären Systems als »a kind of Fascist-Nationalism«. Harris 1953, S. 23. Vgl. hierzu auch Davis 1941, S. 409f.; Gruchy 1948, S. 99f. und S. 105; Leathers/Evans 1973, S. 422.

schritt und die damit verbundenen neuen Produktionsmöglichkeiten nicht nur einer Elite, sondern der Gesellschaft insgesamt zugute kommen. Hierbei stieß er auf das fundamentale Problem, daß aufgrund profitgeleiteter Produktionsentscheidungen privatwirtschaftliches Angebot und gesamtgesellschaftliche Nachfrage bzw. Bedürfnisse auseinanderlaufen, da Nachfrage sich unter kapitalistischen Verhältnissen nur monetär artikulieren kann, d.h. Ausdruck einer spezifischen Einkommensverteilung ist. Die Tatsache, daß bis heute Versuche, zwischen produktiven und unproduktiven Tätigkeiten und Produkten zu unterscheiden, kaum Gegenstand ökonomischer Debatten sind, gleichzeitig aber eine massive Armut breiter Bevölkerungsschichten, verbunden mit einer Konzentration von Reichtum mit steigendem Luxuskonsum, sich in den Industrieländern immer deutlicher ausbildet,[115] unterstreicht die Bedeutung einer von Veblen rudimentär entwickelten Werttheorie, die gerade das Spannungsverhältnis zwischen individuellem und kollektivem Handeln zum Gegenstand hat. Seit Veblen ist es ein Kernanliegen institutionalistischer Autoren, diese bei Veblen angelegte Werttheorie weiterzuentwickeln. Marc R. Tool hat in deutlicher Anknüpfung an Veblen ein »criterion of judgment« formuliert, das er als »social-value principle« bzw. als »instrumental value theory« bezeichnet. Hiernach ist eine Entwicklung (Handlung, Produktion) vorwärtsgerichtet (»forward«) »... which provides for *the continuity of human life and the noninvidious re-creation of community through the instrumental use of knowledge*«[116]. Diese Theorie als »... regulative Idee eines reformoffenen gesellschaftlichen Diskurses sozialer Werte«[117] wird ihrem Gehalt nach sogar als »... *the* alternative to the utilitarian theory[s] of neoclassicism, the Marxian labor theory of value, and the Kantian or Christian approach of social economists«[118] beschrieben.

Neben diesen auf Veblen zurückgehenden werttheoretischen Überlegungen liegt eine weitere Bedeutung seiner Kapitalismusanalyse in der hierin zum Ausdruck kommenden Zurückweisung aller harmoni-

---

115 Vgl. zur Reichtumsentwicklung in Deutschland z.B. Huster 1993; Huster 1993a.
116 Tool 1979, S. 293 [Hervorh. im Orig.]. Vgl. auch Tool 1981, S. 576. Tool und Hickerson betonen, daß diese Definition gemeinsam auf Veblen, Dewey, Ayres und Foster zurückgeht. Vgl. Tool 1977, S. 824-840; Hickerson 1987, S. 1127ff.
117 Katterle 1990, S. 132.
118 Sheehan/Tilman 1992, S. 19 [Hervorh. im Orig.]. Vgl. zur Vertiefung Reuter 1994a, S. 317-326.

stischen Vorstellungen über die Entwicklung des Kapitalismus. Gerade in Zeiten, in denen sich Massenarbeitslosigkeit zunehmend als normale Begleiterscheinung industrialisierter kapitalistischer Systeme herausbildet, wird die Bedeutung von Analysen offensichtlich, die von grundlegenden gesellschaftlichen Konflikten ausgehen und bereits sehr früh eine endogene Tendenz zur Krise erkannt und analysiert haben. Eine Situation, in der ein gewaltiger gesellschaftlicher Bedarf nach Produkten und Dienstleistungen einer gleichzeitig existierenden Massenarbeitslosigkeit gegenübersteht, verweist auf die grundsätzliche Unfähigkeit kapitalistischer (Markt-)Mechanismen zur Koordination von notwendiger Produktion und vorhandener Arbeitskraft. Veblen hatte in diesem Zusammenhang insbesondere auf Ursachen verwiesen, die in den Unzulänglichkeiten des Profitanreizes bzw. -prinzips, in der mangelnden Beteiligungsmöglichkeit der Bevölkerung und in der Macht und der Hegemonie der Geschäftsinteressen bzw. der Kapitalisten wurzeln. Die heute wieder auf der Tagesordnung stehenden mikroökonomisch fundierten Krisenstrategien, wie forcierte Werbung, Rüstungsproduktion, Lohnsenkungen, Firmenzusammenschlüsse etc., hatte Veblen bereits als Scheinlösungen erkannt, die gesamtgesellschaftlich gesehen keinen dauerhaften Ausweg aus der Krise weisen und mit einer Verschwendung von Ressourcen einhergehen.

Die aktuelle und gerade für das ausgehende 20. Jahrhundert wichtige Botschaft Veblens lautet, daß sich die zunehmenden Probleme kapitalistischer Systeme nicht durch »Marktkräfte« lösen werden; auf sie geht vielmehr gerade die Entstehung von Problemen wie Massenarbeitslosigkeit zurück. Dauerhafte Lösungen sind nur durch geplante Interventionen einer über den Einzelinteressen stehenden Instanz möglich, die makroökonomische und gesamtgesellschaftliche Zusammenhänge berücksichtigt. Hierzu bedarf es einer neuen, den spezifischen Problemen entwickelter kapitalistischer Systeme adäquaten Theorie. Die vorherrschende neoklassische Wirtschaftstheorie bietet aufgrund ideologischer Voreingenommenheiten, die in einer grundsätzlichen Planungsphobie ihren Ausdruck findet, keine überzeugenden Antworten. Hier gilt nach wie vor das von Veblen bereits um die Jahrhundertwende formulierte Urteil, daß die »herrschende« neoklassische Theorie »helplessly behind the times« sei.[119] War das Vertrauen in endogene Marktkräfte unter den Bedingungen einer Mangel- und dadurch ausgelösten Wachstumwirtschaft noch weitgehend ge-

---

119 Vgl. Veblen 1990a/1898, S. 56.

rechtfertigt, da sich im großen und ganzen akzeptable gesamtgesellschaftliche Ergebnisse zeigten, erweist es sich angesichts einer stagnierenden Überflußgesellschaft, die in eine Dauerdepression zu verfallen droht, als durch die Realität endgültig überholt.[120]

Die aktuelle wirtschaftliche Situation in entwickelten Industriegesellschaften fordert, daß Marktergebnisse mittels geplanter, demokratisch legitimierter Eingriffe dort korrigiert werden, wo »der Markt« nicht hinnehmbare Ergebnisse hervorbringt. Hierzu ist eine theoretische Weiterentwicklung vorhandener Planungstheorien nötig, die auf der Anerkennung der wachsenden Bedeutung des öffentlichen Sektors bei gleichzeitiger realistischer Einschätzung der Grenzen *und* Möglichkeiten des privaten Sektors und der Marktsteuerung beruht. Zur wachsenden Bedeutung des öffentlichen Sektors hinsichtlich gesamtgesellschaftlich befriedigender Ergebnisse hält Philip A. Klein, ein zeitgenössischer Institutionalist, fest: »Public sector provisioning and allocation represents ... 'the collective ought.' It encompasses priorities and objectives – values, if you will – that ... cannot be currently attained through private allocation.«[121]

Die Veblensche Analyse kapitalistischer Produktionsweise liefert scharfsichtige und bedenkenswerte Hinweise und Begründungen zur Notwendigkeit von Intervention und Planung in entwickelten Industriegesellschaften, die nach dem Zusammenbruch des realexistierenden Sozialismus nun unbefangener zur Kenntnis genommen werden können. Auch wenn seine Theorie eine Reihe von Problemen enthält, wozu v.a. die vorhandenen demokratietheoretischen Defizite zu zählen sind, widerspricht die Kapitalismuskritik Veblens denjenigen fundamental, die den Sieg des Kapitalismus in der Geschichte bereits für besiegelt halten. Der auf Veblen aufbauende Institutionalismus hat die Kapitalismusanalyse und -kritik einschließlich der wirtschaftspolitischen Konsequenzen zwischenzeitlich weiterentwickelt, so daß bei anhaltenden bzw. weiter wachsenden wirtschaftlichen Problemen zukünftig mit einer breiteren Rezeption dieser ökonomischen Schule ge-

---

120 Hierauf hat v.a. Adolph Lowe hingewiesen. Als Ursache führt er den Wegfall von »Druckfaktoren« (u.a. natürliche Knappheiten, niedriges Produktionsniveau, Massenarmut) und die Verengung von »Ausweichmöglichkeiten« (u.a. Bevölkerungswachstum, ständige Exportausdehnung, wachsende Gesamtnachfrage) an, die für das befriedigende Wirken von Marktkräften notwenig sind. Vgl. Lowe 1984/1965.
121 Vgl. Klein 1993, S. 25f.

rechnet werden kann.[122] Hiermit wird notwendigerweise auch eine Renaissance der Veblenschen Kapitalismuskritik verbunden sein.

Literatur

Anderson, Charles H. (1974): The Political Economy of Social Class, Englewood Cliffs, New Jersey.
Ardzrooni, Leon (1933): Veblen and Technocracy, The Living Age, März, S. 39-42.
Bates, Ernest Sutherland (1933): Thorstein Veblen, in: Scribner's Magazine, Bd. 94, Dezember, S. 355-360.
Bush, Paul D. (1993): The Methodology of Institutional Economics: A Pragmatic Instrumentalist Perspective, in: Tool, Marc R. (Hrsg.): Institutional Economics: Theory, Method, Policy, Boston/Dordrecht/London, S. 59-107.
Chandler, Charles C. (1959): Institutionalism and Education: An Inquiry into the Implications of the Philosophy of Thorstein Veblen, Diss., Michigan.
Cochran, Kendall P. (1955): The Concept of Economic Planning in Institutional Economics, Diss., Ohio State University.
Cochran, Thomas C. (1968): Business in Veblen's America, in: Qualey, Carlton C. (Hrsg.): Thorstein Veblen. The Carleton College Veblen Seminar Essays, New York/London, S. 47-71.
Davis, Arthur Kent (1941): Thorstein Veblen's Social Theory, Diss., Harvard.
Davis, Arthur Kent (1957): Thorstein Veblen and the Culture of Capitalism, in: Goldberg, Harvey (Hrsg.): American Radicals. Some Problems and Personalities, New York, S. 279-293.
Davis, Arthur Kent (1957a): Thorstein Veblen Reconsidered, in: Science and Society, Bd. 21, S. 52-85.
Delius, Klaus (1957): Der Institutionalismus als Richtung der amerikanischen Nationalökonomie, Diss., Köln.
Dente, Leonard A. (1977): Veblen's Theory of Social Change, Diss., New York.
Diggins, John P. (1977): Reification and the Cultural Hegemony of Capitalism: The Perspectives of Marx and Veblen, in: Social Research, Bd. 44, Nr. 2, S. 354-383.

---

[122] Vgl. hierzu u.a. Molinaro-Huonder 1991; Reuter 1991; Tool 1993; Reuter 1994a.

Diggins, John P. (1978): Barbarism and Capitalism: The Strange Perspectives of Thorstein Veblen, in: Marxist Perspectives, Sommer, S. 138-156.
Diggins, John P. (1978a): The Bard of Savagery. Thorstein Veblen and Modern Social Theory, New York.
Dillard, Dudley (1987): Money as an Institution of Capitalism, in: Journal of Economic Issues, Bd. 21, Nr. 4, S. 1623-1647.
Dobriansky, Lev E. (1957): Veblenism, a New Critique (1950), Washington D.C.
Dorfman, Joseph (1934): Thorstein Veblen and his America, New York.
DosPassos, John Roderigo (1961/62): Der bittere Becher, in: USA, Bd. 3: Die Hochfinanz (The Big Money), Hamburg, S. 101-112.
Dugger, William M. (1992): Underground Economics. A Decade of Institutionalist Dissent, Armonk/London.
Edgell, Stephen/Townshend, Jules (1993): Marx and Veblen on Human Nature, History, and Capitalism: Vive la Difference!, in: Journal of Economic Issues, Bd. 27, Nr. 3, S. 721-739.
Ferguson, Francis Percy (1971): Analysis, Interpretation, and Institutional Change. Marx and the Institutionalists, Commons and Veblen, Diss., Wisconsin.
Foster, John Fagg (1981): The Institutionalist Theory of Government Ownership, in: Journal of Economic Issues, Bd. 15, Nr. 4, S. 915-922.
Frederick, William C. (1965): Was Veblen Right About the Future of Business Enterprise?, in: The American Journal of Economics and Sociology, Bd. 24, Nr. 3, S. 225-240.
Frederickson, George M. (1959): Thorstein Veblen: The Last Viking, in: American Quarterly, Bd. 11, Herbst, S. 403-415.
Frenkel, Rainer (1994): Gelächter im Gottesdienst, in: Die Grossen Ökonomen. Leben und Werk der wirtschaftswissenschaftlichen Vordenker, Stuttgart, S. 218-222.
Friday, Charles B. (1968): Veblen on the Future of American Capitalism, in: Qualey, Carlton C. (Hrsg.): Thorstein Veblen. The Carleton College Veblen Seminar Essays, New York/London, S. 16-46.
Galbraith, John Kenneth (1988): Die Entmythologisierung der Wirtschaft. Grundvoraussetzungen ökonomischen Denkens, Wien/Darmstadt.
Gruchy, Allan G. (1948): Modern Economic Thought. The American Contribution (1947), New York.
Harris, Abram L. (1951): Veblen and the Social Phenomenon of Capitalism, in: The American Economic Review, Bd. 41, Nr. 2, S. 66-77.
Harris, Abram L. (1953): Veblen as a Social Philosopher – A Reappraisal, in: Ethics. An International Journal of Social, Political, and Legal Philosophy, Bd. 63, Nr. 3, S. 1-32.
Harris, Abram L. (1958): Economics and Social Reform, New York.

Haselberg, Peter von (1962): Funktionalismus und Irrationalität. Studien über Thorstein Veblens »Theory of the Leisure Class« (Frankfurter Beiträge zur Soziologie, Bd. 12), Frankfurt a.M.

Heilbroner, Robert L. (1960): Wirtschaft und Wissen. Zwei Jahrhunderte Nationalökonomie, Köln.

Hickerson, Steven R. (1987): Instrumental Valuation: The Normative Compass of Institutional Economics, in: Journal of Economic Issues, Bd. 21, Nr. 3, S. 1117-1143.

Hill, Forest G. (1958): Veblen and Marx, in: Dowd, Douglas F. (Hrsg.): Thorstein Veblen: a Critical Reappraisal. Lectures and Essays Commemorating the 100. Anniversary of Veblen's Birth, New York, S. 129-149.

Homan, Paul T. (1928): Contemporary Economic Thought, New York/London.

Huster, Ernst-Ulrich (1993): Neuer Reichtum und alte Armut, Düsseldorf.

Huster, Ernst-Ulrich (Hrsg.) (1993a): Reichtum in Deutschland. Der diskrete Charme der sozialen Distanz, Frankfurt a.M./New York.

Johnson, Edgar (1941): Veblen: Man from Mars, in: The New Republic, 28. Juli, S. 121ff.

Kalecki, Michal (1987): Politische Aspekte der Vollbeschäftigung (1943), in: Ders.: Krise und Prosperität im Kapitalismus. Ausgewählte Essays 1933-1971, Marburg, S. 235-241.

Katterle, Siegfried (1990): Der Beitrag der institutionalistischen Ökonomie zur Wirtschaftsethik, in: Ulrich, Peter (Hrsg.): Auf der Suche nach einer modernen Wirtschaftsethik. Lernschritte zu einer reflexiven Ökonomie, Bern/Stuttgart, S. 121-144.

Klein, Philip A. (1993): The Institutionalist Challenge: Beyond Dissent, in: Tool, Marc R. (Hrsg.): Institutional Economics: Theory, Method, Policy, Boston/Dordrecht/London, S. 13-47.

Kolodny, Julius (1947): An Interpretative Study of the Social, Political, Economic and Educational Views of Thorstein Veblen, Diss., New York.

Krause, Günter (1988): Zum Beitrag Thorstein B. Veblens im US-amerikanischen Institutionalismus, in: Wirtschaftswissenschaft, 36. Jg., Nr. 10, S. 1492-1511.

Layton, Edwin (1962): Veblen and the Engineers, in: American Quarterly, Bd. 14, Nr. 1, S. 64-72.

Leathers, Charles G./Evans, John S. (1973): Thorstein Veblen and the New Industrial State, in: History of Political Economy, Bd. 5, Nr. 2, S. 420-437.

Lerner, Max (1948): The Portable Veblen, New York.

Lowe, Adolph (1984): Politische Ökonomik. On Economic Knowledge (1965), Königstein/Ts.

Mills, C. Wright (1953): Introduction, in: Veblen, Thorstein: The Theory of the Leisure Class. An Economic Study of Institutions, London, S. vi-xix.
Mirowski, Philip (1992): Die Bedeutung eines Dollars: Erhaltungssätze und die gesellschaftliche Theorie des Werts in der Ökonomie, in: Prokla. Zeitschrift für kritische Sozialwissenschaft, Bd. 22, Nr. 3, S. 388-412.
Mitchell, Wesley Clair (1931): Der Konjunkturzyklus. Problem und Problemstellung, Leipzig.
Mitchell, Wesley Clair (1937): The Backward Art of Spending Money and other essays, New York/London.
Mitchell, Wesley Clair (1937a): Making Goods and Making Money (1923), in: Ders.: The Backward Art of Spending Money and other essays, New York/London, S. 137-148.
Mitchell, Wesley Clair (1937b): Research in the Social Sciences (1929), in: Ders.: The Backward Art of Spending Money and other essays, New York/London, S. 72-82.
Mitchell, Wesley Clair (1950): Business Cycles and Their Causes. A New Edition of Mitchell's 'Business Cycles: Part III' (1941), Berkeley/Los Angeles.
Molinaro-Huonder, Remo (1991): Institutionalismus und Dritter Weg. Ein Beitrag zum besseren Verständnis. Diss., St. Gallen.
Mumford, Lewis (1921): If Engineers were Kings, in: The Freeman, 23. November, S. 261f.
Noble, David W. (1958): The Paradox of Progressive Thought, Minneapolis.
Reuter, Norbert (1991): Kapitalistische Entwicklung & Demokratie. Zur Notwendigkeit demokratischer Wirtschaftsplanung aus dem Blickwinkel der ökonomischen Schule des »amerikanischen Institutionalismus«, in: Sozialismus, Heft 10, S. 41-45.
Reuter, Norbert (1994): Institutionalismus, Neo-Institutionalismus, Neue Institutionelle Ökonomie und andere »Institutionalismen«. Eine Differenzierung konträrer Konzepte, in: Zeitschrift für Wirtschafts- und Sozialwissenschaften (ZWS), 114. Jg., Heft 1, S. 5-23.
Reuter, Norbert (1994a): Der Institutionalismus. Geschichte und Theorie der evolutionären Ökonomie, Marburg.
Riesman, David (1953): Thorstein Veblen. A Critical Interpretation, New York/London.
Riesman, David (1966): Wohlstand wofür? Essays (1964), Frankfurt a.M.
Riesman, David (1966a): Die Bedeutung Thorstein Veblens (1960), in: Ders.: Wohlstand wofür? Essays (1964), Frankfurt a.M., S. 343-359.
Rosenberg, Bernard (1956): The Values of Veblen. A Critical Appraisal, Washington D.C.
Schwarz, Winfried (1987): Die große Vergeudung. Ist die Marktwirtschaft noch zu retten?, Köln.

Sheehan, Michael F./Tilman Rick (1992): A Clarification of the Concept of »Instrumental Valuation« in Institutional Economics, in: Journal of Economic Issues, Bd. 26, Nr. 1, S. 197-208.
Simmel, Georg (1977): Philosophie des Geldes (1900), Berlin.
Smith, Benjamin Wisner (1969): The Political Theory of Institutional Economics, Diss., Austin.
Smith, James Richard (1977): Politics from the Economic Point of View: An Analysis of the Political Theoretic Significance of the Writings of Thorstein Veblen, Diss., Berkeley.
Smith, William J.J. (1947): The Theoretical Work of Thorstein Veblen, Diss., Duke University.
Sonntag, Tom (1990): Darstellung und Kritik des politökonomischen Werkes Thorstein B. Veblens (1857-1929), Diss., Humboldt-Universität Berlin.
Stadler, Markus (1983): Institutionalismus heute. Kritische Auseinandersetzung mit einer unorthodoxen wirtschaftswissenschaftlichen Bewegung, Frankfurt a.M./New York.
Stanfield, J. Ron (1989): Veblenian and Neo-Marxian Perspectives. On the Cultural Crisis of Late Capitalism, in: Journal of Economic Issues, Bd. 23, Nr. 2, S. 717-734.
Teggart, Richard Victor (1932): Thorstein Veblen. A Chapter in American Economic Thought (University of California Publications in Economics, Bd. 11, Nr. 1), Berkeley.
Tilman, Rick (1973): Thorstein Veblen. Incrementalist and Utopian, in: The American Journal of Economics and Sociology, Bd. 32, Nr. 2, S. 155-169.
Tilman, Rick (1984): Dewey's Liberalism versus Veblen's Radicalism: A Reappraisal of the Unity of Progressive Social Thought, in: Journal of Economic Issues, Bd. 18, Nr. 3, S. 745-769.
Tool, Laurence A. (1980): A War for Reform: Dewey, Veblen, Croly, and the Crisis of American Emergence, Diss., Rutgers.
Tool, Marc R. (1977): A Social Value Theory in Neoinstitutional Economics, in: Journal of Economic Issues, Bd. 11, Nr. 4, S. 823-846.
Tool, Marc R. (1979): The Discretionary Economy. A Normative Theory of Political Economy, Santa Monica, California.
Tool, Marc R. (1981): The Compulsive Shift to Institutional Analysis, in: Journal of Economic Issues, Bd. 15, Nr. 3, S. 569-592.
Tool, Marc R. (Hrsg.) (1993): Institutional Economics: Theory, Method, Policy, Boston/Dordrecht/London.
Vatter, Barbara (1964): Veblen, the Analyst and his Critics, in: The American Journal of Economics and Sociology, Bd. 23, Nr. 2, S. 155-164.
Veblen, Thorstein B. (1892): The Overproduction Fallacy, in: The Quarterly Journal of Economics, Juli, S. 484-492.

Veblen, Thorstein B. (1899): Mr. Cummings's Strictures on »The Theory of the Leisure Class«, in: The Journal of Political Economy, Dezember, S. 106-117.
Veblen, Thorstein B. (1919): Bolshevism is a Menace to the Vested Interests, Editorial, in: The Dial, 5. April, S. 360f.
Veblen, Thorstein B. (1954): Essays in our Changing Order (1934), hrsg. v. Leon Ardzrooni, New York.
Veblen, Thorstein B. (1954a): The Beginnings of Ownership (1898), in: Ders.: Essays in our Changing Order (1934), hrsg. v. Leon Ardzrooni, New York, S. 32-49.
Veblen, Thorstein B. (1954b): Bolshevism is a Menace – to whom? (1919), in: Ders.: Essays in our Changing Order (1934), hrsg. v. Leon Ardzrooni, New York, S. 399-414.
Veblen, Thorstein B. (1954c): Between Bolshevism and War (1921), in: Ders.: Essays in our Changing Order (1934), hrsg. v. Leon Ardzrooni, New York, S. 437-449.
Veblen, Thorstein B. (1964): The Instinct of Workmanship and the State of the Industrial Arts (1914), New York.
Veblen, Thorstein B. (1964a): Absentee Ownership and Business Enterprise in Recent Times. The Case of America (1923), New York.
Veblen, Thorstein B. (1965): The Vested Interests and the Common Man (1919), New York (Titel bis 1920: The Vested Interests and the State of the Industrial Arts).
Veblen, Thorstein B. (1965a): The Engineers and the Price System (1921), New York.
Veblen, Thorstein B. (1978): The Theory of Business Enterprise (1904), New Brunswick.
Veblen, Thorstein B. (1981): Theorie der feinen Leute. Eine ökonomische Untersuchung der Institutionen (1899), München.
Veblen, Thorstein B. (1990): The Place of Science in Modern Civilisation and Other Essays (1919), New York.
Veblen, Thorstein B. (1990a): Why is Economics Not an Evolutionary Science? (1898), in: Ders.: The Place of Science in Modern Civilisation and Other Essays (1919), New York, S. 56-81.
Veblen, Thorstein B. (1990b): The Preconceptions of Economic Science I (1899), in: Ders.: The Place of Science in Modern Civilisation and Other Essays (1919), New York, S. 82-113.
Veblen, Thorstein B. (1990c): Industrial and Pecuniary Employments (1901), in: Ders.: The Place of Science in Modern Civilisation and Other Essays (1919), New York, S. 279-323.
Veblen, Thorstein B. (1990d): Some Neglected Points in the Theory of Socialism (1891), in: Ders.: The Place of Science in Modern Civilisation and Other Essays (1919), New York, S. 387-408.

Veblen, Thorstein B. (1990e): The Socialist Economics of Karl Marx and His Followers. I. The Theories of Karl Marx (1906), in: Ders.: The Place of Science in Modern Civilisation and Other Essays (1919), New York, S. 409-430.

Veblen, Thorstein B. (1990f): The Socialist Economics of Karl Marx and His Followers. II. The Later Marxism (1907), in: Ders.: The Place of Science in Modern Civilisation and Other Essays (1919), New York, S. 431-456.

Wisman, Jon D. (1974): The Role of Technology in Economic Thought: Adam Smith to John Maynard Keynes, Diss., Washington D.C.

Z'Graggen, Andreas (1983): Thorstein Veblen. Eine kritische Interpretation seiner Theorie der Instinkte und Institutionen, Diss., Zürich.

Zinn, Karl Georg (1980): Die Kategorien »produktiv« und »unproduktiv« in der Ökonomie. Über lebensnützliche und lebensschädliche Bedürfnisse, in: Aus Politik und Zeitgeschichte, Beilage zur Wochenzeitung Das Parlament, B 17, S. 21-38.

Zinn, Karl Georg (1984): »Sättigung« im gesamtwirtschaftlichen Zusammenhang. Anmerkungen zu einer umstrittenen These, in: Jahrbuch für Sozialwissenschaft, Bd. 35, Heft 1, S. 1-24.

Zinn, Karl Georg (1987): Politische Ökonomie. Apologien und Kritiken des Kapitalismus, Opladen.

Sozialer Wettbewerb und Stabilisierung von Armut

Jens Hölscher

1. Einführung

Mit dem »Veblen-Effekt« wird in den mikroökonomischen Lehrbüchern[1] der Umstand beschrieben, daß es Güter gibt, deren Nachfrage sich bei steigendem Preis erhöht. Dieses auch als »Snob-Effekt« bezeichnete Phänomen wird durch den Prestigegewinn des Nutzers erklärt, den ihm das Vermögen indizierende Luxusgut verleiht, so daß die Preiselastizität der Nachfrage negative Werte annehmen kann. Mit Thorstein Veblen hat dieser preistheoretische Spezialfall insofern eine inhaltliche Nähe, als im vierten Kapitel der *Theory of the Leisure Class*[2] (1899) die Haushaltsnachfrage aus dem Kalkül der Bezeugung von Vermögensbesitz als »conspicuous consumption« abgeleitet wird.

Der Unterschied zwischen der Lehrbuchrezeption der »conspicuous consumption« und der wissenschaftlichen Bedeutung der *Theory of the Leisure Class* liegt darin, daß erstere mit Veblen ein empirisches Phänomen benennt, während das Paradigma des amerikanischen Institutionalismus sich auf Veblens Theorie gründet, da sie neben einem preistheoretischen Spezialfall eine ökonomische Theorie der Herausbildung von gesellschaftlichen Institutionen formuliert.

Mit Veblens Evolutionstheorie beschäftigt sich dieser Beitrag, indem auf eine kurze Darstellung des evolutionstheoretischen Gehalts der *Theory of the Leisure Class* eine preistheoretische Kritik und eine methodische Antikritik folgen, um im Fazit zu einer Einschätzung der wirtschaftswissenschaftlichen Bedeutung der Grundlegung des Institutionalismus zu gelangen. Dies wird mit dem Versuch unternommen,

---

1 Vgl. Feess-Dörr 1991, S. 216ff.
2 Vgl. Veblen 1899.

Veblens evolutionstheoretischen Ansatz für eine Systematisierung des Phänomens Armut fruchtbar zu machen.

2. Die Evolution der »Leisure Class«

Als Ausgangspunkt nimmt Veblen einen friedlichen Zustand primitiver Kulturen an, aus dem heraus sich ein räuberisches Kulturstadium durch das Voranschreiten einer kriegerischen Denkweise entwickelt, die durch die Veränderung der materiellen Lebensumstände (Arbeits- und Waffentechnik) begünstigt wird. Im Verlauf der kulturellen Entwicklung fällt die Herausbildung einer nicht arbeitenden Klasse mit den Anfängen des Privateigentums zusammen, ohne kausal zwingend zu sein. Veblen erfaßt Muße und Privateigentum als gesellschaftliche Ordnungselemente, deren Ausformung und Verfestigung mit dem Begriff der »Institution« als Resultat eines Prozesses der Konventionsbildung bezeichnet wird.

In Veblens Konzept der Evolution ist die Institution des Privateigentums in einer frühen Stufe der barbarischen Kultur aus dem Eigentum des Mannes an der Frau entstanden, und die damit verbundene Arbeitsteilung wirkte sich präformierend auf die Bildung einer arbeitenden Klasse und einer »leisure class« aus. Nachdem die Einrichtung des Privateigentums an Festigkeit gewonnen hat, findet die Wirtschaftsorganisation auf dessen Grundlage statt, wofür Veblen als historisches Beispiel die Sklavenwirtschaft anführt. Analytisch ist hervorzuheben, daß die Institution des Privateigentums nicht aus physiologischen Bedürfnissen zur Befriedigung des Existenzminimums abgeleitet wird, sondern aus dem sozialen Neid als Leitmotiv menschlichen Handelns, das den Wirtschaftsprozeß charakterisiert: »... the economic process bears the character of a struggle between men for the possession of goods.«[3]

Bei fortschreitender Evolution, während die Arbeit allmählich Raub und Beutezug aus dem alltäglichen Bewußtsein der Menschen verdrängt, tritt in zunehmendem Maß die Anhäufung von Reichtum an die Stelle der Trophäe. Damit ist die Grundlage des gesellschaftlichen Status nicht mehr die Heldentat, sondern der Vermögensbesitz begründet Prestige und gesellschaftlichen Rang. Analytisch ist die

---

3 Veblen 1899, S. 24.

neue Entwicklungsstufe dadurch gekennzeichnet, daß »[t]he possession of wealth, which was at the outset valued simply as an evidence of efficiency, becomes, in popular apprehension, itself a meritorious act«[4]. Indem der Vermögensbesitz den Status des Individuums in der Gesellschaft bestimmt, ist die »pecuniary emulation« durch die Verbindung mit dem durch Neid induzierten Wettbewerb »a process of valuation of persons in respects of worth«[5].

Sozialer Wettbewerb ist der Grundgedanke der »conspicuous consumption«, deren Funktionsprinzip sich mit Veblens eigenen Worten in folgendem Satz zusammenfassen läßt: »The only practicable means of impressing one's pecuniary ability ... is an unremitting demonstration of ability to pay.«[6] Nach Maßgabe des Vermögensbesitzes ist die Gesellschaft hierarchisch strukturiert, und die müßige Klasse der Oberschicht setzt die Normen des gesellschaftlichen Prestiges, nach denen die Denkgewohnheiten (die in Veblens Konzept Institutionen im weitesten Sinne darstellen) der unteren Klassen sich ausrichten. Die Evolution wird von technischen Entwicklungen getragen und funktioniert innerhalb der Gesellschaft durch selektive Anpassung an soziale Normen (als Kontinuität stiftende Elemente der Tradition) nach einem darwinistischen Ausleseprozeß,[7] dessen Kriterium die Leistungsfähigkeit zur Akkumulation von Vermögen bildet. Damit bildet der Typus des »homo oeconomicus« die normale und endgültige Form des Menschenmaterials im Evolutionsprozeß.

An dieser Stelle wird die Geradlinigkeit des theoretischen Entwurfs zugunsten eines interaktiven Konzepts gebrochen, indem Veblen den »instinct of workmanship« als archaische Grundstruktur, die in der Moderne fortlebt, einführt. Das Argument ist so einfach wie überzeugend: »Since work must be done in order to the continued life of the community, there results a qualified selection favouring the spiritual aptitude for work ... .«[8] Da die müßige Klasse auf die Arbeit der unteren Klassen angewiesen ist, kann der soziale Wettbewerb nicht zu

---

4 Veblen 1899, S. 29.
5 Veblen 1899, S. 34.
6 Veblen 1899, S. 87.
7 Die Technik stellt eine exogene Größe in Veblens Theorie dar, wenngleich sie, da sie nicht zwingend im Sinn von »Fortschritt« interpretiert werden muß, in den Begriff der Denkweise integriert werden kann, so daß die Endogenisierung von »Technik und Wissen« in einer Theorie der Evolution nicht im Gegensatz zu Veblen steht.
8 Veblen 1899, S. 242.

einer »society of leisure«[9] führen und begründet einen prinzipiellen Antagonismus der modernen Wirtschaftsweise. Trotz der Tendenz, den vermögensbesitzenden Status durch Nichtarbeit auszuweisen, wird Arbeit weiterhin einer positiven sozialen Bewertung unterliegen. Dem Typus des effizienten, mit den Grundmotiven Egoismus und Vorsicht (im Original: »self-regarding and prudence«[10]) versehenen »homo oeconomicus« stellt Veblen den Archetypus des mit dem »instinct of workmanship« versehenen Arbeiters gegenüber, ohne den die moderne Industriegesellschaft nicht hätte entstehen können. Die Unvereinbarkeit des Archetypus mit einer durch die Normen der »leisure class« geprägten modernen Gesellschaft führt zu einer Evolutionstheorie ohne Zielrichtung mit skeptischem Ausblick. Die Skepsis gründet sich zum einen auf die Zurückdrängung der produktiven Arbeit durch die »conspicuous consumption« und zum anderen auf die latent vorhandenen barbarischen Grundstrukturen in der modernen Gesellschaft.

Als analytisches Substrat liefert Veblens Ansatz eine negative Theorie der Evolution, die gesellschaftliche Stabilität mit der affirmativen Kraft der konventionsbildenden »leisure class« begründet: »The law of conspicuous waste does not account for the origin of variations, but only for the persistence of such forms as are fit to survive under its dominance.«[11] Der soziale Wettbewerb bringt selbst nichts hervor, sondern der Selektionsprozeß ist ein reiner Anpassungsprozeß an die Institutionen der »leisure class«. Als Beispiele für diese Institutionen werden Geschmacksnormen, Kleidung, Religion und Bildungswesen angeführt, deren rituelle Beherrschung Vermögensbesitz indiziert, da eine zeitintensive Beschäftigung mit diesen »höheren Werten« den Anteil der produktiven Arbeit verringert, indem der Müßiggang demonstriert, Arbeit nicht nötig zu haben.

---

9   Im deutschen Sprachraum soll der Begriff der »Erlebnisgesellschaft« ein neues sozialwissenschaftliches Paradigma prägen.
10 Veblen 1899, S. 241.
11 Veblen 1899, S. 166.

3. Preistheoretische Kritik

Die Theorie Veblens hat wie jedes neue Paradigma, das in erster Linie neue Fragestellungen eröffnet und alte Lösungen verwirft, von verschiedensten Seiten scharfe Kritik erfahren. Von neoklassischer Seite ist der Briefwechsel mit Irving Fisher wohl das prominenteste Beispiel des Unverständnisses der institutionalistischen Sichtweise, wenngleich auch die Kontroverse mit Frank Knight einige Bonmots[12] hervorgebracht hat. Innerhalb der institutionalistischen Schule lag die Kontroverse hauptsächlich auf dem Thema einer Reformierbarkeit des Kapitalismus, die im Amerika des »new deal« innerhalb einer breiten Öffentlichkeit diskutiert wurde. Von radikaler Seite wird Veblen einerseits in den Schatten von Marx gestellt und kritisiert, daß er die materielle Basis des Imperialismus nicht berücksichtigt habe.[13] Andererseits wird von der Frankfurter Schule[14] gerade der Kulturpessimismus in Veblens Evolutionstheorie verunglimpft.

Eine preistheoretische Kritik bleibt gegenüber diesen großen Attacken geradezu instrumentell, hat jedoch immerhin die Frage zum Gegenstand, ob Veblens Theorie unter die neoklassische Haushaltstheorie subsumierbar ist, wie es die Lehrbuchliteratur tut, oder ob umgekehrt der Grenznutzentheorie eine lediglich eingeschränkte Rolle in Veblens Ansatz zukommt, diese nicht sogar der modernen Wirtschaftsweise vollkommen unangemessen ist, wie Veblen selbst konstatiert: »... the whole 'money economy,' with all the machinery of credit and the rest, disappears in a tissue of metaphors to reappear theoretically expurgated, sterilized, and simplified into a 'refined system of barter'... .«[15]

Preistheoretisch wird diese Radikalkritik präzisiert, indem die Grenznutzentheorie auf einem »hedonistic calculus«[16] beruhe und damit eine formale Fortsetzung der klassischen Denkweise des neun-

---

12 »When I am talking with an orthodox economist who expounds all these economic principles as gospel, I am a rip-roaring institutionalist, and when I am talking to an institutionalist who claims the principles don't make any sense at all, I defend the system, the 'orthodox' that is treated with so much contempt by followers of Veblen and others who wear the institutionalist label.« (Knight 1960, zit. nach Tilman 1992)
13 So Paul Sweezy, vgl. Tilman 1992, S. 213f.
14 Vgl. Adorno 1941.
15 Veblen 1964, S. 173.
16 Veblen 1964, S. 155.

zehnten Jahrhunderts darstelle. Bezüglich der Antizipation von Zukunftsmärkten führt Veblen aus, daß allein »an optimistic temper«[17] die Grenznutzenschule dazu berechtige, in der Regel den künftigen Genuß und nicht künftiges Leid abzudiskontieren. Insgesamt handele es sich um eine Theorie des rationalen Anpassungsverhaltens innerhalb eines vorgegebenen Ordnungsrahmens, der für Veblen gerade erklärungsbedürftig ist. Eine Theorie einzelner Marktpreise hält Veblen von dieser aus seiner Sicht übergeordneten Perspektive vermutlich für nebensächlich; jedenfalls gibt es keine Ansätze einer positiven Theorie der Marktpreise.

Dieses für die Wirtschaftswissenschaften nicht unerhebliche Defizit in Veblens Institutionalismus beruht auf einem Mißverständnis des preistheoretischen Instrumentariums und genauer auf der impliziten – zwar naheliegenden, aber keineswegs notwendigen – Gleichsetzung von Grenznutzentheorie und Allgemeiner Gleichgewichtstheorie.[18] Dieser Vorwurf wiegt um so schwerer, als Veblen unterstellt werden kann, selbst in modifizierter Form in der Struktur des allgemeinen Gleichgewichts zu denken. Die Modifikation dieses Denkens in der Taxonomie des Allgemeinen Gleichgewichts liegt bei Veblen allein in dem Konstrukt des »instinct of workmanship«[19], das modelltheoretisch, ähnlich einem time-lag, einen vollständigen Anpassungsprozeß verhindert, so daß die optimale Allokation nicht stattfindet und die dadurch entstandene Ineffizienz den Spielraum für interaktive Evolution begründet.

Damit liefert das »cultural lag« eine Begründung für einen unvollständigen Anpassungsvorgang an eine Norm, die von der »leisure class« gewissermaßen als Gleichgewichtsbedingung gesetzt wird. Es ist der modernen Wachstumstheorie vorbehalten geblieben, Veblens Ansatz an diesem Punkt für Analysen der Diskontinuität fruchtbar zu machen.[20] Den Aspekt der Ebenenverschiebung der Norm selbst, die eine Relativierung des Gleichgewichtsdenkens eo ipso nach sich zieht, hat Veblen nicht verfolgt, wenngleich die theoretische Basis gelegt war. Als eine Konsequenz aus dieser unnötigen Verkürzung laufen

---

17 Veblen 1964, S. 155.
18 So beinhaltet der Disput mit Fisher hauptsächlich die unterschiedliche Auffassung der Bedeutung taxonomischer Fragen. (Vgl. Tilman 1992, S. 29f.)
19 Die Veblen-Rezeption des Institutionalismus verzeichnet ein »cultural-lag« (vgl. Riesman 1953, S. 66ff.), das sich aus einem der Evolution voranschreitenden technischen Fortschritt ergibt.
20 Vgl. Jacobsen 1996.

seine Attacken gegen die Grenznutzentheorie der Marktpreise auf Don Quichottes heldenhaftes Unternehmen gegen die Windmühlen hinaus.

Die neoklassische Preistheorie kann nämlich den Fall der verzögerten Gleichgewichtsanpassung durchaus mit dem Instrumentarium der Grenznutzentheorie erfassen, da dieses heuristische Prinzip gerade die Anpassungsprozesse von Preisen und Mengen zur Formulierung von Gleichgewichtsbedingungen verwendet. Die »conspicuous consumption« ist aus der rein preistheoretischen Perspektive ein Spezialfall, dessen untergeordnete Bedeutung sich in Veblens dubioser Unterscheidung produktiver und unproduktiver Arbeit niederschlägt. Die Beispiele Mode, Religion und Bildung für unproduktive Arbeit und Verschwendung verraten bei aller satirischen Schärfe mehr über die norwegisch-asketische Moral des Autors der *Leisure class*, als daß sich präzise Kategorien gewinnen ließen.[21] Indem Veblens sozialhistorische Kritik sich mit der werkimmanenten Metaphysik des Allgemeinen Gleichgewichts verbindet, wird die alte Saint-Simonistische Hoffnung auf die »richtige Gruppe« von Ingenieuren und Ökonomen geschürt,[22] die mittels der Rationalisierung der Produktion unproduktive Arbeit sublimiert (als könnte es das eine ohne das andere geben!) und Verschwendung verhindert. Diese Vision ist totalitär und hat mit Marktpreisen nichts zu tun, was möglicherweise gerade den revolutionären Charakter des institutionellen Paradigmas ausmacht.

4. Methodische Antikritik

Die Rechtfertigung von Veblens Ansatz des sozialen Wettbewerbs zur Erklärung des Entstehens und der Beständigkeit ökonomischer Institutionen gründet sich auf eine relativierte Auffassung des Institutionalismus, indem er nicht als theoretischer Gegenentwurf zur neoklassischen Orthodoxie aufgefaßt wird, sondern als ergänzende Perspektive, die den theoretischen Zugang der Fragestellung nach der Ausformung des wirtschaftlichen Ordnungsrahmens eröffnet. In dieser Interpreta-

---

21 Adorno (1941) vermerkt süffisant: »The way the angels are blamed here for the unproductivity of their labor has a touch of rationalized swearing in it and is just innocuous.«

22 Die technokratische und die behaviouristische Rezeption (vgl. Seckler 1975, S. 68ff., zu Ayres und Copeland) können daher nicht überraschen.

tion ist die Evolution von Institutionen nicht mehr auf die Allgemeine Gleichgewichtstheorie fixiert, sondern ermöglicht eine eigenständige Methode, deren Legitimation sich gerade aus dem Defizit der neoklassischen Gleichgewichtstheorie auf dem Gebiet der Erklärung von Ordnungsstrukturen ergibt. Dieses Defizit ist bereits von Hayek erkannt worden: »... if the tendency toward equilibrium ... is only toward an equilibrium relative to that knowledge which people will acquire in the course of their economic activity, ... this would mean that equilibrium analysis can really tell us nothing about the significance of such changes in knowledge, and it would also go far to account for the fact that pure analysis seems to have so extraordinarily little to say about institutions ... .«[23]

Anders als Hayek, dessen Annahme der Instabilität menschlichen Wissens eine Betonung der Spontaneität nach sich zieht, stellt Veblen dieser Komponente der Instabilität des Evolutionsprozesses die Stabilität von Gesetz und Konvention gegenüber,[24] so daß sich ein interaktives Konzept von Bewegung und Ruhe ergibt. Das besondere an dieser Konzeptualisierung besteht darin, daß beide Elemente trotz ihrer Gegenläufigkeit sozialen und subjektiven Charakter haben, also entgegen der in der Ökonomie üblichen materialistischen Konvention kein »Subjekt-Objekt-Verhältnis« formuliert wird.[25] Damit muß ein institutionalistisches Forschungsprogramm zwangsläufig empirisch sein – ein Gedanke, der im Zeitalter der »Großtheorien« wohl schlicht unmöglich war.

Da technischer Fortschritt quasi als »Objekt-Charakter« der Konzeption exogen bleibt, liegt analytisch eine »Subjekt-Subjekt-Beziehung« vor, allerdings ohne auf kardinale Meßverfahren zurückzufallen. Für den Zweck einer Theorie wirtschaftlicher Evolution, also einer Bewegungsanalyse, ist dieser Ausgangspunkt insofern angemessen, als ein vergleichendes Prinzip legitim ist.

Weiterhin muß das empirische Forschungsprogramm ebenfalls vergleichenden Charakter haben, um in der Terminologie des sozialen Wettbewerbs darstellbar zu sein, da der Ausweis der Zahlungsfähigkeit ein relatives Kriterium bildet. Ein historischer Rekurs ist dabei nicht zwingend, da das Kriterium des Ausweises der Zahlungsfähigkeit

---

23 Hayek 1949, S. 55.
24 Vgl. Veblen 1919.
25 Aus methodischer Sicht beruht das Defizit einer institutionalistischen Preistheorie auf dem Fehlen einer Objekt-Sphäre (vgl. auch Riese 1976, S. 45), da keine Budgetrestriktion formuliert werden kann.

für Längs- und Querschnittanalysen verwendbar ist. Langfristuntersuchungen werfen das Problem von Epochenübergängen auf,[26] die in Veblens Evolutionstheorie obskur bleiben, so daß analytisch keine historische Genese mit der »conspicuous consumption« abgeleitet werden kann. Gleichwohl bildet die Herausbildung der »leisure class« ein systematisches Darstellungsraster für institutionelle Entwicklungsprozesse.

Die Relativierung von Veblens theoretischem Entwurf auf eine empirische Systematik ist keine Marginalisierung, weil die methodische Kritik an der neoklassischen Gleichgewichtstheorie erneuert wird und eine empirische Untermauerung erfährt: Neoklassische Ökonomie besteht aus »teleological terms of calculation and choice«[27], während »human conduct ... is subject to the sequence of cause and effect, by force of ... conventional requirements«[28]. Indem die neoklassische Gleichgewichtstheorie diese Ordnung als a priori ausgibt, wird die Analyse des ökonomischen Rahmens mit Denkverbot belegt, so daß lediglich eine Teleologie wirtschaftlicher Handlungsmöglichkeiten übrigbleibt, während Veblens Ansatz zu einer Theorie wirtschaftlicher Entwicklungsprozesse führt.

5. Sozialer Wettbewerb und Armut

Armut im Wohlfahrtsstaat ist in dem Sinne empirisch evident, als sie unübersehbar auf den öffentlichen Plätzen in Deutschland präsent ist, wenngleich sie im zeitdiagnostischen Bewußtsein der herrschenden Nationalökonomie kaum zur Kenntnis genommen wird.[29] In einem Hierarchiemodell, wie es Veblen entwirft, ist kein Raum für eine Homogenisierungsannahme der sozialen Verhältnisse, die anscheinend der intellektuellen Ignoranz des Phänomens Armut als einer Spätfolge des Paradigmas der »open society« zugrunde liegt. Die Bewertung der Person im sozialen Wettbewerb bedeutet, daß es eine Skala der gesellschaftlichen Verhältnisse von »arm« bis »reich«, bzw. von »unten« bis

---

26 Der Übergang vom Feudalismus zum Kapitalismus bleibt bei Veblen ungeklärt (vgl. Adorno 1941, S. 389).
27 Veblen 1909, S. 160.
28 Veblen 1909, S. 160.
29 Der Nicht-Ökonom Honneth (1993), dessen Reflektionen hier herangezogen werden, konstatiert ähnliche Verhältnisse in der deutschen Soziologie.

»oben« gibt, innerhalb derer Veränderungen gradueller Natur sind, so daß auch Konvergenztendenzen relativ aufgefaßt werden. Hayek hat die soziale Hierarchisierung durch den Prozeß des Wettbewerbs idealisiert, indem er »competition ... essentially [as] a process of the formation of opinion«[30] thematisiert, ohne die tatsächlichen Konsequenzen insbesondere des sozialen Abstiegs zu beachten.

Veblens System liefert das theoretische Fundament für ein sozial bestimmtes Existenzminimum innerhalb einer Gesellschaft,[31] dessen Komponenten neben den physiologischen Primärbedürfnissen (mit Geld bewertete Kalorieneinheiten) aus immateriellen Gütern wie Bildung und Interaktionsmöglichkeiten bestehen. Gegenüber dem Konzept eines absoluten Existenzminimums, wie es neuerdings wieder programmatisch von Sen vorgeschlagen wird,[32] hat eine auf Veblen zurückgehende Methode den Vorzug, nicht die aus dem klassischen Utilitarismus bekannten Probleme einer unveränderlichen humanen Bedürfnisstruktur aufzuweisen. Der Preis für dieses Verfahren ist allerdings hoch, indem der Armutsforschung ihre radikale Spitze genommen wird und auf die bekannten, empirisch durchaus variierenden Sozialindikatoren wie Krankheits- und Mortalitätsraten verwiesen werden muß. Das Minimum wird also aus dem Zivilisationsgeschehen des jeweiligen Gesellschaftsrahmens abgeleitet.

Andererseits vermeidet der Veblen-Ansatz bloßen Wertrelativismus, wie ihn ein relativer Armutsbegriff unausweichlich mit sich bringt, indem die Norm der »leisure class« eine empirisch überprüfbare Markierung am oberen Ende der Skala des Lebensstandards liefert, so daß die gesellschaftliche Durchschnittsbildung der »relativistischen« Armutsforschung[33] ihre Beliebigkeit verliert. Innerhalb einer Nation liefert Veblen den analytischen Rahmen für ein empirisches Programm, da der Fundamentalkritik, die besagt, daß Ungleichheit nicht mit Armut zu verwechseln sei,[34] ansonsten nur mit einem expliziten Werturteil begegnet werden kann. Nach Veblens Konzept liegt das Existenzminimum an der Grenze, an der die Chancen einer

---

30 Hayek 1949, S. 106.
31 Da Veblen die internationale Arbeitsteilung nicht thematisiert hat, kann als Gedankenexperiment für den internationalen Maßstab von einer »Leisure Class« einer dominierenden Nation ausgegangen werden, die für die Weltgesellschaft normsetzend ist.
32 Vgl. Sen 1987.
33 Vgl. Townsend 1993.
34 Vgl. Piachaud in Townsend 1993, S. 119.

Erfüllung der Normen der »leisure class« nicht mehr gegeben sind, so daß ein Absinken in den informellen Sektor die Folge ist. Damit zeigt Veblens Evolutionstheorie die Ausschlußmechanismen einer anscheinend »offenen Gesellschaft«, indem einzelne Mitglieder den sozialen Wettbewerb nicht bestehen können. Die negativste Form der Individualisierung schlägt sich in ansteigender Kriminalisierung und Vereinsamung als kultureller Form wirtschaftlicher Armut nieder.

Literatur

Adorno, Th.W. (1941): Veblen's Attack on Culture, in: Zeitschrift für Sozialforschung, Bd. IX, S. 389-413.
Feess-Dörr, E. (1991): Mikroökonomie, Marburg.
Hayek, F.A. v. (1949): Individualism And Economic Order, London.
Honneth, A. (1993): Die Wiederkehr der Armut. Soziologie-Kolumne, in: Merkur 531, Heft 6/1993, S. 518-524.
Jacobsen, A. (1996): Integration und Entwicklung, in: Hölscher, J., Jacobsen, A., Tomann, H., Weisfeld, H. (Hrsg.): Bedingungen ökonomischer Entwicklung in Zentralosteuropa, Band 4: Elemente einer Entwicklungsstrategie, Marburg.
Riese, H. (1976): Wohlfahrt und Wirtschaftspolitik, Reinbek.
Riesman, D. (1953): Thorstein Veblen – A Critical Interpretation, New York, London.
Seckler, D. (1975): Thorstein Veblen and the Institutionalists, London.
Sen, A. (1987): The Standard Of Living, Cambridge.
Townsend, P. (1993): The International Analysis Of Poverty, New York et al.
Tilman, R. (1992): Thorstein Veblen and His Critics, 1891-1963, Princeton.
Veblen, Th. (1899): The Theory Of The Leisure Class, London (zitiert nach der Auflage von 1934, New York).
Veblen, Th. (1909): The Limitations Of Marginal Utility, in: The Journal of Political Economy, Vol. XVII (zitiert nach Mitchell, W. C. (ed.) (1964): The Writings Of Thorstein Veblen, New York).
Veblen, Th. (1919): The Instability Of Knowledge And Belief, in: The Dial (zitiert nach Mitchell, W. C. (ed.) (1964): The Writings Of Thorstein Veblen, New York).

Zu den kapitaltheoretischen Vorstellungen Thorstein Veblens

Ulrich Fehl und Carsten Schreiter

1. Veblens Grundsätze evolutorischer Ökonomik: Die Methodologie

(1) Das wissenschaftliche Werk Thorstein Veblens ist bekanntlich nicht immer eindeutig zu interpretieren, so daß man in der Literatur auf ganz unterschiedliche Einordnungen stößt. Es ist nicht zuletzt dieser Sachverhalt, der den Zugang zu den Lehren Thorstein Veblens erschwert. In dieser Situation erscheint es angebracht, zunächst diejenigen Interpretationsversuche auszumustern, die offenbar am Kern seines Anliegens vorbeigehen.

Zum einen handelt es sich dabei um die Auffassung, Veblen habe seiner Zeit einen Spiegel vorhalten wollen, indem er bestimmte, ideologisch geprägte Vorstellungen seiner Zeitgenossen karikierte. Auf diese Weise macht man ihn kurzerhand zum Satiriker oder Literaten. Nun soll Veblen diese Komponente freilich nicht abgesprochen werden, doch muß man zwischen der Form der Darstellung und dem inhaltlichen Anliegen unterscheiden. Letzteres dürfte aber bei Veblen gerade wissenschaftlich bestimmt sein, d.h., er hat den Anspruch, auch als Theoretiker ernst genommen zu werden.

(2) Zum andern ist man nicht selten geneigt, ihn zu einer Figur abzustempeln, die man in der Sozialpsychologie als »Counter-formist« bezeichnet hat. Damit macht man ihn gewissermaßen zu einem wissenschaftlichen Querulanten, der aufgrund seines Temperaments mit keinem der zeitgenössischen theoretischen Ansätze einverstanden war. In der Tat hob Veblen sich mehr oder weniger von allen zeitgenössischen Schulen ab. Das wird auch kaum bestritten. Und diese Abgrenzung von den anderen Schulen dürfte mit dazu beigetragen haben,

seine Wirkung auf die weitere Entwicklung der volkswirtschaftlichen Theorie eher gering zu halten. Doch war diese Distanzierung keineswegs willkürlich, sondern entsprang seinen dezidierten theoretischen Vorstellungen.

Im Kern handelt es sich dabei um seine evolutorisch geprägte Konzeption gesellschaftlicher und ökonomischer Vorgänge. Diese Konzeption ist für das Verständnis der Theorie Veblens grundlegend, was nicht zuletzt auch für seine Kapitaltheorie gilt. Es ist daher zunächst diese evolutorische Konzeption Veblens zu betrachten, bevor auf die Kapitaltheorie eingegangen wird. Seine evolutorischen Vorstellungen können an dieser Stelle freilich nur in skizzenhafter Form beschrieben werden, da es in erster Linie um die Kapitaltheorie, nicht aber um die Evolutionstheorie Veblens als solche geht. Auf der Basis seiner evolutorischen Vorstellungen läßt sich dann erkennen, in welcher Weise sich Veblen von den Ansätzen anderer Schulen abgrenzt, womit dann zugleich auch deutlich wird, worum es ihm in der ökonomischen Theorie gerade nicht geht. Aus seinen allgemeinen Überlegungen zur evolutorischen Theorie in der Ökonomie ergibt sich gleichzeitig ein unmittelbarer Zugang zu seinen kapitaltheoretischen Vorstellungen.

(3) Veblen hat, von der Philosophie her kommend, die sozialwissenschaftliche, die ökonomische und die ethnologische Literatur seiner Zeit aufmerksam verfolgt und für seine theoretischen Ansätze fruchtbar gemacht. In diesem Zusammenhang stieß er auch auf die biologische Theorie, die man zu seiner Zeit auf Entwicklungsvorgänge in der Gesellschaft anzuwenden begann.[1] Dabei wird Veblens Denken methodisch ganz eindeutig von der Entwicklungstheorie Darwins bestimmt. Indem er dessen Paradigma des Zusammenspiels von Variation und Selektion auf die Ökonomie überträgt, ergibt sich für ihn die wichtige Schlußfolgerung, ökonomische Vorgänge methodisch stärker unter dem Gesichtspunkt des Anhaltens solcher *Prozesse* zu betrachten und nicht primär auf Gleichgewichtszustände zu rekurrieren.[2] Die

---

1 Vergleiche bezüglich Herbert Spencer etwa Hodgson 1993, Kapitel 6, S. 80ff.
2 »Like Alfred Marshall, Thorstein Veblen saw that the appropriate metaphor for economics was to be found in biology. In particular, Veblen saw the evolutionary metaphor as crucial to the understanding of the processes of technological development in a capitalist economy. But unlike his English colleague, he did not care a static, equilibrium analysis as a prelude to the dynamic. He characterized his own economics as post-Darwinian, and argued that economics should embrace the metaphor of evolution and change, rather than the static ideas of equilibrium that had been borrowed by the neoclassical

Variations-Selektions-Prozesse werden dabei aus dem Zusammenspiel von Instinkten und Institutionen erklärt, wobei erstere im Laufe der Entwicklung der Veblenschen Vorstellungen einen immer geringeren Stellenwert zu erhalten scheinen.[3] Weiterhin scheint für Veblen die menschliche Neugierde durchgehend eine wichtige Antriebskraft zu sein, da sie zu Diversität führt und Variationsmöglichkeiten schafft.[4] Zentral aber ist die Rolle, welche die *Institutionen* in Veblens Entwicklungstheorie spielen: »Veblen clearly saw institutions as well as individuals as units of evolutionary selection. With modern hindsight, this suggests the notion that the information transmitted through learning or imitation to institutions or individuals was analogous, but different from the transmission of genetic information in the process of biological evolution. Consequently, institutions are both replicators and the units of selection in socioeconomic evolution.«[5,6]

---

economists from physics.« Hodgson 1993, S. 123. Zu Veblens Theorie allgemein, Hodgson 1993, Kapitel 9.

3 »What is more, his use of instinct theory declined markedly in his later work, and for most of his positive theory of institutions and institutional change his instinct theory has only minor significance.« Rutherford 1984, S. 333.

4 »Elsewhere, Veblen devised the concept of 'idle curiosity' and this can serve as a genesis for diversity and variation. He suggested that the human tendency towards experimentation and creative innovation could generate novelty in an ongoing manner. This could lead to new and improved ways of thinking and doing, and consequently the generation of the greater variety upon which evolutionary selection would operate. For Veblen, 'idle curiosity' is a major source of technological change.« Hodgson 1993, S. 127. Die »Neugierde« spielt somit in Veblens System die gleiche Rolle wie die »kognitive Kreation« in neueren Ansätzen der Evolutionsökonomik. Siehe Hesse 1992, S. 115ff.

5 Hodgson 1993, S. 126.

6 Die förderliche, aber ebenso verzögernde Rolle von Institutionen wird auch aus der folgenden Einleitung zum 8. Kapitel von Veblens *Theorie der feinen Leute* deutlich: »Das gesellschaftliche Leben des Menschen ist genau wie das Leben anderer Arten ein Kampf ums Dasein, weshalb es als Prozeß der selektiven Anpassung beschrieben werden kann. Die Entwicklung der gesellschaftlichen Struktur stellt einen Prozeß der natürlichen Auslese von Institutionen dar. Die in den menschlichen Institutionen und im menschlichen Charakter erzielten Fortschritte können allgemein auf eine natürliche Selektion der geeignetsten Denkgewohnheiten und auf einen erzwungenen Anpassungsprozeß der Individuen an eine Umwelt zurückgeführt werden, die sich mit der Entwicklung der Gesellschaft und mit dem Wandel der menschlichen Institutionen allmählich verändert. Die Institutionen sind nicht nur selbst das Ergebnis eines selektiven Anpassungsprozesses, der die vorherrschenden geistigen Haltungen und Neigungen prägt, sondern sie stellen gleichzeitig Mittel dar, mit deren Hilfe das Leben und die menschlichen Beziehungen gestaltet werden; sie sind somit selbst wichtige Faktoren im Ausleseprozeß. Die ständig sich wan-

Aus der Verwendung des Variations-Selektions-Schemas ergibt sich für Veblen zudem die bedeutsame Konsequenz, daß Entwicklung als ein Prozeß kumulativer Veränderung zu beschreiben sei, dem im Prinzip kein Endpunkt gesetzt ist. Mit anderen Worten, der Prozeß ist nicht nur unaufhörlich, sondern er strebt insbesondere keinem bestimmten *Endziel* zu. Ökonomische Entwicklung ist somit als *offener Prozeß* aufzufassen.[7]

Als weitere Folgerung ergibt sich schließlich, daß ökonomische Vorgänge *handlungstheoretisch* zu erklären seien, was die Analyse der Interaktionsprozesse auf der Basis der Denkgewohnheiten und sonstigen Institutionen zur Voraussetzung habe.[8]

Mit den Stichworten *Prozeß* (im Sinne des Variations-Selektions-Prozesses), *Institutionen*, *Offenheit* und *Handlungsorientiertheit* sind wichtige Züge des Veblenschen Denkens erfaßt und damit zugleich die Kriterien benannt, auf deren Basis er zu einer kritischen Beurteilung der zeitgenössischen Theorien gelangt. Veblens diesbezügliche Einwendungen müssen hier nicht systematisch diskutiert werden. Es genügen einige exemplarische Bemerkungen.

---

delnden Institutionen begünstigen also ihrerseits die Auswahl besonders geeigneter Individuen sowie die weitere Anpassung des individuellen Temperaments und der individuellen Gewohnheiten an eine sich wandelnde Umwelt, und zwar durch die Bildung neuer Institutionen.« Veblen 1971, S. 141f. Wenig später stellt er mit Bezug auf die Institutionen fest: »Sie müssen sich den Umständen gemäß wandeln, weil sie Mittel sind, mit deren Hilfe gewohnheitsmäßig auf Reize reagiert wird, die von den sich wandelnden Umständen ausgehen. Die Entwicklung der Institutionen ist identisch mit der Entwicklung der Gesellschaft« Veblen 1971, S. 144. Noch später heißt es: »Die Institutionen, d.h. die Denkgewohnheiten, unter deren Einfluß die Menschen leben, werden also aus früheren Zeiten übernommen; wenn es sich dabei auch um mehr oder weniger frühe Zeiten handelt, so gehören diese Institutionen auf jeden Fall der Vergangenheit an. Damit sind sie aber Ergebnisse eines vergangenen Prozesses, sie sind angepaßt an vergangene Umstände und können daher niemals völlig mit den Erfordernissen der Gegenwart übereinstimmen« Veblen 1971, S. 144. Im übrigen sei vermerkt, daß das Kapitel 8 einen guten Abriß der Institutionentheorie Veblens vermittelt.

7 »Variety and cumulative causation mean that history has 'no final term'«. Hodgson 1993, S. 127.

8 »It is in the human material that the continuity of development is to be looked for; and it is here, therefore, that the motor forces of the process of economic development must be studied if they are to be studied in action at all. Economic action must be the subject-matter of the science if the science is to fall into line as an evolutionary science.« Veblen 1994a, S. 72.

(4) Wendet man sich zunächst der neoklassischen Theorie zu, so erfüllt sie nach Veblens Auffassung gleich mehrere der genannten Kriterien nicht, wobei freilich zu beachten ist, daß die Kriterien nicht immer ganz unabhängig voneinander sind. Aufgrund ihrer Gleichgewichtszentriertheit kann es nach Veblen der neoklassischen Theorie nicht gelingen, ökonomische Entwicklung zu erklären.[9] Dies hängt nicht zuletzt mit der Tatsache zusammen, daß Institutionen in ihr so gut wie keine Rolle spielen: »It is characteristic of the school that wherever an element of the cultural fabric, an institution or any institutional phenomenon, is involved in the facts with which the theory is occupied, such institutional facts are taken for granted, denied, or explained away.«[10]

Institutionen werden also bestenfalls vorausgesetzt, soweit man sie in der Analyse überhaupt verwendet. Damit aber wird der ökonomische Prozeß gleichsam geschlossen, d.h., das Prinzip der Offenheit wird – zumindest im Hinblick auf die institutionelle Weiterentwicklung – verletzt.[11] Das ehrgeizige Programm der Neoklassiker wiederum, alle Aktivitäten des Menschen unmittelbar auf Nutzenerwägungen zurückzuführen, muß aus handlungstheoretischer Sicht scheitern: »Under hedonism the economic interest is not conceived in terms of action. It is therefore not readily apprehended or appreciated in terms of a cumulative growth of habits of thought, and does not provoke, even if it did lend itself to, treatment by the evolutionary method.«[12]

Das wiederum hängt aufs engste damit zusammen, daß die Institutionen aus den Handlungszusammenhängen ausgeblendet werden: »If, in fact, all the conventional relations and principles of pecuniary intercourse were subject to such a perpetual rationalized, calculating

---

9   »In all this the marginal-utility school is substantially at one with the classical economics of the nineteenth century, the difference between the two being that the former is confined within narrower limits and sticks more consistently to its teleological premises ... Neither can deal theoretically with phenomena of change, but at the most only with rational adjustment to change which may be supposed to have supervened.« Veblen 1994b, S. 232.

10 Veblen 1994b, S. 233.

11 »So the institution of ownership is taken into the inquiry not as a factor of growth or an element subject to change, but as one of the primordial and immutable facts of the order of nature, underlying the hedonistic calculus. Property, ownership, is presumed as the basis of hedonistic discrimination and it is conceived to be given in its finished (nineteenth-century) scope and force.« Veblen 1994b, S. 244.

12 Veblen 1994a, S. 78.

revision, so that each article of usage, appreciation, or procedure must approve itself de novo on hedonistic grounds of sensuous expediency to all concerned at every move, it is not conceivable that the institutional fabric would last over night.«[13]

Damit wird noch einmal der Stellenwert der Institutionen für das Handeln des Menschen herausgehoben und zugleich deutlich herausgestellt, daß gerichtete Selektion und Entwicklung nicht ohne Bewahrungsmechanismus möglich sind.

Es hängt mit dem nutzentheoretischen Ansatz der Österreichischen Schule zusammen, daß er auch diese in das Verdikt über die Neoklassik einbezieht. Ihr – wie der übrigen Neoklassik – wirft er eine überholte Psychologie vor.[14]

Obwohl er der Historischen Schule der Nationalökonomie an sich aufgeschlossen gegenübersteht, ist er auch mit ihr methodisch nicht zufrieden, und zwar deswegen nicht, weil sie einerseits ihre Schemata ohne handlungstheoretischen Bezug aufbaut und zum anderen von einer Höherentwicklung ausgeht, was das Prinzip der Offenheit im oben charakterisierten Sinne verletzt.[15] Aus ganz ähnlichen Gründen lehnt er auch die Theorie von Marx ab, obwohl er sicherlich von dessen Schriften in einem erheblichen Maße profitiert haben dürfte.[16]

Diese wenigen Bemerkungen dürften deutlich gemacht haben, daß die Ablehnung der zeitgenössischen Theorien durch Veblen keineswegs willkürlich ist, sondern eng mit seinem evolutionstheoretisch ausgerichteten Ansatz zusammenhängt. Da die von ihm kritisierten Grundzüge in den genannten theoretischen Ansätzen in vollem Maße auch für deren kapitaltheoretische Teile zutreffen, kann man sich schon ausmalen, was man von der Kapitaltheorie Veblens nicht zu

---

13 Veblen 1994b, S. 251.
14 Siehe Veblen, 1994a, S. 72f. Es ist allerdings die Frage, ob Veblen mit seiner Kritik an der Österreichischen Schule tatsächlich ins Schwarze trifft, denn es sind ja gerade die Österreicher, die sich am Marktprozeß als der grundlegenden theoretischen Konzeption orientieren und dabei auch das Entstehen und Wirken von Institutionen thematisieren.
15 »As has just been said, much the same is true for the Historical School. The latter have attempted an account of developmental sequence, but they have followed the lines of pre-Darwinian speculations on development rather than lines which modern science would recognise as evolutionary. They have given a narrative survey of phenomena, not a genetic account of an unfolding process. In this work they have, no doubt, achieved results of permanent value; but the results achieved are scarcely to be classed as economic theory.« Veblen 1994a, S. 72. Vergleiche in ähnlichem Sinne auch, Veblen 1994c, S. 277f.
16 Siehe Veblen 1994d, S. 429f.

erwarten hat. Damit aber stellt sich die Frage, wie sich Veblen selbst den kapitaltheoretischen Problemen nähert. Dies zu untersuchen, ist die Aufgabe des übernächsten Abschnitts. Zunächst sollen noch einige Betrachtungen über die Umsetzung der Veblenschen Grundvorstellungen in seiner eigenen Theorie angestellt werden, weil die dabei zu Tage tretenden Probleme auch ein bezeichnendes Licht auf seine Kapitaltheorie werfen, die im übrigen in einer engen Wechselbeziehung zu seinen allgemeinen theoretischen Überlegungen steht.

2. Probleme bei der Umsetzung der Methodologie: Die Vernachlässigung des Koordinationsproblems

(5) Sieht man von den Elementen im Ansatz Veblens ab, die – wie insbesondere die Instinkttheorie[17] – durch zeitgenössische Anschauungen bedingt sind, und reduziert man seine Überlegungen auf den methodologischen Kern, so muß Veblen eine beachtliche Leistung bescheinigt werden, und zwar durchaus gemessen am gegenwärtigen Stand der evolutorischen Ökonomik. Erhebliche Einschränkungen müssen indessen hinsichtlich der Umsetzung seiner Konzeption in die inhaltliche Theorie gemacht werden. Fragt man nach den Gründen für diesen Mangel, so bieten sich drei Einflußfaktoren an, die sich durchaus auch ergänzen könnten.

(6) *Zum ersten* könnten die inhaltlichen Schwächen der Veblenschen Theorie mit der Methodologie selbst zusammenhängen. Es ist bereits darauf hingewiesen worden, daß es Veblen in erster Linie um die Entwicklung der Ökonomien und ihrer Institutionen geht. Folglich interessieren ihn weniger die Gegenstände, die von seinen zeitgenössischen Zunftkollegen ins Zentrum gerückt worden sind. So stellt T. Sowell zu Recht fest: »Had economics followed Veblen, it would have become a fundamentally different kind of inquiry. His sustained attacks on the 'preconceptions of economic science' were not attacks on the validity of particular doctrines but attacks on the general outlook which gave rise to such a line of (to him) meaningless inquiry into economic statics, while leaving the glaring fact of qualitative

---

17 Für eine gründliche und kritische Auseinandersetzung mit der Stellung der Instinkttheorie in Veblens Ansatz siehe Walker 1977, S. 213ff. Etwas zurückhaltender in seiner Kritik ist Rutherford 1984.

economic and social change largely unexplored. Veblen attacked the questions of traditional economics rather than the answers.«[18]

Indem Veblen *seine* Fragen auf die wirtschaftliche Entwicklung richtet, geraten die längerfristigen Bezüge in das Zentrum seiner Analyse. Mittel- und kurzfristige Aspekte des Wirtschaftsprozesses treten demgegenüber in den Hintergrund, etwa die Koordinationsprobleme, die sich bei relativ konstanten Präferenz- und Produktionsfunktionen ergeben. Es sei freilich festgehalten, daß diese Bevorzugung der längerfristigen Perspektive nicht etwa eine zwangsläufige Folge seiner methodologischen Prinzipien darstellt, sondern eher seinem Interessenschwerpunkt entspringt. Von der Sache her betrachtet, muß eine evolutorische Theorie beides gleichzeitig im Auge behalten, wenn sie die Vorgänge adäquat und vollständig erklären will.

(7) *Zum zweiten* ist zu beachten, daß Veblen kein Theoretiker war, der auf ein allgemeines System ökonomischer Zusammenhänge zielte, so daß in seiner Theorie bestimmte Teilbereiche teils nur rudimentär, teils überhaupt nicht ausgearbeitet worden sind. Hinzu kommt, daß ihn gewisse *Widersprüchlichkeiten* in seiner Argumentation offenbar nicht sonderlich gestört haben. So stellt T. Sowell in diesem Zusammenhang fest: »Of course Veblen was not a theorist in the crucial sense of systematically theorizing. He showed no concern for internal logic or for the difficult process of consistently rendering his hypotheses in testable form. Facts were used for illustrating rather than testing theories. In all these slipshod practices he set the pattern for the non-theoretical (though not the anti-theoretical) aspects of modern institutionalism.«[19]

---

18 Sowell 1967, S. 180f.
19 Sowell 1967, S. 191. Als Beispiel für die Widersprüchlichkeit seiner Argumentation führt Sowell folgendes an: »For example, Veblen argued that the entrepreneur or 'captain of industry' resisted rather than promoted innovations – and yet he also said that innovations had become more frequent after the ascendancy of the entrepreneur than before.« Sowell 1967, S. 191. Von einem etwas anderen Standpunkt aus, aber mit der gleichen Stoßrichtung, stellt M. Rutherford im Hinblick auf die Methodologie fest: »Veblen's work is considerably more coherent than has sometimes been suggested, but serious difficulties do exist. He is often vague and elusive, but the major difficulties involve inconsistencies in his methodological approach.« Rutherford 1984, S. 344. Auch D.A. Walker bemerkt: »Veblen's general economic system and the outlines of his theory of capitalistic change are his principal contributions in the field of economics. They provide a number of suggestive insights, but in some respects they are marred by contradictions and in some respects they are incomplete.« Walker 1977, S. 235. Oder schärfer noch: »He was not interested

Bezüglich der *inhaltlichen Unvollständigkeit* der Veblenschen Theorie gilt nach T. Sowell: »Major attention was given to monetary and business cycle theory with lesser attention being devoted to price theory, and largely descriptive coverage of unions, corporations, and natural resources.«[20] Auch Walker macht erhebliche inhaltliche Defizite aus: »Veblens theory of capitalism is weakened by two major defects. First, it is deficient in its analysis of technical economic problems. It does not contain an adequate theory of output, employment, and the allocation and pricing of resources. The lack of such a theory limited Veblen's ability to understand the American economy, and so also did his prejudice against business, his impatience with orthodox economic analysis in general, and his unfamiliarity with finance.«[21]

Das Fehlen oder die mangelnde Ausarbeitung zentraler Bereiche der »konventionellen« Nationalökonomik, insbesondere der Preistheorie, bergen nun erhebliche Konsequenzen für die Interpretation wesentlicher ökonomischer Zusammenhänge durch Veblen. Man kann – mit Veblen – der neoklassischen Preistheorie zu Recht ihren statischen Charakter vorwerfen und insbesondere kritisieren, daß sie sich allzu sehr mit Gleichgewichtszuständen befaßt und zu wenig der Frage nachgeht, wie diese durch die Handlungen der beteiligten Wirtschaftssubjekte überhaupt erreicht werden. Kurz, diese aus der marktprozeßtheoretischen oder handlungstheoretischen Sicht geführte Kritik der Neoklassik fordert die Frage heraus, wie die am Marktprozeß Beteiligten in den ungleichgewichtigen und anhaltenden Marktprozessen tatsächlich auf Preissignale reagieren, sich an ihnen orientieren und diese auch aktiv beeinflussen. Man kann auch der Auffassung sein, daß die Bestimmung von Allokationsoptima die tatsächliche Leistung des Preissystems in den Marktprozessen nicht adäquat erfaßt, aber man darf gerade dann nicht übersehen, daß die Neoklassik, trotz der angesprochenen Mängel, das Problem der Koordination arbeitsteiliger Aktivitäten – wenn auch in verkürzter Form – ausführlich debattiert. Die inadäquate oder unvollständige Behandlung der Koordina-

---

    in analytical problems of a purely economic nature. On the question of the details of the operation of a capitalist economy, his objectives were polemic, not scientific ... The inconsistency of his positions troubled him not at all.« Walker 1977, S. 226. In Walkers Beitrag findet man im übrigen eine Reihe von Beispielen für solche Inkonsistenzen.

20 Sowell 1967, S. 186.
21 Walker 1977, S. 235.

tionsprobleme in der Preistheorie stellt keinen Grund dar, das Problem selbst aus den Augen zu verlieren oder als allenfalls zweitrangig einzustufen. Genau dies aber geschieht bei Veblen. Daraus resultieren einerseits seine völlige Unterschätzung des Koordinationsproblems und andererseits auch seine Irrtümer. Dabei hätte es, wenn man die Rolle des Wissens, der Veränderung – insbesondere der technischen Veränderung – und des Prozesses so stark betont wie Veblen, eigentlich nahegelegen, sich mit den Koordinationsmechanismen näher zu befassen, und zwar nicht nur mit dem Preissystem, sondern auch mit anderen Koordinationsweisen,[22] die insbesondere wegen der Wissensteilung in der Gesellschaft notwendig werden.[23] Dieses Defizit in der Theorie Veblens muß sich aber auch auf dem Felde seiner Kapitaltheorie bemerkbar machen, weil die »Kapitalteilung« nur ein anderer Aspekt der Arbeits- und Wissensteilung in der Gesellschaft ist.

Es sei wiederum ausdrücklich festgestellt, daß die Vernachlässigung des Koordinationsproblems durch Veblen nicht etwa seinem methodologischen Überlegungen entspringt, sondern eher auf seine Aversion gegen die neoklassische Preistheorie seiner Zeit zurückgeht.

(8) *Zum dritten* schließlich führte die spezifische Interpretation, die Veblen seiner Theorie der Institutionen gab, zu einer mißlungenen Umsetzung seines evolutionsökonomischen Konzepts. Dieser dritte Grund steht mit den beiden zuerst genannten Faktoren in engem Zusammenhang. Auch hier geht es nämlich nicht um kurz- bis mittelfristige Bezüge. Zum anderen aber wäre bei einer adäquaten Berücksichtigung des Koordinationsproblems eine solch einseitige Auffassung, wie sie Veblen offenbart, nicht möglich gewesen.

Inhaltlich geht es dabei um die These, daß es im Zuge der Entwicklung der kapitalistisch geprägten Marktwirtschaft zu einem Gegensatz zwischen den in Geldkategorien denkenden Geschäftsleuten (»businessmen«) und den in technischen Kategorien denkenden Ingenieuren und Arbeitern (»technicians and workers«) komme, was den institutionellen Unterbau der Ökonomie letztlich im Sinne der letzteren revolutionieren und eine Art Sozialismus herbeiführen müsse. Ausgangspunkt für diese These ist die Überzeugung Veblens, daß Institutionen selbst Denkgewohnheiten (»habits of thought«) darstellen oder sich in

---

22 Hier ist beispielsweise an Unternehmen zu denken, aber auch an die Forschungs- und Ausbildungssysteme.
23 Es ist dann bekanntlich erst v. Hayek gewesen, der die Rolle der Preise im Ungleichgewicht als Problem erkannt und analysiert hat. Siehe v. Hayek 1945, S. 519-530.

direkter Weise aus solchen ergeben. Institutionen verfestigen sich und stellen somit im Prinzip etwas Statisches dar. Sie kanalisieren auf diese Weise menschliches Handeln, sind aber auch immer der Veränderung ausgesetzt, weil – basierend auf der menschlichen Neugierde (»idle curiosity«) – Handeln immer auch »experimentierendes Handeln« ist, wobei es hier in erster Linie um neues technisches Wissen geht.[24] Der Umgang mit diesem neuen Wissen aber prägt dann wieder die Denkgewohnheiten und somit die Institutionen. Da letztere ein gewisses Beharrungsvermögen besitzen – es bildet sich schließlich mit der Zeit ein kohärentes System von Institutionen heraus,[25] das als ganzes nicht schnell verändert werden kann –, behalten die Institutionen ihr Eigengewicht, werden aber in letzter Instanz doch von der technischen Entwicklung bestimmt.[26] Aufgrund der zunehmenden Technisierung des Produktionsprozesses kommt es nun nach Veblen dazu, daß das Handeln von immer mehr Menschen durch die Technik bestimmt wird, d.h., sie denken in Ursache-Wirkungs-Zusammenhängen, die – aufgrund des technischen Fortschritts – zudem der permanenten Infragestellung ausgesetzt sind. Sie werden immer weniger geneigt sein – so Veblen –, sich den überlieferten Prinzipien des Naturrechts, insbesondere der Institutionen des Privateigentums, zu fügen.[27,28] Es werden

---

24 »Institutions are static and resist change; new institutions are formed as the result of the dynamic impact of technology.« Walker 1977, S. 220.
25 Zur Rolle der Institutionen bei Veblen siehe Rutherford 1984, S. 334.
26 M. Rutherford deutet den Zusammenhang zwischen Technik und Institutionen zwar im Sinne einer Wechselwirkung, weist aber auch darauf hin, daß man bei Veblen die kurzfristige nicht mit der längerfristigen Entfaltung der Institutionen verwechseln dürfe (Rutherford 1984, S. 340): »The institutional system and the extent of its internal development are responsible for the pace of technological change and the ends towards which new technology is directed. Technology is an endogenous factor in Veblen's scheme, but, as noted earlier, the causal links between institutions and technology run in both directions, and the fact that new technological devices have been introduced results in a further set of institutional consequences, some intended and some unintended.« Rutherford 1984, S. 338.
27 »The immediate consequence of the adoption of mechanistic logic for the economic organization of society is that the domination of the natural rights philosophy is weakened. Although the technicians do not react by opposing their masters, the workers begin to question the traditional metaphysical bases of justification of economic institutions. They become critical of specific economic and social arrangements, such as the distribution of income, the existence of privileged classes, the economic and legal domination of businessmen, and, Veblen insisted, the desirability of thrift and even the family. Most

sich daher zunehmend Institutionen herausbilden, die von den Gewohnheiten dieses technischen Denkens geprägt sind. Auf diese Weise aber transformiert sich die Gesellschaft schließlich in ein sozialistisches System, d.h., sie wirft die traditionellen Institutionen, die zum Hemmschuh der Nutzung der durch das Maschinensystem bereit gestellten Produktivität geworden sind, sukzessive oder in einem Akt der Revolution ab.

Dies ist in wenigen Sätzen der Trend der künftigen Entwicklung des kapitalistischen Systems zum Sozialismus, so wie ihn Veblen am Werke sieht. Auch hier wird man nicht sagen können, daß sich dieser Trend aus Veblens Theorie unzweideutig ableiten ließe, zumal er gegen bestimmte Postulate seines eigenen evolutorischen Ansatzes verstößt.[29] Wenn ökonomische Entwicklung als ein *kumulativer Prozeß* von Variation und Selektion aufgefaßt wird, ist es in hohem Maße unwahrscheinlich, daß sich die institutionelle Basis dieses Prozesses so stark umwandelt, daß das Privateigentum sich als zentrale Institution völlig verflüchtigt. Hätte Veblen das Koordinationsproblem nicht auch in diesem Zusammenhang vernachlässigt und unterschätzt, so wäre möglicherweise eine etwas vorsichtigere Prognose von ihm abge-

---

significant of all, the workers no longer regard the institution of private property as sacrosanct.« Walker 1977, S. 230f.

28 Daß Veblen damit einen wichtigen Gesichtspunkt hervorhebt, ist kaum zu bestreiten. So weist v. Hayek mit Nachdruck darauf hin, daß das Regelsystem, dem die spontane Ordnung des Marktes entspringt, kaum rational, also gleichsam auf dem Reißbrett rekonstruiert werden kann (vgl. etwa v. Hayek 1973). Mit anderen Worten, die Marktordnung entzieht sich bis zu einem gewissen Grade dem Denken in Ursache-Wirkungs-Zusammenhängen, wie es dem Techniker geläufig ist. Auch kann kaum bestritten werden, daß – auch darauf weist v. Hayek hin (v. Hayek 1973) – bedingt durch die Existenz von Großunternehmen und marktfernen Organisationen viele Menschen dem unmittelbaren Markthandeln (z.B. des Bauern und des Gewerbetreibenden) entfremdet werden, was sich nachteilig auf die Akzeptanz der Ergebnisse, welche die »spontane Ordnung« hervorbringt, auswirken könnte. Bekannt ist schließlich auch der immer wiederkehrende Konflikt zwischen »technisch« und »ökonomisch« optimalen Lösungen.

29 Gelegentlich wird die Auffassung vertreten, daß Veblen bei der Ableitung dieses Trends gewisse Ressentiments bestimmt haben. Eine solche wissenssoziologische Erklärung setzt bei dem Sachverhalt an, daß Veblen – aus einer ländlichen Umgebung stammend – das geschäftliche Treiben in Chicago nicht besonders geliebt habe. Nach dieser Auffassung hat er Gewinnsucht und Verschwendung mit letzterem in Verbindung gebracht, während er die sachlich-zweckmäßige Arbeit zunächst mit der Landarbeit und später mit dem »Maschinensystem« identifizierte. Siehe ausführlich hierzu O'Donnell 1973, S. 199-214.

geben worden.³⁰ Bis zu einem gewissen Grade verstößt seine Prognose auch gegen das Postulat der *Offenheit*, wenngleich er nicht behauptet hat, daß das Stadium »des« Sozialismus den Schlußpunkt der Entwicklung abgebe.³¹

(9) Insgesamt kann festgestellt werden, daß Veblens evolutorisches Konzept von ihm selbst nur in unvollständiger oder mangelhafter Weise in seiner eigenen Theorie umgesetzt worden ist. Besonders gravierend erscheint, daß er das Koordinationsproblem sträflich vernachlässigt hat. Eine ausführliche Analyse hätte bei seiner Auffassung an sich nahegelegen, denn er fordert in seinem handlungstheoretisch orientierten Ansatz ja gerade, daß man das Koordinationsproblem bis auf das Individuum zurückzuverfolgen habe: »It is, of course, on individuals that the system of institutions imposes those conventional standards, ideals, and canons of conduct that make up the community's scheme of life. Scientific inquiry in this field, therefore must deal with individual conduct and must formulate its theoretical results in terms of individual conduct.«³²

Individuelles Verhalten aber kann ohne das Studium der Koordinationsprozesse, die zwischen Individuen ablaufen, nicht voll verstanden werden. Es entsteht deshalb der Eindruck, daß ein vielversprechendes Konzept unzulänglich umgesetzt worden ist.

3. Der Anwendungsfall: Die Kapitaltheorie Veblens

(10) Die Vorzüge und Schwächen der Vorgehensweise Veblens spiegeln sich besonders gut in seiner Kapitaltheorie. Die Grundidee ist hochinteressant, doch wird die Theorie nirgends systematisch entfaltet. Es zeigen sich Unklarheiten, so daß man auf Interpretationen angewiesen bleibt. Auch die Kapitaltheorie Veblens stellt auf die längerfristige Entwicklung ab und vernachlässigt die mittel- bis kurzfri-

---

30 Immerhin sieht er die Möglichkeit, daß beim Übergang zum Sozialismus die Produktion, wenn auch nur vorübergehend, absinken kann. Siehe Veblen 1994e, S. 406.
31 Daß die Veblenschen Thesen empirisch nicht ganz stimmten, wurde bereits zu seiner Zeit von Hoxie, einem Anhänger Veblens, festgestellt, der die »Denkgewohnheiten« der Gewerkschaften untersuchte. Es zeigte sich, daß die Denkstile der dort Organisierten eben nicht über einen Leisten zu schlagen waren. Siehe McNulty 1973, S. 449-484.
32 Siehe Veblen 1994b, S. 243.

stigen Aspekte des Kapitalproblems, was insbesondere bedeutet, daß das Koordinations- und Allokationsproblem nicht hinreichend in die Analyse einbezogen werden.

Der für die Kapitaltheorie Veblens zentrale Aufsatz trägt den Titel »On the Nature of Capital«. Allerdings beschränkt er sich in diesem Aufsatz auf die Darlegung einiger für ihn besonders wichtiger Punkte. Um seine kapitaltheoretischen Vorstellungen zu vervollständigen, ist daher auch auf andere Beiträge zurückzugreifen, da die Kapitaltheorie zentraler Teil seines evolutorischen Konzeptes ist. Für speziellere kapitaltheoretische Fragen sind insbesondere auch die Rezensionen heranzuziehen, die Veblen über Werke zeitgenössischer Nationalökonomen verfaßt hat, jedenfalls soweit es sich um solche Autoren handelt, die kapitaltheoretisch gearbeitet haben. Hier sind insbesondere die Besprechungen über die Arbeiten von John Bates Clark, Karl Marx, Irving Fisher und Eugen von Böhm-Bawerk zu nennen. Dabei ist allerdings vorsichtig zu Werke zu gehen, denn nicht immer ist klar, welche Haltung Veblen selbst im Hinblick auf die kritisierten Vorstellungen einnimmt. Manchmal übernimmt er bestimmte Annahmen als gegeben, um lediglich eine immanente Kritik anzubringen. Aus der Hinnahme dieser Theoreme oder Bedingungen darf daher nicht ohne weiteres geschlossen werden, daß er sich mit ihnen identifiziert. Umgekehrt kann es vorkommen, daß er bestimmte Auffassungen als zu eng kritisiert und sie mit seinen weitergefaßten, evolutionstheoretisch orientierten Konzepten konfrontiert. Daraus ist nicht immer eindeutig abzuleiten, daß er sie völlig ablehnt. Vielmehr weist er ihnen durchaus einen Stellenwert relativer Gültigkeit zu.

(11) Klassischer Gegenstand der Kapitaltheorie ist der zeitliche Aufbau der Produktion. Dabei geht es um das Problem der intertemporalen Allokation und Koordination einerseits und die Begründung des Kapitalprofites sowie des Zinsphänomens andererseits. Da diese Phänomene jeweils einen naturalökonomischen und einen sozialökonomischen Aspekt aufweisen, gilt es darüber hinaus als Aufgabe der Kapitaltheorie, zwischen diesen beiden Aspekten eine Verbindung herzustellen. Schließlich erstrebt die Kapitaltheorie die statische, dynamische und evolutorische Betrachtung der genannten Phänomene.

Eine solche, systematisch entfaltete, Kapital- und Zinstheorie gibt es, wie bereits angedeutet, bei Veblen nicht. Immerhin existieren Hinweise darauf, daß er das Zeitmoment zumindest für den produktionstechnischen Zusammenhang gelten läßt.[33] Ähnliches kann man wohl auch im Hinblick auf die Zeitpräferenz feststellen.[34] Auch die Existenz subjektiver Wertungen gesteht er zu.[35] Auf der anderen Seite erklärt er aber den Zins für ein rein monetäres Phänomen, wie er überhaupt der Meinung ist, daß in der kapitalistischen Marktwirtschaft nur in Geldeinheiten ausgedrückte Werte von Relevanz seien. Dies weist eine positive und eine negative Seite auf. Negativ ist es zu bewerten, daß die Interaktionen der realen und der monetären Elemente oder besser: der natural- und der sozialökonomischen Phänomene, ausgeblendet werden. Zu begrüßen ist andererseits, daß Veblen, orientiert an seiner evolutorischen Konzeption, eine formbestimmte Analyse vornimmt, d.h., die jeweiligen institutionellen Voraussetzungen in seiner Analyse berücksichtigt. Das Beharren darauf, daß im kapitalistischen System in Geldkategorien gedacht wird, ist somit Ausfluß seiner Intention, eine »formbestimmte« Analyse vorzunehmen.

(12) Von den soeben umrissenen Problemen der Kapitaltheorie greift Veblen im Grunde genommen nur ein Problem auf, nämlich die *Begründung des Kapitalprofits*. Diesem zentralen Problem ist der soeben genannte Beitrag in erster Linie gewidmet. Veblens Analyse kann dabei durchaus als evolutorisch eingestuft werden, da die im kapitaltheoretischen Kontext auftretenden Institutionen als Ergebnis eines Prozesses dargestellt werden. Dabei geht es in erster Linie um die Kategorie des Eigentums bzw. des Eigentums an den Produktionsmitteln und um die Frage, wie es möglich ist, daß auf der Basis dieses Eigentums an Produktionsmitteln Erträgnisse aus dem Produktionsprozeß angeeignet werden können, wie es also zum Kapitalprofit kommt. Nachdem Veblen die Institution des Eigentums begründet hat, wird sie in der folgenden Analyse konsequent beachtet. Gleiches gilt für die Institution des Geldes. Seine Analyse erfolgt somit konsequent unter Berücksichtigung der bereits zur Existenz gekommenen Institutionen. Während auf diese Weise weitgehend den Forderungen entsprochen wird, die an eine evolutorische Analyse zu stellen sind, nämlich die Untersuchung prozeß- und institutionenorientiert vorzunehmen, gilt dies mit Bezug auf die weiteren Prinzipien »Offenheit« und »Handlungsorientiertheit« nur mit Abstrichen. Der Grund hier-

---

33 Vgl. Veblen 1994f, S. 379.
34 Vgl. Veblen 1994g, S. 138ff.
35 Vgl. Veblen 1994g, S. 138ff.

für liegt, wie sich weiter unten zeigen wird, in der Nichtbeachtung respektive der völligen Unterschätzung des Koordinationsproblems.

(13) Ist es aus der Perspektive der evolutorischen Ökonomik schon höchst beachtlich, daß die eingangs genannten Postulate einer solchen Analyse weitgehend eingehalten werden, so ist es der inhaltliche Ansatzpunkt der Veblenschen Kapitaltheorie nicht minder. Den Angelpunkt seiner Kapitaltheorie findet Veblen im menschlichen *Wissen*. Damit stellt er einen Faktor in das Zentrum der Analyse, der gerade in der gegenwärtigen Diskussion zunehmend an Bedeutung gewinnt. In gewisser Hinsicht erinnert das Vorgehen Veblens an dasjenige Schumpeters, der bekanntlich zur Erklärung einer positiven Profitrate auf die Innovationen zurückgreift, was man auch so interpretieren kann, daß er in der Mobilisierung *neuen* Wissens den eigentlichen Grund für das Entstehen des Kapitalprofits sieht. Mit der Betonung des Wissens setzt freilich Veblen viel grundsätzlicher an, und zwar insofern, als er bereits die Entstehung des Eigentums an Produktionsmitteln allgemein bzw. an spezifischen Produktionsmitteln auf den Entwicklungsstand menschlichen Wissens zurückführt. Seine Grundthese lautet, daß der Kapitalprofit möglich wird, weil von einem bestimmten Entwicklungsstand des menschlichen Wissens an dieses nur noch mit Hilfe einer solchen Menge an Kapitalgütern rationell genutzt werden kann, daß diese Nutzung nicht mehr jedem zugänglich ist. Überschreitet die zur Nutzung des menschlichen Wissens minimal erforderliche Kapitalmenge einen bestimmten Schwellenwert, so können Erträgnisse aus diesem menschlichen Wissen von den Kapitaleigentümern *privat* angeeignet werden. Der Kapitalprofit beruht somit auf der *Ausbeutung des menschlichen Wissens* durch die »Kapitalisten«. Letztlich wird so der Kapitalprofit als ein Abzug, als eine Art Steuer der Kapitalisten, aufgefaßt.

(14) Wie geht nun Veblen im einzelnen vor, um diese These zu begründen? Um seinen Gedankengang zu verstehen, ist zunächst zu klären, was er unter *menschlichem Wissen* versteht. Hierbei setzt er unmittelbar an der *Gruppe* oder der *Gesellschaft* an. Die in der Kapitaltheorie beliebte Vorgehensweise, mit dem Robinson-Fall zu beginnen, scheidet für ihn von vornherein als abwegig aus, weil der Mensch nie ein isoliertes, selbstgenügsames Leben als Individuum geführt habe.[36] Mit der Gruppe oder der Gesellschaft ist aber immer schon ein be-

---

36 »Now, whatever may or may not be true for human conduct in some other bearing, in the economic respect man has never lived an isolated, self-sufficient life as an individual, either actually or potentially.« Veblen 1994f, S. 324.

stimmtes Wissen gesetzt, denn nur wenn ein bestimmtes gemeinsames Wissen, wie es sich etwa in der Sprache oder in anderen Institutionen niederschlägt, vorhanden ist, kann eine Mehrheit von Personen überhaupt erst Gruppe oder Gesellschaft genannt werden. Veblen betont den *immateriellen Charakter* dieses Wissens: »This continuity, congruity, or coherence of the group, is of an immaterial character. It is a matter of knowledge, usage, habits of life and habits of thought, not a matter of mechanical continuity or contact, or even of consanguinity.«[37]

Zu diesem Wissensbestand gehören aber auch gewisse technische Fertigkeiten. Dieses *technische Wissen* ist das gemeinsame Produkt der Gruppe, soweit es nicht von anderen Gruppen entlehnt worden ist. Es stellt sozusagen einen gemeinsam verfügbaren Vorrat dar: »It may be called the immaterial equipment, or, by a license of speech, the intangible assets of the communitiy. ... Such a stock of knowledge and practice is perhaps held loosely and informally; but it is held as a common stock, pervasively, by the group as a body, in its corporate capacity, as one might say; and it is transmitted and augmented in and by the group, however loose and haphazard the transmission may be conceived to be, not by individuals and in single lines of inheritance.«[38]

Dieser Zusammenhang gilt uneingeschränkt auch für das technische Wissen fortgeschrittener Gesellschaften, wie aus folgendem Zitat hervorgeht: »These immaterial industrial expedients are necessarily a product of the community, the immaterial residue of the community's experience, past and present; which has no existence apart from the community's life, and can be transmitted only in the keeping of the community at large.«[39]

Veblen sieht somit das *Wissen* immer als den *gemeinsamen Besitz der Gesellschaft* an, es hat daher im Prinzip jedem zugänglich zu sein. Das so definierte Wissen – und insoweit ist Veblen Subjektivist – muß selbstverständlich auch in den Köpfen der Individuen vorhanden sein: »The complement of technological knowledge so held, used, and transmitted in the life of the community is, of course, made up out of the experience of individuals. Experience, experimentation, habit, knowledge, initiative, are phenomena of individual life, and it is

---

37 Veblen 1994f, S. 325.
38 Veblen 1994f, S. 325f.
39 Veblen 1994f, S. 348.

necessarily from this source that the community's common stock is all derived.«[40]

(15) Damit aber stellen sich bereits hier zwei grundlegende Fragen. Wie wird Veblen dem Sachverhalt der *Wissensteilung* gerecht, die aus der *Arbeitsteilung* resultiert und bedeutet, daß das Wissen über die einzelnen Mitglieder der Gesellschaft ungleich verteilt ist? Und weiter: Welchen Stellenwert weist Veblen dem Problem der *Produktion neuen Wissens* zu? Oder: Welche Rolle spielt das neue Wissen gerade im Hinblick auf die *Aneignungsmöglichkeiten*, und damit für das Entstehen des Kapitalprofits? Was sagt Veblen zu der Frage der Kosten, die bei der Beschaffung, der Produktion und der Verwertung von Wissen anfallen?

Wie das zuletzt angeführte Zitat zeigt, ist er sich der Tatsache durchaus bewußt, daß das Wissen der einzelnen Individuen unterschiedlich ist und sich auch in unterschiedlicher Weise durch Experimente und Erfahrungen verändert. Wenn dies aber so ist, so müßte man eigentlich zwischen dem *gemeinsamen Wissen* und dem jeweils *privaten Wissen* genauer unterscheiden. Gerade dies aber tut Veblen nicht. Vielmehr spielt er die Bedeutung der privaten Komponenten des Wissens deutlich herunter und gibt dem gemeinsamen Wissen ein überragendes Gewicht: »Individual initiative has no chance except on the ground afforded by the common stock, and the achievements of such initiative are of no effect except as accretions to the common stock. And the invention or discovery so achieved always embodies so much of what is already given that the creative contribution of the inventor or discoverer is trivial by comparison.«[41]

Damit aber bleibt der einzelne im Hinblick auf das verwendete Wissen der Gesellschaft voll verpflichtet. Veblen ist offenbar von der Vorstellung geleitet, daß es relativ unproblematisch sei, den gemeinsamen Wissensvorrat für individuelle Zwecke anzuzapfen. Mit anderen Worten, die Individuen haben in seiner Sicht offenbar keine großen Schwierigkeiten, die entsprechenden Hilfsmittel zur Nutzung des gesellschaftlichen Wissens, nämlich die erforderlichen Produktionsmittel, selbst herzustellen oder sich zu beschaffen. Diese Hilfsmittel nennt er »*tangible assets*«. Sie stellen die materielle Ausstattung im Gegensatz zu dem Wissen als der immateriellen Ausstattung dar. Nützlich sind diese Hilfsmittel oder Güter nach Veblen primär des-

---

40 Veblen 1994f, S. 328.
41 Veblen 1994f, S. 328.

halb, weil sie die Verwertung des von der Gesellschaft insgesamt besessenen Wissens ermöglichen.[42] Bezüglich der frühen Phase der Entwicklung stellt Veblen fest: »At a relatively primitive phase of the development, and under ordinary conditions of climate and surroundings, the possession of the concrete articles ('capital goods') needed to turn the commonplace knowledge of ways and means to account is a matter of slight consequence ... Given the commonplace technological knowledge and the commonplace training, – and these are given by common notoriety and the habituation of daily life, – the acquisition, construction, or usufruct of the slender material equipment needed arranges itself almost as a matter of course, more particularly where this material equipment does not include a stock of domestic animals or a plantation of domesticated trees and vegetables.«[43]

(16) In dieser Welt ist es also ohne Schwierigkeiten möglich, als einzelner Gebrauch von dem Wissensstand der Gesellschaft zu machen. Dies ändert sich dann allmählich mit der Zunahme des Wissens in der Gesellschaft. Nun kann es dazu kommen, daß das Wissen der Gesellschaft oder Teile davon nur dann nutzbar werden, wenn man über spezifische Gegenstände, die zudem knapp sind, verfügt oder aber eine bestimmte Mindestmenge solcher Güter besitzt.[44] Dies ist nach Veblen die Stunde, in der das *Eigentum*, wenn auch zunächst noch in einer primitiven Form, in Erscheinung tritt oder besser gesagt, wirklich relevant wird. Durch die – etwa mit Gewalt durchgesetzten – Eigentumsrechte wird es möglich, das gemeinsame Wissen der Gruppe bzw. Gesellschaft auszubeuten:[45] »The commonplace knowledge of

---

42 »These things, of course are useful because men have learned their use, and their use, so far it has been learned, has been learned by protracted and voluminous experience and experimentation, proceeding at each step on the accumulated achievements of the past. Other things, which may in time come to exceed these in usefulness are still useless, economically non-existent, on the early levels of culture, because of what men in that time have not yet learned.« Veblen 1994f, S. 330.
43 Ebenda S. 330f.
44 Vgl. Veblen 1994f, S. 331.
45 »And so soon, or in so far, as the technological development falls into such shape as to require a relatively large unit of material equipment for the effective pursuit of industry, or such as otherwise to make the possession of the requisite material equipment a matter of consequence, so as seriously to handicap the individuals who are without these material means, and to place the current possessors of such equipment at a marked advantage, then the strong arm intervenes, property rights apparently begin to fall into definite shape, the principles of ownership gather force and consistency, and men begin

ways and means cannot be turned to account, under the new conditions, without a material equipment adapted to the then current state of the industrial arts; and such a suitable material equipment is no longer a slight matter, to be compassed by workmanlike initiative and application. Beati possidentes.«[46]

Mit dem Eigentum an Produktionsmitteln wird es auf diese Weise möglich, das im Prinzip allen zugängliche Wissen nicht nur zu nutzen, sondern auch seine Früchte *privat anzueignen*.

Nach Veblen hängt es von verschiedenen Faktoren, insbesondere aber von der Art des erreichten Wissensstandes ab, auf welche Produktionsfaktoren sich die Eigentumsbildung zunächst erstreckt. Es kommt darauf an, welches Produktionsmittel gleichsam den *strategischen Vorteil* im Hinblick auf die Ausbeutung des Wissens liefert.[47] Die eigentlichen *Kapitalgüter* (industrial equipment) scheinen erst relativ spät in diese strategische Rolle hineingekommen zu sein, haben also erst spät die Erbschaft von Sklaverei, Viehherden und Land als den strategischen Eigentumsformen übernommen. Man muß Veblen wohl so interpretieren, daß zwar vor dem Entstehen des Kapitalismus die »Kapitalgüter« im Produktionsprozeß eingesetzt worden sind, aber eben kein spezifisches Einkommen, sprich »Kapitalprofit«, abgeworfen haben: »So long, or rather in so far, as the 'capital goods' required to meet the technological demands of the time were slight enough to be compassed by the common man with reasonable diligence and proficiency, so long the draft upon the common stock of immaterial assets by any one would be no hindrance to any other, and no differential advantage or disadvantage would emerge.«[48]

Es liegt damit noch eine Situation vor, die nach Veblen mit dem »freien Wettbewerbssystem« der Klassiker identifiziert werden mag, in dem das Prinzip der Chancengleichheit, jedenfalls grosso modo, verwirklicht war.[49]

---

to accumulate capital goods and take measures to make them secure.« Veblen 1994f, S. 331f.
46 Veblen 1994f, S. 332.
47 Vgl. Veblen 1994f, S. 333f.
48 Veblen 1994f, S. 339f.
49 »The principle of equal opportunity was, no doubt, met only in a very rough and dubious fashion; but so favorable became the conditions in this respect that men came to persuade themselves in the course of the eighteenth century that a substantially equitable allotment of opportunities would result from the abrogation of all prerogatives other than the ownership of goods.« Veblen 1994f, S. 340.

Aber nach Veblen bereitete sich der »Sündenfall« bereits vor, als die naturrechtliche Propaganda des Privateigentums an den Produktionsmitteln noch ihrem Höhepunkt zustrebte.[50] Es war nämlich die sogenannte *industrielle Revolution*, die die Verwertung des der Gesellschaft zur Verfügung stehenden Wissens auf eine völlig neue Basis stellte. Das Wissen konnte nunmehr in rationeller Weise nur noch genutzt werden, indem man auf immer größer werdender Stufenleiter produzierte: »In the leading, aggressive industries which were beginning to set the pace for all that economic system that centered about the market, the unit of industrial equipment, as required by the new technological era, was larger than one man could compass by his own efforts with the free use of the commonplace knowledge of ways and means.«[51]

Damit rückten die Kapitalgüter definitiv in die strategische Position, mit anderen Worten, der »*Kapitalismus*« war geboren.

Der »Kapitalismus« ist also dadurch charakterisiert, daß das den Mitgliedern der Gesellschaft an sich völlig unentgeltlich zur Verfügung stehende Wissen nicht mehr von dem einzelnen Individuum verwertet werden kann, wenn dieses auf der Höhe der Zeit produzieren will. Damit aber können die Kapitalgüter dazu benutzt werden, um die Erträgnisse, die aus der Nutzung des an sich frei zur Verfügung stehenden Gesamtwissens der Gesellschaft hervorgehen, *privat anzueignen*. Dieser *kostenlose Zugriff* auf den *gemeinsamen Vorrat an technischem Wissen* in der Gesellschaft ist die eigentliche *Quelle des Kapitalprofits*.[52] Daß man dieses Wissen anzapfen kann, hängt nun auf ganz ähnliche Weise mit dem Besitz von Kapitalgütern zusammen, wie man in früheren Epochen auf Grund des Landbesitzes bzw. der Sklavenhaltung das Wissen einer Gruppe oder der Gesellschaft privat aneignen konnte.[53] Daß der Kapitalprofit oder die Grundrente entstehen, hat nach Veblen nichts mit der »Produktivität« der Kapitalgüter oder des Bodens zu tun – wie dies in der neoklassischen oder österreichischen Theorie unterstellt wird –, sondern eben nur mit dem medialen Cha-

---

50 Vgl. Veblen 1994f, S. 340.
51 Veblen 1994f, S. 340f.
52 »A free draft on this common stock of technological wisdom must be had both in the construction and in the subsequent use of the material equipment; although no one person can master, or himself employ, more than an inconsiderable fraction of the immaterial equipment so drawn on for the installation or operation of any given block of the material equipment.« Veblen 1994f, S. 343f.
53 Vgl. Veblen 1994f, S. 337f.

rakter dieser Produktionsmittel zur privaten Verfügbarmachung des der Gesellschaft insgesamt zugänglichen Wissens.

(17) Nun ist freilich mit der Aussage, daß die Entwicklung des Wissens der Gesellschaft zur Produktion auf größerer Stufenleiter zwingt, das Hervortreten des *Kapitaleinkommens als eigenständiger Einkommenskategorie* noch nicht hinreichend begründet, und zwar selbst dann nicht, wenn man dem bisherigen Gedankengang Veblens folgt. Denn die Individuen könnten sich ja zusammenschließen und die Erträgnisse der Produktion schlicht aufteilen. Mit anderen Worten, es stellt sich die Frage, wie es zur Trennung in Arbeiter und Kapitalisten kommt. Veblen ist über diesen Punkt nicht sehr explizit, aber man muß ihn wohl so interpretieren, daß diese Spaltung ein Resultat des Konkurrenzprozesses ist, der schon vor der industriellen Revolution einsetzt und sich dann allmählich verstärkt. In diesem Konkurrenzprozeß entstehen nämlich unterschiedlich hohe Gewinne und natürlich auch Verluste. Die erfolgreichen Produzenten können dann die Kapitalakkumulation vorantreiben: »The pursuit of industry requires an accumulation of wealth, and, barring force, fraud, and inheritance, the method of acquiring such an accumulation of wealth is necessarily some form of bargaining; that is to say, some form of business enterprise. Wealth is accumulated, within the industrial field, from the gains of business; that is to say, from the gains of advantageous bargaining.«[54]

Während sich auf diese Weise im Konkurrenzprozeß sukzessive die Eigentümer der Kapitalgüter herausbilden, entsteht auf der anderen Seite aus den weniger Erfolgreichen die Gruppe der Arbeiter, die sich verdingen müssen. Unter diesen beiden Bedingungen, nämlich die Notwendigkeit der gemeinschaftlichen Produktion zur Anzapfung des Wissens der Gesellschaft einerseits und die Scheidung der Eigentümer an Produktionsmitteln von den Nichteigentümern andererseits, muß es dann aber zur Trennung des Arbeitseinkommens vom Kapitaleinkommen kommen.

(18) Die Trennung in Kapitaleigner und Arbeiter verbindet Veblen noch mit einer Aussage über das *spezifische Wissen* beider Gruppen. Es sind nämlich die Arbeitskräfte, die den wesentlichen Teil des gesamtgesellschaftlichen Wissens in die Unternehmung einbringen. Zu berücksichtigen ist allerdings, daß er den leitenden Arbeitskräften hierbei eine besondere Bedeutung zulegt: »The efficiency of the control

---

54 Veblen 1994f, S. 342.

exercised by the master-workman, engineer, superintendent, or whatever term may be used to designate the technological expert who controls and correlates the productive processes, – this workmanlike efficiency determines how far the given material equipment is effectually to be rated as 'capital goods'.«[55]

Die Kapitaleigner auf der anderen Seite verfügen in aller Regel nicht über ein solches Wissen, sondern bringen lediglich Marktwissen in den Zusammenhang ein: »The owner of the material equipment, the capitalist-employer is, in the typical case, not possessed of any appreciable fraction of the immaterial equipment necessarily drawn on in the construction and subsequent use of the material equipment owned (controlled) by him. His knowledge and training, so far as it enters into the question, is a knowledge of business, not of industry. The slight technological proficiency which he has or needs for his business ends is of a general character, wholly superficial and impracticable in point of workmanlike efficiency; nor is it turned to account in actual workmanship.«[56]

Auf die Konsequenzen, die sich aus dieser Auffassung für die zukünftige Entwicklung des »Kapitalismus« ergeben, ist später noch einzugehen.

(19) Aber selbst dann, wenn beide Voraussetzungen erfüllt sind, also einerseits die Produktion in großem Stile erfolgt und andererseits die Arbeitskräfte von ihren Produktionsmitteln eigentumsmäßig getrennt sind, muß nicht notwendig ein positiver Kapitalprofit entstehen. Oder anders ausgedrückt: über die qualitative Dimension des Kapitalprofits ist damit überhaupt noch nichts gesagt. Daß ein positiver Kapitalprofit tatsächlich entsteht, setzt Veblen nämlich stillschweigend voraus. Im Hinblick auf die quantitativen Determinanten des Kapitalprofits stellt er hingegen einige Betrachtungen an. Um die obere Grenze des Anteils der Kapitaleinkommen am Einkommen insgesamt zu bestimmen, geht er von der Denkfigur des absoluten Monopols aus, d.h. er unterstellt, daß alle Kapitalgüter in einer Branche oder – im Extremfall – in der Volkswirtschaft in einer Hand vereinigt sind. Im letzteren Fall gelingt es sozusagen einem einzelnen, das gesamte Wissen der Gesellschaft, das diese in der Vergangenheit und der Gegenwart aufgebaut hat, sich privat anzueignen und die anderen

---

[55] Veblen 1994f, S. 345.
[56] Veblen 1994f, S. 344.

gleichsam auf das Existenzminimum herabzudrücken.[57] Daß ein solch hoher Anteil der Kapitaleinkommen nicht erreicht wird, ist der Konkurrenz zwischen den Kapitalisten geschuldet.[58] Wenn nun aber die Konkurrenz zwischen den Unternehmen dazu führt, daß entweder die Löhne auf einem höheren Stand bleiben und/oder die Beschäftigung entsprechend ausgedehnt wird, so ist es natürlich nicht ausgeschlossen, daß der Kapitalprofit auf einen Wert von Null reduziert wird. Dies wird dann der Fall sein, wenn es – kapitaltheoretisch gesprochen – zu einem Zustand der *Kapitalsättigung* kommt. Es wäre dann ein Zustand erreicht, der trotz der Produktion auf großer Stufenleiter faktisch keine private Aneignung der Erträgnisse aus der Nutzung des gesamtgesellschaftlichen Wissen zuließe.[59]

Das Entstehen einer positiven Profitmasse setzt somit voraus, daß der Zustand der *Kapitalknappheit* erhalten bleibt, sei dies nun bedingt durch eine hohe Zeitpräferenz und/oder durch die Tatsache, daß der Übergang zur Produktion im großen Stil oder die Erfordernisse des technischen Fortschrittes zu einer so starken Ausweitung der Kapitalnachfrage führen, daß diese durch das Kapitalangebot selbst à la longue nicht befriedigt werden kann. Veblen selbst schweigt sich in dieser Hinsicht aus. Greift man jedoch auf andere Teile seines Werkes zurück, so lassen sich gewisse Anhaltspunkte dafür finden, daß er von einer hohen Zeitpräferenz ausgeht. Der *demonstrative* – und in Veblens Augen zugleich *verschwenderische* – *Konsum* läßt sich in dieser Hinsicht deuten. In seinen späteren Schriften hat er den Gesichtspunkt der Verschwendung auch auf den Produktionsbereich übertragen, indem er etwa die Verkaufskosten im marktwirtschaftlichen Prozeß kritisiert. Ohne daß man seine Einschätzung im Hinblick auf die Verschwendung teilen muß, ergibt sich in der Tat die Konsequenz,

---

57 »This livelihood would in such a case be reduced to the most economical footing, as seen from the standpoint of the employer. And the employer (capitalist) would be the de facto owner of the community's aggregate knowledge of ways and means, except so far as this body of immaterial equipment serves also the house-keeping routine of the working population. How nearly the current economic situation may approach to this finished state is a matter of opinion.« Veblen 1994f, S. 346.
58 Siehe Veblen 1994f, S. 346.
59 Der Zustand vor der industriellen Revolution, der nach Veblen jedem einzelnen die Möglichkeit gibt, das gesamtgesellschaftliche Wissen ohne weiteres für sich zu nutzen, impliziert demnach ebenfalls die Annahme der Kapitalsättigung.

daß Aufwendungen der genannten Art den Zustand der Kapitalsättigung sachlich und zeitlich hinausschieben müssen.

Damit wird deutlich, daß es letztlich die Kapitalknappheit ist, welche das Entstehen des Kapitalprofits ermöglicht. Eine Abnahme der Kapitalknappheit im Sinne der Annäherung an den Zustand der Kapitalsättigung müßte dann mit einer Abnahme des Kapitalprofites verbunden sein, jedoch nicht, weil die Ertragskraft des Kapitals im Sinne sinkender Grenzerträge des Kapitals abnimmt – das ist die neoklassische Position –, sondern weil die Aneignungskraft der Kapitalgüter konkurrenzbedingt nachläßt.

(20) Wenn Veblen diesen Punkt auch nicht ausführlich erörtert und explizit macht, so müssen ihm doch Überlegungen in dieser Richtung vorgeschwebt haben, denn wenn die Aneignungskraft der Kapitalgüter im Hinblick auf das gesamtgesellschaftliche Wissen von der Konkurrenz abhängig ist, so liegt es offenbar nahe, daß die Unternehmen versuchen werden, diese Konkurrenz zu beschränken. Und genau auf diesen Punkt geht Veblen im zweiten Teil seines Aufsatzes »On the Nature of Capital« ein.[60] Veblen lebt in einer Zeit, in der sich erhebliche Wandlungen in der Organisationsstruktur der Unternehmen und der Volkswirtschaft vollziehen, die zumindest teilweise auch von erheblichen Konzentrationsprozessen begleitet sind. Veblen deutet diese Vorgänge nicht zuletzt als *Prozesse der Wettbewerbsbeschränkung*. Daß er damit nicht allein steht, beweist die Tatsache, daß in dieser Zeit die Anti-Trust-Gesetzgebung ins Leben gerufen wird. Als Vehikel der Wettbewerbsbeschränkung und damit der Sicherung der Aneigbarkeit der Erträgnisse aus dem gesellschaftlich insgesamt vorhandenen Wissensfundus sieht er die Finanzholdings an. Etwas überspitzt formuliert könnte man sagen, daß er die Volkswirtschaft auf dem Wege sieht, zu einem einzigen Monopol zu werden. Um die damit verbundenen Vorgänge analysieren zu können, muß Veblen seinen begrifflichen Apparat entsprechend erweitern. Wenn es nämlich richtig ist, daß das Wissen der Gesellschaft in seinen Erträgnissen privat angeeignet werden kann, dann müssen der Zugriff einer Finanzholding im Sinne einer Beherrschung der in ihr zusammengeschlossenen Firmen und die Aneignung der Erträge auf eine analoge Weise ge-

---

60 Die dort angesprochenen Probleme haben ihn auch in seinen späteren Publikationen beschäftigt, insbesondere in den beiden Büchern *Absentee Ownership and Business Enterprise in Recent Times: The Case of America* und *The Theory of Business Enterprise*. Im Text wird nur der Grundgedanke seiner Überlegungen aufgenommen, weil das für die dort verfolgten Zwecke ausreichend erscheint.

sichert werden, wie im Falle der einfachen Unternehmung durch das Eigentum an den Kapitalgütern. Es müssen daher Rechte an Rechten zugelassen werden. Mit anderen Worten: Während es sich in der Terminologie Veblens bei den Kapitalgütern um *tangibles Kapital* handelt, geht es im zweiten Falle um *intangibles* oder *immaterielles Kapital*. Dabei ist darauf zu achten, daß Veblen das Wissen der Gesellschaft selbst als ein »intangible asset« bezeichnet hat, ein Begriff, der mit dem intangiblen Kapital oder dem intangible asset im soeben beschriebenen Sinne nichts zu tun hat und daher begrifflich scharf unterschieden werden muß.

(21) Die kapitaltheoretischen Begrifflichkeiten, die Veblen prägt, sind strikt auf die Markt- bzw. *Geldwirtschaft* bezogen.[61] Hier seien einige der zentralen Begriffe wiedergegeben. Mit Hilfe dieser Begriffe kann er dann Wertphänomene erfassen, die nicht unmittelbar auf Kapitalgüter bezogen sind, wie beispielsweise der goodwill einer Firma. Die Unterscheidung zwischen tangiblem und intangiblem Kapital spielt für die weiteren Überlegungen deshalb eine zentrale Rolle, weil Veblen diesen verschiedenen Arten von Kapital eine unterschiedliche Wirkung zuordnet. Deshalb sei seine Zusammenfassung bezüglich dieses Begriffssystems kurz wiedergegeben. »The results of the analysis may be summed up to show the degree of coincidence and the distinctions between the two categories of assets: (a) the value (that is to say, the amount) of given assets, whether tangible or intangible, is the capitalised (or capitalisable) value of the given articles of wealth, rated on the basis of their income-yielding capacity to their owner; (b) in the case of tangible assets there is a presumption that the objects of

---

[61] Hier seien einige der zentralen Begriffe angeführt: »Investment is a pecuniary transaction, and its aim is pecuniary gain, – gain in terms of value and ownership. Invested wealth is capital, a pecuniary magnitude, measured in terms of value and determined in respect of its magnitude by a valuation which proceeds on an appraisement of the gain expected from the ownership of this invested wealth.« Veblen 1994f, S. 352.
»'Tangible assets' is here taken to designate pecuniarily serviceable capital goods, considered as a valuable possession yielding an income to their owner. Such goods, material items of wealth, are 'assets' to the amount of their capitalisable value, which may be more or less closely related to their industrial serviceability as productive goods. 'Intangible assets' are immaterial items of wealth, immaterial facts owned, valued, and capitalised on an appraisement of the gain to be derived from their possession. These are also assets to the amount of their capitalisable value, which has commonly little, if any, relation to the industrial serviceability of these items of wealth considered as factors of production.« Veblen 1994f, S. 353.

wealth involved have some (at least potential) serviceability at large, since they serve a materially productive work, and there is therefore a presumption, more or less well founded, that their value represents, though it by no means measures, an item of serviceability at large; (c) in the case of intangible assets there is no presumption that the objects of wealth involved have any serviceability at large, since they serve no materially productive work, but only a differential advantage to the owner in the distribution of the industrial product; (d) given tangible assets may be disserviceable to the community, – a given material equipment may owe its value as capital to a disserviceable use, though in the aggregate or on an average the body of tangible assets are (presumptively) serviceable; (e) given intangible assets may be indifferent in respect of serviceability at large, though in the aggregate, or on an average, intangible assets are (presumably) disserviceable to the community.«[62]

Mit der Entwicklung des Finanzsystems im Sinne des Aufkommens und der Verbreitung von Holding-Gesellschaften oder anderer Beherrschungsformen auf Finanzbasis entstehen nun gleichsam zwei Welten, die zwar aufeinander bezogen bleiben, aber sich doch in einer gewissen Weise gegeneinander verselbständigen. Während die Welt der tangiblen Vermögenswerte (Kapitalgüter) jedenfalls im Grundsatz durch Nützlichkeit (serviceability) gekennzeichnet ist, geht es in der Welt der intangiblen Vermögenswerte nicht um Nützlichkeit, sondern um die Erzielung von Gewinnen durch die Beherrschung von Unternehmen, die sich mit dem tangiblen Kapital (Kapitalgütern) beschäftigen, also »produzieren«. Das Ziel der herrschenden Unternehmungen besteht primär darin, unter Ausschaltung der Konkurrenz und – wie bereits angedeutet – durch Beschränkung der Güterproduktion den Gewinn der Produktionsunternehmen möglichst groß zu machen und den so gesteigerten Gewinn entsprechend an sich zu ziehen: »These gains, therefore, are a tax on commonplace business enterprise, in much the same manner and with much the like effects as the gains of commonplace business (ordinary profits and interest) are a tax on industry.«[63]

Dieses System von »*Interessen*«, das sich aus Eigentumsrechten an Eigentumsrechten aufbaut und eine Art von Beherrschungspyramide darstellt, ist für die Gesellschaft als Ganze nicht nützlich, sondern

---

62 Veblen 1994f, S. 363ff.
63 Veblen 1994f, S. 382.

wegen der aufgezeigten restriktiven Wirkung eher schädlich (disserviceability), gleichgültig durch welchen Einfallsreichtum die finanziellen Schachzüge im einzelnen auch ausgezeichnet sein mögen. Es geht hier eben nicht um die Produktion von Gütern, sondern primär lediglich um die Verteilung von Gewinn.

Mit zunehmender Entfaltung des »*Maschinensystems*« einerseits und des »*Finanzsystems*« andererseits werden sich nach Veblen aber nicht nur beide Sphären zunehmend einander entfremden, sondern es wird das Finanzsystem auch zu einer Schranke für die Entfaltung der Produktivität des »Maschinensystems« werden, das sich, wie im zweiten Abschnitt dargelegt, letztendlich durchsetzen wird, wenn man zum Sozialismus übergeht.[64]

(22) Geht man nach dieser Darstellung der Grundgedanken der Veblenschen Kapitaltheorie über zu einer Beurteilung, so kann man zunächst mit Hodgson feststellen: »Although he does not present us with a complete or formal theory, there is much of value in his writing on this topic that is worthy of development. The Veblenian critique of neoclasiscal capital theory is perhaps the most fundamental in conceptual terms, but the least explored.«[65]

Die Stoßrichtung der Kritik Veblens an der neoklassischen Kapitaltheorie sieht Hodgson in folgendem: »It is important to note that the Veblenian conception of capital and the production process does not simply contrast with the aggregative versions of the textbooks. It is also very different from disaggregated general equilibrium theory, from Leontief-type input – output analysis, and from the Sraffian matrix of production coefficients. All these models are reductionist and factor-based, albeit in a disaggregated form. They ignore intangible assets and the tacit, group-based nature of knowledge and skills.«[66,67]

---

64 Welche »Verschwendung« durch das Markt- und Finanzsystem Veblen vorschwebt, geht aus folgendem Zitat hervor: »In later years, with his emphasis now on waste in production, Veblen decided that under socialism would 'exceed the current output by several hundred per cent'.« Sowell 1967, S. 184.
65 Hodgson 1994, S. 35.
66 Hodgson 1994, S. 36.
67 Es erscheint jedoch etwas überzogen, wenn Hodgson lediglich aus der Tatsache, daß Veblen feststellt, »Kapital« lasse sich nur aus einem »Bewertungsprozeß« ableiten (Hodgson 1994, S. 35), schließt, er sei gleichsam ein Vorläufer von Robinson und Sraffa. Auf den angesprochenen Sachverhalt haben auch Vertreter der österreichischen Schule hingewiesen, ohne deswegen zu Sraffa-Anhängern zu werden.

Hierin ist Hodgson voll zuzustimmen, denn die Berücksichtigung des Wissens in der Kapitaltheorie kann dieser nur frommen. Zu akzeptieren ist auch die folgende Schlußfolgerung, die Hodgson zieht: »The group-based nature of the immaterial assets of production means that they are not part of the labour contract between employer and employee; they reside in the interstices of the social organizations of the firm and its associated community.«[68]

Diese Feststellung läßt sich so interpretieren, daß man eben nicht nur die Beziehungen zwischen Produktionsfaktoren, insbesondere Arbeitskraft, und dem Unternehmensbereich zu betrachten hat, sondern das gesamte institutionelle System berücksichtigen muß, das der Produktion und der Verwertung von Wissen dient.[69]

(23) Man muß freilich auch erkennen, daß die letzte Aussage Hodgsons nur insofern voll zutreffend ist, als man tatsächlich bei der Veblenschen Auffassung bleibt, daß das Wissen der Gesellschaft von deren Mitgliedern unmittelbar verwendet werden kann. Dies trifft aber nicht für alles Wissen zu, wofür sich Anhaltspunkte in impliziter Form durchaus auch bei Veblen selbst finden lassen. Sobald nämlich das Wissen nicht unmittelbar zugänglich ist, müssen Aufwendungen gemacht werden (Aufbau von Humanvermögen durch Ausbildung), die mit Opportunitätskosten verbunden sind. Zumindest ein Teil eines solchen Humanvermögens wird auch in den Arbeitsverträgen berücksichtigt. Damit zeigt sich aber eine erste Schwäche der Konzeption Veblens.

Denn gerade dann, wenn man – wie Veblen – das Wissen in der Gesellschaft für einen ganz zentralen Faktor hält, darf man nicht nur gelegentlich auf die Unterschiedlichkeit des Wissens der Individuen hinweisen – wie dies Veblen tut –, sondern man muß aus diesem Sachverhalt auch die entsprechenden Folgerungen ziehen. Wenn man die *Arbeitsteilung* in der Gesellschaft und insbesondere im modernen Produktionsprozeß für eine Gegebenheit hält, so muß man auch von einer *Wissensteilung* ausgehen. Mit anderen Worten, man hat zur Kenntnis zu nehmen, daß das Wissen in der Gesellschaft über deren Köpfe verteilt ist. Es muß folglich, soll es genutzt werden, koordiniert werden. Dies bedeutet aber, daß es dem Zugriff der einzelnen Individuen nicht so ohne weiteres zugänglich sein kann, wie Veblens Analyse den Anschein erweckt. Die Nutzung des Wissens in der Gesell-

---

68 Hodgson 1994, S. 36.
69 Siehe hierzu Schreiter 1994, Kapitel VI.

schaft setzt damit *Kosten* voraus oder anders gewendet, es muß zunächst *privates Wissen* produziert werden, um auf den Fonds des gesellschaftlichen Wissens zurückgreifen zu können. Bereits unter diesem Gesichtspunkt aber scheinen die Aneignungsbedingungen im Hinblick auf gesellschaftlich vorhandenes Wissen etwas anders zu liegen, als Veblen das suggeriert. Es kommt dabei offenbar nicht nur auf die Kapitalgüter und das Eigentum an ihnen an.

(24) Die *Verschiedenartigkeit des Wissens* bezieht sich nicht nur auf den Nutzungs-, sondern darüber hinaus auf den Produktionsaspekt. Auch hier sind es ja durchaus einzelne Individuen, Firmen oder Institutionen, die das Wissen ausweiten. Und dieser Sachverhalt legt noch entschiedener den Gedanken nahe, daß man die Veblenschen Überlegungen deutlich modifizieren muß. Denn gerade unter der Berücksichtigung der Produktion neuen Wissens erscheinen die Aneignungsbedingungen in bezug auf das gesellschaftliche Wissen differenzierter, als dies bei Veblen zum Ausdruck kommt. Das sieht er im übrigen an verschiedenen Stellen durchaus selbst, ohne allerdings daraus Folgerungen für den weiteren Gang seiner Analyse zu ziehen. Veblen betont zu Recht den kumulativen Charakter des menschlichen Wissens, aber er hebt an mehreren Stellen auch hervor, daß Wissen auch obsolet werden kann. Dann aber liegt es nahe, das *neue Wissen* als Vehikel der Aneignung des gesellschaftlichen Gesamtwissens aufzufassen. Die Erzielung eines nennenswerten Kapitalprofits wäre dann an die Bedingung geknüpft, daß man *neues* Wissen hervorbringt. Daß Veblen diesen Gedanken nicht aufgreift, ist an sich erstaunlich, da er ja die Veränderung des Wissens thematisiert. Es ist allerdings zu berücksichtigen, daß der zentrale kapitaltheoretische Aufsatz Veblens, welcher der hier vorgenommenen Darstellung in erster Linie zugrunde liegt, erschienen ist, bevor Schumpeter seine »Theorie der wirtschaftlichen Entwicklung« publiziert hatte. Letzterer erklärt bekanntlich das Zustandekommen eines Kapitalprofits aus der Innovation, d.h., er greift nicht direkt auf das Wissen zurück, weil es ihm primär auf die Durchsetzung neuer Varianten und Kombinationen ankommt und nicht unbedingt auf die Invention selbst. Auf längere Sicht freilich werden Innovationen ohne neues Wissen kaum hervorgebracht werden können. Insgesamt gesehen erscheint es deshalb seltsam, daß Veblen Überlegungen in dieser Richtung nicht angestellt hat.

Man kann dies auch noch etwas anders fassen: Bei Veblen sind es die Kapitalgüter schlechthin oder – etwas genauer formuliert – die Knappheit der Kapitalgüter, welche die private Aneignung von Erträgnissen des gesellschaftlichen Wissens ermöglichen. Die neuere Theorie hingegen betont, daß die Kapitalgüter selbst Träger von Wissen sein können, das auf diese Weise anderen verfügbar gemacht wird. Hier ist es in Sonderheit das in den Kapitalgütern verkörperte neue Wissen, das zu Profiten oder zumindest zu überdurchschnittlichen Profiten führt.

(25) Die mangelnde Berücksichtigung der Rolle des neuen Wissens und die Notwendigkeit, solch neues Wissen zu produzieren, wenn man Kapitalprofite realisieren will, läßt Veblen, den Pionier der Institutionen-Ökonomik paradoxerweise gerade die Rolle der Institutionen im Prozeß der Wissensproduktion übersehen. Die Rolle der Institutionen besteht ja nicht zuletzt gerade darin, einen Filter bei der Suche nach neuem Wissen abzugeben, und zwar gleichermaßen bei dessen Produktion und Verwendung. Die Menschen sind folglich auf das Rechtssystem, auf die Institution des Eigentums, aber auch auf diejenige des Geldes, in diesem Prozeß der Wissensmehrung angewiesen. Denn gerade dann, wenn man den Prozeß der institutionellen Veränderung als einen kumulativen Prozeß ansieht, in dem also bestimmte Prinzipien bewahrt werden, stellt sich die Frage, wie dann der Übergang zum Sozialismus bzw. dessen Funktionieren sichergestellt sein soll, wenn solche Institutionen gänzlich verschwinden. Berücksichtigt man noch die Rolle des Wettbewerbs, die im Marktsystem angelegt ist, so wird es vollends unerfindlich, worauf Veblen die höhere Produktivität im Sozialismus zurückführt.

(26) Indem Veblen die Orientierungs- und Filterungsfunktion der genannten Institutionen im Prozeß der Wissensentstehung und -verwertung nicht adäquat berücksichtigt, kommt er zur Einschätzung bestimmter Entwicklungen, die man geradezu »institutionenfrei« nennen kann. Dies gilt beispielsweise für sein Schwanken zwischen Subjektivismus und Objektivismus in der Beurteilung von *Nützlichkeit*. So gibt es Passagen, in denen man den Eindruck gewinnt, daß, wenn Veblen von Nützlichkeit spricht, die Einschätzungen der beteiligten Individuen gemeint sind. Das wäre konsequent evolutorisch gedacht. Überwiegend jedoch wird die Einschätzung bestimmter Entwicklungen als nützlich oder nicht nützlich vom Standpunkt des Betrachters, d.h. also Veblens selbst, vorgenommen. Doch gibt er kein Kriterium für seine Einschätzung an.[70] Ob etwas nützlich ist oder nicht, muß

---

70 »'Usefulness' and 'wastefulness' were usefulness and wastefulness as judged by Veblen, not by the economic agents involved. He spoke of 'material service-

aber letztlich erst im Prozeß des Wettbewerbs entdeckt werden, womit wiederum die Unerläßlichkeit der Institutionen in diesem Zusammenhang deutlich wird. Das Durchsetzen neuer Möglichkeiten kann sich auf Produkte und Verfahren, aber auch auf organisatorische Regelungen beziehen. Deshalb kommt es keineswegs nur auf die Produktion eines Gutes an, sondern es muß auch im Rahmen eines bestimmten institutionellen Arrangements verkauft werden, was unter Umständen zu erheblichen Verkaufsanstrengungen zwingt. Die Disqualifizierung der letzteren durch Veblen als reine »business«-Methoden liegt daher neben der Sache.[71] Es hängt eng mit diesem Problem zusammen, daß Veblen das, was technisch effizient ist, schlicht auch für ökonomisch effizient hielt.[72] Gerade dies hat ihn auch dazu verleitet, bestimmte Entwicklungen im Finanzbereich inadäquat zu beurteilen. Man darf in diesem Zusammenhang freilich nicht den Übergangsprozeß zu anderen Finanzierungs- und Organisationsformen, der sich in seiner Zeit abspielte, übersehen. Dies ändert aber nichts daran, daß er die Wettbewerbskräfte, die auch in dieser Hinsicht am Werke sind, nicht nur falsch eingeschätzt, sondern auch völlig unterschätzt hat.

Mit dem Wettbewerbsprozeß hängt es auch zusammen, daß die Ingenieure und Techniker sowie die Arbeitskräfte nicht zu einer so durchgreifenden Änderung der Denkgewohnheiten und Institutionen beigetragen haben, wie sich das Veblen vorgestellt hat. Zwar ist ein gewisser Gegensatz des technischen und des ökonomischen Denkens nicht zu verkennen, doch werden Ingenieure, Techniker und Arbeitskräfte direkt oder indirekt immer wieder an die Spielregeln des Marktes erinnert, die auch sie respektieren müssen, wenn sie in Unternehmen oder im Markt überleben wollen. Im Gegensatz zu der Prognose von Veblen hat sich zwischenzeitlich das ökonomische Denken eher noch weiter durchgesetzt, und zwar insofern, als es sich inzwischen auch in sogenannten non-profit-Organisationen breitgemacht hat.

(27) Die Fehleinschätzungen Veblens beruhen somit nicht zuletzt darauf, daß er vom gesellschaftlichen Wissen als einer im Prinzip

---

ability' and 'brute serviceability simply' as if these were objectively given and readily ascertainable.« Sowell 1967, S. 189.

71 In unserer Zeit hat bekanntlich Kirzner darauf hingewiesen, daß man zwischen Produktions- und Werbungskosten nicht sinnvoll unterscheiden kann. Siehe Kirzner 1978, Kapitel 4.

72 »Veblen did not understand that productive efficiency can be defined only in economic and not in technological terms.« Walker 1977, S. 224. Ähnlich auch T. Sowell 1967, 188: »Allocation was repeatedly depicted as a mere engineering problem.«

jedem zugänglichen Größe ausging, der Wissensteilung und der Notwendigkeit zur Koordination dieses Wissens – insbesondere im Prozeß von dessen Vermehrung – aber nicht genügend Aufmerksamkeit schenkte. Mit anderen Worten, er übersah das *Koordinationsproblem* bei der Wissensnutzung und konnte damit auch nicht zu einer adäquaten Ableitung des Kapitalprofits aus der Nutzung des Wissens heraus vorstoßen. Nur so ist es zu erklären, daß er die Rolle des Unternehmers oder des »Geschäftsmannes« sowie die des Wettbewerbs völlig unterschätzt hat.[73,74]

---

73 Wichtig erscheint noch der Hinweis, daß es beim Wettbewerbsprozeß im Hinblick auf das Wissen gerade auch um Elemente des Nichtpreiswettbewerbs gehen muß, den Veblen in seiner Bedeutung aber überhaupt nicht erfaßt hat und nur – oder zumindest überwiegend – als Verschwendung interpretieren konnte.

74 Die soeben aufgezeigten Verkürzungen im Denken Veblens zeigen sich in ähnlicher Weise auch bei der eher *formalen Umsetzung* seiner Konzeption. So wird nicht ganz klar, welche *produktionstheoretische Basis* er bei seinen Überlegungen zur Ableitung des Kapitalprofits verwendet. Auf der einen Seite verwirft er die Produktivitätstheorie des Zinses, auf der anderen Seite stellt er wiederum gelegentlich produktionstheoretische Betrachtungen an. Gleiches gilt für die *Nutzentheorie*. Wie bereits betont, lehnt er die Vorstellungen der Grenznutzentheoretiker ab und ist auch keineswegs ein Vertreter der Zeitpräferenztheorie des Zinses. Auf der anderen Seite aber hebt er hervor, daß die Wirtschaftssubjekte ständig Wertungen vornehmen müssen. Im einen wie im anderen Falle wird die Vermittlung zwischen den Sphären nicht recht klar, was manchmal dadurch verschleiert wird, daß er das Prozeßhafte als Merkmal des Geschehens heraustellt. Daß beide Aspekte über die Institution des Geldes und der in Geldkategorien formulierten Handlungen miteinander verzahnt werden, wird zwar hervorgehoben, doch hat man oft den Eindruck, daß Veblen von einer sehr starken Verselbständigung des finanziellen und monetären Sektors ausgeht. Insgesamt arbeitet Veblen daher nicht deutlich genug heraus, wie die verschiedenen Aspekte miteinander zu verbinden sind. Siehe Walker 1977, S. 235. Abschließend sei noch hervorgehoben, daß Veblens Theorie zur Erklärung des Kapitalprofits nicht so weit ausgearbeitet ist, daß er den Kapitalgewinn und den Zins analytisch trennen würde bzw. genau analysierte, wie eine solche Abspaltung des Zinses aus dem Kapitalgewinn entsteht. Dies ist bekanntlich auch bei Schumpeter nicht überzeugend geschehen und harrt bis heute einer befriedigenden Lösung.

Literatur

Hayek, F.A. v. (1945): The Use of Knowledge in Society, in: The American Economic Review, Vol. XXXV, S. 519-530.

Hayek, F.A. v. (1973): Law, Legislation and Liberty, Vol. 1, Rules and order, London.

Hesse, G. (1992): Innovative Anpassung in sozio-ökonomischen Systemen – Ein Beispiel: Landnutzungssysteme und Handlungsrechte bezüglich Boden, in: Biervert, B./Held M. (Hrsg.): Evolutorische Ökonomik – Neuerungen, Normen, Institutionen, Frankfurt/New York, S. 110-142.

Hodgson, G.M. (1994): Capital Theory, in: Hodgson, G. M./Samuel, W. J./Tool, M.R. (Hrsg.): The Elgar Companion to Institutional and Evolutionary Economics A-K, Aldershot/Brookfield, S. 33-38.

Hodgson, G.M. (1993): Economics and Evolution, Cambridge/Oxford.

Kirzner, I.M. (1978): Wettbewerb und Unternehmertum, Tübingen 1978.

McNulty, P.J. (1973): Hoxie's Economics in Retrospect: The Making and Unmaking of a Veblenian, in: History of Political Economy, Vol. 5, S. 449-484

O'Donnell, L.A. (1973): Rationalism, Capitalism, and the Entrepreneur: the Views of Veblen and Schumpeter, in: History of Political Economy, Vol. 5, S. 199-214

Rutherford, M. (1984): Thorstein Veblen and the Processes of Institutional Change, in: History of Political Economy, Vol. 16, S. 331-348.

Schreiter, C. (1994): Evolution und Wettbewerb von Organisationsstrukturen, Göttingen.

Sowell, T. (1967): The »Evolutionary« Economics of Thorstein Veblen, in: Oxford Economic Papers, Vol. 19, S. 177-198.

Veblen, Th. (1971): Theorie der feinen Leute, München.

Veblen, Th. (1994): The Place of Science in Modern Civilisation and Other Essays, The Collected Works of Thorstein Veblen, Vol. VIII, London 1994.

Veblen, Th. (1994a): Why is Economics not an Evolutionary Science?, in: Ders., S. 56-81.

Veblen, Th. (1994b): The Limitations of Marginal Utility, in: Ders., S. 231-251.

Veblen, Th. (1994c): Gustav Schmoller's Economics, in: Ders., S. 252-278.

Veblen, Th. (1994d): The Socialist Economics of Karl Marx and his Followers, in: Ders., S. 409-456.

Veblen, Th. (1994e): Some Neglected Points in the Theory of Socialism, in: Ders., S. 387-408.

Veblen, Th. (1994f): On the Nature of Capital (Teil I und 2), in: Ders., S. 324-386.
Veblen, Th. (1994g): Fisher's Rate of Interest. In: Ders. (1994): Essays in Our Changing Order, The Collected Works of Thorstein Veblen, Vol. XX, London, S. 132-136.
Walker, D.A. (1977): Thorstein Veblen's Economic System, in: Economic Inquiry, Vol. XV, S. 213-237.

Thorstein Veblens negative Dialektik

Ökonomischer Rationalismus, Empirismus und Evolutionismus – eine Kritik[1]

Helge Peukert

1. Die Grundfigur des Veblenschen Ansatzes

Thorstein Veblen ist in der Nationalökonomie eine Institution: Neben frühen kritischen Auseinandersetzungen,[2] Verarbeitungen als Lehrbuchwissen,[3] der dogmenhistorischen Einreihung in die Galerie großer Institutionalisten,[4] der Behandlung seiner Rolle als Vorbild in methodischen Fragen[5] und in gesellschaftskritischer Fortführung[6], diente er auch als Gegenstand deutschsprachiger Dissertationen[7].

Sein Einfluß auf die frühe[8] und spätere[9] nationalökonomische Entwicklung wurde erörtert, und Verteidigungsschriften gegen namhafte Kritiker wurden verfaßt[10]. Neoklassikern dienen seine Schriften als abschreckendes Beispiel soziologischer Prosa, den Vertretern der neuen Institutionenökonomie gilt auch Veblen als analytisch überwundener Vorläufer eines altinstitutionalistischen Ansatzes.[11] Dem steht aber ein auch in der Bundesrepublik verstärktes Interesse am

---

1 Den Herausgebern sei für inhaltliche und Kürzungsvorschläge gedankt.
2 Vgl. Teggart 1932; Hobson 1936; Dobriansky 1956.
3 Vgl. Gordon 1968.
4 Vgl. Gruchy 1972, S. 22ff.
5 Vgl. Samuels 1990.
6 Vgl. Gambs 1946.
7 Vgl. Eugster 1952; Delius 1957.
8 Vgl. Seligman 1925.
9 Vgl. Mann 1955.
10 Vgl. Tilman 1992.
11 Vgl. Richter 1994.

»Institutionalismus« und an Veblen als eigentlichem Begründer dieser ursprünglich heterodoxen Richtung gegenüber.[12]

Mögen die beiden erstgenannten Einschätzungen auf externen Vorurteilen beruhen, so letztgenannte auf einem anderen als dem hier vorgetragenen immanenten Verständnis gegenüber der Veblenschen Absicht,[13] da er – in der Begrifflichkeit der Lakatosschen Methodenreflektion ausgedrückt[14] – sein Theorieprogramm strikt auf eine negative Heuristik und Kritik beschränkte und selbst keine positiven Theorieaussagen formulierte!

Diese Behauptung steht konträr zum institutionalistischen Selbstverständnis und der Behandlung Veblens in der ihn kritisierenden Sekundärliteratur. Es wird die These vertreten, daß in Veblens Schriften *ein Ziel* auf *zwei Wegen* verfolgt wurde: sein Ziel besteht in der radikalen Kritik vorherrschender *habits of thought*, deren konstruktivistische Sichtweise er durch seine ursprüngliche philosophische Ausbildung durch Kant und Peirce[15] gewann. Was Kant u.a. in der *Kritik der reinen Vernunft* für die Kategorien von Raum und Zeit unternahm, versuchte Veblen – durch Peirces pragmatistische Wendung angeleitet – für die raum-zeitlich bedingten und begrenzten, zeithistorisch zu verstehenden Apperzeptionsschemata der politischen und theoretischen Nationalökonomie auf der Grundlage der politisch-philosophischen Strömungen seiner Zeit (Pragmatismus, Historismus, Spencer-Darwinismus, Marxismus, Christentum) durchzuführen. Er versuchte *nicht*, eine positive, neue und evolutionäre Sicht des ökonomischen Prozesses mit bestimmten Gesetzmäßigkeiten zu begründen.

Seine Schriften dienen nach der hier vertretenen Ansicht ausschließlich der Erkenntnis- und Begriffskritik, die er auf zwei Wegen formulierte:

1. durch *countertheoretical histories*, die zu (neo-)klassischen Erklärungsansätzen der Gesellschaft und den Bedingungen von Privateigentum und Akkumulation und dem Sinn des großindustriellen kapitalistischen Systems in einem Verhältnis diametraler Opposition stehen (als Beispiel: Privateigentum entsteht durch Raub und

---

12 Vgl. Reuter 1994.
13 Was nicht gleichbedeutend mit einem Urteil über die Wertigkeit einer positiven institutionalistischen Schulrichtung ist.
14 Vgl. Lakatos 1974.
15 Vgl. Peirce 1991a und 1991b.

verhilft zum Luxuskonsum, anstatt auf rechtschaffender Arbeit und Sparsamkeit zu beruhen);
2. durch eine Art dialektisches Ad-Absurdum-Führen bestimmter Denkschemata, z.B. der Instinkt- und Rassetheorien an sich und verschiedener Ansätze (z.B. Pragmatismus versus Darwinismus) untereinander, wobei sich beide Argumentationsstrategien oft überlagern.

Vor allem das zweite Motiv erklärt die oft erwähnte Rabulistik vieler seiner Schriften, die meist als schlicht redundant empfunden wurde, tatsächlich aber von Veblen sorgfältig abgestimmte Aufgaben erfüllt. Natürlich lassen sich aus Veblens Schriften einige Anregungen zu einer zur Neoklassik alternativen Theorie des Konsumverhaltens[16], Thesen über die Bedingungen und Funktionsweise der Großunternehmungen (von Bearle und Means bis zu Galbraith) und zur Kartell- und Monopolgesetzgebung in der BRD im Anschluß an Clarks Konzept des funktionsfähigen Wettbewerbs gewinnen, aber angesichts z.B. der Wirtschaftsrealität des Auftauchens von Großunternehmen in den USA[17] und im Deutschen Reich[18] seit Mitte des vorigen Jahrhunderts hätte es der ökonomisch-analytisch eher schwachen Schriften Veblens kaum bedurft, um das nationalökonomische Forschungsinteresse auf diese die Wirtschaftsstruktur nachhaltig beeinflussenden Wandlungen zu lenken.

Seine Zielsetzung einer Kritik der Deutungsschemata der modernen Gesellschaft und Ökonomie steht von Interesse und Durchführung her in der Dogmengeschichte der Nationalökonomie einzigartig dar. Veblen bedient sich hierzu der vielschichtigen Denk- und Argumentationsweise einer negativen Dialektik, die im folgenden erläutert werden soll und die von ihm auf eine solch hintergründige Art und Weise vorgetragen wurde, daß sie nicht nur von der Mehrzahl bodenständig-positivistisch denkender Ökonomen, sondern auch von einem ausdrücklichen Vertreter einer dialektischen Denkweise[19] in einer Kritik an Veblens *Theorie der feinen Leute* ironischerweise nicht erkannt wurde.

---

16 Siehe z.B. Galm 1957.
17 Vgl. Chandler 1977.
18 Vgl. Born 1985.
19 Vgl. Adorno 1955 und, hieran anschließend, Haselberg 1962.

2. Biographische Spurenlese und Veblens Vorstellung der natürlichen Ordnung

Den direktesten und unmittelbarsten Zugang, der Veblens grundsätzliche Denkmuster deutlich werden läßt und durch M. Polanyis methodischen Ansatz[20] gerechtfertigt werden mag, bilden die biographischen und werkgeschichtlichen Schriften Dorfmans[21], der bereits im Vorwort zu seinem ursprünglich 1934 erschienenen Werk *Thorstein Veblen and His America* bemerkt, daß selbst 35 Jahre nach der Entstehung der *Theorie der feinen Leute* »it's author still remains a figure of mystery«. In den ersten zwei Kapiteln seines nicht immer ganz glücklich komponierten Buches beschreibt Dorfman in etwas idealtypischer Weise den hier nicht im einzelnen nachzuvollziehenden Gang der Veblenschen Familiengeschichte als norwegische Emigranten in der Mitte des vorigen Jahrhunderts.[22]

Ironische Distanz ist die kennzeichnende Eigenschaft, mit der Veblen seiner Umwelt gegenübertrat und die von seiner Umwelt aufs Deutlichste wahrgenommen wurde: »While Carleton prayed for the conversion of the heathen, Veblen, reader of Swift, delivered *A Plea for Cannibalism* which threw the faculty and students into an uproar. On another occasion he delivered *An Apology for a Toper*. ... Veblen enjoyed subjecting the textbooks of the philosophy course to public examination. He took up Mark Hopkins's *Evidences of Christianity*, and demonstrated that the 'evidences' were cases of poor reasoning ... Into the literary societies, ostensibly devoted to the discussion of serious and profound topics, Veblen carried his disturbing tactics.«[23]

Veblen war von der geistigen Einstellung her ein revoltierender Mensch im Sinne Camus', der die Denkschemata seiner Umwelt durch »Antischemata« provozierte und destruierte, ohne ein eigenes positives Programm an die Stelle seiner zersetzenden »disturbing tactics« zu setzen. Ausdrücklich heißt es, daß »in spite of all the efforts of his fellow students in and out of class his definite views could not be determined. ... Henderson described Veblen more sympathetically as a spectator viewing life from a detached position ...«[24]. Aus

---

20 Vgl. Polanyi 1983.
21 Vgl. Dorfman 1966 und 1973.
22 Zu den geistigen Einflüssen auf Veblen siehe auch Dorfman 1968.
23 Dorfman 1966, S. 31-33.
24 Dorfman 1966, S. 42.

Dorfmans weiterer Darstellung geht hervor, daß Veblen seine erkenntnisagnostische Haltung auch in späterer Zeit nicht aufgab, sondern vehement beibehielt. Aus seiner Chicagoer Zeit, in der er selbst Vorlesungen hielt und durch seine Lehrtätigkeit praktisch zur Wiedergabe positiven Wissens herausgefordert wurde, wird berichtet: »It was still almost impossible to get from him an exact answer on any question ... I began to see that here was a subtle mind, penetrating to fundamental issues without disclosing its own views, except the one determination to get to the bottom of things, if possible ... He had the wonderful faculty of discussing without prejudice and with such fairness an extremely controversial subject, such as socialism, 'that the students received not the slightest inkling of his own belief or conviction'.«[25]

Neben seinem Auftreten im interpersonalen Austausch und als Lehrer[26] werden die gleichen Zweifel über seine Bücher geäußert. So heißt es in einer zeitgenössischen Besprechung zur strikten Trennung von industriellen und pekuniären Tätigkeiten, »that Veblen had carried it so far that there was a question« whether he was sincere«[27]. Als Veblen sich dem 50. Lebensjahr näherte, berichtet Dorfman über die fortbestehende Perplexität seiner Umwelt: »Of Veblen's own opinions on prevailing questions no one was certain. Students suspected that he was an agnostic, if not an atheist, but they were not sure ... [Albion, H. P.] Small encouraged students to study under Veblen, but whenever he tried to find out Veblen's point of view he was treated as if he were looking for evidence of heresy ... Davenport once became so exasperated with Veblen's apparent evasiveness on socialism, that while together after class, he told him: 'You are outside of class now, and you can say what you think of socialism.' But Veblen never gave him a direct answer.«[28]

Das Ziel der Veblenschen Gedanken-, Schreib- und Lehrtätigkeit bestand in der bewußten Schaffung eines Brechtschen Verfremdungseffekts, durch den die gewohnten Deutungsschemata zusammenbrechen, absurd erscheinen und sich herausstellt, daß »the absurdity was in the thing itself«[29]. Veblens besondere Zersetzungsarbeit galt Legitimationsformeln, die herrschaftspolitisch bedingte Verteilungsbedin-

---

25 Dorfman 1966, S. 118-120.
26 Siehe auch Uselding 1976.
27 Dorfman 1966, S. 235.
28 Dorfman 1966, S. 246-247.
29 Dorfman 1966, S. 251.

gungen als reziproke Modi behaupteten: »I remember once when he had laid it out to us that all moral principles are but shifting social canons, with none commanding universal assent, historically and geographically, I urged in dissent, that surely such a maxim as 'every man is entitled to what he produces' would command such uniform assent. – 'Well, possibly,' replied Veblen. 'But if one will change it to run: 'Every woman is entitled to what she produces,' you will find several parts of Europe that will greet your statement with instant denial.' ... he began a recital of village economy among the early Germans. Presently he came upon some unjust legal fiction imposed by rising nobles and sanctioned by the clergy. A sardonic smile twisted his lips; blue devils leaped in his eyes. With mordant sarcasm, he dissected the tortuous assumption that the wish of the aristocrats is the will of God. He showed similar implications in modern institutions.«[30]

Veblen war erkenntnistheoretischer Existentialist, den eingefahrenen Denkschemata und Verhaltensweisen setzte dieser Diogenes der Neuzeit das von ihm dekonstruktivistisch-nietzscheanisch gewendete Sartresche Diktum: »L'existence précède l'essence« entgegen, von seiner ersten Frau Ellen Rolfe treffend in die Worte gefaßt: »It has pleased him in his super-activity to hold mankind up to the mirror to show them how their joints worked. In the final day of reckoning there could be no better showman to point out the sheep from the goats to themselves.«[31] Auf Veblens satirische Haltung wurde natürlich in der Sekundärliteratur stets hingewiesen, sie wurde aber immer für ein stilistisches Akzidens gehalten. Demgegenüber wird hier behauptet (und später an seinen materialen Schriften belegt), daß Veblens zentrales Ziel in seiner existentialistisch-dekonstruktivistischen Absicht bestand, die in der institutionalistischen Theoriebildung seit Ayres[32], der als institutionalistischer Hauptrepräsentant der zweiten Generation gilt, verkannt wurde. Ayres vermischte nämlich Deweys pragmatisch-instrumentalistische Epistemologie mit Veblens vermeintlicher Instinkttheorie und übernahm die Unterscheidung von Technologie und zeremoniellen Institutionen von Veblen als vermeintliche positive Theorie; und er versuchte sich an einem post-darwinistischen Theoriekonzept, das den kritischen Stachel der Veblenschen Schriften durch einen optimistischen Fortschrittstechnokratis-

---

30 Dorfman 1966, S. 249.
31 Dorfman 1966, S. 486.
32 Vgl. Ayres 1944.

mus ins Gegenteil verkehrte.³³ Auch verkürzt er Veblens raffinierte Kritik der (Neo-)Klassik auf eine primitive Polarität: abstrakte Theorie versus Wirklichkeitswissenschaft.

Veblen hat Ayres des öfteren in seiner zurückhaltenden Art auf das basale Mißverständnis – allerdings ohne jegliche Konsequenz – hingewiesen. So berichtete Ayres Dorfman in einem Brief aus dem Jahr 1935 am Beispiel der Debatte um eine Instinkttheorie: »He [Veblen, H. P.] once asked me if I had ever noticed his definition of 'instinct' and when I replied with a grin that I never had, he matched my grin and remarked that no such definition appeared because if you define instinct exactly 'there ain't no such animal'.«³⁴

Veblens dekonstruktivistisch-existentialistischer Ansatz wird zugunsten einer Darlegung der von ihm als natürliche Ordnung bejahten Wirtschafts- und Sozialverfassung an zwei eher abgelegenen Stellen durchbrochen, an denen er mit aufgeklapptem Visier Position bezieht und wo es vordergründig um ganz andere Fragestellungen geht, nämlich um *Imperial Germany and the Industrial Revolution* ³⁵ und *The Higher Learning in America* ³⁶, deren im Titel angedeutete Fragestellungen hier ausgeklammert werden können. Veblens ausdrücklich formulierte Vision (Schumpeter) der guten und angemessenen Lebensform *à la taille de l'homme* ist vor dem Hintergrund seiner Abstammung aus Norwegen zu verstehen, einer Kulturtradition, die durch eingelebte Bräuche und die Sprache der eng zusammenstehenden norwegischen *community* in den USA bewußt gepflegt wurde.³⁷

Bei aller berechtigten Kritik an einem psychologistischen Verständnis seines Werkes (das von D. Riesman³⁸ auf den Syntheseversuch des Einflusses der zarten Mutter und des harten Vaters³⁹ zurückgeführt wird, wobei es sich allerdings um eine recht ubiquitäre Konstellation handelt, die z.B. in gleicher Weise auf Commons, der einen völlig anderen Ansatz vorlegte,⁴⁰ zutrifft), fängt Dorfman den Kern der Sache ein, wenn er bemerkt, »his guide lines remained always those of a sophisticated, sceptical, Norwegian agrarian thrown into contact

---

33 Vgl. Spengler 1976.
34 Dorfman 1973, S. 104, Fn. 135.
35 Vgl. Veblen 1966, Erstauflage 1915.
36 Vgl. Veblen 1918.
37 Siehe Dorfman 1966, Kapitel 2.
38 Vgl. Riesman 1960.
39 Siehe Dorfman 1966.
40 Siehe Commons 1934.

with the impersonal calculus of the credit economy as it took form in modern corporation finance ... They considered themselves the pure Norwegians, like the very soil itself. For them there was no honourable profession, except possibly the ministry. Even this was viewed with great suspicion, and the rural Norwegians in the nineteenth century supported a lay evangelical movement which was bitterly fought by the hierarchy. Thus the only proper aim of a countryman was the ownership and tilling of a farm.«[41]

Veblens Beschreibung der baltischen Steinzeit als vorangeschrittene »Wildheit« entspricht dieser Vorstellung als »a small scale system of tillage and presently of mixed farming ... The scheme of institutions, economic, civil, domestic and religious, that would fit these circumstances would be of a relatively slight fixity, flexible, loose-knit, and naive, in the sense that they would be kept in hand under discretionary control of neighborly common sense, – the continued borrowing and the facility with which borrowed elements are assimilated and turned to account goes far to enforce this conclusion ... It is a civilisation of workmanship and fecundity rather than of dynastic power, statecraft, priestcraft or artistic achievement.«[42]

Veblen beschreibt die Gesellschaft frei assoziierter Menschen in seiner provokativen Art als »heidnische Anarchie« autonom-selbstsuffizienter Produzenten,[43] die nur das wirtschaftliche und nicht das politische Mittel (Oppenheimer) kannte. »In the civil organisation all power vests finally in the popular assembly, made up, in effect, though not by strict formal specification, of the freehold farmers; including under that designation the able-bodied male citizens of substantial standing, but not formally excluding any part of the free population, and perhaps not even with absolute rigor excluding all women.«[44]

Realistischerweise sieht Veblen, daß eine solche freie Vergemeinschaftung von Menschen an nachbarschaftliche Beziehungen und an eine begrenzte Gruppengröße gebunden ist. (Auf den bedeutenden Einfluß des heute wiederauflebenden »Solidarismus«[45] auf Veblen weist Montaner hin.[46]) In einer Besprechung seines Imperialismus-

---

41 Dorfman 1966, S. 518 und 4-5.
42 Veblen 1966, S. 17 und 43.
43 Vgl. Veblen 1966, Kapitel 2 und 3.
44 Veblen 1966, S. 45.
45 Siehe Etzioni 1988.
46 Vgl. Montaner 1948, S. 29ff.

Buches von Wallace[47] wurde auf Veblens eindeutige positive Stellungnahme zum kleinräumigen Dorfleben hingewiesen. Tatsächlich erkannte Veblen klar die nicht aufhaltbare Weiterentwicklung über das Dorfleben hinaus und lehnte den in den norwegischen christlichen Gemeinden verbreiteten christlichen Dogmatismus ab. Nicht aus dem erdrückenden Über-Ich des Vaters oder der Feindschaft zwischen calvinistischen und norwegischen Lutheranern in Minnesota und Wisconsin, sondern aus der eben genannten Erkenntnis der Nichthintergehbarkeit der Entwicklung speist sich sein von Riesman[48] ganz richtig erkannter Fatalismus.

Seine Situation ähnelte jener der von ihm beschriebenen jüdischen Intellektuellen, die ihres eigenen kulturellen Ursprungs und dem des jeweiligen Diasporalandes gleichermaßen entfremdet sind; dies erklärt ihre kreativ-intellektuelle Kraft, da sie den konstruktivistischen Charakter aller institutionellen Deutungsschemata erleben. Veblen beschreibt seine eigene Lage, wenn er über sie bemerkt, »at the cost of losing his secure place in the scheme of conventions into which he has been born, and ... of finding no similarly secure place in the scheme of gentile conventions into which he is thrown ... He becomes a disturber of the intellectual peace, but only at the cost of becoming an intellectual wayfaring man, a wanderer in the intellectual no-man's-land, seeking another place to rest, farther along the road, somewhere over the horizon. They are neither a complaisant nor a contented lot, these aliens of the uneasy feet.«[49]

Veblens biographischer Abwehr- und Schutzmechanismus bestand in der gnadenlosen Zersetzung legitimatorischer Deutungsschemata, der in der interesselosen »idle curiosity« seinen standpunktlosen Halt fand und von ihm deutlich ausgesprochen wird: »The fact of this proclivity is well summed up in saying that men are by native gift actuated with an idle curiosity, – 'idle' in the sense that a knowledge of things is sought, apart from any ulterior use of the knowledge so gained.«[50] Seine Kritik zielt nicht nur auf das universitäre *fund-raising* und die Ökonomisierung des Lehr- und Forschungsbetriebs, sondern sie richtet sich grundsätzlich gegen die vom Dewey- und Jamesschen Pragmatismus philosophisch auf den Punkt gebrachte und spezifisch amerikanischem Geist entsprechende instrumentelle Beurteilung von

---

47 Vgl. Wallace 1940.
48 Vgl Riesman 1960.
49 Veblen 1964d, S. 227.
50 Veblen 1918, S. 5 und 11.

Wissen hinsichtlich seiner *serviceability*. In einer Fußnote deutet er die sonst verklausuliert ausgedrückte Distanz zum Pragmatismus an: »In the crude surmises of the pioneers in pragmatism this proposition was implicitly denied; in their later and more advisedly formulated positions the expositors of pragmatism have made their peace with it.«[51] Veblens eigener Standpunkt läßt sich zusammenfassend als politischer Anarchismus und Erkenntnisidealismus bezeichnen, der praktisch als Dekonstruktivismus in Erscheinung tritt. Im folgenden wird dieses Programm anhand von vier zentralen Themen Veblens exemplifiziert.

3. Warum ist die Ökonomie prinzipiell auch keine evolutionäre Wissenschaft?

Veblens 1898 erstmalig erschienener und oft zitierter Methodenaufsatz wird meist als Kritik der unrealistischen Annahmen der (Neo-)Klassik über die menschliche Natur und als konstruktiver Vorschlag für einen evolutionären ökonomischen Theorie- und Methodenansatz angesehen.[52] Wie bereits angedeutet, scheint sein Beitrag nach dem hier vorgelegten Verständnis mißverstanden und unterschätzt worden zu sein. Bereits in seiner frühen Befassung mit Kants *Kritik der Urteilskraft*[53], die in der damals führenden Philosophiezeitschrift, dem *Journal of Speculative Philosophy*, veröffentlicht wurde und in der er eine Vermittlung der Kritik der reinen Vernunft mit einem strikten Determinismus nach Naturgesetzen und der Kritik der praktischen Urteilskraft mit dem Zentralbegriff der Freiheit der Person und ihres autonomen Handelns versuchte, wird der Einfluß C.S. Peirces deutlich, dessen Kursus über Logik er an der *Johns Hopkins University* besuchte und dessen Abduktionskonzepts entsprechend deutliche Spuren in Veblens früher Abhandlung hinterließ. (Aus der Veblen-Jackson-Korrespondenz geht hervor, daß er sich des weiteren mit G.S. Morris' Hegelrezeption, mit A. Comte, H. Spencer und Ch. Darwin

---

51 Veblen 1918, S. 5, Fn. 2. Die behauptete Revision ist als bewußte Unterstellung Veblens zu werten.
52 Vgl. in diesem Sinne z.B. Sowell 1967, obwohl der Autor selbst von Veblens »colorful mockery« spricht.
53 Vgl. Veblen 1884.

befaßte.⁵⁴) Obwohl er wie gewöhnlich Peirce an keiner Stelle zitiert, weist sein Konzept der *idle curiosity* doch deutliche Parallelen zu Peirces »musement« auf. Beide betonen den kreativen Aspekt wissenschaftlicher Untersuchungen und die Mediatisierung der menschlichen Wahrnehmung einschließlich wissenschaftlicher Erkenntnis.

Veblen kritisiert rationalistische und empiristische Theorien gleichermaßen, da sie einen Wissenserwerb unabhängig von vorherigen Wahrnehmungen unterstellen. Wesentlich ist ihm hierbei Peirces Unterscheidung zwischen »mediate and unmediate cognitions«, die Dyer, der die These des grundlegenden Einflusses von Peirce auf Veblen herausarbeitet, folgendermaßen beschreibt: »A key to his refutation of these theories is his distinction between unmediated and mediate cognitions. Using the language of logic, he argues that an unmediated cognition is like a 'premiss not itself a conclusion,' or an element of conscious thought *not* determined by any previous thought. A mediate cognition is one that is determined by previous cognitions. His rejection of rationalist and empiricist accounts of knowledge consists, first, in showing that both accounts base knowledge on some form of unmediated cognition, and, second, in demonstrating the impossibility of distinguishing an unmediated from a mediate cognition. Consequently, he insists that our knowledge consists only of mediate cognitions, that all knowledge is a product of inference and, therefore, that the process of inference is the key to a theory of inquiry.«⁵⁵

Genau diese Denkstruktur mit dem Ziel des Nachweises von epistemologischen Defekten eines ökonomischen Rationalismus, Empirismus *und* Evolutionismus unternimmt Veblen in seinem Methodenaufsatz, dessen Titel meist im Sinne von »Warum ist die Ökonomie nicht auch schon eine evolutionäre Wissenschaft?« verstanden wird, Veblen aber eigentlich meint: »... nicht prinzipiell und objektiv-sachbedingt eine evolutionäre Wissenschaft?« Er führt die Fragestellung sehr polemisch ein: »It may be taken as the consensus of those men who are doing the serious work of modern anthropology, ethnology, and psychology, as well as of those in the biological sciences proper, that economics is helplessly behind the times, and unable to handle its subject-matter in a way to entitle it to standing as a modern science.«⁵⁶ Die Kritiker der Ökonomie aus evolutionärer Perspektive hätten bis-

---

54 Siehe Dorfman 1973, S. 256-258.
55 Dyer 1986, S. 22.
56 Veblen 1976b, S. 215.

her kaum klar gemacht, worin denn die Schwäche der bisherigen Ökonomie bestehe; in fehlender Faktensammlung wohl kaum, wie sie die historische Schule betreibe,[57] deren empiristisch-induktiven Ansatz Veblen, wie Peirce, kritisiert[58].

In einem hier aus Raumgründen leider nicht im einzelnen nachzuzeichnenden dialektischen Verwirrspiel sieht er den Unterschied zwischen klassischer Ökonomie und der sich zumindest andeutenden neuen evolutionären Ökonomie nicht im Unterschied von Modellplatonismus versus Wirklichkeitswissenschaft oder einer mehr oder minder großen Divergenz zwischen Ansätzen und Hypothesen und Fragestellungen bzw. der Angemessenheit zwischen ihnen und dem Forschungsgegenstand, sondern wie Peirce einzig und alleine darin, daß die jeweiligen Abduktionen unterschiedlich sind: »It will not even hold true that our elders overlooked the presence of cause and effect in formulating their theories and reducing their data to a body of knowledge. But the terms which were accepted as the definitve terms of knowledge were in some degree different in the early days from what they are now. The terms of thought in which the investigators of some two or three generations back definitively formulated their knowledge of facts, in their last analyses, were different in kind from the terms in which the modern evolutionist is content to formulate his results ... The difference is a difference of spiritual attitude or point of view in the two contrasted generations of scientists. To put the matter in other words, it is a difference in the basis of valuation of the facts for the scientific purpose, or in the interest from which the facts are appreciated.«[59]

Veblen vertritt einen radikalen Erkenntnisrelativismus bzw. -konstruktivismus, der für den primitiven Animismus, für die Aufstellung von naturanalogen Gesetzmäßigkeiten wie dem ersten thermodynamischen Gesetz, für finalistisch-meliorative Ansätze, wie z.B. Spencers soziales Differenzierungstheorem, und Theorien empirischer Faktensammlung gleichermaßen gilt. Ihre »constraining normality is of a spiritual kind. It is for the scientific purpose an imputation of spiritual coherence to the facts dealt with. The question of interest is how this

---

57 Siehe auch Veblens Kritik an Schmoller in Veblen 1901/02.
58 Vgl. Veblen 1976b, S. 217.
59 Veblen 1976b, S. 219.

preconception of normality has fared at the hands of modern science.«[60]

Alle Theorien werten und deuten Tatsachen nach einer bestimmten Adäquatheit, sie sind eine Projektion akzeptierter gesellschaftlicher Verhaltensideale, eine Aussage, die nicht nur für die klassischen Gleichgewichtsvorstellungen gilt: »All the talk about cytoplasm, centrosomes, and karyokinetic process, means that the inquiry now looks consistently to the life process, and aims to explain it in terms of cumulative causation.«[61] Mehr nicht! Veblen behauptet keineswegs ein gesteigertes Deckungsverhältnis zwischen Theorie und Realität, sondern es handelt sich um zwei – heute würde man sagen – Paradigmen, an die er keinen popperianischen Falsifikationsmaßstab anlegt. Der kumulativ-evolutionäre Wandel hat ausdrücklich keine selbstgenerierende Dynamik, sondern er wird in nicht-prognostische Denkprozesse aufgelöst. »When taken as items in a process of cumulative change or as items in the scheme of life, these productive goods are facts of human knowledge, skill, and predilection; that is to say, they are, substantially, prevalent habits of thought, and it is as such that they enter into the process of industrial development. The physical properties of the materials accessible to man are constants: it is the human agent that changes.«[62] Seine Forderung eines »genetic account of an unfolding process«[63] verliert sich daher bewußt in Platitüden: der Mensch werde bestimmt durch Vererbung und Umwelteinflüsse, durch Tradition, Konventionen und natürliche Umstände,[64] alles Aussagen, die von prinzipiell theorieirrelevanter Allgemeingültigkeit sind; ergänzt durch ständige Rücknahme vorheriger Positionen, so sein Lob der historischen Schule[65]. (Seine weiter unten zu behandelnde Stadienlehre ist gleich unempirisch und mindestens genauso wagemutig wie die der Vertreter der später von ihm hart kritisierten jüngeren und älteren historischen Schule.) Bewußt provokative Formulierungen wie

---

60 Veblen 1976b, S. 221. Aus Veblens Ansicht geht hervor, daß W.C. Mitchell Veblens Methodenauffassung völlig mißverstanden hat; siehe z.B. Mitchell 1937, Kapitel 14, und das Mißverständnis ebenso bei Harris 1932.
61 Veblen 1976b, S. 227.
62 Veblen 1976b, S. 230.
63 Veblen 1976b, S. 231.
64 Vgl. Veblen 1976b, S. 233. Die vermeintliche Kritik am Hedonismus besagt nur, die Ureigenschaft des Menschen sei es, »to do something« (Veblen 1976b, S. 233), der Analyseausgangspunkt müsse »the entire organic complex of habits of thought« sein (siehe Veblen 1976b, S. 236).
65 Vgl. Veblen 1976b, S. 237.

»matter of fact spiritual attitude«[66] lassen den Peirceschen Einfluß und Veblens dekonstruktivistische Ausgestaltungsvariante erkennen, aus der sich keine positive Methode ableiten läßt, ihre Stärke liegt in der von Satz zu Satz wechselnden antagonistischen Spiegelung der zu seiner Zeit zeitgenössischen Positionen untereinander.

So ist Sowells Eindruck nur zuzustimmen, daß »his statements as to what this [die evolutionäre Methode, H. P.] specifically involved were sparse and sketchy«[67], und er bemerkt ganz zu Recht, daß Veblen Institutionen im Unterschied zu späteren Institutionalisten als bloße »patterns of ideas« beschrieb. »Not to describe the mechanics of institutions in the sense of organizational entities ... Veblen was concerned to explain the evolution of these social habits and customs in response to economic and other changes.«[68] Tatsächlich findet sich in Veblens dekonstruktiven Schriften nicht eine evolutionär nachvollziehbare Hypothese über das Ursache-Wirkung-Verhältnis von Faktoren, was seiner Grundintention auch widersprochen hätte. In seinem methodenkritischen Aufsatz *The Preconceptions of Economic Science* [69] bringt der Titel bereits das Peirce-Kantsche Untersuchungsprogramm in all seinen Stärken und Schwächen zum Ausdruck: Zwar werden Smith' Menschenbild, seine Theorie zum Reichtum der Nationen, seine implizite Theologie des ökonomischen Geschehens durch Untersuchung eines friktionslosen Wettbewerbssystems, seine legitimatorische Verteilungstheorie (nach der die Verteilung gemäß der Produktivität der Produktionsfaktoren erfolge), seine Konzeption der Werteinheit als »embodied labor« (im Unterschied z.B. zu den Physiokraten[70]), die hedonistische Konsumtheorie usw. hinsichtlich ihrer – Rüstow würde sagen: subtheologischen – Unterstellungen erhellt. Wenn Veblen aber abschließend die Quantitätstheorie und die Lohnfondstheorie als (bloße) Mythen charakterisiert, so zeigt sich, daß er einer eigentlich ökonomischen Diskussion der Theoreme ausweicht und ausweichen muß, da nach der Peirceschen Erkenntnisphilosophie alle wissenschaftlichen Aussagen auf Abduktionen, d.h. präanalytischen Konzeptionen, beruhen, die der »Wahrheit« gleich nahe- oder fernstehen. In seiner Kritik an Marx hebt er daher auch konsequent hervor, dessen Werttheorie sei »contained in the main postulates of the Marxian System, than

---

66 Veblen 1976b, S. 240.
67 Sowell 1967, S. 178.
68 Sowell 1967, S. 186.
69 1899, in: Veblen 1961.
70 Siehe zu deren charakteristischen »spiritual attitudes« Veblen 1961, S. 82-113.

derived from it«[71]. Seine Abduktionsthese beinhaltet daher eine relativistische Annahme, die mit seiner Beschäftigung der modernen Zivilisation als einer »peculiarly matter-of-fact«-orientierten Zivilisation, die früheren theologischen Kultdeutungsschemata überlegen sei, konfligiert und in einige grundsätzliche, für eine erkenntnisrelativistische Position hier nicht näher nachverfolgbare Paradoxien führt.[72]

Veblen löst das Relativismusproblem, indem er gegenüber den gängigen Deutungsschemata der (Neo-)Klassik eine genau entgegengesetzte Aussageposition über System und Entwicklung der Wirtschaft einnimmt und hierin das Originelle seines Anknüpfens an Peirces Erkenntnisphilosophie besteht. Den empirischen Gehalt der Smithschen Aussagen – zur Vergrößerung des Marktes als Voraussetzung von Arbeitsteilung und der Realisierung von *economies of scale* und Smith' Grundintuition, daß bei Wegfall restriktiver merkantilistischer Schranken Kapital und Arbeit an die Orte größter Dringlichkeit wandern, welche Rolle hierbei der Preismechanismus spielt usw. und welche Reibungswiderstände dem entgegenstehen – hat Veblen nicht untersucht, sondern ökonomische Theorie konsequent als zeremonielle *habits of thought* behandelt, sich also auf eine erkenntnisphilosophische Kritik konzentriert.

4. Die »Theorie« der feinen Leute

Als wesentliche Inspirationsquelle zum Aufbau seiner *countertheoretical history* dienten Veblen die Novellen E. Bellamys, insbesondere sein 1857 erstveröffentlichter sozialistisch-utopischer Roman *Looking backward*[73], dessen Einfluß auf Veblen des öfteren hervorgehoben wurde[74]. Veblen rezipierte Bellamy aber nicht im Sinne eines konstruktiven politischen Programms, sondern vor allem (aber nicht nur) als provokative interpretatorische Kontrastfolie gegenüber den klassisch-ökonomischen *preconceptions,* die Tilman im Anschluß an C.W. Mills in einer Untersuchung (welche den deutlichen Nachweis des Einflusses

---

71 Veblen 1976c, S. 288.
72 Siehe Veblens 1906 geschriebenen Aufsatz *The Place of Science in Modern Civilisation,* in Veblen 1961, S. 1ff.
73 Vgl. Bellamy 1890.
74 Vgl. Dorfman 1966, S. 68, 264 und 338; Lipow 1982, S. 76 und 89; Dobriansky 1957, S. 21-23; Edgell 1975.

Bellamys auf Veblen führt) hervorhebt und die sehr deutlich auf Veblens Zielscheiben hinweisen. Die fünf *habits of thought* sind: »(1) that there is a fundamental harmony of interests between labor and capital, (2) that the pursuit of individual self-interest will lead to the overall social benefit through the workings of the Invisible Hand, (3) that competition is the most efficient and equitable way to reward merit or competence, (4) that the state is essentially a balance wheel, keeping many and varied interest groups in a state of equilibrium with each other, and (5) that the main conflict is not between man and man but between man and nature.«[75]

Veblen formulierte die genaue Antithese dieser Zentralbehauptungen, um einer »Geschichte« über Sinn und Verlauf des ökonomischen Prozesses eine gleichgeschlossene Geschichte mit dem Ziel entgegenzusetzen, die genannten *preconceptions* als solche hervortreten zu lassen, d.h. der erkenntnisphilosophischen Kritik eine nur vermeintlich positive Theorie mit Aussagen über Sachverhalte entgegenzusetzen. Statt dessen übernimmt er theoretische Versatzstücke und kehrt sie vom Wertungsgehalt gegen die Intentionen ihrer Verfechter: so übernimmt er H. Spencers Stadienkonzept des barbarisch-kriegerischen Zustandes, das dieser auch zur Abhebung gegenüber dem Fortschritt der zivilisierten Gegenwartsgesellschaft einführte, um umgekehrt zu zeigen, daß in der Gesellschaft des 19. Jahrhunderts eine Reinkarnation kriegsorientierter Organisationen erfolgte. Veblens implizite Stellungnahme gegen *conspicuous waste* und *conspicuous consumption* entspricht nicht in erster Linie seinem vermeintlichen kleinbürgerlichen Lebensideal, sondern er konfrontiert provozierend die amerikanische Gesellschaft mit der von Weber und Tönnies anschaulich beschriebenen protestantischen Ethik, die (nicht nur) im Amerika seiner Zeit stark wirkte und sich auf Sparen und Arbeitsamkeit und gegen Spielleidenschaft und unnötige Verschwendung richtete.

Bereits das Vorwort der *Theorie der feinen Leute* läßt Veblens dekonstruktiven Ansatz deutlich hervortreten; es solle »Standort und Wert der müßigen Klasse als ökonomischer Faktor« untersucht werden, obwohl eigentlich im Text ihr »Unwert« und die gerade nicht im engeren Sinne ökonomische Bedeutung ihres Verhaltens erläutert wird. Das eigentliche Ziel, »den Ursprung von Institutionen« zu erhellen, wird eingeführt mit der Bemerkung, die Institutionenanalyse »ließ sich nicht vermeiden«. Durch den Rückgriff auf jedem vertraute All-

---

75 Tilman 1985, S. 881.

tagsbeispiele und die oft bemerkte, aber selten erklärte Eigenart Veblens, ohne Quellenangaben auszukommen (da sie dem gebildeten Leser bekannt seien), signalisiert er, der bestehenden Gelehrigkeit keine neue Mythologie »in the way of esoteric knowledge ... of a select body of adepts or specialists-scientists, scholars, savants, clerks, priests, shamans, medicinemen«[76] entgegenzusetzen.

Kapitel 1 beginnt furios: Wurde im Vorwort bescheiden die müßige Klasse im modernen Leben als Untersuchungsziel angegeben, so wird hier tatsächlich eine säkulare Geschichtsauffassung geboten. Als der müßigen Klasse zugehörig werden alle nicht-produktiven Beschäftigungen der Oberklasse, der Krieger und Priester bezeichnet (Regieren, Krieg führen, religiöse Aufgaben und Sport); allein ihnen bleiben Betätigungen vorbehalten, »die als ehrenvoll gelten«. Veblen kritisiert mit seiner Darstellung alle feudalistischen Legitimationsideologien eines herrschaftlich-stratifizierten Gesellschaftsaufbaus von der »Schutz- und Schirmfunktion« des Adels bis zur kirchlich-königlichen Auffassung der gerechten Ständehierarchie. Gleichzeitig bezieht Veblen Stellung zur anthropologischen und staatstheoretischen Diskussion um die Entstehungsursachen und die Funktionalität von Stratifikation, sozialer Hierarchisierung und Ausbeutung, indem er sich gegen dominierende amerikanische vertragstheoretische und ökonomisch-neoklassische Interpretationsfolien richtet, wobei er auf der Seite der gegen die voluntaristischen Sozialkontrakttheorien[77] gerichteten, sogenannten stratifikatorischen Ungleichheitstheorien[78] steht.

Veblens Kritik der frühbürgerlichen normativen Theorien – die von Hobbes, Rousseau, Hume und Locke vertretenen voluntaristischen Sozialkontrakttheorien – bedeutet aber nicht, daß er ganz auf dem Standpunkt der externen Sozialungleichheitstheorie stünde, da z.B. selbst in der These des bevölkerungsbedingten Drucks ein latenter Funktionalismus steckt, Veblen aber konsequent behauptet, daß hinter ökonomischem Druck und soziostrukturell prägenden Variablen als wesentliche Determinanten der im allgemeinen leichten Befriedigung der Grundbedürfnisse das Bedürfnis nach Prestige und Status als eigentlichem Motor steht, das nicht nur den durchschnittlichen Gegenwartsmensch beseelt, sondern bereits bei den verfaulenden Yamsknollen der *bigmen* Neu-Guineas anzutreffen sei.[79] Der evolu-

---

76 Veblen 1918, S. 1.
77 Vgl. z.B. Service 1977; Sahlins 1958.
78 Vgl. z.B. Fried 1967; Oppenheimer 1912; Thurnwald 1965; Carneiro 1970.
79 Vgl. Malinowski 1922.

tionäre Fortschritt der Menschheit besteht für ihn nicht in einem adaptiven *upgrading* [80], sondern in der Ersetzung der ursprünglichen Demokratie durch ein quasi despotisches Regime[81].

Der seit Einbruch der Ungleichheit bestehende Feudalismus wird daher konsequent als Stadium der Barbarei bezeichnet, dem keine ökonomische Rationalität bei der Erstellung der lebensnotwendigen Dinge zukommt,[82] womit Veblen Stellung gegen alle Stadiengesetze neodarwinistischer Art oder solcher der historischen Schule Position bezieht, da diese eine positiv bewertete Höherentwicklung implizieren. Seine Beschreibung des Zustandes der wilden Völker: »Sie leben in kleinen Gruppen von einfachster (archaischer) Struktur, sind meist friedlich, seßhaft und arm«[83] ist eine bewußte Karikierung des schon ihm bekannten ethnologischen Materials, da der Mensch zu 99% der Zeit seiner Existenz auf der Erde als nicht seßhafter, wildbeuterischer Jäger und Sammler unter Anpassung an vorhandene Ressourcenbestände zubrachte[84] und hiervon deutlich das landwirtschaftliche Wirtschaftssystem mit Tierdomestikation und Pflanzenzucht zu unterscheiden ist[85].

Veblens Strategie des Ad-Absurdum-Führens sei hier nur an einer Behauptung exemplifiziert, nämlich der absurden These, die Friedfertigkeit der Wilden sei durch einen »technologischen Mangel«, d.h. fehlendes Kriegsgerät, bedingt. Das ethnologische Material (z.B. über die von ihm zitierten Andamesen) zeigt hingegen, daß Wildbeuter zumeist über äußerst gefährliche Giftpfeile, mit denen das Nervensystem gejagter Tiere paralysiert wird, verfügten (und Kriege mit Ästen und Steinen bereits bei Schimpansen auftreten) und aus ernährungsphysiologischen Gründen[86] in fast allen egalitären Wildbeutergesellschaften gejagt wird, ohne daß ein erheblicher Zusammenhang zum intergruppalen Kampf oder der Unterjochung der Frau auch nur im Ansatz zu erkennen ist[87].

Mit seiner Beschreibung des Urzustandes und der Herausbildung des räuberischen Barbarismus wollte Veblen folgenden *habits of*

---

80 Vgl. Parsons 1975.
81 Siehe die idealtypische Unterscheidung in Glassman 1986.
82 Vgl. Veblen 1971, S. 35.
83 Veblen 1971, S. 22.
84 Vgl. Lee 1984.
85 Siehe Peukert 1994 und die dortige Beschreibung der Untertypen.
86 Vgl. Harris 1989.
87 Vgl. Lee 1984.

thought entgegentreten: Arbeitsteilung führt nicht zum friedlichen Wettbewerb und durch die unsichtbare Hand zur allgemeinen Wohlfahrt, sondern sie dient primär der Vorteilnahme; der Wettbewerb bezieht sich auf das Erringen von Trophäen, und anstelle der unsichtbaren Hand steht die sichtbare Hand eines mit Aggression drohenden Kriegers. Der Wettbewerb entlohnt nicht Kompetenz und Sachleistung, sondern Brutalität. Die sich herausbildenden quasi-staatlichen Herrschaftsgebilde sind keine »balance wheels«, sondern sie dienen zur Rechtfertigung der Abzweigung des gesellschaftlich erzeugten Überschusses über die Lebensnotwendigkeiten durch eine die Produzenten ausbeutende und sich ihnen überlagernde Gruppe; die ökonomische Knappheit besteht nicht in einer Beziehung zwischen Mensch und Natur, sondern in der künstlichen Schaffung von Ansprüchen und Vorenthaltungen menschlicher Handlungsakteure; schließlich entsteht Privateigentum nicht als legitimer Anspruch, der auf eigener Arbeitsleistung beruht und in der Schaffung von Gütern durch Naturtransformation besteht, wie es besonders im frühbürgerlichen Werk Lockes dargestellt wird, sondern – mit maximalem Provokationswert in einer Gesellschaft, die die (christliche) Ehe für eine fundamentale Institution hielt – im kriegerischen Raub von Frauen mit dem Ziel der Vielweiberei. Veblen enthält sich hierbei jeglicher positiver Entwicklungsaussage, statt dessen stellt er antithetisch Aussage »¬ A« gegen die vorherrschende Aussage »A«; so auch, wenn er behauptet, der Unterschied zwischen dem friedlichen und räuberischen Stadium sei geistiger Art, um im nächsten Satz zu behaupten, sie sei wiederum Folge der materiellen Lebensordnung, um diese an sich schon sehr allgemeine Beschreibung wiederum zu modifizieren.[88]

Wurden in Kapitel 1 mit der dekonstruktiven Brechstange alle harmonischen *habits of thought* bis zum Frühkapitalismus durch Antithetik zertrümmert, so setzt Veblen in Kapitel 2 und 3 zum Angriff auf die bürgerlich-kapitalistischen Denkgewohnheiten an, was an sich nicht selbstverständlich ist, da sich denken ließe, daß Veblen, ähnlich dem Weberschen Rationalisierungstheorem und anderen Stadientheorien, einen Bruch voraussetzen könnte und den nunmehrigen Trend zu Rechenhaftigkeit, Sparsamkeit und einer protestantischen Ethik – wie er es auch im Elternhaus gelernt hatte – als Anbruch eines neuen und welthistorisch qualitativ einmaligen Wirtschaftssystems hätte be-

---

88 Vgl. Veblen 1971, S. 31-32. Veblens dialektisch-verwickelte Absurditäten können hier leider nicht im einzelnen dargelegt werden.

schreiben können. Statt dessen stellt der Kapitalismus bei ihm in gewissem Sinne das höchste Stadium der Barbarei dar. Bereits im ersten Satz des Kapitels heißt es: »In der kulturellen Entwicklung fällt das Entstehen einer vornehmen, nicht arbeitenden Klasse notwendigerweise mit den Anfängen des Eigentums zusammen, denn beide Institutionen werden von denselben wirtschaftlichen Kräften hervorgerufen ... Muße und Eigentum interessieren uns hier als Elemente der gesellschaftlichen Ordnung, als konventionelle Erscheinungen.«[89] Von Locke über Smith bis zur neuen Institutionenökonomie wurde und wird die umgekehrte These vertreten: Zugeschriebenes Eigentum erhöht die Arbeitsmotivation, Eigentum führt nicht zur Muße, sondern erhöht die produktiven Anstrengungen. Nicht Gebrauchsgegenstände, sondern die räuberische Herrschaft, zunächst über Frauen und andere Personen (Sklaven), führt schließlich zum Eigentum über Sachen. Zwischen den Zeilen polemisiert Veblen antithetisch gegen die Metapher des Kampfes ums Dasein und die u.a. von Smith vertretene Ansicht, geistige, ästhetische und intellektuelle Bedürfnisse würden »indirekt durch den Verbrauch von Gütern befriedigt«[90].

Gegen Marx gewandt, ist das Verhältnis zwischen arm und reich nicht durch eine Klassenpolarisation gekennzeichnet, sondern »neiderfüllt«[91]; der Arme wäre gerne der Reiche und versucht, ihn nachzuahmen, anstatt ihn zu beseitigen. Der These, die Arbeitsgesellschaft ermögliche den unteren Schichten, »sich das tägliche Brot zu verdienen« und vermehrten materiellen Komfort »zu erhalten«, wird als wichtigstes Erwerbsmotiv in Frage gestellt, da »selbst bei den besitzlosen Klassen die physischen Bedürfnisse keine so entscheidende Rolle spielen, wie man oft angenommen hat«[92]. Veblen läßt keine Blasphemie aus, um die Institution des Eigentums der sozialen Nützlichkeit zu berauben, und führt das Motiv der Reichtumsmehrung als Ersatz der früheren Trophäe auf ein und nur ein Motiv zurück: »Das Hauptmotiv bildete von Anfang an die mit Neid betrachtete Auszeichnung.«[93] Gegen Deweys und James' Optimismus einer rationalen Gestaltung konsensorientierter Leitinstitutionen stellt Veblen kämpferisch die These des grundlegenden *cultural lag*: alle politischen und kulturellen Institutionen sind als ossifizierter Überhang des barbarischen Stadiums zu ver-

---

89 Veblen 1971, S. 33.
90 Veblen 1971, S. 35.
91 Veblen 1971, S. 35.
92 Veblen 1971, S. 35.
93 Veblen 1971, S. 36.

stehen. »In der Meinung des Volkes gebühren die höchsten Ehren, die ein Mensch erlangen kann, noch heute jenen, die in Krieg oder Politik ein außergewöhnliches räuberisches Geschick entfalten.«[94]

Da weder materieller Komfort noch die Sicherung des Existenzminimums das zentrale Motiv der kapitalistischen Gesellschaft sind, bleibt für Veblen nur der behauptete Neid zur Erklärung übrig, d.h. das in die Alltagssprache durch Veblen eingegangene »keeping up with the Jones's«. Es beruht nach Veblen auf »emulation. It is a striving to be, and more immediately to be thought to be, better than one's neighbor.«[95] Man mag hierin einen Beitrag zur alternativen Konsumtheorie nach der Anlage von Duesenberry[96] sehen, und die *mainstream*-Ökonomie mag Veblen eine kleine Rosine im großen Kuchen dogmengeschichtlicher Erkenntnisse in Form des Veblen- bzw. Snobeffekts gönnen, für Veblens dekonstruktive Absicht jedoch viel entscheidender ist die implizite Behauptung einer grundsätzlichen Irrationalität des kapitalistischen Wirtschaftssystems. Läßt sich nämlich die Sicherung eines angemessenen Lebensstandards als Ziel eines Wirtschaftssystems widerspruchsfrei formulieren, so ist es völlig unmöglich, daß alle in einem Wirtschaftssystem Tätigen mehr Ansehen als ihre Nachbarn haben. Veblen ahnte vor bald 100 Jahren, als die Wachstumsgesellschaft noch in den Anfängen war, was heute angesichts der (human-)ökologischen Problematik und sie begleitender Theorien dispositiver Güter usw. und der *habit of thought* »Güterreichtum = Glücksvermehrung« fraglich zu werden beginnt. Er stellt im Vorbeigehen die wesentliche Frage: »Wenn es wirklich stimmen würde ..., daß der Anreiz zum Akkumulieren von Gütern nur in der Sorge um die Existenz und den Wunsch nach materiellem Komfort liegt, dann müßte es auch möglich sein, die wirtschaftlichen Bedürfnisse einer Gesellschaft an einem bestimmten Punkt der industriellen Entwicklung ganz zu befriedigen. Da aber der Kampf in erster Linie in einem Wettlauf nach Ansehen und Ehrbarkeit besteht, die beide auf einem diskriminierenden Vergleich beruhen, so kann dieses Ziel niemals erreicht werden.«[97] Rivalität und Konkurrenzneid sind die letzten Antriebe des Akkumulationsprozesses einer »modernen industriellen Gesellschaft«, die sie zu einer vom Ziel her nicht erfüllbaren, irrationalen Wirtschaftsform stempeln. Nicht die intrinsische Qualität

---

94 Veblen 1971, S. 38.
95 Veblen 1961, S. 392.
96 Vgl. Duesenberry 1940.
97 Veblen 1971, S. 39.

der Güter, sondern ihre möglichst sinnlosen und nicht funktionalen Qualitäten sind nach dem »Gesetz des demonstrativen Müßiggangs«[98] nachfrageentscheidend; schließlich sparen die Kapitalisten nicht, um zu investieren, sondern sie verprassen snobistisch.

Theoretisch bedeutsam sind weder die Fragen, ob Veblen seine Zeit zutreffend beschrieb oder übertrieb, noch kommt es bei ihm darauf an, sich konstruktive Gedanken zu machen, ab wo und wann überhaupt das sinnvolle Lebensminimum überschritten bzw. wie es bestimmt werden kann, noch sich zu fragen, wie Akkumulation ohne Sparen in einer realen Wirtschaft denn vor sich gehen soll. Theoretisch interessant ist vorrangig die Erkenntnis und Vorgehensweise des dekonstruktiven Impulses, der gesellschaftskonforme *habits of thought* durch geschickt gegeneinander gestellte Denkschablonen zu entschleiern versucht. Diesem Ziel dienen auch die im weiteren Teil des Buches behandelten, illustrierenden Beispielfälle; Veblen zieht die interpretativen Masken durch alternative Interpretationsschemen fort, aber, radikaler als Nietzsche, zeigt er sich bei der Beschreibung des »wahren« Gesichts der Wirtschaft und Gesellschaft – durch Peirce und Kant geläutert – völlig agnostisch. Seine sogenannte Konsumtheorie besteht denn auch aus einer Nachahmungs- und einer Abhebungstendenz, die sich richtungsmäßig gegenseitig neutralisieren und die Formulierung einer eindeutigen Konsumtheorie und eines typischen Angebot-Nachfrage-Kurvenverlaufes mit der Bestimmung von eindeutigen Preis-Menge-Verhältnissen unmöglich machen, da auf der Nachfrageseite nach Veblen neben der intrinsischen Gebrauchsqualität des Gutes der normale Preiseffekt (höherer Preis – geringere Nachfrage), der *bandwagon*-Effekt (Nachfrageerhöhung, da auch andere das Produkt kaufen), der Snobeffekt (Nachfragesenkung, da auch andere das Produkt kaufen) und der Veblen-Effekt im engeren Sinne (Nachfrage-Erhöhung, da der Preis eines Produkts erhöht wird) wirken. Die letzten drei Fälle können als externe Konsumeffekte bezeichnet werden, wobei der *bandwagon*-Effekt zu einer mehr, der Snobeffekt zu einer weniger elastischen Nachfragekurve führt, der Veblen-Effekt aber die Möglichkeit eines positiv steigenden Teils der Nachfragekurve enthält und zu unüblichen Nachfragekurven führt (z.B. in Form eines umgekehrten S), woduch ein eindeutiges Marktgleichgewicht oder über-

---

98 Veblen 1971, S. 46.

haupt ein Schnittpunkt zwischen Angebots- und Nachfragekurve fraglich wird.[99]

Veblen bleibt auch hier seiner Methode treu: Gegen die Behauptung eines Normalfalls (sinkende Nachfragekurve, steigende Angebotskurve und eindeutiger Gleichgewichtspunkt im Sinne der Partialanalyse) setzt er ein Gedankenexperiment mit gegenteiliger Wirkung und decuvriert den in Lehrbüchern behandelten Standardfall als *habit of thought*. (Dem Veblen-Fall dürfte tatsächlich neben dem Ostentationsmotiv eine größere Bedeutung zukommen als die einer bloß anormalen Ausnahme, da oft der Preis, z.B. bei Konsumgütern, mangels anderer Produktinformationen als Qualitätsindiz interpretiert wird.)

Sein erkenntnisphilosophischer Rigorismus ist einzigartig in der Geschichte des ökonomischen Denkens, weder vor noch nach ihm gibt es ähnlich angelegte Arbeiten. Der Institutionalismus als theoretische Schulrichtung mißversteht so weitgehend seine Absicht, bestätigt aber gerade hiermit sein Verdikt: menschliches Handeln und Denken tendiert zur institutionalisierten Reifizierung.

5. Die Instinktlosigkeit der Instinkte

In der Einführung zu Veblens *The Instinct of Workmanship* zitiert Dorfman, der wie alle Veblenschen Gefolgsleute vor allem in diesem Buch eine konstruktive Theorie mit positiven Aussagen vermutet, Veblens briefliches Eingeständnis an Mitchell aus dem Jahr 1913, »there are references and other apparatus of erudition to be included, and the publication, if any, is in the indefinite future. As it lies, it is something of a disappointment, it seems neither clear nor convincing, nor is the discussion (some 90.000 words) adequate as an outline of systematic treatment.«[100] Eine konstruktive Intention unterstellen auch einige seiner Kritiker, wie z.B. L. Schneider, der Veblens »vagueness of the category of instinct«[101] konstatiert, aber nicht Veblens Absicht erkennt; gleiches gilt für Z'Graggen,[102] der den unlösbaren Versuch unternimmt, »hinter all den Unvereinbarkeiten und Zweideutig-

---

99 Siehe zur genaueren, auch diagrammatischen Exposition Leibenstein 1950.
100 Veblen 1964b, S. IX. Hingewiesen sei auch auf Veblens Bemerkungen über sein Instinktkonzept gegenüber Ayres weiter oben.
101 Schneider 1974, S. 80.
102 Vgl. Z'Graggen 1983.

keiten die theoretisch einheitliche Grundlinie seiner [Veblens, H. P.] Instinktlehre zu ergründen«[103]. Was Veblen als Schwäche ausgibt, ist tatsächlich die Stärke seiner bewußten Methode, worauf er bereits am Anfang verklausuliert hinweist, wenn er bemerkt, in der Biologie sei man vom veralteten Instinktbegriff zu Recht abgekommen, denn »the word appears no longer to be serviceable as a technical term«[104] und er bewußt ständig von Instinkten, aptitudes, propensities, habits of life usw. spricht[105].

Instinktlehren waren gegen Ende des vorigen Jahrhunderts in Mode: Darwins »survival of the fittest« tauchte in den Schriften z.B. Spencers, Sumners und anderer als biologische Determinante sozialen Geschehens auf.[106] In Fußnotenverweisen läßt Veblen durchblicken, welche instinkttheoretischen Ansätze er im Blick hat: J. Loebs physiologisches, Mc Dougalls anthropologisches und W. James' plastizitätsorientiertes Instinktkonzept,[107] die Veblen in meisterhafter Dialektik jeglichen Aussagewerts beraubt und die zu seiner Zeit in großer Mode waren, oft mit sozialdarwinistisch-rassistischen Untertönen auch in der öffentlichen Diskussion rezipiert wurden. Auch James wollte eine neue Psychologie auf naturwissenschaftlich-darwinistischer Basis errichten und die biologische Natur selbst des Bewußtseins als funktional im Überlebenskampf belegen,[108] was Veblen zur Antithese der Selbstkontamination und Dysfunktionalität der Instinkte führen sollte. Den vom Darwinismus in die Alltagsdiskussion eingegangenen Begriffen »Anpassung« und »Überlebenskampf« stellte Veblen die These der Unangepaßtheit der Institutionen und der Dysfunktionalität wesentlicher sozialer und ökonomischer Institutionen entgegen. Wenn Gesellschaften, die nach Veblens Ansicht großzügig verschwenden und von einer Klasse der Faulen und Untätigen regiert werden, überleben, so kann man von einem Überleben des Fittesten nicht im Ernst sprechen.[109] Indirekt findet in seiner Argumentation eine Auseinandersetzung mit der gesamten sozialphilosophischen Diskussion seiner Zeit statt, so z.B. auch die dekonstruktive Absicht gegenüber Thesen der Nichtveränderbarkeit der menschlichen Natur und die

---

103 Z'Graggen 1983, S. 113.
104 Veblen 1964b, S. 2.
105 Siehe die lange Aufstellung in Mayberry 1969.
106 Siehe die Belege in Davis 1957.
107 Vgl. Veblen 1964b, S. 3-5.
108 Vgl. Landsman 1957.
109 So aber Murphree 1959.

Idee, daß der äußere Zwang zur institutionellen Änderung sehr groß sein muß, um die Widerstände der eingelebten Sitten durchbrechen zu können.[110] Gleichzeitig bezieht Veblen Stellung gegen den Progressismus z.B. Deweys, der die Rolle menschlicher Intelligenz für soziale Reformen, eine vernünftige Gestaltung der Gesellschaft usw. behauptet[111] und die Vorstellung des Individuums als freien, autonom und rational Handelnden ohne traditionelle Bindungen und Vorurteile vertrat.

Veblens Strategie bestand darin, die von den genannten drei Autoren vorgelegten Instinktbestimmungen so miteinander zu verbinden, daß sie keinen einheitlichen Sinn ergeben und ein Instinktkonzept als solches in Frage gestellt wird, z.B. wenn die zunächst in Anführungsstriche gesetzten »Instinkte« beschrieben werden als »consciousness and adaption to an end aimed at ... denotes the conscious pursuit of an objective end which the instinct in question makes worth while«[112]. Bewußtheit und Zielorientierung gelten normalerweise als klarer Gegensatz zu Instinktansätzen und als charakteristisch für handlungstheoretische Theorien. Veblen bemerkt, es gäbe weder eine klare Definition der Instinkte[113] noch eine klare und bestimmte Abgrenzungslinie einzelner Instinkte gegeneinander;[114] auch ließe sich feststellen, sie würden einander »cross, blend and overlap, neutralize or reinforce«[115]. Bei einer konkreten Handlung ließe sich daher schwer sagen, welcher Instinkt bzw. welche Instinktkombination eigentlich am Werke sei(en)[116] und welche Instinktkombinationen bei einem Individuum habituell wahrscheinlich auftreten[117]. Instinkte als vererbte »traits« aufzufassen, bedeute nach den Mendelschen Ergebnissen »to count [them, H.P.] as spiritual traits«[118]. Eine weitere bewußte Auflösungsstrategie des Konzepts besteht in seiner Einstreuung beliebiger weiterer Triebe neben seinen »Zentraltrieben«; so wird *en passant* der *gregarious instinct*[119], die *proclivity to construction or acquisi-*

---

110 Vgl. Stabile 1982.
111 Vgl. Tilman 1984; Jensen 1987.
112 Veblen 1964b, S. 4-5.
113 Vgl. Veblen 1964b, S. 8.
114 Vgl. Veblen 1964b, S. 12.
115 Veblen 1964b, S. 9.
116 Vgl. Veblen 1964b, S. 11.
117 Vgl. Veblen 1964b, S. 17.
118 Veblen 1964b, S. 13.
119 Vgl. Veblen 1964b, S. 10.

tion[120], der *sense of beauty*[121], das *sentiment of pugnacity*[122], das *sentiment of self-aggrandisement* und des *self-regarding*[123] und selbst sportliche Betätigung instinktiviert.

Die Diskussion hat sich angesichts des von Veblen zielgerichtet hervorgerufenen Instinktwirrwarrs an den von ihm betonten *instinct of workmanship* gehalten, von dem es einführend mit Emphase heißt: »For the long-term success of the race it is manifestly of the highest value, since it leaves a wide and facile margin of experimentation, habituation, invention and accommodation open to the sense of workmanship.«[124] Bald aber wird diese Aussage durch Einführung eines neuen Triebes, des *parental bent*, sofort wieder eingeschränkt.

Natürlich müßten nun beide gegeneinander konturiert werden, statt dessen heißt es aber, »the only other instinctive factor of human nature that could with any likelihood dispute this primacy would be the parental bent. Indeed, the two have much in common.«[125] Inhaltlich wird der *parental bent* negativ als über die bloße sexuelle Reproduktion hinausgehend beschrieben, Veblen weitet ihn aber so aus, daß die übliche Vorstellung der familiensolidarischen Reichweite dieses Triebes durch Negation karikiert wird: »What the phrase-makers have called 'race-suicide' meets the instinctive and unsolicited reprobation of all men, even of those who would not conceivably go the length of contributing in their own person to the incoming generation. So also, virtually all thoughtful persons, – that is to say all persons who hold an opinion in these premises, – will agree that it is a despicably inhuman thing for the current generation wilfully to make the way of life harder for the next generation, whether through neglect of due provision for their subsistence and proper training or through wasting their heritage of resources and opportunity by improvident greed and indolence. Providence is a virtue only so far as its aim is provision for posterity.«[126] Veblens Beschreibung enthält im Grunde eine harte Kritik der ansonsten besonders in den USA anzutreffenden Familienbetonung, deren von Veblen hervorgehobene begrenzte Reichweite deutlich an heutige ökologische Argumente erinnert.

---

120 Vgl. Veblen 1964b, S. 11.
121 Vgl. Veblen 1964b, S. 29.
122 Vgl. Veblen 1964b, S. 32.
123 Vgl. Veblen 1964b, S. 44-45.
124 Veblen 1964b, S. 14.
125 Veblen 1964b, S. 25.
126 Veblen 1964b, S. 26.

Endgültig verunklart wird der vermeintliche Trieb, wenn ihn Veblen mit »sentimental approval of economy and efficiency for the common good and disapproval of wasteful and useless living«[127] gleichsetzt, eine Bestimmung, die sonst dem *instinct of workmanship* vorbehalten wird, aber anschließend weiter durch die Behauptung zersetzt wird, er sei kein einfaches oder irreduzibles Element,[128] sondern könne »several instinctual aptitudes« ausdrücken, ja sogar durch andere Instinkte abgelenkt und verdreht bzw. »kontaminiert« werden[129]. »Its functional content is serviceability for the ends of life, whatever these ends may be.«[130] Diese Behauptung wird aber für den *instinct of workmanship* sogleich zurückgenommen. Anstelle einer finalen wird nämlich jetzt eine modale Eigenart hervorgehoben, der »efficient use of the means at hand and adequate management of the resources available«[131] seien seine Kennzeichen, Kalkulation, Effizienz und Ökonomie sein Instinktinhalt,[132] womit Veblen seiner eigenen institutionalistischen Kritik des hedonistisch-kalkulierenden *homo oeconomicus* der Klassik widerspricht, da er das ökonomische Prinzip hier selbst in den vornehmsten seiner Triebe projiziert.

Schließlich wird auch der *parental bent* degeneriert, wenn er bemerkt, er könne »converge on the glory of the flag instead of the fulness of life of the community at large«[133]. Gleiches unterläuft dem *instinct of workmanship*, die auf ihm beruhenden Palastbauten seien »stupendous fabrics ..., as insignificant as they are large«[134]. Schließlich persifliert Veblen das Instinktkonzept, indem er von der Selbstkontaminierung eines Instinkts spricht, d.h. Instinkten die Hegelsche Dialektik der Selbstaufhebung und Verkehrung ins Gegenteil zukommt, indem der auf *purposeful action* angelegte Instinkt seinen eigenen *habit of thought* in die äußeren Dinge hineinlegt, wodurch es zur Unterstellung eines *benevolent creators*[135] kommen kann. »The facts of observation are conceived as facts of workmanship, and the logic of workmanship becomes the logic of events ... from this (teleological) point of view, and they are construed, by way of sytematisation, in terms of

---

127 Veblen 1964b, S. 27.
128 Vgl. Veblen 1964b, S. 27.
129 Vgl. Veblen 1964b, S. 29.
130 Veblen 1964b, S. 31.
131 Veblen 1964b, S. 31.
132 Vgl. Veblen 1964b, S. 33.
133 Veblen 1964b, S. 161.
134 Veblen 1964b, S. 168.
135 Vgl. Veblen 1964b, S. 50.

such an instinctive pursuit of some workmanlike end. In latterday psychological jargon, human knowledge is of a 'pragmatic' character.«[136]

In romantischer Prosa gibt Veblen sein vermeintlich vertretenes Instinktkonzept der Lächerlichkeit preis. »So plausible, indeed, is this anthropomorphism as to disarm even the scepticism of the trained septic ... It is for him to use common sense and fall in with the drift and idiosyncrasies of these others who are, mysteriously, denied the gift of speech. By the unambiguous leading of the anthropomorphic fancy he puts himself in the place of his ward, his animal or vegetable friend and cousin, and can so learn something of what is going on in the putative vegetable or animal mind, through patient observation of what comes to light in response to his attentions in the course of his joint life with them. The plant or animal manifestly does things, and the question follows, Why do these speechless others do those things which they are seen to do? – things which often do not lie within the range of things desirable to be accomplished, humanly speaking ... it follows that some sort of propitious spiritual contact and communion should be maintained between mankind and that world of fertility and growth in which these animate things live and move.«[137]

Kann man solche Sätze ernstnehmen? Es sei hinzugefügt, daß Veblens drei Grundinstinkte, die *idle curiosity*, der *parental bent* und der *instinct of workmanship*, an sich konstruktive Instinkte sind, die historische Entwicklung nach Veblen aber eher eine Verfallsgeschichte zeitigt, so daß er spielerisch das Motiv einer Selbstentfremdung der Motive entfaltet, mit der bewußt pradoxen Konsequenz, daß die Umwelteinflüsse Triebe in ihr Gegenteil verkehren können.

Fragt man sich abschließend, was von Veblens instinkttheoretischer Grundlage bleibt, so läßt sich in Veblens eigenen Worten am besten folgende Antwort geben: »When interest falls off unduly through failure of provocation from the instinctive dispositions that afford an end to which to work, the stimulus to workmanship is likely to fail, and the outcome is as likely to be an endless fabrication of meaningless details and much ado about nothing.«[138]

---

136 Veblen 1964b, S. 54, womit er dem Pragmatismus von James und Dewey einen Seitenhieb verpaßt.
137 Veblen 1964b, S. 76-78.
138 Veblen 1964b, S. 34.

6. Veblens Anti-Ökonomie: Workman- oder wastemanship?

Veblens Schriften zu ökonomischen Fragen im engeren Sinne[139] folgen dem gleichen Grundimpuls der erkenntniskritischen Zersetzung der »folklore of political economy«[140] mit der ihm eigenen Methode einer »sophisticated dialectics«[141]. Bereits die frühe ökonomische Diskussion suchte vergeblich nach dem Veblens Arbeiten meist unterstellten positiven Gehalt.[142] Veblen modifiziert sein Grundthema der feinen Leute angesichts der amerikanischen Diskussion um überhöhte Frachtraten der im lokalen Monopol privat betriebenen Eisenbahnen und allgemein weit verbreiteter monopolistischer Praktiken, die im – wenn auch weitgehend wirkungslosen – *anti-trust*-Gesetz des Jahres 1890 Niederschlag in der konkreten Gesetzgebungspraxis fand, nachdem bereits über ein halbes Jahrhundert ein vehementer Streit um die Frage geführt wurde, ob nicht-natürlichen Personen wie Aktiengesellschaften ein juristisch-eigenständiger Status eingeräumt werden solle.

Ginge es Veblen »nur« um die positive Erfassung einer neuen Phase im Wirtschaftsleben durch das Auftauchen vor allem der großen Aktiengesellschaften und anderer korporativer Formen, so würden seine Schriften, industrieökonomisch gesehen, längst bekannte Erscheinungen thematisieren, die von führenden und von Veblen zitierten Ökonomen, die konkrete Lebensgeschichten aufkommender Großunternehmen rekonstruierten,[143] klar analysiert wurden. Man sucht bei ihm wiederum neues empirisches Material oder eine Art Theorie der Firma (und ihrer typischen Entwicklung) oder konkrete Vorschläge zu einem angemessenen *anti-trust*–Gesetz vergeblich.[144] Die Bedeutung seiner Werke liegt auch hier in der zielgerichtet einseitigen Darstellung und Wertung, um die bei seinem früheren Lehrer J.B. Clark u.a. anzutreffenden *habits of thought* durch Antiwertungen

---

139 Vgl. z.B. Veblen 1964a; Veblen 1919.
140 Veblen 1964a, S. 86 und 101, Fn. 2.
141 Veblen 1964a, S. 17, womit ihn von den schon genannten Berle, Means und Galbraith u.a. eine Divergenz der Zielsetzung trennt.
142 Siehe z.B. Homan 1932 und die *round-table*-Diskussion im *American Economic Review* 1932, S. 105-116, und 1931, S. 134-141. Veblens dekonstruktivistische Zielsetzung kommt aber im Nachruf J.M. Clarks (vgl. Clark 1929) ansatzweise zum Ausdruck.
143 Siehe z.B. Veblen 1964a, S. 82, 85 und 89.
144 Contra Samuels 1979.

in ihrer Einseitigkeit offenzulegen und hinsichtlich der zentralen Institution des Entstehens des Privateigentums sowohl Spencers These des Bestehens von Eigentum bereits im Urzustand, aber auch Morgans These des ursprünglichen Kommunismus als nicht beweisbar und gleich unplausibel darzutun[145]. In einer Mitschrift seiner Vorlesungen heißt es prinzipiell: »Economic laws are habits of thought.«[146]

Veblen sieht die moderne Gesellschaft durch drei *action-patterns* gekennzeichnet, nämlich »the mechanical system of industry; the price-system; and the national establishment«[147]. Der Staat gilt ihm aufgrund seines Souveränitätsanspruchs als barbarisches Relikt, womit er der Vorstellung des freiwilligen Kontraktes als dessen Grundlage widerspricht.[148] »State-making was a competitive enterprise of war and politics, in which the rival princely or dynastic establishments, all and several, each sought its own advantage at the cost of any whom it might concern. Being essentially a predatory enterprise, its ways and means were fraud and force.«[149]

Der Unterschied zur Barbarei bestehe einzig darin, daß nunmehr der Staat die Interessen von »big business«[150] vertrete und in seinem Gesamtinteresse Kriege geführt werden[151]. Neben eine bewußt einseitig-provokative und an die Stamokap-Theorie erinnernde Staatskonzeption tritt die Polarisierung zwischen aquisitiv-räuberischen und produktiv-industriellen Aktivitäten, die er polemisch mit seiner Instinktlehre und seinem historischen Stadiengesetz (friedlich-produktive Urproduzenten versus räuberische Barbaren) in Verbindung bringt. Veblens Kritik gilt den Denkformen, in denen diese Entwicklung gefaßt wird, in Form der juristischen Argumentation und der nationalökonomischen Reflektion,[152] die beide mit dem Privateigentumsbegriff längst vergangener Zeiten argumentieren: »This current system of law and custom is grounded in the principles of law and morals that were worked up and stabilised in the course of the sixteenth, seventeenth, and eighteenth centuries«[153], weshalb ein institutioneller *misfit*

---

145 Vgl. Eff 1989.
146 Vgl. Uselding 1976, Appendix.
147 Veblen 1964a, S. 398.
148 Vgl. Veblen 1919, S. 123.
149 Veblen 1964a, S. 22.
150 Veblen 1964a, S. 199. »A capitalist government is a business government«, siehe Veblen 1958, S. 135.
151 Vgl. Veblen 1964a, S. 33.
152 Vgl. Veblen 1964a, S. 11-12.
153 Veblen 1964a, S. 14.

und *legal fictions* vorlägen[154]. Veblen geht es um die Infragestellung der aus 150 Jahre alten Prinzipien abgeleiteten Legitimität und Legalität der Eigentumsinstitution, sie wurde »taken for granted«[155]. In der Pionierzeit besaß sie mit dem von ihm idealtypisch beschriebenen *self-made-man* und unabhängigen Farmern in kleinen *countrytowns* [156] eine reale Grundlage, aber die industrielle Revolution begründete ein neues Wirtschaftssystem, zu dem die alten Denk- und Legitimationsformeln mit naturrechtlicher Begründung nicht mehr paßten: »The facts, particularly the facts of industry and science, have outrun these provisions of law and custom ... The vested right of ownership in all kinds of property has the sanction of the time-honored principles of individual self-direction, equal opportunity, free contract, security of earnings and belongings, – self-help, in the simple and honest meaning of the word.«[157]

Veblen beschreibt die neue Ordnung in zunächst neutraler und allgemeiner Art und Weise: »Under the new order the first requisite of ordinary productive industry is no longer the workman and his manual skill, but rather the mechanical equipment and the standardised processes in which the mechanical equipment is engaged.«[158] Gruppenmäßig gesehen gehören zum produktiven Kern des Maschinenprozesses: »The civil engineer, the mechanical engineer, the navigator, the mining expert, the industrial chemist and mineralogist, the electrician, – the work of all these falls within the lines of the modern machine process, as well as the work of the inventor who devises the appliances of the process and that of the mechanician who puts the inventions into effect and oversees their working.«[159] Massenproduktion auf fossiler Grundlage und die Verwissenschaftlichung der Produktion[160] führen zu einer interdependenten und vernetzten Technostruktur mit bisher unerreichter mechanischer Effizienz (über deren innere Entwicklungsdynamik Veblen sich aber konsequent aus-

---

[154] Vgl. Veblen 1964a, S. 207 und 45. Siehe auch die Seiten 18-21 über die gegen die Pragmatisten gewendete Darlegung der nicht vernüftigen, sondern zufälligen und oft widersprüchlichen Anpassungs*drifts* der Institutionen und Denkformen.
[155] Veblen 1919, S. 3.
[156] Vgl. Veblen 1964a, Kapitel 7.
[157] Veblen 1919, S. 21-22.
[158] Veblen 1919, S. 37.
[159] Veblen 1958, S. 9.
[160] Vgl. Veblen 1964a, S. 262.

schweigt¹⁶¹). Spezifischer heißt es dann, sie tendiere zu einem »perfected automatic mechanism«¹⁶². Veblen behauptet ausdrücklich, die Organisation des industriellen Prozesses (wie die Betriebsgröße, die Inputzusammenstellung usw.) habe eine rein »mechanical nature«, die nichts mit Wert- und Preisgesichtspunkten zu tun habe.¹⁶³ »It is a comprehensive system of interdependent working parts, organised on a large scale and with an exacting articulation of parts, – works, mills, railways, shipping, groups and lines of industrial establishments, all working together on a somewhat delicately balanced plan of mutual give and take. No one member or section of this system is a self-sufficient industrial enterprise.«¹⁶⁴

Um die so beschriebenen zentralen Schlüsselindustrien gruppieren sich die Landwirtschaft und das (Klein-)Gewerbe.¹⁶⁵ An diesem industrieökonomischen *common sense* auch seiner Zeit setzt die Kritik der positiv legitimierten Zustände durch bestimmte *habits of thought* mit entsprechenden Wertungen an, denen eine jeweilige pointierte Antithese entgegengestellt wird. Veblen prägt zunächst eine neue Wortkombination, die zu den traditionellen Unterscheidungen des Managers, des Unternehmers und Bankiers wie bei Schumpeter quersteht und mit der er der naturrechtlich legitimierten Vorstellung des Besitzerproduzenten entgegentritt. Er stellt fest, daß »absentee ownership has visibly come to be the main controlling factor in the established order of things«¹⁶⁶. Besitz und Kontrolle wird nach Veblens Darstellung ohne größere Funktion im Gewebe der Technostruktur ausgeübt, womit der abwesende (Aktien-)Besitzer an den Feudalherrn erinnert, der sich ohne Gegenleistung Dividenden usw. aneignet und Produktion und Distribution durch administrative Kontrolle¹⁶⁷ als quasi-politisches Mittel herrschaftlich auch gegenüber den von den Schlüsselbetrieben abhängigen Gewerbebetrieben ausnutzt.¹⁶⁸ Herrschte noch im Frühstadium des Maschinenzeitalters der Besitzer als Investor und Erfinder in Personalunion vor,¹⁶⁹ so erfordert »the increasing

---

161 Siehe z.B. Veblen 1958, Kapitel 2.
162 Veblen 1919, S. 88.
163 Vgl. Veblen 1958, S. 21-23.
164 Veblen 1919, S. 51-52; siehe auch Veblen 1964a, S. 205.
165 Vgl. Veblen 1964a, S. 284.
166 Veblen 1964a, S. 4.
167 Vgl. Veblen 1964a, S. 387.
168 Vgl. Veblen 1964a, S. 10, 237, 246 und 284ff.
169 Vgl. Veblen 1921, S. 32. Zu denken wäre hier z.B. in Deutschland an Bosch und Siemens.

scale of the industrial plant and operations«[170] eine funktionale Trennung, die den *absentee owner* hinsichtlich der Produktionsorganisation paradoxerweise funktionslos macht. »These owners own these things because they own them. That is to say, title of ownership in these natural resources is traceable to an act of seizure ... All this is wholly foreign to the system of Natural Rights, altogether at cross purposes with the handicraft principle of workmanship, but quite securely incorporated in the established order of law and custom. It is, in effect, a remnant of feudalism; that is to say, absentee ownership without apology or afterthought.«[171]

Der zweite Schlag erfolgt gegen die Manager bzw. Industriekapitäne als Kulturideal, »the paramount exponent of the community's aims and ideals as well as the standard container of all the civic virtues«[172]. Aufgrund seiner dekonstruktiven Absicht dieses *habit of thought* weicht Veblen grundsätzlich von allen Varianten der These des Managerkapitalismus von Berle/Means bis Burnham ab, da diese behaupten, der Manager organisiere den Maschinenprozeß in weitgehender Unabhängigkeit von den *absentee owners*. Veblen hingegen will auch ihn als im Grunde funktionslosen, sekundären Rentenbezieher ausweisen, der gerade nicht tendenziell unabhängig wird, sondern als »Erfüllungsgehilfe« der *absentee owners* tätig ist. Die funktionale Differenzierung zwischen Managern und Technikern macht auch ihn zu einem unfitten Repräsentanten ohne praktisches Wissen,[173] d.h. wiederum paradoxerweise produktionstechnisch funktionslos. »These specialists in technological knowledge, abilities, interest, and experience, ... – inventors, designers, chemists, mineralogists, soil experts, crop specialists, production managers and engineers of many kinds and denominations«[174] – sind in der Maschinenära die kreativ-produktiven Elemente, die die technologischen Aufgaben des interdependenten Gesamtsystems lösen.[175]

Die Manager haben administrativ nicht nur keine Funktion, sondern sie üben eine effizienz- und produktionstechnisch gesehen destruktive Rolle im ausdrücklichen Auftrag der *absentee owners* aus: sie betreiben Sabotage! Bei seiner Begründung weicht Veblen auch hier

---

170 Veblen 1964a, S. 58.
171 Veblen 1964a, S. 51.
172 Veblen 1964a, S. 71. Siehe auch die Polemik auf den Seiten 101 und 118 ebd.
173 Vgl. Veblen 1919, S. 59.
174 Veblen 1921, S. 60-61.
175 Vgl. Veblen 1921, S. 140.

grundsätzlich von (neo-)institutionalistischen Ansätzen im weitesten Sinne fundamental ab.[176] Seine ironisch-paradoxe Argumentation gegen die Legitimation der Institutionen führt er nämlich mit dem Menschenbild des *homo oeconomicus* der Neoklassik und dem als effizient-produktivitätsfördernd angesehenen wettbewerblichen Preissystem eben dieser Neoklassik, wenn er behauptet, die Manager betrieben eine rational kalkulierte Gewinnmaximierung vermittels der Preis-Mengen-Steuerung.

Im Unterschied zur Neoklassik behauptet Veblen nämlich, diese Orientierung führe nicht zur maximalen Bedürfnisbefriedigung der Konsumentenbedürfnisse (als allgemeines Ziel der Wirtschaft gibt er »speeding up production to maximum capacity« an[177]), sondern es bestehe ein Interessengegensatz zwischen den *absentee owners* und dem Rest der Bevölkerung als Konsumenten,[178] da sich zwei Prinzipien konträr gegenüberständen: »Production is a matter of workmanship, whereas earnings are a matter of business«[179], die Manager und Unternehmer seien primär an den *earnings* interessiert. Grundsätzlich stehen *absentee owners* und Managern zwei Strategien zur Profitmaximierung zur Verfügung: »(a) to maintain profitable prices by limiting the output, and (b) to maintain profits by lowering the production cost of an increased output«[180].

Im frühkapitalistischen Vormaschinenzeitalter, in der ersten Hälfte des 19. Jahrhunderts in Amerika und England, bestanden offene Märkte, die die sozial erwünschte zweite Strategie dominieren ließen, aber »the productive capacity of the mechanical industry was visibly overtaking the capacity of the market«[181]. Wiederum paradoxerweise argumentiert, ist aber vor allem der Effizienzsprung durch Maschinentechnik dafür verantwortlich, daß sich die Sabotagestrategie durchsetzen *mußte*: »So the continued progress of the industrial arts has become a continued menace to the equilibrium of business, has forever threatened to lower the cost per unit and to increase the volume of output beyond the danger point, – the point written into the corporation securities in the shape of fixed charges on funds borrowed

---

176 Eine Parallele wird z.B. von Hodgson 1992 behauptet, der auf angebliche Ähnlichkeiten zu Simons, Williamson und Nelson/Winter hinweist.
177 Siehe Veblen 1921, S. 35.
178 Vgl. Veblen 1964a, S. 6 und 99.
179 Veblen 1964a, S. 61.
180 Veblen 1921, S. 42.
181 Veblen 1921, S. 36.

for operation under industrial conditions that have progressively grown obsolete.«[182]

Entgegen Produktionserweiterungen und Preisunterbietungen früherer Tage mit weniger effizienter Technik werden durch die effizienzerhöhenden Maschinentechniken Sabotagestrategien quasimonopolistischer Preisgestaltung und Outputregulierung erzwungen: ein wahrhaft dialektisch-paradoxes Spiel gegen die Annahmen der neoklassischen *habits of thought,* wobei sich bei Veblen wiederum zeigt, daß es ihm nicht um eine positive Theorie des Großkapitalismus ging. Sabotage ist für ihn »deliberately sanctioned by statute and common law and by the public conscience. Many such measures are quite of the essence of the case under the established system of law and order, price and business, and are faithfully believed to be indispensable to the common good ... the ways and means of this necessary control of the output of industry are always and necessarily something in the nature of sabotage – something in the way of retardation, restriction, withdrawl, unemployment of plant and workmen – whereby production is kept short of productive capacity.«[183]

Zugespitzt ergibt sich, daß »the business man's place in the economy of nature is to 'make money,' not to produce goods«[184]. Aus einer ökonomisch-theoretischen Sicht erscheinen Veblens Ausführungen als populistische Unkenntnis des realen Geschehens in einem interdepedenten Marktsystem. Seine Ausführungen enthalten weder empirisches Material über reale Betriebsgrößen noch theoretische Vermutungen über Marktstrukturen, auch finden sich keine Referenzen auf die zeitgenössische Fachliteratur noch Angaben zu den seinen Ausführungen unterstellten Kostenverläufen. Entscheidend ist für ihn allein die paradoxe Argumentationsstrategie zum Aufbrechen traditionell-habituell-legitimatorischer *habits of thought,* was im Falle des Sabotagearguments noch durch die Parallelführung von negativer Outputrestriktion und Schutzzollpolitik[185] verstärkt wird, da hier zwei Politikinstrumente gedanklich zusammengebracht werden, die jeden Freihändler zu einer Stellungnahme herausfordern.

Veblen zeigt die Afunktionalität der *absentee owners* und Manager und behauptet ihre Dysfunktionalität, ohne selbst auch nur eine materiale Behauptung über reale Wirkungszusammenhänge der Wirtschaft

---

182 Veblen 1964a, S. 97.
183 Veblen 1921, S. 7-8.
184 Veblen 1919, S. 92.
185 Vgl. Veblen 1921, S. 20.

vorzunehmen. Das analytische Interesse seiner Antithetik besteht zum einen in der strikten Trennung zwischen pekuniären und produktiven Aktivitäten; die Ingenieure organisieren den Maschinenprozeß, die *absentee owners* und die Manager bestimmen über die eingeschränkte Output-Preiskombination.[186]

Die ökonomischen Einwände gegen seine Argumentation liegen natürlich auf der Hand und verdienen ein etwas längeres Zitat: »His argument concerning the 'excessive productivity' of machines leaves one with the impression that he thinks that in industries making use of scientific technology on a large scale the cost curve slopes downward indefinitely. This of course is not true. It is because he failed to consider these problems of cost and of returns relative to scale that his discourse on the methods and pricing principles of corporate business is loose and characterized by *ad hoc* theorizing ... But it is impossible to see what bearing a scientific or a detailed knowledge of the mechanical processes of industry or the lack of such knowledge has upon the adoption of a price policy, whether monopolistic or competitive. Whether to expand output or to restrict it, whether to follow a policy of 'aggressive innovation' or one of 'sitting tight,' is a question which has to be decided on the basis of economic rather than technological data ...

Emulation and rivalry do occur in economic life but these personalized relationships are not the essential content of behavior in a competitive pricing system. The more competitive the relations between economic units the more impersonal these relations are. As put by one writer the ... individual entrepreneur ... is confronted by prices, not by rivals ... expansion in the scale of operations brings on 'diminishing returns of entrepreneurship' at some fairly early point ... He does not take into account: (1) that however economic life is organized, a determination must be made of the value of the contribution of the various resources to production; (2) that such a determination can never be made in terms of physical units, either of human energy or mechanical power.«[187]

Harris' klar formulierte Kritik träfe vollkommen zu, hätte Veblen tatsächlich eine positive, allen Realitätsaspekten ausgeglichen Rechnung tragende Theorie der Wirklichkeit entwerfen wollen. Der kri-

---

[186] Siehe die drastischen Bemerkungen in Veblen 1964a, S. 83.
[187] Harris 1993, S. 45-46 und 57; Harris 1951, S. 76.

tisch-antithetische Stachel seiner Argumentation liegt aber in folgenden Punkten:

1. Veblen stellt durch seine Argumentation in deutlichster Form die Frage nach dem Kostenkurvenverlauf. Erst einige Jahre nach seinen Schriften sollte das Problem steigender Skalenerträge und die hiermit zusammenhängende Tendenz zum Monopol, die Veblens unterstellter Kollusionsstrategie entspricht, wieder aufgegriffen werden. Dem von der Neoklassik behaupteten U-Kostenkurvenverlauf stellt er die implizite Behauptung der stets fallenden Grenzkosten entgegen; beim Leser ergibt sich hieraus ein historisch-institutioneller Blickwinkel mit der Fragestellung, welche Kostenverläufe in welchen Industrien tatsächlich gegeben sind und ob diese einen über Branchen hinausgehenden, einheitlichen Verlauf aufweisen.

2. Seine idealtypische Trennung zwischen produktiven und pekuniären Aktivitäten bewirkt das Aufbrechen der in der neoklassischen Theorie unterstellten »integral-effizienten« Auffassung der unternehmerischen Aktivitäten: natürlich wußte auch Veblen, daß in der konkreten Unternehmenspolitik stets die Aufrechterhaltung des Profits durch innovative Produktionskostensenkung und Outputrestriktion gleichzeitig stattfindet, wie sie auch im gegenwärtig modischen Konzept der *lean-production* als einer integrierten Strategie vorgestellt wird, aber er führt eine Wertung zwischen ihren Substrategien ein und verleitet den Leser zur bewußt gestellten Frage, ob z.B. die gegenwärtigen Rationalisierungs- und Entlassungsstrategien der deutschen Großunternehmen (Mercedes, Lufthansa usw.) eher zur ersten oder zweiten Kategorie gehören, die von den öffentlichen *habits of thought* ungesondert und nicht hinterfragt als auch sozial erwünschtes Wirtschaften gelten. Entlassungen könnten auch aus Schumpeters Sichtweise als Innovationsversagen des Managements gewertet werden, da diesem kreative Ideen fehlen, um den Beschäftigungsstand zu halten; statt dessen werden die Löhne als variable Kosten betrachtet, die für die Gesamtgesellschaft Fixkosten darstellen und die diese als vom Unternehmen externalisierte Kosten in Form von Arbeitslosengeld aufzubringen hat. Die zur gleichen Zeit erfolgreichen Unternehmen werden durch diese Strategie durch den Arbeitgeberanteil mit belastet.

Auch dient Veblens Konturierung dazu, den in der Neoklassik nicht vorgesehenen Typus des Finanzjongleurs, der z.B. in der amerikanischen Wirtschaft der 80er Jahre als eigenständiger Typus hervortrat, nicht als derivaten, sondern als im heutigen Finanzsystem durchaus möglichen und wahrscheinlichen Typus zu behaupten. Seine Unterscheidung betont auch die von Aktiengesellschaften getätigten Finanzanlagen z.B. in ausländischen Wertpapieren trotz hoher inländischer Arbeitslosigkeit, wie dies bei einigen deutschen Unternehmen in den 80er Jahren aufgrund des hohen Zinsniveaus in den USA der Fall war.

Durch seine Beschreibung des Kreditsystems als von der Produktion gesonderte Sphäre stellt Veblen indirekt die Frage, ob mit den täglich vagabundierenden Milliardenbeträgen im Bankensystem und der zu beobachtenden Entkoppelung von Produktions- und Fiskalsphäre (Börsenhausse in der Wirtschaftsflaute) hier nicht eine sehr teure Energieverschwendung im Bereich des *corporate finance* [188] betrieben wird. Veblen vermutet, daß unter Hinzuziehung der Werbung die Wirtschaft nur ein Viertel ihrer möglichen Effizienz erreiche,[189] womit er dem wirtschaftstheoretischen *habit of thought* antithetisch entgegentritt, Werbung diene der Transaktionskostensenkung[190]. Dem Argument, der Finanzsektor und Aktiengesellschaften sammelten verstreute Sparbeträge zwecks Investitionstätigkeit, hält er entgegen, Finanztransaktionen »result in an augmentation of the volume of outstanding credit instruments. Whether there are any physically useful goods anywhere held in store back of these funded savings – physical goods which are in any special sense 'represented' by these funds – is an open question, with the presumption running strongly to the contrary. Apart from warehouse receipts and the like, which play a negligible part in these premises, the saved up funds foot up to an absentee claimant's undifferentiated claim on a share in the outstanding stock of merchantable goods at large. Any multiplication of such claims, or any mobilisation of an added number of them, adds nothing to the stock of goods on hand; it only reduces the share per unit of effectual claims, to answer to the increased number of units. An immediate consequence of the mobilisation of savings by corporation finance, therefore, will be an inflation of general prices.«[191]

Steigt die Produktion nicht *pari passu* mit der Zuführung finanzieller Mittel, was nach seiner Meinung nicht selbstverständlich ist, so werden die Manager zur Sabotagetechnik gezwungen, um *ceteris pari-*

---

188 Vgl. Veblen 1921, S. 49.
189 Vgl. Veblen 1919, Kapitel 3.
190 Siehe z.B. Kaas 1992.
191 Veblen 1964a, S. 87.

bus die gestiegenen Dividendensummen zahlen zu können. Dem Argument, das Kreditsystem könne die Produktion fördern, hält er mit Überlegungen, die der monetären Konjunkturtheorie Hayekscher Prägung ähneln, entgegen, daß auf eine kreditinflationär bewirkte, kurze Prosperität die um so tiefere Depression folgen müsse.[192]

3. Veblens markante Scheidung der beiden Sektoren beleuchtet die tatsächlich fast vollständige neoklassische Abkapselung vom materialen Substrat der Produktionssphäre zugunsten einer Logik des Tauschs durch das Preissystem, eine Schwäche, die z.B. von Williamson[193] im Rahmen der neuen Institutionenökonomie offen zur Sprache gebracht wird.

4. Veblens Beschreibung des selbstsuffizienten Maschinensystems dient weiterhin zur Infragestellung der neoklassischen funktionalen Verteilungstheorie der Produktionsfaktoren, denn »the state of the industrial art is a joint stock of knowledge derived from past experience, and is held and passed on as an indivisible possession of the community at large. It is the indispensable foundation of all productive industry, of course, but except for certain minute fragments covered by patent rights or trade secrets, this joint stock is no man's individual property. For this reason it has not been counted in as a factor in production.«[194]

Alchian/Demsetz' Sicht des Unternehmens als *team-production* [195] wendet Veblen durch die Sicht der *team-production* des interdependenten Maschinensystems der Gesamtgesellschaft (Grundlagenforschung, Bildungssystem usw.) mit der bei ihm im Unterschied zu jenen klar ausgesprochenen Konsequenz: es macht keinen Sinn, von einer Entlohnung der Produktionsfaktoren nach ihrem Grenzprodukt auf betrieblicher Ebene auszugehen.

5. Mit dem Maschinensystem als interdependentem Gesamtsystem beleuchtete Veblen auch das Verhältnis von *tangible assets* zu *intangible assets* mit negativem Vorzeichen: »But while intangible assets represent income which accrues out of certain immaterial relations between their owners and the industrial system, and while this income is accordingly not a return for mechanically productive work done, it

---

192 Vgl. Veblen 1964a, S. 92.
193 Vgl. Williamson 1985.
194 Veblen 1921, S. 28.
195 Vgl. Alchian/Demsetz 1972.

still remains true, of course, that such income is drawn form the annual product of industry, and that its productive source is therefore the same as that of the returns on tangible assets. The material source of both is the same; and it is only that the basis on which the income is claimed is not the same for both.«[196]

Wird in der Berücksichtigung intangibler *assets* in der Rechtssprechung z.B. von Commons[197] ein großer Fortschritt in der Selbstbindung durch *goodwill* und eine Transaktionskostensenkung gesehen, so hebt Veblen den grundsätzlich komplementären Aspekt dieser Sicht durch Hinweis auf hiermit verbundene Monopolisierungstendenzen und -möglichkeiten hervor.[198] Dem z.B. von Schmoller geforderten Ausgleichsmechanismus der Kollusion der Arbeitnehmerseite[199] hielt Veblen in seiner Argumentationsstruktur mit negativen Vorzeichen entgegen, dies führe nicht zu einer Neutralisierung der Kollusion, sondern zu einer gegenseitigen Verstärkung zu Lasten des Konsumenten.[200]

6. Die eigentlich paradoxe Konstellation der Veblenschen Argumentation, durch das Preissystem und das pekuniäre Gewinninteresse würde der maximal erreichbare Produktionsstand des Maschinensystems verhindert, hebt die gedanklich normalerweise von Ökonomen vertretene Überzeugung auf, mit dem Preissystem sei die optimale Allokation und Distribution und evolutionär der effizienteste Entwicklungspfad zumindest wahrscheinlich. Er kehrt durch seine Argumentation diejenige seiner Kontrahenten um, die bemerken, es ließe sich ohne Preissystem keine sinnvolle Grenze der Produktionsausdehnung angeben, wo solle diese nämlich liegen? Wird sonst auf maximal-effiziente Produktionsausdehnung und Wirtschaftswachstum (dank der optimalen Allokation durch das Preissystem) verwiesen, so wird nun die Frage gestellt, wo denn die sinnvolle Grenze der Produktionsausdehnung liegen solle und könne, da Veblens polemische Forderung der Maximalproduktion nur in seltenen Ausnahmefällen wie einer temporären Kriegswirtschaft denkbar ist. Veblen will durch seine

---

196 Veblen 1919, S. 71 und 70.
197 Vgl. Commons 1924.
198 Vgl. Endres 1985. So könnte in der bisherigen Nichteinführung des Elektroautos eine durch die vorhandenen *barriers of entry* abgesicherte Innovationssabotage der Automobilindustrie gesehen werden.
199 Vgl. Schmoller 1978.
200 Vgl. Veblen 1964a, S. 288, wobei er im Grunde das Argument des *visible handshakes* vertritt.

offenkundig unhaltbare Forderung technisch maximal möglicher Produktion seine Leser auf die Frage stoßen, wo denn die sozialoptimale Grenze des Maschinensystems liegen könne, hatte er doch in seiner *Theorie der feinen Leute* die inhärente Sinnlosigkeit der Wachstumswirtschaft herausgestellt und bemerkt: »Da aber der Kampf in erster Linie in einem Wettlauf nach Ansehen und Ehrbarkeit besteht, die beide auf einem diskriminierenden Vergleich beruhen, so kann dieses Ziel niemals erreicht werden.«[201]

7. Die von ihm vorgeschlagene Revolution der Ingenieure und der Aufbau eines Technikersowjet[202] ist nicht ernstzunehmen,[203] da durch die Einführung der Maschine zu Zeiten Veblens eine massive durchschnittliche Dequalifizierung des technischen Personals einsetzte und sich Veblen – soweit wir wissen – nie richtig für diese Idee engagierte, vielmehr die Idee durch die Bezeichnung und Charakterisierung als bolschewistischen Sowjet bewußt diskreditierte und letztlich nur eine abschreckende Zuspitzung der Ideen Bellamys und der im Gefolge Comtes stehenden Technokratie[204] geben wollte. Die völlige Unklarheit, nach welchen Kriterien denn dieser Sowjet entscheiden und planen solle, verwies auf die Nichthintergehbarkeit des von Dewey vertretenen technologischen Kontinuums, gemäß dem aus der angewandten Technologie naturwüchsig bestimmte normative Richtwerte folgten. Nicht einer losgelassenen Wachstumsgesellschaft mit Großunternehmen, denen er den Untergang voraussagte,[205] gehörte seine Zukunftshoffnung, sondern er ließ sich an einigen Stellen zum ehrlichen Appell an die der normativen »heidnischen Anarchie« am nächsten kommende Mentalität des amerikanischen *common man* hinreißen: »The people of the republic are made up of ungraded masterless men who enjoy all the rights and immunities of self-direction, self-help, free bargaining, and equal opportunity, quite after the fashion that was sketched into the great constituent documents of the eighteenth century ... vested rights to free income are no longer felt to be secure in case the common man should take over the direction of affairs.«[206]

---

201 Veblen 1971, S. 39.
202 Vgl. Veblen 1921, Kapitel 4.
203 Contra Stabile 1987, siehe aber Stabile 1988.
204 Zu Veblens Ablehnung einer sozialtechnokratischen Technikerherrschaft siehe Veblen 1961, S. 387-408.
205 Vgl. Veblen 1964a, S. 445 und Veblen 1958, S. 189.
206 Veblen 1919, S. 174-175 und 178.

Für eine Gesellschaft, mit deren Entwicklung zu transindividuellen Großstrukturen Veblen nicht viel anfangen konnte, hatte er nur ironisch-satirischen Dekonstruktivismus und dialektische Kritik ihrer legitimatorischen *habits of thought* und *preconceptions* (Peirce) übrig, ohne eigene Theorien, allgemeine Lösungen und Politikempfehlungen zu formulieren. Er praktizierte die dialektische Kritik so meisterhaft, daß einige seiner Anhänger stolz bemerken sollten, »the United States has produced a brand of economic theory known as institutionalists«[207].

Literatur

Adorno, T.W. (1955): Veblens Angriff auf die Kultur, in: ders., Prismen, Berlin/Frankfurt, S. 82-111.
Alchian, A.A./Demsetz, H. (1972): Production, information costs and economic organization, in: American Economic Review, Jg. 62, S. 777-795.
Ayres, C.E. (1944): The theory of economic progress, Chapel Hill.
Bellamy, E. (1890): Ein Rückblick aus dem Jahre 2000 auf 1887 [Looking backward], Leipzig.
Born, K.E. (1985): Wirtschafts- und Sozialgeschichte des deutschen Kaiserreichs (1867-1914), Stuttgart.
Carneiro, R.L. (1970): A theory of the origin of the state, in: Science, Jg. 169, S. 733-738.
Chandler, A.D. (1977): The managerial revolution in American business, Cambridge (Mass.)/London.
Clark, J.M. (1929): Thorstein Bunde Veblen 1857-1929, in: American Economic Review, Jg. 19, S. 742-745.
Commons, J.R. (1924): Legal foundations of capitalism, New York.
Commons, J.R. (1934): Myself, New York.
Davis, A.K. (1957): Thorstein Veblen reconsidered, in: Science and Society, Jg. 21, S. 52-85.
Delius, K. (1957): Der Institutionalismus als Richtung der amerikanischen Nationalökonomie, Bielefeld.
Dobriansky, L. (1956): Veblenism – a new critique, Washington.
Dorfman, J. (1966): Thorstein Veblen and his America, New York.
Dorfman, J. (1968): Background of Veblen's thought, in: Qualey, C.C. (Hrsg.), Thorstein Veblen, New York/London, S. 106-130.
Dorfman, J. (1973): Thorstein Veblen. Essays, reviews and reports, Clifton.

---

[207] Gambs/Wertimer 1959, S. 170; vergleiche hierzu Veblen 1964c, S. 31.

Duesenberry, J.S. (1940): Income, saving and the theory of consumer behavior, Cambridge.
Dyer, A.W. (1986): Veblen on scientific creativity: the influence of Charles S. Peirce, in: Journal of Economic Issues, Jg. 20, S. 21-41.
Edgell, S. (1975): Thorstein Veblens's theory of evolutionary change, in: American Journal of Economics and Sociology, Jg. 34, S. 267-280.
Eff, E.A. (1989): History of thought as ceremonial genealogy: the neglected influence of Herbert Spencer on Thorstein Veblen, in: Journal of Economic Issues, Jg. 23, S. 689-716.
Endres, A.M. (1985): Veblen and Commons on goodwill – a case of theoretical divergence, in: History of Political Economy, Jg. 17, S. 637-649.
Etzioni, A. (1988): The moral dimension, New York.
Eugster, C. (1952): Thorstein Bunde Veblen, Chur.
Fried, M.H. (1967): The evolution of political society, New York.
Galbraith, J.K. (1968): Die moderne Industriegesellschaft, München/Zürich.
Galm, U. (1957): Beiträge der Institutionalisten zur Bildung einer Theorie des Konsumentenverhaltens, Bonn.
Gambs, J.S. (1946): Beyond supply and demand, New York.
Gambs, J.S./Wertimer, S. (1959): Economics and man, New York.
Glassman, R.M. (1986): Democracy and despotism in primitive societies, New York/London.
Gordon, W. (1968): Institutional economics, Austin/London.
Gruchy, A.G. (1972): Contemporary economic thought, London/Basingstoke.
Harris, A.L. (1932): Types of institutionalism, in: Journal of Political Economy, Jg. 40, S. 721-749.
Harris, A.L. (1951): Veblen and the social phenomenon of capitalism, in: American Economic Association, Papers and Proceedings 1, Jg. 41, S. 66-77.
Harris, A.L. (1993): Veblen as social philosopher – a reappraisal, in: Wood, J.C. (Hrsg.), Thorstein Veblen, Bd. 1, London, New York, S. 27-65.
Harris, M. (1989): Wohlgeschmack und Widerwillen, Stuttgart.
Haselberg, P. (1962): Funktionalismus und Irrationalität, Frankfurt.
Hobson, J.A. (1936): Veblen, New York.
Homan, P.T. (1932): An appraisal of institutional economics, in: American Economic Review, Jg. 22, S. 10-17.
Jensen, H.E. (1987): The theory of human nature, in: Journal of Economic Issues, Jg. 21, S. 1039-1073.
Kaas, K.P. (1992): Kontraktgütermarketing als Kooperation zwischen Prinzipalen und Agenten, in: Schmalenbachs Zeitschrift für betriebswirtschaftliche Forschung, Jg. 44, S. 884-901.

Lakatos, I. (1974): Falsifikation und die Methode wissenschaftlicher Forschungsprogramme, in: Lakatos, I./Musgrave, A. (Hrsg.), Kritik und Erkenntnisfortschritt, Braunschweig, S. 271-311.
Landsman, R.H. (1957): The philosophy of Veblen's economics, in: Science and Society, Jg. 21, S. 333-345.
Lee, R.B. (1984): The Dobe !Kung, New York.
Leibenstein, H. (1950): Bandwagon-, snob-, and Veblen effects in the theory of consumer's demand, in: Quarterly Journal of Economics, Jg. 64, S. 183-207.
Lipow, A. (1982): Authoritarian socialism in America – Edward Bellamy and the nationalist movement, Berkeley.
Malinowski, B. (1922): Argonauts of the Western Pacific, London/New York.
Mann, F.K. (1955): Wirtschaftstheorie und Institutionalismus in den Vereinigten Staaten, in: Bernsdorf, W./Eisermann, G. (Hrsg.), Die Einheit der Sozialwissenschaften, Stuttgart, S. 201-213.
Mayberry, T.C. (1969): Thorstein Veblen on human nature, in: American Journal of Economics and Sociology, Jg. 28, S. 315-323.
Mitchell, W.C. (1937): The backward art of spending money and other essays, New York/London.
Montaner, A. (1948): Der Institutionalismus als Epoche amerikanischer Geistesgeschichte, Tübingen.
Murphree, J. (1959): Darwinism in Thorstein Veblen's economics, in: Social Research, Jg. 26, S. 311-324.
Oppenheimer, F. (1912): Der Staat, Frankfurt.
Parsons, T. (1975): Gesellschaften, Frankfurt.
Peirce, C.S. (1991a): Naturordnung und Zeichenprozeß, Frankfurt.
Peirce, C.S. (1991b): Schriften zum Pragmatismus und Pragmatizismus, Frankfurt.
Peukert, H. (1994): Wirtschaftssystem und -stil der Wildbeuter und früher Landwirtschaftsökonomien, Frankfurt.
Polanyi, M. (1983): Personal knowledge, London.
Reuter, N. (1994): Der Institutionalismus, Marburg.
Richter, R. (1994): Views and comments on Gustav Schmoller and the Methodenstreit, in: Journal of Institutional and Theoretical Economics, Jg. 144, S. 524-526.
Riesman, D. (1960): Thorstein Veblen – a critical interpretation, New York.
Riesman, D. (1955): The social and psychological setting of Veblen's economic thought, in: Journal of Economic History, Jg. 13, 425-468.
Sahlins, M. (1958): Social stratification in Polynesia, Seattle.
Samuels, W.J. (1979): Thorstein Veblen, heterodox economist in retrospect, in: Social Science Quarterly, Jg. 60, S. 454-459.
Samuels, W.J. (Hrsg.) (1990): Economics as discourse, Boston.

Schmoller, G. (1978): Grundriß der Allgemeinen Volkswirtschaftslehre, Berlin.
Schneider, L. (1974): The Freudian psychology and Veblen's social theory, Westport.
Seligman, E.R.A. (1925): Die Sozialökonomie in den Vereinigten Staaten, in: Bonn, M.J./Palyi, M. (Hrsg.), Die Wirtschaftswissenschaften nach dem Kriege, 2. Bd., München/Leipzig, S. 59-78.
Service, E.R. (1977): Ursprünge des Staates und der Zivilisation, Frankfurt.
Sowell, T. (1967): The »evolutionary economics« of Thorstein Veblen, in: Oxford Economic Papers, Jg. 19, S. 177-198.
Spengler, J.J. (1976): Limits to growth – biospheric or institutional, in: Breit, W./Culbertson, W.P. (Hrsg.), Science and ceremony, Austin/London, S. 115-133.
Stabile, D.R. (1982): Thorstein Veblen and his socialist contemporaries – a critical comparison, in: Journal of Economic Issues, Jg. 16, S. 1-28.
Stabile, D.R. (1987): Veblen and the political economy of technocracy – the herald of revolution developed an ideology of »scientific« collectivism, in: American Journal of Economics and Sociology, Jg. 46, S. 35-48.
Teggart, R.V. (1932): Thorstein Veblen. A chapter in american economic thought, Berkeley.
Thurnwald, R. (1965): Economics in primitive communities, Oxford.
Tilman, R. (1985): The utopian vision of Edward Bellamy and Thorstein Veblen, in: Journal of Economic Issues, Jg. 20, S. 879-898.
Tilman, R. (1987): Dewey's liberalism versus Veblen's radicalism, in: Journal of Economic Issues, Jg. 18, S. 745-769.
Tilman, R. (1992): Thorstein Veblen and his critics – 1891-1963, Princeton.
Uselding, P. (1976): Veblen as teacher and thinker in 1896-97, in: American Journal of Economics and Sociology, Jg. 35, S. 391-399.
Veblen, T. (1884): Kant's critique of judgment, in: Journal of Speculative Philosophy, Jg. 18, S. 260-274.
Veblen, T. (1901/02): Gustav Schmoller's economics, in: Quarterly Journal of Economics, Jg. 16, S. 69-93.
Veblen, T. (1918): The higher learning in America, New York.
Veblen, T. (1919): The vested interests and the state of the industrial arts, New York.
Veblen, T. (1921): The engineers and the price system, New York.
Veblen, T. (1958): The theory of business enterprise, New York.
Veblen, T. (1961): The place of science in modern civilisation and other essays, New York.
Veblen, T. (1964a): Absentee Ownership, New York.
Veblen, T. (1964b): The instinct of workmanship and the state of the industrial arts, New York.
Veblen, T. (1964c): An inquiry into the nature of peace and the terms of its perpetuation, New York.

Veblen, T. (1964d): Essays in our changing order, New York.

Veblen, T. (1966): Imperial Germany and the industrial revolution, Ann Arbor.

Veblen, T. (1971): Theorie der feinen Leute. Eine ökonomische Untersuchung der Institutionen, München.

Veblen, T. (1976a): Christian morals and the competitive system, in: Lerner, M. (Hrsg.), The portable Veblen, Harmondsworth, S. 480-498.

Veblen, T. (1976b): Why is economics not an evolutionary science?, in: Lerner, M. (Hrsg.), The portable Veblen, Harmondsworth, S. 215-240.

Veblen T. (1976c): The socialist economics of Karl Marx, in: Lerner, M. (Hrsg.), The portable Veblen, Harmondsworth, S. 275-296.

Wallace, H.A. (1940): Veblen's Imperial Germany and the industrial revolution, in: Political Science Quarterly, Jg. 38, S. 435-436.

Williamson, O.E. (1985): The economic institutions of capitalism. Firms, markets, relational contraction, New York/London.

Z'Graggen, A. (1983): Thorstein Veblen – eine kritische Interpretation seiner Theorie der Instinkte und Institutionen, Zürich.

Wider die Legende von der unüberbrückbaren Distanz

Der amerikanische Populismus als normativer Grundgehalt der Veblenschen Sozialkritik

Ralf Schimmer

Der Mythos vom Fremden im eigenen Lande

Wer häufiger US-amerikanische Museen besucht, dem mag schon das ein oder andere Mal die erstaunliche Unbefangenheit aufgefallen sein, mit der dort immer wieder ausländische Künstler und ihre Werke dem Kulturkanon der Nation zugeschlagen werden. Nicht selten findet sich neben Exponaten eine kleine Hinweistafel mit der Erläuterung: »American artist, born in ...«, und es scheint dabei überhaupt nicht ins Gewicht zu fallen, wenn der exil- oder sonstwie bedingte Aufenthalt in den USA nur eine relativ kurze Spanne im Leben des betreffenden Künstlers ausgemacht hat. Egal ob dies als Ausdruck eines liberalen, erfrischend anti-chauvinistischen Kunstverständnisses oder als ethnozentrische Borniertheit und kulturimperialistische Vereinnahmung zu bewerten ist, in jedem Falle drückt diese in manchen Fällen doch recht überraschende Haltung ein Maß an Offenheit und Durchlässigkeit aus, das auf Exklusivität pochende Nationen in aller Regel vermissen lassen. So wie sich die amerikanische Gesellschaft immer als Einwanderungsland begriffen und in ihrer Geschichte eine im großen und ganzen gesehen liberale Einwanderungspolitik betrieben hat, so werden dort auch im kulturellen Bereich offenere Grenzen verfochten als anderswo. Statt eine wie auch immer geartete Reinheit der nationalen Kultur zu beschwören und gegen fremde Einflüsse so hermetisch wie möglich abzuschotten, hat man sich in den Vereinigten Staaten kaum je dagegen gestemmt, ausländische Künstler, Wissenschaftler und Intellektuelle – zumindest, solange sie nicht kommunistisch gebrandmarkt waren – anzuerkennen, sie in staatsbürgerlicher wie kultureller Hinsicht großzügig zu naturalisieren und ihnen einen angemessenen Platz im Gefüge des amerikanischen Geisteslebens zuzuweisen. Um hier nur einige Namen herauszugreifen, mögen Alfred Stieglitz als Nestor der amerikanischen Photographie, Marcel Duchamp als Geburtshelfer der modernen amerikanischen Malerei, Ludwig Mies van der Rohe als Spiritus rector eines der bedeutendsten Stränge der modernen amerikanischen Architektur, Hannah Arendt als Urgestein des modernen amerikanischen Republikanismus und Herbert Marcuse als Vordenker nicht nur der amerikanischen 68er-Bewegung genügen, um zu dokumentieren, mit welcher Regelmäßigkeit herausragende Individuen fernab ihres ursprünglichen Ausgangs- und Sozialisationsmilieus Eingang in den amerikanischen Kunst- und Kulturbetrieb und dort Anerkennung gefunden haben.

Diese bemerkenswerte, immer wieder bewiesene Freizügigkeit und Unkompliziertheit der US-Amerikaner, sich über die Kulturschranken hinwegzusetzen und auch Fremden Geltung in der eigenen Kultur zu verschaffen, hat jedoch auch ihre Grenzen und verkehrt sich im Falle Thorstein Veblens sogar in ihr Gegenteil. Der Aspekt der Fremdheit und die mit ihm verbundenen Grundsatzfragen nach Nähe und Distanz zur amerikanischen Kultur und Gesellschaft, die sich eben noch mit spielerischer Leichtigkeit zu verflüchtigen schienen, sind bei Veblen alles andere als belanglose, leicht zu überwindende Kategorien, sondern bestimmen seit jeher unsere Wahrnehmung seiner Person und stehen seit Jahrzehnten im Zentrum der Rezeption seines Werkes. Mehr noch, durch penetrante Wiederholung und einseitige Beantwortung haben diese Fragen zu einem Veblenbild beigetragen, von dem man aus heutiger Sicht nicht mehr sicher sein kann, ob es nicht zur Zementierung eines Mythos beigetragen hat, der seinerseits die Auseinandersetzung mit dem Werk Veblens entscheidend und dauerhaft behindert. Obschon Veblen als Sohn einer norwegischen Einwandererfamilie in Wisconsin geboren wurde und – im Gegensatz zu aus heutiger Sicht gefeierten Exponenten einer spezifisch amerikanischen Kultur wie Henry James, T.S. Eliot, Ezra Pound und Gertrude Stein – sogar sein ganzes Leben in den USA verbracht hat, hängt ihm bis heute hartnäckig der Ruf eines nie ganz assimilierten Fremden, eines stets mehr oder minder marginalen Außenseiters an. Entsprechend wird sein Werk vorzugsweise als das eines am zeitgenössischen Geschehen nicht-teilnehmenden Beobachters und in ausgeprägter Distanz zu den dominanten Strömungen des amerikanischen Denkens interpretiert. Trotz seiner dauerhaften, nur von wenigen Auslandsreisen unterbrochenen Anwesenheit in den Vereinigten Staaten, trotz seiner jahrzehntelangen Anteilnahme an den politischen, ökonomischen und sozialen Entwicklungen des Landes und trotz seines gerade darauf abgestellten Schaffens als Kulturkritiker und Sozialwissenschaftler sind viele seiner Interpreten der Meinung, daß es sich bei Veblen in letzter Instanz um einen außerhalb dieser Gesellschaft anzusiedelnden Geist handle, der seine profunde Erkenntnis gerade dem Umstand seiner abseitigen Position und damit einhergehenden Detachierung von der amerikanischen Kultur und Gesellschaft zu verdanken habe. Diese Sichtweise kulminiert in der fast klassisch zu nennenden Stilisierung von Veblen als ein »Man from Mars« – ein ursprünglich von Edgar Johnson aufgebrachter Begriff, der aber erst durch Joseph Dorfman maßgeblich popularisiert wurde und als Echo in der Veblen-Rezeption bis heute nachhallt.[1] Hinter dieser griffigen Formel verbirgt sich in der Regel die Auffassung, daß der Zugang zu Veblens Werk vermittelt wird über eine tiefe kulturelle, soziale, habituelle, emotionale, intellektuelle und zum Teil sogar sprachliche Kluft zwischen seinem Verfasser und allem Amerikanischen. In einem Kontext, in dem Künstler und Intellektuelle trotz fremder Herkunft immer wieder ohne viel Aufhebens für den eigenen Kanon reklamiert werden und in dem dem Grad ihrer kulturellen und sozialen Integration für die Rezeption ihres Werkes normalerweise nur wenig Bedeutung beigemessen wird, ist es erstaunlich, daß bei einem gebürtigen und lebenslänglichen Amerikaner wie Veblen die Interpreten sich bevorzugt immer wieder an solchen Fragen festbeißen. Gerade weil sonst im amerikanischen Geistesleben nur relativ selten nach Herkunft, Sozialisation, Assimilation und persönlichen Idiosynkrasien gefragt wird, fällt es um so mehr auf, daß im Falle Veblens der primäre Zugriff just über solche Zusammenhänge funktioniert und daß die

---

1   Johnson 1941. Joseph Dorfman nahm die Johnsonsche Charakterisierung von Veblen als Marsmensch (»inhabitant of another world curiously describing and analyzing the habits of an alien form of existence«) dankbar auf und verwendete sie selber mindestens zweimal expressis verbis in seinen eigenen Publikationen: Dorfman 1949, S. 438; Dorfman 1968, S. 127. Mit all seinen interpretatorischen Implikationen weitertransportiert wurde dieses Image in den Schriften von so herausragenden Veblenkennern wie Daniel Aaron, Lewis Coser, John Diggins, John Hobson, Max Lerner, David Noble, David Riesman, Bernard Rosenberg und David Seckler.

meisten Interpretationen und ideengeschichtlichen Einordnungen seines Werkes ohne die Kategorie einer fundamentalen Entfremdung Veblens von der amerikanischen Gesellschaft nicht auszukommen glauben. So unwahrscheinlich das biographisch und werkgeschichtlich auch anmuten mag, so sehr gilt Veblen in sozialer wie intellektueller Hinsicht doch gewissermaßen als ein Fremder im eigenen Land, als radikal isoliert von der Kultur, in der er aufwuchs und sein ganzes Leben verbrachte.

So ganz ist diese Verortung von Veblen natürlich nicht von der Hand zu weisen. Jeder, der auch nur oberflächlich mit der Biographie und dem Ruf Veblens vertraut ist, wird sofort erkennen, wie absurd beispielsweise die gegenteilige Behauptung einer intellektuellen und psychologischen Verankerung dieses berüchtigten Bilderstürmers im amerikanischen *Mainstream* wäre. Zu einem interpretatorischen und ideengeschichtlichen Problem wird diese Einstufung von Veblen denn auch nicht durch ihren grundlegenden Plausibilitätsmangel, sondern erst durch die Radikalität und Exklusivität, mit der sie immer wieder vorgenommen wird. Durch die Verengung auf die Dimension seiner radikalen Entfremdung von allem Amerikanischen wird Veblen permanent aus den kulturellen, sozialen und intellektuellen Entstehungskontexten seines Werkes herausgelöst und als »sui generis« oder in Kategorien eines »free-floating brain« und »unacclimated alien« wahrgenommen, mithin als ein Wesen, das selbstreferentiell seine eigenen Bahnen beschreibt und einer Rückkopplung an die reale Sozialwelt nicht mehr bedarf.[2] So reizvoll und durch viele Vorbilder abgesichert er auch zunächst erscheinen mag, macht gerade dieser Schritt blind für

---

2 Solche und ähnliche andere, Veblen betreffenden Stereotypen finden sich beispielsweise in den folgenden Publikationen: Lerner 1936, S. 321; Aaron 1951, S. 211; Feuer 1953, S. 104-105; Rosenberg 1954/55, S. 182; Hofstadter 1955, S. 65; Frederickson 1959; Riesman 1960, S. 206, passim; Coser 1971, S. 275-289, 296-299; Heilbroner 1986/1953, S. 218-228; Schwartz 1990, S. 121; Ross 1991, S. 204. David Noble (Noble 1958, S. 200) bringt die flottierenden Vorurteile besonders drastisch auf den Punkt, wenn er schreibt: »Thorstein Veblen was pure intelligence. He had cut his ties with an unsympathetic family and Midwestern rural community; he had no feeling for the old-world traditions of that family or community; nor could he spontaneously accept the myths of the present America, which scorned him for his lack of personality and background. Such a declaration of war from his contemporaries surely precluded any [sic!] acceptance of America's historical traditions. If the necessary environment for critical thinking is a certain sense of having no commitments to the past or present or future, then no man was more adequately prepared for his function of critic than Veblen.«

zeitgenössische amerikanische Milieus, die sehr wohl das Werk Veblens mitbeeinflußt haben könnten. Wer die unüberbrückbare Distanz zur amerikanischen Kultur als den kardinalen Faktor der intellektuellen Kreativität von Veblen ansieht, begibt sich der Möglichkeit, Veblens Werk im Kontext zeittypischer Strömungen einer Neubewertung zu unterziehen. Und gerade dieses Versäumnis erweist sich heute immer deutlicher als ein Manko in der Veblenforschung, zumal die neuere Sozialgeschichte eine Fülle von beeindruckenden Milieustudien vorgelegt hat, in denen immer wieder Indizien einer inhaltlich-thematischen Affinität zum Veblenschen Werk enthalten sind. Insbesondere die historiographische Neubewertung des amerikanischen Populismus, wie sie schrittweise während der letzten zwanzig Jahre erreicht worden ist, erhärtet den Verdacht, daß es sich hierbei um eine virulente Sozialbewegung mit einer allzu lange unterschätzten Sozialkritik handelt, auf deren kritisches und rhetorisches Potential sich Veblen in der Ausformulierung seiner eigenen Schriften immer wieder stützte. Viele der Schlagwörter und Konzepte in seinen Beiträgen, für deren Schöpfung Veblen in schöner Regelmäßigkeit gefeiert wurde, lassen sich bei genauerer Hinsicht auf dezidiert populistische Ursprünge zurückverfolgen. Deshalb möchte ich in diesem Abschnitt zeigen, daß Veblen nicht nur der gleichen geographischen Region entstammt und einige verhaltens- sowie stimmungsmäßige Gemeinsamkeiten mit dem Populismus zu erkennen gibt, sondern daß sich zwischen Veblens Sozialkritik und dem Populismus auch auf sprachlicher und inhaltlicher Ebene erstaunliche Kongruenzen nachweisen lassen. Von einigen sporadischen Andeutungen abgesehen,[3] ist den meisten seiner Interpreten bislang entgangen, daß und wie sehr sich Veblen vom Diskurs der Populisten inspirieren ließ und wie meisterhaft er deren Repertoire beherrschte. Als normativer Grundgehalt durchziehen die Kategorien des Populismus Veblens gesamtes Werk, so daß es keineswegs übertrieben erscheint zu behaupten, daß dieses ohne das Vorbild der Populisten in seiner als idiosynkratisch wahrgenommenen

---

[3] Es gibt Fälle, in denen eine gewisse Affinität zwischen Veblen und den Populisten zumindest für erwähnenswert gehalten wurde (z.B. Kazin 1942, S. 133; Commager 1957, S. 238; Riesman/Lynd 1959/60, S. 543-551; Bottomore 1968, S. 30; Coser 1971, S. 296; Tilman/Simich 1980, S. 638, 643). Doch leider blieben solche Hinweise entweder gleich im Andeutungsstadium stecken oder führten nur zu Aussagen, die widersprüchlich und von einem falschen oder zumindest stark verkürzten Verständnis dieser sozialen Bewegung getragen waren. Eine wirklich systematische Analyse dieser Zusammenhänge fehlt bis heute.

Form überhaupt nicht denkbar wäre. Bis zu einem gewissen Grad, so läßt es sich zuspitzen, hat der Populismus die Veblensche Sozialkritik überhaupt erst möglich gemacht.

Das potentielle Rollenmodell der Populisten

Um in der weiteren Abhandlung gar nicht erst falsche Vorstellungen aufkommen zu lassen, ist es zunächst angebracht, den durchaus nicht immer unmißverständlichen Begriff »Populismus« mit konkreten Inhalten zu füllen. »Populismus« an sich ist kein einheitliches Konzept, sondern umfaßt eine Vielzahl von politischen Phänomenen – Bewegungen, Ideologien, Stilelemente oder Dispositionen – in unterschiedlichen historischen und geographischen Dimensionen.[4] Da der Begriff auf Grund seiner ständig wechselnden Bezüge den Assoziationen freies Spiel läßt, ist es unabdingbar, die eigene Anwendung klar zu definieren. Im Kontext dieser Erörterung steht Populismus für jene hauptsächlich agrarisch getragene Protest- und Reformbewegung (Populist Movement), die in den Vereinigten Staaten in den 1880er und 1890er Jahren das nationale *Establishment* in Angst und Schrecken versetzte und sich ab 1892 als People's Party kurzzeitig recht erfolgreich zwischen der republikanischen und demokratischen Partei einnistete, um dann in der Wahl von 1896 zwischen den traditionellen politischen Kräften wieder zerrieben zu werden. Der Name des Projekts, das hier gemeint ist, steht für die Proteste des Südens und Mittleren Westens gegen die Resultate der gesellschaftlichen Modernisierung in den Vereinigten Staaten, die nach dem Ende des Bürgerkriegs und der Rekonstruktionsphase verstärkt einsetzte. Unter dem Diktat verschlechterter Lebensbedingungen und zum Teil sogar existentieller Nöte formierte sich der Populismus als eine soziale und politische Bewegung von Farmern und Kleinproduzenten, um zunächst ihre bedrohte Lebenswelt zu verteidigen und die eigenen Interessen besser zu vertreten. Im Laufe der Zeit jedoch wandelten sich Anspruch und Erwartung an die eigene Organisation, so daß die Populisten nicht mehr nur reine Interessenpolitik und Lobbyismus in eigener Sache betrie-

---

4   Zur Bandbreite des Populismusbegriffs und den mit ihm verbundenen konzeptionellen Problemen siehe Ionescu/Gellner 1969; Tindall 1972; Canovan 1981; Puhle 1986.

ben, sondern darüber hinaus auch die grundsätzliche Frage nach der Demokratie in Amerika neu stellten.

Bis in die 50er Jahre hinein galt der Populismus in der amerikanischen Geschichtsschreibung, nach der präzisen Formel von Lawrence Goodwyn, als eine Bewegung mit viel Herz, aber wenig Verstand.[5] Dann, vor allem unter dem Eindruck des McCarthyismus, änderten die Historiker ihre Meinung und machten den Populismus als nunmehr herz- und gedankenlosen Aufstand abstiegsbedrohter Modernisierungsverlierer verantwortlich für alle nur denkbaren paranoiden und irrationalen Elemente in der amerikanischen Politik.[6] In dezidierter Auseinandersetzung mit den entweder naiv-romantischen oder aggressiv-pejorativen Populismusvorstellungen ihrer Vorgänger ist erst seit etwa Mitte der 70er Jahre eine neue Generation von Sozialhistorikern darum bemüht, zu einem neuen Verständnis dieser Bewegung zu kommen – ein Verständnis, das das Weltbild und die spezifischen sozialen Vorstellungen der Populisten gezielt in den Vordergrund rückt. Galt der Populismus früher grundsätzlich als ideenarmer Ausdruck sozialen Protests, so avancieren aus heutiger Sicht die »hayseeds« und »calamity howlers« der amerikanischen Legende zu veritablen Staatsbürgern mit ernstzunehmenden Anliegen und intellektuellen Tiefenstrukturen. Anstatt den Populismus länger als reinen Reflex auf harte Zeiten zu interpretieren und seine Anhänger als provinzielle Egoisten zu betrachten, die sich in wirtschaftlicher Notlage radikalisierten, entdecken immer mehr Historiker die Komplexität und Authentizität des Gedankengutes der Populisten. Anstatt nur auf die aus wirtschaftlicher Depression erwachsene Frustration der Farmer zu schielen, sehen mehr und mehr Forscher substantielle Vorschläge zur Sozialreform und ein demokratisches Versprechen im Populismus angelegt.[7]

Nach dieser Maßgabe gilt der Populismus heute als ein populäres Aufbegehren gegen den demokratischen Verfall und die ökonomische

---

5 Goodwyn 1991, S. 44. Für dieses Populismusbild steht vor allem das heute noch lesenswerte Standardwerk von Hicks 1931.
6 Für dieses Populismusbild stehen vor allem Hofstadter 1955 und Bell 1955; besonders notorisch aber sind Handlin 1951 und Ferkiss 1957.
7 Für dieses Populismusbild stehen vor allem Goodwyn 1976; Goodwyn 1978; Palmer 1980; Boyte/Riesman 1986; Miller 1987; Pollack 1987; Boyte 1989; Pollack 1990; Clanton 1991; Lasch 1991; McMath 1993. Die ebenso wechselhafte wie spannende Historiographie des Populismus ist selber Gegenstand in den Untersuchungen von Johnson 1981; Launius 1983; Miller 1993; Schimmer 1994, Kap. 3.2.

Ausbeutung, die der nach dem Bürgerkrieg sich entfaltende amerikanische Kapitalismus mit sich brachte. In dieser Bewegung verdichtete sich eine als krisenhaft empfundene kulturelle Erfahrung zu einer in der Geschichte der Industrialisierung immer wieder zu beobachtenden kritischen Auseinandersetzung mit den Folgen der Modernisierung. Die Populisten formierten sich gegen plutokratische Tendenzen, monopolistische Strukturen und den zunehmenden Korporatismus in Wirtschaft und Gesellschaft; sie bekämpften die Eisenbahngesellschaften und Zwischenhändlerringe, Banken und Trusts sowie die aus ihrer Sicht fatale Währungspolitik der Regierung; sie traten ein für die Interessen und die Würde kleiner Produzenten, stritten für verbesserten gesellschaftlichen Schutz vor räuberischen Privatinteressen, wehrten sich gegen ihre Abhängigkeit von den Finanzkartellen und forderten billigere Kredite und höhere Preise für ihre Erzeugnisse. In ihren Wahlprogrammen wurden für die konstatierten Mißstände und Verfehlungen vor allem anonyme plutokratische Kräfte verantwortlich gemacht, die aus populistischer Sicht ihren Partikularinteressen frönten, die eigentlichen Produzenten unter das Joch von Armut und Unmündigkeit zwängten und alle wirtschaftlichen, sozialen und politischen Prozesse in der amerikanischen Gesellschaft kontrollierten. Immer wieder gaben die Populisten ein feines Gespür für die Macht des Geldes und die kulturelle Hegemonie des Kapitals im Gegensatz zu den vitalen Interessen der Gemeinschaft zu erkennen. Durch ihre eigene Lebenserfahrung für das, was Soziologen heutzutage gerne als systemische Übergriffe auf die Lebenswelt beschreiben,[8] bestens sensibilisiert, wußten die Populisten nur zu genau, wie konzentrierte ökonomische Macht sich in soziale und politische Macht umwandeln ließ und schrittweise die gesamte Kultur beherrschte. Dieser Zusammenhang, aus dem später dann etwa Veblens fulminante *Theory of the Leisure Class* hervorging, ist besonders kennzeichnend für das populistische Denken. Die Kritik war dabei weniger gegen den Prozeß der Industrialisierung selbst als vielmehr gegen die »Plutokraten« oder »Interessen« (»interests« bzw. »vested interest«) geheißenen Träger dieses Prozesses gerichtet, so daß die Populisten angesichts der von ihnen konstatierten plutokratischen Bedrohung für das demokratische Modell Amerikas gegen das aufbegehrten, was sie typischerweise »money power« oder »moneyed interests« nannten. Der Populismus stellte deshalb insgesamt eine massive Herausforderung für die herr-

---

8   Habermas 1981.

schende Kultur des *Gilded Age* dar, bedeutete einen Angriff auf dessen geheiligte Werte und Institutionen, warf dabei gewichtige soziale und politische Fragen auf und repräsentierte eine genuine Kritik der zeitgenössischen amerikanischen Gesellschaft. Mit diesen Merkmalen und auf Grund seiner Entfaltung in zeitlicher und räumlicher Nähe zu Veblen bot der Populismus zumindest ein potentielles Rollenmodell für Veblen und dessen eigenes ikonoklastisches Auftreten an.

Das Milieu des Mittleren Westens als Werkhintergrund

Thorstein Veblen wurde am 30. Juli 1857 als sechstes von zwölf Kindern norwegischer Einwanderer in Wisconsin geboren. Dort verlebte er seine ersten acht Lebensjahre, bevor die Veblens dann in den Nachbarstaat Minnesota übersiedelten, jene Wirkungsstätte von solch prominenten Agitatoren und Populistenführern wie Donnelly und Penz. Den weitaus größten Teil seiner ersten fünfzig Lebensjahre verbrachte Veblen in den Staaten des Mittleren Westens und hielt sich vor allem in der Zeit, als die populistische Revolte ihrem Höhepunkt entgegenstrebte, in deren Hochburgen auf. Wer nun behauptet, zwischen Veblen und dieser zunächst so abwegig erscheinenden Bewegung gäbe es einen gewissen Gleichklang, kommt schwerlich umhin, wenigstens einige Worte über Joseph Dorfmans einflußreiche Veblen-Biographie zu verlieren, in der solche Zusammenhänge bestenfalls eine randständige Rolle spielen. Trotz ihres etwas in die Irre führenden Titels *Thorstein Veblen and His America*, der doch ein gewisses Interesse für das soziale Umfeld anzudeuten scheint, wird gerade bei Dorfman die kulturelle Isolation, materielle Armut und grundsätzliche Distanz des Einwandererkindes zur amerikanischen Kultur, die sich später im unangepaßten sozialen Außenseitertum Veblens fortsetzte, zum Interpretationsschlüssel auch des reifen Werkes von Veblen herangezogen.[9] Dabei kann Dorfmans Fixierung nur als obsessiv bezeichnet werden, denn er stand während der Vorbereitung zu seinem Buch über mehrere Jahre hinweg mit Thorsteins Bruder Andrew in Kontakt, von dem Dorfman kontinuierlich ein gegenteiliges Bild vom sozialen und

---

9 Dorfman 1972/1934. Als besonders stilbildend nicht nur für die Dorfmansche Vebleninterpretation ist hier vor allem das erste Kapitel hervorzuheben.

kulturellen Leben seiner Familie gemalt bekam.[10] In seinen Briefen schildert Andrew Veblen den familiären Hintergrund der Veblens, die Geschichte ihrer Übersiedlung in die USA und ersten Niederlassungen, Eindrücke aus dem Alltagsleben und wichtige Daten aus dem Leben seines Bruders. Dabei haben seine Darstellungen überhaupt nichts an sich von der von Dorfman permanent bemühten Isolation und Deprivation. Als er dann schließlich erste Textentwürfe von Dorfman erhält, ist Andrew Veblen baß erstaunt ob der »fiction« und »fantastic distortions«, die er da erblicken muß.[11] Gegen die Dorfmansche »hardship und misfortune obsession« gerichtet, bündelt Andrew Veblen daraufhin noch einmal seine früheren Aussagen und räumt mit sämtlichen Stereotypen, die auch in Dorfmans eigentlicher Buchveröffentlichung kaum zurückgenommen sind, tüchtig auf.[12]

Insgesamt geht aus Andrew Veblens Repliken hervor, daß die Veblens sich ohne größere Probleme in das soziale Gefüge ihrer neuen Heimat einfügten und sich von ihrer Umgebung weder in sozio-ökonomischer noch sozio-linguistischer oder sozio-kultureller Hinsicht signifikant unterschieden. Von Isolation, Inferiorität oder gar massiven Assimilationsproblemen, den Leitmotiven Dorfmans, findet sich in Andrews Darstellungen überhaupt keine Spur. Statt dessen beschreibt Andrew Veblen seine und Thorsteins Eltern als »fair representatives of the rural population«, die für ihr neues Leben in Amerika geradezu prädestiniert gewesen seien: »Their cultural standing and their training under essentially democratic civic and ecclesiastical institutions in their native land, had equipped them well for citizenship of

---

10 Andrew A. Veblen, The Correspondence between Joseph Dorfman and Andrew A. Veblen, Andrew A. Veblen Papers, Minnesota Historical Society, Saint Paul, Minnesota. Die große Mühe und Sorgfalt, die er zwischen 1925 und 1932 auf seine brieflichen Antworten auf die Dorfmanschen Fragen verwendete, verband der das achtzigste Lebensjahr bereits überschreitende Andrew Veblen (Jahrgang 1848), wie er im Vorwort festhielt, mit der Hoffnung, »that this considerable mass of information about Thorstein Veblen should remain available, in case it may become desirable to consult it by any one who may desire authentic data about my brother«. Als hätte er es bereits geahnt, erweist sich Andrews authentisches Datenmaterial heute in der Tat als ein extrem hilfreicher Bezugspunkt für all jene Veblenforscher, die aus den Dorfmanschen Interpretationsmustern ausbrechen wollen. An dieser Stelle möchte ich der Minnesota Historical Society für die freundliche Erlaubnis danken, aus den Andrew Veblen Papers zitieren zu dürfen.
11 Andrew Veblen an Joseph Dorfman, 25.02.1930.
12 Siehe vor allem die beiden Briefe von Andrew Veblen an Joseph Dorfman vom 05.03.1930 und 13.03.1930.

the new country to which they had come.«[13] Immer wieder hebt Andrew Veblen die grundlegende Kompatibilität des heimatlichen Hintergrundes in Norwegen mit dem vorherrschenden Lebensgefühl im amerikanischen Mittleren Westen hervor und sieht seine Eltern und Geschwister als Teil einer in ihrer Umgebung weitverbreiteten Pioniererfahrung an. Mit Blick auf seinen Bruder unterstreicht er deshalb nachdrücklich: »Thorstein thus experienced practically all chases of pioneer life and development in the middle west.«[14] Hier wird deutlich, daß Thorstein Veblen, genau wie der Rest der Familie, sich nahtlos in den gleichen Erfahrungshorizont einfügte, wie er für die meisten Siedler in der Region prägend war. Die Veblens waren demnach keine isolierten Fremden, sondern verstanden sich als integraler Bestandteil einer ihnen gar nicht so fremden Kultur. Mit anderen Worten, sie gingen auf im spezifischen Milieu des Mittleren Westens, einem Milieu, dem auch der Populismus entstammte.

Zwischen Veblen und den Populisten gibt es denn auch eine Vielzahl von Analogien. Wie der Auftritt der Populisten in der amerikanischen Geschichte, bereiten auch das Werk und die Person von Veblen seit Jahrzehnten immer wieder große Interpretations- und Einordnungsschwierigkeiten. In beiden Fällen konnte kaum je ein dauerhafter Konsens über Bedeutung und Stellenwert im Kontext der amerikanischen Sozial- und Geistesgeschichte erzielt werden. Wie den Populisten werden auch Veblen immer wieder Wesenszüge eines »psychological anti-intellectualism« oder »a mixture of strangeness and simplicity« und »strange theoretical combinations« unterstellt;[15] und ähnlich wie den Populisten haftet auch Veblen bisweilen das Stigma eines Schmuddelkindes an, das nicht so recht ins gediegene Ambiente der amerikanischen Traditionen passen will. Wenn einer der neueren Sozialhistoriker meint, »the charm of Populism is that it pleases almost no one of orthodox persuasion«[16], so ist unschwer zu erkennen, daß dies uneingeschränkt auch für Veblen gilt.

Außerdem kursieren über inneren Charakter, äußeres Erscheinungsbild und öffentliches Auftreten von Veblen zahllose Anekdoten, von denen einige so fern von der stereotypen Porträtierung eines

---

13 Andrew Veblen an Joseph Dorfman, 19.03.1925.
14 Andrew Veblen an Joseph Dorfman, 19.03.1925; ähnlich auch in einem Brief vom 17.02.1926.
15 Die zitierten Textstellen finden sich in dieser Reihenfolge bei: Parsons 1934/35, S. 439; Riesman 1960, S. VIII; Wiebe 1967, S. 153.
16 Pollack 1990, S. X.

Populisten nicht sind. Jeder, der auch nur ein wenig mit der Folklore von Veblen vertraut ist, kennt ihn bei all seiner weltläufigen Intellektualität als einen hinterwäldlerisch anmutenden Menschen, der stets nuschelnd und meist muffelnd der Welt schroff sich verschließt. Umgeben von der Fama kauziger Verschrobenheit steht Veblen genau wie die Populisten unter dem permanenten Verdacht, ein sozialer »misfit« zu sein,[17] dem es an sozialer Kompetenz gebricht. Anspielungen auf Veblens mangelnden Sinn für Äußerlichkeiten, auf die schockierende Uneitelkeit seiner Person, auf seine souveräne Mißachtung jeder Anstandsnorm und manchmal sogar auf die grundsätzliche Unappetitlichkeit seiner Erscheinung sind Legion. Passend zum schmuddeligen Image von Veblen, wenn nicht gar sein Inbegriff, ist fraglos jene häufig kolportierte Anekdote aus dem Leben von Veblen, als dieser nach Jahren der im Mittleren Westen verbrachten Arbeitslosigkeit einen Neueinstieg ins universitäre Leben versuchte und 1891 an der Ökonomischen Fakultät der Cornell Universität bei Laurence Laughlin vorstellig wurde, dabei seine notorische Waschbärenmütze und Cordhosen trug und sich nuschelnd vorstellte mit den Worten: »I am Thorstein Veblen.«[18] Die Nachlässigkeit von Veblen in Stil- und Bekleidungsfragen, seine fortwährenden Verstöße gegen die Grundsätze sozialer Etikette und sein als neandertalerhaft beschriebenes Sozialverhalten sind zu den Markenzeichen von Veblen geworden.[19] Diese an sich äußeren

---

17 Zum Beispiel Dorfman 1972/1934, S. 35; Heilbroner 1986/1953, S. 223.
18 Zum Beispiel Dos Passos 1930, S. 99; Dorfman 1972/1934, S. 80; Heilbroner 1986/1953, S. 225; Riesman 1960, S. 10; Silk 1966, S. 93; Griffin 1982, S. 1.
19 Symptomatisch ist hier beispielsweise das von Diggins (Diggins 1978, S. 33) gezeichnete und seiner Interpretation zugrundeliegende Porträt von Veblen: »Veblen had the manner and physiognomy of a Norwegian peasant. A rare photography shows him stolid and quizzical. His eyes peer out from a lean, rough face. His hair is slightly disheveled, his beard unkempt, and his moustache full and defiantly bristling. Students remember his slow, lethargic movements, which made him seem half asleep, and his rumpled clothes, which looked as though they had been slept in. His collars were usually several sizes too large, his trousers baggy, and his thick woolen stockings invariably supported by pins clipped to his pant legs. Scornful of ostentation – this does not surprise us – he wore no rings or jewelry of any kind, carrying his watch on a length of black ribbon which he hooked to the front of his vest by a large safety pin. Veblen was surely one of the strangest creatures ever to walk in the groves of academe.« Fast identisch heißt es bei Heilbroner (Heilbroner 1986/1953, S. 218-219): »A very strange man, Thorstein Veblen. He was a peasant in looks, a Norwegian farmer. A photograph shows his hair, lank and flat, parted in the middle of a gnomelike head and falling in an inverted V over a low and sloping forehead. Peasant eyes, shrewd and speculative, peer out

Faktoren haben auch die Werkinterpretation von Veblen immer wieder nachhaltig beeinflußt, wurden dabei jedoch eher als Zeichen sozialer Defizite denn als Ausdruck eines eigenen Wertesystems, geschweige denn in Verbindung mit dem Populismus gedeutet. Dabei sind Waschbärenmützen und Cordhosen ebenso wie Veblens sonstige Merkmale nicht nur die klassischen Insignien des Hinterwäldlers, sondern auch das Symbol eines selbstbewußten agrarischen Radikalismus in der politischen Geschichte Amerikas.[20] Man muß also in Veblens Erscheinungsbild und Auftreten nicht unbedingt eine marsmenschenhafte Entrücktheit bestätigt sehen, sondern könnte sie ebensogut als Zeichen seiner Verbundenheit mit dem egalitär-demokratischen Ethos der Populisten auffassen. Viele der Dinge, die Veblen in der konventionellen Forschung immer wieder verdächtig machen und ihn als einen mit allen Werten seiner Zeit auf Kriegsfuß stehenden, sozial völlig inkompetenten Charakter auszuweisen scheinen, könnten sich bei genauerer Betrachtung vielleicht weniger als unbeugsame Verweigerungshaltung und radikale Negation aller Werte, sondern eher als Affirmation eines eigenen Wertesystems und Umsetzung der plebejischen Grundüberzeugungen der Populisten erweisen.

Dieser Verdacht wird weiter genährt, wenn man berücksichtigt, mit welchem Interesse und Verständnis Veblen dem Populismus begegnete. Auch wenn Veblen sich, wie es auch sonst seiner Art entsprach, niemals direkt an den Aktionen der Populisten beteiligte, so ist es dennoch verbürgt, daß er einigen ihrer öffentlichen Kundgebungen beiwohnte und sich grundsätzlich für ihre dissentierende Haltung interessierte. Dies bestätigt wiederum Andrew Veblen, der über Thorstein schreibt: »I suppose he took an interest in the farmers' movements, such as the 'Alliance', but took no active part in the questions that arose over them.« Im gleichen Brief bestätigt Andrew Veblen weiterhin, daß sein Bruder einige der wichtigsten Populisten direkt erlebt hatte und ihren Argumenten, rhetorischen Fähigkeiten und Agitationstechniken nicht nur aufgeschlossen gegenüberstand, sondern diese sogar mit gewissem Interesse studierte: »I heard other farm-move-

---

from behind a blunt nose. An unkempt mustache hides his mouth, and a short scraggly beard engulfs his chin. He is dressed in a thick unpressed suit and there is a large safety pin attached to his vest: it moors his watch. The photograph does not show two more safety pins hooked into his pants where they suspend his socks, and it gives us only a suggestion of a thin wiry frame, and a high-stepping, hunter-like, noiseless gait.«

20 Siehe dazu Parrington 1930; Destler 1965/1946.

ment speakers – Don[n]elly and disciples of other cults. I studied their methods, the style of oratory, the tricks and devices by which they held crowds, etc. I think Thorstein took a similar interest in that class of men.«[21]

Dieses Interesse manifestiert sich auch in Thorstein Veblens Schriften, in denen er immer wieder auf die Nöte und spezifischen Probleme der Farmer zurückkommt und ökonomische Zusammenhänge erörtert, die auch im Zentrum der populistischen Agitation standen. Sehr genau beobachtet Veblen die soziale und politische Entwicklung des Populismus in seiner Umgebung und begleitet diese auch ohne eigene Beteiligung mit einer gewissen Sympathie. So würdigt er beispielsweise die seinerzeit für Furore sorgenden Arbeitslosenmärsche unter Führung des Populisten Jacob Coxey (bekannt als »Coxey's Army«) in einer seiner frühesten Veröffentlichungen als Indiz für einen politischen Aufbruch, welcher neues ökonomisches Denken symbolisiere, zu dem auch die Populisten ihren Beitrag geleistet hätten, und er betrachtet diese Bewegung explizit als Zeichen für »a broad substratum of honest sentiment shared in by an appreciable fraction of the community«[22]. An anderer Stelle unterstreicht Veblen »a certain plausibility to the attempted interpretation of latter-day economic developments in feudalistic terms«[23] – das Markenzeichen des Populismus schlechthin. Bei genauerer Hinsicht sind diese verständnisvollen Worte gar nicht weiter verwunderlich, denn Veblens kenntnisreiche Situationsbeschreibungen des ländlichen Lebens unterscheiden sich kaum von den bekannten Litaneien der Populisten.[24] Auch er

---

21 Andrew Veblen an Joseph Dorfman, 12.04.1930.
22 Vgl. »The Army of the Commonweal« (1894), in Veblen 1964c/1934, S. 98; ähnlich aufschlußreich im Hinblick auf Veblens Sympathie für die damals aktuelle Debattenlage des Populismus ist auch der noch etwas früher veröffentlichte Aufsatz »Some Neglected Points in the Theory of Socialism« (1892), in Veblen 1990b/1919, S. 387-408.
23 Veblen 1988/1904, S. 176.
24 Siehe insbesondere die Abschnitte »The Independent Farmer« und »The Country Town«, in Veblen 1964b/1923, S. 129-141, 142-165. In seiner Rekapitulation von Veblens ökonomischer Kritik des ländlichen Kleinstadtlebens bezieht sich Atherton (Atherton 1952) auf diese Schriften und beschreibt, wenn auch nur in seinen Grundzügen, den populistischen Kerngehalt von Veblen, versäumt es aber, diesen als solchen auch auszuweisen. Gerade angesichts eines solchen Aufsatzes sei vor einer übereilten gedanklichen Gleichsetzung von Farmern und Populisten gewarnt. Nicht überall, wo Veblen über Farmer schreibt, sollte man an Populisten denken, denn auch im Mittleren Westen waren beileibe nicht alle Farmer Anhänger des Populismus. Manchmal erscheint es gar so,

spricht von »the plight of the prairie farmers, who have fallen into a state of something like effectual clientship and usufruct at the call of the implement makers, commission men, warehouse men, millers, packers, and railways«[25], und trifft dabei mühelos den verächtlichen Tonfall der Populisten gegenüber den nutznießenden Zwischenhändlern (»middlemen«), die Veblen als »in great part superfluous« bezeichnet.[26] Für ihn leiden die Farmer und anderen Kleinproduzenten in zunehmendem Maße unter den oppressiven Strukturen des Wirtschaftssystems und der »business interests«, so daß ihm die Worte von den »victims of the credit system« oder »residuary losers« leicht von den Lippen gehen.[27] »By and large,« so greift Veblen die populistische Klage über den Autonomieverlust der agrarischen Produzenten auf, »the farmer is so placed in the economic system that both as producer and as consumer he deals with business concerns which are in a position to make the terms of the traffic, which it is for him to take or leave. Therefore the margin of benefit that comes to him from his work is commonly at a minimum. He is commonly driven by circumstances over which he has no control, the circumstances being made by the system of absentee ownership and its business enterprise.«[28] Zugleich gibt Veblen sehr viel mehr Einfühlungsvermögen in das Milieu des Mittleren Westens zu erkennen, als ihm die meisten seiner Interpreten zugestehen würden, wenn er über den politischen Impetus der populistischen und anderer agrarischer Bewegungen sagt: »And every once in a while the farmers make a broad gesture of collusive strategy and concerted action. Every once in a while there springs up a hope, born of desperation, that the massive interests which move in the background of the market are to be set at naught by the farmers' taking thought together in a business way; or that they are to be confounded by some intelligent alignment of rural political forces.«[29] Zwar griff Veblen, anders als etwa sein Kollege Edward Ross, nicht aktiv auf Seiten der Populisten in den erbittert geführten Währungsstreit in den 1890er Jahren ein, aber dennoch sprach

---

als würde Veblen aus der Perspektive des Populismus die herkömmliche Geisteshaltung der Farmer kritisieren.
25 Veblen 1964b/1923, S. 366. An anderer Stelle (Veblen 1964a/1919, S. 166) schreibt Veblen: »In the ordinary case the American farmer is now as helpless to control his own conditions of life as the commonest of the common run.«
26 Veblen 1964c/1934, S. 410; Veblen 1990c/1921, S. 145.
27 Veblen 1964b/1923, S. 134, 246, 286.
28 Veblen 1964b/1923, S. 130.
29 Veblen 1964b/1923, S. 247, 129.

auch er sich in seinen Schriften gegen den Goldstandard aus und kritisierte die Fetischisierung der Geldstabilität scharf als »metaphysical stability of the money unit«[30]. Ähnlich wie die Populisten schlug Veblen eine Flexibilisierung der Währung und Ausweitung der Geldmenge als Mittel gegen die chronischen Depressionen vor und konstatierte: »As has more than once been the case, prices may be advanced through a freer supply of the precious metals, or by an inflation of the currency, or a more facile use of credit instruments as a subsidiary currency mechanism.«[31] Mit dieser Formulierung deckt Veblen im Prinzip die gesamte Palette populistischer Geldforderungen ab, einschließlich des für die Bewegung so wichtigen Subtreasury-Plans.[32]

Populistische Dimensionen in Veblens Sozialkritik

Die Parallele zwischen Thorstein Veblen und dem Populismus beginnt also bei gemeinsamen lebensweltlichen Erfahrungen, psychologischen Dispositionen und sozio-kulturellen Werten. Sie erstreckt sich aber auch auf den Kernbereich dessen, wofür Veblen neben seinem Beitrag zur ökonomischen Theoriebildung am meisten bekannt ist: auf seine Sozialkritik, wie sie vor allem in *The Theory of the Leisure Class*, seinem mit Abstand populärsten Buch, enthalten ist. Veblens Bezug auf den Populismus ist weder zufällig noch temporär, sondern durchzieht seine gesamten Schriften und liegt diesen als Referenzsystem und normativer Grundgehalt zugrunde. Um den zum Teil fast atemberaubenden Gleichklang zwischen Veblen und den Populisten näher zu verdeutlichen, ist es zunächst notwendig, etwas tiefer in die Gedankenwelt der Populisten einzudringen. Im Anschluß daran werden dann die populistischen Dimensionen in Veblens Werk dokumen-

---

30 Veblen 1988/1904, S. 238; siehe auch Veblen 1964b/1923, S. 165-186.
31 Veblen 1988/1904, S. 235; siehe auch Veblen 1964b/1923, S. 246. Zur Bedeutung des Streits um die verstärkte Emittierung von Geld und um den Währungsstandard für die Populisten siehe Hicks 1931, S. 301-320; Goodwyn 1976, S. 10-24. Die weiteren Hintergründe dieser in der amerikanischen Gesellschaft seit dem Bürgerkrieg erbittert geführten Auseinandersetzung werden erläutert in Destler 1965/1946; Unger 1964; Nugent 1968; Weinstein 1970.
32 Zur weiterführenden Betrachtung dieser Kernforderung des Populismus siehe Hicks 1931, S. 186-204; Goodwyn 1976, S. 152-176, 565-581; Palmer 1980, S. 104-110; Barnes 1984, S. 120-135.

tiert und abschließend mit einigen Schlüsselfragen zu Veblen konfrontiert.

Überall im Mittleren Westen protestierten die Populisten vehement gegen das, was sie als »social cannibalism« (Mary Lease), »state of barbarism« (Lorenzo Lewelling) oder »reversion to barbarism« (Ignatius Donnelly) empfanden, und ihre Zeitungen verbreiteten die auch Veblen keineswegs unbekannte Einsicht: »Competition is only another name for war.«[33] Mit nie erlahmender Kraft beschrieben die Populisten die Brutalität ihrer Zeit, die barbarischen Züge der Gegenwart und die aktuelle Erscheinungsform autokratischer Herrschaft und sozialer Ausbeutung. Ihr Feindbild war dabei eindeutig und umfaßte Großindustrielle ebenso wie Finanzmagnaten, die als Plutokraten und Monopolisten angeprangert wurden. Schon lange vor Veblen galt für Populisten die Maxime, daß »through evolution in crime the corporation has taken the place of the pirate«[34]. Deshalb betrachteten sie die modernen Großunternehmen als die jüngste und zugleich gefährlichste Inkarnation der feudalen Mächte und waren zutiefst überzeugt von der Richtigkeit der folgenden Beobachtung: »The leaders who, two hundred years ago, would have been crazy with conquest, to-day are crazy with competition.«[35] Wo sie nur konnten, attackierten die Populisten die »barbarians of business« und deren »monetary despotism«. »Our barbarians come from above«, dieses Diktum von Henry Lloyd hatte deshalb in populistischen Kreisen den Charakter unhinterfragbarer Gewißheit.[36] Dementsprechend finden sich überall in den populistischen Schriften pathetische Angriffe auf die »lords of industry«, »pampered aristocracy« und »men who produce nothing, who add not a dollar to the nation's wealth, who fatten on the failures of other men, whose acquisitions are only what their fellows have lost.«[37] Nach Ansicht der Populisten betrieben die modernen Despoten ihre räuberischen Akte unter dem Deckmantel von »business« und zerstörten dabei die Unabhängigkeit der Produzenten und verhinderten den Wohlstand aller in der Gesellschaft. Der amerikanische Kapi-

---

33 Bis auf Donnellys Aussage finden sich die zitierten Passagen führender Populisten in Pollack 1962, S. 20, 27, 47; Donnelly ist zitiert nach Hicks 1931, S. 304-305.
34 Weaver 1974/1892, S. 5, 226-268.
35 Lloyd 1894, S. 511.
36 Lloyd 1894, S. 510; George 1937/1879, S. 528-543; Bellamy 1982/1888, S. 109; Watson 1975/1892, S. 209. Zur besonderen Bedeutung von George, Bellamy und Lloyd für die populistische Bewegung siehe Schimmer 1994, Kap. 4.2.
37 Peffer 1976/1891, S. 122.

talismus, so wie er in ihren Pamphleten und Publikationen beschrieben wurde, war für die Populisten – nicht anders als für Veblen – dem Stadium sozialer Piraterie noch lange nicht entwachsen. Deshalb lautete einer ihrer Grundsätze: »The spirit of the corporation is aggressive and essentially warlike.«[38] Die typischen Themen des Populismus – Barbarei und Kriegszustand in der amerikanischen Gesellschaft, das Überleben archaischer Züge in der Gegenwart, die soziale und politische Herrschaft räuberischer Plutokraten und ihrer Lakaien, die Vorherrschaft parasitärer Sozialbeziehungen in der amerikanischen Gesellschaft, die Unausweichlichkeit neidvoller Vergleiche, die unheilvolle Hegemonie der Geldkultur und die ungestörte Existenz von Ausbeutung, Unterdrückung und Verschwendung – sind nicht nur zugleich die typischen Themen Veblens, sondern auch die Themen, über die er sich seinen Ruf als radikaler Kritiker der amerikanischen Gesellschaft erst erworben hat.

Viele der Konzepte und Kategorien, die Veblen später in seinem Werk entwickelte und als deren Urheber er immer wieder gefeiert wurde, waren zum Teil bis in die identische Wortwahl hinein von den Populisten vorweggenommen worden. Lange bevor Veblen sich mit ihnen auseinandersetzen konnte, wußten die Populisten aus eigener Betroffenheit heraus bereits, was »absentee ownership«[39] bedeutete und wie sehr ihnen die »vested rights«[40] zusetzten, so daß sie unablässig »the hostility of vested interests to progress«[41] und die Sozialdiktate der »moneyed interests«[42] beklagten. Auch die immer wieder Veblen zugeschriebene Dichotomie zwischen »business« und »industry« geht in Wirklichkeit auf den populistischen Diskurs zurück, dessen *peer group* die »wealth producers« im Kampf gegen die »wealth owners« waren.[43] »Labor,« schrieb der populistische Senator Peffer bereits 1891, »may be divided into two great departments – one employed in producing property, the other in handling it«. Mit Emphase fügte er noch hinzu: »Let this distinction be kept in mind,

---

38 Weaver 1974/1892, S. 379.
39 Hicks 1931, S. 81; Lloyd 1894, S. 15.
40 Laut Hicks (Hicks 1931, S. 167) trugen die Populisten auf dem Weg zu ihren Versammlungsorten Transparente mit sich, auf denen geschrieben stand: »Vested Rights will go down forever and human rights will prevail.« Siehe auch George 1937/1879, S. 362; Weaver 1974/1892, S. 436.
41 Bellamy 1937/1897, S. 221-229.
42 Peffer 1976/1891, passim.
43 Zu dieser Dichotomie, gleichsam das Herzstück des Populismus, siehe insbesondere Peffer 1976/1891, S. 43-55; Weaver 1974/1892, S. 5, passim.

for much depends upon it.«⁴⁴ Auf der einen Seite stehen die müßigen Nicht-Produzenten, worunter die Populisten hauptsächlich Industrielle, Bankiers, Finanzmagnaten sowie Groß- und nutznießende Zwischenhändler verstanden, die zwar im eigentlichen Sinne weder mit produktiver Arbeit oder sozialen Dienstleistungen beschäftigt waren noch im Schweiße ihres Angesichts ihr Geld verdienten, aber dennoch den Produktionsprozessen einen unverhältnismäßigen (»unreasonable« bzw. »unearned«) Anteil entziehen konnten, der sie in sozioökonomischer Hinsicht extrem privilegierte. In den Augen der Populisten lebten diese »pampered« oder »favored classes«, »who get something for nothing«, auf Kosten der Gemeinschaft und stellten dadurch eine räuberische und sozialparasitäre Klasse dar, die der Populismus leidenschaftlich attackierte: »The one receives without producing; the others produce without receiving.«⁴⁵ Auf der anderen Seite stehen dagegen die Produzenten, bei denen es sich um Personen handelte, die durch die Herstellung von Gütern oder Dienstleistungen ehrliche Arbeit (»honest labor«) verrichteten. Auch wenn die Übergänge immer wieder fließend waren, grenzten sich die Populisten von den nicht-produktiven, tendenziell plutokratischen Geschäftsleuten deutlich ab, betrachteten sich selber als die wahren Schöpfer von sozial sinnvollen Gütern und setzten den auf das rein Private und Pekuniäre versessenen Interessen (»business«) die Vision einer sozialverträglich und gesamtgesellschaftlich gedachten Produktion (»industry«) entgegen. Zudem ist ihre Argumentation von der gleichen moralischen Entrüstung durchzogen, die sich später in den Schriften von Veblen wiederfindet: »We do not want the profits of our labor to be absorbed by men who do not work at all.«⁴⁶ Immer wieder attackierten die Populisten die parasitären Sozialbeziehungen und bewiesen die radikal antiplutokratische Haltung, die auch in Veblens Schriften ständig präsent ist. Bereits 1886, zu einem Zeitpunkt, als der frisch promovierte Veblen sich gerade kränkelnd und arbeitslos in seinem heimatlichen Bundesstaat aufhielt, verbreitete die Minnesota Farmers' Alliance die auch für Veblen fundamentale Ansicht: »The natural enemies of both [workingman and farmer] are the men who fasten themselves upon the producers to get something for nothing.«⁴⁷ Dieser Satz sowie das

---

44 Peffer 1976/1891, S. 43.
45 George 1937/1879, S. 341; Lloyd 1894, S. 531; Bellamy 1982/1888, S. 138; Peffer 1976/1891, S. 43-55.
46 Peffer 1976/1891, S. 137.
47 Zitiert nach Pollack 1962, S. 42.

dahinterstehende Denken präjudiziert eine der beliebtesten Redewendungen bei Veblen, die in seinem Werk immer wieder auftaucht und vor allem seiner Definition eines »vested interest« als »a legal right to get something for nothing« zugrunde liegt.[48]

Der Populismus läßt sich vielleicht am besten als der Diskurs der »underlying population« und »common people« bezeichnen, aus deren Blickwinkel auch Veblens Schriften in der Regel konzipiert sind. Wo er nur kann, greift Veblen die populistischen Grundansichten auf und variiert sie in seinem Werk, so daß sich der charakteristische Standpunkt, von dem aus er die amerikanische Gesellschaft avisiert, in auffälliger Weise mit der populistischen Perspektive deckt. Beide nehmen die Position der Produzenten (»common toiler«) ein, betrachten sich mehr oder minder offen als Sprachrohr der »industrial people« und bilden eine gemeinsame Front gegen den Geschäftsmann, den bewunderten Sozialtypus des *Gilded Age*.[49] Unisono lamentieren sie über den Materialismus und die fortwährenden sozialen Ungerechtigkeiten in der amerikanischen Gesellschaft sowie vor allem über den sich immer weiter verschärfenden Interessenkonflikt zwischen den Produzenten einerseits und den Besitzenden, die qua ihrer Verfügungsgewalt als Eigentümer den Produktionsprozeß dominieren, andererseits. In seiner Sozialkritik trifft Veblen fast immer die entsprechende Tonlage der Populisten, so daß sich seine Sozialkritik in vielerlei Hinsicht wie ein Echo auf den Populismus lesen läßt. Mit Leidenschaft intoniert Veblen dabei das klassische Leitmotiv der Populisten, die radikale Kritik an der plutokratischen Kontrolle des gesamten amerikanischen Produktions- und Wirtschaftssystems, mit der zugleich auch die Ausübung sozialer Herrschaft und Verhinderung sozialen Friedens einhergeht. Permanent agitiert Veblen gegen Wirtschaftsführer und Industriekapitäne sowie deren Steigbügelhalter in Politik, Jurisprudenz und Bildungswesen, die in seinen Augen allesamt parasitär auf Kosten der Leistung der arbeitenden Bevölkerung leben und die produktiven Möglichkeiten der Industrie um ihres privaten Vorteils willen bewußt torpedieren. Seiner populistischen Grundstimmung entsprechend, gerät ihm die Schilderung der Sozialwelt zum Abbild der klassischen Konfliktlinien des Populismus zwischen »profit« und »livelihood«, »price« und »labor«, »business« und »industry«, die allein durch eine alle Mitglieder der Gesellschaft gleichermaßen berücksichtigende Ge-

---

48 Zum Beispiel Veblen 1964a/1919, S. 155, 161, 169; Veblen 1964b/1923, S. 49.
49 Zum zeitgenössischen ökonomischen und sozialen Klima siehe Fine 1967/1956.

meinwohlorientierung nach Muster einer populistischen Produzentengemeinschaft zu transzendieren wären.

Im Zentrum von Veblens Sozialkritik steht eindeutig die typische populistische Dichotomie von »business« und »industry«. Dieser Antagonismus durchzieht seine gesamten sozialkritischen Schriften und kennzeichnet seinen populistischen Kern am deutlichsten. Da er parasitäre Sozialbeziehungen (»industrially parasitic lines of business«) überall vergegenwärtigt und zudem meint, daß diese die »effective vitality of the community« entscheidend verringern würden,[50] konstatiert Veblen die gleiche Dissoziierung der sozialen Interessen (»division or cleavage of the people«) wie die Populisten, und zwar entlang der Trennlinie zwischen »the vested interests and the common man« bzw. zwischen der »business community« und der »underlying population«. Für ihn ist es unbestreitbar, daß die bestehende und immer weiter zunehmende Abhängigkeit von Beschäftigung und Produktion von den rein geldlichen Rationalitätskriterien im Sinne eines privaten Profitkalküls auf Dauer unvereinbar ist mit den Anforderungen des Gemeinwohls. Obwohl sie selber in der Regel wenig mit den industriellen Abläufen im eigentlichen Sinne zu tun haben, üben Veblen zufolge die Geschäftsleute dennoch die Herrschaft über das gesamte Produktionssystem aus, das sie für ihre selbstsüchtigen Zwecke zu instrumentalisieren verstehen. Sein Urteil ist in der Sache eindeutig wie im Kern populistisch und lautet: »Industry is controlled by business exigencies and is carried on for business ends.«[51] Immer wieder hebt Veblen ab auf die inhaltlich schon von den Populisten beschriebene, gesellschaftlich prekäre »substitution of salesmanship in the place of workmanship«,[52] deren entscheidende Konsequenz für ihn die Tatsache ist, daß Geld zum ausschließlichen Referenzmedium wird und alle sozialen Transaktionen dementsprechend auf ihre pekuniäre Wertigkeit reduziert und nicht in einen gesamtgesellschaftlichen Zusammenhang gestellt werden. »The gains«, moniert Veblen, »are counted in terms of money, and, indeed, in no other terms.«[53] Das oberste Gebot richtet sich dabei nach dem schon von den Populisten analysierten und kritisierten Streben, »to make money, not to produce

---

50 Veblen 1988/1904, S. 64.
51 Veblen 1988/1904, S. 210; Veblen 1964a/1919, S. 160; Veblen 1964b/1923, S. 220.
52 Veblen 1964b/1923, S. 78.
53 Veblen 1988/1904, S. 186; Veblen 1990c/1921, S. 48.

goods«⁵⁴. Durchgängig beschreibt Veblen die Gemeinwohlfeindlichkeit der Wirtschaftsführer und ihr strategisches Interesse an einer gedrosselten Warenproduktion, weshalb für ihn die Kehrseite des Profits immer ein gewisser Einbruch in der Produktivitätsrate und die künstliche Verknappung dringend benötigter Gebrauchsgüter ist. Aus der Sicht von Veblen ist die Sabotierung des Gemeinwesens die Voraussetzung schlechthin für erfolgreiches Geschäftemachen, so daß Profit, zumindest in den aktuellen Dimensionen, nichts anderes ist als Raub an der Gemeinschaft. Angesichts der unverhältnismäßigen Bereicherung der von ihm so bezeichneten »kept classes« bzw. »uncommon classes« durch ein »free income« bzw. »unearned income«⁵⁵ stimmt Veblen ein in die populistische Klage über »the impoverishment of the producing classes«.⁵⁶ »Businesslike enterprise,« das weiß Veblen so gut wie jeder Populist, »is bent on getting something for nothing.«⁵⁷

Veblens Sozialkritik läßt sich ohne jede Übertreibung als ein fortwährender populistischer Angriff auf das Preissystem begreifen. In seinen Schriften paraphrasiert und dramatisiert Veblen ständig eine Gesellschaftsbeschreibung, die sich aus populistischen Grundüberzeugungen speist und nach der das Gemeinwesen als fest im Würgegriff plutokratischer Wohlstandsverhinderer dargestellt wird. Immer wieder geißelt er mit harschen Worten die mangelnden humanitären Gefühle der Geschäftsleute sowie »the pecuniary calculus of how to get the most in price for the least return in weight and scale«⁵⁸. So wie die Populisten sich auf die Macht des Geldes (»money power«) eingeschossen hatten, begreift Veblen die moderne Barberei als Auswuchs der Logik des Preissystems (»price system«) und beschäftigt sich ständig mit dem, was er gekonnt maliziös »the gainful manipulation of property« nennt.⁵⁹ Der von ihm so empfundenen Gemeinwohlfeindlichkeit und Inhumanität der plutokratischen Tendenzen in der amerikanischen Kultur und der seiner Ansicht nach abgrundtiefen Ineffizienz und Asozialität des Geldsystems stellt Veblen seine ebenfalls am populistischen Denken geschulte Vision einer Produzenten-

---

54 Veblen 1964a/1919, S. 92; Veblen 1990b/1919, S. 279-323. »Since business has become the central and controlling interest,« darauf reitet Veblen immer wieder herum, »the question of welfare has become a question of price.« Veblen 1988/1904, S. 177; Veblen 1990a/1914, S. 194.
55 Zum Beispiel Veblen 1964a/1919, S. 63-84.
56 Vgl. die »Omaha Platform« (1892) der People's Party in Pollack 1967, S. 59-66.
57 Veblen 1964a/1919, S. 84; Veblen 1964b/1923, S. 123.
58 Veblen 1990a/1914, S. 194; Veblen 1988/1904, S. 206.
59 Veblen 1990a/1914, S. 189.

gemeinschaft entgegen, in der »the undifferentiated advantage of the group as a whole« unbedingten Vorrang haben würde vor den egoistischen Partikularinteressen.[60] Analog zum Populismus fordert Veblen die Umkehrung von »business« und »industry«, um »serviceability« und »workmanship« gesellschaftlich zu stärken und »salesmanship« zu entwerten, um Humanität und Gemeinsinn hervorzuheben und Brutalität und Selbstsucht zurückzudrängen. Ähnlich wie die Populisten will Veblen zu einer vom gesunden Menschenverstand (»dispassionate common sense«) geleiteten Sozialform zurückkehren,[61] in der die Anliegen der Produzenten und die Bedürfnisse der Gemeinschaft vor den Ursurpationen der Plutokraten geschützt werden, in der industrielle Freiheit, Gleichheit und Gerechtigkeit wiederhergestellt sind. Wie die Populisten möchte auch er das Produktionssystem wieder direkter an die gesellschaftlichen Bedürfnisse anbinden und es generell stärker in den Dienst der Gemeinschaft als ganzes stellen. Nicht anders als den Populisten geht es Veblen darum, »to set the industrial system free to run at full capacity and so make the most of the country's workmanship«[62]. Dementsprechend sieht Veblen, ähnlich wie die Populisten, in einem selbstbewußten politischen Auftreten der Produzenten die Chance für eine nachhaltige soziale Transformation heraufziehen, denn als populistisch inspirierter Geist weiß er: »Vested rights to free income are no longer felt to be secure in case the common man should take over the direction of affairs.«[63] Davon ausgehend, daß das soziale »team-work«, von dem er auch gerne spricht,[64] harmonisch gedeihen könnte, wenn erst einmal das Kartell der plutokratischen Kräfte zerschlagen ist, stellt Veblen der herrschenden Ordnung des »absentee ownership« ein egalitär-demokratisches »regime of workmanship« entgegen – ein Konzept, das seine populistischen Ansprüche noch einmal deutlich untermauert.[65]

In diesem Zusammenhang ist Veblens Theorie der Instinkte von besonderer Bedeutung, in der nicht nur ein spezifisches Menschenbild transportiert wird, sondern auf deren Hintergrund die populistische Sozialkritik ihre eigentümliche Dynamik erst so richtig entfaltet. Diese Theorie fügt sich nahtlos ein in die seinerzeit mit großer Reso-

---

60 Veblen 1990a/1914, S. 160-161; Veblen 1964b/1923, S. 28, 250, 440.
61 Veblen 1979/1899, S. 100.
62 Veblen 1964b/1923, S. 124.
63 Veblen 1964a/1919, S. 178.
64 Veblen 1964b/1923, S. 289; Veblen 1964a/1919, S. 53.
65 Veblen 1990c/1921, S. 147.

nanz geführte Debatte um die biologische Ausstattung des Menschen und die Macht der Umwelteinflüsse (»nature versus nurture«). Auch wenn sie aus heutiger Sicht natürlich nicht mehr ganz zu überzeugen vermag, verkennen die heute üblichen harten Absagen an Veblens Instinkttheorie nicht nur, daß sie problemlos vor der zeitgenössischen sozialpsychologischen Diskussion (Ward, William James, Cooley, McDougall, Ross) bestehen konnte, sondern auch, daß in ihr der strategische Kern der Veblenschen Sozialkritik überhaupt steckt. Es ist sehr auffällig, daß Veblen nur solche Dispositionen als »Instinkte« – und damit als exponierte menschliche Grundzüge – zuläßt, die, zumindest in ihrer unkontaminierten Reinform, wesensbedingt zur Beförderung des Gemeinwohles einerseits und zur theoretischen Abwehr der hedonistischen Psychologie und individualistischen Grundannahmen der Naturrechtsphilosophie andererseits beitragen. Explizit bezeichnet Veblen die von ihm extrapolierten Dispositionen als »instinctive propensities that serve the common interest«[66]. Seine spezifische Aufteilung der Instinkte, die Schilderung ihrer Kontaminierung und die Beschreibung ihres emanzipatorisch-zivilisatorischen Potentials als Instrumente des Gemeinwohls sind nicht nur elementare Bestandteile seiner Gesellschaftstheorie, sondern entsprechen auch in frappierender Weise dem populistischen Szenario. Unter Einhaltung wissenschaftlicher Konventionen, zumindest nach damals gängigem Verständnis, unternimmt Veblen die anthropologische Verankerung bestimmter sozialer Merkmale, auf deren Hintergrund die populistische Dramaturgie erst richtig greift. Ohne die im Werkinstinkt inkarnierte Produzentenperspektive mit all ihren kleinbürgerlichen Ordnungs- und Gerechtigkeitsvorstellungen bliebe der Antagonismus von »business« und »industry« ohne den Resonanzboden, der nötig ist für das Aufzeigen einer alternativen Vergesellschaftungsform. Veblens Instinkte sind radikale Kontrapunkte zu den antisozialen und selbstsüchtigen Tendenzen, die zu seiner Zeit überall um ihn herum zu beobachten waren, und sie weisen den Weg aus der von ihm immer wieder beschriebenen Krise. Als präskriptives Emanzipationsinstrument rangiert dabei der Werkinstinkt (»instinct of workmanship«) ganz oben. Dieses Konzept ist nicht nur eindeutig die höchste moralische Instanz in der Veblenschen Sozialkritik, sondern in ihm verdichten sich auch Veblens populistische Grundüberzeugungen zum basalsten Element seines komplexen Theoriegebäudes. In ihm laufen Veblens normative Orientierun-

---

66 Veblen 1990a/1914, S. 182, passim.

gen, die Begründung für gesellschaftliche Fehlentwicklungen und die Aussicht auf Wiederversöhnung des Menschen mit dem Menschen zusammen. Der Werkinstinkt ist deshalb sehr viel mehr als nur ein anthropologisch überhöhter Arbeitsbegriff, er ist als zentrales Movens zugleich das Vehikel für Veblens Geschichtsphilosophie, sodann eine eminent sittliche Kategorie und schließlich der entscheidende Wegweiser zu menschlichem Glück und gesellschaftlichem Fortschritt. In ihm treffen sich die normativen, ethischen, nützlichen und sonstigen Kriterien, die zum produzentenzentrierten Gerechtigkeitsempfinden der Populisten gehören. Vor allem in Hinblick auf seine inhärente Gemeinwohlorientierung qua »serviceability to the common good« kann man den »instinct of workmanship« wohl als die quintessentielle populistische Kategorie im Werk von Veblen bezeichnen.[67]

Führt man Veblen einer populistischen Interpretation zu, dann erscheint auch die häufig gestellte Frage nach seiner Nähe oder Distanz zu Karl Marx, dem anderen großen Kritiker des Kapitalismus, in einem neuen Licht. Der Vergleich zwischen Veblen und Marx ist theoriegeschichtlich äußerst reizvoll, wird jedoch nur in den seltensten Fällen als eine Gegenüberstellung zweier kongenialer Denker betrieben. Unter Berücksichtigung eines strikten Theoriegefälles zwischen Marx und Veblen geht es meistens nur darum, den Grad von Veblens Anlehnung an Marx zu bestimmen, nicht aber Veblens Eigenständigkeit zu bestimmen oder gar näher zu ergründen.[68] Natürlich gibt es bei Veblen theoretische Konzepte und rhetorische Einlagen, die es zunächst nachvollziehbar machen, wenn Veblen in die geistige Nähe von Marx gerückt wird. Doch wer allein auf seine ökonomische Rhetorik abstellt, der verkennt, daß es Veblen immer darum geht, die bloße Betrachtung ökonomischer Formen in einer Weise zu transzendieren, wie sie der Marxismus nie erreicht hat. Veblen, der Wegbereiter des Institutionalismus, versteht seinen Institutionenbegriff nie als geronnene ökonomische Form allein, sondern als Sammelbegriff kultureller, historischer, psychologischer und politischer Erfahrungen in ökonomischen Zusammenhängen. So zeugt allein schon der anekdotenreiche Bogen, den Veblen in seiner *Theory of the Leisure Class*

---

67 Veblen 1990a/1914, S. 90, passim.
68 Und das, obwohl Veblen sich an vielen Stellen in seinem Werk überaus kritisch zum Marxismus äußert und dabei immer wieder hervorhebt, daß er insbesondere dessen theoretische Fundamente für fehlerhaft hält. Vgl. insbesondere Veblens zweiteiligen Aufsatz »The Socialist Economics of Karl Marx and his Followers« (1906) in Veblen 1990b/1919, S. 409-456.

spannt, für eine größere theoretische Offenheit für die Dynamik sozio-kultureller Phänomene als im Marxismus. Diese Studie, die Veblen laut Untertitel als eine ökonomische Untersuchung der Institutionen betrachtet, ist an der populistischen Sensibilität für die subtile Macht plutokratischer Praxisformen geschult und läßt sich keinesfalls unter das Marxsche Theorem von Basis und Überbau subsumieren. Die ökonomischen Bedingungen in der Gesellschaft sprechen zwar für Veblen nicht anders als für Marx eine deutliche Sprache, eine Sprache des sozialen Antagonismus, der hinter diversen Beschwichtigungsstrategien verschleiert ist. Doch für ihn hat dieser soziale Interessengegensatz weniger mit der doktrinären Beharrung der Marxisten auf Produktionsmittelbesitz zu tun als wiederum mehr mit der grundlegenden populistischen Dichotomie von »business« und »industry«.[69] Veblens Klassen gehorchen deshalb anderen Imperativen und sind frei vom teleologischen Ballast des Marxismus. Zwar geht es auch ihm zweifellos um die ökonomischen Faktoren im modernen Leben, aber Veblens Interpretationen atmen dabei eher den Geist der Knights of Labor als den des marxistischen Klassenkampfes. Der Antagonismus von Produzenten und Nicht-Produzenten ist weder im Populismus noch bei Veblen ein endgültiger, historisch unabwendbarer oder gar nach revolutionären Taten schreiender Konflikt, sondern ein temporäres, die Harmonie eines jeden Gemeinwesens stets aufs neue bedrohendes Ungleichgewicht, das der Wiederherstellung einer Balance zwischen den beiden prinzipiell gleichberechtigten Kräften harrt. Trotz ihrer strukturellen und funktionalen Ungleichheit sind Arbeit und Kapital im Populismus keine so unauflösbaren Gegensätze wie im marxistischen Denken, sondern gleichberechtigte Partner im Hinblick auf ein sozial gerecht zu organisierendes Gemeinwesen, in dem die Produktions- und Distributionsabläufe reibungslos und effizient organisiert sind und für eine gerechte, d.h. möglichst egalitäre Allokation der Güter gesorgt ist. Gemessen an Marx, so ließe es sich zuspitzen, wird bei Veblen die Existenz von sozialen Klassen fast schon negiert, da es in seiner Gesellschaftstheorie letzten Endes allein auf den glo-

---

69 So heißt es bei Veblen (Veblen 1988/1904, S. 348): »Instead of contrasting the well-to-do with the indigent, the line of demarcation between those available for socialist propaganda and those not so available is rather to be drawn between the classes employed in the industrial and those employed in the pecuniary occupations. It is a question not so much of possessions as of employments; not of relative wealth but of work.«

balen populistischen Appell an »the people« als ganzes im Rahmen einer Produzentengemeinschaft ankommt.

Auf dem Weg zur Entmythologisierung von Veblen

Angesichts der hier aufgezeigten Verbindungen zwischen Veblen und dem Populismus, die durch gewisse Äußerlichkeiten und den gemeinsamen Lebenshintergrund im Mittleren Westen noch zusätzlich untermauert werden, mutet die penetrante Verdrängung Veblens aus dem amerikanischen Kontext, wie sie eingangs beschrieben wurde, immer weniger plausibel an. Ähnlich fragwürdig erscheinen nun auch die beliebten Darstellungen von Veblen als »inveterate phrasemaker« oder »great prose craftsman«.[70] In Anbetracht von Veblens Anlehnung an den Diskurs der Populisten erweist sich die Unterstellung einer angeblichen Singularität der Veblenschen Sprache als unhaltbar. Es ist schlichtweg unzutreffend, wenn über Veblen gesagt wird: »He had to create a new style because he was dealing with a range of ideas which completely cut under the prevailing range of ideas in America.«[71] Veblens Anlehnung an den Populismus steht der Einzigartigkeit seiner Prosa und Selbstreferentialität seines Denkens entgegen. Veblens Idiolekt ist keine Selbstkreation, sondern in nicht geringem Maße Ausdruck populistischer Sprachmächtigkeit und Denkfähigkeit. Dies soll jedoch keineswegs heißen, daß sich alle Facetten des Veblenschen Werkes – etwa die Ableitungen aus dem Darwinismus oder die Auseinandersetzung mit der klassischen und neoklassischen Ökonomie – einer populistischen Logik zu beugen hätten oder nur über eine solche zu verstehen wären. Doch auch ohne die herkömmlichen Parameter in der Veblenforschung notwendigerweise zu verdrängen, verspricht die Veranschlagung des Populismus als normativer Grundgehalt der Veblenschen Sozialkritik frische Erkenntnisse und ermöglicht grundsätzlich einen neuen Blick auf alte Kontroversen. Sie ist vor allem angetan zu zeigen, daß das metaphorische Skalpell, das Veblen laut Dos Passos, Mitchell und vielen anderen mit großer Kaltblütigkeit und ohne Betäubungsmittel als Vivisektionsinstrument so trefflich zu

---

70 Mitchell 1947, S. XIX; Griffin 1982, Vorwort; Kazin 1942, S. 137; Conroy 1968, S. 609.
71 Lerner 1936, S. 322; Johnson 1941, S. 121.

führen verstand, stumpf geblieben wäre, hätte Veblen es nicht entscheidend am Denken und der Rhetorik der Populisten geschärft.

Doch Veblens dezidierte Verankerung in der Tradition des agrarischen Radikalismus der Populisten räumt nicht nur auf mit dem Mythos von der isolationistischen Kraft, die stets verneint, sondern trifft sich auch mit der aktuellen Agenda, in der es um eine grundsätzliche Purifikation des Veblenbildes geht. Unter Veblenforschern, das hat sich im letzten Jahr auf der ersten Tagung der *International Thorstein Veblen Association* herauskristallisiert, ist derzeit ein gewaltiger Schub in Richtung einer kritischen Durchsicht der tradierten Veblen-Mythologie zu beobachten, von dem noch so manche Revision zu erwarten ist. Immer deutlicher wird man sich des dichten Schleiers von Mythen und Legenden bewußt, der Veblen umgibt und die Interpretation seines Werkes entscheidend behindert. Allmählich dringt damit eine frühe Warnung von Andrew Veblen durch, der Dorfman gegenüber meinte: »It should be remembered that around the person of a man whom even his most devoted followers quite generally declare they do not know or understand, mythical and apocryphal legends and yarns are very apt to be woven and told.«[72] Ständig wächst die Zahl der Leute, die erkennen, daß das Werk von Thorstein Veblen zumindest teilweise unter einem Berg von unverifizierten Legenden begraben liegt. Anstatt diesen durch reine Selbstperpetuierung legitimierten folkloristischen Fundus wie bisher einfach unbesehen weiter zu transportieren, steht nun die kritische Überprüfung seines tatsächlichen Wahrheitsgehaltes auf der Tagesordnung. Deshalb setzt man heute wieder an längst schon abgegolten geglaubten Grundfragen an, beschäftigt sich erneut mit alten Debatten und kehrt nicht zuletzt zur biographischen Arbeit zurück.

Im Rahmen dieser fundamentalen Bestandsüberprüfung gerät vor allem die bislang tonangebende Biographie von Joseph Dorfman immer stärker ins Zentrum der Kritik, trägt doch gerade sie entscheidenden Anteil an der Mythologisierung von Veblen. Durch die Erschließung neuer Quellen und unter Rückgriff auf alte Dokumente wird der drastische Reduktionismus der Dorfmanschen Perspektive bereits von mehreren Seiten attackiert. So halten Russell Bartley und Sylvia Yoneda in ihrer überzeugenden und wunderbar recherchierten Studie über Veblens langjährige Verbindung zur Washington Insel in Wisconsin, auf der er in vielen Sommern seinen Urlaub verbrachte,

---

72 Andrew Veblen an Joseph Dorfman, 18.07.1925.

fest: »Dorfman created a sophisticate's fantasy of rustic impoverishment, cultural isolation and ethnic angst that bore little relation to fact.«[73] In ihrem einfühlsamen Porträt, das zum Teil auf Aussagen von Leuten beruht, die Veblen selbst noch erlebt haben, heben die beiden Autoren die menschliche Seite von Veblen und die Herzlichkeit und Normalität seiner Umgangsformen hervor. In dezidierter Abgrenzung zu Dorfman zeigen Bartley und Yoneda auf, daß »the Veblen we find on Washington Island bears little resemblance to the philanderer and social misfit of popular and academic legend«[74]. Auch andere beklagen bereits »an over reliance on Dorfman's biography«[75] oder konstatieren unterkühlt: »Joseph Dorfman has made important and enduring contributions to Veblen studies. However, no scholar bears more responsibility for misrepresenting Veblen's early life than Dorfman.«[76] Noch etwas verhalten, aber in der Sache deutlich genug, wird das neue Programm bereits skizziert: »Future biographers of Veblen may want to revise Dorfman's conclusions regarding Veblen's acquisition of English, the cultural and social isolation of the Veblen family, and its material circumstances when he was young.«[77] Andere, wie etwa Jonathan Larson, schlagen da sogar schon einen schärferen Ton an und sprechen von Dorfmans Betonköpfigkeit (»cement-headedness«). Wenn Dorfman schon so zahlreiche und gewichtige Probleme hatte, sich unvoreingenommen auf Veblens Kindheit und Sozialisation einzulassen, so fragt Larson, welche Fehlinterpretationen sind dann erst im Werk und in der Beschreibung der reifen Person zu erwarten. Deshalb läßt sein Urteil über Dorfman an Deutlichkeit nichts zu wünschen übrig: »Dorfman's bizarre biography has done untold damage to Veblenian scholarship. Because he missed the point so dramatically, Veblen's ideas have had to struggle under a wholly unnecessary burden.«[78]

In dieser Hinsicht entbehrt es vielleicht nicht einer gewissen Ironie, daß es sich bei Dorfman selber um einen Emigranten aus Rußland handelt, der als kleines Kind in die USA kam und seinen Namen erst mit der Einbürgerung amerikanisierte. Bedenkt man seinen russischen Hintergrund, auf den bislang niemand so recht geachtet hat, und vor

---

73 Bartley/Yoneda 1994, S. 2.
74 Bartley/Yoneda 1994, S. 22.
75 Edgell 1994, S. 24.
76 Mattson/Tilman 1987, S. 232.
77 Tilman 1992, S. 4.
78 Larson 1994, S. 6.

allem die Werte, mit denen Dorfman (Jahrgang 1904) aufgewachsen sein könnte, dann mag es sich erweisen, daß es vielleicht weniger sein Studienobjekt Veblen war, welches gewisse Schwierigkeiten mit dem Verständnis diverser amerikanischer Normen und Werte hatte, sondern der bis heute tonangebende Interpret selber. Insbesondere im Hinblick auf die sozialen Werte und das spezifische kulturelle Selbstverständnis der Pioniere und Farmer im amerikanischen Mittleren Westen, unter denen Veblen schließlich aufgewachsen ist, könnte Dorfman einige signifikante Verständnisprobleme gehabt haben, zumal wenn man den traditionell inferioren Sozialstatus der Bauern in Rußland berücksichtigt. Vor diesem Hintergrund ist es vielleicht kein Wunder, daß Dorfman selbstbewußte agrarische Lebensformen – wie etwa den Populismus und andere rurale Bewegungen – nicht richtig einzuordnen verstand. Wenn diese nicht ganz unplausible Vermutung zutrifft, dann schlägt letzten Endes ein von ihm auf Veblen gemünzter Satz auf Dorfman selber zurück: »He just escaped being an immigrant. In effect he was an 'outsider' and therefore not easily engulfed in the passing mood.«[79] Mit einem aus heutiger Sicht verblüffenden Gespür für die Situation sagte Florence Veblen, eine Schwägerin Thorsteins, seinerzeit Joseph Dorfman bereits auf den Kopf zu: »I do not know how long your family has lived in America, but it would seem you have not yet absorbed our highest ideal of democracy.«[80] Nicht zuletzt daran krankt die Dorfmansche Biographie, daß er sich vom Wesen und Wirken des agrarischen Demokratiebegriffs des Mittleren Westens keine rechte Vorstellung machen konnte, obwohl gerade dessen spezifische Werteskala von keiner geringen Bedeutung für das Werk von Veblen ist.

Literatur

Aaron, Daniel (1951): Men of Good Hope. A Story of American Progressives, New York

Atherton, Lewis (1952): The Midwestern Country Town: Myth and Reality, in: Agricultural History 26, S. 73-80.

Barnes, Donna (1984): Farmers in Rebellion. The Rise and Fall of the Southern Farmers Alliance and People's Party in Texas, Austin.

---

79 Dorfman 1958, S. 5.
80 Florence Veblen an Joseph Dorfman, 26.01.1926, Andrew Veblen Papers.

Bartley, Russell/Yoneda, Sylvia (1994): Thorstein Veblen on Washington Island. Of Books, Intellect and Personality, unveröffentlichtes Manuskript.
Bell, Daniel (Hrsg.) (1955): The New American Right, New York.
Bellamy, Edward (1937/1897): Equality, New York.
Bellamy, Edward (1982/1888): Looking Backward, 2000-1887, New York (dt. Das Jahr 2000. Ein Rückblick auf das Jahr 1887, Stuttgart o.J.).
Bottomore, Thomas (1968): Critics of Society. Radical Thought in North America, New York.
Boyte, Harry (1989): CommonWealth. A Return to Citizen Politics, New York.
Boyte, Harry/Riesman, Frank (Hrsg.) (1986): The New Populism. The Politics of Empowerment, Philadelphia.
Canovan, Margaret (1981): Populism, New York 1981.
Clanton, O. Gene (1991): Populism: The Humane Preference in America, 1890-1900, Boston.
Commager, Henry Steele (1957): The American Mind. An Interpretation of American Thought and Character Since the 1880's, New Haven.
Conroy, Stephen (1968): Thorstein Veblen's Prose, in: American Quarterly 20, S. 605-615.
Coser, Lewis (1971): Masters of Sociological Thought. Ideas in Historical and Social Context, New York.
Destler, Chester McArthur (1965/1946): American Radicalism, 1865-1901. Essays and Documents, New York.
Diggins, John (1978): The Bard of Savagery. Thorstein Veblen and Modern Social Theory, New York.
Dorfman, Joseph (1949): The Economic Mind in American Civilization, Bd. 3 (1865-1918), New York.
Dorfman, Joseph (1958): The Thought and Impact of Veblen's Thought, in: Douglas Dowd (Hrsg.), Thorstein Veblen: A Critical Reappraisal, Ithaca.
Dorfman, Joseph (1968): Background of Veblen's Thought, in: Carlton Qualey (Hrsg.), Thorstein Veblen. The Carleton College Veblen Seminar Essays, New York/London, S. 106-130.
Dorfman, Joseph (1972/1934): Thorstein Veblen and His America, Clifton.
Dos Passos, John (1930): The Big Money, New York.
Edgell, Stephen (1994): Thorstein Veblen: Man from Mars or Marginal Man? An Exercise in the Sociology of Biography, unveröffentlichtes Manuskript.
Ferkiss, Victor (1957): Populist Influences on American Fascism, in: Western Political Quarterly 10, S. 350-373.
Feuer, Lewis (1953): Thorstein Veblen: The Metaphysics of the Interned Immigrant, in: American Quarterly 5, S. 99-112.

Fine, Sidney (1967/1956): Laissez Faire and the General-Welfare State. A Study of Conflict in American Thought, 1865-1901, Ann Arbor.

Frederickson, George (1959): Thorstein Veblen: The Last Viking, in: American Quarterly 11, S. 403-415.

George, Henry (1937/1879): Progress and Poverty. An Inquiry into the Cause of Industrial Depressions and of Increase of Want with Increase of Wealth. The Remedy, New York.

Goodwyn, Lawrence (1976): Democratic Promise: The Populist Moment in America, New York.

Goodwyn, Lawrence (1978): The Populist Moment. A Short History of the Agrarian Revolt in America, New York.

Goodwyn, Lawrence (1991): Rethinking »Populism«: Paradoxes of Historiography and Democracy, in: Telos 88, S. 37-56.

Griffin, Robert (1982): Thorstein Veblen: Seer of American Socialism, Hamden.

Habermas, Jürgen (1981): Theorie des kommunikativen Handelns, Bd. 2, Frankfurt a. M.

Handlin, Oscar (1951): How U.S. Anti-Semitism Really Began, in: Commentary 11, S. 541-548.

Heilbroner, Robert (1986/1953): The Worldly Philosophers. The Lives, Times, and Ideas of the Great Economic Thinkers, New York.

Hicks, John (1931): The Populist Revolt. A History of the Farmers' Alliance and the People's Party, Minneapolis.

Hofstadter, Richard (1955): The Age of Reform. From Bryan to F.D.R., New York.

Ionescu, Ghita/Gellner, Ernest (Hrsg.) (1969): Populism. Its Meaning and National Characteristics, London 1969.

Johnson, Edgar (1941): Veblen: Man from Mars, in: New Republic 105, 28.07., S. 121-123.

Johnson, Robert Andrew (1981): Political Ideology and Political Historiography: Reporting the Populists, Dissertation, University of California at Berkeley.

Kazin, Alfred (1942): On Native Grounds. An Interpretation of Modern American Prose Literature, New York.

Larson, Jonathan (1994): Speculations on the Origin of Veblen's Aesthetic Criticisms: As Revealed by the Restoration of the Veblen Family Farmstead, unveröffentlichtes Manuskript.

Lasch, Christopher (1991): The True and Only Heaven. Progress and Its Critics, New York.

Launius, Roger (1983): The Nature of the Populists: An Historiographical Essay, in: Southern Studies 22, S. 366-385.

Lerner, Max (1936): Gateway to Veblen's World, in: Nation 142, 11.03., S. 321-322.

Lloyd, Henry Demarest (1894): Wealth against Commonwealth, New York/London.
Mattson, Vernon/Tilman, Rick (1987): Thorstein Veblen, Frederick Jackson Turner, and the American Experience, in: Journal of Economic Issues 21, S. 219-235.
McMath, Robert (1993): American Populism: A Social History, 1877-1898, New York.
Miller, Worth Robert (1987): Oklahoma Populism. A History of the People's Party in the Oklahoma Territory, Norman.
Miller, Worth Robert (1993): A Centennial Historiography of American Populism, in: Kansas History 16, S. 54-69.
Mitchell, Wesley (Hrsg.) (1947): What Veblen Taught, New York.
Noble, David W. (1958): The Paradox of Progressive Thought, Minneapolis.
Nugent, Walter (1968): Money and American Society, 1865-1880, New York.
Palmer, Bruce (1980): »Man over Money«. The Southern Populist Critique of American Capitalism, Chapel Hill.
Parrington, Vernon (1930): Main Currents in American Thought, Bd. 3: The Beginnings of Critical Realism in America, New York.
Parsons, Talcott (1934/35): Sociological Elements in Economic Thought, in: Quarterly Journal of Economics 49, S. 414-453.
Peffer, William Alfred (1976/1891): The Farmer's Side. His Troubles and Their Remedy, Westport.
Pollack, Norman (1962): The Populist Response to Industrial America. Midwestern Populist Thought, Cambridge.
Pollack, Norman (1987): The Just Polity. Populism, Law, and Human Welfare, Urbana/Chicago.
Pollack, Norman (1990): The Humane Economy. Populism, Capitalism, and Democracy, New Brunswick/London.
Pollack, Norman (Hrsg.) (1967): The Populist Mind, Indianapolis.
Puhle, Hans-Jürgen (1986): Was ist Populismus?, in: Helmut Dubiel (Hrsg.), Populismus und Aufklärung, Frankfurt a. M., S. 12-32.
Riesman, David (1960): Thorstein Veblen. A Critical Interpretation, New York.
Riesman, David/Lynd, Staughton (1960): The Relevance of Thorstein Veblen, in: American Scholar 29, S. 543-551.
Rosenberg, Bernard (1954/55): Thorstein Veblen: Portrait of the Intellectual as a Marginal Man, in: Social Problems 2, S. 181-187.
Ross, Dorothy (1991): The Origins of American Social Science, Cambridge.
Schimmer, Ralf (1994): Die Sozialbewegung der Populisten und ihre Bedeutung für die frühen amerikanischen Sozialwissenschaften, Dissertation, Freie Universität Berlin.

Schwartz, Jonathan (1990): Tracking Down the Nordic Spirit in Thorstein Veblen's Sociology, Acta Sociologica 33, S. 115-124.

Silk, Leonard (1966): Veblen. A Play in Three Acts, New York.

Simich, Jerry/Tilman, Rick (1980): Critical Theory and Institutional Economics: Frankfurts Encounter with Veblen, in: Journal of Economic Issues 14, S. 631-648.

Tilman, Rick (1992): Thorstein Veblen and His Critics, 1891-1963, Princeton.

Tindall, George (1972): Populism: A Semantic Identity Crisis, in: Virginia Quarterly Review 48, S. 501-518.

Unger, Irwin (1964): The Greenback Era: A Social and Political History of American Finance, 1865-1879, Princeton.

Veblen, Andrew A.: The Correspondence between Joseph Dorfman and Andrew A. Veblen, Andrew A. Veblen Papers, Minnesota Historical Society, Saint Paul, Minnesota.

Veblen, Thorstein (1964a/1919): The Vested Interests and the Common Man, New York.

Veblen, Thorstein (1964b/1923): Absentee Ownership and Business Enterprise in Recent Times. The Case of America, New York.

Veblen, Thorstein (1964c/1934): Essays in Our Changing Order, hrsg. von Leon Ardzrooni, New York.

Veblen, Thorstein (1979/1899): The Theory of the Leisure Class, Harmondsworth (dt. Theorie der feinen Leute. Eine ökonomische Untersuchung der Institutionen, Frankfurt a. M. 1986).

Veblen, Thorstein (1988/1904): The Theory of Business Enterprise, New Brunswick.

Veblen, Thorstein (1990a/1914): The Instinct of Workmanship and the State of the Industrial Arts, New Brunswick.

Veblen, Thorstein (1990b/1919): The Place of Science in Modern Civilization, New Brunswick.

Veblen, Thorstein (1990c/1921): The Engineers and the Price System, New Brunswick.

Watson, Thomas (1975/1892): The People's Party Campaign Book, New York.

Weaver, James (1974/1892): A Call to Action. An Interpretation of the Great Uprising. Its Source and Causes, Des Moines.

Weinstein, Allen (1970): Prelude to Populism. Origins of the Silver Issue, 1876-1878, New Haven/London.

Wiebe, Robert (1967): The Search for Order, 1877-1920, London.

Thorstein Veblen und Adam Smith – explizite und faktische Rückgriffe

Wolfram Elsner

1. Paradigmatische Entwicklung der Ökonomie und der Sinn wissenschaftsgeschichtlicher Rückgriffe – Das Beispiel Veblen und Smith

(1) Die moderne Wissenschaftstheorie arbeitet seit T. Kuhn[1] und I. Lakatos[2] mit dem Konzept *wissenschaftlicher Paradigmata* und *wissenschaftlicher Revolutionen*. Zwischen wissenschaftlichen Paradigmata existieren wegen unterschiedlicher »Weltsichten« in den Kernbereichen der Axiomatik und Hypothetik, der Fragestellungen, Begrifflichkeiten, Untersuchungsmethoden, »Musterbeispiele« und Erkenntnisinteressen nur begrenzte Kommunikationsfähigkeiten. Vielmehr ist das Verhältnis wissenschaftlicher Paradigmata untereinander weitgehend durch Inkommensurabilitäten gekennzeichnet.

Kuhn hat im Zusammenhang mit dem Phänomen wissenschaftlicher Revolutionen die Möglichkeit *wissenschaftlicher Verluste* bereits erwähnt. Danach können in wissenschaftlichen Revolutionen entstehende neue Paradigmata das Erkenntnisinteresse, die Fragestellungen, Axiome, Sätze und empirischen Musterbeispiele früherer Paradigmata in der Regel nicht (vollständig) aufnehmen. Die Erkenntnisgewinnung verläuft insoweit nicht kumulativ.

Vor diesem Hintergrund erhält auch das *Konzept des wissenschaftsgeschichtlichen Rückgriffs*[3] auf zwischenzeitlich verlorengegangene paradigmatische Elemente (Fragestellungen, Erkenntnisse etc.) eines frühe-

---

1 Kuhn 1962/1970.
2 Lakatos 1970.
3 Elsner 1986.

ren Paradigmas nicht nur Sinn, sondern kann sogar – systematisch angewendet – eine entscheidende Bedeutung für die Effizienz der Gesamtentwicklung einer wissenschaftlichen Disziplin gewinnen. Wissenschaftliche Revolutionen dürften häufig sogar nicht zuletzt durch erkannte Verluste, die ein Paradigma gegenüber einem früheren aufweist, motiviert sein; der Rückgriff auf Fragestellungen, Sätze, empirisches Beispielmaterial etc. früherer Paradigmata (über ein aktuell existierendes Paradigma hinweg) kann daher konstituierendes Element der Etablierung eines neuen Paradigmas sein.

(2) Die ökonomische Theoriegeschichte, die Entstehung der *Neoklassik* aus der *Klassik*, der Historismus, der Keynesianismus und modernere theoretische Entwicklungen sind mit dem analytischen Instrumentarium der Theorie wissenschaftlicher Revolutionen interpretiert, analysiert und – oft ausgesprochen erhellend – rekonstruiert worden.[4] Auch die *Geschichte institutionentheoretischer Ansätze* in der ökonomischen Wissenschaft – von Adam Smith über die Neoklassik, den amerikanischen Institutionalismus in der Folge Thorstein Veblens bis zu modernen institutionenökonomischen Ansätzen im Rahmen der Neoklassik (auf Basis des property-rights- und des Transaktionskosten-Ansatzes), mit Ausläufern zu anderen, z.B. informations- und spieltheoretischen sowie computergestützten evolutorischen Ansätzen – ist als System konkurrierender Paradigmata, mit entsprechenden Verlusten und Rückgriffen, rekonstruiert worden.[5]

(3) Vor diesem Hintergrund ist die *Frage* relevant, ob und in welchem Maße es bei der von Veblen eingeleiteten anti-neoklassischen, evolutionstheoretischen und institutionentheoretischen Revolution zu Rückgriffen auf von der Neoklassik nicht aufgenommenes klassisches Erbe gekommen ist.

Veblen selbst hat sich ja – in begrenztem Maße und überwiegend kritisch – *explizit* mit Smith auseinandergesetzt. Inwieweit er jedoch *Rückgriffe* auf klassische paradigmatische Elemente – Erkenntnisinteressen, Gegenstände, Fragestellungen, theoretische Ansätze etc. – *explizit* bzw. inwieweit er Rekurse nur unbewußt und *implizit* vorgenommen hat, Rückgriffe sich also nur in *faktischen* paradigmatischen *Ähnlichkeiten* und *Analogien* sowie unbewußten *Anleihen* (selbstverständlich stets im Rahmen eigener Weiterentwicklungen der ökonomischen

---

[4] Zum Beispiel Bronfenbrenner 1971; Coats 1969; 1973; Blaug 1975; Reynolds 1976; Hutchison 1978; Johnson 1980; De Vroey 1980; Weimann 1984; Mirowski 1984; Fulton 1984.
[5] Zum Beispiel Elsner 1986, 1987.

Wissenschaft) niederschlagen, ist eine weitere Frage, die sich aufdrängt.

(4) Daß diese Frage hier nicht zum ersten Mal gestellt wird, zeigt schon Wesley C. Mitchells Argument[6], daß Adam Smith und die Institutionalisten sich zwar im Verständnis des ökonomischen Prozesses – als »natürlichem« Prozeß entlang eines »natürlichen« Pfades einerseits und als offenem Evolutionsprozeß Darwinscher Prägung andererseits – unterscheiden, nicht jedoch – und dies im *gemeinsamen Unterschied zur Neoklassik* – in der Tatsache und in der Art und Weise der *expliziten Thematisierung des Institutionenproblems*: »... whether one accepts Veblen's concept of an institution ... or Commons's concept ..., he must acknowledge that the earlier masters of economic theory dealt with institutions at length.«[7]

Smith habe sowohl den Merkantilismus als auch das dezentrale *Wettbewerbssystem* bewußt *als differenzierten Institutionenkomplex* behandelt. Selbst ein Wettbewerbssystem setze schon bei Smith ein funktionierendes Institutionensystem voraus: »... his discussion of the duties of the sovereign makes it clear that there must be collective control over individual action even under a policy of laissez faire.«[8]

Offensichtlich waren sich also bereits die frühen amerikanischen Institutionalisten ihrer Verbindung zum klassischen Erbe Adam Smith' bewußt.

(5) Smith hat in der Tat wie Veblen *individuelles Verhalten* stets als historisch und *institutionell bedingtes* Verhalten, das *Wettbewerbssystem* (den »Markt«) *als Institutionenkomplex*, der seinerseits erst auf der Grundlage gesellschaftlicher Basisinstitutionen entstehen kann, und als wirtschafts- und gesellschaftspolitisch stets *institutionell einzubindendes* und zu gestaltendes System behandelt.[9]

Im Zuge der Adam-Smith-Renaissance nach dem »bicentenary« des Wealth of Nations (WN) gingen Institutionalisten in der Rekonstruktion ihres Verhältnisses zur Klassik sogar soweit zu fragen, *welche Art von Institutionalist* Smith gewesen sei.[10]

Insgesamt scheint es also so zu sein, daß Veblen mehr Bezüge (d.h. faktische Anleihen) zu Smith aufweist, als er in der theoretischen Auseinandersetzung mit ihm selbst explizit aufgearbeitet hat. Ob ihm wei-

---

6   Mitchell 1937.
7   Ibid., S. 336.
8   Ibid., S. 336-337.
9   Elsner 1989.
10 Sobel 1979.

tere Analogien, gemeinsame Fragestellungen und Erkenntnisinteressen mit Smith, Anleihen bei und Rückgriffe auf Smith selbst *nicht bewußt* geworden sind, muß dahingestellt bleiben. Sicher ist, daß die späteren und vor allem die heutigen Institutionalisten systematisch *paradigmatische Übereinstimmungen* des Institutionalismus mit Smith untersuchten und hier deutlich mehr Analogien und (zumindest faktische) Rekurse herausgearbeitet haben, als Veblen selbst dies in seiner Auseinandersetzung mit Smith getan hat.[11]

(6) Veblen hatte mit Vorliebe von »*der Klassik*« gesprochen und damit Smith, dessen Saysche wie dessen Ricardianische Nachfolger sowie die neoklassischen »Revolutionäre« des letzten Viertels des 19. Jahrhunderts in einen Topf geworfen. Sobel kommt in seiner Rekonstruktion des Verhältnisses des Institutionalismus zu Smith deshalb auch zu dem Ergebnis, daß Veblen damit *der im 19. Jahrhundert vorherrschenden Smith-Interpretation verhaftet geblieben* sei, die sich ausschließlich auf das *gleichgewichtstheoretisch und modelltheoretisch verwertbare Buch I des WN* beschränkt habe.[12]

Veblen hat in der Tat seine Gemeinsamkeiten mit Smith *explizit* vor allem in der Frage des Vorrangs der *materiell-technologischen Aspekte* des ökonomischen Prozesses gesehen, die im Gegensatz zu den vorrangig »zeremoniellen« (oder auch: institutionellen, d.h. hier konkret: preistheoretischen) Aspekten der neoklassischen Ökonomie stehen. Bei Veblen wie bei Smith ermöglicht diese Unterscheidung und die Erkenntnis systematisch *ungleichmäßiger Entwicklungen* von »*technologischen*« und »*institutionellen*« Aspekten des ökonomischen Prozesses den Zugang zur Thematik *ökonomischer Entwicklung* und *institutionellen Wandels* (siehe dazu unten Abschnitt 2.3).

Im übrigen hat Veblen Smith wegen dessen *naturrechtlicher* Begründungen und insoweit »*teleologischen*« Ansatzes vorwiegend kritisiert, damit aber in der Tat das invisible-hand-Modell des ersten Buches des WN für den »ganzen« Smith genommen.[13]

(7) Vor diesem Hintergrund scheint die *paradigmenvergleichende Rekonstruktion des Verhältnisses von Veblen und Smith* – unter Berücksichtigung auch der *impliziten* Gemeinsamkeiten und Anleihen – relevant. Diese *Relevanz* bezieht sich nicht nur – und nicht einmal primär – auf die theoriegeschichtliche Seite des Verhältnisses zweier »Paradigmen-Gründer«, sondern letztlich auf das zugrundeliegende Erkennt-

---

11 Zum Beispiel Lowe 1965; Sobel 1979; Heilbroner 1982.
12 Sobel 1979, S. 350.
13 Zum Beispiel Veblen 1899/1900.

nisobjekt selbst: die *Bedeutung von Institutionen im ökonomischen Prozeß* und mithin auf die praktische Relevanz institutioneller, d.h. institutionentheoretisch fundierter, moderner ökonomischer Wissenschaft für die *Erklärung der heutigen Realität* und für die Empfehlung gestaltenden, *wirtschaftspolitischen Handelns*.

Dieser Beitrag soll diese Rekonstruktion an wenigen Beispielen zumindest skizzenhaft vornehmen.

2. Analogien und Anleihen: Explizite und faktische wissenschaftsgeschichtliche Rückgriffe Veblens auf Smith

2.1 Erkenntnisinteresse

Grundlegende Gemeinsamkeiten zwischen Smith und Veblen bestehen – in gemeinsamem Unterschied zur Neoklassik – bereits im Erkenntnisinteresse. Beide bearbeiten zentral die Frage der wirtschaftspolitischen *Gestaltung »optimaler« institutioneller Arrangements* zur Beförderung produktiver, wirtschaftlich und gesellschaftlich nützlicher *individueller Verhaltensweisen* und damit einer »optimalen« *ökonomischen Entwicklung* in konkreter *raum-zeitbezogener, angewandter Analyse* und mit engem *wirtschaftspolitischen und wirtschaftsreformerischen Bezug*.

2.1.1 Smith

(1) Smith besaß, als er den WN schrieb, einerseits eine Erkenntnistheorie, die er in seinen Vorlesungen entwickelt und vertreten und in den »Lectures on Rhetoric and Belles Lettres« sowie der »History of Astronomy« niedergelegt hatte. Sie betonte das Ziel eines möglichst abstrakten, generalisierten Theoriesystems, in dem die zahlreichen Einzelerscheinungen aus so wenigen allgemeinen Prinzipien wie möglich erklärt werden können, und einer deduktiven Methodik, die mit der »experimentellen Methode« integriert wird, um jene allgemeinen Prinzipien aufstellen zu können. Dieses Konzept hatte ja Newton so erfolgreich angewandt.

Smith' Vorgehen ist aber gleichzeitig durch das Bewußtsein geprägt, daß *individuelle Verhaltensweisen unter verschiedenen institutionellen*

Bedingungen ganz verschieden sein und sich im ökonomischen Prozeß auch *über die Zeit verändern* können.

(2) Der WN stellt eine Anwendung beider Auffassungen dar: Er enthält einerseits das generalisierte, abstrakte Modell des »Systems der natürlichen Freiheit« mit seinen »natürlichen« Preisrelationen und Preisbewegungen, Einkommensverteilungen und Allokationsstrukturen, jedoch andererseits umfangreiche konkrete *wirtschaftshistorische* und *wirtschaftspolitische* Untersuchungen in einem ausgeprägten Raum-Zeit-Bezug. Letzteres bringt das fundamentale *praktische Anliegen* Smith' zum Ausdruck.

Smith' faktisches Erkenntnisprogramm war daher – wie das Veblens – eher *historisch-phänomenologisch*. Smith hat vor allem in den Büchern II bis V des WN phänomenologisch und faktisch in der Form von *Fallstudien* gearbeitet. Der WN ist daher weit überwiegend auf den *institutionellen Kontext*, den institutionellen Umbruch und die entsprechenden *wirtschaftspolitischen Anforderungen seiner Zeit* orientiert. Sein zentrales Interesse war dabei auf die Entfaltung und Entfesselung bis dahin gehemmter Wirtschaftsenergien gerichtet. Sein Argument richtete sich daher immer wieder auf die konkrete *Reform des merkantilistischen Wirtschaftssystems*, das in seinen institutionellen Ausprägungen dieses Ziel behinderte.

(3) Sobel beispielsweise hat vor diesem Hintergrund die gleichgewichtstheoretisch interpretierbaren Teile des WN (Buch I) sogar als zweitrangig bezeichnet. Smith' naturrechtsphilosophische Formulierung des Gleichgewichtskonzepts sei aus den politischen Bedingungen seiner Zeit (Merkantilismus) erklärbar und im Interesse ihrer praktischen Reform eingesetzt worden: »This view of Smith as concerned primarily with the practical .. goal of promoting economic development sees the more static aspects of his work as secondary, although still necessary to find the natural law conditions for maximizing society's productivity.«[14]

So gesehen hat Smith seinem grundlegenden *praktischen, historisch-institutionellen* und reformerischen Erkenntnisinteresse ein *allgemeines Modell* quasi als theoretische und philosophische *Legitimation* vorangestellt.

Hollander meint sogar, daß erst bei Berücksichtigung dieses »*Propaganda*«-*Elements* in Smith' Erkenntnisprogramm sich bestimmte argumentative Zusammenhänge erschließen ließen: »... it is shown that

---

[14] Sobel 1979, S. 351; ähnlich übrigens bereits Viner 1927.

when allowance is made for the 'propaganda' effect of the argument, a far greater degree of consistency may be detected.«[15]

(4) Die Auffassung, daß Smith' zentrales Anliegen ein praktisches, ein Problem der *angewandten* Ökonomie war, vertritt auch Buchanan unter dem Stichwort der »*methodologischen Distanz zur modernen Ökonomie*« (d.h. v.a. zur neoklassisch inspirierten Modelltheorie): »Adam Smith was an applied welfare economist. He carried with him a conceptual model for the idealized working of the economy ... Smith did not, however, seek to accomplish his didactic purpose by elaborating his theoretical model. Instead he applied the analysis variously ... with great skill to the actual economy in which he lived. The starting-point remained always the institutions that he observed ...«[16]

Die große Bedeutung des praktischen reformerischen Erkenntnisinteresses in Smith' Werk zeigt sich auch darin, daß Smith auf »varying degrees of abstraction«[17], vorwiegend auch auf »*mittleren*« *Abstraktionsniveaus* arbeitete, auf denen seine Untersuchungen und Postulate eine konkrete institutionelle und wirtschaftspolitische Relevanz erhalten konnten.

(5) Inwieweit Smith' historisch-institutionelles, praktisches und reformerisches Erkenntnisinteresse die generalisierten und abstrakten modell- und gleichgewichtstheoretisch interpretierbaren Teile seines Werkes relativiert und letztlich dominiert, zeigen auch die zahlreichen Ausnahmen, die Smith vom Modell der »natürlichen Freiheit« zu machen bereit war, bzw. die potentiell große Rolle, die er dem *Staat* zwecks *institutioneller Regulierung individueller Verhaltensweisen* zuzusprechen bereit war. Seine politische und *Staatskonzeption* jedenfalls geht deutlich über sein naturrechtlich begründetes Modell hinaus (siehe dazu unten Abschnitt 2.5).

Smith zeigt sich hier auch keineswegs als »methodologischer Individualist«. Er steht zwar mit seiner Verhaltenstheorie und seiner Theorie der Emergenz sozialer Regeln in der *Theory of Moral Sentiments* (TMS) ganz in der individualistischen Tradition der schottischen Aufklärung, in der *Entstehung und Wandel von Institutionen* als *nicht-intendiertes* und oft ungeahntes *Ergebnis zahlreicher interaktiver individueller Handlungen* erklärt werden (siehe dazu unten Abschnitt

---

15 Hollander 1973, 3, cf. a. S. 305-320.
16 Buchanan 1976, S. 271.
17 Skinner 1974, S. 17.

2.2). Auch im WN steht Smith noch in dieser Tradition.[18] Beim Übergang zur Fragestellung der *comparative institutions*, d.h. dem Vergleich und der wirtschaftspolitischen *Gestaltung institutioneller Arrangements* (»optimal institutions«) stellt Smith einen konsequenten Bezug zu einem individualistischen Ausgangspunkt jedoch nicht mehr her. Hier ist er ganz »*methodologischer Kollektivist*«, der nicht jedes kollektive und staatliche Handeln individualistisch erklärt oder auf individuelle Interessen (Präferenzen) zurückzuführen versucht.

(6) Soweit es Smith um wirtschaftspolitische Auseinandersetzung und ordnungspolitische Reform ging, mußte die Institutionenanalyse in ihren verschiedenen Aspekten – Entstehung und Wandel sowie Vergleich und Gestaltung von Institutionen (»*institutional change*« und »*comparative institutions*«) – eine wesentliche erkenntnisleitende Rolle in seinem Werk spielen.

2.1.2 Veblen

(1) Die Ära der *ersten großen wirtschafts- und sozialpolitischen Reformgesetzgebungen*, verbunden mit der *sozialen Frage* sowie der Arbeiter- und Gewerkschaftsbewegung, mit den Problemen der Entstehung von *körperschaftlichen Großunternehmen* und der *Oligopolisierung von Märkten*, hatte in Europa bereits in den achtziger und neunziger Jahren des 19. Jahrhunderts, in den USA dagegen erst nach der Jahrhundertwende begonnen. Nicht zufällig sind dies jeweils die Zeiten, in denen in Deutschland die historisch-institutionelle Schule und der »Kathedersozialismus«, in den USA der Institutionalismus an wissenschaftlichem und politischem Einfluß gewannen.

Das Erkenntnisinteresse Veblens stützte sich vor diesem Hintergrund – ebenso wie es bei Smith der Fall war – auf eine starke Verbindung der Wissenschaft zur praktischen Wirtschafts- und Sozialpolitik. Ähnlich der Verbindung von deutscher Historischer Schule, »kathedersozialistischem« Impetus und praktischer sozialpolitischer Reformgesetzgebung waren in der Person Veblens institutionalistische Theoriebildung und *praktischer wirtschaftspolitischer Einfluß* bzw. praktische *wirtschafts- und sozialpolitische Reformarbeit* (einschließlich

---

18 Zum Beispiel WN, I.iv., zur Entstehung des Geldes, sowie seine wirtschaftsgeschichtlichen, stufentheoretischen Erörterungen im II. Buch (Smith 1776/1976).

der Schaffung von Gesetzen und von Institutionen der Gesellschaftspolitik) eng verknüpft.

(2) Auch Veblens Heuristik enthält vorrangig das Postulat *historisch-empirischer* Studien, mit möglichst wenigen und *schwachen Annahmen* und entsprechend »weichen« *Begriffen*. Veblen geht dementsprechend ebenfalls von *komplexen Konzepten* wie »Kultur«, »Gesellschaft« und »ökonomische Evolution« aus statt von einem formal exakt definierten, jedoch abstrakten Präferenzen-Modell, Kosten-Modell und entsprechendem Preis-Mengen-System: »... a theoretical account of the phenomena ... must be drawn in these terms in which the phenomena occur ... if the phenomena are subjected to the hedonistic interpretation ... they disappear from the theory.«[19]

Theorien von mittlerem Abstraktions- und Allgemeinheitsgrad, d.h. mit räumlich, zeitlich und institutionell definierter Gültigkeit, sind daher seit Veblen auch das Ziel institutionalistischer Theoriebildung.

Mit der komplexen und »weichen« Fassung der zentralen Begriffe und Zusammenhänge ist eine entsprechende *Erweiterung des Gegenstandes* der ökonomischen Disziplin verbunden, die – wie bei Smith und den Klassikern – soziale und »kulturelle« Faktoren selbstverständlich (wieder) einbezieht.

(3) Der neoklassische »mainstream« erschien Veblen vor diesem Hintergrund als historisch, theoretisch sowie wirtschafts- und sozialpolitisch steril. Die Affinität dagegen zwischen der Behandlung institutioneller Probleme in Gestalt *raum-zeit-bezogener Theoriebildung* auf »mittlerem« Generalisierungsniveau auf der einen Seite sowie *angewandter Forschung* und reformorientierter *Politikberatung* anhand praktischer wirtschafts- und sozialpolitischer Fragestellungen auf der anderen Seite ist bei Veblen offensichtlich. Sie stellt zugleich eine zentrale *paradigmatische Analogie* zwischen Smith – mit Bezug auf den Merkantilismus – und Veblen – mit Bezug auf den liberalen Kapitalismus – her.

2.2 Menschenbild

Eine deutliche paradigmatische Analogie zu Smith, die ebenfalls erst in jüngerer Zeit genauer rekonstruiert worden ist, weist Veblen auch auf dem Gebiet des Menschenbildes und der Theorie des *individuellen*

---

19 Veblen 1909, S. 250.

Verhaltens auf. Smith hat individuelles Verhalten bereits in ähnlicher Weise wie später Veblen als *institutionelles Verhalten* verstanden.

Smith und Veblen nehmen auch gleichermaßen eine *mehrdimensionale Motivationsstruktur* an: Smith hat bereits eine komplexe Theorie einer zweidimensionalen Motivationsstruktur entwickelt, Veblen arbeitet ebenfalls mit einer komplexen mehrdimensionalen Motivstruktur. Bei beiden läßt die Motivstruktur in Abhängigkeit von der Entwicklung der jeweiligen *institutionellen Umwelt*, welche jeweils bestimmte *Anforderungsprofile* und *Möglichkeitsräume* für das individuelle Verhalten aufweist, die Entwicklung *unterschiedlicher psychischer Potentiale und Verhaltensweisen* zu.

Das jeweils *aktuelle Verhalten* der Individuen ist dann Ausdruck einer *speziellen Ausprägung der mehrdimensionalen Motivationsstruktur*, deren einzelne Motive durch die jeweiligen institutionellen Gegebenheiten unterschiedlich stark gefordert bzw. gefördert werden. Es geht also um die »psychological forces animating human behavior in the economic sphere. Both men [Smith und Veblen; W.E.] argued that while the basic psychological forces animating humans are age-old, the forms they assume adapt themselves to the current institutional structure ... both involved the interplay and, often, conflicts between different human psychological traits in affecting economic conduct«[20].

2.2.1 Mehrdimensionale Motivstruktur und Herausbildung institutionellen Verhaltens

(1) In Smith' Sicht ist jeder Mensch zum einen durch Selbstliebe und *Egoismus* motiviert, ein Motiv, das ihn dazu veranlaßt, im Interesse seines unmittelbaren Wohlergehens zu handeln. Die Neigung, gegenwärtigem Vergnügen nachzugehen, jeden erreichten Wohlstand unmittelbar zu genießen, ist Ausdruck dieses egoistischen Grundmotivs.[21]

Daneben gibt es ein zweites Grundmotiv, den Wunsch, für das eigene Handeln ein positives Urteil der Mitmenschen zu finden: »Nature, when she formed man for society, endowed him with an original desire to please, and an original aversion to offend his brethren. She taught him to feel pleasure in their favourable, and pain in their unfavourable regard. She rendered their approbation most

---

20 Sobel 1979, S. 355-356.
21 TMS, I.ii.1, 3, 5 (Smith 1759/1976).

flattering ... for its own sake; and their disapprobation most mortifying and most offensive.«[22]

Diesem Grundmotiv entsprechend wird der Mensch versuchen, sein egoistisches Grundmotiv und seine »unsozialen« Leidenschaften und Handlungen zu kontrollieren und zu mäßigen. Dieses *Grundmotiv sozialer Anerkennung* tritt zunächst neben das egoistische Motiv und beschränkt und kontrolliert es.[23]

(2) Für die Umsetzung des sozialen Grundmotivs in individuelles Entscheiden und Handeln ist für Smith grundlegend die *Fähigkeit* und die Neigung des Menschen zu Mitgefühl (*Sympathie*). Der Mensch ist also fähig, sich in die Lage des anderen zu versetzen und in gewisser Weise dessen situationsbedingte Geistes- und Gefühlslagen nachzuvollziehen (»changing places in the fancy«).

Gleiches gilt aber auch in bezug auf die eigene Lage, die eigenen Ziele und Handlungen. Der Mensch ist also auch in der Lage, sich vorzustellen, wie ein anderer, ein imaginärer »neutraler Beobachter« (*impartial spectator*) seine Handlungen beurteilen würde. Dies übt entsprechend dem zweiten Grundmotiv eine gewisse *soziale Kontrolle* auf sein Handeln aus.

(3) Allerdings gibt es keine perfekte Kontrolle des egoistischen Motivs durch das Motiv sozialer Anerkennung und die Fähigkeit zum Bezug auf einen neutralen Beobachter. Ein äußerer neutraler Beobachter wird über die wahren Motive, Leidenschaften und Ziele des Individuums im Zweifelsfall nur unvollkommen informiert sein, so daß es dem Individuum durchaus möglich ist, den Mitmenschen unsoziale Handlungen als soziale erscheinen zu lassen.

Der Möglichkeitenraum eines vom »tugendhaften«, sozial nützlichen und »anerkannten« Verhalten abweichenden Verhaltens wird von Smith jedoch konzeptionell weiter eingeschränkt. Der Mensch ist nämlich nicht nur in der Lage, er ist auch motiviert (und zwar keineswegs nur durch Anpassung an einen äußeren neutralen Beobachter), sich entsprechend einem Tugendkodex der Gesellschaft zu verhalten: »Nature .. has endowed him not only with a desire of being approved of, but with a desire of being what ought to be approved of; or of being what he himself approves of in other men. The first desire could only have made him wish to appear to be fit for society. The

---

22 III.2.6, S. 116.
23 Cf. generell I.i.

second was necessary in order to render him anxious to be really fit.«[24]

Das soziale Grundmotiv läßt insoweit auch den Wunsch nach einem auch den eigenen Moralvorstellungen entsprechenden Handeln entstehen. Der dadurch auch entstehende *innere neutrale Beobachter* ist offenbar über die eigenen Ziele und Anlässe vollständig informiert und kann daher das individuelle Handeln im Interesse gesellschaftlicher Anerkennung effektiver kontrollieren und leiten.

In moderner Sicht läßt sich dieses Verhaltenskonzept mit der Theorie der *kognitiven Konsistenz* erklären: Der Mensch handelt tugendhaft (regelkonform, konform zu den von ihm anerkannten Normen) aus dem Streben nach Sinngebung, nach Konsistenz.

2.2.2 Institutionen als Verhaltensstabilisatoren

(1) Das Spektrum der sozial schädlichen oder sozial angepaßten Verhaltensweisen, das in diesem Rahmen theoretisch möglich ist, wird von Smith weiter eingeschränkt mit Hilfe der Idee *gesellschaftlicher Regeln* (*general rules*) und entsprechenden »institutionellen« Verhaltens. »General rules« sind Verhaltensregeln, die sich im sozialen Prozeß herausbilden: »The general rule ... is formed, by finding from experience, that all actions of a certain kind, or circumstanced in a certain manner, are approved or disapproved of.«[25]

Als *Institutionen* (d.h. mit formellen oder informellen Sanktionsmöglichkeiten der anderen ausgestattete Verhaltensregeln) werden die Regeln zu *verselbständigten Standards* oder Meßlatten, an denen das individuelle Verhalten sich orientieren (bzw. beurteilt werden) kann – und zwar auch dann, wenn in der Hitze der (egoistischen) Aktion der innere neutrale Beobachter als Verhaltenskorrektiv beeinträchtigt sein sollte. Die Regeln wirken dann pragmatisch und unmittelbar. Sie sind insbesondere »of great use in correcting the misrepresentations of self-love«[26].

(2) Smith wird damit auch dem gesellschaftlich-politischen und sozialphilosophischen Anliegen seiner Zeit gerecht zu zeigen, daß ein *dezentrales System* nicht zu unsozialen Verhaltensweisen und in einen

---

24 III.2.7, S. 117.
25 III.4.8, S. 159.
26 III.4.12, S. 160.

Kampf alle gegen alle münden und soziale und politische *Ordnung* nicht in ein Chaos überführen würde.[27]

(3) Welche Bedeutung Smith dem Konzept institutionellen Verhaltens und dem Prozeß der *Institutionalisierung von Verhaltensweisen* beimißt, zeigt sich in der Anwendung des Konzepts in verschiedenen Gebieten.

So definiert er beispielsweise lebensnotwendige Konsumgüter (»necessaries«) mit Bezug auf *institutionalisiertes Konsumverhalten*: »By necessaries I understand, not only the commodities which are indispensably necessary for the support of life, but whatever the custom of the country renders it indecent for creditable people, even of the lowest order, to be without.«[28]

Smith hatte auch bereits in der TMS den Einfluß von *Gewohnheiten* und *Mode* auf Präferenzen und Verhalten (Kleidung, Wohnungsausstattung etc.) erörtert.[29] Hier besteht eine offenkundige Analogie zur Bedeutung *institutionellen Konsumverhaltens* bei Veblen (siehe dazu unten, z.B. Abschn. 2.3.2.).

Bedingungen für konkretes individuelles Verhalten, die Smith diskutiert, sind v.a. institutioneller Natur im Sinne der »general rules«. So diskutiert er das Problem der Leistungsmotivation mit Blick auf *unterschiedliche Rechtsausstattungen* der Menschen,[30] mit Blick auf arbeitsrechtliche Bedingungen und Entlohnungssysteme,[31] mit Blick auf Formen und Grade der Arbeitsteilung[32] oder mit Blick auf die Gruppensituation, in der der einzelne steht und die ihn durch *soziale Kontrolle* bzw. positive *soziale Anreize* in kleinen Gruppen zu »tugendhaftem« Verhalten motivieren oder in der Anonymität großer Gruppen dem Laster überlassen kann (s. dazu u. Abschn. 2.2.3)[33].

(4) Den *Zusammenhang von Menschenbild und Institutionenanalyse*, der aus Smith' Werk rekonstruiert werden kann, hat Rosenberg exemplarisch formuliert: »Given his basic conception of human motiva-

---

27 Ausf.: Samuels 1964.
28 WN, V.ii.k.3, S. 869-870.
29 TMS, V.1, 2, S. 194-211.
30 WN, IV.ix.47, S. 684.
31 I.x.c.14-15, S. 139; V.i.b.20-23, S. 719-722, und V.i.f. 4-7, S. 759-760.
32 Am Beispiel der demotivierenden und dequalifizierenden Wirkungen starker Arbeitsteilung, die dem einseitig belasteten Arbeiter nicht rechtlich bedingt – wie dem Sklaven –, aber faktisch die eigenständige Leistungsmotivation entziehen kann; V.i.f.50, S. 781-782.
33 Am Beispiel der Einbindung einfacher Landleute, die in die Großstadt kommen, in kleine religiöse Sekten; V.i.g.12, S. 795-796.

tions and propensities, the specific kinds of behavior which we may expect of any individual will depend on the way the institutions surrounding him are structured, for these determine the alternatives open to him and establish the system of rewards and penalties within which he is compelled to operate ... once the institutional framework is specified, human behavior becomes highly predictable.«[34]

Smith selbst hat seine Vorstellung institutionell bedingten Verhaltens exemplarisch im Zusammenhang seiner Kritik am Verhalten der East India Company formuliert: »It is the system of government ... that I mean to censure; not the character of those who have acted in it. They acted as their situation naturally directed ...«[35]

2.2.3 Sozialisation und gruppenspezifisches Verhalten

(1) Smith stellt die Entwicklung des konkreten Verhältnisses der Grundmotive und die Herausbildung institutionellen Verhaltens in einen entwicklungs- und insbesondere *sozialisations- und lerntheoretischen Zusammenhang*. Vor allem dies »frees Smith from a narrowly individualistic psychology and makes his theory ... a type of social psychology. It also leads to some complexity in expounding the distinctions which Smith draws between unsocial, social and selfish passions.«[36]

Die Motive erfahren ihre konkreten Ausprägungen gundsätzlich in einem Prozeß der *Sozialisation*, der Wahrnehmung und *Erfahrung* (von Freude und Leid, Billigung und Mißbilligung), des *Lernens* und der rationalen *Reflexion* im praktischen Leben (also zugleich auf einer emotiven und einer kognitiven Dimension).

(2) Auch im WN verwendet Smith die sozialisationstheoretische Begründung für Verhaltensunterschiede zwischen Individuen, insbesondere für *gruppenspezifisches Verhalten* – und zwar bereits in seinen Überlegungen zum Menschenbild und zur ökonomischen Motivation im ersten Buch: »The difference of natural talents in different men is, in reality, much less than we are aware of; and the very different genius ... is not upon many occasions so much the cause, as the effect of the division of labour. The difference between the most dissimilar

---

34 Rosenberg 1960, S. 563.
35 WN, IV.vii.c.107, S. 641; »government« kann in diesem Zusammenhang mit »institutionelles Arrangement« übersetzt werden.
36 Campbell 1971, 68.

characters ... seems to arise not so much from nature, as from habit, custom, and education.«[37]

Allerdings wird der Mensch in seiner individuellen Entwicklung auch Regeln durch Erfahrung und Reflexion überprüfen. Und er wird sie letztlich auch nur dann beachten, wenn er sie als Normen der Gruppe, der er sich zugehörig fühlt, für sich akzeptiert – selbst wenn sie nicht unbedingt seiner eigenen aktuellen Motivausprägung entsprechen. Individuelle Freiheit und Selbstbestimmung muß damit nicht unvereinbar sein. Der »tugendhafte« Mensch jedenfalls kann durchaus bewußt solche Verhaltensregeln akzeptieren, die sein Verhalten mit den Normen der Gruppe kompatibel machen, der er sich zugehörig fühlt. Der »tugendhafte« Mensch wird sich so seinen Weg zwischen unsozialem Egoismus und sozialem Opportunismus erarbeiten.

(3) Das egoistische Motiv findet im Fortschreiten des individuellen Entwicklungsprozesses *im ökonomischen Bereich* »geläuterten« Ausdruck in einem »klugen« Verhalten (*»prudence«*); das eigene Interesse wird verfolgt unter Mäßigung der egoistischen und unsozialen Motive und Leidenschaften. Dabei wird dann in der Regel auch nicht mehr nur der kurzfristige Nutzen einer Handlung bedacht. Unter diesen Umständen erweist sich dann auch, daß das ökonomische Motiv »of bettering our condition« nicht einfach synonym ist mit Selbstliebe und Egoismus. Das ökonomisch »kluge« Verhalten impliziert dann normalerweise individuell und gesellschaftlich sowie ökonomisch und sozial nützliche Verhaltensweisen und Ergebnisse, denen allgemein mit Sympathie und sozialer Anerkennung begegnet werden kann.[38]

Die nähere Bestimmung des Verhältnisses von egoistischem Motiv und »sozialem« Motiv sowie die Entwicklungsmöglichkeiten dieses Verhältnisses im Leitbild eines »tugendhaft« oder (ökonomisch) »klug« handelnden Menschen grenzt den Möglichkeitsbereich des Handelns – zwischen extrem egoistischem und extrem sozial angepaßtem Verhalten – zwar konzeptionell ein, doch läßt auch dieses Leitbild in letzter Instanz einen Bereich verschiedener konkreter Handlungsmöglichkeiten offen. Die Menschen werden in der Realität – das ist Smith bewußt – vom Leitbild und potentiellen Entwicklungspfad mehr oder weniger abweichen.

(4) Diese relative »Offenheit« der Verhaltensmöglichkeiten, die die motivationale Analyse des Smithschen Menschenbildes hinterläßt, ist

---

37 WN, I.ii.4., S. 28-29.
38 Zum Beispiel TMS, I.iii.2.1, S. 50-51; WN, V.i.b.7, S. 711-713.

nicht eine theoretische Schwäche, sondern ist vielmehr als Bestandteil der Vorstellung eines *offenen* (evolutionären) *ökonomischen Prozesses* zu sehen.

2.2.4 Analogien zwischen Veblen und Smith

(1) Der wesentliche Ausgangspunkt der Theoriebildung Veblens ist die Kritik an der utilitaristischen (»hedonistischen«) Psychologie. Die zeitgenössische Psychologie, Anthropologie und Biologie, auf die Veblen sich dagegen bezog, erkannte das aktive Handeln des Menschen und dessen Wandel in Auseinandersetzung mit seiner objektiven Umgebung (v.a. im Produktionsprozeß) als zentral. Bei einer Ausstattung mit *wenigen grundlegenden Instinkten* sind danach – ähnlich wie bereits bei Smith – *unterschiedliche Entwicklungsmöglichkeiten* des Menschen hinsichtlich seiner Bedürfnisse, Wünsche, Ziele und Präferenzen, seiner psychischen und sogar physischen Fähigkeiten sowie seiner Denk- und Verhaltensweisen gegeben. Diese Psychologie liefert einen wesentlichen Baustein für Veblens Konzept des »*kumulativen Wandels*« der Ökonomie: »The active material in which the economic process goes on is the human material of the industrial community. For the purpose of economic science the process of cumulative change ... is the sequence of change in the methods of doing things – the physical properties of the materials ... are constants: it is the human agent that changes ...«[39]

Das Menschenbild, welches Veblens Konzept ökonomischer Entwicklung fundiert, stellt – wiederum ähnlich wie bei Smith – das menschliche Entscheiden und Handeln als relativ »*offenen*« Prozeß in den Mittelpunkt: »According to this conception, it is the characteristic of man to do something, not simply to suffer pleasures and pains ... He is not simply a bundle of desires that are to be saturated by being placed in the path of the forces of the environment but rather a coherent structure of propensities and habits which seeks realisation and expression in an unfolding activity.«[40]

Die gegenwärtigen Wünsche, Entscheidungen und Handlungen eines Individuums sind demnach »the products of his hereditary traits and his past experience, cumulatively wrought out under a given body of traditions, conventionalities, and material circumstances; and they

---

39 Veblen 1898, S. 70-71.
40 Ibid., S. 74.

afford the point of departure for the next step in the process. The economic life history of the individual is a cumulative process of adaptation of means to ends that cumulatively change as the process goes on, both the agent and his environment being at any point the outcome of the last process.«[41]

(2) Veblen betont dabei die besonderen Merkmale der biologischen Struktur des Menschen, die es erlauben, Triebe und Motivationen – je nach den Bedingungen der Umwelt – in *verschiedene Richtungen* zu lenken, Bedürfnisse temporär zurückzustellen und in gewissem Umfang zum Objekt der Wahl zu machen. Die Bedürfnisbefriedigung wird dabei verknüpft mit der Möglichkeit der *Entwicklung latenter Fähigkeiten* des Menschen sowie mit zielgerichteter Arbeit und strategischem Handeln; sie wird mithin nicht vorrangig als statisches Wahlproblem, sondern als Problem der *zielgerichteten Erarbeitung der Mittel zur Bedürfnisbefriedigung* sowie der in diesem Zusammenhang bestehenden Bedürfnis-, Entscheidungs- und *Handlungsalternativen* verstanden.

(3) Auch bei Veblen stehen individuelle ökonomische Entscheidungen daher stets im Kontext auch *sozialer Motivationen*: Es ist nicht nur das *Motiv* der individuellen Versorgung mit Gütern im Spiel, sondern stets auch das Motiv sozialer Kontaktaufnahme, des Aufbaus und *der Gestaltung sozialer Beziehungen*. Bei dieser Idee des fundamentalen sozialen und institutionellen Kontextes individueller ökonomischer Entscheidungen bewegte sich Veblen also auf einem bereits von der klassischen Ökonomie Adam Smith' intensiv bearbeiteten Boden.

2.3 *Die Unterscheidung zwischen der physisch-technologischen und der institutionellen Dimension des ökonomischen Prozesses als Ansatz einer Theorie der ökonomischen Entwicklung*

Veblen kritisierte zwar den »teleologischen« Stil Smith' und würdigte in diesem Sinne sogar den Fortschritt, den die »Utilitaristen« dadurch repräsentierten, daß sie nicht mehr auf der Grundlage von Naturrechtsphilosophie und Deismus argumentierten.[42] Auf der anderen Seite hat er erkannt, daß Smith einem evolutionären Verständnis des ökonomischen Prozesses und damit auch einer Bearbeitung des Institutionenproblems dadurch näher ist, daß er die Ökonomie und die

---

41 Ibid., S. 74-75.
42 Zum Beispiel Veblen 1899/1900, S. 166-169.

Wert- und Preistheorie im besonderen unter Berücksichtigung der *»production and apportionment of the material means of life«*[43] [Hervorhebung: W.E.] betrachtet anstatt – wie es die Neoklassik tut – aus der Sicht der *»zeremoniellen Aspekte«*, d.h. hier: der *relativen Preise*, die aus Veblens Sicht die verschiedensten physischen und vor allem institutionellen (zeremoniellen) Bedingungen, nicht jedoch vorrangig echte Knappheiten und wirtschaftlich und gesellschaftlich sinnhafte Allokationsstrukturen repräsentieren.

Wir können Veblens Aussage dahingehend spezifizieren, daß Smith und Veblen in der Unterscheidung zwischen der physischen (technologischen) und der institutionellen Dimension des ökonomischen Prozesses einen gleichen paradigmatisch zentralen Ansatzpunkt besitzen, der es ermöglicht, den ökonomischen Prozeß als *offenen, evolutionären Prozeß*, und in diesem Rahmen besonders das Phänomen des *institutionellen Wandels*, zu erfassen.

2.3.1 Smith

(1) Smith kennt bereits die *Technologie-Institutionen-Dichotomie*, die Veblen später als zentrales Element seiner Theorie ausgearbeitet hat. Smith' China-Beispiel[44] zeigt, daß er die verschiedenen *institutionellen Bedingungen des materiellen Produktionsprozesses* sowie auch die Möglichkeiten, die Entwicklung der materiellen Produktion durch geeignete institutionelle Arrangements zu beschleunigen, im Prinzip in ähnlicher Weise zum Gegenstand gemacht hat wie später Veblen (»... riches which the nature of (the) laws and institutions permits .. to acquire«).

(2) Bereits die Überschrift des ersten Buches des WN formuliert die komplexe Frage nach der *Entwicklung der Produktivkräfte* (»Improvement in the productive Powers of Labour«), und Smith behandelt die Arbeitsteilung von Anfang an in ihrer zeitlichen Entwicklung[45]. Die Komplexität des ökonomischen Prozesses spiegelt sich hier bereits in dem Zusammenhang wider, den Smith zwischen der *Art der Arbeitsteilung* und der Einführung einer *neuen Technik* herstellt. Eine neue Technik kann seiner Meinung nach eher von arbeitsteilig Arbeitenden

---

43 Ibid., S. 132.
44 WN, I. viii. 24-25, S. 89-90.
45 I.i.

erfunden werden.⁴⁶ Die Technik wird jedenfalls von Anfang an explizit als veränderlich und *endogen* betrachtet.

Für die Entwicklung der Produktivkräfte ist für Smith neben der Veränderung der Technik daher z.B. die Entwicklung der inneren und äußeren *Leistungsanreize* verantwortlich. Das »desire of bettering one's condition« und die »propensity to truck, barter, and exchange« veranlassen die Individuen in Abhängigkeit von der Entwicklung *geeigneter institutioneller Arrangements*, ihre Leistungsbereitschaft und ihre Leistung zu steigern und auch dadurch die Arbeitsproduktivität zu erhöhen (s. a.o. Abschn. 2.2.2).

(3) Smith hat außerdem im Rahmen historischer Untersuchungen zur Wohlstandsentwicklung im dritten und vierten Buch des WN Ansätze einer Stufentheorie der Wirtschaftsentwicklung entworfen. Dabei erscheinen die einzelnen *Stufen* auch *als institutionelle Gesamtarrangements*, die – in Verbindung mit einem bestimmten technologischen Stand – bestimmte Formen des *Eigentums* und der *Einkommensverteilung* mit bestimmten *Rechtssystemen, Staatsformen, Regierungsformen* etc. verbinden.⁴⁷ Ein »Auseinanderfallen« von (technologischen) »circumstances« und Institutionen ermöglicht Smith einen Ansatz zur Erklärung des *institutionellen Wandels*, insofern sich Institutionen an die veränderten technologischen »Umstände« der Wirtschaftsentwicklung anpassen und es zu einem neuen (»harmonischeren«) *Gesamtarrangement von Technik und Arbeitsteilung*, von Eigentums-, Produktions- und Einkommensformen, sozialen Machtverteilungen und staatlichen Institutionen kommt.

2.3.2 Veblen

(1) Der institutionelle Wandel ist auch für Veblen das Kernstück des ökonomischen Prozesses, also dessen, was er als »kulturellen Wandel« bezeichnet. Diesen komplexen Kulturbegriff hat er schon in seiner *Theory of the Leisure Class*⁴⁸ verwendet. Dabei hat er auch die Unterscheidung zwischen der technologischen und der institutionellen Dimension des ökonomischen Prozesses eingeführt.

Die *technologische Dimension* und die unmittelbar auf technologische Prozesse bezogenen Denk- und Verhaltensmuster der Individuen

---

46 I.i.8, S. 19-21.
47 Zum Beispiel III.iv.4, ähnlich bereits in I.xi.n.1.
48 Veblen 1899.

und sozialen Klassen, die schwerpunktmäßig mit dieser Dimension der Ökonomie befaßt sind (vor allem Facharbeiter und Ingenieure), repräsentieren die treibende Kraft des Evolutionsprozesses, die dynamischen, fortschrittsorientierten, realistischen und pragmatischen Elemente des Prozesses, die zunächst wesentlich ihrer eigenen (technologischen) Logik gehorchen. Technologisches, »industrielles« Denken und Handeln geschieht in den Kategorien von Ursache und Wirkung.

Die *institutionelle Dimension* des Prozesses dagegen kann einerseits stabilisierend, fördernd und anpassend, zum anderen konservierend, unter bestimmten Bedingungen auch obstruktiv oder gar destruktiv wirken. Die institutionelle Dimension, die auch soziale Rang- und Statuszuweisungen (Autoritäts- und Machtverteilung) regelt, repräsentiert insoweit auch die *»zeremoniellen« Elemente* des Prozesses. *Zeremonielles Verhalten* kann magischen oder religiösen, aber auch *pekuniären Charakter* haben. In der *Theory of the Leisure Class* hatte Veblen bekanntlich in einzigartiger und grundlegender Weise die zeremoniellen Aspekte von *Geldeinkommenserzielung und -verausgabung*, von *Konsumgewohnheiten* sowie von *Bildungs- und Erziehungsaktivitäten* untersucht.

(2) Die *neoklassische* Theorie ist als *Preistheorie* primär mit *zeremoniellem Verhalten* befaßt, ohne sich dieser Tatsache jedoch bewußt zu sein. Die ökonomische Entscheidungssituation ist nach Veblen in Wirklichkeit eine Situation, in der jede Aktivität durch »geschäftliche« Überlegungen der Eigentümer, Manager, Finanzmakler etc., die spezifischen, vor allem zeremoniellen Bedingungen unterliegen, kontrolliert wird und in der »pekuniäre« anstatt physisch-technologischer Überlegungen dominieren.[49] *Pekuniäre Erfolgsrechnung* beispielsweise ist eine etablierte Denk- und Verhaltensweise (Institution), die reale Vorgänge beeinflußt und massiv beeinträchtigen kann. Die Neoklassik bildet solche pekuniären Entscheidungen jedoch unreflektiert in *realen* (physischen) Nutzen-Kategorien ab: »Pecuniary institutions induce pecuniary habits of thought which affect men's discrimination outside of pecuniary matters; but the hedonistic interpretation alleges that such pecuniary habits of thought do not affect men's discrimination ... (T)he hedonistic economists insist, in effect, that this institutional scheme [the price system; W.E.] must be accounted of no effect within that range of activity to which it owes its genesis, growth, and

---

49 Zum Beispiel Veblen 1909, S. 245.

persistence. The phenomena of business which are ... phenomena of price, are in the scheme of the hedonistic theory reduced to non-pecuniary hedonistic terms ...«[50]

Tatsächlich geschehen »geschäftliche« Entscheidungen, wie z.B. Änderungen in der Aktivierung von Unternehmen, Kreditausweitungen u.ä. nach eigenen institutionalisierten Regeln und oft ohne angemessenen Bezug zu realen Prozessen der Produktion, Güterallokation oder gar der Nutzempfindung der Konsumenten; im besten Falle stören diese institutionalisierten Verhaltensweisen die realen, technologischen, materiellen Prozesse nicht, im schlimmsten Falle jedoch behindern sie sie massiv: »The hedonistically presumed final purchase of consumable goods is habitually not contemplated in the pursuit of business enterprise. Business men habitually aspire to accumulate wealth in excess of the limits of practicable consumption and the wealth so accumulated is not intended to be converted by a final transaction of purchase into consumable goods of sensations of consumption.«[51]

(3) Ein wichtiger Anwendungsfall der Technologie-Institutionen-Dichotomie, der Dichotomie von industriellem und zeremoniellem Verhalten, ist Veblens *Theory of Business Enterprise* des auf finanziellen Erfolg orientierten kapitalistischen Unternehmens (Kapitalgesellschaft) und des darauf bezogenen »geschäftlichen«, pekuniären Denkens und Verhaltens.

Für Veblen ist das (zunächst individuelle) *Privateigentum* mit allen damit verbundenen Rechten typischer Fall einer Institution, welche unter den technologischen Bedingungen des kleinen handwerklichen Einzelunternehmens etabliert wurde, unter Bedingungen der *großindustriellen Produktion*, der großen Korporationen, des *»absentee ownership«* und der *großen Finanzunternehmen* jedoch überwiegend dazu dient, funktionslos gewordene »vested interests« zu schützen. Das moderne kapitalistische Unternehmen sei im Zusammenspiel von Produktionsunternehmen und Finanzunternehmen zu einem System des reinen »Geldmachens« und dadurch der »*Sabotage« der physisch-technologischen Prozesse* geworden, den Erfordernissen der technologischen Entwicklung entfremdet, die Produktion, den technischen Fortschritt, die materielle Ausstattung der Wirtschaftsgesellschaft und das

---

50 Ibid., S. 247.
51 Ibid., S. 249.

reale wirtschaftliche Wachstum eher drosselnd und unter bestimmten Umständen depressive Tendenzen fördernd.

(4) Die komplexen Beziehungen zwischen »Technologie« und »Institutionen« konstituieren auch bei Veblen die *Dynamik der ökonomischen Entwicklung*: Institutionen sind zunächst einmal generell Ergebnisse und Repräsentanten des Vergangenen und genügen daher in der Regel nicht den Anforderungen der modernen technologischen Entwicklung. Die erforderliche institutionelle Anpassung verläuft dabei stets zögernd, da sich neue Denk- und Verhaltensgewohnheiten und insbesondere kodifizierte Institutionen naturgemäß nur allmählich herausbilden. Mit besonderem Gespür arbeitet Veblen daher in seinen Untersuchungen überholte *Institutionen*, also Denk- und Verhaltensweisen heraus, die sich *hinderlich auf die technologische Entwicklung* auswirken.

Die Dynamik der technologischen Prozesse andererseits – soweit sie nicht durch zeremonielle Institutionen gänzlich gebrochen wird – ist auch in der Lage, restriktive institutionelle Arrangements zu untergraben und *revolutionäre institutionelle Neuerungen* auszulösen bzw. zu erzwingen. Hier teilt Veblen mit Smith einen historischen Optimismus hinsichtlich eines *Fortschritts* von Technologie und institutioneller Verfassung der Wirtschaftsgesellschaft.

2.4 Ökonomie als evolutionäres System – die organische Analogie

(1) Bereits Smith besitzt eine Konzeption des ökonomischen Prozesses, in der schon die Vorstellung der *Adaptation* und Adaptationsfähigkeit *von Institutionen* an den Wandel »äußerer« Bedingungen (natürliche Umwelt, Technologie) ein Element ist.

Der Prototyp einer modernen Entwicklungstheorie, die Darwinsche *biologische Evolutionstheorie*, enthält ebenfalls die Adaptation (sfähigkeit) der Individuen und einer gesamten Spezies als ein zentrales Element. Smith kannte die biologische Evolutionstheorie natürlich nicht und konnte die Darwinschen Erklärungselemente – Vererbung, Mutation, Selektion und differentielle Vermehrung in einer Spezies – daher noch nicht verarbeiten. Um so interessanter ist die Feststellung, daß er grundsätzlich bereits eine biologische, genauer gesagt eine *organische Analogie* vertritt, in der – mit Blick auf ein dezentrales ökonomisches System – ein *Prinzip der Selbsterhaltung* (und diese schließt die

Adaptation ein) von Individuen, Gruppen, Institutionen und ökonomischen Systemen, auch unter widrigen Umständen, eine Rolle spielt.

(2) Das Verhältnis des Individuums zur Gesellschaft, in welchem das Individuum nach Smith' Sozialtheorie in einem Mindestmaß im Allgemeininteresse handelt, weil (und insoweit) es sich bewußt als Mitglied einer Gemeinschaft versteht, deren Normen es akzeptiert und von der es in gewisser Weise emotional abhängig ist (s.o. Abschn. 2.2.3), kann bereits im Sinne einer organischen bzw. evolutionären Analogie interpretiert werden.

(3) Smith spricht im Zusammenhang mit dem »natural progress of things toward improvement« oder dem »uniform, constant, and uninterrupted effort of every man to better his condition« explizit von einem »*unknown principle of animal life*«: »... it frequently restores health and vigour to the constitution, in spite, not only of the desease, but of the absurd prescriptions of the doctor.«[52]

Smith unterstreicht hiermit die Integrations- und Selbsterhaltungskraft insbesondere eines dezentralen Wirtschafts- und Gesellschaftssystems auch gegenüber widrigen Umständen, seine Restitutions- und Adaptationsfähigkeit. An anderer Stelle spricht er dementsprechend von einem »*principle of preservation*«[53].

(4) Die organische und die evolutionäre Vorstellung sind als biologische Analogien oft als ein zusammengefaßtes Entwicklungskonzept für Populationen verwendet worden.[54] Smith hat eine solche Entwicklungsvorstellung bereits besessen, allerdings ohne in diesem Zusammenhang eine systematische Verbindung zwischen der individuellen Entwicklung einer organischen Einheit und dem Prozeß der Selektion in einer größeren Population herzustellen. Vielmehr verwendet er auch für die dezentrale Wirtschaftsgesellschaft das Bild einer organischen Einheit.

Allerdings impliziert eine organische Interpretation, daß eine übergeordnete »Entwicklungsidee« für die »Gesamtheit« existiert. Hier träfe wiederum Veblens Vorwurf vom »*teleologischen*« Charakter des Smithschen Ansatzes.

Es ist vor diesem Hintergrund aber immerhin naheliegend und fruchtbar, die klassische Gesellschafts- und *Marktkonzeption* Smith' im Lichte der modernen *Evolutionstheorie* mit Hilfe der Kategorien

---

52 WN, II.iii.31, S. 343; ähnlich IV.v.b.43, S. 540.
53 IV.ix.28, S. 674.
54 Ginsberg 1933, S. 268-270.

»(Zufalls-) Entstehung neuer Merkmale«, »Selektion«, »Ausbreitung selektierter Merkmale« etc. zu untersuchen.

(5) Auf die *paradigmatische Ähnlichkeit* zwischen Smith und Veblen hat in diesem Zusammenhang bereits Lowe hingewiesen. Er hat die verschiedenen *Analogien für eine Theorie des Wettbewerbsmarktes* untersucht, die mechanische oder physikalische Analogie, der Veblen Smith vornehmlich verpflichtet sah, die ingenieurwissenschaftliche Analogie, die mit »feedback«-Mechanismen arbeitet, sowie die biologische Analogie, die seit Veblen mit dem evolutionären Ansatz des Institutionalismus verbunden ist.[55]

Lowe beschreibt die paradigmatische Verwandtschaft zwischen beiden in der *biologischen Analogie* folgendermaßen: »It was already Adam Smith who ... pointed to 'some unknown principle of preservation' in the human body, the economic equivalent of which he saw in the effort that everyone devotes to the betterment of his condition. And in analogy with that mysterious biological force he supposed such effort not only to preserve the political body but even to heal it from the bad effects of the folly and injustice of man.«[56]

Die Elemente einer evolutionären ökonomischen Entwicklung, die Veblen als wesentlich angesehen hat, erkennt Lowe auch in Smith' Vorstellung dezentraler Entwicklung. Wie die biologische Evolutionskonzeption integriere auch Smith' Konzeption die Eigenschaften langfristiger autonomer Entwicklungsdynamik und kurzfristiger Anpassung an Umweltveränderungen: »... such integration of the long-term motion of growth with short-term adjustments to changes in the environment is the essence of the classical theory of economic growth.«[57]

Daß Smith das institutionelle Arrangement eines *Wettbewerbsmarktes* in seiner »evolutionary function .. as an impetus to structural and technological change«[58] betrachtet hat, ist auch für Sobel ein Zeichen dafür, daß *Smith als Vorläufer des evolutionären Ansatzes Veblens* betrachtet werden kann.

---

55 Lowe 1965/1977, S. 95-127.
56 Ibid., S. 118-119.
57 Ibid., S. 123.
58 Sobel 1979, S. 353.

2.5 Institutionen und ihre Funktionen

2.5.1 Institutionen zur Vermeidung individualistischer Entscheidungsparadoxien

(1) Neben der Differenzierung des Motivkomplexes (s.o. Abschn. 2.2.1) kennt Smith einen zweiten Ursachenkomplex, der ihn zur Frage der Rolle von Institutionen führt. Es handelt sich um die Probleme der *begrenzten gesamtwirtschaftlichen* und gesamtgesellschaftlichen *Wirksamkeit des individuellen Interesses*, des individuellen Wissens und des individuellen Handelns.

Smith kennt zahlreiche Fälle, in denen das individuelle Interesse mit einem (unterstellten originären) Kollektivinteresse nicht kompatibel ist, durch *geeignete institutionelle Arrangements* aber *kompatibel gemacht* werden kann.

So gibt es beispielsweise zahlreiche Fälle im WN, in denen sich Individuen zu handlungsfähigen kleinen Gruppen zusammenschließen, um anderen oder dem Gemeinwohl zu schaden. Unternehmer beispielsweise können sich zusammenschließen, um die Preise hochzuhalten oder um die Löhne niedrig und die Arbeitsbedingungen schlecht zu halten.[59] Und Smith' vielzitierte Unternehmerschelte ist in Wirklichkeit eine Aussage über die *Selbstgefährdung der Marktwirtschaft* und die *Gefährdung des Gemeinwohls durch individualistisches Entscheiden* (der durch geeignete institutionelle Arrangements vorzubeugen ist): »People of the same trade seldom meet together, even for merriment and diversion, but the conversation ends in a conspiracy against the publick, or in some contrivance to raise prices.«[60]

Eine Reihe weiterer Fälle im WN zeigt Formen individuellen »Fehlverhaltens«, welches in dem Sinne unzureichend ist, daß es zwar dem *kurzfristigen*, aber nicht dem *langfristigen* individuellen und kollektiven *Interesse* dient. So diskutiert Smith beispielsweise, daß ein Stücklohnsystem (Akkordlohn) viele Arbeiter dazu veranlaßt, »to over-work themselves, and to ruin their health and constitution in a few years«[61].

Smith kennt eine Reihe von Fällen, in denen individuelles Interesse und individuelles Handeln gesamtwirtschaftlich unzureichende und sogar schädliche Wirkungen haben können, also nicht automatisch

---

59 Zum Beispiel WN, I.x.c.61, S. 157-158.
60 I.x.c.27, S. 145.
61 I.viii.44, S. 100.

mit dem Gemeinwohl, dem Interesse »der Nation« an einer optimalen Entwicklung der produktiven Kräfte, konform sind. Im Gesamtbild, das Smith im WN entwirft, ist die Feststellung des *Auseinanderfallens von Individualinteresse und Gemeinwohl* keineswegs eine Randerscheinung und wird von Smith, wie gesagt, selbst in dem Fall gesehen, daß ein Wettbewerbsmarkt existiert.

Er spricht beispielsweise ein Auseinanderfallen von Unternehmerinteressen und Gemeinwohl noch einmal in aller Deutlichkeit am Ende des ersten Buches an: »... employers constitute the third order, that of those who live by profit ... But the rate of profit does not, like rent and wages, rise with the prosperity, and fall with the declension of the society. On the contrary, it is naturally low in rich, and high in poor countries, and it is always highest in the countries which are going fastest to ruin. The interest of this order, therefore, has not the same connection with the general interest of the society as that of the other two.«[62]

(2) Smith diskutiert das Verbot von »Fehl-Verhalten« per *Gesetz* sowie ergänzend die Verhaltensänderung durch *Information* und *Erziehung*. Hier werden also zum Teil die kollektiven Präferenzen des Staates (autoritär) realisiert, zum Teil die individuellen Handlungsweisen über Bewußtseinsveränderung und Information im Sinne der kollektiven Präferenzen zu ändern versucht.

Dies verweist auf die Notwendigkeit einer *institutionellen Grundausstattung* in Gestalt des Staates und eines gesetzlichen Rahmens. Smith diskutiert den Gedanken und die ökonomischen Konsequenzen einer institutionellen Grundausstattung beispielsweise im Zusammenhang mit dem Problem der Zinshöhe: »A defect in the law may sometimes raise the rate of interest considerably above what the condition of the country, as to wealth or poverty, would require. When the law does not enforce the performance of contracts, it puts all borrowers nearly upon the same footing with bankrupts or people of doubtful credit ...«[63]

Die institutionelle Grundausstattung hat in ökonomischer Hinsicht den Charakter eines *Kollektivgutes*, hinsichtlich dessen das individuelle Interesse und eine unzulängliche Koordination selbst in einem Wettbewerbsmarkt – auch schon bei Smith – kein oder nur ein unzureichendes Handeln ingangsetzen können; der Wettbewerbsmarkt allein

---

62 WN, I.xi. S. 10, S. 266; cf. a. IV.iii.c.10, S. 493-494.
63 I.ix.16, S. 112.

stellt m.a.W. auch schon für Smith ein unzulängliches *institutionelles Anreiz-Sanktions-System* dar.

(3) In diesem Rahmen ist es der Sinn von Smith' *Institutionenkonzeption* – wie Rosenberg formuliert hat –, Möglichkeiten zu untersuchen, wie *Individualinteressen und Gemeinwohl in Einklang* zu bringen sind, d.h. »to define, in very specific terms, the details of the institutional structure which will best harmonize the individual's pursuit of his selfish interests with the broader interest of society«[64].

Eine solche institutionelle Struktur bestünde höchstens im Rahmen eines idealen »Systems der natürlichen Freiheit« ausschließlich in einem *Wettbewerbsmarkt mit perfekten Eigentumsrechten*. Wo jedoch – wie gezeigt – beispielsweise das Interesse mindestens einer relevanten Gruppe von Marktteilnehmern, den *Wettbewerb zu beschränken oder aufzuheben*, eine Rolle spielt und berücksichtigt werden muß – wie dies in weiten Teilen des WN geschieht –, muß ein institutionelles Arrangement aus mehr bestehen als aus der Abwesenheit von Beschränkungen der individuellen Rechtsausstattung und dem Allokationssystem »Wettbewerbsmarkt«. Diesen Gedanken hatte bereits Viner in seinem Aufsatz über »Adam Smith and Laissez Faire« herausgestellt: »Adam Smith ... recognized that the economic order, when left to its natural course, was marked by serious conflicts between private interests and the interests of the general public.«[65]

Die Beseitigung von Beschränkungen der individuellen Freiheit ist in Smith' Sicht in der Tat zu ergänzen – d.h. die ökonomische Freiheit selbst in letzter Instanz nur zu garantieren – durch einen *Rahmen gesetzten Rechts*, der die bloße *Freiheit* um die *Sicherheit* dieser Freiheit und die Gerechtigkeit ergänzt. So bedarf die Aufrechterhaltung der gesellschaftlichen Ordnung effektiver *staatlicher Institutionen*.[66]

Unter dem Aspekt der *sozialen Kontrolle und Stabilisierung individuellen Verhaltens* geht es Smith selbst beim Verhalten im Markt primär um die Einhaltung der gesellschaftlichen »*rules of justice*« und erst in zweiter Linie um Maximierung und Effizienz.

Insofern er eine *institutionelle Grundausstattung* selbst für ein Wettbewerbssystem für erforderlich hält, spricht Smith statt vom System der natürlichen Freiheit gelegentlich auch vom »natural system of perfect liberty and justice«[67], das jedoch noch einzuführen sei. Nur

---

64 Rosenberg 1960, S. 559.
65 Viner 1927, S. 217.
66 Zum Beispiel WN, V.i.b.2, S. 709-710.
67 IV.vii.c.44, S. 606.

wenn der Wettbewerbsmarkt *in einem Arrangement weiterer Institutionen* steht, wird er die von ihm erwarteten Wirkungen mit hinreichender Wahrscheinlichkeit realisieren können.

(4) *Überforderungen* wie *Unterforderungen*, durch den *Wettbewerb* beispielsweise, können nach Smith demotivierend wirken. Dementsprechend hat er sich ebenso gegen zuviel wie zuwenig Wettbewerb gewandt. Wenn es also nicht einfach um die Beseitigung aller Wettbewerbsbeschränkungen geht, so zeigt sich, daß der Wettbewerbsmarkt selbst ein komplexeres institutionelles Arrangement sein muß, welches für sein gesamtwirtschaftlich positives Wirken bestimmte Bedingungen enthalten muß, die z.B. seinen *Anreizwert* für die Individuen auf ein *optimales Niveau* bringen.

Bereits im ersten Buch des WN macht Smith im Zusammenhang der Diskussion der verschiedenen Wirtschaftssysteme und wirtschaftspolitischen Strategien in Europa deutlich, daß Verzerrungen der Einkommensstrukturen und andere gesamtwirtschaftlich schädliche Wirkungen nicht nur von einer Wettbewerbsbehinderung, sondern auch von einer *Wettbewerbsübersteigerung* herrühren können.[68]

Ferner diskutiert er selbstverständlich und ausführlich negative Folgen ungeregelten Wettbewerbs und entsprechende staatliche Maßnahmen zur Regulierung des Angebots an Erwerbspersonen in bestimmten Berufszweigen (Rechtsanwälte, Ärzte und »Gelehrte«).[69]

(5) Smith beweist ein differenziertes Institutionenkonzept nicht zuletzt durch seine Definition der *Politischen Ökonomie*[70]. Vorrangig geht es ihm in der Politischen Ökonomie als einer »science of a statesman or legislator« darum, den Individuen diejenigen institutionellen Bedingungen bereitzustellen, die ihnen – angesichts der relativen Offenheit ihrer Motivationsstrukturen, der vielfachen Begrenztheit ihres individuellen Handelns sowie vielfacher hinderlicher Transaktionskosten, denen sie sich gegenübersehen – eine gesellschaftlich optimale Verfolgung der individuellen Ziele gestatten (»to enable them to provide a revenue«).

---

68 I.x.c.
69 I.x.c.36, S. 148.
70 I.v.31, S. 372.

2.5.2 Externe Effekte, Meritorisierungen und Staatsaufgaben

(1) Daß es Smith *nicht einfach um eine Minimierung des Staates* geht, zeigt seine Funktionszuteilung an den Staat, die er gerade auch auf ein dezentrales Wettbewerbssystem bezieht, in dem der Staat ein integraler Bestandteil sein soll. Am Ende der Auseinandersetzung mit Merkantilismus und Physiokratie im vierten Buch des WN gibt Smith folgende *»natürliche« Staatsfunktionen* an: »According to the system of natural liberty, the sovereign has only three duties to attend to: ... first, the duty of protecting the society from the violence and invasion of other independent societies; secondly, the duty of protecting society from the injustice or oppression of every other member of it, or the duty of establishing an exact administration of justice; and thirdly, the duty of erecting and maintaining certain publick works and certain publick institutions, which it can never be for the interests of any individual, or small number of individuals, to erect and maintain ...«[71]

Smith' die Staatsaufgaben scheinbar auf ein Minimum reduzierende Formulierung ist nur mit Blick auf die extensiven einzelfallbezogenen Interventionen des merkantilistischen Staates zu verstehen, kann jedoch nicht darüber hinwegtäuschen, daß insbesondere die Definition des *dritten Aufgabenbereichs* einen potentiell großen Funktionsbereich selbst für einen Staat in einem dezentralen Wirtschaftssystem erschließt. Dieser deckt sicherlich keine extensive (insbesondere diskretionäre) staatliche Intervention ab, wohl aber einen großen Bereich strukturierender *Rahmensetzungen und Regelungsmechanismen* sowie *direkter öffentlicher wirtschaftlicher Aktivitäten*.

(2) Das Kriterium für den dritten Aufgabenbereich lautet, daß der Staat bestimmte *Anlagen und Einrichtungen* zu errichten und zu unterhalten hat, deren Erstellung und Unterhaltung nicht im Interesse bzw. in der Fähigkeit eines Individuums oder einer Gruppe von Individuen liegt. Smith erklärt das mangelnde Interesse der Individuen damit, daß »the profit could never repay the expence to any individual or small number of individuals; though it may frequently do much more than repay it to a great society«[72].

Zweifellos beweist Smith mit dieser Formulierung, daß er die Konzepte *»öffentlicher Güter«* und *»externer Effekte«* für sich entwickelt hat.

---

71 IV.ix.51, S. 687-688.
72 IV.ix.51, S. 688; gleiche Formulierung in V.i.c., S. 723.

(3) Smith' Regel für die Allokation von Produktionsaufgaben auf Staats- und private Marktwirtschaft ist allerdings nicht streng individualistisch, sondern auch durch die Freiheit des (demokratischen) Staates zur *Meritorisierung* von Gütern geprägt. Gegenüber der (von Smith postulierten) gesamtgesellschaftlichen und staatlichen Präferenz für die Förderung der produktiven Kräfte, der effizienten Arbeitsteilung, des Wohlstandswachstums und der inneren sozialen Ordnung, können die individuellen Präferenzen als Bestimmungsfaktoren für Art und Umfang der Staatstätigkeit in den Hintergrund treten.

Einige Beispiele für die Aufgaben, die entsprechend einem meritorischen Kriterium interpretiert werden können und von Smith selbst in die staatliche Regie verwiesen werden, sind *Bildungsmaßnahmen* zur Kompensation der schädlichen persönlichen und sozialen Wirkungen starker Arbeitsteilung bei den Industriearbeitern,[73] spezielle Bildungsmaßnahmen und Prüfungen als Voraussetzungen für die Erlaubnis, bestimmte Berufe und Gewerbe ausüben zu dürfen,[74] oder auch die Senkung von Transport- und Transaktionskosten durch Errichtung von *Infrastrukturen* zur Sicherung der »easiest and safest communications both by land and by water« in bestimmten Fällen[75].

2.5.3 Paradigmatische Analogien: Comparative Institutions

(1) Der Grundgedanke, wonach das institutionelle Arrangement einer Gesellschaft über die individuellen Verhaltensweisen das gesamtwirtschaftliche Ergebnis der Nation beeinflußt, kommt in Smith' bereits erwähntem China-Beispiel zum Ausdruck, in dem er den *Einfluß der »laws and institutions«* einer Nation auf ihr *ökonomisches Gesamtergebnis* behandelt und dabei reflektiert, welches Ergebnis »with other laws and institutions« hätte erzielt werden können (s.o. Abschn. 2.3.1).

In diesem Sinne meint Macfie, daß Smith »curious ... about comparative institutions« gewesen sei,[76] und Rosenberg formuliert: »Smith was obsessed with the urge to go beyond the ordinary market-structure definition of competition and to evaluate the effectiveness of different institutional forms ...«[77]

---

73 V.i.f.50, S. 782.
74 Zum Beispiel V.i.f.57, S. 786.
75 Zum Beispiel V.i.d. 17, S. 730.
76 Macfie 1967, S. 29.
77 Rosenberg 1960, S. 559.

Und schließlich Buchanan: »The starting-point remained always the institutions that he observed, the effects of which were to be explained, along with the effects that might be forthcoming under alternative arrangements.«[78]

(2) Für Veblen ist dagegen bekanntermaßen die paradigmatische Abgrenzung zur Neoklassik zentral. Wo immer institutionelle Phänomene in den Analysen der Neoklassiker berührt seien, seien sie »taken for granted, denied, or explained away«[79].

Institutionen würden in der Neoklassik vor allem in der historisch sehr spezifischen Form der Eigentumsstrukturen des 19. Jahrhunderts generalisiert vorausgesetzt.[80] Unterstellt würden uneingeschränktes individuelles Eigentum und uneingeschränkte Vertragsfreiheit sowie die mit diesen Institutionen verbundenen idealen Rechte und Prinzipien wie Selbstbestimmung, Chancengleichheit etc. Eigentum und Vertragsfreiheit würden dabei quasi als Naturrechte behandelt, als Teil der »Natur der Dinge«[81]. Dem Interessenausgleich zwischen den Individuen und zwischen individuellen und gesamtwirtschaftlichen Zielen diene dann das ideale Wettbewerbsmodell automatisch.

Veblen selbst dagegen bearbeitet wie Smith v.a. die *Vielfalt historischer institutioneller* (Eigentumsrechts-) *Strukturen*. Unter der Bedingung der Knappheit seien beispielsweise soziale Konflikte eine Folge des privaten Eigentums, die besondere regulierende Institutionen, über einen Wettbewerbsmarkt hinaus, erforderten. In diesem *Grundverständnis* treffen sich Smith und Veblen paradigmatisch, während das neoklassische paradigmatische und analytische Anliegen, das auf eine mathematisch exakte modelltheoretische Erkenntnis hinausläuft, notwendigerweise in einer »anderen Welt« von Erkenntnisinteressen, Axiomen, Annahmen, Fragestellungen, Hypothesen und Sätzen liegt.

Erst in den letzten beiden Jahrzehnten hat man im neoklassischen »Mainstream« damit begonnen, auf die anderen institutionentheoretischen Paradigmata (einschließlich früherer Paradigmata) zu schauen, um möglicherweise neue interessante Fragestellungen und Aussagen aufzugreifen. Während einige Ergebnisse solcher Bemühungen darin bestanden, die paradigmatischen Grenzen und Unterschiede erneut zu bestätigen und deutlicher herauszuarbeiten, haben andere Bemühungen dazu geführt, bisherige eigene paradigmatische Elemente aufzu-

---

78 Buchanan 1976, S. 271.
79 Veblen 1909, S. 233.
80 Veblen 1909, S. 244.
81 Ibid., S. 236.

geben und mögliche »Zwischenräume« zwischen den neoklassischen und institutionalistischen Paradigmata auszuloten.

3. Schlußfolgerungen

(1) Vor dem Hintergrund einiger zentraler paradigmatischer Analogien zwischen Smith und Veblen sowie faktischer Anleihen über den neoklassischen »Mainstream« hinweg wird es beispielsweise Sobel möglich, Smith eher zu einem »*Vorläufer des Institutionalismus*« denn der Neoklassik zu machen: »While Smith inherited the Newtonian and Age of Enlightenment view of man rather than the later Darwinian view favored by the institutionalists, Smith was much closer in purpose, essential theme, and central analytical concerns to the institutionalists than to the post-Ricardian classicists and neoclassicists...«[82]

Das hier dargestellte Material beleuchtet in der Tat eine interessante paradigmatische Nähe zwischen Smith und Veblen in zentralen Bereichen.

Dabei kam es v.a. darauf an zu zeigen, daß eine *paradigmatisch vergleichende Untersuchung* von Smith und Veblen *fruchtbar* sein kann.

(2) Die Klärung von paradigmatischen Verlusten, von Analogien und Rekursen bzw. Rückgriffspotentialen – so soll der paradigmatische Smith-Veblen-Vergleich ebenfalls beispielhaft zeigen – kann dem »*Fortschritt« in der ökonomischen Wissenschaft insgesamt* durchaus zuträglich sein. Da ökonomische Paradigmata – selbst gleichsam wissenschaftssoziologische Institutionen – keineswegs nur die Freiheit wissenschaftlicher Analyse behindernde »Verhärtungen«, sondern durchaus wichtige und (zumindest zeitweise) produktive Organisationsformen des Erkenntnisprozesses sind, da zugleich aber das konkurrenzliche Nach- und Nebeneinander von Paradigmata mit ihren wechselseitigen Inkommensurabilitäten, mangelnden Kommunikationsfähigkeiten und Verlusten nicht das Nonplusultra der Entwicklung der ökonomischen Wissenschaft sein sollte, kann der *bewußte und systematische theoriegeschichtliche und interparadigmatische Vergleich und Austausch (Rückgriff)* ein nützliches Instrument der Paradigmenprüfung und Paradigmenentwicklung, des »*Verlustausgleichs*«, der *Effektivierung des Erkenntnisfortschritts* und möglicherweise der *Verbesserung der*

---

[82] Sobel 1979, S. 364.

Kommunikation zwischen konkurrierenden (sich oft jedoch auch als komplementäre Sichtweisen herausstellenden) wissenschaftlichen Paradigmata sein.

Literatur

Blaug, Mark (1975): Kuhn versus Lakatos, or paradigms versus research programmes in the history of economics, in: History of Political Economy, Vol. 7, No. 4, S. 399-433.
Bronfenbrenner, Martin (1971): After Samuelson, Who Needs Adam Smith?, in: History of Political Economy, Vol. 3, S. 225-237.
Buchanan, James M., (1976): Public Goods and Natural Liberty, in: Th. Wilson/A. S. Skinner (eds.), The Market and the State, Oxford (Oxford Univ. Pr.), S. 271-286.
Campbell, T. D. (1971): Adam Smith's Science of Morals, London (George Allen & Unwin).
Coats, A. W. (1969): Is there a »Structure of Scientific Revolutions« in Economics?, in: Kyklos, Vol. XXXII, S. 289-294.
Coats, A. W. (1973): The Economic and Social Context of the Marginal Revolution of the 1870's, in: R.D.C. Black/A.W. Coats/C.D.W. Goodwin (eds.), The Marginal Revolution in Economics, Durham (N.C.) (Duke Univ. Pr.), S. 37-85.
De Vroey, Michel (1980): The Transition from Classical to Neoclassical Economics: A Scientific Revolution, in: W. J. Samuels (ed.), The Methodology of Economic Thought, New Brunswick (N.J.), S. 297-321.
Elsner, Wolfram (1986): Ökonomische Institutionenanalyse, Berlin.
Elsner, Wolfram (1987): Institutionen und ökonomische Institutionentheorie: Begriffe, Fragestellungen, theoriegeschichtliche Ansätze, in: Das Wirtschaftsstudium (WiSt), Nr.1, S. 5-14.
Elsner, Wolfram (1989): Adam Smith's Model of the Origin and Emergence of Institutions: The Modern Findings of the Classical Approach, in: Journal of Economic Issues, Vol. XXIII, No. 1, S. 189-213.
Fulton, G. (1984): Research programmes in economics, in: History of Political Economy, Vol.16, No. 2, S. 187-205.
Ginsberg, Morris (1933): Mechanism and Vitalism, in: Encyclopedia of the Social Sciences, Vol. IX, New York (Macmillan), S. 267-271.
Heilbroner, Robert L. (1982): The socialization of the individual in Adam Smith, in: History of Political Economy, Vol.14, No. 3, S. 427-439.
Hollander, Samuel (1973): The economics of Adam Smith, London (Heinemann).

Hutchison, Terence W. (1978): On revolutions and progress in economic knowledge, Cambridge (Cambridge Univ. Pr.).

Johnson, L. E. (1980): A Neo-Paradigmatic Model for Studying the Development of Economic Reasoning, in: Atlantic Economic Journal, Vol. VIII, No. 4, S. 52-61.

Kuhn, Thomas S. (1962/1970): The Structure of Scientific Revolutions, Chicago (The Univ. of Chicago Pr.), 2nd ed., enlarged, 1970 (1st ed. 1962).

Lakatos, Imre (1970): Falsification and the Methodology of Scientific Research Programmes, in: I. Lakatos/A. Musgrave (eds.), Criticism and the Growth of Knowledge, Cambridge (Cambridge Univ. Pr.), S. 91-195.

Lowe, Adolph (1965): On Economic Knowledge. Toward a Science of Political Economy, enlarged ed. 1977, New York (M.E. Sharpe).

Macfie, Alec Lawrence (1967): The Individual in Society: Papers on Adam Smith, London (Allen & Unwin).

Mirowski, Philip (1984): Physics and the 'marginalist revolution', in: Cambridge Journal of Economics, Vol.8, S. 361-379.

Mitchell, Wesley C. (1937): The Backward Art of Spending Money and other essays, repr. New York 1950 (Kelley).

Reynolds, Larry (1976): The Nature of Revolutions in Economics, in: Intermountain Economic Review, Vol. VII, No. 1, S. 25-33.

Rosenberg, Nathan (1960): Some Institutional Aspects of the Wealth of Nations, in: Journal of Political Economy, Vol. LXVIII, S. 557-570.

Samuels, Warren J. (1964): The Classical Theory of Economic Policy: Non-Legal Social Control, in: The Southern Economic Journal, Vol. XXXI, No. 1, S. 1-20, No. 2, S. 87-100.

Skinner, Andrew S. (1974): Adam Smith and the Role of the State, Glasgow (Univ. of Glasgow Pr.).

Smith, Adam (1759/1976): The Theory of Moral Sentiments, ed. by D.D. Raphael and A.L. Macfie, Oxford 1976 (Clarendon Pr.).

Smith, Adam (1776/1976): An Inquiry into the Nature and Causes of the Wealth of Nations, ed. by R.H. Campbell, A.S. Skinner and W.B. Todd, Oxford 1976 (Clarendon Pr.), 2 Vols.

Sobel, Irvin (1979): Adam Smith: What Kind of Institutionalist Was He?, in: Journal of Economic Issues, Vol. XIII, No. 2, S. 347-368.

Veblen, Thorstein B. (1898): Why is Economics Not an Evolutionary Science?, in: The Quarterly Journal of Economics, Vol. xii, repr. in: id. (1919), S. 56-81.

Veblen, Thorstein B. (1899): The Theory of the Leisure Class. An Economic Study of Institutions, New York, London (Macmillan), repr. New York 1965 (Kelley).

Veblen, Thorstein B. (1899/1900): The Preconceptions of Economic Science (I-III), in: The Quarterly Journal of Economics, Vols. xiii, xiv, repr. in: id. (1919), S. 82-179.

Veblen, Thorstein B. (1909): The Limitations of Marginal Utility, in: Journal of Political Economy, Vol. XVII, No. 9, repr. in: id. (1919), S. 231-251.

Veblen, Thorstein B. (1919): The Place of Science in Modern Civilization and Other Essays, New York, repr. New York 1969 (Kelley).

Viner, Jacob (1927): Adam Smith and Laissez-faire, in: Journal of Political Economy, Vol. XXXV, S. 198-232.

Weimann, Joachim (1984): Die Funktion der normalen Wissenschaft in den Wirtschaftswissenschaften, in: Zeitschrift für Allgemeine Wissenschaftstheorie, Vol. XV, No. 2, S. 278-298.

Veblen über Schmoller

Horst K. Betz und Dixie Francovich

I.

1901 veröffentlichte Thorstein Veblen eine Rezension des ersten Bandes von Gustav Schmollers *Grundriß der allgemeinen Volkswirtschaftslehre*, in welcher er die ältere historische Schule kritisierte, aber doch hauptsächlich sich im Positiven wie auch im Negativen mit der Volkswirtschaftslehre Schmollers auseinandersetzte.[1] Angesichts der immer wiederkehrenden Hinweise auf die geistige Affinität zwischen der deutschen historischen Schule und dem amerikanischen Institutionalismus[2] (einschließlich dessen Begründer Veblen) möchten wir auf einige Aspekte dieser »Verwandtschaft« näher eingehen. Im Rahmen dieses Aufsatzes ist es natürlich unmöglich, eine umfassende Analyse anzustellen, zumal dieser Sammelband vor allem Veblen gewidmet ist. Deshalb richten wir unser besonderes Augenmerk auf Veblens Schmoller-Rezension als Widerspiegelung seiner Denkweise und damit auch als Versuch, seine Einschätzung der historischen Nationalökonomen und Schmollers insbesondere zu erklären.[3]

Im Laufe unserer Untersuchung werden verschiedene Themen angeschnitten, wie zum Beispiel Veblens Theorie der Triebe (instincts), seine Wissenstheorie, die der Technik beigemessene kritische Rolle und, zu einem geringeren Grad, Veblens Ansichten über Privateigen-

---

1 Veblen 1901.
2 Die deutschsprachige Literatur über den Institutionalismus beschäftigt sich verständlicherweise meist etwas eingehender mit dem Verhältnis Institutionalismus – Historische Schule, als das im englischen Sprachraum der Fall ist. Besonders zu erwähnen sind hier die Werke von Flügge, Montaner und Reuter.
3 Dabei geht es natürlich nicht um eine Untersuchung der historischen Schule an sich, sondern vielmehr darum, Veblens Theorien vor einen dem deutschsprachigen Leser vertrauteren Hintergrund zu stellen.

tum und Sozialismus. Diese Themen werden jedoch nur insoweit behandelt, wie es für unser Verständnis von Veblens Meinung über Schmoller erforderlich ist, wobei die Betonung auf der Art und Weise liegen wird, in welcher diese verschiedenen Elemente des Veblenschen Denkens miteinander verbunden sind.

Obwohl Veblen den »Grundriß« im großen und ganzen wohlwollend beurteilt, äußert er doch bestimmte Vorbehalte gegenüber Schmollers Werk. Wir vertreten die Ansicht, daß Veblens Lob sich hauptsächlich auf das methodologische Vorgehen Schmollers richtet, da ja beide Wissenschaftler den volkswirtschaftlichen Entwicklungsprozeß als einen komplexen und kumulativen Kausalzusammenhang verstehen. Beide sind unversöhnliche Gegner der Tradition sozialer Naturgesetze, die Ursprung und Sanktionierung des Rechts in einem als unantastbar geltenden, transhistorischen Moralsystem sieht. Für Veblen wie für Schmoller leitet das Recht seinen Gültigkeitsanspruch aus sich fortwährend verändernden Sitten und Traditionen des sozialen Körpers ab, weshalb es eines Studiums des historischen Kontexts bedarf, um die Kausalzusammenhänge dieser Wandlungen zu entdecken. Diese Zusammenhänge entstehen aus der komplizierten Wechselwirkung menschlicher Triebe; Veblen nennt sie *instincts*. Sobald sich diese Triebe auf eine gewisse Art und Weise in einem bestimmten Kulturzusammenhang gewohnheitsmäßig manifestieren, nehmen sie, unter Billigung der Gemeinschaft, die Formen von Institutionen und Gesetzen an. Die Psychologie spielt demnach für Veblen wie auch für Schmoller eine strategisch wichtige Rolle.

Dennoch steht Veblen einem Teil des Werks seines deutschen Kollegen sehr kritisch gegenüber, nämlich dessen Vorhaben, seine Forschungsergebnisse – besonders die Vergänglichkeit der Institutionen betreffend –, in den Dienst seines Glaubens an Gerechtigkeit und sittlichen Fortschritt zu stellen und damit sozialen Reformen die Türen zu öffnen.[4] In gewisser Hinsicht aber beschäftigt auch Veblen das Thema »Fortschritt«, nur geht es ihm nicht um einen ethisch fundierten Begriff wie Gerechtigkeit oder Billigkeit, sondern um technische Zweckmäßigkeit und Effizienz, was natürlich auch gewisse Werturteile beinhaltet. Veblen allerdings, der mit Hilfe einer Theorie der Triebe und einer Wissenstheorie seinen »materialistischen« Standpunkt unterstützt, wähnt sich auf gesicherter wissenschaftlicher

---

4 Näheres über das Verhältnis der historischen Methode zur Ethik bei Betz.

Basis.⁵ Für ihn gruppieren sich die altruistischen Elemente in der Natur des Menschen um produktive Arbeit und Technologie. Außerdem setzt Veblen voraus, Ingenieure und Techniker würden als erste anerkennen, daß man in Geschehensabläufen zu denken habe: »The habit to think in terms of process«, wie Veblen es formuliert. Diese Art des Vorgehens bei Veblen erklärt auch hauptsächlich seine Kritik an Schmoller, welcher ja der Technik eine weit geringere Stellung einräumt.

In den folgenden Abschnitten werden wir zuerst auf die verschiedenen Themen eingehen, die Veblen in seiner Rezension behandelt und beurteilt. Darauf folgt zunächst eine kurze Besprechung derjenigen Aspekte Veblenscher Theorien, die uns seine besondere Reaktion auf Schmollers Werk – Thema des daran anschließenden Abschnitts – verständlich machen. Abschließend wird kurz die Stichhaltigkeit von Veblens Kritik angesprochen.

II.

Veblen geht wiederholt auf das Wesen und die Methode der Schmollerschen Volkswirtschaftslehre ein und ist besonders von der Fülle des Stoffes angetan, auf den sich Schmoller bei seiner versuchten Rekonstruktion des Faches stützt. An Stelle der konventionellen Kategorien Arbeit, Boden und Kapital findet er »population, material environment, and technological conditions«. Bei diesem umfassenderen Vorgehen Schmollers preist Veblen besonders die Betonung der psychischen und ethnographischen Elemente des Faktors Mensch, die Rück-

---

5   Im Vorwort zu *The Instinct of Workmanship and the State of the Industrial Arts* informiert Veblen den Leser, daß »[t]he analysis proceeds on the materialistic assumptions of modern science, but without prejudice to the underlying question as to the ulterior competency of this materialistic conception considered as a metaphysical tenet. The inquiry simply accepts these mechanistic assumptions of material science for the purpose in hand ...« (Veblen 1914, S. xi). Die besondere Eigenart dieser Voraussetzungen (»assumptions«) wird sich im Verlauf dieses Aufsatzes zeigen. Hier sei nur gesagt: Veblen vergleicht die Voraussetzungen moderner Wissenschaft mit dem technischen Wissen, das man spezifisch mit dem maschinellen Verfahren (»machine process«) assoziiert. Zum Beispiel ist technisches Wissen sachlich und nüchtern (»matter-of-fact«), und seine Logik ist die eines mechanischen Vorgangs (»mechanical process«); es ist »dispassionate, opaque, [and] unteleological« (Veblen, 1914, S. 302-303, 322).

sichtnahme auf die durch die Natur auferlegten Beschränkungen und den für ihn natürlich wichtigen Hinweis auf »the growth of technological knowledge and the industrial arts«[6]. Er ist voll des Lobes über Schmollers »genetische« Methode – im Grunde analog der biologischen Evolutionstheorie Darwins[7] – wobei die menschliche Natur, die gesellschaftlichen Institutionen und die Technik als entwicklungsgeschichtliche Faktoren im Mittelpunkt stehen.

Veblen begrüßt ganz offensichtlich Schmollers Auffassung der Nationalökonomie, wenn er gleich zu Beginn seiner Rezension feststellt, daß »Professor Schmoller's Grundriss is an event of the first importance in economic literature«. Im selben Ton bemerkt er wenig später: »Herewith for the first time economic readers are put in possession of a fully advised deliverance on economic science at large as seen and cultivated by that modernized historical school of which Professor Schmoller is the authoritative exponent.«[8] Veblen zeigt sich besonders dadurch beeindruckt, daß Schmollers Werk (Veblen bezeichnet Schmoller als »innovator«) »touches the foundations of the science so intimately and profoundly«, und er führt die Elemente auf, die nach seiner Ansicht bei Schmoller besonders deutlich hervortreten, nämlich »the scope and nature assigned to the theory«, »the range and character of the material« und »the methods of inquiry«[9]. Die Volkswirtschaftslehre wird als Kulturwissenschaft aufgefaßt mit der Aufgabe, die für die Veränderlichkeit und Entwicklung der menschlichen Kultur verantwortlichen, dynamischen Elemente zu analysieren. Veblen spricht hier von den volkswirtschaftlichen Aspekten des kulturellen Wachstums und dem Wirtschaftsablauf als solchem. Die entwicklungsgeschichtliche Methode muß demnach die Wechselwirkung der geistigen, materiellen und technischen Momente dieses Hergangs erläutern; es handelt sich hier um ein *Werden* und nicht um ein *Sein*. So sieht Veblen denn auch den Sinn und Zweck von Schmollers »Grundriß« darin, daß der Stoff in einer Weise präsentiert wird »that these features of human nature and these forces of nature and circumstances of environment are [treated as] the agencies out of whose interaction the economic situation has arisen by a cumulative process of change, and that it is this cumulative process of development, and its complex and unstable outcome, that are to be the economist's sub-

---

6   Veblen 1901, S. 82.
7   Ebenda, S. 81, 83.
8   Ebenda, S. 69, 70.
9   Ebenda, S. 69.

ject matter. The theoretical outcome for which such a foundation is prepared is necessarily of a genetic kind.«[10]

Wie wir schon jetzt erkennen können, spiegelt die Anerkennung Schmollers Veblens eigene Denkweise wider. Wenn die Volkswirtschaftslehre eine Kulturwissenschaft und ihr Vorgehen ein genetisches ist, befaßt sie sich *ipso facto* mit der kulturellen Entwicklung, wie Veblen dies schon in seinem methodologischen Manifest verlangt hatte: »[A]n evolutionary economics must be the theory of a process of cultural growth as determined by the economic interest, a theory of a cumulative sequence of economic institutions stated in terms of the process itself.«[11] In diesem entwicklungstheoretischen Konzept, in dem es um die Natur des Menschen und das kumulative Anwachsen von Denkgewohnheiten (»habits of thought«), d.h. Institutionen, geht, ist kein Platz für hedonistische Psychologie. Diesen Begriff einer entwicklungstheoretischen Wissenschaft finden wir dann auch in Veblens und in Schmollers Ansichten über den Charakter und Stellenwert der Institutionen vor; denn der wirtschaftende Mensch ist kein isoliertes, sondern ein sozial und historisch bedingtes Individuum. Er ist untrennbar mit seiner institutionellen Umwelt verbunden, und seine Aktionen können daher nur in diesem Zusammenhang analysiert und verstanden werden.

In Schmollers Untersuchungen besteht, wie wir wissen, eine zweckmäßige Verbindung zwischen psychischen Elementen und Institutionen, und gerade das schwebt Veblen vor, wenn er auf die in Schmoller angesprochenen »psychological foundations of culture and the psychological factors involved in cultural change« hinweist.[12] Denn für Schmoller sind Institutionen Zweckzusammenhänge (»das wichtigste Ergebnis des sittlichen Lebens«). Sie entstehen aus der Wechselwirkung zwischen Individuum (Triebe, Gefühle) und Gesellschaft, die sich wiederum in »psychischen Massenzusammenhängen« wie Sitte, Moral und Recht, einer »Hierarchie von sozialen Zwecken und Zielen«[13] niederschlagen. Veblen findet Schmollers Vorgehen besonders beeindruckend als darwinistische Darstellung »of the origin, growth, persistence, and variation of institutions, in so far as these institutions have to do with the economic aspect of life either as cause or as effect. ... But his striking and characteristic merits lie in the direction of a

---

10   Ebenda, S. 83.
11   Veblen 1898, S. 393.
12   Veblen 1901, S. 80.
13   Schmoller 1919, S. 9, 61-62.

post-Darwinian causal theory of the origin and growth of species in institutions.«[14] Daß auch für Veblen psychologische Elemente eine äußerst wichtige Rolle bei der Entstehung gesellschaftlicher Institutionen spielen, bestätigt er uns ausdrücklich in *The Instinct of Workmanship*: »A genetic inquiry into institutions will address itself to the growth of habits and conventions, as conditioned by the material environment and by the innate and persistent propensities of human nature; and for these propensities, as they take effect in the give and take of cultural growth, no better designation than the time-worn 'instinct' is available.«[15]

Eine entwicklungstheoretische Volkswirtschaftslehre bedarf natürlich auch historischer Forschung, um die sich aus der Geschichte ergebenden Ursachen der jeweils in der Gegenwart existierenden Institutionen zu erklären. Zu dieser Art von »Historismus« bemerkt Veblen in seiner Rezension: »The scrutiny of historical details serves this end by defining the scope and character of the several factors causally at work in the growth of culture, and, what is of more immediate consequence, as they are at work in the shaping of the economic activities and the economic aims of men engaged in this unfolding cultural process as it lies before the investigator in the existing situation.«[16]

So sehr er auch Schmollers historischem Vorgehen Beifall spendet, so schwerwiegend sind seine Bedenken der älteren historischen Schule und besonders Roscher gegenüber, den er als ihren Repräsentanten

---

14 Veblen 1901, S. 81.
15 Veblen 1914, S. 2-3. Etwas weiter unten im gleichen Werk finden wir folgende detaillierte Beschreibung der Eigenart einer Institution: »[T]he dependence of the scheme of life on the complement of instinctive proclivities hereby becomes less immediate, since a more or less extended logic of ways and means comes to intervene between the instinctively given end and its realisation. ... This apparatus of ways and means available for the pursuit of whatever may be worth seeking is, substantially all, a matter of tradition out of the past, a legacy of habits of thought accumulated through the experience of past generations. ... Under the discipline of habituation this logic and apparatus of ways and means falls into conventional lines, acquires the consistency of custom and prescription, and so takes on an institutional character and force. The accustomed ways of doing and thinking not only become a habitual matter of course, easy and obvious, but they come likewise to be sanctioned by social convention, and so become right and proper and give rise to principles of conduct« (S. 6-7). Die Ähnlichkeit mit Schmollers Aussagen ist verblüffend.
16 Veblen 1901, S. 80. Bei seiner eigenen empirischen Arbeit stützt sich Veblen vielfach auf historisch-anthropologischen Stoff. Dazu muß jedoch bemerkt werden, daß Veblens Anthropologie nicht ohne Kritiker ist.

nimmt. Obwohl Roscher seine »historisch-physiologische« Methode von der »idealistischen« abgrenze, meint Veblen, so ruhten seine »ökonomischen Spekulationen« doch gleichfalls auf metaphysischer Basis, nur eben auf einer anderen als der von Roscher verworfenen. Die von Roscher vorgegebenen »naturgesetzlichen« Postulate lehnt Veblen unbedingt ab. Er sieht darin ein von einer inneren Notwendigkeit bestimmtes »unfolding of [a] self-realizing human spirit«, was sich letztlich in identischen kulturellen Entwicklungszyklen aller Völker manifestiert. Für Veblen ist diese Mutmaßung ein »quasi-physiologischer« Prozeß trotz der – von Roscher erwähnten – biologischen Analogien. Kurz, es handelt sich hier um eine Abart »romantisch-Hegelianischer Metaphysik«[17]. Im Gange seiner Kritik ist Veblen nicht nur bemüht, seine eigene entwicklungstheoretische Methode zu umreißen, sondern auch bestrebt, Schmollers Methode als echte wissenschaftliche Alternative vorzustellen. Schmoller wie ihm selbst gehe es um wissenschaftliche Ursachenforschung und nicht um die Entdeckung kultureller Entwicklungsgesetze. Schmollers Vorgehen sei demnach »'historical' only in a sense similar to that in which a Darwinian account of the evolution of economic institutions might be called historical«[18].

Die Entwicklung und der Wandel von Institutionen, so pflichtet Veblen Schmoller bei, sind kompliziert und ungleichmäßig und können deshalb nicht in die Form allgemeingültiger Entwicklungsgesetze gepreßt werden. Der Entwicklungsprozeß an sich ist das Erkenntnisobjekt, und das Endresultat ist in jedem Fall nichts als ein weiteres Stadium in der Fortentwicklung. Und es ist diese Perspektive Veblens, die seiner Kritik an der älteren historischen Schule zugrunde liegt, welcher er auch eher geschichtliches als volkswirtschaftliches Geschick bescheinigt.[19] Veblen will sich mit seiner Kritik ganz auf Seiten Schmollers wissen, der seinen Vorgängern ja auch schon verfrühte Versuche der Verallgemeinerung geschichtlicher Entwicklungspro-

---

17 Ebenda, S. 74-77.
18 Ebenda, S. 81.
19 Ebenda, S. 72. Schon in seinem früheren Urteil über diese Schule in »Why is Economics not an Evolutionary Science?« hatte er (obwohl nicht ganz korrekt) auf deren Vorliebe für das Sammeln historischer Materialien hingewiesen, ein Unterfangen, bei welchem er den theoretischen Erfolg vermißte. Die Leistungen der jüngeren Generation dagegen hatte er als bemerkenswert (»noteworthy«) bezeichnet (Veblen 1898, S. 375, S. 393).

zesse vorgehalten hatte und zudem sogenannten empirischen Gesetzen skeptisch gegenüberstand.[20]

Veblens Haltung in diesem Zusammenhang muß natürlich nicht als Absage an historische Daten aufgefaßt werden; im Gegenteil hält er diese für unentbehrlich, nur spielen bei der Theoriekonstruktion, wie wir schon gesehen haben, psychische Elemente eine strategisch wichtige Rolle. Im Kontext dieses Aufsatzes sei noch darauf hingewiesen, daß sich dieser Kern der Veblenschen Methodik auch in seiner Beurteilung der Erstausgabe von Sombarts *Der moderne Kapitalismus* wiederfindet. Den kapitalistischen Geist, das psychische Element in diesem von Veblen als entwicklungstheoretisch bezeichneten Werk – »[true to] the spirit of modern post-Darwinian scientific inquiry« –, kommentiert er wie folgt: »The capitalistic spirit, the habit of mind involved in diligently seeking gain for gain's sake, was new when the modern era set in; and its gradual spread and ultimate dominance in the economic life of the western nations is a phenomenon which not only itself needs explanation, but which is conditioned by, and in turn conditions, the habits of life, the institutions, the industrial methods, and the methods of business traffic of these nations.«[21]

Wir kommen jetzt zu dem Teil in Veblens Rezension, in welchem gewisse Vorbehalte Schmollers Werk gegenüber zum Ausdruck gebracht werden. Die Kritik richtet sich vor allem gegen Schmollers Reformvorschläge und seine Abschweifungen in die »triste und moralisierende Öde des traditionellen Historismus«. Veblen lehnt wertende Darstellungen dieser Art für den Bereich wissenschaftlicher Untersuchungen als unzulässig ab: »[Economic Science] necessarily seeks to know and explain the structure and functions of economic society in terms of how and why they have come to be what they are, not, as so many economic writers have explained them, in terms of what they are good for and what they ought to be. It means ... an inquiry into the efficient causes of economic life. ... It follows ... that an economics of this genetic character ... comprises nothing in the way of advice or admonition, no maxims of expediency, and no economic, political, or cultural creed.«[22]

---

20 Schmoller 1911, S. 481-490; Schmoller 1919, S. 110, 120.
21 Veblen 1903, S. 300, 302. Interessanterweise lobt Schmoller seinen Schüler erst für *Der Bourgeois* und die darin enthaltene psycho-genetische Erklärungsweise. Diese hatte er in der ersten Auflage von Sombarts *Magnum Opus* vermißt (Schmoller 1914)!
22 Veblen 1901, S. 83.

Die speziellen Themen im »Grundriß«, auf welche sich Veblens Kritik – in deren Verlauf seine eigenen Ansichten zum Durchschein kommen – richtet, sind Familie, die volkswirtschaftliche Bedeutung des technischen Fortschritts und die Rolle der Unternehmungen.

In Schmollers Behandlung der Familie sieht Veblen ein Übermaß an normativen Behauptungen, die der wissenschaftlichen Analyse abträglich sind. So scheint ihm Schmoller eine Art patriarchalischer Familie zu begünstigen und ein Mißfallen an den wirtschaftlichen Faktoren kundzutun, die er für die Auflösung der Familie verantwortlich macht. Oder, was die Stellung der Frau angeht, so hält Veblen Schmollers Befürwortung männlicher Überlegenheit für unwissenschaftlich, weil er weder die Gründe der sozialen Ungleichheit der Geschlechter noch den Prozeß der sich verändernden traditionellen Einstellungen angesprochen sieht.[23]

Hier begegnen wir der typischen Auffassung Veblens, was den Zweck wissenschaftlicher Untersuchungen in dieser Hinsicht angeht. Er besteht auf einer Erklärung derjenigen Besonderheiten, die den institutionellen Wandel einer Gesellschaft auszeichnen, wobei jegliche Enthaltung von Werturteilen über wünschenswerte oder unerwünschte Folgen als selbstverständlich gilt. Es beginnt sich hier also ein grundlegender Unterschied zwischen Schmoller und Veblen abzuzeichnen. Veblen nutzt seine Theorie, um Voraussagungen anzustellen; historische Untersuchungen dienen ihm nicht nur zur Erklärung des Bestehenden, sondern auch dazu, aufzuzeigen, auf welche Art und Weise eine Weiterentwicklung stattfinden würde. Schmoller stützt sich natürlich auch auf die Geschichte zum Verständnis der Gegenwart, aber er nimmt doch gleichzeitig wertende Positionen sowohl der Gegenwart als auch der Zukunft gegenüber ein.

Veblen mißbilligt gleichermaßen Schmollers wertende Äußerungen hinsichtlich des durch technischen Fortschritt entstehenden gesellschaftlichen Nutzens, besonders, weil nach seiner Meinung die Kausaluntersuchungen bei Schmoller verfrüht abgebrochen werden. Schmoller biete eine bloße Feststellung statt einer Analyse der Tatsache, daß die Technisierung eine große Klasse körperlich kräftiger und geistig reger Lohnarbeiter geschaffen habe. Dabei verpasse Schmoller die Gelegenheit »[to follow] up the scientific question of what may be the cultural, spiritual effects of the machine's régime upon this large body of trained workmen, and what this body of

---

23 Ebenda, S. 86-88.

trained workmen in its turn counts for as a factor in shaping the institutional growth of the present and the economic and cultural situation of tomorrow«[24].

Auf Veblens Standpunkt, das sozialistische Ideengut falle bei der Arbeiterklasse auf fruchtbaren Boden, werden wir noch näher eingehen. Hier sei nur festgestellt, daß er Schmoller mit dessen Charakterisierung der Sozialisten als entartet und reaktionär wieder in die Falle von Werturteilen geraten sieht, und dies auf Kosten wissenschaftlicher Analyse. Aber er geht noch weiter: Er stellt auch die Logik in Frage, die Schmollers ethischen Optimismus hinsichtlich der positiven Wechselwirkung von technischem und sittlichem Fortschritt untermauere. Veblen tut das jedoch auf eine Art und Weise, die Schmoller gegenüber nicht unbedingt fair ist. Er drängt nämlich Schmollers Vorgehen seine (Veblens) eigene Ortung der Anhänger sozialistischer Ideen (technisch ausgebildete Arbeiter und »students of modern science«) auf.[25] So weist er dann darauf hin, daß diese von Schmoller geschmähten sozialistischen Elemente mit den »kräftigen, geistig und sittlich voranschreitenden Maschinenarbeitertypen«[26] Schmollers identisch sind. Würde man sie und die »students of modern science« von der deutschen Bevölkerung ausschließen, blieben nur noch Bauern, Bewohner der Elendsviertel und Adlige übrig. Deutschland wäre – und Veblen gebrauchte hier Schmollers Ausdrucksweise – ein Halbkulturvolk. Umgekehrt hingegen, würde man nur die sozialistischen Gruppen für sich nehmen, stellten sie ein Ganzkulturvolk dar.[27] Zweck des Veblenschen Arguments ist es natürlich, den für ihn zwingenden Zusammenhang von technischer Effizienz mit dem Sozialismus und nicht mit den geistigen und sittlichen Aspekten des kulturellen Fortschritts aufzuzeigen. Solch eine Schlußfolgerung scheint Veblen, wie wir noch sehen werden, wissenschaftlich möglich unter

---

24 Ebenda, S. 90.
25 Gegenüber Schmoller ist ein derartiges Verfahren nicht angebracht, denn für ihn gliedert sich die Arbeiterschaft in immer differenziertere Gruppen. Ein einheitliches Proletariat gebe es nicht. Außerdem betrachtet Schmoller ja sittlichen Fortschritt und bessere Bildung als den konzilianten, auf Vernunft und Gerechtigkeit bauenden Reformen sehr dienlich. Und im Verlauf dieses Entwicklungsprozesses verlieren die ihm negativ erscheinenden Elemente des Sozialismus zusehends an Einfluß (Schmoller 1919, I, S. 453; II, S. 302ff., S. 629).
26 Ebenda, I, S. 228.
27 Veblen 1901, S. 90-91.

der Annahme, die dem maschinellen Prozeß unterworfenen Arbeiter zeichne eine sachliche und nüchterne Denkweise aus.

Schließlich lobt Veblen, was Schmollers Besprechung der Unternehmung angeht, nicht nur das entwicklungsgeschichtliche Vorgehen an sich, sondern auch die Art und Weise, in der Schmoller die Wechselwirkung harmonisierender Kräfte aufzeigt, durch welche der Gesellschaft aus den eigennützigen Handlungen gewinnorientierter Körperschaften konkrete Vorteile erwachsen; und auch, daß Schmoller es verstehe, die Unternehmung mit den Anforderungen der modernen kulturellen Umwelt in Zusammenhang zu bringen. Aber auch hier, stellt Veblen fest, wird die Kausalanalyse vorzeitig abgebrochen; die wissenschaftlich kritische Frage nach der Weiterentwicklung der Unternehmung wird nicht gestellt. Statt dessen trete Schmoller wieder als Fürsprecher und Ratgeber mit Vorschlägen auf, wie die Unternehmung in ihrer bestehenden Form am besten für das gesellschaftliche Wohlergehen eingespannt werden könne. Veblen zeigt sich enttäuscht, denn »at no other point do modern economic institutions bear less of an air of finality than in the forms and conventions of business organizations and relations« und »the expediency and the chance of ultimate survival of business enterprise is itself an open question«[28].

Die unterschiedlichen Perspektiven über die Unternehmung, die sich hier bei Schmoller und Veblen offenbaren, lassen sich hauptsächlich auf unterschiedliche Auffassungen über die Zukunft des Privateigentums zurückführen. Während Veblen das Privateigentum als institutionelle Basis der Unternehmung für labil und durch neue wissenschaftliche Erkenntnisse untergraben hält, akzeptiert Schmoller dessen fortbestehende, jedoch größerer gesellschaftlicher Kontrolle unterworfene Vorherrschaft.

III.

Dieser Abschnitt dient einer kurzen Erläuterung der Veblenschen Problemstellung, wie sie in seiner Wissenstheorie und Theorie der Triebe zum Ausdruck kommt und damit zum Verständnis seiner Bewertung von Schmollers »Grundriß« beiträgt.

---

28 Ebenda, S. 93.

Obwohl Veblen sich von Schmollers entwicklungsgeschichtlicher Theorie, wie schon angedeutet, sehr beindruckt zeigt, lehnt er dessen wissenschaftliches Anliegen um sittlichen und sozialen Fortschritt jedoch ausdrücklich ab. Deshalb ein kurzer Abriß von Veblens eigener Problemstellung: Bei ihm wird die Nationalökonomie zu einer entwicklungstheoretischen Wissenschaft, die sich mit den materiellen Bedingungen des gesellschaftlichen Lebens befaßt, wobei sich »materiell« auf die von der Gesellschaft angewandten Methoden zur Existenzsicherung bezieht. Jegliche Veränderung materieller Umstände, das heißt technischer Verfahren, ist als Ausdruck des sich verändernden menschlichen Moments anzusehen, oder deutlicher formuliert, der Lebensprozeß wird als kumulative Sequenz der sich verändernden Triebe, Institutionen sowie Lehrgebäude und Glaubenssysteme aufgefaßt.[29] Der menschliche Anpassungsprozeß verläuft jedoch langsamer als der technische Fortschritt, so daß eine Dichotomie zwischen dem mit der jeweils aktuellen Technik assoziierten *aufstrebenden* Komplex der Triebe, Institutionen und Erkenntnisse und dem mit veralteter Technik assoziierten *vorherrschenden* Komplex der Triebe, Institutionen und Erkenntnisse entsteht. Diese, Veblen eigene Perspektive liegt seiner Problemstellung zugrunde, da er sich ja hauptsächlich mit den einem technischen Fortschritt sich entgegenstellenden institutionellen Hindernissen beschäftigt.

Aus dieser Sicht also rückt Effizienz und nicht Gerechtigkeit in den Mittelpunkt von Veblens wissenschaftlichem Interesse. Wenn man somit unter Gerechtigkeit eine Art Wohlfahrtsstaat verstehen will, so hat es allen Anschein, daß Veblen diese Alternative nie ernsthaft in Erwägung gezogen hat.[30] Eine Erklärung dafür mag in seiner Ablehnung von Marxens Verelendungstheorie liegen; aber es ist doch wahrscheinlicher, daß er sich eben ganz anderen Problemen widmet, wie zum Beispiel monopolistischen Produktionsbeschränkungen, industriellen Überkapazitäten und »conspicuous waste«. In Veblens Augen kann ein Wohlfahrtsstaat derartige Probleme nicht lösen, da dies einer

---

29 Veblen 1898, S. 388. Obwohl die Ausstattung des Menschen mit bestimmten Trieben relativ unveränderlich ist, so können doch unterschiedliche Kombinationen der Triebe zu neuen Verhaltensweisen führen; Veblen nennt diesen Vorgang »Kontamination« der Triebe. Wie noch zu sehen sein wird, können gewisse Triebe, die in einer Kulturepoche vorherrschen, unter veränderten Umständen eine untergeordnete Rolle spielen. Allgemein gesehen ist Erkenntnis bei Veblen situationsbedingt; die Art und Weise jedoch, mit der neue Tatbestände assimiliert werden, variiert gemäß der kulturellen Entwicklungsstufe.
30 Friday, S. 38.

Behandlung von Symptomen und nicht von grundlegenden Ursachen gleichkäme. Diese liegen jedoch in der Institution des Privateigentums, welche in der Naturrechtslehre verwurzelt und in der amerikanischen Verfassung verkörpert sei. Er spricht hier von einem »working system of American law and custom [which] is held to be the finished product of a process of growth which came to a ripe conclusion some 150 years ago«[31].

Entgegen der zeitgenössisch vorherrschenden Meinung ist Veblen überzeugt, daß diese Auffassung schon fast von Anfang an in einem Spannungsverhältnis zur realen Welt gestanden hat und somit für den bedeutenden Fortschritt von Technik und Industrie nicht belanglos und ungeeignet, sondern kontraproduktiv ist.[32] Veblen sieht nämlich den Entwicklungsprozeß so, daß der technische Fortschritt eines wachsenden Investitionsaufkommens bedarf, was Firmenfusionen und expandierende Krediteinrichtungen zur Folge hat. Das damit verbundene Streben nach Gewinnmaximierung durch abwesende Aktionäre (*absentee owners*) sabotiert den der Gesellschaft durch etwaige Produktionsmaximierung entstehenden Nutzen, eine Auswirkung, die auch noch dadurch verschlimmert wird, daß die Gewinne nicht in neuen Investitionen angelegt, sondern einem aufwendigen und verschwenderischen Lebensstil zugeführt werden (*conspicuous consumption* und *conspicuous waste*).

Obwohl Veblen für seine Argumentation ethische Indifferenz beansprucht, so darf dies nicht ganz ohne Widerspruch bleiben, da doch zumindest unterschwellig eine wertende Position ausgemacht werden kann. Sein Eintreten für Effizienz subsumiert, kann man sagen, auch eine gewisse Fürsprache für Gerechtigkeit in dem Sinne, daß das Privateigentum nicht nur der Ineffizienz, sondern auch der ungleichen

---

31 Veblen 1923, S. 206-207. Veblen führt das moderne Privateigentum auf zwei widerstreitende Grundsätze zurück: das auf gewaltsamer und betrügerischer Inbesitznahme ruhende Gewohnheitsrecht des Feudalsystems und das Lockesche Naturrecht. Letzteres entsprach zwar in der frühkapitalistischen Phase des Handwerks noch annähernd den gesellschaftlichen Tatsachen, habe aber in der durch *absentee ownership* gekennzeichneten Epoche der fortgeschrittenen Industriegesellschaft keine Berechtigung mehr (ebenda, S. 50-51). Es sei hier schon auf die folgende Besprechung der Bedeutung von Veblens Theorie der Triebe hinsichtlich der Eigentumsfrage verwiesen.
32 Veblen 1900, S. 158-159.

Vermögensverteilung zuträglich ist und damit den verschwenderischen Lebensstil der »feinen Leute« ermöglicht.[33]

Eine Erklärung für die Entstehung des Privateigentums kann, so Veblen, nur mit Hilfe der Psychologie gefunden werden; und deshalb spielt eben in dieser Beziehung seine Theorie der Triebe auch eine so wichtige Rolle. Jeder Mensch, behauptet er, ist mit eigennützigen (*self-regarding*) und gemeinnützigen Trieben ausgestattet,[34] wobei jedoch die jeweilige Gesellschaftsordnung bestimmt, welche Triebe dominieren. Eigennützige Empfindungen, die zum Beispiel in »räuberischen« (*predatory*) Kulturen gefördert werden, beeinträchtigen nicht nur fachmännische Effizienz, sondern untergraben auch die Entwicklung des *parental bent*, welcher, im Bunde mit dem *instinct of workmanship*, das künftige Wohlergehen der Menschheit fördert. Dabei ist »the instinct of workmanship .. in the main a propensity to work out the ends which the parental bent makes worth while.«[35]

In Veblens Geschichtsbild hat es allen Anschein, daß er die friedliche und primitiv kommunistische Urgesellschaft als der Natur des Menschen am besten entsprechende Form des menschlichen Zusammenlebens idealisiert; denn sie ist die Gesellschaft, in welcher der Mensch zu allererst seine Überlebensfähigkeit unter Beweis gestellt

---

33 So behauptet auch Friday, daß »two values stand out in all of Veblen's writing. One is the goal of maximum production. The other is an egalitarianism, or at least a dislike of institutionally imposed or created inequality« (Friday, S. 19).

34 Leathers gebraucht den Ausdruck »group-regarding instincts«, um die der Familie, Sippe oder dem Stamm zuträglichen von den eigennützigen Trieben abzugrenzen. Diese schließen die von Veblen eingeführten Triebe *workmanship, parental bent* und *idle curiosity* ein (Leathers, S. 166, 169). (Wir halten es hier für wünschenswert, Veblens Terminologie originalgetreu wiederzugeben. Auf deutsch könnte man respektive von Kunstfertigkeit, einer Art Gemeinsinn und müßiger Wißbegierde sprechen.) Zu den eigennützigen Trieben zählt Veblen Selbstgefälligkeit, Selbsterniedrigung, Selbstverherrlichung, Egoismus und Streitsucht. Was die in der Veblen-Literatur des öfteren angedeutete implizit normative Rolle der Triebe angeht, so behauptet Mayberry zum Beispiel, daß Veblen mit seiner Theorie der Triebe ethische Maßstäbe menschlichen Verhaltens aufstellt und diese deshalb der Sittenlehre und nicht der Wissenschaft zugeordnet werden muß (Mayberry, S. 315-323); siehe dazu auch Coats, S. 535.

35 Veblen 1914, S. 48. *Parental bent* bedeutet »a bias for the highest efficiency and the fullest volume of life in the group, with a particular drift to the future; so that ... future goods are preferred to present goods ...« (ebenda, S. 46). »The instinct of workmanship ... occupies the interest with practical expedients, ways and means, devices and contrivances of efficiency and economy, proficiency, creative work and technological mastery of facts.« (ebenda, S. 33)

hat.³⁶ Sobald sich jedoch neue Verfahren und Methoden bei der Erarbeitung des Lebensunterhalts durchsetzen, entfalten sich auch neue Institutionen, wie zum Beispiel Eigentumsrechte, welche durchaus den altruistischen Urinstinkt des Menschen überwinden können. Es beginnt dann die Vorherrschaft der eigennützigen Elemente.

Was die amerikanische Volkswirtschaft angeht, so schildert Veblen deren Entwicklung als Dichotomie eben dieser beiden gegensätzlichen Verhaltensweisen. Seine plastische Darstellung der Geschäftswelt sowie der nationalen politischen und rechtlichen Einrichtungen macht die Hegemonie der eigennützigen Triebe deutlich erkennbar. Gemeinnützige Triebe scheinen hauptsächlich von Technikern und der Industriearbeiterschaft bekundet zu werden, obwohl man sich auch hier nicht sicher sein kann, ob sie sich auf die Dauer erfolgreich behaupten können. Bei diesen Tendenzen geht es Veblen natürlich besonders um ihre Auswirkungen auf Effizienz und technischen Fortschritt. Gegenüber dem servilen Arbeiter vergangener Zeiten neigt der freie Arbeiter der neueren Epoche deutlich mehr zu nüchternem, logischem Denken und Anwendung leistungsfördernder Verfahren; es besteht aber auch die Gefahr, daß er vor den pekuniären Wertmaßstäben kapituliert. Veblen weist in diesem Zusammenhang darauf hin, daß Gewerkschaftswesen und Tarifverhandlungen auf wettbewerblichen Prinzipien basieren. Mit anderen Worten, »pecuniary standards of efficiency invade (contaminate) the sense of workmanship«³⁷; und dadurch werden die Bedürfnisse der Gemeinschaft ignoriert. Kunstfertigkeit und Leistungsfähigkeit, die Veblen wegen ihrer gemeinnützigen Eigenschaften über alles schätzt, sind also einer wachsenden Bedrohung durch die aus den niedrigsten menschlichen Triebe erwachsende Institution des Privateigentums ausgesetzt.

Dieselbe, Veblens Theorie der Triebe kennzeichnende, Dichotomie kommt auch in seiner Erkenntnistheorie zum Vorschein. Er unterscheidet zwischen dem in der Geschäftswelt und etablierten Gesellschaft vorherrschenden animistischen und dem die Industriearbeiter

---

36 »This savage mode of life, which was, and is, in a sense, native to man, would be characterised by a considerable group solidarity within a relatively small group, living very near the soil, and unremittingly dependent for their daily life on the workmanlike efficiency of all the members of the group. The prime requisite for survival under these conditions would be a propensity unselfishly and impersonally to make the most of the material means at hand and a penchant for turning all resources of knowledge and material to account to sustain the life of the group.« (ebenda, S. 36-37)
37 Ebenda, S. 187-189, 348-349.

und Wissenschaftler auszeichnenden sachlichen Wissen (*matter-of-fact knowledge*). Animistische Erkenntnis ist für ihn metaphysisch und mythisch und entsteht, wenn persönliche Eigenschaften wie Kunstfertigkeit, Gemeinsinn und zweckdienliches Handeln auf leblose Objekte, anthropomorphische Gottheiten oder einen monotheistischen Schöpfer übertragen werden. Veblens Kritik an dieser animistischen Erkenntnis richtet sich vor allem gegen die Tendenz, den Geschehensabläufen einen teleologischen Trend oder ein teleologisches Endziel beizumessen. Er sieht die zu seiner Zeit herrschende Moralität auf das Engste mit dem animistischen Wissensbereich verbunden, nämlich mit der auf teleologischer Kausalität beruhenden Naturrechtslehre, welche in den Grundregeln und Methoden der Geschäftswelt zum Ausdruck kommt. Dagegen basiert sachliches Wissen auf dem Begriff kumulativer Kausalfolge – »prozessualer« Kausalität. Es ist unpersönlich (d.h. ohne übertragene persönliche Eigenschaften), mechanistisch, materialistisch und amoralisch. Auch ist diese Art von Erkenntnis »für industrielle Effizienz unentbehrlich« und bildet nicht durch Zufall die Grundlage für Veblens entwicklungstheoretische Wissenschaft. Obwohl beide Erkenntnisweisen koexistieren und aufeinander einwirken können, sind es die kulturellen Begleitumstände, welche den jeweiligen Anteil im Wissensbereich bestimmen.[38] Mit der Fortentwicklung des Maschinenzeitalters werde sich der Mensch jedoch dessen Anforderungen anpassen, und nüchterne Erkenntnis werde die animistische ablösen.

Der menschliche Anpassungsprozeß beschränkt sich aber nicht nur auf den Wissensbereich, denn jeder einzelne Mensch ist, wie schon oben angedeutet, »but a single complex of habits of thought, and the same psychical mechanism that expresses itself in one direction as conduct expresses itself in another direction as knowledge«[39]. Das Verhalten wie auch das Wissen des Menschen wird also durch das kulturelle »scheme of life« geformt, und so offenbart sich dann die bedeutsame Beziehung zwischen Veblens Wissenstheorie und seiner Theorie der Triebe. Aber auch seine Problemstellung spielt dabei eine Rolle, denn »the higher the culture, the greater the share of the mechanical preconception in shaping human thought and knowledge, since, in a general way, the stage of culture attained depends on the efficiency of industry«[40]. Kultureller Fortschritt wird also techni-

---

38 Veblen 1899a, S. 102-103.
39 Ebenda, S. 105.
40 Ebenda, S. 103-104.

schem Fortschritt gleichgesetzt. Während auf seiten des menschlichen Verhaltens vorausgesetzt wird, daß die gemeinnützigen Triebe der Effizienz Vorschub leisten, wird seitens des Erkenntnisbereichs eine Allianz von sachlichem Wissen und Technik, also Effizienz, unterstellt.

IV.

Wir sind jetzt in der Lage, Veblens Reaktion auf Schmollers »Grundriß« eingehender zu erklären und noch einmal kurz auf seine Kritik der älteren historischen Schule einzugehen. Wie anfangs erwähnt, stimmt Veblen, was Zielsetzung, Methode und Erkenntnisbereich der Volkswirtschaftslehre sowie das Wesen und Wirken der Institutionen angeht, Schmoller im großen und ganzen zu. Es wird jedoch noch zu zeigen sein, inwiefern seine eigene Erkenntniswelt und Problemstellung ihn in mancher Hinsicht zu Schmoller, besonders zu dessen von Veblen als Wertungen betrachtete Aussagen, auf kritische Distanz gehen lassen.

Veblens Kritik am Historismus der älteren historischen Schule erklärt sich aus seiner Unterscheidung zwischen teleologischer und prozessualer Kausalität.[41] Wie wir schon eingangs bemerkt haben, betrachtet Veblen die Lehrsätze der älteren Generation als auf teleologischer Kausalität fußend. So beurteilt er ihre Forschungsergebnisse als spekulativ und *pre-Darwinian*; bedeutungsvolle wissenschaftliche Erläuterungen, geschweige denn Voraussagen, könne man von derartigem Verfahren nicht erwarten. Eben deshalb hält er es mit Schmoller, in dessen Vorgehen er seine eigene Anschauung bestätigt sieht, daß der menschliche Entwicklungsprozeß kontinuierlich und zeitlich begrenzt ist. Kausalität muß deshalb als prozessual gewertet werden, es gibt kein Endziel, sondern nur eine kumulative Folge von dem Zusammenhang entsprechenden, kausalen Beziehungen. Das erklärt auch, wie schon gesagt, Veblens Übereinstimmung mit Schmollers entwick-

---

41 Junker, S. 208-210. Junker erörtert Veblens Ablehnung der in geschichtsphilosophischen Darstellungen enthaltenen teleologischen Elemente. Junker befaßt sich hier mit Veblens Marxkritik; der Kern dieser Kritik kann aber ebenso für die ältere historische Schule geltend gemacht werden.

lungstheoretischer Methode und dessen Darlegung der Wechselwirkung zwischen Institutionen und der menschlichen Psyche.[42]

Was die Kritik Veblens an Schmoller betrifft, so richtet sie sich hauptsächlich auf dessen vorzeitiges Abbrechen seiner Kausaluntersuchungen und die gleichzeitig einsetzenden Wertungen und Reformvorschläge. Obwohl diese Kritik zum Teil mit der schon erwähnten Unterscheidung Veblens zwischen teleologischer und prozessualer Kausalität erklärt werden kann, ist der eigentliche Grund doch auf einer anderen Ebene zu suchen, denn Veblen hatte ja Schmollers Versuch der Erklärung prozessualer Kausalität explizit gelobt.

Mit Blick auf die im vorangegangenen Abschnitt erörterten Themen können wir vielmehr den Schluß ziehen, daß Veblens Kritik hauptsächlich auf einer ganz anderen Problemstellung als derjenigen Schmollers beruht. Sein wissenschaftliches Augenmerk gilt besonders dem technischen Fortschritt, während es für Schmoller um Gerechtigkeit und sittlichen Fortschritt geht, ein Anliegen, bei dem das Gesamtwohl dem Wissenschaftler als Leitstern dienen muß. Veblens Wissenschaftsauffassung dagegen schließt das aus: »Science creates nothing but theories. It knows nothing of policy or utility, of better or worse.«[43] In Veblens Erkenntniswelt ist Wissenschaft mit Technik und nüchternem Sachwissen verbunden; sie ist vorausschauend, progressiv, im Gegensatz zu den konservativen, an der Vergangenheit orientierten und erstarrten Institutionen, welche auf animistischer Erkenntnis – also mit Veblen der Moralphilosophie zugehörend – beruhen. Für Veblen scheint somit ein politisches Bündnis zwischen Wissenschaft und Reformbestrebungen undenkbar. Soziale Reformer werden von ihm nicht nur negativ beurteilt, sie werden als bedeutungslos abgetan, da der praktische Wert der Wissenschaft sich auf technische Neuerungen und Verbesserungen der industriellen Effizienz beschränkt. Wie diese Denkweise Veblens bei seiner Kritik an Schmollers Behandlung bestimmter Themen wie Familie, Unterneh-

---

42 Bei aller Zustimmung für Schmollers Methode scheint Veblen aber den Hinweis im »Grundriß« auf die Anwendung des heuristischen Prinzips der teleologischen Reflexion (gemäß Kant) bei Kausaluntersuchungen übersehen zu haben. Im Hinblick auf Veblens strenge Ablehnung jeglicher Teleologie sollte hier nur kurz darauf hingewiesen werden (Schmoller 1919, I, S. 112; ausführlicher noch in Schmoller 1911, S. 437, 490-492, und Schmoller 1888, S. 38, S. 138-144).

43 Veblen 1906, S. 19.

mung und technischem Fortschritt zum Ausdruck kommt, wollen wir jetzt kurz untersuchen.

Empirisch gesehen pflichtet Veblen dem, was Schmoller über die Familie zu sagen hat, durchaus bei. Anstatt sich jedoch wie Schmoller über den Zerfall dieser Institution zu beklagen (d.h. zu werten), äußert sich Veblen ganz im Sinne seiner eigenen Problemstellung: »The disintegration of the patriarchal tradition has gone farthest among those industrial classes who are at the same time inclined to socialistic views.«[44] Für ihn ist das sich wandelnde Schicksal der Familie der nüchternen (*matter-of-fact*) Denkweise zuzuschreiben, die in den der Disziplin der maschinellen Industrie unterliegenden Arbeitern am ausgeprägtesten ist. Gleichzeitig zeigt sich auch »a notable lack of spontaneity in the construction of new myths or conventions as well as in the reconstruction of the old«[45]. Aber auch Veblen scheint vom allgemeinen Lauf der Dinge nicht unbetroffen, indem er die sozialistischen Elemente als »unbelehrbar« bezeichnet und auf den Verlust an geistiger und seelischer Qualität (»loss of spiritual ground«) hinweist. Der Maschinenprozeß hinterläßt seine Wirkung: »The machine is a leveller, a vulgarizer, whose end seems to be the extirpation of all that is respectable, noble, and dignified in human intercourse and ideals.«[46] Manche seiner Äußerungen klingen also Schmoller durchaus ähnlich; aber während Schmollers Beurteilung als wertend betrachtet wird, meint sich Veblen in seinen eigenen Aussagen auf festem empirischen Boden. Wie er in seiner Rezension sagt, sind die »Kraft und Schönheit« des traditionellen Haushalts »Sitten des Lebens« (*habits of life*) oder psychologische Fakten, die letzten Endes von entscheidendem Einfluß darauf sind, ob und wie diese Institutionen (Haushalt, Familie) sich verändern oder ob sie überhaupt fortbestehen werden. Es sind diese psychologischen Tatsachen, die Schmoller nicht ausreichend erforscht habe und deshalb auch keine Erklärung dafür liefern könne, welche Wirkung sie auf die Familie ausübten.[47] Später, in der *Theory of Business Enterprise*, spricht er wieder von der »nachlassenden Überzeugung, was die volle Wahrheit und Schönheit der überkommenen häuslichen Institutionen angeht«[48], erklärt diese Entwicklung aber mit Hinweis auf die sich verändernden *habits of thought*, welche das in der

---

44 Veblen 1904, S. 357.
45 Ebenda, S. 358.
46 Ebenda, S. 357, 358.
47 Veblen 1901, S. 86-87.
48 Veblen 1904, S. 358.

Kette von Schmollers Kausalanalyse fehlende Glied darstellen. Seiner Meinung nach haben diese *habits of thought* begonnen, sich von dem mythischen, metaphysischen Bereich in das Sachliche, Wissenschaftliche zu verlagern; er hält sie angesichts der sich verändernden materiellen Umstände für labil und vergänglich und deshalb für besonders anfällig gegenüber dem wissenschaftlichen Fortschritt.

In bezug auf die hier auch relevante »Frauenfrage« lehnt Veblen nicht nur Schmollers Befürwortung männlicher Überlegenheit ab, sondern tadelt auch Schmollers Versäumnis, den Wandel der Ansichten zu diesem Problem, zur Frauenfrage zu berücksichtigen. Diese Kritik spiegelt die Veblen eigene Perspektive wider, aber auch seine Überzeugung, daß »the position of women in any community is the most striking index of the level of culture attained by the community, and it might be added, by any given class in the community«[49]. Für ihn ist die Vorherrschaft des Mannes nichts als ein Erbe des barbarischen Standes- und Eigentumsrechts; er stellt aber auch fest, daß das Frauen gegenüber ausgeübte Eigentumsrecht allmählich dem Druck moderner ökonomischer Anforderungen nachgibt. Der Drang nach Emanzipation ist mit dem Wunsch nach nutzbringender Betätigung (*instinct of workmanship*) verbunden, und obwohl die Bewegung am deutlichsten in den industriellen Schichten zum Ausdruck kommt, sind Anzeichen davon auch schon bei den feinen Leuten auszumachen, wo die Frau traditionell von jeglicher produktiver Tätigkeit befreit war.[50]

Wie schon die Familienfrage, so beurteilt Veblen auch Schmollers Untersuchung und Würdigung des mit dem Maschinenzeitalter verbundenen technischen Fortschritts als unzureichend, da der wissenschaftlich relevanten Frage der kulturellen und geistigen Auswirkungen des maschinellen Prozesses auf die Arbeiter kaum Beachtung geschenkt werde. Gerade für Veblen aber ist dieses Problem von Bedeutung, denn es sind ja die Arbeiter, die in seinem System eine Hauptrolle bei der Umformung der bestehenden institutionellen Einrichtungen spielen. Sie sind die Träger des sozialistischen Ideenguts, da ihnen durch die Disziplin der technischen Prozesse eine materialistische und nüchterne Denkweise eingeprägt wird, welche wiederum »[considers] preconceptions of ownership ... obsolescent through disuse«[51]. Im Grunde, so sagt Veblen, sind diese Vorurteile entstanden, als der Ar-

---

49 Veblen 1899b, S. 353.
50 Ebenda, S. 353-361. Siehe auch Veblen 1899c.
51 Veblen 1904, S. 351.

beiter das von ihm gestaltete und produzierte Objekt noch als *persönliches* Werk geschätzt hat, eine typische Erscheinung in der Epoche des Handwerks, die aber den veränderten Umständen des Maschinenzeitalters nicht mehr entspricht. Darin erstreckt sich nämlich die Tätigkeit des Arbeiters nur auf die Bedienung der Maschine, eine Handlung, die von ihm als höchst *unpersönlicher* kausaler Arbeitsablauf angesehen wird.[52]

Den Wissenschaftler zeichnet derselbe nüchterne Denkprozeß aus, und so stellt Veblen eine Verbindung zwischen nüchterner wissenschaftlicher Erkenntnis und der Technik des Maschinenprozesses her: »Science and technology play into one another's hands.«[53] Durch diese Verbindung von Technik und Wissenschaft werden nicht nur ein neuer Wissensstandard geschaffen und bestehende, das Eigentumsrecht betreffende Vorurteile modifiziert, sondern, und das ist hinsichtlich Veblens persönlicher Normen äußerst relevant, die Verbindung spielt auch eine gewichtige Rolle bei Veblens Bestimmung kultureller Reife: »Modern civilisation is peculiarly matter-of-fact ... The apex of cultural growth is at this point. ... A civilisation which is dominated by this matter-of-fact insight must prevail against any cultural scheme that lacks this element.«[54] Was diese moderne Kultur also gegenüber allen anderen auszeichnet, ist eine auf Verstand und Intellekt basierende Überlegenheit, eben nüchternes und sachliches Wissen. Das soll jedoch nicht bedeuten, daß sich diese moderne Kultur auch auf allen anderen Gebieten überlegen zeigt. Andere Kulturen können sich zum Beispiel andere Ziele gesetzt haben: »The making of ... dynasties, the founding of families, ... the accumulation of fortunes, ... these have all in their time been felt to justify themselves as an end of endeavor; but in the eyes of modern civilised men all these things seem futile in comparison with the achievements of science.«[55]

Obwohl Veblen einräumt, daß dieser »Wissenschaftskult« nicht unbedingt eine »gesunde Entwicklung« darstellt angesichts des negativen Effekts »upon the spiritual life of mankind, and in the material consequences that follow from a great advance in matter-of-fact knowledge«, streitet er doch jegliches Interesse an den eventuellen Vorzügen und Nachteilen bestimmter Umstände ab. Die Schlußfolgerung des Wissenschaftlers, so Veblen, ist eine andere als die des Moralisten.

---

52 Veblen 1906, S. 13-16.
53 Ebenda, S. 17.
54 Ebenda, S. 1-2.
55 Ebenda, S. 3.

Dennoch kann man wohl behaupten, daß Veblen eine wohlüberlegte Wahl zwischen zwei Wertvorstellungen trifft, der wissenschaftlichen (nüchtern und sachlich) und der sittlichen (teleologisch, animistisch). Die getroffene Wahl wird von seiner Problemstellung bestimmt, denn wissenschaftliches Denken fördert Effizienz, animistisches Denken senkt sie.[56]

Diese wissenschaftliche Perspektive Veblens ist es schließlich auch, die ihn Schmollers Analyse der Unternehmung bemängeln läßt. Schmollers Glaube, daß sich geschäftliche Unternehmen mit Hilfe gesellschaftlicher Kontrolle zum Wohle der Gemeinschaft einspannen lassen, wird von Veblen energisch zurückgewiesen. Er ist der Meinung, daß das Fortbestehen der Unternehmen ohne maschinelle Unterstützung unmöglich ist. Andererseits ist es aber gerade dieser Maschinenprozeß, der durch Überwindung des Naturrechts (sprich: Privateigentum) die institutionelle Basis der Unternehmen zerstört: »... therefore, business principles cannot win in the long run.«[57] Wir sehen also auch hier ein deutliches Anzeichen für die schon bekannte Dichotomie von Geschäftswelt (animistische Erkenntnis, Naturrecht) und Technik (Nüchternes Sachwissen). Veblen ist überzeugt, daß die Zukunft nur eins von zwei Resultaten bringen kann, Sozialismus oder militaristischen Nationalismus.[58]

V.

Nach diesen Ausführungen können wir jetzt die Frage anschneiden, ob Veblens Kritik an Schmoller und besonders an dessen impliziten und expliziten Wertungen berechtigt ist. Deshalb wollen wir kurz Veblens eigene, gemäß bestimmter Normen aufgestellte Wertungen andeuten. Obwohl er behauptet, daß seine Untersuchungen wissen-

---

56 Veblen 1899b, S. 284-288. Wie wir wissen, ist dies bei Veblen ein viel erörtertes Thema. (Zitat in Veblen 1906, S. 4).
57 Veblen 1904, S. 375.
58 Ebenda, S. 376, 391. Deutschland sagt er einen kriegerischen Nationalismus voraus. In *The Theory of Business Enterprise* weist Veblen kurz auf das sich wandelnde Temperament der Deutschen hin, »[who] learn to think in warlike terms of rank, authority, and subordination, and so grow progressively more patient of encroachments upon their civil rights« (S. 392). Diesem Thema widmet er sich noch eingehender in *Imperial Germany and the Industrial Revolution.*

schaftlicher und nicht moralischer Natur seien, ist es offensichtlich, daß seine Bestimmungskriterien in dieser Hinsicht einem eigenen Wertmaßstab unterliegen. Seine Werturteile sind auf zwei verschiedenen Ebenen auszumachen: Im methodologischen Bereich kann die Wahl seiner spezifischen Problemstellung als wertende Position angesehen werden, während auf einer anderen, das Ethische direkt betreffenden Ebene seine Trieblehre als wertend eingestuft werden kann, da er, seinen Normen gemäß, einige Triebe als positive Kräfte anerkennt, andere jedoch als destruktiv verurteilt. Diese beiden Probleme sollen kurz behandelt werden.

Im Methodischen bekundet Veblen eine scharfe Trennung zwischen sogenannten wirtschaftlichen (d.h. wissenschaftlichen) und ethischen Fragen. Wie er in einer Erwiderung auf eine kritische Rezension seiner *Theory of the Leisure Class* erklärt, gehören Fragen einer gerechten Eigentums- und Einkommensverteilung zur Domäne des Moralisten; andererseits befaßt sich der Nationalökonom mit Fragen der kausalen und nicht der sittlichen Aspekte wirtschaftlicher Erscheinungen.[59] Im Grunde ist es aber so, daß Veblen seine eigene, auf Zweckmäßigkeit ausgerichtete Problemstellung als die einzige ausschließlich der Wirtschaftswissenschaft dienliche anerkennt. Wie schon wiederholt in diesem Aufsatz zum Ausdruck gebracht worden ist, spiegelt gerade sein Anliegen um Effizienz eine gewisse weltanschauliche, also wertende Haltung wider.

Im Bereich des Sittlichen, welcher sich dem Methodologischen anschließt, begegnen wir Veblens Billigung gewisser »institutioneller Fakten« und der Ablehnung anderer, obwohl er gemäß der in seiner Problemstellung zum Ausdruck kommenden Normen den Standpunkt vertritt, daß der Wissenschaftler imstande ist, »to keep the cultural value and the moral content of these categories apart«[60]. Es scheint jedoch, daß seine Trieblehre seinen eigenen Forderungen nicht genügt, da gewisse Triebe als effizienzfördernd kulturellen Wert besitzen, der anderen Trieben fehlt. Diese Wertbestimmung der Triebe ist durchaus willkürlich, denn kultureller Wert wird nach dem von ihm gesetzten Kriterium (d.h. Effizienz) bestimmt. Konkreter: Er wählt die der Effizienz dienlichen altruistischen Elemente der Natur des

---

59 Veblen 1899d, S. 111. Wie schon erwähnt, ist Sachwissen für Veblen »amoralisch« oder wertfrei: »For the purposes of industry or of science it [a moral point of view] counts as a blunder in the apprehension and valuation [sic!] of facts« (Veblen 1899b, S. 288).
60 Veblen 1899d, S. 116, 117.

Menschen. Obwohl also Veblen sittliche Wertung für seine Untersuchungen in Abrede stellt, kommt er an gewissen Werturteilen nicht vorbei. Implizit oder explizit treten sie uns in seiner Problemstellung, seiner Beurteilung der Triebe und somit auch in der speziellen Anwendung seiner Theorie der Triebe entgegen. Zu einem geringeren Grad begegnen wir ihnen auch im Gebrauch seiner Erkenntnistheorie im Dienst seiner Analysen ökonomischer Prozesse.

Insgesamt gesehen ist Zweckmäßigkeit der Schlüssel zu einer besseren Gesellschaftsordnung. Hierin liegt auch der Grund seiner Opposition zum Kapitalismus Amerikas. Mit Hilfe seiner Problemstellung versucht er auch die inneren Widersprüche des kapitalistischen Systems aufzuzeigen, die letzten Endes Sozialismus oder kriegerischen Nationalismus zur Folge haben werden. Schmoller dagegen zeigt sich nicht als prinzipieller Gegner des Kapitalismus, und seine entwicklungstheoretischen Untersuchungen beinhalten nicht den Veblens Analyse auszeichnenden und auf gewisse nachkapitalistische Lösungen zwangsläufig hinauslaufenden Determinismus. Vielmehr sehen wir bei Schmoller einen optimistischen Glauben an die Möglichkeit einer Weiterentwicklung der freien Willensbestimmung des Menschen zusammen mit einer empirisch gesicherten Ethik, die einen modifizierten Kapitalismus als Träger des sittlichen Fortschritts bewirken würden.

Es ist natürlich auch nicht von der Hand zu weisen, daß selbst Veblen, in gewissem Maße, um eine Art sittlichen Fortschritts bemüht ist; er beruft sich auf die Entwicklung gewisser Triebe, insofern sie eben die Effizienz fördern.[61] Wie schon gesehen, bringt aber auch jegliche Effizienzsteigerung eine Auflösung des metaphysischen Unterbaus der Sittlichkeit mit sich. Veblen drückt zwar gewisse Vorbehalte diesem Trend gegenüber aus, sieht ihn jedoch als unvermeidliche Folge des sich ausbreitenden nüchternen Denkens.[62]

---

61 Es soll aber noch bemerkt werden, daß Veblen mancherorts ein etwas umfassenderes – man kann sagen: humanistisches – Ideal menschlichen Verhaltens andeutet, zum Beispiel wenn er zu verstehen gibt, daß der kollektiven industriellen Effizienz der Gesellschaft »is best served by honesty, diligence, peacefulness, goodwill [and] an absence of self-seeking« (Veblen 1899b, S. 227).

62 Im Zusammenhang mit den sich verschiebenden Denkweisen soll noch kurz auf das Problem des kulturellen und ethischen Relativismus hingewiesen werden. Obwohl sich Veblen auf seiten des wissenschaftlichen Vorgehens sieht, hat es den Anschein, daß dessen Werte nicht unbedingt immer die besten sind. So finden zum Beispiel die der Disziplin des Maschinenprozesses unterworfenen Individuen (Techniker, Wissenschaftler) dieses Vorgehen »gut«, während es die

Triebe und Erkenntnis sind also bei Veblen von einer bestimmten methodologischen Perspektive aus verknüpft. Das ist auch der Hintergrund, vor dem seine Kritik an Schmollers Werturteilen und Reformvorschlägen gesehen werden muß. So ist Veblen durchaus berechtigt, gewisse Darstellungen Schmollers als nicht dem wissenschaftlichen Bereich angehörend zu kritisieren, es muß aber auch festgehalten werden, daß dies immer nur unter Hinweis auf seine eigenen wissenschaftlichen Vorstellungen und nicht auf einen unzweideutigen objektiven Maßstab möglich ist. Mit anderen Worten: Veblens eigene Untersuchungen und Deutungen, und somit auch seine Kritik an Schmoller, sind nicht so wertfrei, wie er vorgibt.

Literatur

Betz, Horst K. (1995): The Role of Ethics as Part of the Historical Methods of Schmoller and the Older Historical School, in: Peter Koslowski (ed.), The Theory of Ethical Economy in the Historical School. Ethics and Economics in 19th Century and Contemporary Thought: Friedrich List, Wilhelm Roscher, Lorenz von Stein, Gustav Schmoller, Wilhelm Dilthey, Berlin.

Coats, A. W. (1954): The Influence of Veblen's Methodology, in: The Journal of Political Economy 62, S. 529-537.

Flügge, Eva (1927): »Institutionalismus« in der Nationalökonomie der Vereinigten Staaten, in: Jahrbücher für Nationalökonomie und Statistik 126, S. 337-356.

Friday, Charles B. (1968): Veblen on the Future of American Capitalism, in: Carlton C. Qualey (ed.), Thorstein Veblen: The Carleton College Veblen Seminar Essays, New York, S. 16-46.

Junker, Louis (1979): Genuine or Spurious Institutionalism? Veblen and Ayres Seen from a Neo-Classical Perspective Raises the Question, in: The American Journal of Economics and Sociology 38, S. 207-223.

Leathers, Charles G. (1990): Veblen and Hayek on Instincts and Evolution, in: Journal of the History of Economic Thought 12, S. 162-178.

Mayberry, Thomas C. (1969): Thorstein Veblen on Human Nature, in: The American Journal of Economics and Sociology 28, S. 315-323.

---

anders ausgerichteten Individuen als »perverse, if not calamitous« ansehen (Veblen 1906, S. 29). Veblen erkennt also die Situationsgebundenheit auch des nüchternen Sachwissens an, womit aber seine Argumentation zirkular und selbstbezogen wird (siehe hierzu Samuels, S. 696, 707; Rutherford, S. 134-135).

Montaner, Antonio (1946): Der Institutionalismus als Epoche amerikanischer Geistesgeschichte, Tübingen.
Reuter, Norbert (1994): Der Institutionalismus, Marburg.
Rutherford, Malcolm (1994): Institutions in Economics: The Old and the New Institutionalism, Cambridge.
Samuels, Warren J. (1990): The Self-Referentiability of Thorstein Veblen's Theory of the Preconceptions of Economic Science, in: Journal of Economic Issues 24, S. 695-718.
Schmoller, Gustav (1888): Zur Literaturgeschichte der Staats- und Sozialwissenschaften, Leipzig, reprinted New York, 1968.
Schmoller, Gustav (1911): Volkswirtschaft, Volkswirtschaftslehre und -methode, München und Leipzig.
Schmoller, Gustav (1914): Sombart, Werner: Der Bourgeois, in: Schmollers Jahrbuch 38, S. 961-965.
Schmoller, Gustav (1919): Grundriß der allgemeinen Volkswirtschaftslehre. München und Leipzig.
Veblen, Thorstein B. (1898): Why is Economics not an Evolutionary Science?, in: The Quarterly Journal of Economics 12, S. 373-397.
Veblen, Thorstein B. (1899a): The Preconceptions of Economic Science. I, in: Thorstein Veblen, The Place of Science in Modern Civilization and Other Essays, reprinted New York, 1961, S. 82-113.
Veblen, Thorstein B. (1899b): The Theory of the Leisure Class, reprinted New York, 1934.
Veblen, Thorstein B. (1899c): The Barbarian Status of Women, in: Thorstein Veblen, Essays in Our Changing Order, reprinted New York, 1964, S. 50-64.
Veblen, Thorstein B. (1899d): Mr. Cumming's Strictures on »The Theory of the Leisure Class«, in: The Journal of Political Economy 8, S. 106-117.
Veblen, Thorstein B. (1900): The Preconceptions of Economic Science. III, in: Thorstein Veblen, The Place of Science in Modern Civilization and Other Essays, reprinted New York, 1961, S. 148-179.
Veblen, Thorstein B. (1901): Gustav Schmoller's Economics, in: The Quarterly Journal of Economics 16, S. 69-93.
Veblen, Thorstein B. (1903): »Der moderne Kapitalismus« by Werner Sombart, in: The Journal of Political Economy 11, S. 300-305.
Veblen, Thorstein B. (1904): The Theory of Business Enterprise, reprinted New York, 1935.
Veblen, Thorstein B. (1906): The Place of Science in Modern Civilisation, in: Thorstein Veblen, The Place of Science in Modern Civilization and Other Essays, reprinted New York, 1961, S. 1-31.
Veblen, Thorstein B. (1914): The Instinct of Workmanship and the State of the Industrial Arts, reprinted New York, 1964.
Veblen, Thorstein B. (1915): Imperial Germany and the Industrial Revolution, reprinted New York, 1954.

Veblen, Thorstein B. (1923): Absentee Ownership and Business Enterprise in Recent Times: The Case of America, reprinted New York, 1964.

Ein Amerikaner in der DDR oder Thorstein B. Veblen in der Optik von Offizialwissenschaften

Günter Krause

1. Zur Einleitung: Veblen-Rezeption oder Beschäftigung mit Veblen?

Seit geraumer Zeit erweist sich Thorstein B. Veblen mit seinem Beitrag zur Entwicklung der Wirtschafts- und Sozialwissenschaften als provozierendes Objekt von ernsthafter Analyse und spannender Kontroverse.

Haben sich in der anglo-amerikanischen Region beispielsweise Joseph Dorfman, Allan G. Gruchy, David Riesman, Warren J. Samuels, William M. Dugger und David Hamilton dem Institutionalismus und seinem herausragenden Repräsentanten zugewandt, so ist im deutschsprachigen Raum diese Debatte insbesondere mit Schriften von Antonio Montaner, Klaus Delius, Markus Stadler, Wolfram Elsner und Christian Leipert verbunden. Und erst jüngst wurden zu dieser Thematik eine Reihe neuer Arbeiten vorgelegt[1] und Diskussionen geführt[2].

Bei genauerem Blick fällt allerdings ins Auge, daß es sich hier vorzugsweise um einen »westlichen« Diskurs handelt. Ein aktueller Beleg ist die jüngst von Norbert Reuter vorgelegte Arbeit.[3] Sie verzeichnet unter den mehr als 800 genannten Quellen lediglich zwei, die »östlichen« Wissenschaftlern zuzuordnen sind.

---

1 Vgl. beispielsweise Rutherford; Reuter; Tilman; Sonntag; Adler.
2 Die Veblen Society veranstaltete am 24. September 1994 am Carleton College in Northfield, Minnesota (USA), ein Symposium unter dem Titel »Thorstein Veblen in perspective: the intellectual heritage of a native son«.
3 Vgl. Reuter.

Zweifellos ergeben sich aus dieser Situation Fragen. Gab es überhaupt eine Behandlung des Institutionalismus und seines Pioniers innerhalb der Wirtschafts- und Sozialwissenschaften des Staatssozialismus? Wenn ja, welcher Art und Qualität war diese? Welche Probleme wurden dabei thematisiert? Worin bestanden Akzente, Intentionen und Grundlagen einer möglichen Veblen-Rezeption? Welchen Einfluß auf mögliche Diskurse hatte die Tatsache, daß der Marxismus-Leninismus als Staatsideologie und die sogenannten marxistisch-leninistischen Gesellschaftswissenschaften eben als Offizialwissenschaften fungierten?

Mein Beitrag widmet sich nun der Frage, *ob* und *in welcher Weise* in der DDR das spezielle Theorieprogramm von Thorstein Veblen behandelt wurde. Welche Aufnahme fand im anderen Deutschland eine Zentralfigur anglo-amerikanischer Wirtschaftswissenschaften? Die Frage nach der Rezeption von Veblen in der DDR darf durchaus legitimes wissenschafts- und rezeptionsgeschichtliches Interesse reklamieren. Doch sie geht weit über diesen speziellen Aspekt hinaus. Die Erhellung des skizzierten Problems liefert zugleich ein aufschlußreiches Bild über Profil und Verfaßtheit der Offizialwissenschaften staatssozialistischer Gesellschaften selbst!

Bei Thorstein Veblen besteht die Pikanterie gerade auch darin, daß er ob seiner theoriengeschichtlichen Wurzeln, zu denen bei aller Ambivalenz auch Karl Marx' Werk zählt, sowie seiner Programmatik in eine bestimmte Nähe von Marx gerückt wird. Es war immerhin Paul A. Samuelson, der davon sprach, daß Veblen »manchmal auch als der 'amerikanische Marx' bezeichnet«[4] wird. Insofern beansprucht die Veblen-Rezeption in einem Land, in dem Marx' Lehre Kompaßfunktion für die Geistes- und Sozialwissenschaften ausübte, schon erhebliche Aufmerksamkeit.

Natürlich stellt sich sofort die Frage, ob es überhaupt legitim ist, von einer *Rezeption* Veblens zu sprechen. Ihre Beantwortung ist zweifellos abhängig von dem, was mit dem Begriff »Rezeption« verbunden wird. In der Wissenschaft wie auch in renommierten Nachschlagewerken wird der Terminus mit »Auf-, Übernahme fremden Gedanken- und Kulturgutes«[5] übersetzt. Akzeptiert man diese Interpretation, dann handelt es sich bei der vorliegenden Thematik um die An-, Auf- oder Übernahme von Ideen aus dem Theorieprogramm Thor-

---

4 Samuelson, S. 612.
5 Brockhaus, S. 346.

stein Veblens in die Wirtschafts- und Sozialwissenschaften der DDR. Gemäß dieser Diktion habe ich festzuhalten: zu keiner Zeit hat es eine *An*nahme, eine *Auf*nahme oder gar eine *Über*nahme von Veblen innerhalb des Spektrums der Offizialwissenschaften gegeben.

Der harsche Monopolanspruch des Marxismus-Leninismus als Ideologie und »wissenschaftliche« Weltanschauung, den die SED in der DDR im allgemeinen und in den Geistes- und Sozialwissenschaften im besonderen rigide durchsetzte, bewirkte, daß der innerwissenschaftliche Wettbewerb unterschiedlicher Theorieprojekte ausgeschlossen blieb.

Es galt vielmehr, auf wirtschaftswissenschaftlichem Gebiet »die Auseinandersetzung mit allen Erscheinungsformen bürgerlicher Ideologie wirksamer zu führen«[6], zumal es »keineswegs immer leicht« sei, »unter der historisch, theoretisch oder moralisch gefärbten Tarnung die geschickt vollzogenen Manöver«[7] bürgerlicher Ökonomen zu erkennen. Kurz: nicht Rezeption, sondern »Auseinandersetzung« hieß das Motto!

Existierte daher in der DDR keine Rezeption von Veblen, so doch eine *Beschäftigung* mit dem Begründer des US-amerikanischen Institutionalismus. Beschäftigung hieß in diesem Fall, daß Veblen mit seinem Konzept zur Kenntnis genommen wurde und zum Gegenstand eines bestimmten wissenschaftlichen Interesses avancierte. Allerdings wies diese Veblen-Beschäftigung problematische Qualität auf.

Schwerpunktmäßig werde ich zwei Topoi behandeln:

- Welches Bild wurde von Veblen und seinem wissenschaftlichen Werk gezeichnet?
- Welche generellen Momente beeinflußten den Diskurs zu Veblen, worin bestanden dessen Fundamente?

2. Zu den Umrissen des Veblen-Bildes in der DDR

Die Analyse einschlägiger DDR-Literatur fördert eine zunächst überraschende Tatsache zutage – Veblen erfreute sich scheinbar eines Langzeitinteresses.

---

6   Meißner 1985, S. 5.
7   Ebenda, S. 7.

Bereits im Jahre 1952 wird er mit seinen Auffassungen debattiert. Und auch noch in der Endphase der DDR, in den Jahren 1989/90, werden Arbeiten fertiggestellt oder veröffentlicht, die seine Ideen zum Gegenstand haben bzw. über ihn reflektieren.[8]

Veblen ein Evergreen in der DDR? Wohl ist es richtig, daß – beginnend mit den fünfziger und sich über die sechziger, siebziger und achtziger Jahre fortsetzend – Ökonomen, Soziologen, Historiker wie auch Politologen der DDR immer wieder auf Veblen stießen. Wirklich *breitere* Resonanz, gar Akzeptanz erfuhr er allerdings nicht. Im Jahre 1988 konstatierte ich: »Die marxistisch-leninistische Theorienkritik und Geschichtsschreibung auf dem Gebiet der Gesellschaftswissenschaften ist *Veblen*, seinem Werk und dessen Wirkungsgeschichte – ungeachtet einzelner diesbezüglicher Beiträge – wohl bisher nicht umfassend gerecht geworden.«[9]

Thorstein Veblen blieb in der DDR für geraume Zeit ein marginalisierter Wissenschaftler. Ausdruck für diese Tatsache ist, daß Veblen und der Institutionalismus in DDR-Standardwerken der Wirtschaftswissenschaften und Soziologie weder Erwähnung noch Behandlung erfuhren. So sucht man beispielsweise seinen Namen in der 1967 editierten Schrift *Bürgerliche Ökonomie im modernen Kapitalismus*[10] ebenso vergeblich wie in der 1985 in zweiter Auflage herausgegebenen Arbeit *Geschichte der politischen Ökonomie. Grundriß*[11]. Diese war immerhin eine »erste Gesamtdarstellung der Geschichte der politischen Ökonomie, die von Autoren in der DDR verfaßt«[12] wurde.

Auch in dem von Fabiunke/Thal geschriebenen »Leitfaden«[13], der zugleich als dogmengeschichtliches Lehrbuch an den Universitäten und Hochschulen der DDR anerkannt war, vermißt man Veblen und den Institutionalismus. Gleiches gilt für die von Aßmann/Stollberg publizierten, ebenfalls als Lehrbuch bestätigten *Grundlagen der marxistisch-leninistischen Soziologie*[14]. Nur im *Wörterbuch der marxistisch-leninistischen Soziologie* wird beim Stichwort »Institution« Thorstein Veblen kurz erwähnt.[15] Und Kurt Braunreuther verweist in einer

---

8   Vgl. beispielsweise Sieber 1989, S. 592ff.; Adler; Sonntag; Fiedler/König, S. 65ff.
9   Krause 1988, S. 1497.
10 Vgl. Meißner 1967.
11 Vgl. Meißner 1985.
12 Ebenda, S. 5.
13 Vgl. Fabiunke/Thal.
14 Vgl. Aßmann/Stollberg 1977.
15 Vgl. Aßmann 1983, S. 301ff.

größeren Arbeit lediglich bei der Vorstellung des Theoriekonzepts von Talcott Parsons darauf, daß bei dessen Bestimmung des Platzes von Institutionen in der Gesellschaft »der Einfluß Th. Veblens ... sichtbar (wird)«[16].

Ein gewisser Wandel in Sachen Veblen-Beschäftigung (vgl. dazu auch Abschnitt 3) zeichnete sich erst in der zweiten Hälfte der achtziger Jahre ab. Verstärkt finden sich nun Name, Schriften und Ideen dieses originellen US-amerikanischen Denkers in Ausarbeitungen von DDR-Wissenschaftlern. Beispielsweise geht der Soziologe Helmut Steiner auf Veblen ein.[17] Die Historiker Horn/Schäfer verweisen auf ihn als einen »bedeutenden linksdemokratischen Sozialwissenschaftler«[18], der in den Vereinigten Staaten innerhalb der bekannten »muckraker«-Bewegung agierte[19]. Unter den Ökonomen haben Sieber, Sonntag und der Autor dieses Beitrages Veblen ausführlicher diskutiert. Fiedler/König widmen ihm einige Bemerkungen.[20]

Stößt man wohl auf Veblens Namen, so wird doch häufig auf eine genauere Vorstellung seiner Gedanken verzichtet. In Publikationen erschienen Veblen und der Institutionalismus nicht selten – vor allem in den fünfziger und sechziger Jahren – unter Überschriften wie »Die modernen Apologeten des Monopolkapitals« oder »Die politökonomische Apologetik des Monopolkapitals in der Periode der Allgemeinen Krise des Kapitalismus«.[21]

Gewisse Beachtung fand Veblens Name ebenfalls bei Philosophen, Ökonomen und Politologen, die sich mit nichtmarxistischen Makrotheorien von der Gesellschaft sowie den Zukunftsvorstellungen der bürgerlichen Gesellschaft beschäftigten. Hier wurde er als einer der Ideenspender der Industriegesellschafts-Lehre, als eine ihrer theoriengeschichtlichen Quellen angegeben. Speziell wurde in diesem Zusammenhang auf Veblens Beitrag zur Entwicklung des Technokratie-Konzepts abgestellt.[22]

So machten Bergner/Mocek deutlich, daß Veblen um die Jahrhundertwende »das erste Programm der neueren Technokratie-Theorie begründet (hat) und damit zugleich auch die seitdem vorherrschende

---

16 Braunreuther, S. 449.
17 Vgl. Steiner 1986, S. 124/125; Steiner 1985, S. 180.
18 Horn/Schäfer, S. 34.
19 Vgl. ebenda, S. 24.
20 Vgl. Fiedler/König, S. 64 und 71/72.
21 Vgl. beispielsweise Stollberg 1960, S. 167ff; Kuczynski 1952, S. 49ff.
22 Vgl. beispielsweise Bönisch/Reichelt, S. 49; Bergner/Mocek, S. 44.

Frontstellung der Technokratie-Konzeption gegen den historischen Materialismus«[23].

Berücksichtigung erfuhr Veblen auch in Einzelstudien[24] sowie in lexikalischen Werken[25].

Welche Resultate erbrachte nun die offizialwissenschaftliche Beschäftigung mit Thorstein Veblen in der DDR? Worin bestanden die dominierenden Konturen seines Bildes?

Es waren vor allem nachstehende Aspekte, die prägende Wirkung ausübten:

Veblen als Begründer und Hauptvertreter des Institutionalismus

Thorstein Veblen wurde durchweg als »Begründer des Institutionalismus«, als sein »führender Kopf«, als sein »Hauptvertreter« vorgestellt bzw. zusammen mit Wesley C. Mitchell und John R. Commons zu seinen Begründern gezählt.[26]

Dabei finden sich zugleich sehr unterschiedliche Wertungen. In den fünfziger und sechziger Jahren, doch auch noch später, erfährt Veblen sowie der Institutionalismus insgesamt entschiedene »Verurteilungen«. Diese sind meist bar jeden sachlichen Inhalts, in der Regel auch nicht substantiell-wissenschaftlich hergeleitet und oft ohne jede exakte Darstellung institutionalistischer Positionen.

Kuczynski schrieb im Jahre 1952: »Die Institutionalisten sind heftige Feinde jeder Theorie, jeder systematischen Zusammenfassung von Erfahrungen zu Regeln und Gesetzen ...«[27] Der Institutionalismus ist »nur der politökonomische Ausdruck einer allgemeinen Weltanschauung, die von den Vertretern der Ideologie des Kapitalismus in seiner Agonie verbreitet wird ...«[28] Stollberg bemerkte unter Bezug auf die Hauptvertreter des Institutionalismus wie Veblen, Commons und Rexford Tugwell: »Trotz mancher kritischer Einwände gegen den

---

23 Bergner/Mocek, S. 145.
24 Vgl. beispielsweise Deich, S. 264; Kuczynski 1966, S. 16/17; Kuczynski 1975, S. 33.
25 Vgl. beispielsweise Ökonomisches Lexikon A-K, S. 970; Ökonomisches Lexikon L-Z S. 907; Krause/Graupner/Sieber, S. 592ff.
26 Vgl. Sieber 1989, S. 592; Behrens, S. 14; Stollberg, S. 190; Aßmann 1983, S. 302; Krause 1988, S. 1496; Fiedler/König, S.65.
27 Kuczynski 1952, S. 50.
28 Ebenda, S. 51.

Kapitalismus stehen sie doch auf dem Boden dieser Gesellschaftsordnung und verteidigen sie gegen den gesellschaftlichen Fortschritt.«[29]

Auch Fritz Behrens setzte noch zu Beginn der achtziger Jahre auf Verdammung von Veblen und Institutionalismus. So sei die Veblen-Kritik an der Grenznutzentheorie »nicht prinzipiell«[30]. Und »Kenntnisse, keine Erkenntnisse bietet der Institutionalismus ...«[31] Dem Kuczynski-Urteil von 1952 gab er seine volle Zustimmung.[32] Selbst »was der Institutionalismus an Kenntnissen zu bieten hat, wird durch den Versuch in Frage gestellt, die Perspektiven des Imperialismus, die allgemeine Krise des Kapitalismus zu verschweigen«[33].

Diese Vorgehensweise setzte nicht auf einen argumentativen Diskurs. Sie präferierte unzweideutig die politisch-ideologische Denunzierung. Mögliche Beiträge zur Theorie- und Methodenentwicklung durch Veblen und die anderen Institutionalisten wurden gar nicht ernsthaft aufgespürt und thematisiert. Sich an einem dogmatisch erstarrten »marxistisch-leninistischen« Verständnis von Wissenschafts- und Gesellschaftsfortschritt orientierend, wurde der Zugang zum Begreifen der wirklich innovativen Leistung von Veblen und seinen Mitstreitern verbaut.

Daß innerhalb der Offizialwissenschaften auch weniger grobschlächtige Sichtweisen zu Veblen möglich waren, gehört ebenfalls erwähnt. So nannte Kuczynski im Jahre 1966 Veblen als einen jener Wirtschaftswissenschaftler des Bürgertums, die sich kritisch zur herrschenden Volkswirtschaftslehre und den realen ökonomischen und sozialen Verhältnissen des modernen Kapitalismus äußerten. Schließlich bemerkte er: »Veblen ist einer der ganz wenigen bürgerlichen Wirtschaftswissenschaftler der letzten achtzig Jahre von hohem Format.«[34] Und an anderer Stelle führte er u.a. Veblen als einen der Geistes- und Sozialwissenschaftler an, in deren Arbeiten »so viele kluge Gedanken oder wirkungsvolle Analysen«[35] enthalten sind.

Als Beleg für eine solide Aufarbeitung von Werk und Leistung Veblens kann insbesondere Tom Sonntags Arbeit[36] betrachtet werden.

---

29 Stollberg, S. 190.
30 Behrens, S. 14.
31 Ebenda, S. 15.
32 Vgl. ebenda, S. 16.
33 Ebenda.
34 Kuczynski 1966, S. 16.
35 Kuczynski 1975, S. 33.
36 Vgl. Sonntag.

In ihr wird treffend entwickelt, daß neben Veblens spezifischen Beiträgen zur ökonomischen Theorie sein »bleibendes Verdienst« darin zu sehen ist, daß er die ökonomische Wissenschaft »wieder als eine historische und soziale Wissenschaft begriffen« hat, sie »auf eine evolutionäre Basis« stellte, »die Komplexität der gesellschaftlichen Umbrüche« erkannte und »ein interdisziplinäres Herangehen«[37] vorzeigte.

Veblen als Pionier in den Wirtschafts- und Sozialwissenschaften – pro und contra

Veblen wurde einerseits mit der Formierung und Erweiterung der methodologischen Grundlagen und Prinzipien der Wirtschafts- und Sozialwissenschaften in Zusammenhang gebracht.

Insbesondere die für die Prägung der Veblenschen »evolutionary economics« so bedeutsame, in der Polemik mit der Neoklassik präziser herausgearbeitete empirische Methode, die matter-of-fact-Annahme sowie das Denken ökonomischer und sozialer Phänomene im Prozeß werden dabei mehrheitlich hervorgehoben.

Beispielsweise ist gerade auf eine »bestimmte Form der institutionellen Analyse im Sinne bürgerlich-sozialwissenschaftlicher Methodologie«[38] verwiesen worden. Sieber spricht von der für Veblen so charakteristischen »erstrangigen Stellung der empirischen Methode bei der Untersuchung und Darstellung ökonomischer Erscheinungen«[39]. Explizit betont er Veblens durchaus erfolgreichen Versuch, »die methodologischen Grundlagen der bürgerlichen politischen Ökonomie mit dem Ziel ihrer Annäherung an die Wirklichkeit zu verändern und sie in ein Instrument für exakte Analysen der vor sich gehenden Evolution im ökonomischen Bereich der Gesellschaft zu verwandeln«[40].

Auch in anderen Beiträgen[41] wurde Veblens historischer Verdienst bei der Grundlegung spezifischer wissenschaftlicher Methodologie angesprochen und annähernd adäquat dargestellt. Andererseits blieben auch hier Simplifizierungen nicht aus. So ist beispielsweise davon die Rede, daß Veblen »zwischen einem idealistischen Geschichtsverständ-

---

37 Ebenda, Thesen, S. 2.
38 Aßmann 1983, S. 302.
39 Sieber 1989, S. 593.
40 Ebenda.
41 Vgl. beispielsweise Sonntag, S. 61ff; Krause 1988, S. 1498ff; Ökonomisches Lexikon A-K, S. 970.

nis und einem vulgärmaterialistischen Herangehen (schwankte)«⁴². Als höchst problematisch, weil die methodologische Pionierarbeit von Veblen nicht erfassend, erwies sich Kuczynskis frühe Position zu Veblen und den übrigen Institutionalisten. So hatte er ausgemacht, daß diese theoriefeindlich sind,⁴³ bei ihnen an »die Stelle der Untersuchung der Gesetze ... die empirische Tatsachenfeststellung (tritt), gestützt auf statistisches Material«⁴⁴. Das Argument der Theoriefeindlichkeit über die »Entlarvung« des methodologischen Ansatzes von Veblen abstützend, schrieb Kuczynski dann, die »Aufgabe der Wissenschaft« bestehe nach den Institutionalisten darin, »gewissermaßen alle nur möglichen Kombinationen von Zusammenhängen durch Tatsachenfeststellung zu untersuchen ... Die Wissenschaft wird damit zu einer gigantischen Rechenmaschine degradiert ...«⁴⁵ Ähnlich argumentierte Behrens, der den Vorwurf der Theoriedistanz gegenüber Veblen erhebt, die Ausblendung der ökonomischen Gesetze rügt und nur »umfangreiche Materialsammlungen und eine Fülle von fachlichen Daten«⁴⁶ sieht.

Diese so dezidert vorgetragene Auffassung über Theorielosigkeit und empirische Materiallastigkeit bei Veblen bzw. beim Institutionalismus insgesamt war weder neu noch originell. Mit dieser Interpretation wurde einer Linie gefolgt, die Tradition besaß⁴⁷ und in jüngerer Zeit u.a. bei Ronald Coase⁴⁸, Gordon Tullock⁴⁹ und Günter Schmid⁵⁰ anzutreffen ist. Die Tatsache, daß Veblen seinen Theorieanspruch, zum Teil programmatisch im Titel wichtiger Schriften formuliert,⁵¹ auch einlöst, wird offensichtlich ebensowenig zur Kenntnis genommen wie der Fakt, daß bei ihm realiter die Arbeit mit dem empirischen Material entscheidende Stufe zu dann folgenden verallgemeinernden Wertungen über Wirtschaft und Gesellschaft, zur wissenschaftlichen Dechiffrierung der Mythen und Fetische der bürgerlichen Moderne ist. Mit anderen Worten: der Vorwurf der Theorielosigkeit

---

42 Sieber 1989, S. 593.
43 Vgl. Kuczynski 1952, S. 50.
44 Ebenda.
45 Ebenda, S. 53/54.
46 Behrens, S. 14/15.
47 Vgl. dazu auch Reuter, S. 99ff.
48 Vgl. Coase, S. 230.
49 Vgl. Tullock, S. 136.
50 Vgl. Schmid, S. 388.
51 Vgl. beispielsweise *The Theory of the Leisure Class*, *The Theory of Business Enterprise*, *Economic Theory in the Calculable Future*.

basiert im Kern auf einem konträren Theorieverständnis bzw. einem divergenten Theorietypus!

Zweifellos kann man dem Veblenschen Theorieprogramm kritisch gegenüberstehen. Es ist jedoch wissenschaftshistorisch zu vermerken, daß Veblen prononciert und frühzeitig eine Reihe gewichtiger Probleme des entwickelten Kapitalismus aufgriff. Insbesondere die Problematisierung der neoklassischen Verhaltensannahmen und Rationalitätskonzepte, die über die Institutionenproblematik initiierte erhebliche Ausdehnung des Analyse- und Erkenntnisbereiches der Ökonomen, die Einführung des evolutionären Konzepts in die Theoriebildung, endlich die Öffnung der Wirtschafts- zu den Sozialwissenschaften sprechen vielmehr für ein sehr entwickeltes Theoriebewußtsein.

Über Veblens Analysegegenstand

Relativ kongruent wurde in der Veblen und dem Institutionalismus gewidmeten DDR-Literatur das dazugehörige Untersuchungsobjekt ausgemacht – die Institutionen in Wirtschaft und Gesellschaft.

Bereits in seiner frühen Schrift stellte Kuczynski fest, daß gemäß dieses Theorieansatzes die Entwicklung von Wirtschaft und Gesellschaft als »das Resultat kausal aufeinander einwirkender sozialer Einrichtungen (Institutionen), Organisationsformen und 'Verhaltensformen der Einzelmenschen'«[52] zu sehen ist, »soziale Institutionen nach dieser idealistischen 'Theorie' eine besondere Rolle spielen«[53]. Stollberg schrieb, daß Veblen und andere »in der Analyse der volkswirtschaftlichen 'Institutionen' (Einrichtungen, Verhaltensweisen der Menschen) und deren Wandel die Aufgabe der politischen Ökonomie«[54] betrachten. Behrens hob hervor, daß nach Veblen die Institutionen »von Bedeutung (sind)«, da »sie das Verhalten von Individuen und Gruppen (veranlassen)«, es »beeinflussen und sanktionieren«[55]. Doch der Institutionalismus biete – so Behrens polemisch – »angesichts des Umfangs sozialer Institutionen, die relevant sind für das ökonomische Verhalten«, lediglich »umfangreiche Materialsammlungen und eine Fülle von fachlichen Daten«[56].

---

52 Kuczynski 1952, S. 49.
53 Ebenda, S. 50.
54 Stollberg, S. 190.
55 Behrens, S. 14.
56 Ebenda, S. 15.

Wohl wurde in diesen Darstellungen der zentrale Gegenstand des Veblenschen Systems *formal* erfaßt. Doch die inhaltliche und wissenschaftsgeschichtliche Bedeutung der Veblenschen Erörterung der Herausbildung und des Wandels der gesellschaftlichen Institutionen, ihre Relevanz für die Wirtschaft erkannte man kaum. Daß insbesondere ein gegenüber dem homo-oeconomicus-Konstrukt komplexerer Zugang zur Decodierung der »human nature« präsentiert und eine Enträtselung vieler als »natürlich« gefaßter ökonomischer Erscheinungen durch ihre Zurückführung auf institutionelle Arrangements der Gesellschaft möglich wurde – all dies Creative in Veblens Ansatz blieb außerhalb des Blickfeldes der Offizialwissenschaften.

Wie weit die oben angeführte Lesart der Veblenschen Institutionenprogrammatik von einer wirklich diskursiven Aneignung entfernt war, belegen im übrigen allein Wertungen dergestalt, daß Einführung und Ausfüllung des Institutionen-Konzepts an Substanz und Erkenntnissen »ärmer als die Historische Schule«[57] sei bzw. eine »Vertuschung« der Qualität, des sozialen Inhalts der Institutionen erfolge[58].

Erst viel zu spät entwickelten sich in der DDR Positionen, die ansatzweise dem wissenschaftlichen Gehalt von Veblens Institutionen-Paradigma auf die Spur kamen. Dabei wurde schon angemerkt, daß »die Bedeutung relativ fest umrissener Handlungs-, Verhaltens- und Argumentationsmuster der verschiedenen sozialen Kräfte, die Macht gesellschaftlicher Gewohnheiten, das Gewicht von historischen Traditionen und Bräuchen in der Gesellschaft« sehr wohl »Interesse verdienen«[59]. Doch auch hier bestand die Crux darin, daß alsbald die Frage nach »weltanschauliche(n) und klassenmäßige(n) Schranken«[60] des Institutionen-Konzepts von Veblen aufgeworfen, die akademische Debatte somit von einer reduktionistischen »Auseinandersetzungs«-Logik überlagert wurde.

Veblen als »Vulgärökonom«

Als Begründer des Institutionalismus wurde Thorstein Veblen lange Zeit der »Vulgärökonomie« zugeordnet, firmierte als »Hauptvertreter« einer »Variante der politökonomischen Apologetik«.

---

57 Behrens, S. 16.
58 Vgl. Ökonomisches Lexikon A-K, S. 970.
59 Krause 1988, S. 1505.
60 Ebenda.

So schrieb Behrens: »Mehr Relikt als Erbe der Historischen Schule der bürgerlichen Ökonomie ist der Institutionalismus. Wenn Marx die Historische Schule, diese 'Professoralform der Vulgärökonomie', ..., als 'letzte Stufe' der Vulgärökonomie und als 'Grabstätte' der politischen Ökonomie bezeichnete, dann trifft das auch auf den Institutionalismus zu.«[61] Stollberg formulierte streng apodiktisch: »Der Institutionalismus ist eine Richtung der bürgerlichen Vulgärökonomie, die vor allem in den USA eine Rolle spielt.«[62] Und weiter: »Ihr Hauptvertreter war Thorstein Veblen ...«[63] Und Kuczynski – feststellend, daß die »bekanntesten Institutionalisten ... amerikanische Politökonomen (sind), beginnend mit Thorstein Veblen zu Anfang der Herrschaft des Monopolkapitals ...«[64] – pflegte den gleichen Stil des Vorgehens. Auf ein Marx-Zitat aus dem »Elend der Philosophie« zurückgreifend, in dem die Art und Weise der Beschäftigung der bürgerlichen Politischen Ökonomie mit sozialen Institutionen kritisch debattiert wird, stellte Kuczynski fest, daß die Institutionalisten »nach altem apologetischen Muster« vorgehen, auf »diesen alten Apologeten-Trick«[65] zurückgreifen. Dieser bestehe darin, »den historischen Zustand einer Gesellschaft zum allgemein, ewig und für immer gültigen Zustand«[66] zu erklären, was bei »akademischen Lakaien des Monopolkapitals«[67] nicht überraschen dürfe.

Das Veblen anhängige Verdikt »Vulgärökonom« geht zurück auf *generelle* Wertungen von Marx und Lenin zur bürgerlichen Ökonomie, ihrer Genesis und ihren Vertretern.[68] Es basiert auf der Art und Weise der Beschäftigung der Stammväter des Marxismus-Leninismus mit Theorieprogrammen anderer Provenienz. Und da das Argumentationsraster der Offizialökonomie der DDR entscheidend von den ideologie- und theoriekritischen Postulaten der Altvorderen inspiriert wurde, gingen von diesen normativen Konstruktionen erhebliche Rezeptionsblockaden aus.

Erst Mitte der achtziger Jahre eröffnete sich hier ein bestimmter Spielraum. Bedingt durch Veränderungen inner- und außerhalb des

---

61 Behrens, S. 14.
62 Stollberg, S. 190.
63 Ebenda.
64 Kuczynski 1952, S. 52.
65 Ebenda, S. 51.
66 Ebenda.
67 Ebenda, S. 52.
68 Vgl. zu dieser Problematik insbesondere Abschnitt 3.

Staatssozialismus (KSZE-Prozeß, Übergang von der Konfrontation zur Entspannung im Ost-West-Verhältnis, Gorbatschows Glasnost- und Perestroika-Politik, existentieller Druck der globalen Probleme, das Anwachsen der oppositionellen Menschen- und Bürgerrechtbewegungen in Osteuropa), entstand ein gewisser Zwang, sich politisch und geistig auf den Dialog mit der »anderen Seite« bzw. »Andersdenkenden« einzulassen.

Sollte unter gewandelten Konstellationen Dialogfähigkeit erlangt werden, bedurfte es auch auf Seiten der Wirtschaftswissenschaften der DDR nicht mehr nur der Etikettierung anderer Theorien als »bürgerlich« und »vulgär«. Nun waren mehr *inhaltlich* überzeugende Argumente für Kritik oder Ablehnung anderer Denkprodukte gefordert. Die notwendige Erhöhung der Argumentationskraft verlangte, alternative Lösungsangebote für registrierte Konflikte zu denken, die Beschaffenheit und Logik konkurrierender Theorieprojekte wirklich zu erschließen, in Varianten und Szenarien zu streiten und natürlich die Akzeptanz von gleichberechtigten Teilnehmern am kognitiven Wettbewerb.

Insofern mußte die partei- und staatsoffiziell gewünschte »Auseinandersetzung mit der bürgerlichen Vulgärökonomie« nun einhergehen mit einer theoretisch anspruchsvolleren Beschäftigung mit den Ideen und Methoden der internationalen Wirtschaftswissenschaften sowie einem gewissen Abbau vielfältiger innerer Barrieren für theoretische Diskurse.

In diesem Kontext gelangte auch Werk und Person Thorstein Veblens zu neuer Aufmerksamkeit und einer sorgfältigeren Behandlung. Mit Blick auf lange Zeit dominierende »Verdammungs«-Urteile wurde dabei angemahnt, daß »heute manche theorienhistorische Einschätzung anders geartet sein (könnte) als vielleicht vor 30 und mehr Jahren«[69].

Ambivalente Sicht auf Veblens Marx-Beziehung

Unübersehbare Resonanz erfuhr in der DDR Veblens Verhältnis zu Marx und seiner Lehre. Dabei zeigten sich durchaus unterschiedliche Herangehensweisen.

Einerseits fanden sich Auffassungen, die eine klare Anti-Haltung Veblens zur Marxschen Lehre ausmachten und dies auch prononciert

---

69 Krause 1988, S. 1498.

betonten. Beispielsweise entwickelten Bergner/Mocek, daß Veblen mit seinem Technokratieansatz eine Frontstellung gegenüber dem Marxschen historischen Materialismus begründet habe.[70] Weiter erklärten sie: »Die Auffassung von der Herrschaft der Techniker steht im direkten Gegensatz zur marxistisch-leninistischen Theorie von der Arbeiterklasse in der gesellschaftlichen Entwicklung und innerhalb des Systems der Produktivkräfte ... Es schien, als ob die Marxsche Lehre von den zwei gesellschaftlichen Grundklassen nicht geeignet sei, die neue gesellschaftliche Funktion der Ingenieure, Wissenschaftler und technologischen Experten zu erfassen.« Doch – so die Autoren – wir »konnten an anderer Stelle zeigen, daß eine derartige Auffassung nicht nur grundfalsch ist, sondern zugleich von einer bemerkenswerten Unkenntnis des Marxismus zeugt«[71]. Auch in einer anderen Arbeit war zu lesen, daß Vertreter des Institutionalismus wie Thorstein Veblen »den historischen Materialismus (bekämpfen)«[72].

Ungeachtet der durchaus strittigen Frage, ob angesichts fortschreitender sozialstruktureller Ausdifferenzierung der modernen bürgerlichen Gesellschaft der vom Denken in gesellschaftlichen Makrogruppen geprägte Marxsche Ansatz noch genügend produktiv ist, bleibt die Borniertheit der Problemsicht suspekt – einzig am Marxschen (Theorie-)Leisten wird die Welt gemessen. Mehr als Zweifel ruft im übrigen der gegen Veblen erhobene Vorwurf »bemerkenswerter Unkenntnis des Marxismus« hervor ...

Andererseits gab es in der DDR Arbeiten, in denen auf ein produktives Verhältnis von Veblen zu Marx verwiesen wurde. So spricht Sonntag zu Recht davon, daß Veblen »zu den Kennern der marxistischen Theorie gezählt werden (kann)«, er »in hohem Maße dem Werk von K. Marx verpflichtet ist«[73] und Veblen »die logische Konsistenz der Marx'schen Wirtschafts- und Gesellschaftstheorie sowie die wissenschaftliche Konsequenz, mit der sie verfochten wurde, (würdigt)«[74]. Erhebliche »Ähnlichkeiten Veblenscher Ansichten mit dem Marxismus« konstatierend, thematisiert Sonntag zugleich eine »Widersprüchlichkeit« in Veblens Einschätzungen der Marxschen Lehre, verweist auf seinen »Kampf gegen abstrakt-deduktive Verfahren, gegen festgefügte Theoriesysteme und gegen Teleologie in den Gesellschaftswis-

---

70 Vgl. Bergner/Mocek, S. 145.
71 Ebenda.
72 Ökonomisches Lexikon A-K, S. 970.
73 Sonntag, S. 46.
74 Ebenda.

senschaften, welche er sowohl der Klassik und vor allem der Neoklassik, aber eben auch dem Marxismus zuschrieb«[75].

Sieber hatte ebenfalls festgestellt, daß Veblen »auch von bestimmten Marxschen Gedanken beeinflußt (wurde)«, fügte relativierend hinzu: »Allerdings sah V. das Studium des 'Systems der ökonomischen Institutionen' als Hauptaufgabe der ökonomischen Wissenschaften an, während Marx und Engels die revolutionäre Lehre der proletarischen politischen Ökonomie geschaffen haben.«[76]

In einem Aufsatz über Veblen sprach ich davon, daß dieser »auch mit Teilen der ökonomischen Lehre von Marx (operierte)«, er ihr doch »wichtige Ideen über Privateigentum, Klassen, Staat sowie ökonomische und soziale Widersprüche des Kapitalismus (entnahm)«[77]. Zugleich meinte ich aber – in banaler »Auseinandersetzungs«-Mentalität befangen – Veblen »vorwerfen« zu müssen, daß er die »revolutionäre Konsequenz« der Marxschen ökonomischen Theorie (die historische Mission der Arbeiterklasse und die Gesetzmäßigkeit der Errichtung des Sozialismus) ablehne.[78] Das ausschließliche Messen von Veblen an der – wie auch immer zu interpretierenden – »Norm« des Marxschen Projekts war problematische Konsequenz der Indoktrinierung und Instrumentalisierung eines wissenschaftlichen Theorieentwurfs.

Jürgen Kuczynski, über wissenschaftliche Methodologie und Weltanschauung nachdenkend, sah Veblen zwar nicht direkt als »Kämpfer« gegen Marx und seine Theorie, glaubte jedoch erkennen zu können, daß dieser ebenso wie andere nichtmarxistische Geistes- und Sozialwissenschafter an der vollen »Ausschöpfung ihrer Fähigkeiten scheitern mußten, weil sie weltanschaulich versagten«[79] – sich eben nicht des »Dialektischen und Historischen Materialismus« bedienten. Wissenschaftler, die »weltanschaulich nicht wirklich Marxisten-Leninisten sind, können in unserer akademischen Welt vielleicht zeitweilig leuchten, aber sie werden nicht ständig Licht verbreiten oder bestenfalls nur einen winzigen Raum der akademischen Welt erhellen«[80].

Zwangsläufig mußten sich die Offizialwissenschaften der DDR an Veblens ambivalenter Haltung zur Marxschen Theorie reiben. Marx

---

75 Sonntag, S. 49.
76 Sieber 1989, S. 594.
77 Krause 1988, S. 1499.
78 Vgl. ebenda.
79 Kuczynski 1975, S. 33.
80 Ebenda, S. 34.

war ein zu sensibler Gegenstand, da er – gemeinsam mit Lenin – als *der* Leuchtturm des Erkenntnisprozesses und der Wahrheitsfindung firmierte.[81] Demzufolge galt es über die »Reinheit« und »Unversehrtheit« von Marx' Lehre zu wachen.

Nichtmarxistischen Denktraditionen wurde in der Offizialökonomie mittels eines profanen Klassenreduktionismus ohnehin nur eine bestimmte »wissenschaftliche *Teilerkenntnis*«[82] zugebilligt. Erst auf dem Hintergrund gewisser Erosionsprozesse des Ideologiemonopols des Marxismus, des Kampfes zwischen »konservativen« und »reformerischen« Kräften in den politischen und wissenschaftlichen Institutionen der DDR,[83] einer bestimmten Öffnung gegenüber nichtmarxistischen Theoriesträngen sowie eines differenzierteren Umgangs mit selbigen, erfuhr dann auch Veblens Verhältnis zu Marx bzw. zur marxistischen Theorie eine angemessenere Bewertung[84].

Daß sich doch gerade Thorstein Veblen wirklich solide mit Marx' ökonomischer Theorie befaßt hat,[85] ist ebenso wissenschaftlich nachvollziehbar wie das Ausleuchten der Beziehung Veblen-Marx bzw. der Bedeutung Veblens für die zeitgenössische marxistische Theorie und radikale Ökonomie[86]. Angesichts dieses Tatbestandes ist es um so deprimierender, daß in der DDR Veblens facettenreiches wissenschaftliches Verhältnis zu Marx infolge einer Ideologieverkürzung lange verzerrt reflektiert wurde.

Mit dieser Optik konnten die latent vorhandenen Verbindungen zur Politischen Ökonomie von Marx nicht zwingend aufgedeckt werden. Selbst da, wo ideengeschichtlich bestimmte Affinitäten zwischen offizialwissenschaftlicher Programmatik und anderen Theoriesträngen existierten, dominierte geistige Bunkermentalität.

---

81 So erklärte Kuczynski kategorisch: »Die Lehre des Marxismus ist die einzig richtige, weil sie die einzig wahre ist, weil sie als einzige uns zur Erkenntnis der Wirklichkeit, zur Meisterung von Natur und Gesellschaft führt.« (Kuczynski 1975, S. 26)
82 Meißner 1985, S. 22. Ähnlich bei Kuczynski 1975, S. 32/33.
83 Vgl. Krüger (I) 1992, S. 34ff.
84 Vgl. beispielsweise Steiner 1985, S. 180.
85 Vgl. beispielsweise Veblen 1906; Veblen 1907; Veblen 1891.
86 Vgl. beispielsweise Bert 1961; Hunt 1979; Pluta/Leathers 1978 und Simich/Tilman 1982.

Die Behandlung von Veblens Einbindung in die Theorielandschaft

Recht unterschiedlich thematisierte die DDR-Literatur Thorstein Veblens Verhältnis zu dogmenhistorisch relevanten Theorieströmungen.

So gibt es Abhandlungen, in denen diese Problematik im Grunde *nicht* besprochen wird[87] bzw. nur knappe Verweise auf nicht näher untersuchte Ähnlichkeiten und Beziehungen zur Historischen Schule enthalten sind. Und zwar dergestalt, daß Veblens Institutionalismus als »eine Sonderform des bürgerlich verzerrten Historismus in der Periode der allgemeinen Krise des Kapitalismus«[88] gelte bzw. »bedeutende Anregungen« von der Historischen Schule bekam »und in gewissem Sinne eine Modernisierung dieser Schule darstellt«[89].

Eine eingehendere und auch überzeugendere Analyse dieses Verhältnisses lieferte Tom Sonntag. Er sah nicht nur allgemein »vielfältige Parallelen zwischen deutscher Historischer Schule und amerikanischen Institutionalisten«, sondern gerade auch »Verbindungen des Veblenschen Werkes zu den Schriften der jüngeren Historischen Schule, insbesondere G. Schmollers«[90].

Dabei insistiert er auf Gemeinsamkeiten bzw. Berührungspunkte bei der jeweiligen Integration der Triebproblematik in das Menschenbild. Zudem arbeitet er auch Differenzen zwischen Historischer Schule und Veblens Gedankengut heraus.[91]

Recht häufig sind Bemerkungen zu Veblens kritischer Haltung gegenüber der Grenznutzenschule auszumachen. So wurde beispielsweise festgestellt, daß Veblens institutionalistische Denkweise »u.a. Ausdruck einer Kritik an der damals herrschenden, konkrete soziale I.(nstitutionen) ignorierenden bürgerlichen Ökonomie, insbesondere der als antimarxistisch etablierten Grenznutzenschule (war)«[92]. Behrens schrieb: »Veblen übte scharfe Kritik an der Grenznutzentheorie. Doch war diese Kritik – was sich von selbst versteht – nicht prinzipiell. Veblen warf der Grenznutzentheorie nur vor, was auch andere Ökonomen vor und nach ihm taten, daß, was schlechterdings nicht zu bestreiten ist, ihre Auffassung der menschlichen Natur fehlerhaft

---

87 Vgl. z. B. Stollberg, S. 190/191.
88 Kuczynski 1952, S. 50.
89 Ökonomisches Lexikon A-K, S. 970.
90 Sonntag, S. 36 und 38.
91 Vgl. ebenda, S. 42ff.
92 Aßmann 1983, S. 302.

sei.«[93] In dieser Diktion wird der Veblenschen Kritik kaum wissenschaftliches Gewicht beigemessen, gerade ihre Substanz entscheidend verkannt. Veblen schälte insbesondere die erschreckende Realitätsferne und beschränkte Erklärungskraft grenznutzentheoretischer Programmatik heraus.

Im Unterschied zu Behrens wurde bei Sieber und Fiedler/König recht deutlich hervorgehoben, daß Veblen nicht nur ganz erhebliche Vorbehalte gegenüber der Neoklassik, den verschiedenen Varianten der Grenznutzentheorie und speziell den Auffassungen John B. Clarks hatte, sondern diese auch erhebliches inhaltlich-theoretisches Gewicht besaßen.[94]

Meine Position, daß Veblen im Zuge der Kritik des Menschenbildes der Grenznutzenschule und der Präsentation seiner wohl recht allzeitlich angelegten »human nature«-Konzeption im Grunde eine Variante psychologisierender Wirtschaftstheorie durch eine andere, eben »'qualifiziertere' Variante«[95] ersetzt, findet wohl manche Grundlage in Veblens Argumentationen, wird auch geteilt[96]. Nach gründlicherer Analyse muß sie allerdings als die Vielschichtigkeit Veblenscher Positionen nicht benennend charakterisiert werden.

Auffällig ist, daß Veblens höchst produktiver Versuch der Vernetzung verschiedener Wissenschaftsdisziplinen (Biologie, Psychologie, Anthropologie, Soziologie, Philosophie und Wirtschaftswissenschaften) zwecks theoretischer Durchdringung der bürgerlichen Moderne lange Zeit unberücksichtigt bzw. unterbelichtet blieb. Sein anregender *interdisziplinärer* Ansatz erfuhr kaum angemessene Würdigung. Erst in der zweiten Hälfte der achtziger Jahre wurde verschiedentlich auf diese Seite in Veblens wissenschaftlichem Werk aufmerksam gemacht, ohne daß damit etwa Fülle und Reichtum Veblenscher Argumentation insgesamt erfaßt werden konnte.

Im übrigen konterkariert gerade dieser Umgang mit einem »essential« des wissenschaftlichen Schaffens von Veblen sehr überzeugend die seitens der DDR-Offizialwissenschaften viel strapazierte, auf die Marxsche Behandlung der klassischen Politischen Ökonomie rekurrierende These,[97] daß marxistisch-leninistische Gesellschaftswissenschaften Wertvolles aus der Theoriegeschichte integrativ annehmen und

---

93 Behrens, S. 14.
94 Vgl. Sieber 1989, S. 593; Fiedler/König, S. 65/66.
95 Krause 1988, S. 1504.
96 Vgl. beispielsweise Heilbroner, S. 250.
97 Vgl. Meißner 1985, S. 13ff.

»aufheben« würden. Genau das Gegenteil war der Fall: Brachlegung von Erkenntniszuwachs im Ergebnis der Verwandlung eines Theoriesystems in ein Ensemble dogmatischer Glaubenssätze mit selbstprivilegierendem Totalitätsanspruch.

Welches Resümee muß nun über die Veblen-Beschäftigung in der DDR gezogen werden?

Wohl wurden nach einer langen Periode grober Vereinfachung und Verfälschung relevante Positionen von Thorstein Veblen vorgestellt und diskutiert, Seiten seines umfangreichen wirtschafts- und sozialwissenschaftlichen Werkes beschrieben. Insgesamt blieb jedoch eine ausgewogene, wissenschaftlichen Kriterien folgende Einordnung und Würdigung dieses bedeutenden US-amerikanischen Denkers aus.

Das präsentierte Veblen-Bild trug – ungeachtet einiger jüngerer Bemühungen zur Korrektur – klare Spuren einer Verzeichnung. Es offenbarte den Blickwinkel politisch-ideologischer Instrumentalisierung. In gewisser Weise wurde Thorstein Veblen in eine Art Steinbruch verwandelt. Seine verschiedenen Beiträge zur Kritik von Theorie und Praxis bürgerlicher Moderne wurden akzeptiert und »verwertet«,[98] da sie Alibifunktion für die »Richtigkeit« der Fundamentalkritik »marxistisch-leninistischer« Politischer Ökonomie am Kapitalismus besaßen, d.h. in Beziehung zu grundlegenden Axiomen der Offizialökonomie standen. Andere Teile seines Schaffens erfuhren eine »Aussonderung«. Seine Interpretation der Marxschen Theorie, das Institutionenkonzept und Menschenbild, seine Vorliebe für die wissenschaftlich-technische Intelligenz und Techniker wurden als Affront gegenüber den Implikationen herrschender Gesellschaftslehre begriffen – und daher »entsorgt«.

Es entstand – ungeachtet einzelner durchaus stimmiger Konturen – insgesamt ein erheblich verkürztes, auf ideologische Bedürfnisse und politische Legitimation zurechtgestrichenes Bild von Thorstein Veblen, kurz: ein Zerrbild.

---

98 Verwiesen sei hier beispielhaft auf seine Polemik zu Inhalt und Methodologie der Neoklassik, ihrer Gleichgewichts-, Harmonie- und Marktfaszination, das Aufdecken der Trennung von Kapitaleigentum und Kapitalfunktion, die Enthüllung von Vergeudung und Parasitismus, die Charakteristik des Sozialprofils der »feinen Leute« bzw. »müßigen Klasse«, ihres »conspicuous consumption« oder die Aufdeckung vielfältiger Widerspruchskonstellationen der bürgerlichen Gesellschaft.

3. Über die Fundamente der Veblen-Beschäftigung in der DDR

Worin bestanden nun die Grundlagen und Ursachen für diese Verzeichnung des Veblen-Bildes? Auf welchen Fundamenten ruhte eigentlich die Beschäftigung mit Veblen in der DDR?

Die Beantwortung dieser Fragen muß verschiedene Aspekte benennen. Zuerst gilt es auf *generelle Phänomene des Systems »traditioneller Herrschaft«* innerhalb des Staatssozialismus aufmerksam zu machen. Zu diesen Zügen im Sinne der von Max Weber gelieferten Typologisierung zählt sicher im Konnex von Befehl und Gehorsam, Herrschaft und Dienerschaft, Obrigkeit und Untertanen die strikte Einbindung der Wirtschafts- und Sozialwissenschaften in die Herrschaftsstrukturen dieser »geschlossenen Gesellschaft«. Es geht um die von den Offizialwissenschaften wahrgenommene Rolle als Legitimationswissenschaften.

Der Verweis auf die grundsätzliche Akzeptanz dieser Rolle bei ihren Betreibern erfolgt nur vollständigkeitshalber. Unbeschadet mancher Versuche zur Thematisierung von Strukturdefekten und Entwicklungsdefiziten dieser Gesellschaft, mehr *individueller* Ausbruchsunternehmen aus dem Gehäuse der Hörigkeit, haben sich die Wirtschafts- und Sozialwissenschaftler der DDR insgesamt der deformierenden Vereinnahmung weder sichtbar noch wirkungsvoll widersetzt.

Als nächstes ist auf das *Betreiben der Gesellschaftswissenschaften als »marxistisch-leninistische« Wissenschaften* zu verweisen. Denk-, Analyse- und Argumentationsmuster der Ökonomen bewegten sich demzufolge spurtreu in den Bahnen der herrschenden Staatslehre – wer über die Macht verfügt, verfügt auch über die Definitionsmacht.

Für die theorienhistorische und -kritische Arbeit in den Wirtschaftswissenschaften bestand die Konsequenz nun darin, daß gerade die von Marx und Lenin vorgenommenen Analysen zur ökonomischen Wissenschaft des Bürgertums normatives Maß erlangten.

Basischarakter wies *Marx' Kritik der Politischen Ökonomie*, seine spezifische Form der Rezeption der bürgerlichen Ökonomie auf. Von Gewicht waren dabei seine Bestimmungen von wissenschaftlicher Ökonomie und »Vulgärökonomie« sowie die Ableitungen zu der um 1830 eintretenden »ein für allemal entscheidenden Krise«[99] der bürger-

---

99 Marx 1962, S. 20/21 und 95 (Fn. 32).

lichen Politischen Ökonomie. Bedeutung kam Marx' Formulierung zu, daß die bürgerliche Vulgärökonomie »mit Bewußtsein apologetischer«[100] wird.

Beträchtlichen Einfluß übte ebenfalls *Lenins Aussage zu bürgerlichen Ökonomie-Professoren* aus. In ihr wird explizit formuliert, daß »man *keinem einzigen* Professor der politischen Ökonomie, der imstande ist, auf dem Gebiet spezieller Tatsachenforschung die wertvollsten Arbeiten zu liefern, *auch nur ein einziges Wort* glauben darf, sobald er auf die allgemeine Theorie der politischen Ökonomie zu sprechen kommt ... Im großen und ganzen sind die Professoren der politischen Ökonomie nichts anderes als die gelehrten Kommis der Kapitalistenklasse ...«[101]

Mein Problem ist zunächst weniger Marx' oder Lenins Definition von »Vulgärökonomie« oder »bürgerlichen Ökonomie-Professoren«. Vielmehr gerät für mich die *unreflektierte* Rezeption dieser Auffassungen durch Generationen nachfolgender Wirtschaftswissenschaftler des Staatssozialismus zum Problem. Und zwar deshalb, weil die geschichtlichen, die politischen und sozialen Umstände, die Marx und Lenin solch eine Sichtweise aufherrschten, nicht hinterfragt, auf ihre historische Verfaßtheit geprüft wurden. Kurz: eine Historisierung Marxschen oder Leninschen Denkens blieb aus!

Die Frage, ob die von Marx und Lenin im Kräftefeld großer sozialer Auseinandersetzungen erarbeiteten Wertungen in jedem Fall den Ansprüchen begründeter, wissenschaftsimmanenten Kriterien folgender Theoriengeschichtsschreibung und -kritik gerecht werden, wurde ausgespart.

Marx' wie auch Lenins Untersuchungen zu ökonomischen Ideen und ihren Vertretern waren vor allem geprägt von der alles überragenden Dichotomie Proletariat-Bourgeoisie, vom Denken in den Kategorien des Klassenantagonismus, von einem mechanischen Verständnis der Geschichts- und Gesellschaftsentwicklung sowie dem emanzipatorischen Ansatz zur Befreiung des Proletariats aus der Abhängigkeit der Bourgeoisie. Inwieweit Emanzipationsinteresse und -ideologie auf der einen sowie kritische Wissenschaft auf der anderen Seite möglicherweise als innerer Gegensatz, als schwer aufzulösendes Spannungsverhältnis des Denkens der M-L-Klassiker zu begreifen sind,[102] kam in diesem Kontext leider nicht zur Debatte.

---

100 Marx 1974, S. 492.
101 Lenin 1975, S. 347.
102 Vgl. auch Bluhm, S. 125ff.

Der von Marx und Lenin vertretene Ansatz, in der DDR stringent auf den Umgang mit wirtschaftswissenschaftlichen Theorieprogrammen nichtmarxistischer Herkunft übertragen, war bestimmt – gemäß dem Verhältnis von Proletariat versus Bourgeoisie – von einem Entweder-Oder-Konzept bzw. Freund-Feind-Raster. Dieser Ansatz füllte die gesamte Beschäftigung mit der sogenannten nachklassischen Ökonomie und daher auch mit Thorstein Veblen aus. Infolge solcherart Fundierung durch Marx und Lenin trug die wissenschaftliche Beschäftigung mit Werk und Person Veblens von Beginn an den Charakter von »Auseinandersetzung« mit einem Repräsentanten der »Vulgärökonomie«. Und über diesen war eigentlich das Urteil bereits gesprochen ...

Konnte man in der DDR im Gefolge der Veblen-Beschäftigung zum einen die Momente traditioneller Herrschaft ausmachen, so offenbarten sich zum anderen auch Phänomene, die mit der traditionsgebundenen Rezeption und Entwicklung von Wissen kollidierten. Hintergrund dafür waren Prozesse, die auch in der DDR, vor allem in den siebziger und achtziger Jahren, Züge der Industriegesellschaft ausprägten. Es lief eine *eingeschränkte soziokulturelle Modernisierung mit gebremsten funktionalen Differenzierungen und gewissen Autonomien* bestimmter Handlungsbereiche (Wirtschaft, Wissenschaft, Öffentlichkeit) ab. Gerade im Ergebnis von Öffnungstendenzen gegenüber internationalen Entwicklungen und Anforderungen erfuhr die DDR-Gesellschaft zunehmend widersprüchliche Bewegungen zwischen parteistaatlichem Monopol und industriegesellschaftlicher Modernisierung.

Der Entspannungsprozeß in Europa, die internationale Anerkennung der DDR, verstärktes weltweites Agieren von DDR-Unternehmen, die DDR selbst als Aktionsfeld internationaler Politik, Wirtschaft, Wissenschaft und Kultur – all dies blieb nicht folgenlos. Es hatte auch Einfluß auf die Ausrichtung und Praktizierung von Wissenschaft.

Eine gewisse Differenzierung in den bislang traditionellen Strukturen und Formen der Wissensbildung war partiell ebenso zu konstatieren wie ein Anwachsen des Wissenschaftsbetriebes, seine weitere Akademisierung und Liberalisierung im Kontext internationaler Austauschprogramme der scientific community.

Mit Leerformeln der »marxistisch-leninistischen« Politischen Ökonomie war in der plural ausgerichteten internationalen Debatte kaum zu bestehen. Eine bestimmte veränderte Diskursnormierung in den Wirtschafts- und Sozialwissenschaften war nicht zu übersehen. Bei weiter betriebener »Auseinandersetzung« wurden nichtmarxistische Theorieprogramme nun stärker unter dem Aspekt möglicher Korrespondenzen, eventueller Identitäten und rationeller Momente behandelt.

Im Verlaufe der in Gang gekommenen Diskurse wurde ein zunehmendes Bewußtsein über Enge und Provinzialität der Gesellschaft, ihrer Offizialwissenschaften, in Sonderheit ihrer Wirtschaftswissenschaften entwickelt.[103] Die Suche nach alternativen wirtschaftstheoretischen Angeboten, die Bekanntschaft mit neuen ökonomischen Sichtweisen erwies sich als virulent. Ein offenerer Zugang zu verschiedenen wirtschaftswissenschaftlichen Traditionslinien war möglich. Im Ergebnis dessen wurden in der DDR beispielsweise Joseph Schumpeter, Irving Fisher, Nikolai Kondratiew und Thorstein Veblen »entdeckt«.

Für die Art und Weise der Beschäftigung mit den nichtmarxistischen Wirtschaftswissenschaften erwies sich die *generative Verfaßtheit* der Diskurse als eine wichtige Größe. Für die wirtschaftswissenschaftliche »Gründergeneration« in der DDR, zu der u.a. Jürgen Kuczynski, Fritz Behrens, Kurt Braunreuther und Rudhard Stollberg gehörten, stellte die »marxistisch-leninistische« Politische Ökonomie, der Marxismus-Leninismus insgesamt eine nicht überschreitbare Grenze des Rezeptionsverhaltens dar. Häufig sozialisiert im Umfeld der kommunistischen Arbeiterbewegung und in ihren Organisationen, paradigmatisch geformt von einem eher orthodoxen Marxismus, ein tiefverwurzeltes Mißtrauen gegenüber der »bürgerlichen Ökonomie und Apologetik« nährend, das teilweise noch vor und während des Faschismus begründet wurde, konnte bei diesen Ökonomen nur ein mehr oder weniger destruktiv orientiertes Rezeptionsverhalten zu anderen wirtschaftstheoretischen Traditionen hervorgebracht werden.

Kriterium der Bewertung war hier vorzugsweise eine Nähe bzw. Analogie zum Marxismus, zu den marxistischen Wirtschaftswissenschaften.[104] Daher mußte beispielsweise schon Thorstein Veblen mit seinem ambivalenten Verhältnis zu Marx' Wirtschaftstheorie als suspekt erscheinen und als Antipode eigenen Denkens behandelt werden.

---

103 Vgl. Krause 1990, S. 88ff.
104 Dabei galten jedoch – auch das bezeichnend – Überlegungen und Positionen des »westlichen« ökonomischen Marxismus (M. Dobb, P. Sweezy, P. Baran, E. Mandel, C. Bettelheim, E. Balibar) als problematisch, nicht selten als »revisionistisch«.

Für diese Generation von Ökonomen war nicht die wissenschaftliche Substanz, der innovative Gehalt des Theorieangebots des »Duellanten« von Interesse, sondern die in der »Auseinandersetzung« demonstrierte »Standhaftigkeit« mit dem »Gegner«, dem Vertreter der »bürgerlichen Vulgärökonomie«. Die »Reinheit« und »Geschlossenheit« der Wirtschaftstheorie des Marxismus-Leninismus bewahrt zu haben – das galt als Nonplusultra ... Kurz: diese Art der Beschäftigung mit nichtmarxistischer Wirtschaftstheorie wurde dominiert und gekennzeichnet von Festungslogik. Charakteristisch war ein hohes Maß an Traditionalität und diskursiver Einheitlichkeit.

Die »Nachfolgergeneration« von DDR-Ökonomen, die selbstredend auch in der Diktion »marxistisch-leninistischer« Wirtschaftswissenschaften dachte, hatte sich jedoch dieses Denk- und Forschungsmuster mehr auf dem Wege »normaler« wissenschaftlicher Arbeit, über Forschung und Lehre angeeignet. In diesem Zusammenhang wurden – befördert durch den Druck, im Rahmen der Dialogpolitik mit der »anderen Seite« wissenschaftlich satisfaktionsfähig zu sein – mehr vergleichende Betrachtungen zu konkurrierenden Theorieströmen angestellt. Und es wurden stärker Möglichkeiten eruiert, die Postulate der »heiligen Lehre« im Zusammenhang mit industriegesellschaftlichen Modernisierungen des Staatssozialismus zu hinterfragen. Neue Interpretationen und veränderte Sichtweisen, die auch bestimmte modernetheoretische Überlegungen westlicher Wirtschaftswissenschaften unter dem Signum ihrer Verwendbarkeit für staatssozialistische Verhältnisse prüften und einschlossen, erfuhren einen gewissen Entfaltungs- und Spielraum.[105]

Einerseits war man fraglos im tradierten Denken der Offizialökonomie eingemauert, die die Vorgänge in der »bürgerlichen« Zunft nach wie vor kritisch begleitete. Doch *andererseits* existierten auch gewisse Bemühungen, über den bisherigen wirtschaftswissenschaftlichen Horizont hinauszugelangen. Insofern waren dann auch wissenschaftliche Untersuchungen nichtmarxistischer Wirtschaftstheorien, eingehendere Beschäftigungen mit dem historischen Erbe in den Wirtschaftswissenschaften und bestimmte Rezeptionsöffnungen die Folge. Diesbezügliche Ansätze zeigten sich dann ab Mitte der achtziger Jahre auch in der Behandlung und Bewertung des Schaffens von Thorstein Veblen. Ein Beleg für diese Tendenz ist beispielsweise, daß nun auch die wichtigsten Schriften von Veblen aufgeführt, entsprechende Passa-

---

105 Vgl. auch Krüger (I) 1990, S. 149ff.

gen dem Leser angeboten sowie Einblicke in die internationale Literatur und Debatte über Veblen und seinen Beitrag zur Formierung des Institutionalismus vermittelt wurden.

Als eine nicht unwichtige Grundlage für die Art des Umgangs mit Veblen in der DDR erwies sich die *Veblen-Beschäftigung innerhalb der Wirtschaftswissenschaften der Sowjetunion*. Vor allem in den fünfziger und sechziger Jahren hatten Ökonomen wie I. G. Bljumin, L. B. Alter, S. Tjulpanow, N. K. Karatajew und A. G. Mileikowski im erheblichen Maße die Untersuchungen zu Inhalt und Theoriegeschichte der bürgerlichen Wirtschaftswissenschaften geprägt. Da im genannten Zeitraum ihre Schriften in der DDR publiziert wurden und fraglos orientierenden Charakter besaßen, erhielten DDR-Wirtschaftswissenschaftler Analysestil und Blickrichtung im Grunde vorgegeben. Insbesondere Bljumin – nach Herbert Meißner »ohne Zweifel im sozialistischen Lager der beste Kenner der bürgerlichen Politischen Ökonomie«[106] – galt mit seinen Schriften *Über die moderne bürgerliche politische Ökonomie*[107], *Die Krise der modernen bürgerlichen politischen Ökonomie*[108] und *Grundriß der modernen bürgerlichen politischen Ökonomie der USA*[109] als Autorität. In der letztgenannten Arbeit findet sich auch ein Abschnitt, der dem Institutionalismus und Veblen gewidmet ist.[110] Einleitend wird mit Blick auf Veränderungen im Kapitalismus der USA zu Beginn des 20. Jahrhunderts festgestellt: »Die veränderte sozialökonomische und politische Lage machte neue Methoden notwendig, die werktätigen Kreise hinters Licht zu führen, da sich ihre Situation unter dem Druck der Monopole noch verschlechtert hatte. Dieser Aufgabe unterziehen sich die Vertreter einer Richtung der Vulgärökonomie der USA, die den Namen 'Institutionalismus' trägt.«[111]

Thorstein Veblen wird dann als der »stärkste Ideologe des Reformismus auf amerikanischem Boden«[112] vorgestellt, als Marx-Kritiker präsentiert, als ein Wissenschaftler, der seine theoretische Arbeit darauf gerichtet habe, die »marxistische Lehre vom Klassenkampf zu kri-

---

106 Meißner 1962, S. 10.
107 Vgl. Bljumin 1960.
108 Vgl. Bljumin 1962.
109 Vgl. Bljumin 1958.
110 Vgl. ebenda, S. 45ff.
111 Ebenda, S. 46.
112 Ebenda, S. 51.

tisieren«[113] und »zu 'begründen', daß man nicht voraussagen kann, in welcher Richtung sich der Klassenkampf zwischen den Kapitalisten und den Arbeitern entwickeln wird«[114].

All dies entwickelte Bljumin im übrigen, *ohne* auch nur eine einzige Quelle von Veblen zu zitieren. Wenn dann von DDR-Ökonomen noch verkündet wurde, der »Wert dieser Schrift« bestehe »für den Fachmann vor allem in dem reichhaltigen Material und in gedanklichen Anregungen ...«[115], müssen die ernsthaftesten Zweifel ob der wissenschaftlichen Seriösität des ganzen Unternehmens aufkommen.

Wurde in späteren sowjetischen Arbeiten zu Veblen wohl mehr Wert auf die Verwendung von Originalquellen gelegt, manches auch differenzierter betrachtet, so blieb er doch ein »Böser«. Beispielsweise schrieb Dvorkin, daß der »Eklektizismus, der für viele bürgerliche Ökonomen typisch ist, in Veblens Schriften besonders deutlich hervor(trat)«[116], daß seine »Auffassung vom Widerspruch zwischen Industrie und Business mit der Marxschen Definition des Grundwiderspruchs des Kapitalismus wenig gemein (hatte)«[117], daß er »das Wesen der Ausbeutung der Arbeit durch das Kapital nicht (begriff)«[118] und »die revolutionäre Rolle der Arbeiterklasse leugnete«[119]. Mit anderen Worten: Veblen hatte eine einzige Philippika hinzunehmen!

Hervorhebenswert ist jedoch, und insofern markiert dies einen deutlichen Unterschied zur DDR, daß in der Sowjetunion 1984 Veblens Werk *The Theory of the Leisure Class* veröffentlicht und von Sorokina mit einer vergleichsweise ausgewogenen Einleitung versehen wurde.[120] Dies war zweifellos ein Ausdruck von Wandlungen im Veblen-Verständnis.

Eine wichtige Grundlage für die Veblen-Beschäftigung in der DDR seit Mitte der achtziger Jahre war die *stärkere Entwicklung einer eigenständigen USA-Forschung*. Mit dem Beschluß des Sekretariats des ZK der SED vom 12.03.1986 über Ausbau und Koordinierung der USA-Forschung eröffneten sich in der DDR politikseitig neue Möglichkeiten. Ideologisch waren somit umfangreichere Analysen zur Geschichte

---

113 Ebenda, S. 52.
114 Ebenda, S. 53.
115 Meißner 1962, S. 13.
116 Dvorkin, S. 87.
117 Ebenda, S. 89.
118 Ebenda, S. 91.
119 Ebenda.
120 Vgl. Veblen/Sorokina 1984.

und Gegenwart der Vereinigten Staaten legitimiert, wissenschaftspolitisch via zentraler Plan der gesellschaftswissenschaftlichen Forschung geradezu gefordert und ressourcenmäßig durch die Bereitstellung entsprechender Kapazitäten gesichert. In diesem Kontext wurden in der DDR dann nicht nur schlechthin mehr Arbeiten über die Vereinigten Staaten publiziert, sondern Historiker, Politikwissenschaftler, Philosophen und Ökonomen der DDR selbst traten mit entsprechenden Forschungsergebnissen zum Themenfeld USA hervor.[121] Angesichts des nun seit Mitte der achtziger Jahre gegebenen neuen Umfeldes wuchs auch unter den Wirtschaftswissenschaftlern das Bemühen, umfassendere und präzisere Untersuchungen zu den Economics in den USA, ihrer Geschichte und bedeutendsten Repräsentanten zu erarbeiten.[122] So erhielten auch Studien zu Thorstein Veblen und seinen Leistungen auf wirtschafts- und sozialwissenschaftlichem Gebiet neue Impulse.

Literatur

Adler, Frank (1989): Das Technokratiekonzept bei Thorstein Veblen, Diplomarbeit, Humboldt-Universität zu Berlin, Berlin.
Aßmann, Georg/Stollberg, Rudhard (1977): Grundlagen der marxistisch-leninistischen Soziologie, Berlin.
Aßmann, Georg u.a. (Hrsg.) (1983): Wörterbuch der marxistisch-leninistischen Soziologie, Berlin.
Autorenkollektiv (1988): Aktuelle Entwicklungstendenzen in der Dialektik von Wirtschaftstheorie und -politik der USA, Berlin.
Behrens, Fritz (1981): Grundriss der Geschichte der politischen Ökonomie, Bd. IV, Berlin.
Bergner, Dieter/Mocek, Reinhard (1976): Bürgerliche Gesellschaftstheorie, Berlin.
Bert, E. (1961): Veblen and Marx, in: Political Affairs, Vol. XL, No. 12, December, S. 54-63.
Bljumin, Israil G. (1958): Grundriß der modernen bürgerlichen politischen Ökonomie der USA, Berlin.
Bljumin, Israil G. (1960): Über die moderne bürgerliche politische Ökonomie, Berlin.

---

121 Vgl. beispielsweise Horn/Schäfer; Montag; Förster; Stock; Röder.
122 Vgl. beispielsweise Sieber 1985; Autorenkollektiv; Krüger (II); Krause 1989, 1990; Sonntag; Müller.

Bljumin, Israil G. (1962): Die Krise der modernen bürgerlichen politischen Ökonomie, Berlin.
Bluhm, Harald (1991): Plädoyer für eine veränderte Sicht auf Marxens Werk, in: M. Brie/D. Klein (Hrsg.), Umbruch zur Moderne? Kritische Beiträge, Hamburg, S. 125-143.
Bönisch, Alfred/Reichelt, Dieter (1976): Bürgerliche Gesellschaftskonzeptionen und Wirklichkeit, Berlin.
Braunreuther, Kurt (1978): Studien zur Geschichte der politischen Ökonomie und der Soziologie, Berlin.
Brockhaus Enzyklopädie (1992), Bd. 18, 19. Auflage, Mannheim.
Coase, Ronald H. (1984): The New Institutional Economics, in: Zeitschrift für die gesamte Staatswissenschaft, Bd. 140, S. 229-231.
Deich, Ingrid (1986): Funktionale und institutionelle Einbindung und berufliche Vereinigung US-amerikanischer Intelligenz, in: Jahrbuch für Soziologie und Sozialpolitik, Berlin, S. 206-215.
Dvorkin, I. N. (1978): Kritik der »technokratischen« und »Manager«-Modelle von der Wirtschaft des Sozialismus, in: Autorenkollektiv, Bürgerliche und kleinbürgerliche ökonomische Theorien über den Sozialismus (1917-1945), Berlin, S. 87-98.
Fabiunke, Günter/Thal, Peter (1988): Geschichte der politischen Ökonomie. Leitfaden, Berlin.
Fiedler, Gert/König, Rainer (1991): Wirtschaftstheorien im Überblick, Berlin.
Förster, Heinz (Hrsg.) (1987): Was ist ein Amerikaner? Zeugnisse aus dem Zeitalter der amerikanischen Revolution, Leipzig und Weimar.
Heilbroner, Robert (1960): Wirtschaft und Wissen, Köln.
Horn, Rüdiger/Schäfer, Peter (1986): Geschichte der USA 1914-1945, Berlin.
Hunt, E. K. (1979): The Importance of Thorstein Veblen for the Contemporary Marxism, in: Journal of Economic Issues, No. 13, S. 113-140.
Krause, Günter (1988): Zum Beitrag Thorstein B. Veblens im US-amerikanischen Institutionalismus, in: Wirtschaftswissenschaft 36, 10, S. 1492-1511.
Krause, Günter (1989): Zur Herausbildung der bürgerlichen politischen Ökonomie in den USA, in: Wirtschaftswissenschaft, 37, 11, S. 1668-1685.
Krause, Günter (1990a): Entwicklungstendenzen der politischen Ökonomie der USA innerhalb des Monopol-Kapitalismus (bis zum II. Weltkrieg), in: Wirtschaftswissenschaft, 38, 8, S. 1170-1192.
Krause, Günter (1990b): Notwendiges Nachdenken über die Wirtschaftswissenschaften der DDR, in: H.O. Hemmer/F.D. Stolt (Hrsg.), Gleichheit, Freiheit, Solidarität. Für ein »Zusammenwachsen« in gemeinsamer Verantwortung, Köln, S. 84-101.

Krause, Werner/Graupner, Karl-Heinz/Sieber, Rolf (Hrsg.) (1989): Ökonomenlexikon, Berlin.
Krüger, Hans-Peter (I) (1990): Moderne Gesellschaft und »Marxismus-Leninismus« schließen einander aus, in: Initial, 2, S. 149-154.
Krüger, Hans-Peter (I) (1992): Demission der Helden. Kritiken von innen 1983-1992, Berlin.
Krüger, Hans-Peter (II) (Gesamtredaktion) (1989): Kapitalverwertung, Wirtschaftspolitik und ökonomisches Denken in den USA. Traditionen – Tatsachen – Tendenzen, Berlin.
Kuczynski, Jürgen (1952): Die politökonomische Apologetik des Monopolkapitals in der Periode der allgemeinen Krise des Kapitalismus, Berlin.
Kuczynski, Jürgen (1966): Die Geschichte der Lage der Arbeiter unter dem Kapitalismus, Bd. 30, Berlin.
Kuczynski, Jürgen (1975): Studien zu einer Geschichte der Gesellschaftswissenschaften, Bd. 1, Berlin.
Lenin, Wladimir, I. (1975): Materialismus und Empiriokritizismus, Berlin.
Marx, Karl (1962): Das Kapital. Erster Band, Berlin.
Marx, Karl (1974): Theorien über den Mehrwert. Dritter Teil, Berlin.
Meißner, Herbert (1962): Vorwort, in: I.G. Bljumin, Die Krise der bürgerlichen politischen Ökonomie, Berlin, S. 5-16.
Meißner, Herbert (Hrsg.) (1967): Bürgerliche Ökonomie im modernen Kapitalismus, Berlin.
Meißner, Herbert (Hrsg.) (1985): Geschichte der politischen Ökonomie. Grundriß, Berlin.
Montag, Claus (Ltr. des Autorenkollektivs) (1986): USA. Außenpolitik in der Gegenwart, Berlin.
Müller, Klaus O. W. (1990): Joseph A. Schumpeter. Ökonom der 90er Jahre, Berlin.
Ökonomisches Lexikon A-K (1970) 2. Auflage, Berlin.
Ökonomisches Lexikon L-Z (1971) 2. Auflage, Berlin.
Pluta, J. E./Leathers, Charles G. (1978): Veblen and Modern Radical Economics, in: Journal of Economic Issues, No. 12, S. 125-146.
Reuter, Norbert (1994): Der Institutionalismus. Geschichte und Theorie der evolutionären Ökonomie, Marburg.
Röder, Karl-Heinz (Hrsg.) (1987): Das politische System der USA. Geschichte und Gegenwart, Berlin.
Rutherford, Malcolm (1994): Institutions in Economics, Cambridge.
Samuelson, Paul A. (1975): Volkswirtschaftslehre, Bd. II, 6. Auflage, Köln.
Schmid, Günther (1989): Die neue institutionelle Ökonomie: Königsweg oder Holzweg zu einer Institutionentheorie des Arbeitsmarktes, in: Leviathan, Nr. 3, S. 386-408.
Sieber, Rolf (1989): Stichwort »Veblen«, in: W. Krause/K.-H. Graupner/R. Sieber (Hrsg.), Ökonomenlexikon, Berlin, S. 592-595.

Sieber, Rolf (Ltr. des Autorenkollektivs) (1985): Wie bürgerliche Ökonomen erzogen werden. Eine Auseinandersetzung mit der »Volkswirtschaftslehre« von Paul A. Samuelson, Berlin.

Simich, J.L./Tilman, Rick (1982): Thorstein Veblen and His Marxist Critics: An Interpretative Review, in: History of Political Economy, No. 14, S. 323-341.

Sonntag, Tom (1990): Darstellung und Kritik des politökonomischen Werkes Thorstein B. Veblens (1857-1929), Dissertation A, Humboldt-Universität zu Berlin, Berlin.

Sorokina, S. G. (1984): Einleitung, in: Th. Veblen, The Theory of the Leisure Class (russ.), Moskau.

Steiner, Helmut (1985): Theoretisch-methodologische Ausgangspunkte für die soziologische Analyse von Reproduktion und Vergesellschaftung, in: Jahrbuch für Soziologie und Sozialpolitik, Berlin, S. 179-198.

Steiner, Helmut (1986): Soziologie in den Kämpfen für Frieden und gegen Krieg in Geschichte und Gegenwart, in: Jahrbuch für Soziologie und Sozialpolitik, Berlin, S. 118-147.

Stock, Walter (1985): High Technology und imperiale Strategie der USA, Berlin.

Stollberg, Rudhard (1960): Geschichte der bürgerlichen Politischen Ökonomie, Berlin.

Tilman, Rick (1992): Thorstein Veblen and His Critics 1891-1963, New York.

Tullock, Gordon (1976): Science's Feet of Clay, in: W. Breit/W.P. Culbertson Jr. (Hrsg.), Science and Ceremony. The Institutional Economics of C.E. Ayres, Austin/London, S. 135-145.

Veblen, Thorstein (1891): Some Neglected Points in the Theory of Socialism, in: Ders., The Place of Science in Modern Civilization and Other Essays (1919), New York 1990, S. 387-408.

Veblen, Thorstein (1899): The Theory of the Leisure Class (russ.), Moskau 1984.

Veblen, Thorstein (1906): The Socialist Economics of Karl Marx and His Followers I. The Theories of Karl Marx, in: Ders., The Place of Science in Modern Civilization and Other Essays (1919), New York 1990, S. 409-430.

Veblen, Thorstein (1907): The Socialist Economics of Karl Marx and His Followers II. The Later Marxism, in: Ders., The Place of Science in Modern Civilization and Other Essays (1919), New York 1990, S. 431-456.

Umweltschutz in einer Veblenschen Perspektive

Beat Bürgenmeier

1. Einführung

Die dominierende Lehrmeinung in den Wirtschaftswissenschaften[1] tritt mit dem Anspruch an, das Umweltproblem konzeptuell im Griff zu haben. Dabei werden zwei sich ergänzende Ansätze vorgeschlagen:[2]

– Der erste betrachtet die Umweltgüter, die durch eine Nutzenkonkurrenz knapp geworden sind, als öffentlich. Um ein freies in ein öffentliches Gut umzuwandeln, genüge es, die externen Kosten nach dem Verursacherprinzip in die bestehenden Märkte zu internalisieren.
– Der zweite Ansatz besteht darin, den selten gewordenen Umweltgütern Eigentumsrechte zuzuordnen und diese auf neu zu organisierenden Märkten zu handeln, um ihren Preis und damit letztlich auch den der Umwelt zu bestimmen.

Beide Ansätze werfen einige grundsätzliche Probleme auf, die eine derartige rein wissenschaftliche Behandlung der Umwelt stark einschränken.

Kritik an dieser Lehrmeinung wird seit langem von den Institutionalisten geübt, angefangen bei jenen der deutschen historischen Schule über die aus der Anfang dieses Jahrhunderts entstandenen Wissenschaft der Soziologie bis hin zu den amerikanischen Institutionalisten. Sie fordern einen evolutionstheoretischen Ansatz in den Wirtschaftswissenschaften. In dieser Hinsicht kommt den Arbeiten von Veblen

---

1   Vgl. Baumol & Oates 1975.
2   Vgl. Frey 1993.

eine zentrale Bedeutung zu, die heute zwar von einigen Wirtschaftswissenschaftlern[3] begriffen, aber im Zusammenhang mit der Umweltschutzproblematik noch oft verkannt werden. Die Konsequenzen für die Ausgestaltung der Umweltpolitik sind bedeutend. Anstatt marktkonform Umweltschutz und Zuordnungen von Eigentumsrechten zu fordern, geht es vielmehr um die institutionelle Ausgestaltung einer Technologiepolitik und deren Wechselwirkung mit den sich verändernden Wertvorstellungen der Gesellschaft der Umwelt gegenüber. Dieser Wertewandel wird nicht nur den Stellenwert der Natur, die sich semantisch in Umwelt verwandelte, stark beeinflussen, sondern auch die Einstellung unserer Gesellschaft der Wirtschaft gegenüber. Die Wirtschaft kann nicht nach zeitlosen, raumunabhängigen Gesetzmäßigkeiten funktionieren, währenddessen einzig die Gesellschaft Veränderungen unterworfen ist. Ein gesellschaftlich verändertes Naturbild verändert eben auch die wirtschaftlichen Abläufe.

Wir behandeln diese Problematik in diesem Beitrag in drei Teilen. Der erste ist den grundsätzlichen Einschränkungen des rein wirtschaftswissenschaftlichen Ansatzes im Umweltschutz gewidmet. Im zweiten gehen wir auf den von Veblen mitgestalteten evolutionären Ansatz ein, indem wir auf seine herausragende Bedeutung für die eigentlich erst später aufgrund von Georgescu-Roegens Arbeiten ins Bewußtsein gerückte Bioökonomie hinweisen.[4] Der dritte Teil schließlich ist der Wirtschaftspolitik gewidmet, die nach einer von Veblen beeinflußten Betrachtungsweise den üblichen Gegensatz zwischen Markt- und Kontrollinstrumenten im Umweltschutz zu überwinden versucht.

2. Umweltschutz in wirtschaftswissenschaftlicher Sicht

Obwohl Thorstein Veblen nicht im Zusammenhang mit dem heutigen Stand der Umweltökonomie genannt wird,[5] kann er dennoch als Pionier betrachtet werden. Wenn es darum geht, nach theoretischen Grundlagen für eine Umweltökonomie zu suchen, wird die Auseinandersetzung mit seinem Werk unumgänglich, da wir ohne weiteres feststellen können, daß sich die neoklassische Wirtschaftswissenschaft

---

3 Vgl. z.B. Tool 1993.
4 Vgl. Georgescu-Roegen 1971.
5 Vgl. Berger 1994.

nur nebenbei für die physische und biologische Umwelt interessiert. Die Einleitung eines der wohl verbreitetsten Lehrbücher für Umweltökonomie beginnt mit folgendem Satz: »Als in den sechziger Jahren die Sorge um die Umwelt sich regte, waren die Ökonomen bereit und warteten.«[6] Dieser stolze Satz, der den Anspruch der Wirtschaftswissenschaft erhebt, die Umweltproblematik konzeptuell im Griff zu haben, täuscht nicht über die Tatsache hinweg, daß die physische und biologische Umwelt für die wirtschaftswissenschaftliche Analyse viele Fragen aufwirft, die bereits von Veblen in irgendeiner Form gestellt wurden. Wir fassen sie in den folgenden fünf Punkten zusammen.

Erstens betrachtet die Wirtschaftswissenschaft die natürliche Umwelt als freies Gut, das so lange kostenlos zur Verfügung steht, bis seine Überbeanspruchung zur Knappheit führt, wodurch es zu einem ökonomischen Gut wird. Die damit verbundene dominierende Umwandlungstheorie unterwirft diesen Vorgang der Modellwelt des Marktes. Dieses mechanistische Vorgehen hat schon immer die Sozialwissenschaften zum Staunen gebracht. Wie es Robert Hettlage ausdrückt: »Es werden 'Externalitäten' konstruiert, deren Erforschung man im Fall möglicher 'Modell-Verschmutzung' an andere Wissenschaften delegieren (und somit die Theorie wieder 'reinigen') kann, sofern diese Erklärungsbemühung überhaupt als nötig erachtet wird.«[7] In einer Veblenschen Perspektive würde ein solcher Umwandlungsprozeß eines freien in ein ökonomisches Gut in einem evolutionstheoretischen Ansatz begriffen werden,[8] wodurch die Frage, wie eine Externalität in ein Marktmodell internalisiert werden kann, gar nicht gestellt würde, da von Anfang an Umwelt und Wirtschaft in einer gesamtheitlichen Betrachtungsweise miteinander verbunden wären.

Der zweite Punkt, der die Wirtschaftswissenschaft vor ein Problem stellt, hängt mit den Internalisierungstechniken zusammen. Da die Umwelt als eine Externalität zum Markt gesehen wird, braucht es einen Eingriff des Staates, um die entsprechenden sozialen Kosten in Geldeinheiten auszudrücken. Obwohl dabei der Einfluß des Staates auf dem Markt je nach dem gewählten Instrument der Internalisierung tendenziell zunimmt, bleibt ein Gegensatz zwischen Markt und Staat bestehen. Der Staat selbst bleibt eine Externalität ebenso wie die Umwelt. Um die Umwelt marktgerecht analysieren zu können, ist ein zweiter exogener Faktor notwendig. Die daraus abgeleitete Diskussion

---

6 Baumol & Oates 1975, S. 1 (unsere Übersetzung).
7 Hettlage 1993, S. 84.
8 Vgl. Hodgson 1993.

um die adäquate, marktkonforme Umweltschutzpolitik ist somit vom vorgegebenen konzeptuellen Rahmen der dominierenden Wirtschaftswissenschaft stark beeinflußt. Eine aus Veblenscher Sicht definierte Politik ginge das Problem wiederum gesamthaft an. Es gäbe keine Externalitäten und Gegensätze zwischen Umwelt, Markt und Staat, sondern eine Gesamtbetrachtung der dabei wirkenden Zusammenhänge.

Der dritte Punkt, bei dem die Wirtschaftswissenschaft im argen liegt, hängt mit der Tatsache zusammen, daß der Wert der Umwelt außerhalb jeglichen Tauschwertes zu definieren ist. Der Wert der Umwelt kann nicht allein durch die Marktkräfte bestimmt werden, da die Umwelt einen Eigenwert besitzt, der stark vom Verhalten der Gesellschaft ihr gegenüber abhängt. Gerade die Verlagerung der gesellschaftlichen Aufmerksamkeit von der Natur auf die Umwelt kann als Indiz benutzt werden, um den damit verbundenen Wertewandel sichtbar zu machen. Eine Umweltschutzpolitik wird deshalb in besonderem Maße durch kollektive Wertvorstellungen legitimiert, die sich über die Zeit hinweg sehr verändert haben. Dabei ist die Umwelt stark ins kollektive Bewußtsein gerückt worden, womit sie einen Prozeß ausgelöst hat, der sämtliche Symbole kollektiver Werte beeinflußt. Die Veränderung dieser Symbole wirkt letztlich auch auf das wirtschaftliche Verhalten ein. Wir haben es deshalb nicht nur mit einem immerwährenden, konstanten Verhaltensmuster zu tun, sondern auch mit einer stetigen Wechselwirkung zwischen gesellschaftlichem Wertewandel und menschlichem Verhalten. Ein Veblenscher Ansatz des Umweltschutzes versucht, den Ursprung dieser neuen gesellschaftlichen Motivation bewußt für ein kollektives Handeln dienstbar zu machen. Die dominierende Wirtschaftstheorie sieht darin jedoch nur ein Optimierungsproblem in einer neuen Bedürfnisbefriedigung, die von der Veränderung der kollektiven Nutzenfunktion ausgelöst wird.[9] Sie läßt dabei die Faktoren außer acht, die diese Veränderung bewirkt haben. Dies bringt uns zurück zu einer alten dogmengeschichtlichen Frage nach dem »richtigen« Preis.[10] Unsere Gesellschaft hat sich daran gewöhnt, auf diese Frage eine wirtschaftliche Antwort zu geben, die Anspruch auf wissenschaftliche Objektivität erhebt: Der »richtige« Preis kann nur der auf Konkurrenzmärkten durch Angebot und Nachfrage bestimmte sein, der, in Geldeinheiten ausgedrückt, einen

---

9 Vgl. Aaron 1994.
10 Vgl. White 1967.

wesentlichen Bestimmungsfaktor jeglicher Nutzen-Kosten-Analyse darstellt. Diese Antwort kann nicht genügen, wenn es darum geht, Werte außerhalb des Marktes zu bestimmen. Ein derartiges Vorgehen hat vor allem dazu geführt, Güter als öffentliche Güter zu erklären und ihren Preis über politische Entscheidungsmechanismen zu bestimmen.

Öffentliche Güter entspringen einem Marktversagen, das somit aus einem anderen Wertverständnis heraus korrigiert werden muß. In der Praxis läuft es dann darauf hinaus, solche Aufgaben, die dem Markt nicht anvertraut werden können, dem Staat zu übertragen. Diese Betrachtungsweise führt wiederum zu einer Polarisierung zwischen Markt und Staat, wobei vor allem in der neuen politischen Ökonomie auch auf Staatsversagen hingewiesen wird. Markt- und Staatsversagen im Bereich der Umwelt haben jedoch wiederum einer Hierarchie von normativem Gehalt Platz gemacht: Wenn schon Marktversagen durch Staatseingriffe korrigiert werden soll, müsse erstens sichergestellt sein, daß die Aufgabe tatsächlich nicht von Marktkräften gelöst werden kann;[11] und zweitens überlasse man, wenn mit Staatsversagen gerechnet werden muß, den Umweltschutz doch lieber dem Markt. Daß der Vergleich zwischen Markt- und Staatsversagen hinkt, wird deutlich, wenn man sich die Kriterien dieses Vergleiches vergegenwärtigt. Effizienz und Rationalität werden dabei als Maßstab angesetzt, um letztlich die Überlegenheit trotz zugegebenen Versagens des Marktes diesem zuzubilligen. Wissenschaftlich ist dieser Vorzug unhaltbar; er ist jedoch, besonders nach der noch zu frisch überwundenen Konkurrenz ökonomischer Systeme, verständlich. Der Gegensatz zwischen Markt und Plan hat eine derart überspitzte Ideologisierung erfahren, daß manchmal die konkrete institutionelle Ausgestaltung der Wirtschaft wegabstrahiert wird. Im Umweltschutz geht es nicht um das Ausspielen von Markt und Staat, von individueller Konkurrenz und kollektivem Plan, sondern um einen Prozeß, der sowohl zu institutionellen Veränderungen der Rahmenbedingungen des Marktes als auch zu einem motivationsverstärkenden kollektiven Bewußtsein führt. Nicht alle Werte können die der Effizienz und der Rationalität sein. Diese Behauptung, mit der die herkömmliche Wirtschaftstheorie in Schwierigkeit kommt, wird durch Veblens Arbeiten erhärtet. Unsere Erläuterung dazu folgt in den Punkten vier und fünf.

---

11 Vgl. Deregulierungskommission 1991.

Der vierte Punkt weist darauf hin, daß durch den Umweltschutz neue Kosten anfallen und daß damit die Bestimmung des Wertes der Umwelt auch von Umverteilungsfragen beeinflußt wird. Wir wissen, daß der Versuch, in der Wohlstandsökonomie objektive Kriterien zur Lösung der Verteilungsfragen einzuführen, bis heute fehlgeschlagen ist.[12] Die Verteilung von Kosten ist demnach Werturteilen ausgesetzt, die nicht nur die Umverteilung zwischen Individuen einer gleichen Generation betreffen, sondern im besonderem Maße die Umverteilung zwischen Generationen, die den Zeithorizont der üblichen Gewinn- und Nutzenrechnungen sprengt. Dazu kommt, daß die vorherrschenden Marktstrukturen, die nicht nur durch Preiselastizitäten der Nachfrage und des Angebots, sondern vor allem durch unvollständige Konkurrenz bestimmt werden, die Abwälzung von Kosten auf die Endnachfrager ermöglichen, aber auch verzerren können. Der so bestimmte Preis spiegelt demnach nicht nur Werturteile in der Umverteilung wider – ist zum Beispiel eine vom Verursacherprinzip bestimmte Kraftstoffpreiserhöhung sozial? –, sondern auch konkrete Situationen, wo Marktmacht schnell mit Macht schlechthin verwechselt wird. Falls solche Strukturen noch durch Kartellabsprachen erhärtet werden, wird dann auch auf die Verteilung zwischen Generationen zugunsten der heutigen Generation Einfluß genommen. Mit dieser Betrachtungsweise nähern wir uns der Veblenschen Analyse, wie sie vor allem im Hinblick auf die kalkulierbare Zukunft vorgenommen wurde.[13]

Der fünfte und letzte Punkt führt uns zu den ethischen Aspekten jeglichen Wirtschaftens. Das Problem der Wertebestimmung bringt ein unausweichliches Dilemma mit sich. Wenn im Umweltschutz Werte außerhalb des Marktes von Bedeutung sind, müßte davon ausgegangen werden, daß Gewinn- und Nutzenmaximierung nicht nur nach Effizienzkriterien, sondern auch nach nicht ökonomischen Kriterien erfolgen sollte. Je stärker jedoch die Konkurrenz, desto kleiner der Spielraum, um nach nicht ökonomischen, ökologischen Kriterien zu handeln. Ethisches Handeln ist somit einfacher in unvollkommener Konkurrenz. Der Platz wirtschaftlicher Ethik nimmt also bei Marktversagen zu, wodurch dann die wirtschaftliche Effizienz abnimmt. Das Dilemma besteht darin, zwischen diesen beiden Polen einen Ausgleich zu finden, ohne dafür über vergleichbare Kriterien zu

---

12 Vgl. Feldman 1983.
13 Vgl. Veblen 1925.

verfügen. Es muß deshalb in konkreten Situationen gezeigt werden, daß das Abweichen von wirtschaftlich optimalen Allokationsprinzipien von einer anderen Warte aus durchaus gesellschaftlich effizient sein kann. Die Kosten eines Verzichts auf bestimmte Produktionsmethoden, die nach den vorgegebenen Preisen auf den Faktorenmärkten durchaus effizient wären, müßten mit einem sozialen Nutzen aufgerechnet werden. Dabei werden Aepfel mit Birnen verglichen, und die ethisch bestimmte Handlung entzieht sich der wirtschaftswissenschaftlichen Analyse. Wir haben es somit nicht mit einem einzigen Kriterium zu tun wie zum Beispiel in der Medizin, wo ethisches Verhalten einzig zum Wohl der Kranken definiert wird. In dieser Beziehung stoßen wir auf eine Problematik, die wir in einem anderen Zusammenhang bereits bei Veblen antreffen und die auch auf die im dritten Punkt erörterten Machtverhältnisse zutrifft, nämlich die in der ethischen Diskussion zum Ausdruck kommende Interessenlage auf den Märkten,[14] die durch Mangel an Transparenz auch die Frage der Kommunikation von Werten aufwirft. Wenn ethisches Handeln von Interessengruppen mitbestimmt wird, müßte offensichtlich gemacht werden, wer die Werte beeinflußt und in den Umlauf bringt. Eine solche Offenlegung würde erlauben zu erkennen, welche Wertvorstellungen wem nützlich sind. Dabei würde die wirtschaftliche Analyse durch eine soziologische Dimension bereichert, wie dies bereits in den Veblenschen Arbeiten versucht wurde.

3. Für einen evolutionären Ansatz in der Umweltschutzpolitik

Unsere Diskussion über einige grundsätzliche Einschränkungen eines rein wirtschaftstheoretischen Ansatzes führt zu einer konzeptuellen Öffnung, die sich in zwei sich ergänzenden Richtungen abzeichnet. Beide können auf Veblen zurückgeführt werden.

Eine der Weiterentwicklungen der Wirtschaftswissenschaften geht in Richtung Naturwissenschaften und versucht, ein umfassendes Modell der konzeptuell möglichen Interaktionen von Biosphäre und Wirtschaft zum Gegenstand interdisziplinärer Forschung zu machen. Dieser Ansatz, ökologische Ökonomie genannt, wurde vor allem von

---

14 Vgl. Veblen 1919.

Martinez-Allier[15], von Daly[16] und von Costanza[17] mitbegründet und hat auch in Europa Anhänger, die sich unter anderem in eine Vereinigung für Bioökonomie[18] zusammengeschlossen haben. Er setzt auf eine umfassende, evolutionäre Analyse, die durch die Arbeiten von Veblen bereits initiiert wurde.[19] Die Suche nach einer ganzheitlichen Wissenschaft ist alt, und auch Veblen wurde von biologischen Ansätzen für die Gesellschaftswissenschaft inspiriert. Wenn jedoch Spencer[20], der Veblen stark inspirierte, als Stellvertreter des Sozialdarwinismus noch stark im Schema der von der Natur gegebenen Auswahl des Besten verharrte und einer Evolutionstheorie, die ohne gesellschaftliche Korrektur optimistisch zu einer vielfältigen Entwicklung führen sollte, das Wort redete, bedeutete Veblens Verständnis über die Abhängigkeit einer solchen Entwicklung von gesellschaftlichen Institutionen bereits eine Abkehr von dem traditionellen, etwas naiven biologischen Ansatz des Sozialdarwinismus.

Veblens Kenntnis der Biologie hat seine Forderung einer evolutionären Wirtschaftstheorie inspiriert, die eine Vordenkerrolle der heutigen Bioökonomie für sich in Anspruch nehmen kann. Die Bioökonomie versucht, mit der neoklassischen Gleichgewichtstheorie zu brechen, die von unbegrenzten Substitutionsmöglichkeiten zwischen natürlichen Ressourcen und Humankapital ausgeht. Diese Substitution von Produktionsfaktoren baut auf den technischen Fortschritt, der durch die Veränderung der relativen Preise auch zu einer Verhaltensänderung der Nachfrage führen soll. Wenn Umweltgüter knapp werden, wird ihre Knappheit über diese Veränderung der relativen Preise signalisiert. Der Zeithorizont wird dabei als unendlich vorausgesetzt und letztlich in der neoklassischen Analyse wegabstrahiert. Eine Evolutionstheorie hingegen bezieht sich explizit auf einen Zeitablauf der wirtschaftlichen Veränderungen. Dabei wird die Brücke zwischen Veblen und der der heutigen Bioökonomie zugrunde liegenden Entropie deutlich,[21] die eine grundsätzliche Infragestellung der Neoklassik beinhaltet. In der Bioökonomie wird von einem Gesamtmodell ausgegangen, das die natürliche Umwelt zusammen mit der

---

15 Vgl. Martinez-Allier 1992.
16 Vgl. Daly 1990.
17 Vgl. Costanza 1991.
18 European Association for Bioeconomic Studies. Vgl. E.A.B.S. 1993.
19 Vgl. Veblen 1934.
20 Vgl. Spencer 1880.
21 Vgl. Georgescu-Roegen 1971.

Wirtschaft als ein in sich geschlossenes, isoliertes System sieht. In einem solchen System käme dann das erste Gesetz der Thermodynamik zur Anwendung, das besagt, daß die in diesem System wirkende Gesamtenergie konstant bleibt, jedoch durch ihre Nutzung die Qualität des Systems abnimmt. Während die Entropie dabei zunimmt, wird es immer schwieriger, brauchbare Energie zu produzieren. Den Substitutionsmöglichkeiten sind deshalb Grenzen gesetzt. Unter der Annahme eines isolierten Systems werden im zeitlichen Ablauf des wirtschaftlichen Geschehens unwiderruflich natürliche Ressourcen in Form von zunehmender unnutzbarer Energie verbraucht. Wirtschaftliche Gesetzmäßigkeiten können deshalb nicht unabhängig von der Zeit definiert werden. Produktionsabläufe können nicht als Kette unendlicher Substitutionen von Ressourcen verstanden werden, sondern sie sind als zeitabhängige Prozesse zu sehen, die irreversibel sind. Die herkömmliche Wirtschaftstheorie kennt den Begriff der Irreversibilität nicht; dieser wird vor allem in der Biologie verwendet und zeigt dabei die Grenzen einer dauerhaften Entwicklung auf. Es erstaunt deshalb nicht weiter, daß Veblen in der dominierenden Lehrmeinung der Wirtschaftswissenschaften mit seiner Forderung einer Umorientierung der Neoklassik nach biologisch inspirierten Ansätzen keinen Platz finden konnte. Eine solche Neuorientierung hätte auch soziale Konsequenzen. Zum einen kommt in der neoklassischen Theorie ein grenzenloser Glauben an die Machbarkeit wirtschaftlicher Entwicklungen zum Tragen. Eine Wissenschaftsgläubigkeit, verbunden mit einem tiefen Vertrauen in die durch die menschliche Genialität immer wieder erneuerte Technik, zeichnet eine Gesellschaft aus, die sich in künstlichen Welten weiterentwickelt. Daß dabei der Mensch selbst immer stärker von den von ihm künstlich erschaffenen Welten abhängig wird, ist nicht Gegenstand wirtschaftswissenschaftlicher Forschung und wird oft hochmütig anderen Sozialwissenschaften überlassen, die die damit verbundenen Veränderungen der Wertvorstellungen unserer Gesellschaft der Umwelt gegenüber kritisch hinterfragen.[22] Daß nun der implizite Pakt zwischen Wirtschaft und Technologie auch den konzeptuellen Rahmen darstellen soll, nach dem sich eine Umweltschutzpolitik auszurichten habe, kann sehr wohl zu einer generellen Legitimationskrise führen, die bereits von Habermas angekündigt wurde.[23]

---

22 Vgl. Lascoumes 1994.
23 Vgl. Habermas 1973.

Eine solche Krise muß Veblen verspürt haben,[24] als er als Sohn eines norwegischen Bauern in den Vereinigten Staaten die Abhängigkeit industrieller Produktion vom Handel und die damit zusammenhängende Dominanz von Spekulation und Finanz kritisierte. Seine Kritik an der herkömmlichen Wirtschaftstheorie hatte demnach auch einen soziologischen Charakter, indem er auf die soziale Rolle der verschiedenen wirtschaftlichen Akteure hinwies, die ihre Renten und ihre Monopolstellungen zu verteidigen suchen und damit auch das Auf- und Niedergehen gesellschaftlicher Gruppen innerhalb der gegebenen Stratifikation verursachen. Damit hat Veblen den rein bioökonomischen Ansatz hinter sich gelassen und ein sozio-ökonomisches Forschungsprogramm vertreten, das heute die zweite Öffnung der Wirtschaftswissenschaft der Umweltproblematik gegenüber darstellt.[25]

Diese Öffnung hat bei Veblen allerdings einen anderen Hintergrund, den wir heute mit Fundamentalökologie umschreiben würden. Veblens Ideal war seiner Herkunft getreu ein »einfaches Leben befreit vom Kult des Geldes und den Erfolgssymbolen des amerikanischen Bürgertums«[26] und hat sicher dazu geführt, daß er mit besonderer Akribie die Freizeitgesellschaft beschrieb mit dem Ziel, auf deren wirtschaftsabhängige und letztlich soziologische Ausgestaltung hinzuweisen, die auch im institutionellen Wandel ihren Niederschlag findet.[27] Damit ist seine Kritik an der herkömmlichen Wirtschaftswissenschaft auch eine soziologische, die heute zu neuen Ansätzen in der Umweltschutzproblematik führt.[28]

Die sozio-ökonomische Erweiterung der wirtschaftswissenschaftlichen Behandlung der Umwelt geht heute in drei Richtungen:

- Die erste hinterfragt die wirtschaftstheoretischen Hypothesen in bezug auf Zeit und Risiko. Damit verbindet sie den bioökonomischen mit einem soziologischen Ansatz und weist auf den verlängerten Zeithorizont hin, der nötig ist, um umweltrelevante Zusammenhänge über die für die wirtschaftlichen Entscheidungen üblicherweise angenommene Zeitspanne hinaus zum Tragen zu bringen. Damit werden Verteilungsprobleme nicht nur zwischen Individuen einer gleichen Generation, sondern auch zwischen

---

24 Vgl. Veblen 1919b.
25 Vgl. Bürgenmeier 1994.
26 Aron 1970, S. XLI.
27 Vgl. Veblen 1899.
28 Vgl. Berger 1994.

Generationen wichtig, und der Generationenvertrag wird somit nicht nur nach wirtschaftlichen, sondern auch nach ethischen Kriterien bewertet. Welche Umwelt wollen wir schließlich den zukünftigen Generationen überlassen? Der sozio-ökonomische Ansatz hinterfragt somit die Entstehung von Motivationen, die in der herkömmlichen Wirtschaftstheorie oft als gegeben erachtet werden. Der Motivationswandel macht demnach wiederum einen evolutionären Ansatz notwendig und legitimiert schließlich auch gesellschaftliches Handeln im Umweltschutz. Die Erforschung des Motivationswandels akzeptiert auch nicht die Verhaltenshypothese wirtschaftlicher Rationalität, die bereits Veblens Kritik ausgesetzt war.[29]
- Eine zweite Richtung der Erweiterung der rein wirtschaftswissenschaftlichen Diskussion der Umwelt wird demzufolge von den Verhaltenswissenschaften gefordert. Arbeiten von Psychologen und Soziologen haben vor allem unbewußte Motivationen, wie Macht, Eifersucht und Neid, zum Gegenstand, die wirtschaftliche Akteure genauso kennzeichnen können wie die angenommene Rationalität.[30] Damit kann auch der Utilitarismus nicht mehr als einzige Grundlage für die Erfassung von umweltgerechten Verhaltensweisen benützt werden. Kriterien zur Erfassung interindividueller Präferenzen können nicht rein wirtschaftswissenschaftlich definiert werden.
- Als dritte Erweiterung kommt dazu, daß die sozio-ökonomische Analyse auch davon ausgeht, daß die angenommene Unabhängigkeit von Angebot und Nachfrage nicht immer gegeben ist und daß Manipulationsversuche dazu führen, die Nachfrage vom Angebot abhängig zu machen, was auch Veblen bewußt war.[31] Damit ist der konzeptuelle Rahmen, mit dem die herkömmliche Wirtschaftswissenschaft die Umwelt zu erfassen versucht, durch unvollkommene Marktstrukturen verzerrt.

Veblen hat somit nicht nur der Bioökonomie, sondern auch dem sozio-ökonomischen Ansatz Pate gestanden. Er nimmt eine, dogmengeschichtlich gesehen, strategische Schlüsselrolle ein, die erst mit der Umweltproblematik voll sichtbar geworden ist. Seine Arbeiten sind von entscheidender Bedeutung für eine evolutionäre Theorie der Wirtschaftswissenschaften und liegen damit an der Scheitellinie zwi-

---

29 Vgl. Veblen 1934.
30 Vgl. Lea u.a. 1987.
31 Vgl. Veblen 1919a.

schen dem älteren Sozialdarwinismus eines Spencer und der Theorie, die den Markt als soziale Konstruktion verstanden wissen will.[32]

4. Umweltschutzpolitik in einer evolutionären Perspektive

Die auf Veblens Arbeiten zurückzuführenden Erweiterungen des rein wirtschaftswissenschaftlichen Ansatzes der Umweltschutzpolitik bringen vorerst eine Methodenvielfalt in die Gestaltung der verschiedenen Instrumente, die zum Umweltschutz eingesetzt werden. Dabei werden marktkonforme Instrumente nicht als Substitution von Kontroll- und Polizeimaßnahmen gesehen, sondern komplementär eingesetzt, um je nach Zielsetzung das optimale Zusammenspiel verschiedener Instrumente zu erreichen, und es wird unterstrichen, daß es sich letztlich um ein gesellschaftliches Regulierungsproblem handelt, das den wirtschaftlichen Rahmen sprengt. Ein erweitertes Blickfeld mißt wiederum der Ausgestaltung der institutionellen Vorgaben einer Umweltschutzpolitik eine hervorragende Bedeutung zu. Diese Ausgestaltung geschieht nicht allein auf juristischem Weg. Sie beeinflußt auch Gebräuche, Sitten und andere ungeschriebene soziale Verhaltensweisen. Eine institutionell inspirierte Umweltpolitik wirkt deshalb auf die Rahmenbedingungen der Wirtschaft ein und versucht, mit Maßnahmen im Bereich der Eigentumsrechte, der Verträge und im Bereich der Städte- und Landschaftsplanung sowie der Planung der Infrastrukturgestaltung, insbesondere der Modalverschiebung vom privaten Individual- auf den öffentlichen Kollektivverkehr, neue Zeichen zu setzen, die zu einer Bewußtseinsbildung und schließlich zu Verhaltensänderungen führen sollen. Dabei öffnet sich der Fächer des politischen Handlungsspielraumes und zeigt die Vernetzung der verschiedenen, im Umweltschutz zur Anwendung kommenden Instrumente auf.

Die sich zur Zeit abzeichnende, etwas naive Opposition zwischen Kontroll- und marktkonformen Maßnahmen wird somit umgangen. Schließlich handelt es sich nicht um eine Substitution von einzelnen Instrumenten auf einzelnen Teilmärkten, sondern um das Einsetzen einer globalen Strategie, die Kausalanalysen durch einen vermehrt

---

32 Vgl. Granovetter 1991.

holistischen Ansatz ablöst. Der komplementären Einsetzung der verschiedenen Instrumente wird größere Bedeutung beigemessen als der Betonung marktkonformer Ansätze, da sie auf die Veränderung der institutionellen Rahmenbedingungen hinwirken. Es werden hier zwei Aspekte relevant. Der erste betrifft das Zusammenwirken verschiedener Disziplinen der Humanwissenschaften. Schließlich bedeutet eine durch die Neugestaltung der Institutionen hervorgerufene Verhaltensänderung der Gesellschaft der natürlichen Umwelt gegenüber auch eine Veränderung des Stellenwertes der Wirtschaft, die, einem Anpassungsdruck ausgesetzt, sich dem ausgelösten Wertewandel anpassen muß. Die Erfassung dieses Wertewandels und die Analyse des außerhalb der wirtschaftlichen Rationalität situierten gesellschaftlichen Verhaltens sind Gegenstand sozialwissenschaftlicher Forschung, die in einem evolutionstheoretischen Ansatz mit den Wirtschaftswissenschaften zusammenarbeiten muß, um die Konsequenzen dieses Wertewandels für die Wirtschaft analytisch erfassen zu können. Eine solche Forschungsstrategie ist deshalb um so dringender, als sie zu neuen Erkenntnissen in der konkreten Ausgestaltung einer operativen Umweltschutzpolitik beitragen kann. Zum Beispiel haben gerade neuere Erfahrungen bei der Einführung einer ökologisch ausgerichteten Steuerreform gezeigt, daß begleitende Maßnahmen im Bereich der Aufklärung, der Information und der Offenlegung von Kontrollmöglichkeiten im institutionellen Bereich die gesellschaftliche Akzeptanz dieser Reform erhöhen. Es wird damit klar, was praktisch arbeitenden Ökonomen schon länger bewußt ist: Um auf operationeller Ebene die Umweltpolitik mitzugestalten, braucht es umfassende Kenntnisse der Institutionen und ihrer historisch gewachsenen Strukturen.[33]

Der zweite Aspekt betrifft die damit zusammenhängende Wahl der zutreffendsten Forschungsmethode. Bei einem solchen Vorgehen kommt der von den wirtschaftlichen Disziplinen vertretene Wissenschaftlichkeitsanspruch nicht im gleichen Sinn zum Tragen. Grundsätzlich wird dabei die Frage aufgeworfen, ob die Wirtschaftswissenschaften in ihrem Anspruch sich nicht zu sehr an Kriterien orientiert haben, die vor allem den Naturwissenschaften entlehnt sind und gleichzeitig von der Wissenschaftsgläubigkeit unseres Jahrhunderts profitiert haben. Veblen war sich dieser Rolle der Wissenschaft bewußt[34] und hat auch aus dieser Optik heraus eine rein wirtschaftlich

---

33 Vgl. Nelson 1987.
34 Vgl. Veblen 1919b.

und zudem eine auf die dominierende Lehrmeinung ausgerichtete Wissenschaft kritisiert. Eine auf einer operationellen, praxisbezogenen Wirtschaftspolitik basierende evolutionäre Theorie der institutionellen Veränderung kann nur von einem methodologischen, vielseitigen Ansatz her bewertet werden. Induktive und deduktive Methoden kombinieren sich dabei und ziehen nicht nur quantitative, sondern vor allem qualitative Veränderungen in Betracht. Damit ist auch gleichzeitig gesagt, daß eine in einer Veblenschen Perspektive ausgerichtete Umweltpolitik nur eine interdisziplinäre sein kann und daß eine nur nach den Prinzipien der dominierenden Wirtschaftswissenschaften ausgerichtete Politik von vornherein zum Scheitern verurteilt ist. Ein systemanalytisches, evolutionäres Vorgehen ist deshalb angezeigt und würde schließlich Veblen zur Ehre gereichen.

5. Schlußbemerkungen

Der durch die Umweltverschmutzung herbeigeführte Wertewandel hat sich in der Forderung von qualitativem anstatt quantitativem Wachstum niedergeschlagen und wird nicht mehr rückgängig zu machen sein. Dieser Wandel findet seinen Ausdruck im Konzept der dauerhaften Entwicklung. Diesem Konzept einen operationellen Inhalt zu geben, stellt eine bedeutende Herausforderung an die handlungsorientierte Forschung dar. Die dauerhafte Entwicklung ist heute zum gängigen Begriff geworden, bleibt jedoch bis auf weiteres eine reine Worthülse. Sie verbindet im Veblenschen Sinne die Ebenen der Wirtschaft, der Natur- und der Sozialwissenschaften und verlangt nach einem evolutionstheoretischen Ansatz. Wenn nach Bedingungen einer dauerhaften Entwicklung Ausschau gehalten wird, werden Grenzen vor allem aus der Sicht der Biologie sichtbar. Die Bedingungen für biologische Gleichgewichte sind eben nicht dieselben wie für wirtschaftliche. Die Überbeanspruchung der Umwelt führt einerseits zu irreversiblen Vorgängen, andererseits drückt sie sich konzeptuell nur in korrigierenden Preiserhöhungen aus. Dabei spielen unterschiedliche Zeithorizonte ebenso eine Rolle wie die von der Gesellschaft auf die Natur projizierten Wertvorstellungen. Hat die natürliche Umwelt nur einen Wert, wenn ihr Nutzen in monetären Einheiten ausgedrückt werden kann? Das Konzept der dauerhaften Entwicklung beinhaltet eine ethische Dimension, die eine Bestimmung der

Werte außerhalb des Marktes verlangt. Wenn nur Nutzen-Kosten-Rechnungen berechtigt wären, den Wert der Umwelt zu bestimmen, würde unsere Gesellschaft eine Identitätskrise ungeahnten Ausmaßes kennen, da sie mit ihrem eigenen moralischen Selbstverständnis kollidieren würde. Eine evolutionäre Betrachtungsweise der historisch gewachsenen Institutionen macht jedoch sichtbar, daß dieses Verständnis sich als wandlungsfähig erwiesen und in vielen geschriebenen und ungeschriebenen Gesetzen niedergeschlagen hat. Auf Verfassungsebene hat unsere Gesellschaft eben nicht Werte des Utilitarismus, sondern des Sozialvertrages und der Solidarität verankert. Dessen sollten sich die dominierenden Wirtschaftswissenschaften in der anstehenden Wertediskussion über die Finalität unseres Wirtschaftens durch eine Öffnung zu evolutionären Ansätzen durchaus besser bewußt werden.

Literatur

Aaron, H.J. (1994), »Distinguished Lecture on Economics in Government, Public Policy, Values, and Consciousness«, in: Journal of Economic Perspectives, Vol. 8, Nr. 2, p. 3-2.

Aron, R. (1970), »Avez-vous lu Veblen?«, Vorwort zur französischen Ausgabe von »The Theory of the Leisure Class«: »Théorie de la classe de loisir« de Th. Veblen, Paris.

Baumol, W.J./Oates, W.E. (1975), The Theory of Environmental Policy, Englewood Cliffs, N.J.

Berger, J. (1994), »The Economy and the Environment«, in: Smelser, N.J./ Swedberg, R. (Hrsg.), The Handbook of Economic Sociology, Princeton, N.J., Kapitel 31.

Bürgenmeier, B. (Hrsg.) (1994), Economics, Environment and Technology. A Socio-Economic Approach, Armonk, New York.

Costanza, R. (1991), »The Ecological Economics of Sustainability: Investing in Natural Capital«, in: Goodland, R./Dety, H./El Seraty, S./von Droste, B. (Hrsg.), Environmentally Sustainable Economic Development: Building on Brundtland, Paris, S. 83-90.

Daly, H.E. (1990), »Sustainable Growth: an Impossibility Theorem«, in: Development, Nr. 3/4, S. 45-47.

Deregulierungskommission (1991) (Unabhängige Expertenkommission der Bundesregierung zum Abbau marktwidriger Regulierungen): Marktöffnung und Wettbewerb, Berichte 1990 und 1991, Stuttgart.

E.A.B.S. (1993) (European Association for Bioeconomic Studies), Entropy and Bioeconomics, Rome.
Feldman, A.M. (1983), Welfare Economics and Social Choices Theory, Boston.
Frey, R.L. (Hrsg.) (1993), Mit Ökonomie zur Ökologie, Basel, Frankfurt a.M.
Georgescu-Roegen, N. (1971), The Entropy Law and the Economic Process, Cambridge, USA.
Granovetter, M. (1991), »The Social Construction of Economic Institutions«, in: Etzioni, A./Lawrence, R.P. (Hrsg.), Socio-Economics, Toward a New Synthesis, Armonk, New York/London.
Habermas, J. (1973), Legitimationsprobleme im Spätkapitalismus, Frankfurt.
Hettlage, R. (1993), »Ökonomie auf dem Weg zur Sozialwissenschaft?«, in: Schweiz. Zeitschrift für Soziologie, Vol. 19, Nr. 1, S. 83-92.
Hodgson, G.M. (1993), Economics and Evolution. Bringing Life back into Economics, Oxford.
Lascoumes, P. (1994), L'éco-pouvoir, environnements et politiques, Paris.
Lea, S.E.G./Tarpy, R.M./Webley, P. (1987), The Individual in the Economy. A Survey of Economic Psychology, Cambridge.
Martinez-Allier, J. (1992), »Valeur économique, valeur écologique«, in: Ecologie Politique, Nr. 1, S. 12-19.
Nelson, R.H. (1987), »The Economic Profession and the Making of Public Policy«, in: Journal of Economic Literature, Vol. 25, Nr. 1.
Spencer, H. (1880), The Study of Sociology, London.
Tool, M.R. (Hrsg.) (1993), Institutional Economics: Theory, Method, Policy, Boston/Dordrecht/London.
Veblen, Th. (1898), »The Beginnings of Ownership«, in: The American Journal of Sociology, Vol. IV, November.
Veblen, Th. (1899), The Theory of the Leisure Class, New York.
Veblen, Th. (1919), The Vested Interests and the Common Man (»The Modern Point of View and the New Order«), reprints of economic classics, New York 1964.
Veblen, Th. (1923), Absentee Ownership and Business Enterprise in Recent Times. The Case of America, reprints of economic classics, New York 1964, insbes. Abschnitt »The Rise of the Corporation«, S. 82-100.
Veblen, Th. (1925), »Economic Theory in the Calculable Future«, in: American Economic Review, Vol. XV, Nr. 1, Supplement, März.
Veblen, Th. (1934), Essays in our Changing Order, reprints of economic classics, New York 1964.
White jr., L. (1967), »The Historical Roots of our Ecological Crisis«, in: Sciences, Vol. 155, März.

Institutionenökonomie und Marktökonomie

Überlegungen zu einem neuerlichen Thema

Hajo Riese

1. Veblen und die markttheoretische Aporie der Theorie der Evolution

(a) Das Szenario

Ökonomie von Institutionen ist Ökonomie oder sie wird nicht sein. Das heißt, daß ökonomische Prinzipien auf Institutionen anzuwenden sind. In den Kontext einer Theorie der Evolution gestellt, sind damit Existenz und Wandel von Institutionen vom analytischen Kriterium der Ökonomisierung von Institutionen und nicht vom morphologischen Kriterium der Institutionen des Wirtschaftens her zu fassen.

Veblen scheitert schon aus methodischen Gründen an dieser Anforderung, indem für ihn Evolution eine Kategorie bleibt, die einen Gegensatz zur Werttheorie bildet. Daran ändert auch nichts, daß er, dem Zeitgeist folgend, die Werttheorie auf die hedonistische Kalkültheorie reduziert[1], mithin die Theorie der Evolution als ein Forschungsprogramm formuliert, das er dem Utilitarismus der Grenznutzenschule entgegenstellt.

Die Preisgabe des Grenznutzenprinzips bedeutet die Preisgabe der werttheoretischen Fundierung der Ökonomie, wenn ihr, aus einer evolutionstheoretischen Perspektive scheinbar plausibel, ihr statischer Charakter vorgehalten wird[2]. Dies wird bei Veblen besonders deut-

---

1 Siehe besonders nachdrücklich Veblen 1909, 1961a, S. 231ff.
2 Veblen 1961a, S. 231f.

lich, wenn er der neoklassischen Ökonomie anlastet, daß sie lediglich Tauschbeziehungen untersuche, indem sie Institutionen als gegeben unterstelle, diese leugne oder wegdefiniere und so die tragende Rolle von Geld und Kredit für die Preisbildung nicht erfasse[3]. Hinter diesem Diktum steht keine alternative ökonomische Theorie, die Institutionen zum Thema macht. Veblen ist kein prä-Keynesianer einer Ökonomie von Institutionen, die beispielsweise die Funktion von Kreditorganisationen für die Preisbestimmung fruchtbar macht; vielmehr bleibt er Institutionalist, der die Berücksichtigung von Institutionen als ein Forschungsprogramm sui generis formuliert.

Erfüllt von der Vorstellung, die Realität einer evolutionären Welt gegen die Gleichgewichtskonzeption einer statischen Theorie ausspielen zu müssen, übersieht er, daß eine Werttheorie das ökonomische Prinzip ausdrückt, genauer gesagt, die Ökonomisierung beschränkter Verfügungsmöglichkeit im Kontext der liberalen Ökonomie theoretisch fundiert. In den modernen Sprachgebrauch übertragen, drückt somit eine Allokationslösung das ökonomische Prinzip aus. Wir werden sehen, daß aus zwingenden methodischen wie inhaltlichen Gründen eine Theorie, die dieses Prinzip mißachtet, den Anspruch verwirkt, eine Theorie zu sein, im besonderen eine *ökonomische* Theorie zu sein[4]. Und es wird zu zeigen sein, daß nicht nur Veblen zu Beginn dieses Jahrhunderts, sondern in gleicher Weise der zeitgenössische Versuch, eine evolutionäre Ökonomie in modernem Gewande zu regenerieren[5], den gleichen Defekt aufweist – wie bei Veblen aus methodischen wie inhaltlichen Gründen fragwürdig wird, indem Realität gegen Theorie und Evolution gegen Statik ausgespielt wird.

Veblen liefert ein instruktives Beispiel dafür, daß es gute Gründe dafür gibt, warum die Ökonomie von Institutionen nicht mehr als ein Schattendasein in der Forschungslandschaft fristet. Anstatt Struktur, Parameter und unabhängige Variable, die der Kern der Preistheorie als Determinanten der Preise vorgibt, aufzubrechen, um sie als Momente der Evolution mit der Preisbestimmung zu verknüpfen, löst sie Veblen von der Preisbestimmung, um dem Prinzip der Evolution zu genügen. Aber Evolution läßt sich nicht gegen den statischen Charak-

---

3 Veblen 1961a, S. 233.
4 Veblen charakterisiert die Grenznutzenschule als taxonomisch, billigt dem Begriff »statisch« nur die Heuristik der Analogie zur Physik zu. Deutlicher läßt sich die Ignorierung eines sich in der Werttheorie ausdrückenden ökonomischen Prinzips nicht artikulieren. Veblen 1899, 1961b, S. 82ff.
5 Siehe als besonders nachdrückliches Beispiel Witt 1987.

ter der Preisbestimmung ausspielen, weil Preise als vom ökonomischen System bestimmte Kategorien zu ihrer Fundierung bestimmende und damit gegebene Kategorien verlangen. Das aber heißt, daß jede Theorie der Evolution mit der Akzeptanz des ökonomischen Prinzips notwendigerweise einen statischen Kern behält.

Damit aber entscheidet die Verknüpfung von ökonomischem Prinzip und Evolution über die Qualität des theoretischen Entwurfs. Das gilt in zweifacher Hinsicht. Es betrifft zum einen den Gehalt der Theorie der Evolution selber, allen voran deren Durchsetzung über Märkte; es betrifft aber zum anderen auch die Form der zugrundeliegenden Allokationslösung, da die bisherige Theoriegeschichte mit der klassischen, neoklassischen und keynesianischen Ökonomie drei konkurrierende Werttheorien hervorgebracht hat, die auf ihre Fruchtbarkeit für eine Theorie der Evolution überprüft werden können.

Einer solchen Auseinandersetzung stellen sich die Theoretiker der Evolution jedoch nicht, weder in bezug auf den evolutorischen Gehalt noch in bezug auf die allokative Fundierung. So spricht Witt vage von einem Interaktions- und Koordinationsproblem einer individualistisch fundierten evolutorischen Ökonomik[6] und landet damit in einem systemtheoretischen Fahrwasser, wo es um die Bedingungen der Durchsetzung von Preisen geht. Veblen wiederum liefert die bloße Idee von einem Prozeß der theoretischen Fundierung der Evolution (und über sie der Herausbildung von Institutionen) das Kriterium[7]. Beide sind von der Vorstellung beseelt, mit einer Theorie der Evolution eine Alternative zum neoklassischen Paradigma zu formulieren[8]; in Wahrheit liefern sie sich dem verhaßten Paradigma aus – sie müssen es, weil ein alternatives Paradigma nicht in ihr Blickfeld gerät.

Um so bemerkenswerter ist es, daß in den letzten Jahrzehnten mit der sog. Neuen Institutionenökonomie ein Forschungszweig entstanden ist, der diesen methodischen Defiziten entgeht, indem er den Funktionen von Institutionen eine werttheoretische Begründung gibt und sie damit in einen allokationstheoretischen Kontext stellt. Es handelt sich, kurz gesagt, um eine neoklassische Theorie der Ökonomik von Institutionen. Die Schlüsselkategorie bilden Transaktionskosten, die auf Institutionen angewandt werden (analog zu den Produktionskosten bei Gütern in der tradierten Werttheorie). Man kann sie als Kosten der Beherrschung und Überwachung, die allgemein Ver-

---

6 Witt 1987, S. 4, S. 190.
7 Veblen 1898, 1961c, S. 76f.
8 So bei Veblen 1961b, S. 84; Witt 1987, S. 2.

tragsbeziehungen verlangen und im besonderen von Institutionen wahrgenommen werden[9], interpretieren.

Für unsere Überlegungen reicht es aus, sich mit dem wirtschaftshistorischen, auf den Wandel von Institutionen rekurrierenden Ansatz von North und dem industrieökonomischen, auf Vertragsbeziehungen durch Institutionen außergerichtlicher Regelungen beruhenden Ansatz von Williamson auseinanderzusetzen[10]. Man kann diese beiden Ansätze so in den Kontext dieser Arbeit einordnen, daß Williamson stärker den allokationstheoretischen, North stärker den evolutionstheoretischen Gesichtspunkt betont. Dabei zeigt sich, daß beide Autoren mit dem Vermeiden der forschungsstrategischen Sackgasse, die die Evolutionstheorie von Veblen bis Witt charakterisiert, zugleich die Grenzen markieren, die einer neoklassischen Theorie der Evolution gesetzt sind – allen voran deren effizienztheoretischer Fundierung gesetzt sind.

In einem abschließenden Kapitel sollen daher auf der Grundlage einer keynesianischen Ökonomie, die Geld als generelle Budgetrestriktion des ökonomischen Systems stilisiert, Aspekte einer Evolutionstheorie skizziert werden. Dabei wird die Auffassung vertreten, daß die keynesianische Ökonomie eine Theorie der Evolution ermöglicht, indem sie dem neoklassischen Prinzip der Allokation beschränkter Ressourcen das Prinzip der Ökonomisierung von Ressourcen, die deren Beschäftigung begründet, durch Knapphalten von Geld entgegensetzt. In dieser Theorie nehmen Institutionen wie die Zentralbank die Steuerungsfunktion des Knapphaltens von Geld wahr bzw. üben Institutionen des Staates und des Arbeitsmarktes die abgeleitete Funktion der Stabilisierung der Ökonomie aus. Und indem das Funktionsprinzip der Ökonomisierung von Ressourcen das neoklassische Effizienzpostulat ersetzt, lassen sich zugleich Bedingungen formulieren, an denen Evolution scheitert.

(b) Anforderungen an eine Preistheorie

Man kann unsere Überlegungen so resümieren, daß eine Theorie der Evolution einer preistheoretischen Fundierung bedarf, deren statische Form den evolutionären Charakter der Theorie nicht behindert.

---

9 Siehe Williamson 1985, deutsch 1990, S. X.
10 Siehe North 1981, deutsch 1988; Williamson 1990. Siehe ferner den Überblick von Richter 1994.

Patinkin hat diese Anforderungen in aller Klarheit, auf einer Seite zusammengefaßt, mit der Distinktion von *Individualexperimenten* und *Marktexperimenten* formuliert[11]. Dabei bezieht er sich zwar auf die Bedingungen, die die neoklassische Ökonomie setzt, läßt aber dabei den allgemeinen Charakter einer Preistheorie deutlich werden.

Damit gelingt es, auf der Grundlage von einer Seite Patinkin den Anspruch der Theorie der Evolution auf der inhaltlichen, methodischen und methodologischen Ebene zurückzuweisen: inhaltlich aus der Notwendigkeit der Bestimmung eines Preisgleichgewichts [Punkt (I)–(V)], methodisch aus den Anforderungen an eine dem Erkenntnisobjekt angemessene Handlungstheorie (Punkt VI) und methodologisch aufgrund der erkenntnistheoretischen Norm einer Distinktion von erfahrungsunabhängigem Apriori und erfahrungsbestimmter Hypothesenbildung einer Theorie (Punkt VII).

(I) *Handlungstheorie und Markttheorie.* Die Distinktion von Individual- und Marktexperimenten liefert der Werttheorie das Gerüst, das die allgemeinen Konstitutionsbedingungen der liberalen Ökonomie ausdrückt. Die Individualexperimente geben das handlungstheoretische Moment bei gegebenen Preisen (im Kontext der neoklassischen Ökonomie darüber hinaus bei gegebenen individuellen Erstausstattungen und Präferenzen) an, während die Marktexperimente – als Zusammenspiel der individuellen Entscheidungen – die Preise erklären. Dabei zeigt sich der allgemeine Charakter dieser Interpretation der liberalen Ökonomie daran, daß sie deren generelle Bindung der liberalen Ökonomie an eine Preistheorie, gleichgültig, ob klassischer, neoklassischer oder keynesianischer Provenienz, ausdrückt[12].

Die liberale Ökonomie als Wirtschaftswissenschaft erhält wiederum ihren Realitätsbezug dadurch, daß wir, um es salopp auszudrücken, im Kapitalismus leben. Zwar ist der Liberalismus nicht die einzige Interpretation einer Gesellschaftsordnung, die die Geistesgeschichte hervorgebracht hat – man denke beispielsweise an den korporativen Staat der Romantik oder die Planwirtschaft eines Sozialismus. Aber derartige Entwürfe haben die ökonomische Theorie nicht nachhaltig beeinflußt, sind sogar eher von der liberalen Ökonomie beeinflußt worden; vor allem berühren sie nicht die Auseinandersetzung mit der

---

11 Patinkin 1956, ²1965, S. 11f.
12 In diesem Sinne steht ebenfalls die marxistische Werttheorie, sinnvollerweise interpretiert als Variante der klassischen Werttheorie, im Kontext der liberalen Ökonomie.

ökonomischen Theorie der Evolution, die sich ausdrücklich als individualistisch versteht[13] und damit im Kontext der liberalen Ökonomie steht. Das aber heißt, daß auch eine ökonomische Theorie der Evolution auf der Distinktion von Individual- und Marktexperimenten beruht.

(II) *Handlungstheorie und ökonomisches Prinzip.* Die Individualexperimente liefern der Werttheorie das kalkültheoretische und damit allgemein das handlungstheoretische Fundament bei gegebener individueller Budgetrestriktion. Damit läßt sich eine Handlungstheorie nicht isoliert von dem sich in der Budgetrestriktion konstituierenden ökonomischen Prinzip begründen.

Der Zusammenhang von Budgetrestriktion und Handlungstheorie ist für eine Theorie der Evolution aus zwei Gründen bedeutsam.

Zum einen zeigt sich, daß sich der spezifische Charakter der Werttheorie aus diesem Zusammenhang ergibt, wobei der Inhalt der Budgetrestriktion die Handlungstheorie bestimmt. So bedingt in der neoklassischen Ökonomie die Budgetrestriktion in Form der Erstausstattung an Ressourcen das Prinzip der optimalen Güterallokation, während in der keynesianischen Ökonomie die Budgetrestriktion in Form von Geld das Prinzip der Vermögenssicherung begründet.

Zum anderen zeigt sich, daß eine Theorie der Evolution ihren ökonomischen Charakter dadurch verliert, daß sie den Zusammenhang der Handlungstheorie mit der Budgetrestriktion ignoriert. Veblen gerät diesbezüglich auf die schiefe Bahn, wenn er die sich im historischen Prozeß vollziehende kulturelle Determination individueller Handlungen gegen das isolierte Entscheidungskalkül des Utilitarismus ausspielt[14]. Denn auch wenn es ihm gelingt, auf diese Weise einen Gegenentwurf zur Teleologie des Hedonismus zu präsentieren, so bedeutet dies zugleich die Loslösung von den ökonomischen Wirkungen individueller Entscheidungen. Um ein derzeit vieldiskutiertes Beispiel anzuführen: Die spezifischen kulturellen Muster, die den Aufstieg der japanischen Ökonomie ermöglicht haben, mögen noch so ausgeprägt sein: Für eine Theorie der Evolution bleiben die ökonomischen Bedingungen, die auf die kulturellen Muster zurückgeführt werden, immer bedeutsam.

---

13 »*Individualistische Grundlagen der evolutorischen Ökonomik*« heißt der Titel von Witt 1987.
14 Veblen 1961c, S. 77.

Analoges gilt auch für Witt. So legt für ihn »die biologische Erbschaft ... vor allem die 'Produktionsbedingungen' des menschlichen Verhaltens fest, ... (während) in der zwischenmenschlichen Interaktion soziale und kulturelle Einflüsse einen entscheidenden Einfluß auf die Inhalte und Zwecke des individuellen Verhaltens (gewinnen)«[15]. Aber die Hoffnung, daß sich über eine Interaktion und Koordination individueller Entscheidungen klären ließe, »wie Leistungen und Vermögen der Individuen unter den herrschenden institutionellen Gegebenheiten (sic!) bewertet werden« und damit den Spielraum für neue Handlungsmöglichkeiten schaffen[16], erweist sich als Illusion, weil der Stellenwert der ökonomischen Bedingungen, die Innovationen in Japan ermöglichen und in Brasilien ausschließen, nicht allein von den Handlungsmöglichkeiten her erklärt werden kann.

Das Mißverständnis, das in gleicher Weise Witt wie auch Veblen trifft, ist prinzipieller Natur: Wirtschaftliches Handeln hat eben nicht, wie die Theorie der Evolution postuliert, »an sich« eine evolutorische Dimension[17]. Seine Merkmale bleiben vielmehr in die Theorie eingebettet, sind eine Konstruktion, die die Anforderungen an die Theorie setzt: Ein Haushalt verhält sich anders als ein Vermögensbesitzer und ein Unternehmer wiederum anders, ob er Knappheit verwaltet oder Innovationen durchzusetzen beabsichtigt. Hier liegt der Grund dafür, warum das Grenznutzenprinzip jenseits dessen utilitaristischer Begründung auch heute noch als Wahlhandlungsmaxime, eben als Wahlhandlung unter einer Budgetrestriktion, der neoklassischen Allokationstheorie das Fundament liefert, während die instinktpsychologischen Betrachtungen eines Veblen bestenfalls von dogmengeschichtlichem Interesse sind[18].

(III) *Markttheorie und Gleichgewicht*. Marktexperimente erhalten ihren Stellenwert für die Werttheorie dadurch, daß sie die Bedingungen der Preisbestimmung ausdrücken. Ihr spezifischer Stellenwert gegenüber den Individualexperimenten besteht darin, daß der Preis nicht mehr als unabhängige Variable der Allokationslösung fungiert, sondern innerhalb des Rahmens, den die Allokationstheorie vorgibt, zu erklären ist. Dabei liefern vollkommene Konkurrenz als Strukturmerkmal

---

15 Witt 1987, S. 147.
16 Witt 1987, S. 190.
17 »Wirtschaftliches Handeln hat eine evolutorische Dimension« heißt die Überschrift von Kapitel III.13 bei Witt 1987, S. 147.
18 Siehe dazu auch Riese 1975, S. 44f.

des Marktes, die Präferenzen der Individuen als Handlungsmaxime und deren Erstausstattungen als Budgetrestriktion den Spezifika einer neoklassischen Allokationstheorie nicht mehr als den notwendigen Rahmen.

Demgegenüber sind Marktexperimente allgemeiner Natur, indem sie die generellen Konstitutionsbedingungen der liberalen Ökonomie reflektieren. Marktexperimente und nicht die Spezifika der Allokationstheorie verlangen die Formulierung eines Marktgleichgewichts. Patinkin drückt es klipp und klar aus: Die Bestimmung des Gleichgewichts auf einem Markt stellt ein methodisches Erfordernis dar, weil es eine zufällige Änderung des Preises ausschließt, somit die Preisbestimmung auf den Einfluß unabhängiger Variablen reduziert.

Diese Anforderung an eine Markttheorie erhält dadurch ihren allgemeinen Charakter, daß sie methodischer Natur ist. Sie gilt folglich auch für eine Theorie der Evolution, die daran interessiert sein muß, irgendwelche zufälligen, sich nicht aus dem Forschungsprogramm ergebenden Einflüsse auf die Preisbestimmung auszuschalten. Damit aber muß sie, will sie Markttheorie sein, in gleicher Weise wie die Allokationstheorie auf einer Gleichgewichtskonzeption basieren. Daß sie demgegenüber von Veblen bis Witt Evolution gegen die Gleichgewichtskonzeption ausspielt, reflektiert das Mißverständnis, Gleichgewicht an die Allokationstheorie anstatt an Marktexperimente zu binden[19] – ein Mißverständnis, dessen tiefsitzende erkenntnistheoretische Dimension sich daran zeigt, der Gleichgewichtskonzeption fiktiven Charakter vorzuhalten.

(IV) *Änderungen unabhängiger Variablen als Moment der Evolution.* Patinkin weist zugleich auf die Konsequenzen einer Gleichgewichtskonzeption hin, die ihren methodischen Stellenwert dadurch erhält, zufällige Preisänderungen auszuschalten. Sie bestehen darin, daß Preisänderungen das Resultat von vorhergehenden Änderungen der unabhängigen Variablen sind. Patinkin ist auch hier eindeutig: Marktexperimente beruhen darauf, daß die Wirkungen von Änderungen von unabhängigen Variablen auf den Gleichgewichtspreis untersucht werden. Das aber heißt, daß eine komparativ-statische Analyse ein genuines Instrument der Markttheorie ist, somit die Preisbestimmung als Marktexperiment einer derartigen Analyse bedarf.

---

19 Siehe z.B. Witt 1987, S. 2f.

Dabei handelt es sich um allgemeine Anforderungen an die Markttheorie, die somit ebenfalls auf dem statischen Kern einer Markttheorie fußen, die Theorie der Evolution sein will. Das Mißverständnis, die komparative Statik demgegenüber als eine Denkform zu präsentieren, die die Offenheit eines sich aus individuellen Handlungsmöglichkeiten ergebenden Wandels als Prinzip der Evolution ausschaltet[20], resultiert daraus, den Zusammenhang von Evolution und ökonomischem Prinzip zu ignorieren. Dabei wird am Prinzip der Offenheit der Entwicklung dieser Zusammenhang besonders deutlich: Da sich der Erfolg von Handlungsmöglichkeiten am Marktergebnis zeigt, bindet sich eine Theorie der Evolution, die das Auftreten von Neuerungen endogen erklären will, in dem Moment an die komparative Statik exogener Änderungen, wenn es um die theoretische Fundierung des Marktergebnisses geht. Denn Evolution begründet keine Knappheit, die sich vielmehr im ökonomischen Prinzip ausdrückt. Unterschiede im Inhalt erfordern jedoch entsprechende Methoden: So gesehen, scheitert die Theorie der Evolution daran, daß sie mit dem Ausspielen von Evolution gegen Allokation Ökonomie gegen Wandel austauscht.

An dieser Stelle braucht nur angedeutet zu werden, daß die Anforderungen an eine Markttheorie, komparativ-statisch fundierte Preistheorie zu sein, den Streit zwischen neoklassischer und keynesianischer Ökonomie nicht berührt. Denn die Praxis, der neoklassischen Ökonomie preistheoretischen Gehalt, der keynesianischen Ökonomie einkommenstheoretischen Gehalt zuzumessen, folgt, wie sich an der Distinktion von Mikroökonomie und Makroökonomie der Lehrbuchliteratur zeigt, eher gängigen Klischees, als daß sie eine angemessene markttheoretische Fundierung aufwiese. Aus einer markttheoretischen Perspektive konstituiert vielmehr die neoklassische Ökonomie die Einkommensbildung als abhängige, die keynesianische Ökonomie die Einkommensbildung als unabhängige Variable der Ressourcenausstattung. Damit aber bildet im Kontext der keynesianischen Ökonomie Einkommen eine Form der Budgetrestriktion – angesichts der monetären Fundierung der Einkommensbildung aus dem Knapphalten von Geld eine vom Vermögensmarkt abgeleitete Budgetrestriktion. Andere Formen der Einkommensrestriktion, wie sie beispielsweise das »false-trading«-Konzept der Neuen Keynesianischen Makroökonomie postuliert, bleiben denn auch Ausformungen der neoklassischen Ökonomie – eben Formen der neoklassischen Synthese.

---

20 Witt 1987, S. 21ff.

(V) *Die Wirkungen auf den Gleichgewichtspreis*. Marktexperimente bedeuten, *denjenigen* Preis zu erklären, der Gleichgewicht etabliert (»establisher« bei Patinkin). Die Schlüsselkategorie liefert dabei nicht, wie wir gesehen haben, die Art der Gleichgewichtskonzeption, sondern liefern die Rahmenbedingungen, genauer gesagt, die *Änderungen* der unabhängigen Variablen, die den Gleichgewichtspreis bestimmen. Damit aber sind in der Preistheorie die Anforderungen an eine Theorie der Evolution bereits angelegt, gleichgültig, ob wie bei Veblen die kulturelle Determination des historischen Prozesses oder wie bei Witt der Wandel, der Neuerungen ermöglicht, der Evolution die Richtschnur liefert. Evolution zeigt sich somit an der *Durchsetzung* von Marktexperimenten. Dieses Kriterium stellt die Verbindung der Theorie der Evolution zur Werttheorie und damit zum ökonomischen Prinzip her. Und diese Verbindung erfaßt – man möchte sagen: selbstverständlich – ebenfalls einen endogen verursachten Wandel, erzwingt sogar dessen theoretische Fundierung in der Form einer komparativ-statischen Analytik kontinuierlicher Änderungen der unabhängigen Variablen[21].

---

21 Wenig überraschend kommt auch die Theorie der Evolution nicht umhin, den Zusammenhang von Evolution und ökonomischem Prinzip zu thematisieren. So spricht Witt davon, daß »(sich) (d)ie Zusammensetzung der in einer Volkswirtschaft produzierten Waren ... innerhalb weniger Jahre ebenso wie ihre Preisstruktur (ändert). Neue Produkte und Verfahren werden gesucht und selbst bis zur Marktreife entwickelt oder aus fremden Märkten eingeführt. Neue Ideen und Bedürfnisse artikulieren sich und breiten sich aus. Die technischen und organisatorischen Voraussetzungen der Produktion schichten sich um. Die Anforderungen an Qualifikation und Wissen der Beschäftigten verändern sich fortlaufend. Die institutionellen Formen der wirtschaftlichen, sozialen und politischen Organisation wandeln sich innerhalb einer Generation: Zusammensetzung und Funktion der Familie, Entscheidungsbefugnisse und Rechte in Betrieben, formelle und informelle Formen der Interessenvertretung, Nutzung politischer und staatlicher Institutionen durch die Gesellschaftsmitglieder usw. Ebenso unterliegen Geschmack, Gewohnheiten, Wertvorstellungen und Ideologien einer permanenten Modifikation durch Erfahrung und Beeinflussung durch die Umwelt«. Um so erstaunlicher ist dann die formale Eliminierung des ökonomischen Prinzips, anstelle der Änderung der Preise ein bloßes Interaktions- und Koordinationsproblem zu thematisieren. Und wenn dann Witt darüber hinaus noch anmerkt, daß die Erfassung dieser Änderungen die Voraussetzung dafür liefert, »verständlich zu machen, worin der Unterschied zwischen unterentwickelten und entwickelten Wirtschaftsformen besteht und wie die eine in die andere übergehen konnte«, so bleibt es schleierhaft, daß er das ökonomische Prinzip aufgibt, indem er konstatiert, daß »die

(VI) *Die Notwendigkeit einer genuinen Handlungstheorie.* Betrachtet man die formale Struktur der Marktexperimente, so scheinen (jenseits der Marktstruktur) Präferenzen der Handelnden und deren Budgetrestriktion den gleichen Stellenwert aufzuweisen, weil sie die notwendigen Bedingungen der Ableitung eines Preisgleichgewichts bilden. Bezogen auf ihren ökonomischen Gehalt ist dies jedoch nicht der Fall. Das zeigt ein Blick auf die Logik der Individualexperimente. Sie besagt, daß mit den Präferenzen Preise und Budgetrestriktion vorzugeben sind, damit das individuelle Optimum ableitbar wird. Deshalb muß, auf die Theorie der Evolution bezogen, bei der Analyse von Handlungssituationen und Verhaltensweisen die Budgetrestriktion, die sie bedingt, bereits »mitgedacht« werden. Die Subjekt-Objekt-Beziehung ist somit deshalb fragwürdig, weil das subjektive Moment der Theorie erst auf der Grundlage des objektiven Moments, der von der Theorie gesetzten Budgetrestriktion, begründbar ist.

Das zeigt sich auch an der Ableitung der optimalen Güterkombination des Haushalts in der Lehrbuchliteratur, die das *Einkommen* des Haushalts als Budgetrestriktion einführt – somit in einer isolierten Haushaltstheorie *bewertete* Ressourcen die Budgetrestriktion konstituieren. Die Haushaltstheorie liefert somit keineswegs Individualexperimente im Sinne von Patinkin, indem für sie Preise nicht nur als unabhängige Variable des Entscheidungskalküls des Individuums figurieren, sondern zugleich auch in dessen Budgetrestriktion erscheinen – eine markttheoretische Aporie, die es einer Theorie der Evolution verbietet, Evolution isoliert von einer Handlungstheorie her zu konzipieren. Somit zwingt die Logik der Individualexperimente die ökonomische Theorie der Evolution, sich am ökonomischen Prinzip zu orientieren und es ihr nicht umgekehrt unterzuordnen.

Man sieht, daß Patinkins Distinktion von Individual- und Marktexperimenten das Mißverständnis auflöst, wirtschaftliches Handeln habe »an sich« eine evolutorische Dimension, indem dieses einen werttheoretischen Bezug erhält, d.h. vom ökonomischen Prinzip her abgeleitet wird. Das ist eigentlich auch eine Selbstverständlichkeit. So sieht der Neoinstitutionalist Williamson im Gegensatz zu den Evolutionstheoretikern Veblen und Witt, daß eine Transaktionskostentheorie einer genuinen Handlungstheorie bedarf: begrenzte Rationalität und

---

ökonomische Theorie alle diese Faktoren als exogen behandel(t)«. Witt 1987, S. 12f.

Opportunismus sind die Verhaltensweisen, die er seiner Analyse von Verträgen zugrundelegt[22]. Aber Williamson ist eben Neoklassiker, der deshalb den Bezug zur Werttheorie für selbstverständlich hält, während unsere Evolutionstheoretiker meinen, Evolution gegen die Neoklassik ausspielen zu müssen.

(VII) *Gleichgewicht als aprioristischer Kern der Theorie.* Es kann nicht verwundern, daß eine Theorie, die sich der methodischen Implikationen ihres verhaltenswissenschaftlichen Fundaments so unsicher ist, von einer fragwürdigen erkenntnistheoretischen Grundlage aus operiert. Das gilt auch für den Zusammenhang von Handlungstheorie und Preistheorie. So verbirgt sich hinter der Unterscheidung der Gleichgewichtspreise des Marktes von den unabhängigen Variablen, die sie bestimmen, die auf Kant zurückgehende erkenntnistheoretische Norm, zwischen dem Apriori einer Theorie als Bedingung für Erfahrung und Aussagen der Theorie zu unterscheiden.

Diese erkenntnistheoretische Norm verletzt die Evolutionstheorie. Das spiegelt sich darin wider, daß Realität gegen Theorie ausgespielt wird, indem dem Apriori der Theoriebildung, das notwendigerweise als exogenes Moment erscheint, empirische Bedeutung unterstellt wird[23]. Dynamik wird als Abbild der Realität präsentiert, Statik als Verweigerung der Realität. Und, unnachahmlich bei Veblen, »proliferation« gegen »a balanced system« gesetzt[24]. Die Argumente bei Veblen und Witt (der im übrigen auf Veblen nicht eingeht) gleichen sich fast bis aufs Wort. So hält Veblen der neoklassischen Ökonomie vor, der dynamische Charakter ihrer Theorie beziehe sich auf die Bestimmung und Steuerung des Ergebnisses des Prozesses, aber nicht auf den Prozeß als solchen[25]; analog moniert Witt, daß die neoklassische Ökonomie »Veränderungen und ihr Zustandekommen nur bruchstückhaft erfaßt, wenn sie sie bloß als Übergang zwischen stets bereits bekannten, exogen vorgegebenen Alternativen interpretiert, der unter dem Druck (exogen) veränderter Opportunitätskosten zustande kommt«[26]. Mit einer derartigen Loslösung der Evolution von der Werttheorie liefern sich ihre Protagonisten den vielfältigen Erschei-

---

22 Williamson 1990, S. X.
23 So z.B. von Witt 1987, S. 3f.
24 Veblen 1900, 1961d, S. 165.
25 Veblen 1961d, S. 165.
26 Witt 1987, S. 11f. Witt meint denn auch, mit diesem Monitum die Neue Institutionenökonomie in die Schranken weisen zu können.

nungsformen der Evolution aus – die Realität ist, wie es so schön heißt, komplex[27]. Die Realität ist jedoch nicht komplex, weil die Erscheinungsformen so vielfältig sind, sondern weil der erkenntnistheoretische Stellenwert eines Aprioris nicht erkannt wird. Das erkenntnistheoretische Defizit der Evolutionstheorie zeigt sich eben darin, daß sie die Funktion des Aprioris, der Theorie die Strukturierung zu liefern, nicht sieht.

Darin spiegelt sich wider, daß die Notwendigkeit einer analytischen Distinktion von unabhängigen Variablen bzw. Rahmenbedingungen und Kern der Theorie nicht erfaßt wird. Es wird übersehen, daß die Gleichgewichtspreise als Kern der Theorie nicht Realität widerspiegeln – und *deshalb* die Realität zu überprüfen vermögen[28]. Aus diesem Grunde geht auch der Tautologievorwurf, der bisweilen der neoklassischen Alloktionstheorie gemacht wird[29], in die Irre: Der Kern der Preistheorie *muß* tautologisch, also empirisch leer sein, damit er als ökonomisches Prinzip einer empirisch gehaltvollen Hypothesenbildung das methodische Fundament liefert. Das aber heißt, daß sich hinter dem Ausspielen der »dynamischen« Evolution gegen die »statische« Gleichgewichtskonzeption[30] die erkenntnistheoretische Aporie verbirgt, empirisch gehaltvolle Hypothesen gegen den aprioristischen Kern der Theorie zu setzen.

---

27 So spricht Witt beispielsweise davon, daß die Interaktion und Koordination auf Evolution zielender Handlungen komplexe Prozesse beinhalte. Witt 1987, S. 190.
28 Analog unterscheidet Lakatos auf der Grundlage der modernen Methodologie der Erfahrungswissenschaft zwischen dem »harten Kern« einer Theorie, der nicht falsifizierbar ist, und »Hilfshypothesen«, die diese Theorie anwenden und ihm den »Schutzgürtel« liefern. Lakatos 1970, deutsch 1974, S. 129ff.
29 So spricht Williamson im Vorwort zu seiner Institutionentheorie von einem »behaupteten tautologischen Charakter« des Transaktionskostenansatzes, um dann, methodologisch korrekt, fortzufahren, daß desungeachtet »die Operationalisierung allmählich Gestalt an(nahm), (a)ls sich bestimmte Muster wiederholten und Gemeinsamkeiten festzustellen waren.« Williamson 1990, S. IX. Mittelbar findet sich der Tautologievorwurf auch bei Witt 1987, S. 3.
30 Besonders prononciert Witt 1987, S. 2ff.

2. Der Beitrag der Neuen Institutionenökonomie

(a) Die Verbindung zur Theorie der Evolution

Bei Veblen ergibt sich die Verbindung der Evolutionstheorie zum Institutionalismus aus ihrer Abkehr von der Werttheorie, deren Stelle dann Institutionen einnehmen. Er verwendet dafür das plastische Bild von einer neoklassischen Ökonomie, die eine Theorie der Bewertung sei, die den Bewerter übersehe – somit die Bewertung, die Institutionen bewirken, außer acht lasse[31]. Prägnanter läßt sich zwar eine handlungstheoretische Begründung von Institutionen nicht ausdrücken. Aber mit dieser Begründung entzieht sich Veblen einer Ökonomie von Institutionen. Er konstituiert kein genuines ökonomisches Prinzip für Institutionen; diese substituieren vielmehr das ökonomische Prinzip. Und indem er den Bezug zur Werttheorie mit der Begründung eliminiert, daß sie Institutionen als gegeben betrachte, leugne oder wegdefiniere[32], offenbart er das Manko eines Ansatzes, der die Durchsetzung von Marktbedingungen im Prozeß der Evolution ignoriert.

Veblen unterstreicht die verhaltenswissenschaftliche Begründung von Institutionen, indem er sie auf die vorherrschenden geistigen Anlagen (habits of thought) in der Gesellschaft zurückführt, die wiederum das Ergebnis der Lebensgewohnheiten (habits of life) seien[33]. Man kann einen solchen Ansatz als materialistisch bezeichnen. Veblen selbst stellt den Bezug zu Marx her, auch wenn er dessen Begründung aus Klasseninteressen verwirft, weil der Wechsel von Institutionen nicht mit jener Bereitwilligkeit erfolge, die ein Klasseninteresse erfordere[34].

In der modernen Evolutionstheorie eines Witt tritt dieses verhaltenstheoretische Muster, sich jetzt nicht mehr unmittelbar auf Institutionen beziehend, in Form einer kognitivistischen Interpretation menschlichen Verhaltens auf. Sie wird dadurch für die individualistische Fundierung der Ökonomik relevant[35]. Es ist nicht verwunderlich, daß die moderne Evolutionstheorie sich hierbei auf Schumpeters

---

31 Veblen 1899, 1961e, S. 144.
32 Veblen 1961a, S. 233.
33 Wiederabgedruckt in Veblen 1961f, S. 314.
34 Veblen 1961f, S. 314.
35 Witt 1987, S. 121ff.

1912 erschienene Theorie der wirtschaftlichen Entwicklung bezieht: in der Gestalt des dynamischen Unternehmers, der Neuerungen durchsetzt – Schumpeters fabulöse »Durchsetzung neuer Kombinationen« –, findet sich das Menschenbild der evolutorischen Ökonomik wieder, wobei hinzukommt, daß Schumpeter die Entwicklungsidee ausdrücklich gegen die Statik der neoklassischen Gleichgewichtstheorie, in deren Tradition der Österreicher aufgewachsen ist, konzipiert[36].

Aber der Rekurs auf Schumpeter vermag der Evolutionstheorie keine Legitimationsgrundlage zu liefern; vielmehr offenbart er ihre Schwächen. Denn Schumpeter liefert keine bloße Soziologie (oder Sozialpsychologie) des Unternehmers, sondern stellt sie in den Kontext der Werttheorie, indem die Durchsetzung neuer Kombinationen den Profit zu erklären hat. In eine theoriegeschichtliche Perspektive gestellt, nimmt Schumpeters Profiterklärung die Stelle von Böhm-Bawerks Theorie der Mehrergiebigkeit von Produktionsumwegen ein, die er, als Schüler von Böhm-Bawerk, mit guten Gründen als eine unzureichende Profiterklärung empfand.

Schumpeters Profittheorie hat jedoch wie die seines Lehrers entscheidende Mängel. Denn indem er den Unternehmergewinn kapitaltheoretisch fundiert, ihn als Quelle des Zinses interpretiert (so daß er ihn scharf von der Quasirente abgrenzen muß), impliziert seine Theorie, daß in einer stationären Wirtschaft der Profit Null ist bzw. sich als kontinuierlicher Einkommensstrom aus temporären Gewinnen der Unternehmer deduzieren läßt[37]. Beides widerspricht einer knappheitstheoretischen Fundierung des Profits, die Schumpeter folglich durch Evolution wegeskamotiert. Witt sieht dies durchaus, indem er konstatiert, »(es) wird die statische Darstellung des gesamtwirtschaftlichen Gleichgewichts ... umgedeutet in eine Theorie eines realen, stationären Verhaltens einer Wirtschaft«[38] – bezeichnenderweise, so möchte man hinzufügen, sieht Witt dies, weil diese Umdeutung einem Forschungsprogramm entspricht, das die Werttheorie durch eine bloße Hand-

---

36 Witt widmet Schumpeters Theorie eine umfangreiche Untersuchung im einen Überblick der Beiträge zur evolutorischen Ökonomik umfassenden II. Teil der Arbeit. Witt 1987, S. 31ff.
37 Witt macht es sich diesbezüglich einfach, indem er von Gründergewinnen spricht, die wieder wegkonkurriert werden, und dann schlicht konstatiert: »Gleichwohl ist der temporäre Gründergewinn für Schumpeter die weitaus wichtigste Quelle der Bildung großer Vermögen«. Witt 1987, S. 38.
38 Witt 1987, S. 35.

lungstheorie ersetzt. Das werttheoretische Defizit in Schumpeters Entwicklungstheorie macht deshalb deren Attraktivität für die moderne Theorie der Evolution aus.

Die Neue Institutionenökonomie entgeht demgegenüber den Implikationen einer Substitution der Werttheorie zugunsten von Institutionen bzw. einer bloßen verhaltenswissenschaftlichen Fundierung von Evolution aus einem forschungspragmatischen Grunde. Sie entwickelt sich aus dem »mainstream« ökonomischen Denkens, versteht sich als eine Weiterentwicklung der neoklassischen Ökonomie, auf deren Grundlage Institutionen zu analysieren sind[39]. Die Ökonomie von Institutionen wird dadurch zugleich zur Kritik der neoklassischen Ökonomie in ihrer Ausprägung als Gütermarkttheorie[40].

Dabei verläuft auf den ersten Blick die Kritik nicht anders als bei Veblen, indem der neoklassischen Ökonomie, so North, vorgehalten wird, daß »es keine Institutionen gibt und ... jede Veränderung auf einem vollkommen funktionierenden Markt vor sich geht«[41]. Aber zugleich wird eine Kategorie eingeführt, die sich eben bei Veblen nicht findet, indem die neoklassische Gütermarkttheorie als eine reibungslose Welt charakterisiert wird, in der es »keine Informationskosten, keine Unsicherheit und keine Transaktionskosten (gibt)«[42]. Damit bilden Transaktionskosten, allgemein verstanden als Kosten, die die Begründung und Benutzung von Institutionen verursachen[43], das Bindeglied zwischen Institutionen und Werttheorie. Sie repräsentieren das ökonomische Prinzip einer Analyse von Institutionen und konstituieren dadurch eine Ökonomie von Institutionen. Transaktionskosten erfüllen somit die methodische Anforderung an eine Theorie der Evolution, indem sie ihr das werttheoretische Fundament geben. Das gibt zugleich der Ökonomik der Institutionen ihren paradigmatischen Charakter – Williamson und North begründen ausdrücklich eine *neoklassische* Theorie von Institutionen (und deren Wandel).

Demgegenüber bleibt in der tradierten Evolutionstheorie, wie sie von Veblen und Witt vertreten wird, der Anspruch, eine Alternative

---

39 Siehe dazu ebenfalls Schmid 1989, S. 388.
40 So Richter im Vorwort zu seiner Einführung in die moderne Ökonomie von Institutionen. Richter 1994, S. V.
41 North 1988, S. 5.
42 North 1988, ebd.
43 Richter 1994, S. V. Arrow spricht entsprechend von Transaktionskosten als Kosten der Betreibung eines Wirtschaftssystems. Arrow 1969, S. 48.

zum neoklassischen Forschungsprogramm zu formulieren, bloßes Postulat, das nicht eingelöst wird und, wie wir gesehen haben, aus erkenntnistheoretischen, methodischen und inhaltlichen Gründen auch nicht einlösbar ist[44]. Das neoklassische ökonomische Prinzip verlangt, daß Effizienz der Ökonomik von Institutionen das Kriterium liefert. Es liefert deshalb auch der folgenden Analyse die Richtschnur. Dabei wird auf den industrieökonomischen Ansatz von Williamson eingegangen, obwohl er keinen unmittelbaren evolutorischen Anspruch erhebt, weil er in mustergültiger Weise Institutionen in einen effizienztheoretischen Kontext stellt. Doch verdient angesichts der evolutorischen Perspektive der Ansatz des Wirtschaftshistorikers North größeres Interesse, weil sich an ihm – man ist versucht zu sagen – die mangelnde Effizienz der neoklassischen Ökonomie für eine Theorie der Evolution demonstrieren läßt.

(b) Der Fall Williamson: Neoklassik pur

»Die ökonomischen Institutionen des Kapitalismus«, so der Titel, »Unternehmen, Märkte, Kooperationen«[45], so der Untertitel der Arbeit von Williamson. Dabei drückt sich in den Transaktionskosten, die die Begründung und Nutzung von Institutionen verursachen, der neoklassische Charakter seiner Ökonomik von Institutionen aus. Wichtiger für den evolutorischen Kontext unserer Ausführungen aber ist, daß Titel und Untertitel seiner Arbeit zugleich die Grenzen seines Forschungsprogramms markieren, die Grenzen einer auf die neoklassische Ökonomie rekurrierenden Ökonomik von Institutionen. Der besondere Stellenwert von Williamsons Analyse für eine Theorie der Evolution liegt darin, daß er sich (anders als North) einer Theorie der Evolution neoklassischer Observanz entzieht.

---

44 Dabei apostrophiert Witt die von ihm präsentierte verhaltenswissenschaftliche Fundierung einer evolutorischen Ökonomik ausgerechnet als »harten Kern« eines alternativen Forschungsprogramms im Sinne von Lakatos, ohne sich mit dessen Anforderungen an die Theoriebildung auseinanderzusetzen. Vgl. Witt 1987, S. 2.
45 Kooperationen ist die Übersetzung von »relational contracting«, ein Begriff, mit dem Williamson die Vielgestaltigkeit von Verträgen in der Institutionentheorie gegenüber deren einseitiger Form in der (neoklassischen) Theorie des isolierten Tausches ausdrückt. Williamson 1990, S. 17Fn; S. 80f.; siehe auch Richter 1994, S. 16ff.

Im Titel drückt sich die Einbettung des Forschungsprogramms in die liberale Ökonomie aus, eine liberale Ökonomie, die von Adam Smith bis Friedrich August von Hayek ihre Kraft daraus gewinnt, einen *möglichen* Gesellschaftsentwurf zu verteidigen, ihn aus sich selbst heraus, d.h. an eigenen Normen gemessen, zu verteidigen. Heute, am Ende dieses gebeutelten Jahrhunderts, wissen wir, daß sich die vermeintliche Schwäche des Liberalismus, die historische Determination einer Gesellschaftsordnung zu vermeiden oder nicht deren Überlegenheit gegenüber anderen Gesellschaftsentwürfen zu begründen, als eigentliche Stärke erweist – die Stärke des methodischen Prinzips, die Konsequenzen der Akzeptanz wie der Verletzung liberaler Normen aufzuzeigen und deshalb weder mit einem Gesellschaftsentwurf historisch scheitern zu können noch ihn wohlfahrtsökonomisch rechtfertigen zu müssen[46].

Williamson entspricht diesem Anspruch der liberalen Ökonomie, indem ihm die (ökonomischen) Institutionen, die der Kapitalismus hervorbringt, sein Forschungsprojekt liefern. Denn wenn er, der neoklassischen Anlage seiner Arbeit gemäß, effizienztheoretisch argumentiert, so geht es um die Effizienz von Institutionen im Kapitalismus, nicht aber um die Effizienz eines Kapitalismus, der sich in entsprechenden Institutionen manifestiert. Es geht somit *nicht* um die effiziente Form sozialer Organisationen. Diesem Mißverständnis unterliegt Schmid, wenn er Williamsons elegante Zuordnung der Verhaltensannahmen »begrenzter Rationalität« und »Opportunismus« und, als dritte Bedingung, die Faktorspezifität als Ausdruck der Differenzierung von Transaktionen (sie läßt Quasirenten entstehen) zu bestimmten Vertragsformen als soziale Organisationsformen interpretiert[47]. So zeigt bei Williamson die nicht-vorhandene Verhaltensannahme begrenzter Rationalität, d.h. eine unbegrenzte Erkenntnisfähigkeit der Akteure, die Vertragsform der Planung, entsprechend ein nicht-vorhandener Opportunismus die Vertragsform des Versprechens und eine nicht-vorhandene Faktorspezifität die Vertragsform des Wettbewerbs an – Spezifika, die, wenig überraschend, lediglich dazu dienen, die Existenz aller drei Bedingungen an die Williamson allein interessierende, durch Transaktionskosten bestimmte Vertragsform der Beherr-

---

46 Dafür fallen liberale Ökonomen, die den Zusammenbruch des Sozialismus effizienztheoretisch zu begründen versuchen, auf die historistische Aporie ihrer Gegner herein, indem ihnen wie diesen, mit umgekehrtem Vorzeichen, Normen der Theoriebildung als Argument historischer Bestimmung dienen.
47 Schmid 1989, S. 391f.

schung und Überwachung zu binden. Die anderen Vertragsformen haben lediglich die didaktische Funktion, verworfen zu werden: Planung bleibt wegen begrenzter Rationalität der Marktteilnehmer unvollständig, Versprechen werden wegen des Opportunismus der Beteiligten nicht erfüllt, Faktorspezifität erfordert eine paarweise Identität der Vertragspartner[48].

Es geht Williamson somit *nicht* um die Funktionsbedingungen der Planwirtschaft, nicht um Fragen einer (auf Versprechen beruhenden) Familienwirtschaft und nicht um die Konstitution von Wettbewerb in einer Marktwirtschaft, sondern schlicht und einfach, wie er sich ausdrückt, um die Welt des Vertrages[49]: Sein Thema ist nicht die Systematik von Gesellschaftsformationen, sondern die Systematik von Vertragsformen innerhalb der Gesellschaftsformation des Kapitalismus. Damit aber stellt er sich auf den Boden einer liberalen Ökonomie, die den Fallstricken einer historischen Determination wie einer wohlfahrtsökonomisch begründeten Überlegenheit entgeht. Der Fall der Bindung der Planung an nicht-vorhandene begrenzte Rationalität macht den Zusammenhang deutlich: Die Planwirtschaften des Sozialismus sind nicht an begrenzter Rationalität zugrunde gegangen, sondern an Funktionsbedingungen, unter denen sie in der Weltmarktkonkurrenz nicht bestehen konnten[50]; begrenzte Rationalität vermag ausschließlich eine Vertragsform der Beherrschung und Überwachung zu begründen.

Damit sind die Grenzen, die die liberale Ökonomie einer Ökonomik von Institutionen setzt, abgesteckt. Es sind Grenzen, die der Kapitalismus setzt. Dabei muß allerdings nicht, wie bei Williamson angelegt, liberale Ökonomie neoklassische Ökonomie sein und deshalb müssen auch nicht Transaktionskosten den Institutionen des Kapitalismus den ökonomischen Bezug liefern. So werden, wie bereits angedeutet, aufbauend auf der Kritik am neoklassischen Entwurf von North, im Schlußkapitel dieser Arbeit die methodischen und inhaltlichen Aspekte einer Theorie der Evolution auf der Grundlage eines monetär-keynesianischen Ansatzes erörtert. Der Bezug zwischen den Institutionen des Kapitalismus und der neoklassischen Ökonomie wird jedoch von Williamson genau markiert. Denn obwohl sich prinzipiell, so Williamson, »die Transaktionskostentheorie ... mit allen Arten ökonomischer Organisation beschäftigt«, so stellt dennoch die

---

48 Williamson 1990, S. 34ff.
49 So die Überschrift des 3. Abschnitts von Kapitel 1. Williamson 1990, S. 34.
50 Siehe Riese 1990.

Konzentration »auf die ökonomischen Institutionen des Kapitalismus mit besonderer Berücksichtigung von Unternehmen, Märkten und Kooperationen«[51] den Bezug zur neoklassischen Ökonomie her. Seine Eindeutigkeit erhält dieser Bezug dadurch, daß er, so wiederum Williamson, »die ganze Skala vom isolierten Tausch am einen Ende bis zur zentralisierten hierarchischen Organisation am anderen mit Unmengen von Mischformen oder Übergangsstufen dazwischen (erfaßt)«[52].

Die Analogie zur Markttheorie, die die Deduktion der Institutionenökonomie aus dem isolierten Tausch demonstriert, macht das neoklassische Moment des Ansatzes aus. Der Untertitel der Arbeit wird zum neoklassischen Forschungsprogramm sui generis. *Unternehmen, Märkte, Kooperationen* bedeutet, die Institutionen des Vertrages in den Mittelpunkt der Analyse zu rücken, wobei die Analogie zur Markttheorie den Rekurs auf Institutionen außergerichtlicher Regelungen herstellt. Damit aber legitimiert die Betonung des Vertragsproblems die Anwendung der Transaktionskostentheorie (nicht aber legitimieren umgekehrt Transaktionskosten die Behandlung des Vertragsproblems)[53]; sie gibt ihm die effizienztheoretische Grundlage und damit den werttheoretischen Bezug zur neoklassischen Ökonomie.

Dabei sieht Williamson deutlich, daß das effizienztheoretische Argument der Transaktionskosteneinsparung das innovative Moment des Ansatzes begründet: Ökonomik von Institutionen heißt, daß an die Stelle der (exogen fixierten) technischen Aspekte der Markttheorie (endogen bestimmte) organisatorische Aspekte treten, wodurch Effizienzkriterien von der traditionellen Markttheorie unterstellte monopolistische Verhaltensweisen ersetzen[54].

Innovation aber ist nicht Evolution. Denn da es Williamson um Kriterien der Vertragserfüllung, nicht aber um Kriterien der sozialen Organisation geht, verläßt er nicht den Rahmen, den ihm die Allokationstheorie setzt. Dabei wird der Charakter der Allokationstheorie dadurch gewahrt, daß die Marktstruktur wie bei Patinkins Allokationslösung aufgrund von Marktexperimenten vorgegeben bleibt, indem sie auf die ökonomischen Institutionen des Kapitalismus bezogen wird: Die Effizienz der Vertragserfüllung wird zur Effizienz der Allokationslösung, indem sie auf außergerichtlichen Regelungen basiert,

---

51 Williamson 1990, S. 18.
52 Williamson 1990, ebd.
53 Williamson 1990, S. 20.
54 Williamson 1990, S. 19.

deren Allokationskriterium Transaktionskosten der Beherrschung und Überwachung sind, die dem Optimierungskalkül unterliegen.

Mit einem solchen Ansatz scheint Veblens Kritik doch noch die neoklassische Ökonomie einzuholen. Denn wenn er ihr vorhält, die kulturellen Elemente der Eigentumsverfassung und freien Vertragsbildung als unveränderliche Bedingungen des ökonomischen Lebens zu postulieren, indem die Theorie ihnen a priori Erzkraft (unmitigated force) zumißt[55], so trifft dieser Vorbehalt auch den Institutionalisten Williamson – und scheint ihn gerade deshalb zu treffen, weil er sich strikt in dem Rahmen bewegt, den die neoklassische Ökonomie setzt.

Aber es scheint nur so. Denn Williamson ist keineswegs der Antipode zu Veblen in dem Sinne, daß er mit seiner Allokationstheorie des Vertrages nurmehr auf einen »harten Kern« der neoklassischen Ökonomie rekurrierte, der sich im Optimierungskalkül der Gleichgewichtskonzeption manifestiert. Vielmehr entgeht er der (in ihrem effizienztheoretischen Kern notwendigerweise angelegten) Tautologie der Transaktionskostentheorie, indem er deren Operationalisierung betreibt, ja, im Umstand, daß »die Operationalisierung allmählich Gestalt an(nahm), ... (a)ls sich bestimmte Muster wiederholten und Gemeinsamkeiten festzustellen waren«[56], das eigentliche Forschungsprogramm des Neuen Institutionalismus sieht.

Williamson trifft Veblens Vorbehalt deshalb nicht, weil er den Rahmen respektiert, der der neoklassischen Ökonomie als Allokationstheorie gesetzt ist. Damit aber wird die Allokationstheorie operationalisierbar, empirisch gehaltvoll. Während Williamson somit den Fallstricken einer neoklassischen Evolutionstheorie entgeht, spielt Veblen die Anforderungen an eine Evolutionstheorie gegen den »harten« tautologischen Kern der neoklassischen Ökonomie aus – und verschließt sich dadurch der Einsicht in die Möglichkeit und Notwendigkeit einer Institutionenökonomie, die Allokationstheorie ist.

Um so mehr werfen diese Überlegungen die Frage auf, ob eine Theorie der Evolution unter neoklassischem Vorzeichen möglich ist, sich somit eine Änderung des Datenkranzes effizienztheoretisch als Phänomen der Evolution fassen läßt. Diese Frage stellt sich Williamson nicht, während Veblen sich ihr entzieht. Und diese Arbeit läßt sie aus dem einfachen Grunde unbeantwortet, weil mögliche Forschungsprogramme nicht antizipierbar sind. Wichtig bleibt es deshalb

---

55 Veblen 1961a, S. 236.
56 Williamson 1990, S. IX.

zu zeigen, daß auch North ein derartiges Forschungsprogramm nicht realisiert.

(c)   Der Fall North: Historismus als Tautologie

Dem Organisationstheoretiker Williamson gelingt eine Theorie von Institutionen im Kapitalismus, weil er die Grenzen respektiert, die der neoklassischen Ökonomie als (effizienzorientierter) Allokationstheorie gesetzt sind. Demgegenüber schlittert der Wirtschaftshistoriker North[57], diese Grenze überschreitend, in eine Theorie der Evolution von Institutionen, deren ökonomisch-theoretisches Fundament lediglich im Anspruch, in der Semantik, neoklassisch ist, im Gehalt jedoch Trendfaktoren hypostasiert. Dieses Verfahren praktiziert ebenfalls die ökonomische Theorie, indem sie sich vom spezifischen werttheoretischen Substrat ihrer Ausformungen löst – Wachstumstheorie oder Akkumulationstheorie nennt man so etwas.

Aber North ist nicht Wachstumstheoretiker, sondern Wirtschaftshistoriker. Beim Wirtschaftshistoriker werden jedoch, was beim Wachstumstheoretiker *Bedingungen* der Evolution bleiben, zu einem historischen Determinismus, deren Bezugspunkt bei North der Lebensstandard der westlichen Welt des zwanzigsten Jahrhunderts bildet[58]: Erste und zweite wirtschaftliche Revolution, die erste festgemacht am Übergang von der Jagd- zur Agrargesellschaft, die zweite verstanden als Übergang zu einer Marktgesellschaft, kulminieren in der Ökonomie der westlichen Welt[59]: *Post hoc ergo propter hoc* – so etwas kommt bei dieser Methode heraus.

Aber North ist nicht nur gegenüber Williamson, sondern ebenfalls gegenüber Veblen (und mit ihm gegenüber Witt) abzugrenzen. Während gegenüber Williamson sein Anspruch, eine neoklassische Theorie der Evolution zu liefern, zu verweigern ist, muß gegenüber Veblen sein universalistischer Anspruch zurückgewiesen werden. Zwar scheitert North analog zu Veblen an der unzulänglichen Verknüpfung von Markttheorie und Evolutionstheorie. Aber während Veblen die ökonomische Durchsetzung der kulturellen Determination von Evolution

---

57   Siehe insbesondere die beiden Bücher North 1981, deutsch 1988; North 1990, deutsch 1992).
58   So ausdrücklich North 1988, S. 215.
59   »Eine Theorie des Institutionenwandels und die Wirtschaftsgeschichte der westlichen Welt« heißt der Titel des abschließenden Kapitels 15 von North 1988.

nicht zu erklären vermag, verbietet der historische Determinismus North eine markttheoretische Begründung der Evolution. Was Veblen an methodischer Stringenz fehlt, wird bei North zur inhaltlichen Leere. Und die Projektion auf die westliche Zivilisation als Endzustand der Geschichte macht North zum neoklassischen Marxisten – ein skurriles Ergebnis, das zeigt, daß er auch methodisch in einer Sackgasse landet: Während es dem Neoklassiker Williamson um die Effizienz von Institutionen im Kapitalismus geht, hypostasiert der Neoklassiker North die Effizienz eines Kapitalismus, der sich in entsprechenden Institutionen manifestiert. An die Stelle des Entwurfs einer Marktgesellschaft, der auf seine Funktionsbedingungen hin abgeklopft wird, tritt eine Marktgesellschaft, deren Existenz der Interpretation von Geschichte die Richtschnur liefert.

Es kann nicht überraschen, daß dieser historische Blickwinkel den Effizienzbegriff vage bleiben läßt. Für North werden effizientere Institutionen, eine effizientere Politik und effizientere individuelle Handlungen wie generell Produktivitätssteigerungen, manifestiert in rückläufigen Transaktionskosten[60], zum Motor der Geschichte, weil Wettbewerb einen Ausleseprozeß bewirkt, bei dem sich die effizienten Organisationsformen durchsetzen[61]. Mit diesem evolutionstheoretischen Bezug aber löst sich North' Effizienzbegriff notgedrungen auf, ganz im Gegensatz zum exakten Effizienzbegriff der neoklassischen Ökonomie, der daran gebunden ist, daß vorgegebene Ressourcen über das individuelle Optimierungskalkül Knappheit konstituieren (sog. Paretokriterium). Diesem allokationstheoretisch bestimmten Effizienzbegriff gibt North eine evolutionstheoretische Deutung, indem nicht mehr das individuelle Optimierungskalkül, sondern Bevölkerung, Wachstum, Eigentumsrechte und technischer Wandel, also, formal gesprochen, die von der Allokationstheorie *vorgegebenen* Ressourcen zu bestimmenden *Variablen* des ökonomischen Prozesses werden.

Dabei begründen allen voran die Eigentumsrechte das spezifische neoklassische und im weiteren Sinne liberale Moment der Argumentation: Die Durchsetzung des technischen Wandels verlangt Regeln, die es erlauben, eine private Ertragsrate von Innovationen zu erzielen: »Handelsmarke, Urheberrecht, Berufsgeheimnis und Patentgesetze«, so North, »haben alle den Zweck, dem Erfinder oder Innovator ein

---

60 North 1988, S. 7, S. 171.
61 North 1988, S. 6f.

gewisses Maß ausschließlicher Rechte zu sichern«[62]. Sie setzen dadurch dem Wettbewerb Grenzen: »Laissez-faire bedeutet das Fehlen von Beschränkungen; effiziente Märkte bedeuten wohlspezifizierte und durchgesetzte Eigentumsrechte, und das heißt die Schaffung einer Reihe von Beschränkungen, die das Produktivitätswachstum begünstigen«[63].

Nun braucht nicht bestritten zu werden, daß die Entstehung eines Systems von Eigentumsrechten der industriellen Revolution vorgelagert war und deshalb, so North, der Marxismus irrt, wenn er den umgekehrten Kausalnexus betont[64]. Aber darum geht es hier nicht. Denn ein derartiges Argument bleibt innerhalb eines evolutionstheoretischen Kontexts, berührt jedoch nicht die notwendige Abgrenzung von allokationstheoretischer und evolutionstheoretischer Fragestellung. Diese aber verlangt als Antwort, was denn nun die Durchsetzung von Eigentumsrechten bewirkt habe. Dabei aber gleitet North in eine markttheoretische Aporie, die die historisch-deterministische Evolutionstheorie seit jeher kennzeichnet und aus zwingenden methodischen Gründen auch kennzeichnen muß: einen deus-ex-machina hervorzuzaubern, der als agens movens die historische Entwicklung bestimmt und ihr den deterministischen Charakter verleiht. Und da es für North nicht wie für Marx der technische Wandel sein darf, ist es das Bevölkerungswachstum: es erfüllt die methodische Aufgabe, der evolutionstheoretischen Argumentation das notwendige Apriori zu liefern[65].

Nun sind in diesem Zusammenhang keine tiefschürfenden Erörterungen notwendig, ob epistemologisch Bevölkerungswachstum (und ebenso technischer Wandel) einer Theoriebildung das Apriori zu liefern vermögen. Hier genügt vielmehr der Hinweis auf die markttheo-

---

62 North 1988, S. 169.
63 North 1988, S. 171f.
64 North 1988, S. 152.
65 So spricht North in aller Deutlichkeit davon, daß seine historische Erklärung »mit dem Bevölkerungswandel (beginnt)«. North 1988, S. 152. Dies impliziert inhaltlich, wie North in seinem einführenden (zweiten Kapitel), in dem er die Leitlinie seiner Arbeit, die erste und zweite wirtschaftliche Revolution als die zwei großen Brüche der Geschichte in der Entwicklung des Verhältnisses von Bevölkerung und Subsistenzmitteln zu interpretieren, thematisiert, insofern einen malthusianischen Ansatz, als die wirtschaftlichen Revolutionen einem Bevölkerungsdruck begegnen. North 1988, S. 15f; siehe entsprechend zur ersten wirtschaftlichen Revolution North 1988, S. 93, zur zweiten wirtschaftlichen Revolution North 1988, S. 163ff.

retische Aporie dieses Ansatzes, weil – man möchte mit Bezug auf das geschichtsteleologische Weltbild des Marxismus fast sagen: bekanntlich – keine methodischen Kriterien für Abweichungen von der Effizienzlösung oder, wenn man so will, für deren Falsifikation ableitbar sind. Diesem methodischen Defizit zum Trotz aber entscheiden für North Marktbedingungen über den Erfolg oder Mißerfolg eines sich über Eigentumsrechte durchsetzenden technischen Wandels. Das macht den markttheoretischen Charakter der Aporie aus.

Ihr entgeht eine liberale Ökonomie, für die die Funktionsbedingungen des Kapitalismus (in ihrer modernen neoklassischen Version als Effizienz von Institutionen) das Thema bilden. Ihm aber entzieht sich North, wenn er die neoklassische Version zum Motor der Geschichte stilisiert. Die Abkehr von den erkenntnistheoretischen Grundlagen der liberalen Ökonomie ist bis in die Wortwahl registrierbar, so, wenn er davon spricht, daß »angesichts allseitiger Knappheit der Wettbewerb dafür sorgt, daß die effizientere Institution, Politik oder individuelle Handlung sich durchsetzen und die nicht-effizienten untergehen werden«[66]. »Aufstieg und Niedergang«, so North, »politisch-ökonomischer Einheiten, ganz zu schweigen von dem ganzer Kulturen«[67] – die Analogie zum geschichtsteleologischen Weltbild des Marxismus ist nicht zu übersehen. Allen voran auch darin nicht, daß sie jeder Realitätserfahrung trotzt. Denn wenn der Sozialismus heute oder morgen nicht kommt und, gemessen an seinen Idealen, pervertiert oder gar weltweit zusammenbricht, so trotzt desungeachtet die Dauer der Geschichte solchen ephemeren Erscheinungen. Und analoges gilt bei North für den Lebensstandard der westlichen Welt, den das Knappheitsgesetz der neoklassischen Ökonomie in einem historischen Prozeß durchsetzen wird.

Die Immunisierungsstrategie von North wird deutlich, wenn er davon spricht, daß die Erkenntnis von Aufstieg und Niedergang »Voraussetzung für ein Verständnis der Entwicklung institutioneller Erscheinungsformen wirtschaftlicher Ordnung (ist), aber in einer Welt nicht-marktmäßiger Entscheidungen ... sich ineffiziente Formen politischer Strukturen über lange Zeitspannen (halten)«[68]. Und North wird, *horribile dictu*, zum vollendeten Marxisten, indem ihm die Dauer der Durchsetzung effizienter Lösungen die Begründung dafür liefert, daß die Wirklichkeit unterschiedlich wahrgenommen wird,

---

66 North 1988, S. 7.
67 North 1988, S. 61.
68 North 1988, S. 7.

indem »Einzelpersonen, Gruppen und Klassen ... zur Erklärung ihrer Umwelt verschiedene Theorien aufzählen und je verschiedene, und zwar einander widersprechende, politische Programme verfolgen«[69].

Aber dieser Umstand ändert nichts daran, daß es sich, wie North ausdrücklich anmerkt, um *falsche* Theorien handelt, die, weil sie sich bei ihrer Anwendung als ineffizient erweisen, nur dank der Beharrlichkeit politischer Strukturen nicht zu deren Untergang führen[70] – und den Historiker deshalb beschäftigen müssen, weil nun einmal »die menschliche Zivilisation verschiedenartige, einander widersprechende und ineffiziente Lösungen entwickelt«[71]. Genug des grausamen Spiels. Es zeigt, daß North keineswegs beiläufig, indem er, wie es verständlich wäre, die in der Wirtschaftswissenschaft gängige Praxis, das Pro-Kopf-Einkommen als Entwicklungskriterium einzuführen, in eine geschichtsteleologische Position schlidderte. Vielmehr steuert er diese mit aller Konsequenz an – von der Überzeugung durchdrungen, daß die Neoklassik der Geschichte jene Norm liefert, die sie uns enträtselt.

Es ist nicht die Aufgabe dieses Beitrages, North' spezifische Leistung als Historiker, zentriert um die Deutung der Wirtschaftsgeschichte aus den wirtschaftlichen Revolutionen zur Agrargesellschaft und zur Industriegesellschaft, zu würdigen. Vielmehr kommt es darauf an zu zeigen, daß er weder Neoklassiker noch Evolutionstheoretiker ist.

Er ist kein Neoklassiker, weil er die Anlage der neoklassischen Ökonomie, die Frage nach der Allokationsfunktion von Institutionen zu stellen, umdreht, indem er Institutionen zum Motor der Entwicklung stilisiert, somit der Wandel von Institutionen zum agens movens der wirtschaftlichen Revolutionen wird. Das erlaubt es ihm zwar, auf das Instrumentarium der neoklassischen Ökonomie wie Eigeninteresse, Transaktionskosten und Optimierungskalkül zu rekurrieren, schließt aber zugleich ein, daß er nicht die Grenzen respektiert, die der neoklassischen Ökonomie als Allokationstheorie gesetzt sind. Das höhlt seinen Effizienzbegriff aus, da die Anwendung des Effizienzkriteriums an die Vorgabe von Ressourcen gebunden ist – erkenntnistheoretisch ein Apriori, das der neoklassischen Ökonomie eine evolutionstheoretische Fassung verbietet.

---

69 North 1988, S. 7.
70 Dabei bleibt es angesichts der Konsequenz seiner Position erstaunlich, daß North das Wort *falsch* in Anführungszeichen setzt. North 1988, S. 7.
71 North 1988, S. 7.

Es kommt ja nicht von ungefähr, daß die neoklassische Ökonomie eine strenge Trennung von Allokationstheorie und Wachstumstheorie praktiziert, strikt, wie es salopp heißt, zwischen der (dem Optimierungskalkül unterliegenden) Bewegung auf der Kurve und der (sich dem Effizienzkalkül entziehenden) Bewegung der Kurve unterscheidet. Da hilft es auch nicht, Transaktionskosten zu berücksichtigen oder allgemein die Intertemporalität einer Allokation zu betonen. Denn derartige Spezifika verlassen nicht den Rahmen der Allokationstheorie und berühren deshalb auch nicht die Genesis von Ressourcen, vor allem auch nicht die Frage nach einer historischen Genesis von Ressourcen. Deshalb bleibt liberale Ökonomie an die Frage nach den Funktionsbedingungen einer Marktgesellschaft gebunden, die in ihrer neoklassischen Version zur Frage nach den Bedingungen eines optimalen und damit effizienten Einsatzes gegebener Ressourcen wird. Wie tief dabei North' Mißverständnis über seinen Gegenstand geht, zeigt sich daran, daß er dem angeblich pessimistischen Modell der Klassiker das optimistische Modell der neoklassischen Theorie entgegensetzt[72]. Derartige Aussagen läßt das allokationstheoretische Fundament der neoklassischen Ökonomie nun wirklich nicht zu. Diesbezüglich ist deren Operationalisierbarkeit wahrlich universell.

North kann von der methodischen Anlage seiner Arbeit her nur neoklassischer Marxist oder, wenn man so will, neoklassischer Determinist sein. Das aber grenzt ihn von einer neoklassischen Ökonomie ab, die sich als liberale Ökonomie versteht. North spürt dies selber, auch wenn er sich dessen nicht bewußt ist, indem er Marx lediglich ankreidet, den technischen Fortschritt anstatt das Bevölkerungswachstum als primäre Ursache historischen Wandels zu fassen[73]. Interessanterweise hält er ihm keineswegs vor, das in seinem Kontext neoklassische Argument von Eigentumsrechten als agens movens der wirtschaftlichen Entwicklung zu ignorieren. Vielmehr feiert er ihn geradezu dafür, alle Faktoren zu berücksichtigen, die, so North, »das (ursprüngliche) neoklassische Modell wegläßt: Institutionen, Eigentumsrechte, Staat und Ideologie«[74].

Man kann North nur so interpretieren, daß er sich als Vollender von Marx sieht, indem er dessen Fragestellung aus einer neoklassischen Sicht behandelt – und Marx dabei als einen Ökonomen feiert, wie es mutmaßlich noch kein Neoklassiker vor ihm getan hat. Aber

---

72 North 1988, S. 62.
73 North 1988, S. 62f.
74 North 1988, S. 63.

damit liefert er sich zugleich den Schwächen der Marxschen Methode aus. Das gilt ungeachtet dessen, daß North an die Stelle des technischen Fortschritts das Bevölkerungswachstum als primäre Ursache historischen Wandels setzt und den Klassenkampf als gesellschaftstheoretische Konstruktion der Realisierung dieses Wandels mit Skepsis betrachtet. Denn sein Gegenentwurf, das, wie er sich ausdrückt, »individualistische Kalkül der neoklassischen Theorie (als den) ... bessere(n) Ausgangspunkt (anzusetzen)«[75], ist genauso wie die Marxsche Konstruktion unhistorisch, ein Gegenentwurf, den er bezeichnenderweise ganz unbefangen auf den einzelnen prähistorischen Menschen und sogar auf eine Horde prähistorischer Menschen projiziert[76]. Die methodische Konsequenz ist jenes *post hoc ergo propter hoc*, das man zu Recht North vorwirft, wenn er den Anstieg des realen Sozialproduktes pro Kopf auf die Existenz effizienter Institutionen zurückführt[77].

Der Universalismus der gesellschaftstheoretischen Konstruktion, der sich in der Verbindung von Bevölkerungswachstum und Individualkalkül manifestiert, treibt North' Ansatz in eine historisierende Tautologie. Das zeigt, daß er keine Evolutionstheorie liefert. Seine Metaphysik vom Aufstieg und Niedergang von Wirtschaften, die es zu untersuchen gilt[78], liefert dafür den Schlüssel, weil sie dem universellen Anspruch an die Theorie das historisierende Gewand gibt – und damit die epistemologisch wie inhaltlich allein sinnvolle Frage unterbindet, unter welchen Bedingungen *hic et nunc*, in Vergangenheit und in Gegenwart, Entwicklung stattfindet. Es ist deshalb keineswegs Zufall, daß für North wie für Marx ein fortgeschrittener Kapitalismus und damit die westliche Zivilisation der Entwicklung die Norm liefert. Das aber heißt, daß North in sozialwissenschaftlichem Gewande, unverrückbar tautologisch, die Theodizee als das Prinzip der Evolution verficht: Aufstieg und Niedergang von Zivilisationen, kulminierend in der westlichen Welt, stehen für das Universum, in dem alles danach strebt, besser zu werden. Aber ebenso wie sich Marx der List der Geschichte beugen mußte, daß sich der Sozialismus nicht in den fortgeschrittenen kapitalistischen Ländern durchsetzte, muß sich North der Realität einer Welt beugen, in der die Entwicklungsländer einen steigenden Anteil der Weltbevölkerung umfassen und die Lebenschancen ihrer Bewohner immer mehr begrenzen – Bevölke-

---

75 North 1988, S. 63.
76 North 1988, S. 83; siehe auch S. 213f.
77 So Schmid 1989, S. 390.
78 North 1988, S. 61.

rungsdruck hin, Bevölkerungsdruck her, Eigeninteresse hin, Eigeninteresse her.

Überbevölkerung und Armut widersprechen der Knappheitsfunktion des Bevölkerungsdrucks und deren Durchsetzung kraft Eigeninteresse. Damit liefern die Entwicklungsländer, nicht die Industrieländer einer Theorie der Evolution den Härtetest. Die theoretische Fundierung ihrer Funktionsbedingungen bildet den Maßstab für die Qualität der präsentierten Theorie. Ein derartiger Maßstab *ex negativo* ist notwendig, um nicht, wie es gängige Forschungspraxis auch jenseits der Immunisierungsstrategie eines North ist, mangelnde Entwicklung als bisher ausgebliebene Entwicklung zu beschönigen. Denn damit ist bereits der erste Schritt zu einer Tautologisierung, zumindest aber eines bloßen Dezisionismus der Evolutionstheorie getan.

Die Funktionsbedingungen mangelnder Entwicklung bilden zugleich das markttheoretische Bindeglied zwischen den von Veblen apostrophierten kulturellen Determinanten der Evolution und der Ökonomie des Evolutionsprozesses. Das mag im ersten Moment überraschen, weil ihr Fehlen als Defizit von North' Theorie des institutionellen Wandels ausgemacht worden ist. Wie bei Veblen liefert auch bei North Patinkins Distinktion von Individual- und Marktexperimenten den Schlüssel. Denn sie zeigt, daß North' historisierende Tautologisierung lediglich das methodische Spiegelbild von Veblens verhaltenswissenschaftlichem Reduktionismus darstellt. Beide bleiben empirisch leer, weil sie den Zusammenhang zwischen Kern der Theorie und Hypothesenbildung ausblenden: Veblen dank des *Verzichts* auf den Kern der Theorie, der zu deren Entökonomisierung führt, North dank der *Rückführung* auf den Kern der Theorie, der, kristallisiert im Individualkalkül, als Abbild der Realität mißverstanden wird[79].

Augenscheinlich scheint sich North seiner Analyse selbst nicht sicher zu sein, wenn er am Schluß seines opus magnum davon spricht, daß die Wirtschaftsgeschichte neben der Vergangenheit auch die Leistung gegenwärtiger Wirtschaftssysteme erklären können müsse – und hinzufügt, daß eine solche Arbeit erst zu erbringen sei[80]. Diese Einsicht muß angesichts seiner Projektion des Institutionenwandels auf die westliche Welt überraschen. Analog stellt er sich gegen Ende seines zweiten, den Zusammenhang des Wandels von Institutionen und der Wirtschaftsleistung betonenden Buches die Frage, wie es zu effizienten

---

79 Aus der Fülle der Beispiele siehe North 1988, S. 83.
80 North 1988, S. 215f.

Märkten komme, ob arme Länder Opfer eines Institutionensystems seien, das von »außen vorgegeben oder endogen determiniert oder – in irgendeiner Mischung – beides (ist)«[81]. Eine berechtigte Frage. Wenn aber sie das Resümee von zwei anspruchsvollen Büchern bildet, so sollte man die Finger von einem Ansatz lassen, der zu ihrer Beantwortung offenbar nichts beiträgt.

3. Schritte zu einer ökonomischen Theorie der Evolution

(a) Das Scheitern von Veblen und North

Die Auseinandersetzung mit Veblen (und, auf dessen theoriekritischer Linie liegend, Witt) einerseits und North andererseits hat sich als fruchtbar erwiesen, weil sie den methodischen Kern ihres Scheitern offenlegt – und es auf dieser Grundlage erlaubt, die Anforderungen an eine Theorie der Evolution zu formulieren.

Veblens kulturhistorischer Ansatz scheitert daran, daß er sich angesichts ihres vermeintlich stationären Zuschnitts von der Allokationstheorie löst und sich dadurch des ökonomischen Bezugs entledigt. Nicht ohne Grund gilt Veblen heute als Soziologe, bestenfalls als Sozialwissenschaftler, nicht aber als Ökonom[82]. North' Geschichtsschreibung auf neoklassischer Grundlage scheitert wiederum an einer Überforderung dieses Bezugs: Als Allokationstheorie angelegt, muß die neoklassische Ökonomie Evolution der Allokationslösung aufpropfen. North entökonomisiert die Evolutionstheorie als Antwort auf dieses Defizit[83], indem er Evolution zu einem Trend stilisiert, dessen exogene Fundierung durch das Bevölkerungswachstum (analog zu Marx' Fundierung durch den technischen Wandel) bestimmt wird.

Die (von North deutlich thematisierte) Affinität zu Marx ist deshalb methodisch in der Überforderung der neoklassischen Theorie angelegt; sie führt dazu, daß North den Boden der liberalen Ökonomie verläßt, die von ihrem methodischen Selbstverständnis her eine Theorie der Funktionsbedingungen einer liberalen Gesellschaft, nicht jedoch die Theorie einer (historischen) Entwicklung hin zur liberalen

---

81 North 1992, S. 160.
82 Analog betont Witt die Interdisziplinarität seines Ansatzes.
83 Bleibt wie in der Wachstumstheorie die Antwort ökonomischer Natur, so wird der Wachstumsprozeß gegenüber der Allokationslösung dichotomisiert.

Gesellschaft ist. Bei North zeigt sich diese Abwendung von der liberalen Ökonomie in der Projektion der westlichen Zivilisation als Endzustand der Geschichte. Sie symbolisiert methodisch den Evolutionsprozeß als Trend, wobei dessen effizienztheoretische Fundierung eine Leerformel bleibt. *Post hoc ergo propter hoc*: Der Neoklassiker Williamson weist demgegenüber darauf hin, daß sich der tautologische Charakter der neoklassischen Ökonomie allein durch eine anwendungsorientierte Hypothesenbildung auflösen läßt – eine Operationalisierung, die den Charakter der neoklassischen Ökonomie als Allokationstheorie offenlegt.

Damit lassen sich die Anforderungen an eine Theorie der Evolution konturieren. Sie haben einen szientifischen, methodischen, theoretischen und empirischen Aspekt. Der *szientifische* Aspekt zielt auf den Theoriebezug, auf das Erfordernis, eine ökonomische Theorie der Evolution zu präsentieren. Gegen diese Anforderung verstößt Veblen (und mit ihm Witt). Der *methodische* Aspekt bezieht sich darauf, der Analyse die Funktionsbedingungen einer Ökonomie zugrunde zu legen – Voraussetzung dafür, sich einem Historismus zu entziehen, der sich methodisch im Tautologievorwurf eines durch einen exogenen Faktor gesteuerten Prozesses manifestiert. North entzieht sich dieser Anforderung in eklatanter Weise[84].

Der *theoretische* Aspekt wiederum verlangt die Verbindung von Allokationstheorie und Evolutionstheorie. Es geht dabei, auf den Punkt gebracht, um eine Evolutionstheorie, deren preistheoretische Fundierung ihren ökonomischen Charakter begründet. Diese Anforderung unterlaufen Veblen und North in unterschiedlicher Weise, Veblen, indem er die prinzipielle Notwendigkeit einer Allokationstheorie ignoriert, North, indem er übersieht, daß sie den Rekurs auf die neoklassische Ökonomie ausschließt. Denn für diese steuern Preise lediglich die Allokation der Ressourcen, während sich Evolution aus Ersparnis und Kapitalproduktivität speist – darin spiegelt sich die Dichotomie von Allokation und Evolution wider[85]. North' unzulässi-

---

84 Es geht somit nicht, wie bei North angelegt, um die inhaltliche Frage, welcher Faktor den historischen Prozeß vorantreibt, sondern um das (methodische) Erfordernis, eine derartige Fragestellung zu vermeiden.

85 Deshalb verläßt der Konsumverzicht der intertemporalen Preistheorie nicht den von der Allokationstheorie gesteckten Rahmen, da ihm prinzipiell ein vorgezogener Konsum gegenübersteht. Aus diesem Grunde bedarf eine sich aus einem Konsumverzicht ergebende Investition einer spezifischen Investitionstheorie, die als Moment der Evolution die Dichotomie zur Allokationstheorie begründet.

ge Bindung des Prozesses der Evolution an eine aus einem exogenen Bevölkerungswachstum abgeleitete Knappheit an Ressourcen wird durch eine Historisierung aufgefangen, die Tautologie bleibt.

Dieser Einwand gegen North weist auf den *empirischen* Aspekt der Notwendigkeit einer Operationalisierung der Theorie hin, die ihr formales Kriterium dadurch erhält, daß sie das Scheitern eines Evolutionsprozesses zuläßt. Diesem Kriterium genügt Veblen zwar prinzipiell, wenn er die kulturellen Bedingungen von Evolution betont; dabei aber erlaubt ihm die Entökonomisierung seines Ansatzes keine Hypothesenbildung. Demgegenüber entzieht sich North einer Operationalisierung durch Tautologisierung, wobei die Metaphysik eines Aufstiegs und Niedergangs von Kulturen dieses Defizit verschleiert.

(b)   Die Ansprüche an eine Evolutionstheorie im Lichte des monetären Keynesianismus

Am Institut für Theorie der Wirtschaftspolitik der Freien Universität Berlin ist in den beiden letzten Jahrzehnten unter dem Begriff des »Monetären Keynesianismus« eine theoretische Position entwickelt worden, die dem Anspruch an eine ökonomische Theorie der Evolution genügt. Es ist an dieser Stelle nicht erforderlich, diese Position im einzelnen zu entwickeln[86]. Vielmehr sollen im folgenden analog zu Veblen und North die vier oben skizzierten Aspekte dieses Anspruchs auf den monetären Keynesianismus projiziert werden.

Dem *szientifischen* Aspekt einer Evolutionstheorie genügt der monetäre Keynesianismus, indem er auf einer Theorie der Interaktion von Geldsphäre und Einkommensbildung fußt. Die spezielle Form der Interaktion, bei der eine Vermögensmarktkategorie – in der Regel die Investition – über ihre Einkommenseffekte die Entwicklung

---

[86] Siehe K. Betz *Ein monetärkeynesianisches makroökonomisches Gleichgewicht*, Studien zur monetären Ökonomie, Bd. 13. Marburg 1993; A. Hauskrecht *Monetäre Aspekte des Transformationsprozesses – eine Fallstudie Vietnams*. Manuskript Berlin 1995; M. Lüken gen. Klaßen *Währungskonkurrenz und Protektion*, Studien zur monetären Ökonomie, Bd. 12. Marburg 1993; H. Riese *Entwicklungsstrategie und ökonomische Theorie – Anmerkungen zu einem vernachlässigten Thema*, in: Entwicklungsländer und Weltmarkt, Ökonomie und Gesellschaft, Jahrbuch 4. Frankfurt a.M./New York 1986, S. 157-196; W. Schelkle *Transformation als evolutionärer Prozeß. Ein Diskussionsbeitrag zur Theorie der Wirtschaftspolitik in Transformationsökonomien*, in: K. Betz, H. Riese (Hg.), Wirtschaftspolitik in einer Geldwirtschaft, Studien zur monetären Ökonomie, Bd. 14. Marburg 1995, S. 97-141.

steuert und dadurch das Volumen des Gütermarktes bestimmt, begründet das keynesianische Moment der Theorie – in Abgrenzung zu einer neoklassisch-monetaristischen Fassung, die die Funktionsbedingungen von Geldversorgung und Gütermarkt dichotomisiert – die Geldversorgung über eine exogen fixierte Geldmenge, den Gütermarkt über die Ökonomisierung einer Erstausstattung an Ressourcen, und verbindet beides über den Realkasseneffekt miteinander.

Den *methodischen* Aspekt einer Evolutionstheorie befriedigt der monetäre Keynesianismus, indem er den Kontext einer liberalen Ökonomie wahrt, deren theoretische Fundierung auf eine Erklärung der Funktionsbedingungen von Märkten und damit einer Marktökonomie zielt. Ökonomische Theorie ist deshalb in ihrem Kern eine Theorie der Interaktion von Märkten, in der über seinen Haushalt prinzipiell auch der Staat als Marktteilnehmer fungiert. Die Unterstellung vollkommener Konkurrenz erhält dabei einen fundamentalen Stellenwert dadurch, daß sie den Kern von Marktbeziehungen formuliert. Das ergibt sich, wie wir gesehen haben, aus Patinkins Konzept der Marktexperimente.

Dem *theoretischen* Aspekt einer Evolutionstheorie entspricht der monetäre Keynesianismus, indem er die Interaktion von Geldsphäre und Einkommensbildung als Verbindung von Allokations- und Evolutionstheorie faßt. Dabei übt die Geldsphäre die Allokationsfunktion über das Knapphalten von Geld, einer *contrived scarcity*, aus[87]. Sie gibt der Zentralbank als Geldschöpfer die dominante Steuerungsfunktion des monetären Prozesses, während Vermögen eine monetäre Kategorie bildet[88], die (bei gegebenen Ertragserwartungen) ihren Marktwert als Reziprok des (monetär bestimmten) Zinssatzes erhält. Die Vermögenskategorien erhalten ihren monetären Charakter dadurch, daß sie, keynesianisch gesprochen, Formen der Aufgabe von Liquidität sind.

Die aus der Disposition über Vermögen resultierende Einkommensbildung erhält wiederum ihr spezifisches evolutionäres Moment

---

[87] Genauer gesagt, handelt es sich um ein Knapphalten von Geld bei offenem Diskontfenster, das (bei gegebenem Zinssatz) den Geldbedarf zu befriedigen erlaubt – der bereits in der 2. Hälfte des 19. Jahrhunderts von Bagehot herausgearbeitete *lender of last resort* als Funktionsbedingung einer Geldwirtschaft.

[88] Demgegenüber bleibt in der neoklassischen Ökonomie Vermögen eine von der Kapitalbildung gespeiste Kategorie des Gütermarktes. Friedmans geldabwerfender Hubschrauber bildet die sich daraus ergebende dichotome Geldsphäre paradigmatisch ab.

durch die Ökonomisierung von Ressourcen, d.h. angesichts einer sich mit der Einkommensbildung durchsetzenden Marktfähigkeit von Ressourcen. Dadurch unterscheidet sich die Einkommensbildung fundamental von den Theorieentwürfen der neoklassischen und tradierten keynesianischen Ökonomie: von ersterer, weil diese die Einkommensbildung umgekehrt von der Marktfähigkeit der Ressourcenausstattung abhängig macht und deshalb Allokationstheorie bleibt, von letzterer, weil diese die Einkommensbildung an die Auslastung der Ressourcenausstattung bindet und deshalb Konjunkturtheorie bleibt[89]. Evolutionstheorie gegen Allokationstheorie und Konjunkturtheorie: Der monetäre Keynesianismus formuliert damit als Fundamentaltheorem des Evolutionsprozesses, daß Ressourcen erst durch ihre Beschäftigung Marktfähigkeit erhalten[90] – das realitätsmächtige Paradoxon einer Vollbeschäftigung bei Arbeitslosigkeit.

Den *empirischen* Aspekt einer Evolutionstheorie erfüllt der monetäre Keynesianismus, indem er ein Scheitern des Evolutionsprozesses mit der Unfähigkeit des Institutionensystems, Geld knappzuhalten, erklärt. Die Verbindung von Allokationstheorie und Evolutionstheorie erfährt somit eine Operationalisierung dadurch, daß eine fehlende Marktfähigkeit der Allokationslösung das Scheitern des Evolutionsprozesses bedingt. Interpretiert man Evolution als ein nationalwirtschaftliches Phänomen, das von den Funktionsbedingungen der Weltwirtschaft bestimmt wird, so bindet dies die Marktfähigkeit der Allokationslösung an die Verteidigung des Wechselkurses. Darin drückt sich die Kontraktfähigkeit der Währung nach außen wie nach innen aus[91]. Kontraktfähigkeit bedeutet, daß die Zentralbank durch das Knapphalten der Währung deren Akzeptanz durch die Vermögenseigentümer gewährleistet. Das verlangt deshalb das Prinzip Evolution, weil ein Knapphalten der Währung die notwendige Bedingung einer

---

[89] Die tradierte keynesianische Ökonomie separiert damit *in gleicher Weise* wie das neoklassische Pendant das evolutionäre Moment der Einkommensbildung von der Allokationslösung, indem es, wie sich bei Domar und Harrod zeigt, an eine an die Ersparnis gebundene Kapital*aufbringung* gebunden wird. Die Sparquote rückt erneut in den Zähler, während sie im ursprünglichen keynesianischen (und so auch im monetärkeynesianischen) Modell im Nenner steht, indem sie die mit der Einkommensentstehung einhergehende Kapital*bildung* steuert. Auf diesen Aspekt wird noch einzugehen sein.

[90] Das setzt eine durch Institutionen abgesicherte Nominallohnbildung voraus – ebenfalls ein Topos der stabilitätspolitischen Diskussion innerhalb der tradierten keynesianischen Ökonomie.

[91] Scheitert sie nach innen, spricht man von einer Dollarisierung der Wirtschaft.

Einkommensbildung ist, mit der die Ökonomisierung von Ressourcen gelingt und somit deren Marktfähigkeit gewährleistet.

(c)   Die Entwicklungsländer als Fall gescheiterter Evolution

Den Härtetest einer Operationalisierung dieser Theorie, deren Maßstab das Scheitern von Evolution abgibt, liefern fraglos die Entwicklungsländer, allen voran die lateinamerikanischen Typs[92], und neuerdings die Transformationsökonomien. Zu den Ländern einer erfolgreichen Evolution, mit einer sich gegen Weltmarktkonkurrenz durchsetzenden eigenständigen Entwicklung, gehören die Bundesrepublik Deutschland und Japan nach dem Zweiten Weltkrieg, die ostasiatischen Schwellenländer wie Südkorea, Taiwan, Hongkong und Singapur seit den 60er Jahren und derzeit ostasiatische Länder wie Thailand, Malaysia und Indonesien. Für einen derartigen Evolutionsprozeß ist der Begriff der *nachholenden Entwicklung* angemessen, weil er ausdrückt, daß sich deren Eigenständigkeit dank der Weltmarktkonkurrenz nur gegen die Interessen der fortgeschrittenen Industrieländer durchsetzen läßt. Die Marktkonstellation, die eine derartige Entwicklung ermöglicht, beruht auf einer Koinzidenz von Investitionsdynamik und Exportüberschuß, mündet somit in eine Unterbewertung der Währung – eine höchst ungewöhnliche Marktkonstellation, die eine monetäre Disziplin verlangt, die das konsumierbare Einkommen (und damit das Lohnniveau) begrenzt. Die Bundesrepublik Deutschland und das Japan der Nachkriegszeit liefern dafür das Vorbild. Aber auch wenn Kapitalimporte eine Währung in eine Überbewertung drängen, vermag eine konsequente Politik der monetären Sterilisierung eine Marktkonstellation von Investitionsdynamik und außenwirtschaftlicher Absicherung zu etablieren[93]. Dafür bildete jüngst Malaysia ein instruktives Beispiel[94].

---

92 Sie liefern deshalb den Härtetest, weil sie in der Regel über eine ausgebaute Marktverfassung verfügen.
93 Angesichts einer Umwelt mit höheren Inflationsraten ist auch für diese Volkswirtschaften die allmähliche Durchsetzung einer unterbewerteten Währung zu erwarten.
94 So haben in Malaysia Parafiski Überschüsse erzielt, die sie bei der Zentralbank angelegt haben. Aus der Sicht der Zentralbank bedeutet dies, daß einströmendes Kapital keine Ausweitung des Geldumlaufs bewirkt, sondern zu Verbindlichkeiten (in einheimischer Währung) führt. Siehe die instruktive Analyse bei Lin See Yan 1995.

In beiden Fällen liefert der Marktkonstellation eine Aufwertungserwartung[95] das Stabilitätskriterium – ein *vermögensmarkt*theoretisches Kriterium, weil es die Akzeptanz der Währung durch die Vermögenseigentümer indiziert und dadurch einer eigenständigen Entwicklung das markttheoretische Fundament gibt. Demgegenüber korrespondiert eine Überbewertung der Währung, die zu (Kapital-) Importüberschüssen führt bzw. sie bewirkt, für den Fall, daß diese monetarisiert werden und dadurch den Inflationsprozeß vorantreiben, mit Abwertungserwartungen. Kapitalflucht ist die Folge, eine Dollarisierung der Ökonomie bildet die ultima ratio eines solchen Prozesses. Er aber verbietet eine eigenständige Entwicklung, weil die einheimische Währung die Fähigkeit der Ökonomisierung von Ressourcen verliert und damit eine Einkommensbildung verhindert, die eine tendenzielle Angleichung an das Entwicklungsniveau fortgeschrittener Länder ermöglicht.

Angesichts der Dominanz dieser Marktkonstellation in der Dritten Welt verwundert es nicht, daß Entwicklungsländer Entwicklungsländer bleiben. Denn diese Marktkonstellation ermöglicht ihnen nur die Alternative, als Rohstofflieferant bzw. Agrarproduzent mit in der Regel hoch preiselastischen Erzeugnissen[96] oder als verlängerte Werkbank der Industrieländer zu fungieren. Auch im zweiten Fall handelt es sich um eine Variante der Marktkonstellation der Überbewertung, weil sie auf Lohndifferentialen gegenüber den fortgeschrittenen Ländern beruht, diese zementiert, während eine eigenständige Entwicklung eine Einkommensbildung initiiert, die die Lohndifferentiale tendenziell vermindert. Derzeit spricht vieles dafür, daß den Transformationsökonomien lediglich diese zweitrangige Möglichkeit einer Industrialisierung offensteht. Die Aufholjagd im Industrialisierungsprozeß stößt somit an eindeutige Grenzen – Grenzen, die dadurch bestimmt werden, daß den Transformationsökonomien analog zu den Entwicklungsländern der Weg einer eigenständigen Entwicklung verschlossen bleibt. Man spricht deshalb auch von der Gefahr ihrer Lateinamerikanisierung.

---

95 Eine sich im Gleichgewicht befindliche Marktkonstellation bedeutet dann für die betroffene Währung, daß sie Aufwertungserwartungen bei gegebenem (und damit konstanten) Wechselkurs hervorruft. Aufwertungserwartungen ohne deren Realisierung bestimmen die Gleichgewichtskonstellation.
96 Dieses Argument liegt Prebischs Entwicklungstheorie zugrunde. Vgl. Prebisch 1959. Erdöl stellt bekanntlich eine der wenigen Ausnahmen von dieser Regel dar – eine, wofür vieles spricht, lediglich temporäre Ausnahme.

Das Scheitern der Evolution in den Entwicklungsländern (und mutmaßlich in den Transformationsökonomien) reflektiert zugleich ein Scheitern der Entwicklungstheorie. Das gilt allen voran für die (derzeit herrschende) neoklassische Variante, die auf die Entfaltung der Marktkräfte, des Angebots an Faktoren im generellen und der Institutionen des Marktes im besonderen, setzt. Dabei aber übersieht sie, die Grenzen der neoklassischen Ökonomie als Allokationstheorie mißachtend, daß sich die Marktkräfte nur im Rahmen (der makrotheoretischen Marktkonstellation) einer Einkommensbildung entfalten können, nicht aber als exogen fixiertes Angebot diese bestimmen. Ebenso ist das Scheitern der keynesianischen Entwicklungstheorie zu registrieren, die insbesondere in den 60er Jahren großen Einfluß hatte – allen voran in Rostows Stadienkonzept[97] einer Entwicklung, die sich von einem kapitalnehmenden Importüberschußland zu einem kapitalgebenden Exportüberschußland vollzieht: ein Ansatz mit historistischen Zügen, auch wenn ihm der universalistische Anspruch eines North fehlt.

Die keynesianische Entwicklungstheorie scheitert dabei aus den gleichen Gründen wie das neoklassische Entwicklungsmodell. Denn entscheidend ist auch im keynesianischen Fall, daß die Sparquote konträr zum ursprünglichen keynesianischen Modell wiederum in den Zähler rückt. Entwicklung wird dadurch zu einer Frage der *Kapitalaufbringung*, deren gleichsam naturgegebene, allen voran durch Armut gesteckte Grenzen in den Entwicklungsländern nach einer Kapitalhilfe, sei es in Form einer administrativ gesteuerten Entwicklungshilfe oder einer (mehr oder weniger marktorientierten) Kreditgewährung in Fremdwährung, verlangen. Dabei ergibt die obige einkommenstheoretische Analyse, die die Sparquote im Nenner beläßt und damit als eine Form der (von der Geldsphäre gesteuerten und sich mit der Einkommensentstehung vollziehenden) *Kapitalbildung* faßt, daß Entwicklungshilfe die gegenteiligen Wirkungen hat, als es die herrschende Theorie und die herrschenden politischen Auffassungen von links bis rechts unterstellen. Denn interaktionstheoretisch, als Moment der Interaktion der Geldsphäre mit der Einkommensbildung, impliziert Entwicklungshilfe eine Entknappung des Geldes; ihre Monetarisierung in einheimische Währung führt bestenfalls zu einer Minderung

---

97 Siehe Rostow 1953.

der Marktfähigkeit der Kapitalbildung und stellt schlimmstenfalls eine Variante der Finanzierung der Ausgaben durch die Notenpresse dar[98].

Entwicklungshilfe ist deshalb auch das hervorstechendste Indiz für das Scheitern von Evolution, sei es, daß sie es bewirkt oder sich aus ihm ergibt – beziehungsweise, als zynische Interpretation, die Interessen der Industrieländer, ihre eigenen Entwicklungsbedingungen zu sichern, widerspiegelt. Das ist nicht das uninteressanteste Ergebnis einer Theorie der Evolution, die den Ansprüchen genügt, die an eine Theorie zu stellen sind.

Literatur

Arrow, K.J. (1969) The Organization of Economic Activity: Issues Pertinent to the Choice of Market versus Nonmarket Allocation, in: The Analysis and Evaluation of Policy Expenditures: The PBB-System, Joint Economic Committee, 91st Congress, 1st Session, Vol. 1. Washington.

Lakatos, I. (1970), deutsch (1974) Falsifikation und die Methodologie wissenschaftlicher Forschungsprogramme, in: I. Lakatos und R.A. Musgrave (Hg.), Kritik und Erkenntnisfortschritt. Braunschweig, S. 89-189.

Lin, S.Y. (1991), (1995) Interaction of Exchange Rate Policy and Monetary Policy: The Case of Malaysia, in: K. Betz, H. Riese (Hg.), Wirtschaftspolitik in einer Geldwirtschaft, Studien zur monetären Ökonomie, Bd. 14. Marburg, S. 211-222.

North, D.C. (1981), deutsch (1988) Theorie des institutionellen Wandels. Tübingen.

North, D.C. (1990), deutsch (1992) Institutionen, institutioneller Wandel und Wirtschaftsleistung. Tübingen.

Patinkin, D. (1956), 2 (1965) Money, Interest, and Prices. New York.

Prebisch, R. (1959) Commercial Policy in the Underdevelopment Countries, in: The American Economic Review, Papers and Proceedings, 49, S. 251-273.

Richter, R. (1994) Institutionen ökonomisch analysiert. Tübingen.

Riese, H. (1975) Wohlfahrt und Wirtschaftspolitik. Reinbek/Hamburg.

---

98 Die durchaus gängige Praxis von Fremdwährungskrediten, die eine Finanzierung von Budgetdefiziten bezwecken, bilden diesen absurden Fall ab, weil sie eine Monetarisierung in einheimische Währung verlangen, um ihrem Zweck zu genügen.

Riese, H. (1990) Geld im Sozialismus, Studien zur monetären Ökonomie, Bd. 6. Regensburg.
Rostow, W.W. (1953) The Process of Economic Growth. Oxford.
Schmid, G. (1989) Die neue institutionelle Ökonomie, in: Leviathan, 17, S. 386-408.
Veblen, T. (1909), (1961a) The Limitations of Marginal Utility, in: T. Veblen, The Place of Science in Modern Civilisation and other Essays. New York, S. 231-251.
Veblen, T. (1899), (1961b) The Preconceptions of Economic Science I., in: T. Veblen, The Place of Science in Modern Civilisation and other Essays. New York, S. 82-113.
Veblen, T. (1898), (1961c) Why is Economics not an Evolutionary Science?, in: T. Veblen, The Place of Science in Modern Civilisation and other Essays. New York, S. 56-81.
Veblen, T. (1900), (1961d) The Preconceptions of Economic Science III., in: T. Veblen, The Place of Science in Modern Civilisation and other Essays. New York, S. 148-179.
Veblen, T. (1899), (1961e) The Preconceptions of Economic Science II., in: T. Veblen, The Place of Science in Modern Civilisation and other Essays. New York, S. 114-147.
Veblen, T. wiederabgedruckt (1961f) Industrial and Pecuniary Employment, in: T. Veblen, The Place of Science in Modern Civilisation and other Essays. New York, S. 279-323.
Williamson, O.E. (1985), deutsch (1990) Die ökonomischen Institutionen des Kapitalismus. Tübingen.
Witt, U. (1987) Individualistische Grundlagen der evolutorischen Ökonomik. Tübingen.

Zeittafel[1]

1857	Thorstein Bunde Veblen wird am 30. Juli als sechstes von zwölf Kindern norwegischer Einwanderer auf einer Farm in Manitowoc County/Wisconsin geboren.
1874 – 1877	Congregational Carleton School.
1877 – 1880	Carleton College. Dort Unterricht bei John Bates Clark, der später ein führender Vertreter der neoklassischen Ökonomie in den Vereinigten Staaten wird.
1880	Bachelor of Arts am Carleton College.
1880 – 1881	Lehrer an der Monona Academy in Madison/Wisconsin.
1881 – 1882	Studium der Philosophie und Politischen Ökonomie an der Johns Hopkins University. Vorlesungen bei Richard T. Ely und Charles Sanders Peirce, dem Begründer des Pragmatismus.
1882 – 1884	Studium an der Yale University. Vorlesungen bei William Graham Sumner, dem exponierten amerikanischen Verfechter des Spencerschen Sozialdarwinismus. Promotion bei Noah Porter, dem Moralphilosophen und Antipoden Sumners.
1884	Ph.D. in Yale mit einer Arbeit über *Ethical Grounds of a Doctrine of Retribution*.
1884 – 1891	Veblen findet trotz bester Referenzen keine Anstellung und kehrt auf den zweiten Hof seiner Eltern bei Northfield/Minnesota zurück. Dort Übersetzung der isländischen *Laxdæla Saga* ins Amerikanische (abgeschlossen und veröffentlicht 1925). Nebenbei gelegentliche Büroarbeit.
1888	Heirat mit Ellen Rolfe.
1891	Post-doc-Stipendiat an der Cornell University.

---

1 Die Herausgeber danken Dr. Norbert Reuter, der die Erstellung dieser Zeittafel hilfreich unterstützte.

1892	J. Laurence Laughlin wird als »Head Professor« für Wirtschaftswissenschaften an die neugegründete University of Chicago berufen und animiert Veblen ebenfalls zum Wechsel nach Chicago. Veblen ist zunächst »Fellow« und ab 1895 Dozent; er veranstaltet Seminare in Ökonomie und sozialistischer Theorie.
1892 – 1906	De-facto-Herausgeber des neugegründeten *Journal of Political Economy*.
1899	*The Theory of the Leisure Class. An Economic Study of the Evolution of Institutions*. Der Untertitel wird später (1912) geändert in *An Economic Study of Institutions*.
1900 – 1906	»Assistant Professor« an der University of Chicago.
1904	*The Theory of Business Enterprise*.
1906 – 1909	»Associate Professor« an der Stanford University.
1909	Trennung von seiner Frau Ellen Rolfe.
1909 – 1911	Keine Anstellung. Gelder für ein anthropologisches Forschungsvorhaben werden von der Carnegie-Gesellschaft/Washington nicht bewilligt.
1911 – 1918	»Lecturer« an der University of Missouri ohne feste Anstellung; Veblen arbeitet auf der Basis von einjährigen Zeitverträgen.
1914	*The Instinct of Workmanship and the State of the Industrial Arts*. Als amerikanischer Delegierter der »International Geographic Society« in Norwegen. Heirat mit seiner zweiten Frau Ann Fessenden Bradley, die bereits 1920 verstirbt.
1915	*Imperial Germany and the Industrial Revolution*.
1917	*An Inquiry into the Nature of Peace and the Terms of Its Perpetuation*.
1918	*The Higher Learning in America. A Memorandum on the Conduct of Universities by Business Men*. Fünfmonatige Mitarbeit in der »United States Food Administration« in Washington. Ab Juni in New York Mitherausgeber der Zeitschrift *The Dial* (bis Herbst 1919).
1919 – 1922	Dozent an der neugegründeten New School for Social Research in New York.

1919	*The Vested Interests and the State of the Industrial Arts*; Titel 1920 geändert in *The Vested Interests and the Common Man*.
	The Place of Science in Modern Civilisation and Other Essays.
1921	*The Engineers and the Price System*.
1923	*Absentee Ownership and Business Enterprise in Recent Times. The Case of America*.
	Veblen lehnt die ihm angebotene Präsidentschaft der »American Economic Association« ab.
1926	Der Versuch, für Veblen eine Festschrift zu erstellen, scheitert an der Finanzierung.
1929	Veblen stirbt am 3. August in Palo Alto/Kalifornien.
1934	*Essays in our Changing Order* (hrsg. von Leon Ardzrooni).

Die Autoren

Horst K. Betz, Professor of Economics an der University of Calgary in Kanada. Dort hat er während der letzten dreißig Jahre über Vergleich von Wirtschaftssystemen, hauptsächlich aber über Dogmengeschichte gelesen und veröffentlicht. Sein Spezialgebiet ist die deutsche Tradition, besonders das neunzehnte Jahrhundert und der Anfang des zwanzigsten Jahrhunderts. Auf diesem Gebiet hat er in den letzten Jahren verschiedene Artikel in Englisch und Deutsch veröffentlicht.

Beat Bürgenmeier, Prof. Dr., geb. 1943 in Basel. Wirtschaftswissenschaftliches Studium in Basel, Paris, Birmingham (UK), Lausanne, Cambridge (USA) und Genf. Seit 1982 ordentlicher Professor am Volkswirtschaftlichen Institut der Universität Genf. Hauptarbeitsgebiete: Wirtschaftspolitik in sozioökonomischer Perspektive, Schwerpunkt Umwelt. Buchveröffentlichungen: *Analyse et politique économiques*, 1992 (4. Aufl.); *Théorie et pratique des investissements directs suisses*, 1981; *Multinationals and Europe 1992* (Mithrsg.), 1991; *Socio-Economics, an Interdisciplinary Approach: Ethics, Institutions and Markets* (Hrsg.), 1992; *Economy, Environment and Technology, A Socio-Economic Approach*, 1994; *La socio-économie*, 1994; *Sozioökonomie – Für eine ethische Erweiterung der wirtschaftspolitischen Diskussion*, 1994.

Wolfram Elsner, geb. 1950; Studium der Wirtschaftswissenschaften an der Universität Köln; Promotion 1977; Habilitation 1985 an der Universität Bielefeld; 1989-1995 Leiter des Bremer Ausschuß für Wirtschaftsforschung (BAW) – Institut des Landes Bremen sowie Leiter der Planungsabteilung des bremischen Wirtschaftssenators; seit Juni 1995 Professor für Wirtschaftspolitik an der Universität Bremen; Konversionsbeauftragter des Landes Bremen; Arbeitsschwerpunkte: Wirtschaftsstrukturpolitik; Institutionenökonomik; Mitglied der Association for Evolutionary Economics (AFEE) seit 1983 und der European Association for Evolutionary Political Economy (EAEPE) seit 1989; Clarence E. Ayres Visiting Scholar 1995 der AFEE.

Ulrich Fehl, geb. 1939; Studium der Volkswirtschaft und Wirtschaftspädagogik in Münster, Gießen und Erlangen-Nürnberg; Promotion (1971) und Habilitation (1981) in Marburg (Lahn); ordentlicher Professor in Oldenburg (1980-1987) und Marburg (seit 1987), Lehrstuhl für Wirtschaftstheorie I; Schwerpunkte: Markt und Wettbewerb, Kapitaltheorie, Wachstumstheorie, Genossenschaftslehre, Neue Politische Ökonomik; Veröffentlichungen: *Produktionsfunktion und Produktionsperiode* (1973), *Grundlagen der Mikroökonomie*, 6. Auflage 1994, zahlreiche Aufsätze in Zeitschriften und Sammelbänden.

Dixie Francovich ist am Department of Economics der University of Calgary (Kanada) diplomiert und schloß dort mit einer Arbeit über Veblen ab.

Carsten Herrmann-Pillath, geb. 1959; Studium der Volkswirtschaftslehre, Sinologie, Romanischen Philologie, des Russischen, der Mandjuristik und der Sprachwissenschaft an der Universität zu Köln; Abschluß des Studiums der Sinologie (1984) und der Volkswirtschaftslehre (1987) in Köln, anschließend dort Promotion zum Dr. rer. pol. (1988); Habilitand an der Wirtschaftswissenschaftlichen Fakultät der Philipps-Universität Marburg; seit 1992 Universitätsprofessor mit dem Fach Ostasienwirtschaft/China im FB Wirtschaftswissenschaft der Universität Duisburg, zudem seit 1993 Lehrbeauftragter für Volkswirtschaftslehre (Evolutionsökonomik) an der Hochschule St. Gallen.

Jens Hölscher, Dr. rer. pol., ist »DAAD Senior Fellow in Economics« am Institut für Deutschlandstudien der University of Birmingham. Zuvor war er als »Lecturer« an der University of Wales, Swansea, und als wissenschaftlicher Mitarbeiter an der FU Berlin tätig. Sein Forschungsinteresse konzentriert sich auf die deutsche Wirtschaft, auf die Ökonomik des Systemwandels und auf Aspekte einer monetären Theorie der Produktion; zu diesen Gebieten hat er zahlreiche Publikationen vorgelegt.

Günter Krause, Jg. 1943, Dr. sc., Professor für Geschichte der Politischen Ökonomie, Mitarbeiter an der Wirtschaftswissenschaftlichen Fakultät der Europa-Universität Viadrina Frankfurt (Oder), Lehrbeauftragter am Fachbereich Wirtschaftswissenschaft der Freien Universität Berlin. Arbeitsschwerpunkte: Dogmengeschichte, Geldtheorie, Institutionenökonomik, US-amerikanische Economics, Politische Ökonomie der Transformation. Publikationen: Buch- und Zeitschriftenveröffentlichungen im In- und Ausland.

Reinhard Penz, geb. 1963, Diplom-Volkswirt; Studium der Volkswirtschaftslehre, Politischen Wissenschaft und Anthropologie an der Universität Hamburg; seit 1992 Wissenschaftlicher Mitarbeiter am Lehrstuhl für Volkswirtschaft und Philosophie (Prof. Dr. Birger P. Priddat) der Universität Witten/Herdecke; Forschungsschwerpunkte: Evolutorische und institutionelle Ökonomik, Theoriegeschichte, Wissenschaftstheorie.

Helge Peukert, geb. 1956, Dr. rer. pol. und Dr. phil.; nach Studium der Volkswirtschaftslehre, Soziologie, Philosophie und Sozialpsychologie an der Universität Frankfurt wissenschaftliche Mitarbeitertätigkeit und Projektarbeit über Wirtschaftssysteme im historischen Vergleich; z.Zt. Habilitation über das »Handlungsparadigma in der ökonomischen Theorie«.

Norbert Reuter, Jg. 1960; 1983-1989 Studium der Politischen Wissenschaft, Volkswirtschaftslehre und Internationalen Technischen und Wirtschaftlichen Zusammenarbeit an der RWTH Aachen und der University of York/England; 1989 Magister Artium (M.A.); 1989-1990 Wissenschaftlicher Angestellter am Institut für Politische Wissenschaft der RWTH Aachen (Prof. Dr. K. Lenk); 1990-1994 Wissenschaftlicher Angestellter am Institut für Volkswirtschaftslehre der RWTH Aachen (Prof. Dr. K.G. Zinn); 1994 Promotion zum Dr. rer. pol.; seit 1994 Wissenschaftlicher Assistent am Institut für Volkswirtschaftslehre der RWTH Aachen (Prof. Dr. K.G. Zinn).

Hajo Riese, geb. 1933; Studium der Wirtschaftswissenschaften in Kiel und Wien; 1959 Promotion an der Universität Kiel (Dr. sc. pol.); 1966 Habilitation an der Universität Basel; 1967 Professor an der Hochschule für Sozial- und Wirtschaftswissenschaften Linz; seit 1970 ordentlicher Professor für Volkswirtschaftslehre an der Freien Universität Berlin und Direktor des Instituts für Theorie der Wirtschaftspolitik; Arbeitsschwerpunkte: Makroökonomik, Geldtheorie, Einkommens- und Beschäftigungstheorie, Theorie der Geldwirtschaft.

Ralf Schimmer, Jg. 1962, studierte Soziologie, Politologie und Nordamerikanistik. Wissenschaftlicher Mitarbeiter am John F. Kennedy-Institut der Freien Universität Berlin, Abteilung für Soziologie. Arbeitsschwerpunkte: soziologische Theoriebildung, Sozialstrukturanalyse, amerikanische Sozial- und Ideengeschichte.

Carsten Schreiter, geb. 1962; Studium der Volkswirtschaftslehre in Oldenburg und Köln; 1993 Promotion in Marburg; gegenwärtig Mitarbeiter am Lehrstuhl Wirtschaftstheorie I der Philipps-Universität Marburg; Schwerpunkte: Markt und Wettbewerb, insbesondere Unternehmenstheorie, Kapitaltheorie, Genossenschaftslehre; Veröffentlichungen: *Evolution und Wettbewerb von Organisationsstrukturen: Beruht die geringe Verbreitung von Produktivkooperation in Marktwirtschaften auf einem Irrtum der Evolution?* (1994), weitere Aufsätze.

Holger Wilkop, geb. 1965, Dipl.-Volkswirt; Studium der Volkswirtschaftslehre an den Universitäten Göttingen und Hamburg; 1992-1994 Verlagslektor für Wirtschaftswissenschaften; seit 1995 Wissenschaftlicher Mitarbeiter am Institut für Finanzwissenschaft der Universität Hamburg.

Institutionelle und Evolutorische Ökonomik

Band 1

Birger P. Priddat
Gerhard Wegner (Hrsg.)

Zwischen Evolution und Institution

Neue Ansätze in der ökonomischen Theorie

Der Sammelband bietet einen Überblick über aktuelle Forschungsarbeiten aus dem Umfeld der institutionellen und evolutorischen Ökonomik. Die Spannweite der Themen reicht von der Interdependenz von Zeit und Institution über die Konformitätswirkung von Normen bis hin zur Frage nach der politischen Steuerbarkeit evolutorischer Marktprozesse. Ergänzend werden neue Grundlagenarbeiten über die Regelungswirkungen von Institutionen vorgestellt.

Mit Beiträgen von: Birger P. Priddat, Gerhard Wegner, Peter Weise, W. Kerber, Josef Wieland, Walter Ötsch, Thomas Eger, Fred Hinterberger, Stefan Panther, Norbert Reuter, Karl Reinhard Lohmann und Beate Männel.

ALFRED BÜRGIN

ZUR SOZIOGENESE DER POLITISCHEN ÖKONOMIE

WIRTSCHAFTSGESCHICHTLICHE UND DOGMENHISTORISCHE BETRACHTUNGEN

Metropolis

426 Seiten, 59 DM/SFr, 437 ÖS
(1993), ISBN 3-926570-87-3,
gebunden, Schutzumschlag, mit 14 Abbildungen

Herausgegeben von
Eberhard K. Seifert
Birger P. Priddat

Neuorientierungen in der ökonomischen Theorie

Zur moralischen, institutionellen und evolutorischen Dimension des Wirtschaftens

Metropolis

348 Seiten, 39,80 DM/SFr, 295 ÖS
ISBN 3-926570-89-X (1994)

»Gibt es in der Wirtschaft 'Naturgesetze'? Hat die Wirtschaftswissenschaft Fortschritte gemacht? Kann man die zweite Frage überhaupt bejahen, wenn man die erste verneint? Alfred Bürgins Antworten dürften viele überraschen. Der Reiz seines lesenswerten Buches liegt in dieser unorthodoxen Sichtweise. Bürgin ist ein scharfer Kritiker der modernen Wirtschaftswissenschaft. Ihn stört die 'Enthistorisierung, Enthumanisierung und Entgesellschaftung' seines Faches. Er setzt sich aber nicht unmittelbar mit der herrschenden Theorie auseinander. ... Vielmehr zeigt er die geschichtliche Bedingtheit und Begrenztheit ökonomischen Denkens und fordert entschieden dazu auf, sich (endlich wieder) mehr der Geschichte dieser Wissenschaft zuzuwenden. ... Bürgin kritisiert die aktuelle Ökonomik, aber es scheint, als meinte er damit die moderne westliche Gesellschaft, die eine solche Form ökonomischen Denkens hervorgebracht hat. Bürgins Theoriegeschichte ist die einzige umfassende neuere Darstellung der Geschichte der Volkswirtschaftslehre von einem Standpunkt aus, den man 'neohistoristisch' nennen könnte. ... Man wünschte sich geradezu, Alfred Bürgin würde daraus vorlesen, die Pfeife in der Hand, mit leiser Stimme und schweizerdeutscher Klangfärbung. Max Frisch als Ökonom.«

FAZ vom 4.Juli 94

An grundlegenden Neuerungen in der ökonomischen Theorie besteht zur Zeit kein Mangel. Dieser Band gibt einen Überblick über die interessantesten neuen Ansätze und Fragestellungen.

Inhalt: B.P. Priddat, E.K. Seifert: Neuorientierungen in der ökonomischen Theorie • B. Bürgenmeier: Die Wirtschaftswissenschaft auf der Suche nach einer **sozioökonomischen Synthese**: neue Ansätze im Umweltschutz • P. Weise: **Moral**: Die Handlungsbeschränkung für den Deppen? • R. Kötter: Moralisch Wirtschaften – Ein Lehrstück? Skeptische Anmerkungen zum Projekt einer **Unternehmensethik** • B.P. Priddat: Ökonomie und Geschichte. Zur Theorie der **Institutionen** bei D.C. North • G. Kubon-Gilke: Moralische Kosten und die **Endogenisierung von Präferenzen** in der neuen Institutionenökonomik • J. Grosser: Der **Transaktionskostenansatz** der Neuen Institutionenökonomik – Versuch einer kritischen Verallgemeinerung • U. Witt: **Evolutorische Ökonomik** – Umrisse eines neuen Forschungsprogramms • G. Wegner: Innovation, Komplexität und Erfolg. Zu einer **ökonomischen Handlungstheorie** des Neuen • E.K. Seifert: **Sustainable Development** – Vom Konzept zu operationalisierbaren Prinzipien • A. Biesecker, S. Wolf: Ökonomie und **Geschlechterverhältnis**. Stand der Diskussion und Theorieskizze.

metropolisVerlag ....

Rätsel Geld
Annäherungen aus ökonomischer, soziologischer und historischer Sicht
Waltraud Schelkle, Manfred Nitsch (Hrsg.)

356 Seiten, 39,80 DM/SFr, 295 ÖS
ISBN 3-89518-052-1

Birger P. Priddat
Die andere Ökonomie
Eine neue Einschätzung von Gustav Schmollers Versuch einer »ethisch-historischen« Nationalökonomie im 19. Jahrhundert

350 Seiten, 78 DM/SFr, 577 ÖS
ISBN 3-926570-85-7 (1995), Band 2

Die Geschichte der Geldwirtschaft erscheint als eine der zunehmenden Verselbständigung des Ökonomischen gegenüber Religion, Politik und Moral. »Blind«, »anarchisch« und ausgrenzend« sind typische Vokabeln zur Beschreibung dieser Erfahrung einerseits. Andererseits erscheint Geld als ein zivilisiertes Medium der Vergesellschaftung, das der unmittelbaren Befehlsgewalt weit überlegen ist. In den Sozialwissenschaften reflektiert sich genau diese Ambivalenz: Während in der Ökonomie die Geldverwendung eine scheinbar problemlose technische Erleichterung des Gütertausches in der arbeitsteiligen Wirtschaft ist, wurde sie in anderen Sozialwissenschaften immer wieder als desintegrierende und selbst gesellschaftsverändernde Kraft thematisiert. In diesem Band werden alternative Sichtweisen entwickelt, die im Gegensatz zur traditionellen Tauschlehre Geld als ökonomische und gesellschaftliche Schlüsselgröße ausweisen.

Stichwörter aus dem Inhalt: Motive ökonomischer Geldkritik • Geld – das letzte Rätsel der Nationalökonomie • Geld und Unterentwicklung • Geld, Arbeit und Herrschaft • Tabu, Gewalt und Geld als Steuerungsmittel • Zins und Zinsverbot in der theologischen Diskussion • Patriarchat und Geldwirtschaft • Subsistenzproduktion und redistributive Palastwirtschaft – wo bleibt die Nische für das Geld? • Grundzüge einer Zeichentheorie des Geldes.

Schmollers Versuch, eine neue, ethisch-historische Ökonomik zu entwickeln, gilt als gescheitert. Doch zeigt sich heute, etwas unbelasteter vom »Methodenstreit«, daß Schmollers Konzeption keine »historizistisch verkommene«, sondern eine analytisch durchdachte Konstruktion darstellt, die viele Elemente neuerer Ökonomie enthält. Schmoller erweist sich als ein exzellenter Institutionenökonom, der besonders die kulturellen und sittlichen Werte betont, die der Volkswirtschaft zugrundeliegen und ihre Handlungsmuster bestimmen.
Man wird diesem Versuch einer »anderen Ökonomie« erst gerecht, wenn man ihn als eine besondere Form staatswissenschaftlicher Entwicklungstheorie betrachtet - eine der großen, weit unterschätzten Leistungen der deutschen Nationalökonomie

Inhalt: Gustav von Schmoller: der Mann, das Werk, die Zusammenhänge – Zur Entwicklung des intellektuellen Stils der deutschen Nationalökonomie des frühen 19. Jhds. vor Schmoller – Sittliche Ordnung. Über die Tendenzen zur »ethischen Ökonomie« im Deutschland des 19. Jhds. – Schmoller I: Ökonomie, Geschichte und Ethik – Schmoller II: Athen und Berlin. Schmollers Auseinandersetzung mit H. von Treitschke zur »sozialen Frage«. Die Idee intertemporaler Allokation – Schmoller III: Die »sociale Versicherung« – Zur Mikroökonomie der Macht. Über die staatswirtschaftliche Disposition der deutschen Ökonomie des 19. Jhds.

Postfach 1748, 35007 Marburg